Elisabeth Lichtenberger

Österreich

Wissenschaftliche Länderkunden

Wissenschaftliche Buchgesellschaft
Darmstadt

Österreich

von Elisabeth Lichtenberger

Mit 80 Figuren, 20 Karten,
115 Bildern und 78 Tabellen

2., völlig überarbeitete Auflage

Wissenschaftliche Buchgesellschaft
Darmstadt

Die Deutsche Bibliothek – CIP-Einheitsaufnahme
Ein Titeldatensatz für diese Publikation ist bei
Der Deutschen Bibliothek erhältlich.

Die Deutsche Bibliothek –
CIP – Cataloguing-in-Publication Data
A catalogue record for this publication is available from
Die Deutsche Bibliothek.

Online-Recherche unter:
For further information see:
http://www.ddb.de/online/index.de

Bestellnummer 15587-4

© 2002 by Wissenschaftliche Buchgesellschaft, Darmstadt
Gedruckt auf säurefreiem und alterungsbeständigem Bilderdruckpapier
Layout, Satz und Prepress: schreiberVIS, Seeheim
Gesamtfertigung: Wissenschaftliche Buchgesellschaft, Darmstadt
Printed in Germany
Schrift: Trade

ISSN 0174-0725
ISBN 3-534-15587-4

Inhaltsverzeichnis

Verzeichnis der Figuren, Karten und Faltkarten

Figuren:

Karten:

Faltkarten:

Verzeichnis der Tabellen

Stadt und Land

Duale Ökonomie und dualer Verkehr

Verzeichnis der Bilder

Vorwort

Im Jahre 1928 erschien das zweibändige Standardwerk von Norbert Krebs über „Die Ostalpen und das heutige Österreich". Es entsprach dem damaligen geowissenschaftlichen und kulturwissenschaftlichen Forschungsstand. Bezeichnenderweise konnte sich Krebs nicht entschließen, den nach dem Ende des Ersten Weltkriegs aus den Trümmern des Großreiches der Monarchie ausgegrenzten Kleinstaat Österreich in Form einer Länderkunde darzustellen. Das Werk von Krebs ist dem Ostalpenraum gewidmet und umschifft damit das Problem der neuen Grenzen zu den Nachfolgestaaten. Es wurde vor dem Hintergrund eines säkularen Zusammenbruchs geschrieben, dem Zerfall der Donaumonarchie.

Es ist wieder eine säkulare Trendwende, allerdings positiver Art, am Ende des 20. Jahrhunderts, welche den geopolitischen Hintergrund für die Abfassung des vorliegenden Buches bildet. Das größte politische Experiment der Nachkriegszeit, die Teilung Europas, ist beendet; der Eiserne Vorhang, der die gesamte Osthälfte Österreichs ein halbes Jahrhundert umgürtet hat, wurde beseitigt. Darüber hinaus hat sich durch die Integration Österreichs in die supranationale Gemeinschaft der EU ein Quantensprung in den sachlichen und räumlichen Maßstäben vollzogen. War es die Kleinheit des Staates, die noch nicht abschätzbare Konsequenz der Herauslösung aus den Zusammenhängen eines Großreiches, welche die Aussagen von Krebs erschwerte, so ist es heute die Kleinheit des Kleinstaates Österreich, der nur knapp 2,5 % zur Bevölkerung der Europäischen Union beiträgt, welche zur Basisfrage Anlaß gibt, ob dieser Kleinstaat in einem gemeinsamen Haus Europa in völlige Bedeutungslosigkeit versinken wird bzw. ob er Bedeutendes für Europa anzubieten hat.
Die optimistische Antwort lautet:
▥ Österreich verfügt über zwei natürliche Ressourcen von europäischem Format: Österreich ist ein Alpenstaat. Die Alpen

sind die Aussichtsterrasse für eine europäische Freizeitgesellschaft und das Reservoir für Nationalparks der Europäischen Union. Österreich liegt an der Donau, dem größten Strom Europas.
▥ Gleichzeitig besitzt der Kleinstaat Österreich zwei bedeutende kulturelle Mehrwertpositionen: die politisch-kulturelle Vergangenheit des Großreiches der Donaumonarchie und die Hauptstadt Wien als ehemalige Weltstadt und Eurometropole.
▥ Mit diesen Aussagen sind der Plan des Buches und die Fragestellungen angedeutet:

Die historische Sichtweise bedient sich zweier Zugänge. Mittels der territorialen Begriffskette wird erstens die Spannweite zwischen dem in Kulturtraditionen verhafteten, große Teile Europas umspannenden, „grenzenlos" gewordenen Begriff des einstigen Hauses Österreich und dem heutigen Kleinstaat als kultureller Mehrwert verständlich gemacht und zweitens in einer historisch-geographischen Spurensuche von der Antike bis zur Gegenwart herauf die historische Vielfalt der Kulturlandschaft aufgezeigt.

Die politische Ordnung und die politische Kultur der Zweiten Republik bilden ein weiteres Leitmotiv. Österreich ist ein Parteien- und Verbändestaat par excellence mit bis zur Trendwende weitgehend verstaatlichtem Bankenwesen und verstaatlichter Großindustrie, ein Zuteilungsstaat mit den Regulativen der Sozialpartnerschaft und umfangreichen geschützten Sektoren des Wohnungs- und Arbeitsmarktes, welche einen regionalen Disparitätenausgleich bewirkt und Segregationsprozesse hintangehalten haben.

Die Retrospektive auf den erfolgreichen österreichischen Weg in der Nachkriegszeit, der unter dem politischen Paradigma des Keynesianismus gestanden ist, und die Herausarbeitung der österreichischspezifischen Phänomene im Kontext von Raum und Gesellschaft gegen den Hintergrund des gemeinsamen Hauses Europa bilden die Leitschienen bei der Darstellung von Gesellschaft, Siedlung, Wirtschaft und Verkehr.

Die Frage nach der Zukunft führt zur Trennung von ungewisser und programmierter Zukunft unter den Gesichtspunkten des Rückbaus des sozialen Wohlfahrtsstaates, der Internationalisierung der Märkte und des Aufbaus der supranationalen Ebene der EU.

Das Buch ist in einem günstigen Umfeld entstanden. Die wissenschaftliche Aufbaugeneration der Nachkriegszeit hat auch in den Nachbarwissenschaften dokumentarische Zusammenfassungen ihrer Lebensarbeit veröffentlicht.

1000-Jahr-Feiern haben die Historiker auf den Plan gerufen. Umfassende Handbücher zum politischen System, zur Wirtschaftspolitik liegen vor. Nahezu alle benachbarten Geowissenschaften haben Standardwerke herausgebracht. Der 50jährige Bestand der Zweiten Republik hat das Statistische Zentralamt zu einer statistischen Analyse der Nachkriegsentwicklung veranlaßt. Ein zweibändiges Österreich-Lexikon ist erschienen, in dem zahlreiche biographische und topographische Fakten enthalten sind.

Die wichtigste Leistung der Geographie in der Nachkriegszeit bestand in der Herausgabe des Österreich-Atlasses sowie mehrerer Forschungsbände durch Hans Bobek und seine Mitarbeiter im Rahmen der Kommission für Raumforschung der Österreichischen Akademie der Wissenschaften.

1994, im Jahr der Volksabstimmung über den Beitritt Österreichs in die EU, wurde der Forschungsschwerpunkt „Österreich – Raum und Gesellschaft" eingerichtet und eine Datenbank aufgebaut. Die bisherigen Ergebnisse der Forschungen der Mitglieder des Schwerpunkts, von Michael Sauberer über die Bevölkerungs- und Haushaltsstruktur, von Heinz Faßmann über Migration und Arbeitsmarkt, von Hugo Penz über die Agrarwirtschaft, von Gerhard Palme über die Industrie, von Doris Wastl-Walter über die politisch-administrative Geographie, von Gernot Patzelt über die Hochgebirgsforschung, sind in die Darstellung ebenso eingegangen wie die Arbeiten über die Wohnungswirtschaft von Walter Matznetter und über das Zweitwohnungswesen von Herbert Baumhackl.

Die einheitliche räumliche Dokumentation der Aussagen erfolgt entsprechend der Bedeutung des österreichischen Föderalismus durch Tabellen auf der Ebene der Bundesländer und durch Kartogramme für die NUTS-3-Regionen, welche für die Fördermaßnahmen in der Agrar- und Regionalpolitik der EU von wachsender Bedeutung sind.

Vorwörter sind Nachwörter. Sie werden immer nach der Fertigstellung eines Manuskripts abgefaßt. Zum Abschluß wird nochmals der Beginn eingeblendet, der Anfang zurückgeholt. Echte Nachwörter sind sie dort, wo es am Abschluß eines Werkes zur Verpflichtung zählt, all jenen Personen zu danken, welche die Fertigstellung in der einen oder anderen Weise unterstützt bzw. dazu beigetragen haben.

Mein Dank geht zuerst an Kollegen des Schwerpunktprogramms. Herr Prof. Gernot Patzelt hat mir unveröffentlichte Daten der Gletscherdatenbank zur Verfügung gestellt und das Kapitel über Eiszeit und Gletscher kritisch überprüft. Von Herrn Prof. Heinz Faßmann stammen Kapitel über die Bevölkerungsentwicklung und den gesellschaftlichen Wandel in der Nachkriegszeit sowie über den Arbeitsmarkt, wofür ich mich ebenso bedanke wie für seine stete Bereitschaft zu kritischer Diskussion über die bei jeder wissenschaftlichen Darstellung immanente Frage: „What to put in and what to leave out".

Für die Mühe der Durchsicht des historischen Kapitels danke ich Herrn o. Univ.-Prof. Othmar Hageneder besonders herzlich. Herr DDr. Josef Kohlbacher hat mit großer Sorgfalt den gesamten Text des Buches lektoriert, Herr Franz Girsa die EDV-Programme für die Kärtchen der Regionen geschrieben und den Diskettentransfer an den Verlag durchgeführt. Mit großer Gewissenhaftigkeit hat Frau Mag. Katja Skodacsek das Tabellenprogramm betreut. Frau Mag. Elke Ledl hat mich bei der kartographischen Ausstattung des Buches, Frau Mag. Alexandra Deimel bei den Bildern unterstützt, Frau Mag. Ulrike Hiebl das Finish der Bibliographie und den Diskettentransfer an den Verlag durchgeführt, Frau Elisabeth Zistler das Diktat des Rohmanuskripts EDVisiert, Frau Monika Steiner bei der Beschaffung der Literatur aus Bibliotheken und der grauen Literatur von öffentlichen und offiziösen Einrichtungen geholfen. Ihnen allen danke ich sehr herzlich. Es war mir dank dieser Unterstützung möglich, das Manuskript zügig und – wie ich hoffe – in einem Guß abzufassen.

Für die Abdruckerlaubnis von Graphiken geht mein Dank an zahlreiche Kollegen und Verlage.

Last not least, bin ich meinem Mann, Herrn Prof. Josef Lichtenberger Oberstudienrat i. R., besonderen Dank dafür schuldig, daß er – wie schon viele Male zuvor – meine Unansprechbarkeit in der Zeit des Schreibens mit Nachsicht und Geduld ertrug, nachdem er mich vorher bei meinen Exkursionen, Befragungen und Bergfahrten in Österreich als stets unverdrossener Partner begleitet hat. Seiner Photographierleidenschaft verdanke ich einen wesentlichen Teil

der Bilder, seiner steten Lektüre von Printmedien zahlreiche in den Text eingeflossene aktuelle Details.

Das Buch enthält auch meine neuen Forschungsergebnisse, welche im Rahmen des „Forschungsschwerpunkts Österreich – Raum und Gesellschaft" gewonnen werden konnten. Für die Unterstützung dieser Forschungen bedanke ich mich beim Fonds zur Förderung der wissenschaftlichen Forschung.

Schließlich geht mein Dank an den Herausgeber der neu gestalteten Reihe der Wissenschaftlichen Länderkunden, Herrn Prof. Werner Storkebaum, dessen stets positive Kritik mein Schreibtempo sehr beschleunigt hat, und an Herrn Harald Vogel als Vertreter des Verlags der Wissenschaftlichen Buchgesellschaft, der für eine eigenwillige Autorin sehr viel Verständnis aufbrachte.

Wien, im März 1997
Elisabeth Lichtenberger

Vorwort zur zweiten Auflage

Die erste Auflage des Buches 1997 war vor der Jahrtausendwende vergriffen. Im Jahr 2000 erschien eine überarbeitete englische Übersetzung im Farbdruck unter dem Titel „Austria. Society and Regions" im Verlag der Österreichischen Akademie der Wissenschaften.

Nunmehr liegt die zweite Auflage der wissenschaftlichen Länderkunde von Österreich vor. Sie bildet mit 400 Seiten, 80 Figuren, 20 Karten und 115 Bildern im Farbdruck eine repräsentative Visitenkarte des Kleinstaates Österreich zu Beginn des neuen Jahrtausends.

Die zweite Auflage ist bereits im Internetzeitalter geschrieben, welches dem Einzelwissenschaftler durch den Quantensprung in der Zugänglichkeit und Breite der Informationen eine neue Freiheit eröffnet, und zwar nicht nur durch die Zeitersparnis beim direkten Zugang zur grauen Literatur, deren Beschaffung bisher äußerst zeitaufwendig war, sondern vor allem durch die Erschließung von neuen Quellen: parlamentarischen Protokollen, Stellungnahmen zu

Gesetzen, Geschäftsberichten von Institutionen, Körperschaften, Unternehmen.

Dank umfassender Internet-Recherchen ist es gelungen, nahezu die gesamte statistische Informationsgrundlage des Buches auf das Jahr 2000 anzuheben. Mehr als 64 Tabellen wurden neu bearbeitet, 46 Figuren und Kärtchen neu gestaltet und die 2002 realisierte neue monetäre Plattform der Europäischen Währung berücksichtigt.

Die zweite Auflage verfügt nicht nur über einen neuen zeitlichen Informationshorizont, sondern bietet auch neue wissenschaftliche Ergebnisse meiner Forschungen über die Erreichbarkeit der österreichischen Gesellschaft durch den öffentlichen Verkehr und die neue geopolitische Lage von Österreich in Europa.

Ging es in der ersten Auflage darum, das europäische Potential der österreichischen Alpen als Aussichtsterrasse für die europäische Freizeitgesellschaft und den kulturellen Mehrwert der Eurometropole Wien herauszuarbeiten, so verwendet darüber hinaus die zweite Auflage die Darstellung des

Kleinstaates Österreich als Lehrbuchmodell für Themen von europäischer Relevanz zu Beginn des 21. Jahrhunderts. Es geht um die Konsequenzen der Alterung der Gesellschaft, die Immigration und Integration von Ausländern, um die Auseinanderschichtung der Gesellschaft nach demographischen, sozialen und ethnischen Kriterien, die Entwicklung neuer regionaler Disparitäten durch das Take-off des Immobilienmarktes, um die Effekte der Europäischen Union auf Gesellschaft und Wirtschaft, um die Globalisierung der Ökonomie und der Migration.

Zusätzlich zu den Leitmotiven der ersten Auflage werden zwei weitere Leitthemen verwendet. Stand die erste Auflage noch unter dem Leitmotiv des Dualismus von Staat und Wirtschaft in einem sozialen Wohlfahrtsstaat, so geht es nunmehr um den zügigen Rückbau des sozialen Wohlfahrtsstaates unter dem Motto „weniger Staat – mehr privat". Ein zweites politisches Motto kommt dazu. Es lautet: weniger Zentralismus – mehr Föderalismus.

Die Konsequenzen der Ostöffnung standen im Mittelpunkt der ersten Auflage, die kurz bevorstehende Osterweiterung der EU bestimmt die zweite Auflage. Um Österreich ist in kürzester Zeit ein ökonomisches Glacis entstanden, und der österreichische Finanzmarkt partizipiert an dem West-Ost-Transfer des Kapitals in Europa. Die Überlastung im Nord-Süd-Verkehr über die Alpen wird durch die Überlastung im West-Ost-Verkehr bereits bei weitem übertroffen. Der Kleinstaat Österreich bietet sich insgesamt als ein Modellbeispiel dafür an, was erstens in einer kleinen offenen Volkswirtschaft infolge der Globalisierung der Ökonomie geschieht und was zweitens eine Änderung der geopolitischen Lage für einen Staat bedeutet.

Auch bei der Neuauflage eines Buches gehört es zu den angenehmen Verpflichtungen des Autors, allen jenen Personen zu danken, welche diese in der einen oder anderen Form unterstützt haben.

Zunächst darf ich mich bei den Kollegen Prof. Dr. Othmar Hageneder, Prof. Dr. Heinz Löffler und Prof. Dr. Franz Kurt Weber dafür bedanken, daß sie mich auf Irrtümer in der ersten Auflage aufmerksam gemacht haben.

Mein spezieller Dank gilt folgenden Informationspartnern im Internet, welche mir umfangreiche Daten und Texte zur Verfügung gestellt haben: Gerhard Greiner, Délégué Général: Verband der öffentlichen Wirtschaft und Gemeinwirtschaft (VoWG); Dr. Michael Groier: Bundesanstalt für Bergbauernfragen; Mag. Hellmut Ritter: MA 66 – Statistisches Amt der Stadt Wien; Prof. Dr. Friedrich Schneider: Institut für Volkswirtschaftslehre, Univ. Linz; DI Klaus Wagner: Agrarwissenschaftliches Institut des BMfLuF.

Mein sehr herzlicher Dank geht ferner an Frau Dr. Katja Skodacsek für die sehr gewissenhafte Betreuung des Tabellenprogramms, Herrn DDr. Josef Kohlbacher für das gründliche Lektorat der neu geschriebenen Texte und – last, not least – an Frau Dr. Monika Streissler, welche den gesamten Umbruch mit äußerster Sorgfalt gelesen hat.

Schließlich geht mein Dank für die zügige Herausgabe der zweiten Auflage an die Wissenschaftliche Buchgesellschaft, besonders an den technischen Fachmann des Verlags, Herrn Karl Ferger, und an den Lektor der Reihe Geographie, Herrn Harald Vogel.

Wien, im Juni 2002
Elisabeth Lichtenberger

Historische Territorien

Aufnahme: Lichtenberger.

Bild 1: Kaiserlicher Adler, Emblem über Geschäft (abgerissen)

Überblick

■ ***Österreich ist ein Kleinstaat in der Europäischen Union, der zwei bedeutende historische Mehrwertpositionen besitzt:***
- die politisch-kulturelle Vergangenheit des Großreiches der Österreichisch-Ungarischen Monarchie,
- die Hauptstadt Wien als ehemalige Weltstadt und Eurometropole.

■ ***Seit der erstmaligen Nennung von „Ostarrichi" 996 hat Österreich mehrere grundlegende Veränderungen im räumlichen und staatsrechtlichen Kontext erfahren:***
- Die mittelalterliche Entwicklung unter den Babenbergern (976–1246) führte von der Mark zum Herzogtum (1156).
- Mit den Habsburgern (1282–1918) begann die Verbindung von Dynastie und Territorien. Als „Haus" Österreich schrieben die Habsburger europäische Geschichte, sie akkumulierten Königreiche, Herzogtümer, Grafschaften.
- Der Vielvölkerstaat Österreich-Ungarn zerbrach an der Nationalitätenfrage und wurde 1918 von den Siegermächten in Nachfolgestaaten aufgeteilt.
- Darunter war die Erste Republik, die 1938 in das Deutsche Reich eingegliedert wurde.
- Die Zweite Republik entstand 1945 zunächst unter der Kontrolle der Siegermächte und wurde von diesen 1955 als neutraler Staat anerkannt.

■ ***Die historisch-geographische Spurensuche reicht weit zurück und umfaßt:***
- die Persistenz von Siedlungsstandorten und Verkehrswegen aus dem Römischen Reich,
- das Erbe der Territorialstaaten des Mittelalters im Stadtsystem und in der ländlichen Kulturlandschaft,
- das ökonomische und bauliche Erbe der k.u.k. Monarchie.

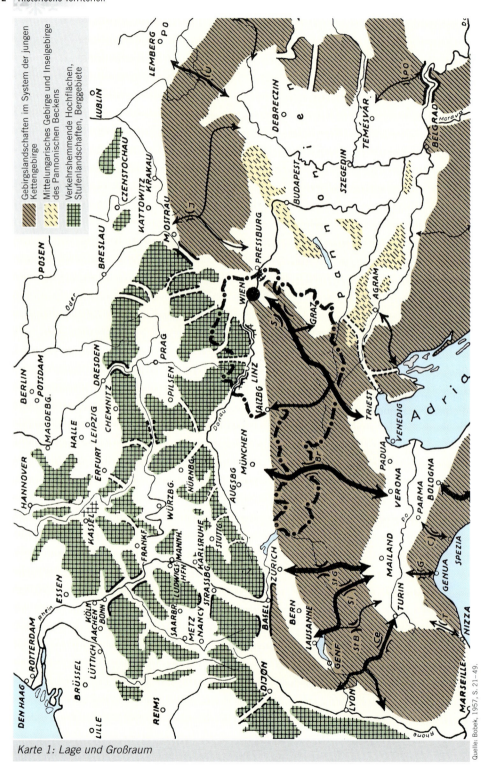

Karte 1: Lage und Großraum

Quelle: Bobek, 1957, S. 21–49.

Einleitung

Österreich bildet den Modellfall für ein territoriales Gebilde, welches im Laufe von Jahrhunderten sehr erhebliche Veränderungen sowohl im geographischen Umfang als auch in der staatsrechtlichen Strukturierung erfahren hat. Die Ausführungen umspannen daher einen weiten Zeitraum. Sie bedienen sich zweier Zugänge:

Erstens geht es um die Formen und Wandlungen des Österreich-Begriffes und damit um die historische Kette der Begriffe im jeweiligen räumlichen Kontext. Diese aufzuzeigen bedeutet jedoch keineswegs eine akademische Pflichtübung in politischer Geschichte, es soll vielmehr die Spannweite zwischen dem in Kulturtraditionen verhafteten, große Teile Europas umspannenden, „grenzenlos" gewordenen Begriff Österreich und der heutigen Existenz des Kleinstaates der Zweiten Republik verständlich gemacht werden.

Nur nach der Einwohnerzahl gemessen, wäre Österreich – mit über 2 % der Bevölkerung der EU – ein wenig bedeutender Kleinstaat im „Hause Europa", hätte es nicht zwei Mehrwertpositionen aufzuweisen: erstens die politische und kulturelle Vergangenheit eines Großreiches, von dem letztere noch außerhalb der engen Grenzen des Staates an vielen Orten lebendig geblieben ist, und zweitens eine Hauptstadt, die als ehemalige Weltstadt und als Eurometropole ebenfalls den Wirkungsgrad des Staates nicht nur in kultureller, sondern auch in ökonomischer Hinsicht ganz erheblich vergrößert.

Im zweiten Zugang werden unter Bezug auf die Veränderungen in Zeit und Raum jene historisch-geographischen Elemente und Entwicklungslinien herausgestellt, welche als Erbe der Vergangenheit noch im gegenwärtigen geographischen Kontext von Raum und Gesellschaft aufspürbar sind. Diese Spurensuche erfolgt sehr verkürzt, und zwar in Hinblick auf

- die Persistenz von Siedlungsstandorten und Verkehrswegen aus dem Römischen Reich,
- das Erbe der Territorialstaaten des Mittelalters im Stadtsystem und in der ländlichen Kulturlandschaft.

Das ökonomische und bauliche Erbe des Großreiches der k. u. k. Monarchie bildet ein eigenes Kapitel.

Die Zeitgeschichte beginnt mit der Ersten Republik in der Zwischenkriegszeit (1918 – 1938) und führt über die Jahre der Zugehörigkeit zum Deutschen Reich (1938 – 1945) bis zur Zweiten Republik herauf, wobei die Konsequenzen der zweimaligen geopolitischen Drehung des Staates, zunächst durch die Errichtung und dann durch die Beseitigung des Eisernen Vorhangs, besondere Beachtung verdienen.

Zwei Leitmotive ziehen sich durch die Darstellung und polarisieren diese gleichzeitig. Das erste Leitmotiv lautet: Der Staat Österreich ist jung, seine Länder sind alte historische Einheiten. Das zweite Leitmotiv bezieht sich auf den Gegensatz von Wien und Österreich. Es lautet: Der österreichische Staat ist ein Kleinstaat, seine Hauptstadt war die Weltstadt des Großreiches der k. u. k. Monarchie und ist heute eine Eurometropole. Aus beiden Gegensatzpaaren erwächst die historisch-politische Individualität von Österreich.

Die Lage des Staates in Mitteleuropa ist aus Karte 1 ersichtlich. Von den Großräumen der österreichisch-ungarischen Monarchie, welche das Böhmische Massiv, den Alpen- und Karpatenbogen, das Dinarische Gebirge und das gesamte Pannonische Becken sowie das nördliche Karpatenvorland umfaßten, verblieben nur der westliche Sektor, d. h. der Alpenanteil und der südliche Rand des Böhmischen Massivs (Mühlviertel, Waldviertel), bei Österreich.

Quelle: Österreichische Länderausstellung 1996, S. 47.

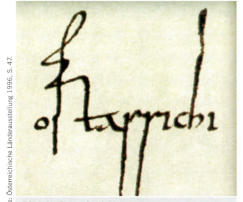

Bild 2: Ostarrichi-Urkunde

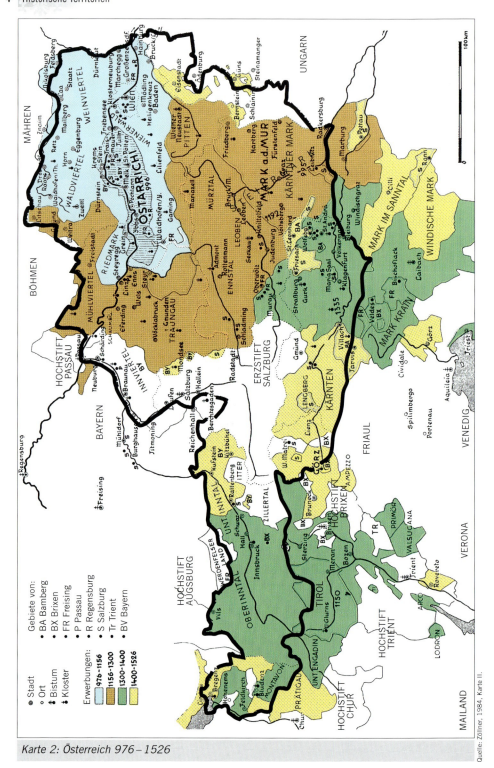

Karte 2: Österreich 976 – 1526

Quelle: Zöllner, 1984. Karte II.

Die historische Kette der Begriffe

Die historische Kette der Begriffe beginnt mit der Nennung Österreichs als „Ostarrichi" für einen bescheidenen Abschnitt des Alpenvorlandes in Niederösterreich im Jahr 996. Diese Gebietsbezeichnung wird unter den Babenbergern im Mittelalter schrittweise durch Erwerbungen auf das heutige Niederösterreich ausgedehnt (vgl. Karte 2). 1156 erfolgt die Rangerhöhung der Markgrafen zu Herzögen, die Mark wird zum Herzogtum Österreich.

Mit den Habsburgern entsteht neben dem territorialen Begriff eine weitere rechtliche Begrifflichkeit durch die Verbindung von Dynastie und Territorium als „Haus Österreich" bzw. – nahezu synonym dazu gebraucht – als „Herrschaft zu Österreich". Aufgrund der Bindung des Begriffs Österreich an die Dynastie entstehen durch die Teilungsverträge, zuerst im 14. Jahrhundert und dann nochmals im 16. Jahrhundert, „österreichische" Ländergruppen. Die Begriffe der „nieder-, inner- und vorderösterreichischen Länder" überschichten als neue räumliche Dachbegriffe ältere räumliche Bezeichnungen.

In der Neuzeit hat die Dynastie der Habsburger europäische Geschichte geschrieben. Als „österreichisch" wurde der zum Haus Österreich gehörende, über Europa verstreute Besitz der Habsburger umschrieben (vgl. Farbkarte 1).

Der Wandel zum Begriff „Monarchie Österreich" vollzog sich vor dem Hintergrund der Reformen des aufgeklärten Absolutismus, nämlich der Festlegung eines „administrativen Raumes" und eines „Rechtsraumes" Österreich unter Maria Theresia und Joseph II. im späten 18. Jahrhundert.

Das „Kaisertum Österreich" entstand mit der Herauslösung aus dem Deutschen Reich 1804/6. Der Ausgleich mit Ungarn 1867 brachte die Konstituierung der österreichisch-ungarischen Monarchie und die weitgehende Verselbständigung der ungarischen Reichshälfte. Sie wurde aufgrund der Lage des Staates in Mitteleuropa auch häufig als Donaumonarchie bezeichnet.

Der Zerfall der Monarchie 1918 ließ einen Reststaat entstehen, der in dieser Form vorher nie bestanden hatte. Es waren die Siegermächte, welche ihm den Namen gaben: „Republik Österreich".

„Ostarrichi"

Im Jahre 996 bestätigt eine Urkunde von Kaiser Otto III. dem Bistum Freising die Schenkung von Besitztümern in Neuhofen an der Ybbs „in regione vulgari vocabulo ostarrichi" (in der Gegend, die in der Volkssprache Österreich heißt), in der Mark und in der Grafschaft des Grafen Heinrich, des Sohnes von Markgraf Liutpold (vgl. Bild 2).

Es handelt sich hierbei um das Gebiet des Alpenvorlandes im heutigen Niederösterreich zwischen der Enns im Westen und der Traisen im Osten. In einer weiteren Urkunde aus dem Jahr 998 wird auch das Gebiet im Raum der Ysper im Norden der Donau in den Raumbegriff Ostarrichi eingeschlossen. In einer Urkunde von Kaiser Heinrich IV. 1074 wird die Bezeichnung „marcha Osterriche" verwendet, in welcher der Grenzcharakter der Babenbergermark zur Geltung kommt. In diesem Gebiet, welches längs der Achse des Alpenvorlandes, dem Donaulauf folgend, aufgeschlossen wurde, haben die bayerischen Herzöge bereits im Jahr 976 die Babenberger als Markgrafen eingesetzt.

Das Herzogtum Österreich

Das Geschlecht der Babenberger konnte schon im Laufe des 11. Jahrhunderts die adeligen Rivalen im Lande überflügeln und seine Stellung in der Mark Österreich festigen. 1156 gelang es Heinrich II. Jasomirgott in dem von Kaiser Friedrich Barbarossa ausgestellten Privilegium minus, sich von Bayern zu emanzipieren und das Herzogtum Österreich, den Ducatus Austriae, zu etablieren.

Darüber hinaus erfolgte im Herzogtum Österreich die Ausbildung eines mittelalterlichen Territorialstaates, eines „Landes", dessen Bewohner eigene Rechtsgewohnheiten, d.h. ein später aufgezeichnetes Landrecht, beachteten und gleichzeitig ein Landesbewußtsein (als Österreicher) entwickelten. Die Grafen, Hochfreien und Ministerialen traten in einem Landtaiding, dem obersten Gericht des Landes, zusammen, der Bindenschild als Landeswappen

Quelle: Scheuch, 1994, S. 51, Graphik Ledl.

Fig. 1: Inner-, Ober- und Vorderösterreich im 14. Jh.

entstand und symbolisierte die Einheit des Herzogtums Österreich. Umfangreiche Rodungen erschlossen neue Siedlungsräume beiderseits der Achse des Donaulaufes, nach Norden in das Böhmische Massiv hinein (Waldviertel) und nach Süden in die niederösterreichischen Voralpen (vgl. Karte 2). Gemäß dem Georgenberger Erbvertrag erbten die Babenberger nach dem Aussterben der Linie der Otakare im Jahr 1192 deren Besitzungen und Rechte in Oberösterreich und das Herzogtum Steiermark. Weitere Erwerbungen im heutigen Oberösterreich folgten. So erwarb Herzog Leopold VI. in den ersten Jahrzehnten des 13. Jahrhunderts die Städte Linz und Wels, Besitz im Machland (nördlich der Donau) und gründete Freistadt im Mühlviertel.

Der gebräuchliche Name für das hinzugewonnene Gebiet westlich der Enns war „Land ob der Enns". Daneben findet sich allerdings schon im 13. Jahrhundert auch die Bezeichnung „Austria superior" (oberes Österreich). Schon im 13. Jahrhundert hat der Unterlauf der Enns die Grenzfunktion zwischen dem Land „Österreich" und dem Land ob der Enns erhalten. Vorher wurde die Grenze etwa längs der Ybbs gezogen.

Als ein Beleg für die frühe Ausbildung von Ländern ist anzusehen, daß trotz der im ausgehenden 12. und im beginnenden 13. Jahrhundert erfolgten Erwerbung durch die Babenberger sowohl die Steiermark als auch das Land ob der Enns eigene Länder geblieben sind.

Das Haus Österreich

Der Begriff „Haus Österreich" wurde ebenso wie der etwas früher auftretende Begriff „Herrschaft zu Österreich" erst unter den Habsburgern verwendet, welche nach einer Zwischenetappe von König Ottokar von Böhmen 1282 die Nachfolge der Babenberger im Herzogtum Österreich (dem heutigen Niederösterreich), im Herzogtum Steiermark und im Land „ob der Enns" angetreten haben. Auf die erst allmähliche Verwurzelung der aus der Schweiz stammenden Habsburger, welche vorerst als Landfremde gegolten haben, soll hier nicht eingegangen werden. Schon im ersten Jahrzehnt des 14. Jahrhunderts galt das Herzogtum Österreich in den althabsburgischen Besitzungen im Südwesten des Deutschen Reiches als das Hauptland der Dynastie. Hier wurde auch die Formulierung „Herrschaft zu Österreich" gebraucht.

Der Begriff „Haus Österreich" ist vergleichbar dem Begriff „Herrschaft zu Österreich", darunter konnte sowohl die Dynastie als auch die Summe ihrer Herrschaftsrechte und (aber etwas seltener) eine Ansammlung von Territorien verstanden werden.

Die Habsburger galten als „Haus Österreich", und in dieser Form setzte sich der Begriff in verschiedenen europäischen Sprachen durch (im Französischen Maison d'Autriche, im Italienischen Casa d'Austria, im Spanischen Casa de Austria).

Die österreichischen Ländergruppen des späten Mittelalters und der frühen Neuzeit

Seit dem Ende des 13. Jahrhunderts besaßen die Habsburger ausgedehnte Herrschaften mit jedoch sehr unterschiedlichen territorialen, rechtlichen und nationalen Strukturen. Es war schwierig, diese in ihrer Gesamtheit zusammenzuhalten. Daher begann man durch verschiedene Verträge Ländergruppen als dynastische Zweige aufzuteilen. Derartige Herrschaftsteilungen erfolgten zuerst im sogenannten Neuberger Vertrag (Kloster Neuberg im Mürztal in der Steiermark) 1379, welcher die Epoche der spätmittelalterlichen habsburgischen Herrschaftsteilungen (1379 bis 1490) einleitete. Die Ländergruppen umfaßten:

- die sogenannten oberen Lande: Tirol und Vorarlberg bis ins Elsaß,
- die inneren Lande: Steiermark, Kärnten, Krain, Triest,
- die niederen Lande: dazu zählten das Land unter der Enns (Niederösterreich) und das Land ob der Enns (Oberösterreich) (vgl. Fig. 1).

Im Jahr 1490 wurden die 3 Ländergruppen unter Maximilian I. endgültig wieder vereinigt. Sie fanden jedoch nochmals, und zwar nach dem Tode Kaiser Ferdinands I. 1564, bei der Herrschaftsteilung unter dessen Söhnen, Berücksichtigung. Nach etwa 100jähriger Dauer kam diese neuzeitliche Epoche der habsburgisch-österreichischen Herrschaftsteilungen 1665 erneut zu einem Ende. Nicht unwichtig war jedoch die Einrichtung gemeinsamer Verwaltungszentren in diesem Zeitraum. So befanden sich von 1564 bis 1799 die innerösterreichischen Zentralbehörden in Graz. Hier wurde auch 1578 ein eigener Grazer Hofkriegsrat, mitbedingt durch die ständige Bedrohung der damaligen Ostgrenze des habsburgischen Territoriums durch das Osmanische Reich,

geschaffen und wenig später, 1585, die Grazer Universität gegründet.

Interesse verdient die Entwicklung in den oberen Landen. Hier hatte unter Maximilian I. das Land Tirol so sehr an Bedeutung gewonnen, daß man seit dem 16. Jahrhundert die im Westen davon gelegenen Länder zusammenfassend als Vorlande oder als Vorderösterreich bezeichnet hat. Dieses Vorderösterreich spielte in der Geschichte des alemannischen Südwestens der heutigen Bundesrepublik seit dem späteren Mittelalter bis in die napoleonische Zeit eine recht wichtige Rolle. Allerdings gelang es den Habsburgern nicht, in diesem Raum eine größere territoriale Einheit zu schaffen. Vier Hauptkomplexe von Vorderösterreich können unterschieden werden:

- das südliche Elsaß (mit dem Sundgau und als Verwaltungszentrum Ensisheim) und
- der Breisgau mit dem Schwarzwald;
- Österreichisch-Schwaben mit Herrschaften am Bodensee (seit 1548 die Stadt Konstanz) und
- Vorarlberg, soweit es habsburgisch war.

Der Sundgau ging 1648 an Frankreich verloren, der Regierungssitz wurde nach Freiburg verlegt. Während der Napoleonischen Kriege kamen in den Jahren 1804/6 die Besitzungen im Breisgau und im Schwarzwald an Baden, jene in Österreichisch-Schwaben 1815 an Württemberg und Bayern.

Vom „Haus Österreich" zur „Monarchie"

Das Haus Österreich hat ab der Neuzeit europäische Geschichte geschrieben und ein äußerst kompliziertes Herrschaftsgebilde, eine Vielzahl von Königreichen und Ländern erworben, darunter sehr viele aufgrund von Heiraten und Erbfolgeverträgen; zunächst unter Maximilian I. Burgund, dann 1526 die beiden Königreiche Böhmen und Ungarn, die erst später in Erbkönigreiche umgewandelt wurden, und zwar Böhmen 1627 und Ungarn 1687, wobei die Verfassungen weiterhin höchst unterschiedlich blieben.

Der Begriff „Haus Österreich" war somit insgesamt keineswegs eine konstante Größe. Er entsprach vielmehr einer dynastisch-politischen Bezeichnung für eine Art Fideikommiß-Konstruktion, d. h., durch Heirat, Schenkung, Vererbung, Kauf, Verkauf, Tausch und Verpfändung, durch Sieg und Niederlage im Krieg konnte der geographische Umfang des Hauses jederzeit verändert werden. Im folgenden die Liste der wichtigsten Veränderungen im 18. Jahrhundert (vgl. Farbkarte 1):

1714 (bis 1735) Neapel, Sizilien;
1735 (bis 1748) Parma, Piacenza
1714 (bis 1859) Lombardei;
1714 (bis 1797) Südliche Niederlande aus der spanischen Erbmasse;
1772 (bis 1918) Galizien, Lodomerien aus der Teilung Polens;
1775 (bis 1918) die Bukowina;
1779 das Innviertel zur Abrundung Oberösterreichs durch den Bayerischen Erbfolgekrieg;
1797 (bis 1866) Venetien;
1763 mußte das Haus Österreich unter Maria Theresia den Verlust Schlesiens, das seit 1526 im Besitz Österreichs gewesen war, an Friedrich II. von Preußen hinnehmen.

Die Länder des Hauses Österreich waren somit über Europa verstreut, die konfessionelle und ethnische Zugehörigkeit der Untertanen des Hauses Österreich entsprach damit annähernd dem, was heute als multikulturelle Gesellschaft im Rahmen der Europäischen Union wieder vereinigt wird (mit Ausnahme der Sprachen und Religionen auf den Britischen Inseln und in Nordeuropa).

Nach diesem Exkurs auf der politischen Landkarte zurück zum Begriff Österreich. Die Gleichzeitigkeit des Ungleichzeitigen spiegelt sich in der Nebeneinanderlagerung von drei Begriffsebenen ab dem 17. Jahrhundert, besonders ausgeprägt im 18. Jahrhundert, wider.

Der Territorialbegriff Österreich im engeren Sinn wurde im 18. Jahrhundert noch als Bezeichnung für das Erzherzogtum unter der Enns verwendet. Beschreibungen von Reisenden hoben „Österreich" von der Steiermark ab. Zahlreiche jüngere Belege wären anzuführen. Sie reichen bis in das 20. Jahrhundert, wo man bei sorgfältigem Studium der Kärtchen von N. Krebs in der Länderkunde über „Die Ostalpen und das heutige Österreich", welche 1928 erschienen ist, die räumlich enge Begriffsfassung der „österreichischen Alpen" – zugeschnit-

ten auf den Alpenanteil von Niederösterreich – entdecken kann.

Der Begriff „Haus Österreich" mit seinem dynastisch-patrimonialen Wortsinn stellte etwas völlig Einmaliges im Kreise der damaligen europäischen Großmächte dar. Damit wurde „österreichisch" als zum Hause Österreich gehörend gebräuchlich, unabhängig von ethnisch-religiöser Zugehörigkeit der betreffenden Bevölkerung. Der Begriff umschloß Territorien unterschiedlicher Größe, unterschiedlicher Verfassungen und unterschiedlicher Kulturen in Mittel-, Ost-, West- und Südeuropa, wobei die Intensität der Herrschaft von Land zu Land unterschiedlich war. Das Oberhaupt des Hauses Österreich war gleichzeitig der Besitzer, d. h., er konnte seine Herrschaft teilen und größere oder kleinere Teile wie Filialen von Familienmitgliedern gewissermaßen in deren Eigenregie regieren lassen. Im Laufe des 18. Jahrhunderts übernahm dann das Wort „Monarchie" die Führung in der Bezeichnungskette. Damit verband sich der Wandel im Zeichen des Reformwerks des Aufgeklärten Absolutismus. In dem Maße, in dem sich auf der großflächigen Landkarte Europas die österreichische Monarchie als eigenständige Großmacht vom Römisch-Deutschen Reich separierte, entstand im Inneren auf der Grundlage von zwei Gesetzgebungen der „Rechtsraum Österreich" durch die Reformen von Maria Theresia und Joseph II. Es handelt sich um die Gesetze über das Volksschulwesen 1774 und über den Warenhandel 1775 in den deutschen Erbländern, durch welche unifizierend und harmonisierend (um die Begriffe der Europäischen Union zu verwenden) eine einheitliche Gesetzgebung geschaffen wurde, welche zuerst in der Josephinischen Legistik 1787 und schließlich im Allgemeinen Bürgerlichen Gesetzbuch 1811 die Rechtsgemeinschaft der österreichischen Staatsbürger begründet hat.

Damit kam es zu einer „Territorialisierung" des ursprünglich komplexen Herrschaftsbegriffes. Dieser über zwei bis drei Generationen anhaltende Vorgang erhielt um 1780 in der erstmaligen kartographischen Aufnahme der Monarchie, im sogenannten „Josephinischen Kataster", eine räumlich einheitliche Grundlage. Wenig später erschien das sechsbändige „Geogra-

Quelle: Ignaz de Luca, 1791. Geographisches Handbuch von dem österreichischen Staate. Erster Band. Degen. Wien: 14f.

Länder	Einwohner	Länder	Einwohner
I. Österreichische Länder im Deutschen Reich	**11 153 475**	**II. Die Länder außerhalb des Deutschen Reiches**	**15 061 796**
Österreichischer Kreis	***4 773 009***	***Ungarn***	***7 500 000***
EHZ Österreich	1 888 000	Königreich	6 974 000
Land ob der Enns	620 000	KR Slavonien u.	
Land unter der Enns	1 268 000	HZ Syrmien	259 000
Innerösterreich	1 495 000	KR Kroatien u.	
HZ Steiermark	760 000	KR Dalmatien	267 000
HZ Krain und Istrien	440 000		
HZ Kärnten	295 000	***Siebenbürgen***	***1 490 000***
Friaul (1)	120 000		
gef. GR Tirol	430 000	***Polen (6)***	***3 267 987***
Vorlande	460 000		
Land Breisgau	160 000	***Bukowina***	***120 000***
Österr.-Schwaben (2)	146 000		
Vorarlberg (3)	96 000	***Italien***	***2 683 809***
		HZ Mailand	1 126 809
Burgundischer Kreis	***1 918 000***	HZ Mantua	1 340 000
HZ Brabant	560 000	GHZ Toscana	217 000
HZ Limburg	48 000		
HZ Luxemburg	358 000	**Österreichische Monarchie**	**26 215 271**
HZ Geldern	28 000		
GR Flandern	570 000		
GR Namur	94 000		
GR Hennegau	200 000		
GR Mecheln	26 000		
GR Doornik	34 000		
Oberrheinischer Kreis (4)	***4 200***		
Schwäbischer Kreis (5)	***4 000***		
Kein Reichskreis			
Königreich Böhmen	2 922 233		
MGRT Mähren	1 262 042		
HZ Schlesien	270 000		

KR	= Königreich,	GR	= Grafschaft,
EHZ	= Erzherzogtum,	LGR	= Landgrafschaft,
GHZ	= Großherzogtum,	MGR	= Markgrafschaft,
HZ	= Herzogtum,	MGRT	= Markgraftum,
gef. GR	= gefürstete	LV	= Landvogtei,
	Grafschaft,	HR	= Herrschaft.

(1) gef. GR Görz, gef. GR Gradisca, HR Tolmein, Flitscher Gebiet, Adrainer Gebiet.

(2) MGR Burgau, LGR Nellenburg, LV Altdorf u. Ravensburg, GR Hohenberg, fünf Donaustädte, Oberamt Tettnang (Stifte u. Städte).

(3) GR Feldkirch, GR Bregenz, GR Bludenz, GR Sonnenberg.

(4) GR Falkenstein.

(5) GR Hohenems.

(6) Galizien, Lodomerien.

Tab. 1: Die Länder des Hauses Österreich 1789

phische Handbuch" von den österreichischen Staaten von Ignaz de Luca (1746 bis 1799). Der Verfasser, ein Wiener, war der eigentliche Begründer der aus Geographie, Geschichte, Demographie und Wirtschaft vereinigten Staatenkunde auf der Grundlage erster statistischer Aussagen. Er zählte im Jahre 1791 auf: 5 Königreiche, 1 Erzherzogtum, 12 Herzogtümer, 1 Großherzogtum, 2 Markgrafschaften, 17 Grafschaften und 4 Herrschaften (vgl. Tab. 1).

Die Umgestaltung der traditionellen weltlichen und geistlichen Gebietsstrukturen und die Vereinheitlichung der Verwaltung erfolgten erstens durch die zentralistische Aufgabenzuteilung an die unteren

Gebietseinheiten, wie Volkszählung, Aufsicht und Finanzierung der Volksschulen und Armenfürsorge, zweitens über Werbe- und Rekrutierungsbezirke für die Armee und drittens über die Reorganisation der Pfarren und Diözesen.

Es ist viel zu wenig bekannt, welche umfassenden Leistungen durch diese Vereinheitlichung des Katasterwesens und des Verwaltungsaufbaus erfolgt sind. Die ehemaligen COMECON-Staaten, insbesondere Ungarn, Tschechien, die Slowakei und Slowenien, haben noch heute, wenn man von den Veränderungen durch das kommunistische System absieht, ähnliche Verwaltungs- und statistische Erhebungsprinzipien wie Österreich.

1775 erfolgte der Zusammenschluß der österreichischen und böhmischen Länder zu einem einheitlichen Zollgebiet ohne Binnengrenzen (ohne Tirol und die Vorlande).

1811 wurde durch das Bürgerliche Gesetzbuch ein homogenes österreichisches Rechtsgebiet geschaffen, wobei die österreichische Staatsbürgerschaft, die im wesentlichen ein Geburtsrecht war, alle Landeszugehörigkeiten gleichsam überdachte und, von der spezifischen konfessionellen und ethnischen Zugehörigkeit losgelöst, die Gleichheit vor dem Gesetz begründete. Allerdings war die Homogenisierung selbst an der Wende vom 18. zum 19. Jahrhundert noch nicht so weit fortgeschritten, daß man die Einwohner aller übrigen Länder schon als Österreicher und ihre Lebensart generell als österreichisch bezeichnet hätte.

Das Kaisertum Österreich und die österreichisch-ungarische Monarchie
1806 verzichtete das Haus Österreich auf die Römisch-Deutsche Kaiserkrone, die zwar eine hohe Ehre, aber schon lange keine echte Machtgrundlage mehr bedeutet hatte. Nach der Märzrevolution 1848 wurde die Verfassung des österreichischen Kaiserstaates verkündet, ohne Ungarn, die Lombardei und Venetien einzubeziehen. Der 1866 mit der Niederlage von Königgrätz verlorene Krieg mit Preußen machte den Ausgleich mit Ungarn erforderlich.

1867 erfolgte die Umgestaltung in die österreichisch-ungarische Monarchie. In Anknüpfung an die Pragmatische Sanktion wurden pragmatisch gemeinsame Angelegenheiten festgelegt: Hierzu zählten außer der Personalunion die Außenpolitik, das Heer- und Kriegswesen sowie die zur Kostendeckung der gemeinsamen Angelegenheiten notwendigen Finanzen, deren beiderseitige Anteile in den alle 10 Jahre abzuhaltenden Verhandlungen zu bestimmen waren. Von österreichischer Seite stellte man dabei die im Reichsrat vertretenen Königreiche und Länder (inoffiziell: Zisleithanien) Ungarn gegenüber, das lediglich Kroatien 1868 eine weitgehende Autonomie zubilligte.

Weitere Strukturprobleme bedingte der Berliner Kongreß mit der Okkupation von Bosnien und der Herzegowina im Jahr 1878. Beide Länder erhielten nach der Annexion 1908 einen Sonderstatus, wonach sie staatsrechtlich zu keiner der beiden Reichshälften, sondern zur Doppelmonarchie gehörten.

Die Republik Österreich
Der verlorene Erste Weltkrieg und der Friedensvertrag von Saint-Germain, der am 10.9. 1919 unterzeichnet wurde, brachten die Auflösung der Monarchie und die Einrichtung der Nachfolgestaaten. Der Name für den verbleibenden Reststaat, der in dieser Form niemals zuvor existiert hatte, wurde nach langen Verhandlungen und zahlreichen divergierenden Vorschlägen, auf die nicht eingegangen werden soll, von den Siegermächten mit „Republik Österreich" festgelegt. Mit dem Verfassungsgesetz vom 1.10.1920 wurde Österreich als Bundesstaat eingerichtet, Wien erhielt 1922 den Status eines eigenen Bundeslandes.

Historisch-geographische Spurensuche

Überblick

Die Darstellung der historischen Kette des Begriffes Österreich bietet die Grundlage für den zweiten Zugang der Darstellung, der die Aufgabe hat, unter Bezug auf die Veränderungen in Zeit und Raum jene historisch-geographischen Elemente und Entwicklungslinien herauszustellen, welche als Erbe der Vergangenheit noch im gegenwärtigen geographischen Kontext von Raum und Gesellschaft aufspürbar sind. Diese Spurensuche erfolgt sehr verkürzt und greift folgende Themen auf:

◼ die Persistenz von Siedlungsstandorten und Verkehrswegen aus dem Römischen Reich,

◼ das Erbe der Territorialstaaten des Mittelalters im Stadtsystem und in der ländlichen Kulturlandschaft,

◼ das ökonomische und bauliche Erbe des Großreiches der k. u. k. Monarchie.

◼ Aufstieg und Erbe der Weltstadt Wien.

Persistenz von Siedlungsstandorten und Verkehrswegen aus dem Römischen Reich

Der vorangegangene Exkurs über die historische Kette des Begriffes Österreich ist von der ersten urkundlichen Nennung des Namens ausgegangen und hat damit unter Bezug auf das Millenniumsjahr 1996 einen Nullpunkt der raum-zeitlichen Darstellung gewählt, der bei der Frage nach der Persistenz der räumlichen Muster des heutigen Staates, den Verkehrswegen und Standorten von Städten nicht beibehalten werden kann.

Die Kontinuität reicht tiefer in das Zeit-Raum-Spektrum zurück, und die Persistenz von Verkehrswegen, Siedlungsstandorten und Grenzen ist teilweise durch andere Faktoren bedingt als die Abfolge von dynastisch bestimmten historisch-politischen Raumbildungen, nämlich durch Veränderungen in den Grundstrukturen der Gesellschaft im umschriebenen Zeitrahmen.

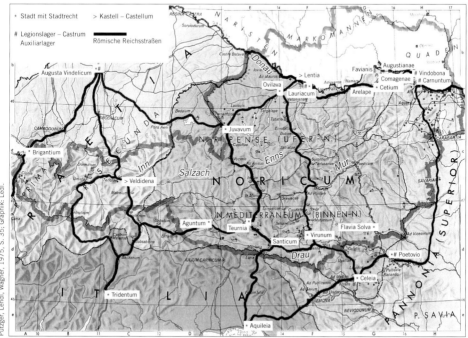

Fig. 2: Römische Vorläufer von Städten und Straßenzügen

Ein neues Schlagwort ist erforderlich. Es lautet: 2000 Jahre Kontinuität der Standorte von Städten. Im folgenden die Belege (vgl. Fig. 2).

Vor 2000 Jahren war Österreich bis zur Donau nach Norden hin ein Teil des Römischen Reiches und auf drei römische Provinzen aufgeteilt: Der Westen bis zum Zillertal gehörte zu Rätien, der zentrale Teil gehörte zur Provinz Noricum, welche bis zum Alpenabfall im Osten reichte, östlich davon schloß die Provinz Pannonien an. Längs des römischen Limes reihten sich Kastelle, östlich von Wien lag die um das Legionslager Carnuntum entstandene Zivilstadt, in der Zeit ihrer Blüte mit schätzungsweise 100 000 Einwohnern als antike Großstadt mit Trier vergleichbar.

Die Grundrisse der römischen Kastelle am Donau-Limes, bei einigen sogar die Hauptlagerstraßen, sind im heutigen Stadtplan von mehreren Städten noch deutlich zu erkennen, so in Eferding, Linz, Pöchlarn, Mautern, Traismauer, Tulln und Wien. Kleinere römische Wachstationen (Limes-Türme) haben in benachbarten früh- und hochmittelalterlichen Burgen Nachfolger erhalten, wie Ybbs und Melk. Städte mit Stadtrecht (Municipia) wie Cetium (St. Pölten) und Ovilava (Wels), die Hauptstadt von Ufernoricum, lagen an der dem Alpenvorland folgenden Reichsstraße von Vindobona (Wien) nach Juvavum (Salzburg).

Während in Ufernoricum und im Westabschnitt von Pannonia superior Siedlungskontinuität nachgewiesen werden kann, wurden in Binnennoricum (Kärnten, Steiermark) die römischen Städte zerstört, die direkte örtliche Nachfolge fehlt, jedoch besteht eine regionale Standortkontinuität, so von Klagenfurt mit dem nördlich gelegenen Virunum im Zollfeld, der Hauptstadt von Binnennoricum, von Villach mit Santicum, von Spittal an der Drau mit Teurnia, von Lienz in Osttirol mit Aguntum. In Tirol ist bei Innsbruck das Kastell Veldidena zu nennen, Bregenz in Vorarlberg entstand an der Stelle von Brigantium, einem Municipium.

Diese Auflistung belegt die örtliche bzw. regionale Standortkontinuität nahezu aller österreichischen Landeshauptstädte und Viertelshauptstädte seit der Römerzeit.

Eine Ausnahme bilden Graz, dessen Umgebung schon in vorrömischer Zeit dicht besiedelt war, und Eisenstadt, die kleine Hauptstadt des Burgenlandes. Die einzige römische Stadt der Steiermark, Flavia Solva, rund 35 km südlich von Graz unweit von Leibnitz, war nur eine bescheidene Provinzstadt, abseits der Reichsstraßen. Die Colonia Poetovio (Pettau, Ptuj) lag bereits in Pannonien und gehört seit 1918 nicht mehr zur Steiermark. Die Aussage für das Burgenland, daß es ein nahezu städteloses Bundesland darstellt, traf bereits für die römische Zeit zu. Andererseits finden sich im Nordburgenland und in der Oststeiermark östlich von Graz zahlreiche Reste attraktiver römischer Villen. Sie belegen die Villeggiaturen der Stadtbürger von Poetovio und von Carnuntum.

Bild 3: Römischer Reisewagen, Relief, Pfarrkirche, Maria Saal, Ktn.

Aufnahme: Lichtenberger.

Geht somit einerseits das hochrangige Zentrensystem in Österreich bereits auf römische Städte und Kastelle zurück, so gilt ähnliches für die heutigen Autobahnen, die im regionalen Verlauf zum Teil römische Reichsstraßen nachzeichnen. Dies gilt für die Westautobahn von Salzburg über Wels, Linz und St. Pölten bis Wien, ebenso für die Brennerautobahn durch das Inntal und über den Brenner nach Südtirol. Ebenso führte eine Römerstraße von Salzburg über den Radstädter Tauern und den Katschberg nach Teurnia (Spittal) und weiter über den Tarviser Sattel nach Aquileia an der Adria. Die römische Straße von Teurnia über Aguntum (Lienz) nach Tridentum (Trient) hat bisher im Pustertal noch keine Autobahnnachfolge gefunden. Die Nord-Süd-Verbindung von Ovilava (Wels) über den Pyhrnsattel, den Hohentauern und Neumarkter Sattel nach Virunum (vgl. Bild 3) – und damit die Verbindung von Oberösterreich nach Kärnten – fehlt heute ebenso wie die bereits von den Römern geschaffene Vernetzung der Katschberglinie mit der Norischen Senke und damit dem Kernraum der heutigen Obersteiermark. In Westtirol bestand ferner eine römische Reichsstraße von Augsburg über den Fernpaß und das Reschen-Scheideck als vierte Alpentransversale. Auch hier fehlt heute eine Autobahn.

Mittelalterliche Territorialpolitik und Kulturlandschaft

Die Donau war die militärische Nordgrenze des Römischen Reiches und gleichzeitig eine Kulturfront gegen Norden hin. Diese Rolle änderte sich im Mittelalter. Die Donau übernahm die Funktion der Verkehrsschiene für den nach Osten gerichteten Landesausbau. Eine Drehung der Kulturfront um 90 Grad erfolgte. Allerdings sind hierbei zwei Etappen zu unterscheiden. Der Landesausbau während der Karolingerzeit wurde nämlich durch den Sieg der Ungarn über die Bayern bei Preßburg 907 wieder zunichte gemacht, die Enns wurde neuerlich zur Ostgrenze des bayerischen Herzogtums. Erst mit der Schlacht auf dem Lechfeld 955 setzte erneut der Landesausbau ein.

Mit der Ennslinie ist eine wichtige Grenze des österreichischen Siedlungsraumes genannt, welche, vergleichbar der Elbe-Saale-Linie in der Bundesrepublik Deutschland, das karolingische Altsiedelland vom Kolonisationsraum der späteren Babenbergermark und damit die heutigen Bundesländer Ober- und Niederösterreich hinsichtlich der Agrarverfassung und der Flur- und Siedlungsformen ebenso unterscheidet wie das Bundesland Kärnten von der Kärntner Mark, dem Bundesland Steiermark.

In der Ausbildung der Landesherrschaften wurzelt der österreichische Föderalismus. Dieser komplizierte Prozeß der Ausbildung von Ländern wird im folgenden nachgezeichnet (vgl. Karte 2).

Das heutige Niederösterreich war Kern- und Ausgangsgebiet der politischen Machtentfaltung der Babenberger (976 – 1246). Der weit nach Osten bis ins Wiener Becken und damit in den Vorhof des pannonischen Raumes vorgeschobene Besitzblock wurde 1192 nach Westen durch das Ausgreifen in das Kerngebiet von Oberösterreich und nach Süden durch den Erwerb der Steiermark in den Alpenraum hinein vergrößert und arrondiert. Diese „zonale Erweiterungsstrategie der Babenberger" wurde unter den Habsburgern aufgegeben (seit 1282). Ihre Bestrebungen, die „österreichischen" Länder mit den Stammsitzen in der Schweiz und in Süddeutschland zu verbinden, führten zu einer raumgreifenden „Westorientierung der Hausmachtpolitik" mit dementsprechenden Erwerbungen, in denen – erstaunlich für ein Zeitalter des Pferde- und Wagenverkehrs – außerordentlich weite Distanzen überspielt wurden. 1335 wurde mit Kärnten die Abrundung des östlichen Alpenanteils zu „Innerösterreich" erzielt, 1363 mit dem Paßstaat Tirol ein lange Zeit isoliertes Glied nach Westen angefügt und schließlich im Laufe des 15. Jahrhunderts schrittweise durch Kauf ein Großteil von Vorarlberg erworben (vgl. unten).

Die lange West-Ost-Erstreckung des heutigen Staates von 573 km ist somit ein Erbe dieser mittelalterlichen Territorialpolitik der Habsburger.

Die Erwerbung der genannten Länder erfolgte zu einem Zeitpunkt, als die Ausbildung von Landesherrschaften schon weitgehend, wenn auch nicht vollständig zum Abschluß gekommen war und nur mehr einzelne Herrschaften wie die Grafen von Görz

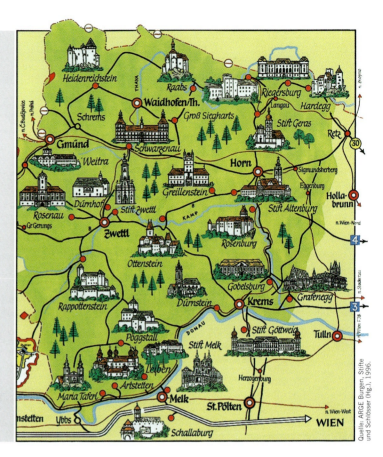

Bild 4: Prospekt der Tourismusregion Waldviertel, NÖ

Quelle: ARGE Burgen, Stifte und Schlösser (Hg.), 1996.

zu eigener Landesherrschaft aufgestiegen sind (vgl. unten). Dieser räumlich mehrgliedrige Vorgang hat in der Dreiheit von Fernstraßen, Stadtgründungen und dem Ausbau der ländlichen Siedlungen ein sehr kompliziertes und bis heute nachwirkendes kleinzügiges Mosaik des Kulturraumes geschaffen, wobei das Instrument von Stadtgründungen zur Absteckung von Territorien und zur Beherrschung der Verkehrslinien benützt wurde.

Landesausbau der Babenberger

Die Babenberger hatten die Chance, mit der Donaulinie auch gleichzeitig das Kernstück einer alten Städtekette reaktivieren zu können. Entsprechend dem Ausbau der agraren Kolonisation und des gewerblich-städtischen Lebens verlegten sie daher ihre Pfalzen etappenweise donauabwärts. Pfalzen und Burgen der Babenberger sind in Melk, Krems, Tulln und Klosterneuburg nachgewiesen, bevor sie ihre Burg 1156 nach Wien verlegten. Im Ausbau der ländlichen Siedlungen läßt sich die Entwicklungsreihe von den in karolingische Zeit zurückreichenden Weilern und Haufendörfern zu den Straßendörfern in der zweiten Hälfte des 10. Jahrhunderts verfolgen, im 11. Jahrhundert treten als Kolonisationsform die Angerdörfer hinzu. Die Flurform verändert sich, anstelle der unregelmäßigen Blockstreifenflur werden planmäßig angelegte Gewannfluren mit der Agrarverfassung der Dreifelderwirtschaft verwendet. Das Angerdorf ist der Siedlungstyp des Weinviertels und für das Gebiet der „Böhmischen Mark" zu beiden Seiten der Pulkau bis zur Thaya und für den nördlichen Teil der „Ungarischen Mark". Die vorgegebene einheitlich gelenkte und organisierte, nach festem Plan angelegte Siedlungslandschaft fehlt in den Altsiedelräumen von Oberösterreich und Kärnten, kennzeichnet jedoch die Flachlandschaften der Mittelsteiermark. Mit diesen Anlagen ist ein neues Wehrsystem verbunden gewesen, das Dorf wurde zur Wehreinheit. Nicht zu Unrecht hat man diese Gebiete als Vorläufer der späteren Militärgrenze gegen das Osmanische Reich bezeichnet. Wehrfähigkeit, Grenzverteidigung und Rodungsfreiheiten brachten den Bauern Vorrechte, dem Dorf in Form des sogenannten Dorfgerichtes die niedere Gerichtsbarkeit. Vom Weinviertel aus wird das Waldviertel aufgeschlossen, der südöstliche Ausläufer des Nordwaldes gegen Böhmen hin, in welchen vom Süden und Osten vorgedrungen wird. In diesem Reichsland erschließt das bedeutende Ministerialengeschlecht der Kuenringer die Gebiete am mittleren Kamp und errichtet sein „Hauskloster" Zwettl. Gelängefluren mit Zeilensiedlungen und schließlich Waldhufendörfer kennzeichnen die individualisierte Aufschließung des 12. Jahrhunderts. Eine Vorstellung von der mit der ländlichen Siedlung verknüpften Burgenkette und deren heutiger Vermarktung für den Tourismus bietet ein Prospekt der Tourismusregion Waldviertel (vgl. Bild 4).

Eine Burgenkette zieht sich ebenfalls am Abfall der Alpen gegen das Burgenland und die Steiermark entlang. Zur wehrhaften Sicherung des Landes entstanden Burgstädte, welche bewußt an der Nordostgrenze der Bayerischen und ebenso im Süden in der Karantanischen Mark angelegt wurden. Eggenburg, Horn und Zwettl im Waldviertel stammen aus dem frühen 12. Jahrhundert, an der Thaya Drosendorf und Waidhofen aus der zweiten Hälfte des 12. Jahrhunderts. In der Steiermark sind Hartberg und Fürstenfeld zu nennen.

Für die dritte Schicht von Städten mit Rechteckplatz und Schachbrettschema gibt Wiener Neustadt, 1194 an der Fernstraße nach Süden gegründet, das Vorbild ab, dem Bruck an der Leitha, Laa an der Thaya, Zistersdorf, Korneuburg, im letzten Drittel des 13. Jahrhunderts Marchegg und Retz folgen, Gmünd und Allentsteig vollenden den Wehrgürtel nach Norden.

Zu diesem Stadttyp gehören auch Friedberg, Hartberg, Weiz und Radkersburg in der Steiermark. Alle genannten Städte findet man als Bezirkshauptorte und Vertreter der mittleren Stufe der Zentralen Orte wieder.

Im Schatten der Territorialpolitik von (Nieder-)Österreich hat sich die Entwicklung von Oberösterreich vollzogen. Dabei bildete die fruchtbare Flußebene und Terrassenlandschaft des Traungaus als Teil des Alpenvorlandes an der Vereinigung von Donau, Traun und Enns bereits unter Karl dem Großen den Kernraum der unter den Karolingern vom Herzogtum Bayern abgetrennten bayerischen Ostmark. Bedeutende Klostergründungen (Kremsmünster, Mondsee) stammen aus der Karolingerzeit, auch im Muster von Siedlung und Flur unterscheidet sich Oberösterreich aufgrund der älteren Kolonisation wesentlich von Niederösterreich. Es dominieren unplanmäßige Kleinformen der Siedlung, Haufen- und Gruppenweiler ebenso wie Blockstreifenfluren in der Flurorganisation. Die Verselbständigung als „Land", d. h. die Abtrennung des Traungaus von der Steiermark, wurde endgültig 1254 durch König Ottokar von Böhmen durchgeführt, der andererseits durch zwei wichtige Stadtgründungen in der Obersteiermark, Bruck an der Mur und Leoben, die er neben Altsiedlungen errichten ließ, sein strategisches Geschick bewiesen hat.

Paßstaaten und Stadtgründungen

Die Entwicklung von Paßstaaten gehört zum Kennzeichen aller Hochgebirge. In Europa bietet die Schweiz den Prototyp einer mittelalterlichen Paßstaatbildung. Auch in den österreichischen Alpen sind derartige Entwicklungen erfolgt, durch welche einzelnen Pässen im Verbund von Talräumen und Becken eine zentrale Position zugemessen wird. Die österreichische politische Geschichte demonstriert recht nachdrücklich, daß Paßstaaten durch supranationale Entscheidungen gefährdete Gebilde darstellen.

Die Grafschaft Tirol und das Erzstift Salzburg haben die Funktion von Paßstaaten schon sehr früh wahrgenommen: Entsprechend der Kleinkammerung des Gebirgsraumes lassen sich in der Namensgebung zum Teil noch die älteren Grafschaftseinheiten feststellen, welche in etwa mit der Gliederung in Gaue identisch sind.

Zuerst das Beispiel Tirol. Im Inntal gab es drei Grafschaften: das Oberinntal von der Enge von Finstermünz bis zur Mellach-Mündung, anschließend das Unterinntal bis zum Zillertal, schließlich die dritte Inntaler Grafschaft (später auch als Landgrafschaft im Gebirge bezeichnet), deren politisches Geschick sich im späteren Mittelalter mehr im Rahmen der bayerischen als der Tiroler Geschichte abspielte. Hierzu gehörten die Herrschaften Kufstein, Rattenberg und Kitzbühel, welche erst 1504 an Tirol gekommen sind. Eigene Grafschaften bildeten der Vintschgau und das Pustertal. Das spätere Osttirol bildete einen Teil der Kärntner Lurngrafschaft und war unter den Grafen von Görz dabei, ein eigenes „Land" zu werden, was nur durch das Aussterben dieses Geschlechts nicht zustande kam. Das Außerferngebiet gehörte zum Herzogtum Schwaben, das Zillertal bis zur Säkularisierung zu Salzburg.

In der Herrschaftsbildung waren im Tiroler Raum beiderseits des Alpenhauptkammes zunächst die geistlichen Würdenträger führend. Im Laufe des Mittelalters setzten sich jedoch – anders als in Salzburg – die weltlichen Gewalten durch. Während der Salzburger Erzbischof die Vögte ausschalten konnte, vollzog sich im „Land im Gebirge", wie Tirol auch vielfach genannt wird, im Hochmittelalter der Aufstieg der Vögte zur Macht der Landesherrschaft. Die Grafen von Tirol (benannt nach der Burg bei Meran) besaßen die Vogteirechte über das Bistum Trient (mit oberem und mittlerem Etschtal), die Grafen von Andechs (auf Schloß Ambras bei Innsbruck) diejenigen über Brixen (im Inn- und Eisacktal). Um die Mitte des 13. Jahrhunderts gelang den Grafen von Tirol die Vereinigung dieser beiden Grafschaften. Damit vollzog sich die Verlagerung des Schwerpunkts vom Süden des Hauptkammes der Zentralalpen in Richtung auf die nördliche Längstalfurche des Inntals und damit auf Nordtirol.

Anders verlief die Entwicklung im Paßstaat Salzburg, welcher auf der Basis eines geistlichen Fürstentums entstanden ist. Bereits 798 wurde von Karl dem Großen das Bistum Salzburg zum Erzbistum erhöht. Es konnte schon im Jahre 811 gegen das Patriarchat Aquileia längs der Drau seinen Einflußraum abstecken. Wie man in der Landesgeschichte Kärntens nachlesen kann, wird dieser alten Erzbistumsgrenze große Bedeutung für die Erhaltung des windischen Volkstums südlich der Drau zugeschrieben. Im Westen reichte das Bistum Chur aus dem alemannischen Sprachraum

noch in das Oberinntal herein, in dem daher, anders als in den östlich gelegenen Talschaften Tirols, die Realteilung der bäuerlichen Betriebe aufgrund des römischen Rechts eingeführt wurde, eine für die heutige Kulturlandschaft wesentliche Tatsache.

Von Anfang an war das Erzbistum Salzburg mit umfangreichem Eigenbesitz – namentlich im Salzburger Flachgau und im Pongau – ausgestattet, der im Früh- und Hochmittelalter durch herzogliche und königliche Schenkungen erheblich erweitert wurde. Besondere Bedeutung hatte in dem waldreichen Gebiet auch der Forstbann insofern, als das gesamte Walddach über der bäuerlichen Streusiedlung im Gebirge in der Hand des Erzbistums verblieben ist, von dem es dann infolge der Säkularisierung zuerst an die Habsburger und von diesen an die österreichischen Bundesforste gekommen ist. Diesem enormen Grundbesitz hatte der weltliche Adel im Lande nichts Gleichwertiges entgegenzustellen, so daß es den Salzburger Erzbischöfen zwischen 1218 und 1229 gelingen konnte, die weltliche Vogteigewalt zu liquidieren. Auch die Bürger der Stadt Salzburg konnten sich gegenüber dem Regiment des Erzbischofs nicht durchsetzen, wie die städtebauliche Dominanz der Feste Hohensalzburg gegenüber der Bürgerstadt eindrucksvoll demonstriert (vgl. Bild 5).

Während im Lande Salzburg ein älteres Städtewesen (mit Ausnahme von Radstadt und Hallein) nahezu fehlt, liegen die Städtegründungen des Erzbistums heute durchwegs außerhalb des Bundeslandes. Sie zeichnen damit die Intentionen der von Norden nach Süden ausgreifenden Territorialpolitik des Erzbistums nach. Als westlichster, von Salzburg gegründeter Paßfußort über die Tauern liegt Matrei im Süden des Felbertauern (heute Autobahntunnel) in Osttirol; besondere Beachtung verdient der Ausgriff des Salzburger Erzbistums nach Kärnten hin, wo die Verkehrskontrolle über nahezu alle über die Tauern führenden Pässe durch Stadtgründungen gelungen ist. Hierzu gehörten: Gmünd im Süden des Katschbergs, Althofen und Friesach im Süden des Neumarkter Sattels und Maria Saal knapp vor den Toren der heutigen Landeshauptstadt Klagenfurt. In der Steiermark wurde Admont gegründet und über-

Aufnahme: Lichtenberger

*Bild 5: Salzburg
mit Hohensalzburg*

dies ein breiter Landstreifen südlich von Graz und westlich von Leibnitz durch die im Süden der Grenze gelegenen Orte Pettau und Friedau abgesichert.

Die aus der Verkehrsspannung zwischen dem Deutschen Reich und Italien in Nord-Süd-Richtung konfigurierten Paßstaaten Salzburg und Tirol konnten sich nicht bis in die neuere Zeit halten. Die Säkularisierung in der napoleonischen Zeit beendete die Existenz des geistlichen Fürstentums Salzburg. Es entstand das Kronland Salzburg als Teil der Monarchie, welches die aus dem Mittelalter stammenden Exklaven einbüßte.

Mit dem Argument, daß Hauptwasserscheiden natürliche Grenzen sind, wurde 1919 im Friedensvertrag von Saint-Germain die kulturelle und räumliche Einheit von Tirol, „dem Land im Gebirge", zerschlagen und die neue Grenze zwischen Italien und Österreich längs der Hauptwasserscheide und der Pässe (Brenner, Reschen-Scheideck) festgelegt. Mit dem Verlust von Südtirol zerfällt seither der bei Österreich verbliebene Teil in zwei voneinander getrennte Räume: Nordtirol und Osttirol. Bis zum Beitritt Österreichs zur EU verband ein Korridorzug die Landeshauptstadt Innsbruck mit Lienz, dem Bezirkshauptort von Osttirol.

Ein ähnlicher Versuch einer von Norden nach Süden ausgreifenden Paßstaatenpolitik läßt sich weiter östlich im 11. Jahrhundert im Raum von Oberösterreich feststellen, wo die Grafen im Traungau mit dem Sitz in Steyr seit etwa 1156 ebenfalls Stadtherren von Graz in der Steiermark waren. Der Name der Steiermark ist damit aus der Übertragung des Stadtnamens auf die ehemalige Mark des Herzogtums Kärnten entstanden. Es wurde schon darauf hingewiesen, daß mit dem Erlöschen des Geschlechts der Otakare beide Gebiete, die Steiermark und der Kernraum von Oberösterreich, an die Babenberger gelangt sind. Der Böhmenkönig Ottokar II. hat die Paßstaatkonfiguration unter den Traungauern beendet, indem er 1254 das Gebiet westlich der Enns mit dem Herzogtum Österreich vereinigte.

Stadtgründungen
externer geistlicher Herrschaften

Bedingt durch das Fehlen von Landeskirchen haben sich geistliche Herrschaften aus dem bayerischen und fränkischen Raum, begünstigt durch königliche Schenkungen, in die Territorialpolitik des heutigen österreichischen Raumes eingeschaltet. Dabei lassen sich interessante Übersprungeffekte gegenüber den oben genannten Stadtgründungen feststellen, wobei erneut der Kärntner Raum bevorzugt wurde. Hier gründete das Bistum Bamberg Villach im Westen des Klagenfurter Beckens und als bescheideneres Gegenstück dazu Griffen im Osten des Klagenfurter Beckens. Die Zugehörigkeit zum Bistum Bamberg bis 1759 hat andererseits der verkehrsmäßig so außerordentlich günstig positionierten Stadt Villach den Aufstieg zur Landeshauptstadt verwehrt. Bis heute sind daher Verkehrsprimat (Villach) und Administrationsprimat (Landeshauptstadt Klagenfurt) in Kärnten getrennt geblieben. Die Bamberger Bischöfe kontrollierten mit Villach einerseits den Nord-Süd-Verkehr längs des Drautales und mit ihrer Enklave Tarvis auch noch den Übergang nach Italien. Ebenso kontrollierten sie den östlichen Eingang nach Kärnten mit der Gründung St. Leonhard im Lavanttal. Als kaiserliche Schenkung erhielt das Hochstift Bamberg das Garstener Tal (mit Windischgarsten) und gründete das Hospital im nördlichen Fußort Spital über den wichtigen Pyhrnpaß (heute Autobahn Linz – Graz) in der Steiermark. Die bambergische Herrschaft endete 1802.

Die Bistümer Passau und Freising folgten mit ihren Städtegründungen dem Ausbau der Babenbergermark längs der Achse des Donauraums. Freising gründete Waidhofen an der Ybbs in Niederösterreich, ein späteres Zentrum der Kleineisenindustrie, und hatte damit Zugang zur Eisenverarbeitung; ferner gründete es die Silberbergbaustadt Oberwölz in der Obersteiermark, und mit Großenzersdorf östlich von Wien verband es die – nicht realisierte – Hoffnung, den östlichen Brückenkopf von Wien gegründet zu haben. Das Bistum Passau besaß die Stadtherrschaft von Eferding, Amstetten, Mautern und St. Pölten und hatte in Wien, vom Passauer Hof aus, beachtlichen Anteil am Donauhandel. Es begleitete die Verlegung der Babenbergerpfalzen durch Kirchengründungen von Melk über Tulln bis Wien und besaß hier das Patronat über die Hauptkirche von Wien, die Stephanskirche (vgl. Bild 6).

Damit ist eine sehr wichtige Relation zwischen Kirche und Landesfürsten offengelegt. Ungeachtet der Erhebung der Mark Österreich zum Herzogtum und der Loslösung von Bayern gelang es den Babenbergern nicht, sich aus der Abhängigkeit vom bayerischen Bistum Passau zu lösen; gleiches gilt für Kärnten und die Karantanische Mark (Steiermark) gegenüber Salzburg. In Österreich kam es nicht zur Ausbildung eines Landeskirchentums wie im Nordosten Deutschlands bzw. in den Nachbarstaaten Böhmen und Ungarn, welche mit dem Bistum Prag 973 und dem Erzbistum Gran 1001 schon sehr früh die kirchliche Eigenständigkeit erhalten hatten. Die ersten selbständigen österreichischen Diözesen entstanden 1469 mit Wien und Wiener Neustadt. Wien wurde 1722 Erzbistum und erhielt in den kirchlichen Reformen unter Joseph II. 1784 Oberösterreich und Niederösterreich, welche bis dahin dem Bistum Passau unterstanden, als Kirchenprovinz zugeteilt. Gleichzeitig wurde das damals noch „ausländische" Erzbistum Salzburg durch regionale Bistümer ersetzt (Seckau, Leoben in der Steiermark, Lavant, Gurk-Klagenfurt in Kärnten).

Bild 6: Stephanskirche in Hubers Vogelschauplan von Wien 1779

Sonderentwicklungen im Westen und Osten

Zwei Bundesländer blieben bisher außerhalb der Darstellung, nämlich Vorarlberg und das Burgenland. Beide haben erst im 20. Jahrhundert ihre Eigenständigkeit erhalten. Vorarlberg, das „Land vor dem Arlberg", besitzt in der historisch-territorialen Entwicklung eine ausgesprochene Sonderstellung. Erstens ist hervorzuheben, daß es sich um einen Anteil Österreichs am alemannischen Siedlungsraum handelt, der zweitens nicht wie andere Bundesländer auf dem Erbschaftswege, sondern durch Kauf stückweise an die Habsburger gelangt ist. Sie erwarben 1363 die Herrschaft Neuburg am Rhein, 1379 die Grafschaft Feldkirch, das Kerngebiet des Landes, 1394 Bludenz und das Montafon, 1397 Jagdberg, 1451 die südliche Hälfte der Grafschaft Bregenz und 1474 Sonnenberg, 1523 die andere Hälfte von Bregenz, 1765 Hohenems-Ebnit, 1804 Blumenegg und St. Gerold sowie 1814 Lustenau.

In der landständischen Verfassung bestanden schon ab dem 15. Jahrhundert wesentliche Unterschiede gegenüber den anderen österreichischen Ländern, da nur Bürger und Bauern im Landtag saßen, während in Tirol auch der Adel und die hohe Geistlichkeit vertreten waren, im übrigen Österreich (mit Ausnahme von Salzburg) bis zur liberalen Gesetzgebung nach 1848 die Bauern völlig fehlten. Erst 1919 erhielt Vorarlberg eine eigene Landesverfassung.

Das Burgenland ist das jüngste österreichische Bundesland und gelangte erst nach dem Ersten Weltkrieg als Hauptteil des deutschsprachigen Teils Westungarns 1921 an Österreich. Es bildet daher eine schmale langgestreckte Gebirgsrandzone der Ostalpen, vom Leithagebirge im Norden bis zum Oststeirischen Hügelland im Süden. Als einstige westliche Randzone von Ungarn war das Burgenland in Übereinstimmung mit den Abdachungs- und Entwässerungsrichtungen in Hinblick auf den Verkehr und das Städtewesen dorthin ausgerichtet. Aufgrund der Abstimmungsergebnisse verblieb die Stadt Ödenburg bei Ungarn, und das Burgenland wurde daher durch die Grenzziehung zu einem nahezu städtelosen Bundesland. Die Hauptstadt Eisenstadt ist eine kleine ehemalige Residenzstadt der Fürsten Esterházy.

Ökonomisches und bauliches Erbe der k. u. k. Monarchie

Die Effekte der Reichsbildung

Der Aufstieg Österreichs zu einem Großreich in der Neuzeit hatte wesentliche räumliche Konsequenzen. Die mittelalterliche Territorialentwicklung, auf welche ein kleinzügiges Muster von Städten, Klöstern, Stiften und Burgen zurückgeht, war zu Ende, sie versteinerte gleichsam in den nicht von Kriegswirren bedrohten Gebieten in den folgenden Jahrhunderten, ausgenommen dort, wo neue Verkehrstrassen und wirtschaftliche Aktivitäten der auf Wien zentrierten und von dort ausgehenden Initiativen hingereicht haben bzw. natürliche Ressourcen, wie Salz und Eisen, die weitere Ausformung regionaler Wirtschaftsräume begünstigten.

Die West-Ost-Differenzierung des Staates, welche noch öfter angesprochen werden wird, kommt in der Spurensuche insofern zutage, als im Westen noch positive wirtschaftliche Entwicklungen, gegründet auf den Edelmetall-Bergbau, einige Jahrzehnte im 16. Jahrhundert weiterliefen, während sich Wien seit der Schlacht von Mohacs 1526 und der Eroberung Ungarns durch das Osmanische Reich, von den Habsburgern zeitweise als Residenz aufgegeben, zunächst 1529 und dann ein zweites Mal 1683 als „Bollwerk der Christenheit" gegenüber dem Islam zu bewähren hatte. Erst dann kam die eineinhalb Jahrhunderte knapp östlich von Wien gelegene politische und kulturelle Grenze zwischen Österreich und dem Osmanischen Reich wieder in Bewegung. Unter dem Feldherrn Prinz Eugen gelang die Rückeroberung Ungarns und die Zurückdrängung der Osmanen in Südosteuropa.

Dieser Ausgriff in die Weite des pannonischen Raumes brachte insgesamt eine Schwerpunktverschiebung im Rahmen der Monarchie mit sich, wobei der schrittweise Rückbau an der Rheinfront und der Verlust von Territorien in Vorderösterreich und andererseits der Ausbau des Habsburgerreiches in Ostmitteleuropa teilweise synchron abgelaufen sind.

Durch die Reichsbildung auf der Grundlage des aufgeklärten Absolutismus entstanden neue organisatorische, gesellschaftliche und ökonomische Strukturen. Auf den Verwaltungsaufbau, das Katasterwesen, die Ausbildung einer Militärkartographie wurde oben hingewiesen. Die Seelenstandsaufnahmen der Pfarren, von denen viele unter Joseph II. entsprechend der neuen Pfarrorganisation erst eingerichtet wurden, boten die ersten Angaben für die politische Arithmetik des sich etablierenden modernen Staates. Eine erste Volkszählung unter Maria Theresia gestattet es, Angaben über die Einwohnerzahlen der Kronländer der Monarchie zu machen. Legt man die Meßlatte der Bevölkerungszahl zugrunde, so hatte der heutige Staat hierbei nur einen bescheidenen Stellenwert. Bei der ersten Zählung 1756 entfiel auf das heutige Österreich nur rund ein Achtel der Einwohnerzahl des damaligen Habsburgerreiches (vgl. Tab. 2).

In den großen Fernwanderungen verblieb es im Windschatten einer „Overspill-Bewegung", die, über das heutige Staatsgebiet hinweggreifend, Kolonisten aus den übervölkerten Gebieten im Westen Deutschlands auf den sogenannten „Ulmer Schachteln" donauabwärts in die Weite des z. T. völlig entvölkerten ungarischen Tieflandes gebracht hat. Nur die Reichshaupt- und Re-

Jahr	Heutiges Österreich	Böhmen Mähren	Galizien Bukowina	Ungarn	Gesamt
1800	3 064	6 536	3 700	10 000	23 300
1840	3 650	8 513	5 100	12 800	30 063
1870	4 498	10 059	6 043	15 620	36 220
1890	5 417	12 152	7 260	17 475	39 304
1900	6 004	12 100	8 046	19 254	45 404
1910	6 648	13 148	8 775	20 886	49 457

Tab. 2: Die Entwicklung der Einwohnerzahlen der Reichsteile der Monarchie 1800–1910 (in Tausend)

Quellen: Ploetz, 1965, S. 25 und S. 97; Statistisches Jahrbuch der Republik Österreich, 1995, S. 14.

sidenzstadt Wien konnte aus dieser West-Ost-Wanderung Handwerker und Gewerbetreibende als Neusiedler für den barocken Suburbanisierungsprozeß akquirieren.

Die Aufbruchs- und Aufbaustimmung mehrerer Generationen führte zu einer enormen Bautätigkeit, Jahrzehnte hindurch hat die Bevölkerung „vom und für das Bauen" gelebt. Die neue Baugesinnung des österreichischen Barock hat sich von der Hauptstadt Wien ausgehend über den gesamten Raum des Reiches ausgebreitet und nicht nur die bürgerliche Bautätigkeit in den kleinen Städten, sondern auch den Sakralbau im ländlichen Raum tiefgreifend beeinflußt. Allerdings blieben manche Bundesländer, wie u. a. Kärnten, aber auch Teile der Obersteiermark und Westösterreichs, wie die Architektur der Kirchenbauten belegt, im Schatten dieser Entwicklung.

Der in Neuorganisation befindliche Staat schaltete sich in die Wirtschaft ein, der Aufbau der großen staatlichen Manufakturen hatte Neusiedlungen in bis dahin unerschlossenen, hoch gelegenen Teilen des Mühlviertels und Waldviertels zur Folge. Mit der planmäßigen Anlage von Webersiedlungen wurden sozioökonomische Doppelexistenzen von Kleinstlandwirten und Heimhandwerkern geschaffen, als eine Art Prototyp des österreichischen Nebenerwerbslandwirts der Gegenwart.

Ein wesentliches Gerüst für die Großorganisation der Produktion bildeten die Kommerzialstraßen. Sie können zu Recht als „Autobahnen des Manufakturzeitalters" bezeichnet werden. Sie entstanden ein halbes Jahrhundert vor den „Routes Napoléon" in Frankreich und führten als neue Trassen geradlinig am älteren Siedlungsnetz vorbei, in dem schon damals eine viel zu wenig beachtete erste Eliminierung der untersten Ebene zentraler Einrichtungen stattgefunden hat.

Wien saß wie die Spinne im Netz inmitten des neu aufgebauten Straßenfächers mit der Triester Straße zum Hafen der Monarchie, Triest, der ungarischen Landstraße als Verbindung mit Budapest, der Prager Straße als Verbindung nach Prag, der Hauptstadt von Böhmen, der Brünner Straße als Verbindung nach Brünn, der Hauptstadt von Mähren, und der Linzer Straße nach Linz, dem Sitz der Stände des Kronlandes Ob der Enns. Die Bezeichnung Linzer Stra-

ße verweist uns darauf, daß eine durchgehende Verbindung nach den westlichen Vorlanden nicht bestanden hat. Salzburg gehörte damals noch nicht zu Österreich (!).

Industrialisierung und historische Industriegebiete

Das Verkehrsprimat von Wien kam auch bei der im 19. Jahrhundert einsetzenden Industrialisierung zum Tragen. Die Napoleonischen Kriege mit der Kontinentalsperre Europas gegen britische Textilwaren brachten die Begründung des Textilreviers im Wiener Becken. Während durch kaiserliche Verfügung die Niederlassung der Industrie im Wiener Stadtgebiet bis herauf zur Revolution 1848 verboten war, bildete sich vor den Toren Wiens seit der Mitte des 18. Jahrhunderts das größte und vielseitigste Industriegebiet Österreichs, in dem jede Industrialisierungswelle ihre Spuren hinterlassen hat. Hier entstanden bereits im 18. Jahrhundert die Großmanufakturen in Schwechat und Ebreichsdorf. Nach 1802 wurden in wenigen Jahren über 50 Spinnfabriken, darunter in Pottendorf und Schwadorf, nach sehr ähnlichem Muster gegründet, wobei man aus Großbritannien nicht nur die Fachleute und Ingenieure, sondern

Aufnahme: Lichtenberger

Bild 7: Floßofen in Vordernberg, Stmk.

Bild 8: Hochofen in Vordernberg, Stmk.

Aufnahme: Lichtenberger.

Bild 9: Hammerwerk in Ybbsitz, NÖ

Aufnahme: Lichtenberger.

Bild 10: Haus eines Eisenhändlers in Waidhofen an der Ybbs, NÖ

Aufnahme: Lichtenberger.

auch die technischen und baulichen Modelle für die neuen Fabriksanlagen bezog.

Unabhängig von den Agglomerationseffekten von Wien entstand im regionalen Kontext der natürlichen Ressourcen von Wald und Eisen im Anschluß an den steirischen Erzberg die sogenannte Eisenwurzen, die ausgedehnte Teile der östlichen Alpen umfaßte, darunter die Voralpentäler der Enns, Ybbs und Erlauf in Niederösterreich, der Krems und Steyr in Oberösterreich sowie die ins Wiener Becken einmündenden Täler der Triesting und Piesting. Die Anfänge der Eisenwurzen reichen ins Mittelalter zurück. Sie gehörte im 16. Jahrhundert zu den Zentren der europäischen Kleineisenindustrie.

Klöster beteiligten sich als Unternehmer (z. B. Lilienfeld, Seitenstetten in Niederösterreich), geistliche und weltliche Fürsten (Freisinger, Habsburger) schalteten sich ein, der Provianthandel längs der sogenannten Dreimärkte-Straße an der Grenze zwischen den Alpen und dem Alpenvorland (Gresten, Scheibbs, Purgstall) wurde organisiert. Die Blütezeit reichte vom ausgehenden 18. Jahrhundert bis zur Mitte des 19. Jahrhunderts. Die Betriebe schlossen sich im Süden des Erzberges zur sogenannten Vordernberger Gewerkschaft und im Norden zur Innerberger Gewerkschaft zusammen. Ihre Produkte wurden selbst nach Rußland und in das Osmanische Reich exportiert. Der technologische Fortschritt des Bessemerverfahrens bei der Stahlproduktion führte im letzten Drittel des 19. Jahrhunderts zu einer großbetrieblichen Konzentration und zu einem Niedergang der traditionellen Kleineisenindustrie. Es erfolgte einerseits eine Revierbildung in der Mur-Mürz-Furche innerhalb des Gebirges und andererseits eine Verlegung der neuen Großunternehmen an den Alpenrand im Norden (Waidhofen in Niederösterreich, Steyr in Oberösterreich), nach Osten ins Wiener Becken (Ternitz) und nach Süden an den steirischen Alpenrand (Raum von Graz).

Die Landschaft ist voll von Bauresten der frühindustriellen Blütezeit: alten Hochöfen (Altenmarkt an der Enns), Sensen- und Hammerwerken, Hammerherrenhäusern, Schmiedegesellenkeuschen, großen Getreidekästen, Eisenmagazinen usw. Der österreichische Föderalismus unternimmt es nunmehr, zum Teil zu spät, dieses bauliche Erbe im Rahmen der Bewegung zur Erhaltung historischer europäischer Kulturlandschaften zu sichern. Eine Großausstellung in Leoben 1998 unter Partizipation aller Gemeinden des Raums der ehemaligen Kleineisenindustrie in Niederösterreich, Oberösterreich und der Steiermark hat zweifellos dem Kulturtourismus an der Eisenstraße einen Auftrieb verliehen (vgl. Bilder 7, 8, 9, 10).

Mit Ausnahme der ansehnlichen Textilindustrie in Vorarlberg, welche auf den mittelalterlichen Traditionen des Bodenseeraumes fußt, war die gesamte Großindustrie Österreichs vor dem Zerfall der Monarchie im Osten des Landes, in der Obersteiermark, in den Industrieorten des niederösterreichischen Alpenvorlandes und im Wiener Becken sowie in der Wiener Agglomeration konzentriert. Zwei Faktoren spielten hierbei eine Rolle: erstens die erneut auf Wien zentrierte Errichtung von Bahnen im Zusammenhang mit der Industrialisierung in der Gründerzeit, zweitens die seit dem Ausgleich mit Ungarn getrennte Wirtschaftspolitik zwischen den beiden Reichshälften, welche die Industrieproduktion der westlichen Reichshälfte, die Agrarproduktion dagegen der östlichen, ungarischen Reichshälfte zugewiesen hat. Die Konsequenzen dieser Politik sind bis heute eindrucksvoll längs des bescheidenen Flüßchens der Leitha zu sehen, welches von 1046 bis 1921 als eine der stabilsten Grenzen in Mitteleuropa Österreich von Ungarn trennte. Das bis 1921 zu Ungarn gehörende Burgenland ist bis heute ein industriearmes Bundesland geblieben, trotz aller Bemühungen, mittels staatlicher Industrieansiedlungsprogramme Industriebetriebe in den Agrarraum zu bringen.

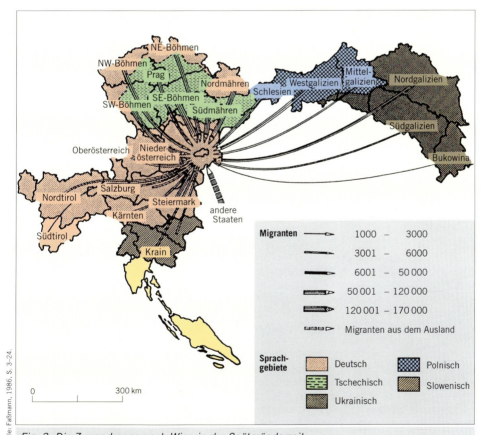

Quelle: Faßmann, 1986, S. 3–24.

Fig. 3: Die Zuwanderung nach Wien in der Spätgründerzeit

Bild 11: Wiener Ringstraße

Quelle: Tietze, 1931, Abb. 46; in: Lichtenberger, 1993b, S. 73.

Bild 12: Wiener Hofburg

Quelle: Lichtenberger, 1977, S. 16f.

Weltstadt Wien: Aufstieg und Erbe

Wachstum und Herkunft der Bevölkerung

Der Wachstumsprozeß der Monarchie, für den die Eckdaten der Einwohnerzahlen mit 17 Mio. um die Mitte des 18. Jahrhunderts und 52 Mio. vor dem Ausbruch des Ersten Weltkriegs eine Verdreifachung der Bevölkerungszahl belegen, wurde durch das Wachstum von Wien weit übertroffen. Die Reichshaupt- und Residenzstadt wuchs im gleichen Zeitraum um das Zehnfache, d. h. von rund 200 000 auf 2 Mio. Einwohner. Sie entsprach dem Modell der Primate City, mit dem Regierungsprimat eines Großreiches, dazu kam das Verkehrsprimat, zuerst durch den Bau der Kommerzialstraßen, später durch den Bau der ebenfalls von Wien radial ausstrahlenden Bahnlinien und das Primat auf dem tertiären Sektor der Wirtschaft, vor allem dem Bankenwesen.

Budapest und Prag, welche im Metropolendreieck von Mitteleuropa heute in Konkurrenz zu Wien stehen, konnten in der Gründerzeit nicht mithalten. Allerdings hat die ungarische Hauptstadt Wien seither überholt, Prag ist dies nicht gelungen (vgl. Tab. 3).

Das Bevölkerungswachstum von Wien war in der gesamten Neuzeit stets durch Fernwanderungen bestimmt, wobei sich das Herauswachsen des Staates aus dem Deutschen Reich sehr deutlich mittels der Periodisierung der Herkunftsgebiete der Bevölkerung verfolgen läßt. Während vom Mittelalter bis herauf zur ersten Hälfte des 18. Jahrhunderts die Donau die Leitschiene blieb, welche die Zuwanderer aus dem südwestdeutschen Raum und vor allem Gewerbetreibende nach Wien brachte, wurden mit den administrativen Reformen der Kaiserin Maria Theresia, welche Böhmen und Mähren einschlossen, die Sudetenländer das Hauptherkunftsland der Zuwanderer. Von dort kamen Unternehmer, Kaufleute, Beamte.

Mit dem Bahnbau ab der Mitte des 19. Jahrhunderts veränderte sich das Herkunftsgebiet, und es erhöhte sich der Anteil der fremdsprachigen Migranten. Diese stammten zum Großteil aus den übervölkerten Agrarräumen Böhmens und Mährens. Sie stellten das Dienstpersonal des Adels und Bürgertums und trugen den Aufbau des „vierten" Standes, der Industriearbeiterschaft. Kleingewerbetreibende und Handwerker kamen aus den Provinzzentren und Marktstädten (vgl. Fig. 3).

Der Ausgleich mit Ungarn reduzierte das Herkunftsgebiet der Bevölkerung der Metropole auf die österreichische Reichshälfte. Zu dieser gehörte auch Galizien. Von dort strömten seit den 90er Jahren des 19. Jahrhunderts vor allem jüdische Zuwanderer nach Wien. Sie beherrschten rasch den Bekleidungssektor sowie einen Großteil des Einzelhandels und sonderten sich deutlich von einer schon älteren jüdischen Einwohnerschaft ab, die dank der Toleranzgesetze von Joseph II. seit 1783 vielfach zu dominierender Position in den freien Berufen, unter anderem als Fachärzte, Rechtsanwälte und Journalisten, aufgestiegen war. Um die Wende vom 19. zum 20. Jahrhundert war Wien ein Schmelztiegel von sehr verschiedenen ethnischen, aber auch religiösen Gruppen geworden, vergleichbar amerikanischen Städten, mit einem Anteil von über zwei Dritteln fremdsprachiger Zuwanderer.

Die Wiener Ringstraße

Diese eine Seite der Medaille, nämlich die Zuwanderung von Bevölkerung in der Gründerzeit, ist heute noch im Telefonverzeichnis von Wien mit der überwältigenden Mehrheit von nichtdeutschen Namen deutlich ablesbar. Die andere Seite bildet die

	1800	1850	1880	1900	1910	1960	2001
Wien	*247*	*444*	*726*	*1675*	*2030*	*1627*	*1563*
Budapest	54	178	371	732	880	1807	1775
Prag	75	118	162	202	225	1000	1178

Tab. 3: Die Zahl der Einwohner von Wien, Budapest und Prag von 1800–2001 (in Tausend)

Quellen: Lichtenberger, 1993a, S. 18; www.oestat.gv.at; www.ksh.hu; www.czso.cz.

beeindruckende Leistung der Architektur und des Städtebaus.

Die Errichtung des glanzvollen Schaustückes der Ringstraße bot dem Staat das repräsentative Forum für die Symbole der politischen und kulturellen Macht; hier entstanden Parlament, Rathaus, Universitäten, Museen, Oper und Burgtheater, ebenso wie das Kaiserforum der Hofburg, bei dem allerdings infolge des Ausbruchs des Ersten Weltkriegs der zweite Flügel nicht mehr errichtet werden konnte, so daß die Schließung des Forums mit Museen und Hofstallungen unterblieb (vgl. Bilder 11, 12).

Es war ein historisch gebildetes Zeitalter, das baute. Man wählte das Stilkleid der griechischen Antike für das Parlament, orientierte sich beim Rathaus an den Vorbildern

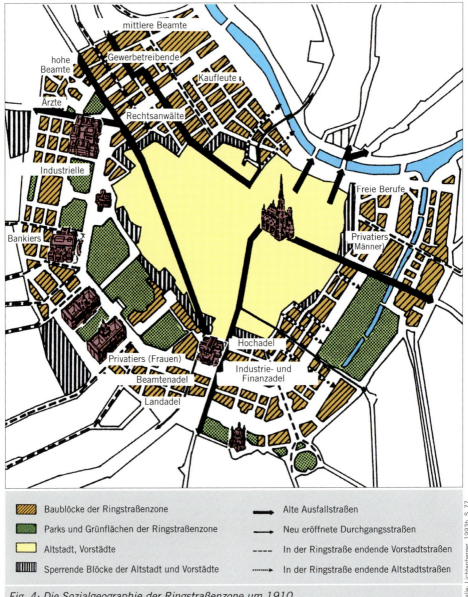

mittlere Beamte
hohe Beamte
Gewerbetreibende
Kaufleute
Ärzte
Rechtsanwälte
Industrielle
Freie Berufe
Bankiers
Privatiers (Männer)
Privatiers (Frauen)
Hochadel
Industrie- und Finanzadel
Beamtenadel
Landadel

Baublöcke der Ringstraßenzone	Alte Ausfallstraßen
Parks und Grünflächen der Ringstraßenzone	Neu eröffnete Durchgangsstraßen
Altstadt, Vorstädte	In der Ringstraße endende Vorstadtstraßen
Sperrende Blöcke der Altstadt und Vorstädte	In der Ringstraße endende Altstadtstraßen

Fig. 4: Die Sozialgeographie der Ringstraßenzone um 1910

Quelle: Lichtenberger, 1993b, S. 77.

der freien Reichsstädte des Mittelalters und folgte bei der Universität der Baugesinnung der italienischen Renaissance.

Die Sozialgeographie der Ringstraßenzone um 1910 bietet einen Beleg für die Gentrifizierung des ehemaligen Glacis, auf dem sie errichtet wurde (vgl. Fig. 4).

Die Nobelmiethäuser der Ringstraße wurden zum Wohnstandort der bürgerlichen Oberschicht, der Bankiers und Unternehmer, des Bildungsbürgertums, von Angehörigen der freien Berufe, Ärzten und Rechtsanwälten. In der städtebaulichen Konzeption nicht vorgesehen war ihre Umwidmung in Zentralbüros der Schwerindustrie, der Berg- und Hüttenwerke, der Generalrepräsentanzen des Geld- und Versicherungswesens.

Die Anlage der Ringstraße blieb die erste und letzte Großtat des Herrscherhauses in der Hauptstadt. Anders als die französischen Könige, später die Hohenzollern und die Wittelsbacher haben sich die Habsburger, deren Familie zahlreiche musisch interessierte und talentierte Mitglieder zählte, in städtebaulichen Fragen nicht engagiert.

Die technische Großleistung der Planung des Reiches in der Hauptstadt, welche nach der Fertigstellung des Suezkanals die Maschinen von dort nach Wien bringen ließ, um das verwilderte Strombett der Donau, des größten Flusses in Europa, zu regulieren, blieb eine Angelegenheit von Beamten und Bauingenieuren. 50 000 Arbeitskräfte waren am Werk, in nur vier Jahren (1870 bis 1874) entstand die „Neue Donau"!

Kronländer	Fläche km²	Einwohner Tausend	Hauptstadt
Österreichische Reichshälfte	**300 004**	**29 193,3**	**Wien**
Österreich unter der Enns (NÖ)	19 825	3 635,0	Wien
Österreich ob der Enns (OÖ)	11 982	864,0	Linz
Steiermark	22 425	1 467,8	Graz
Kärnten	10 326	406,2	Klagenfurt
Salzburg	7 153	221,3	Salzburg
Tirol	26 683	979,7	Innsbruck
Vorarlberg	2 602	150,8	Bregenz
Krain	9 954	530,2	Laibach (Ljubljana)
Küstenland (Triest, Görz-Gradisca, Istrien)	7 969	938,0	Triest (Trieste)
Dalmatien	12 831	667,6	Zara (Zadar)
Böhmen	51 947	6 860,0	Prag (Praha)
Mähren	22 222	2 666,6	Brünn (Brno)
Österreich-Schlesien	5 147	776,0	Troppau (Opava)
Galizien	78 497	8 211,8	Lemberg (Lwow)
Bukowina	10 441	818,3	Czernowitz (Chernovtsy)
Ungarische Reichshälfte	**325 411**	**21 480,8**	**Budapest**
Ungarn	282 870	18 810,0	Budapest
Fiume	20	48,8	Fiume (Rijeka)
Kroatien	42 521	2 669,9	Agram (Zagreb)
Bosnien und Herzegowina	**51 200**	**2 075,8**	**Sarajewo (Sarajevo)**
Österreich-Ungarn	**676 615**	**52 749,9**	**Wien**

Tab. 4: Die Kronländer der österreichisch-ungarischen Monarchie 1914

Der Wiener Munizipalsozialismus

Zukunftsweisende Wege beschritt der in Europa viel bestaunte Munizipalsozialismus von Bürgermeister Lueger. Großartige Leistungen der technischen Infrastruktur, wie die Wasserleitungen aus den Kalkhochalpen, dem Hochschwab, Rax- und Schneeberggebiet, die mit dem raschen Wachstum der Bevölkerung Schritt haltende Entwicklung der Elektrizitäts- und Gasversorgung, des Kanalnetzes und der Verkehrsmittel brachten die Bewunderung der Zeitgenossen ebenso, wie ihre Verstadtlichung auch liberale Kritiker herausforderte. Die in den 90er Jahren des 19. Jahrhunderts errichteten Gasbehälter in Simmering sind nach 100 Jahren als „Kulturerbe" in der Außenansicht erhalten, im Innern dagegen zu einer „Wohnoase" umgestaltet worden.

Internationale Beachtung fand der großzügige Plan eines Wald- und Wiesengürtels, der vom Wienerwald ausgehend in einem Bogen bis zum Augelände der Donau hin die Stadt umspannen und als Erholungsgebiet für die in Mietshäusern wohnende Bevölkerung dienen sollte und an dessen Verwirklichung das 20. Jahrhundert gearbeitet hat.

Die k. u. k. Monarchie: Ein Rückblick

Um die Reststaatsituation Österreichs in der Zwischenkriegszeit, die Situation des gedrehten Staates nach dem Zweiten Weltkrieg und die gegenwärtige Schnittstellenposition zu verstehen, sind einige Eckdaten zur k. u. k. Monarchie vor dem Ausbruch des Ersten Weltkriegs erforderlich.

Die österreichisch-ungarische Monarchie war nach Rußland der zweitgrößte Staat in Europa. Sie umfaßte den größten Teil des Donauraumes mit den Ostalpen-, Sudeten-, Karpaten- und Adrialändern. In ökonomischer Hinsicht verfügte sie über reiche natürliche Ressourcen an Salz, Eisen und Kohle, besaß hervorragende landwirtschaftliche Gebiete, insbesondere in Ungarn, ebenso aber auch ausgedehnte forstwirtschaftlich nutzbare Areale in den Alpen, Karpaten und im heutigen Jugoslawien. Auch auf dem industriellen Sektor verfügte die Monarchie über eine breite Produktionspalette von der alteingesessenen Konsumgüterindustrie, der Textil- und Nahrungsmittelindustrie bis hin zur Eisen- und Stahlverarbeitung. Die einzelnen Wirtschaftsräume ergänzten sich in hervorragender Weise, die Monarchie verfügte über den höchsten in Europa damals erreichbaren Grad an wirtschaftlicher Autarkie, so daß insgesamt der Außenhandel der Monarchie, verglichen mit der wirtschaftlichen Kapazität, relativ gering war. Österreich-Ungarn stand in der Reihe der Welthandelsstaaten an 7. Stelle, erreichte aber nur 3 % des Welthandelsvolumens. Die in manchen Ländern (Galizien, Dalmatien, ungarische Karpaten) zurückgebliebene Wirtschaftsentwicklung zwang zu einer bedeutenden Auswanderung.

Trotz intensiver Bemühungen nicht gelöst werden konnte die Nationalitätenfrage, die letzten Endes zum Zerfall der Monarchie am Ende des verlorenen Ersten Weltkrieges geführt hat. In der Monarchie befanden sich im Jahr 1910 die beiden staatstragenden Nationen, die z. T. räumlich stark zersplitterte deutschsprachige Bevölkerung mit 23,3 % und die Ungarn mit 19,6 %, zusammen mit 42,9 % schon in der zweiten Position gegenüber den Slawen mit 47,8 % (Tschechen und Slowaken

Nachfolgestaaten	Einwohner Mio.
Österreich	6,5
Ungarn	8,0
Tschechoslowakei	13,6
Polen	7,7
Rumänien	8,8
Jugoslawien	7,5
Italien	0,5
Insgesamt	**52,6**

Tab. 5: Die Aufteilung der k. u. k. Monarchie auf die Nachfolgestaaten nach 1918

Quelle: Lichtenberger, 1993, S. 19.

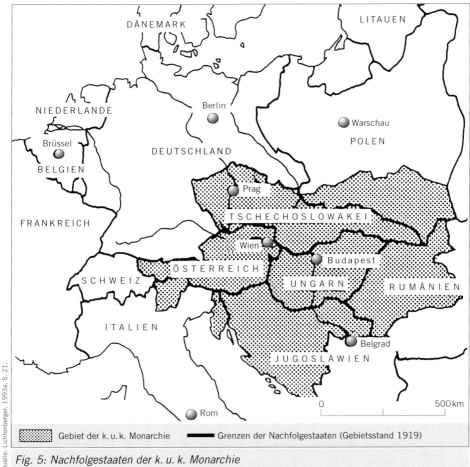

Gebiet der k. u. k. Monarchie   Grenzen der Nachfolgestaaten (Gebietsstand 1919)

Fig. 5: Nachfolgestaaten der k. u. k. Monarchie

Quelle: Lichtenberger, 1993a, S. 21.

16,6 %, Serben und Kroaten 10,7 % , Polen 9,8 %, Ukrainer 7,9 %, Slowenen 2,5 %), dazu kamen ferner Rumänen mit 6,2 %, Italiener mit 1,6 % sowie andere Gruppen mit 2 % der Einwohner.

Eine Übersicht über die Länder der österreichisch-ungarischen Monarchie belegt die räumliche Zersplitterung der österreichischen Reichshälfte in 15 Kronländer (und 15 Hauptstädte) mit insgesamt 29 Mio. Einwohnern auf einer Fläche von 300 000 km², der die mit Ausnahme von Kroatien zentralistisch organisierte ungarische Reichshälfte mit 21,5 Mio. Einwohnern auf einer Fläche von 325 000 km² gegenüberstand. Auf die Sonderstellung von Bosnien und der Herzegowina mit damals rund 2 Mio. Einwohnern wurde oben hingewiesen (vgl. Tab. 4).

Die Aufteilung auf die Nachfolgestaaten

Der Zusammenbruch der k. u. k. Monarchie und die Aufteilung auf die Nachfolgestaaten hat die ursprünglichen Kronländer teils in selbständige Staaten verwandelt, teils haben sie sich anderen Staaten angeschlossen (vgl. Fig. 5).

Die Kernräume beider Reichshälften, das heutige Österreich und das heutige Ungarn, waren die ökonomischen und letztlich auch die politischen Verlierer bei der Aufteilung der k. u. k. Monarchie. Ihnen verblieben die ehemaligen Hauptstädte: Wien und Budapest. Beide waren zu groß für die neu geschaffenen Kleinstaaten, beide wurden gleicherweise in der Zwischenkriegszeit von gravierenden politökonomischen Umstellungen betroffen. Hauptgewinnerin des Zerfalls war die Tschechoslowakei. Sie entstand zur Gänze auf dem Territorium der Monarchie und vereinte Böhmen, Mähren und einen Teil Oberschlesiens aus der ehemaligen österreichischen Reichshälfte mit der Slowakei, welche der ungarischen Reichshälfte angehört hatte und daher ein überwiegendes Agrarland geblieben war. Prag wurde zur Hauptstadt des neuen Staates mit 13,6 Mio. Einwohnern und erlebte – verspätet gegenüber Wien und Budapest – seine Gründerzeit in der Zwischenkriegszeit, als die Tschechoslowakei dank der altetablierten Industrie den 7. Rangplatz unter den damaligen Industrienationen der Erde erringen konnte. Jugoslawien erbte einen Gutteil der ethnischen Probleme, an denen die Monarchie zerbrochen war. Es erhielt Slowenien und Dalmatien aus der ehemaligen österreichischen Reichshälfte, Kroatien aus der ungarischen Reichshälfte sowie das Danaergeschenk von Bosnien und der Herzegowina (vgl. Tab. 5). An den neu entstandenen polnischen Staat ging Galizien, die Bukowina fiel an Rumänien, ebenso wie der gesamte Raum von Siebenbürgen aus der ungarischen Reichshälfte. Italien erhielt das Küstenland und Triest sowie Südtirol und das Trentino.

Die Republik Österreich

Die Erste Republik

Der Friedensschluß von Saint-Germain-en-Laye 1919 hat mit der Errichtung der Republik Österreich einen Staat geschaffen, der in dieser Form und ebenso mit den neugezogenen Grenzen nie bestanden hatte. Er umfaßte den geschlossenen Teil des deutschen Sprachraumes der ehemaligen Monarchie mit Ausnahme der Sudetenländer.

Die ehemaligen Kronländer Tirol, Kärnten und Steiermark mußten Gebietsverluste akzeptieren. Südtirol wurde ohne Volksabstimmung im Friedensvertrag Italien zugeteilt. Davon waren 230 000 Menschen mit deutscher Muttersprache betroffen. Auf die dadurch geschaffene Separierung Osttirols von Nordtirol wurde hingewiesen.

Die Steiermark verlor den Süden des Landes, die Untersteiermark, an das Königreich der Serben, Kroaten und Slowenen (SHS, später Jugoslawien). Hiervon war vor allem die deutschsprachige Bevölkerung in den Städten Marburg (Maribor), Pettau (Ptuj) und Cilli (Celje), rund 75 000 Menschen, betroffen. Ökonomisch nachteilig war der Verlust der Bahnverbindung Graz – Klagenfurt über Marburg.

Besonders brisant war die Situation in Kärnten, wo die slowenische Armee Klagenfurt besetzt hatte, allerdings nach Aufforderung des Obersten Rats der Alliierten wieder räumen mußte. Der Kärntner Abwehrkampf erzwang eine Abstimmung, durch welche Südkärnten nahezu ungeschmälert bei Österreich verblieb. Als deutschsprachiger Teil der ungarischen Reichshälfte kam das Burgenland an Österreich. Dabei verblieben die Städte Wieselburg, Güns und Steinamanger bei Ungarn. In Ödenburg wurde eine Abstimmung durchgeführt, welche jedoch zuungunsten Österreichs ausgefallen ist.

Bevölkerungsentwicklung und ökonomische Krise

Am 12. 11. 1918 wurde die Republik ausgerufen. Die Schwierigkeiten der unmittelbaren Nachkriegszeit mit Hungersnot, Kohlenmangel, Inflation, Zusammenbruch des Bankenwesens und Arbeitslosigkeit waren außerordentlich groß.

Der Zusammenbruch der Monarchie hat die Rückwanderung von Tschechen aus Wien bewirkt, die ökonomische Krise eine Auswanderung vor allem aus dem Burgenland in Gang gesetzt. In der Bevölkerungsentwicklung des Staates zeichnete sich bereits in der Zwischenkriegszeit eine gewisse Umorientierung von der Ostregion auf die westlichen Bundesländer ab (vgl. Tab. 6). Der Verlust des oberschlesischen Kohlenreviers erzwang eine Neuorientierung auf dem Energiesektor und eine verstärkte Nutzung der Wasserkraft. Nichtsdestoweniger mußten vor allem für den Betrieb der Bahnen beträchtliche Devisen für den Kohleimport aufgewendet werden.

Die Industrie befand sich, herausgelöst aus den Zusammenhängen eines Reiches, in einer schweren Krise. Otto Bauer prägte den Satz von der „Summe von Greißlereien, in denen auf jeder Maschine etwas anderes erzeugt wird". Dennoch gab es auch Gutpunkte. Österreichs Autoproduktion konnte sich sehen lassen, die heimischen Großen (Saurer, Austro-Daimler & Puch) erzeugten 1928 11 500 PKW und LKW (im Vergleich: Schweden 2000, Deutschland 91 000). 1923 wurde die ÖLAG (Österreichische Luftverkehrs AG) gegründet. Sie konnte auf die Tradition der Monarchie verweisen, denn Österreich-Ungarn hatte die erste internationale Luftlinie der Welt auf der Route Wien–Krakau–Lemberg–Kiew betrieben. Nach der Weltwirtschaftskrise 1929 erholte sich die österreichische Wirtschaft jedoch nicht mehr. Die Eisenwerke im Raum des Erzbergs in der Steiermark mußten geschlossen und selbst der Erzabbau eingestellt werden.

Die Arbeitslosigkeit erreichte 1933 mit 557 000 Menschen (darunter 100 000 Ausgesteuerten, welche keinerlei Arbeitslosengeld bezogen) den höchsten Stand. Mit staatlichen Großbaumaßnahmen versuchte die Regierung gegenzusteuern. In diesem Zusammenhang zählt der Bau der Groß-

Bundesländer	1910	1934	1951	1981	2001
Wien	2 084	1 936	1 616	1 531	1 562
%	*31,4*	*28,7*	*23,3*	*20,3*	*19,4*
Niederösterreich	1 425	1 447	1 401	1 428	1 550
%	*21,4*	*21,4*	*20,2*	*18,9*	*19,2*
Burgenland	292	299	276	270	279
%	*4,4*	*4,4*	*4,0*	*3,6*	*3,5*
Ostregion	**3 801**	**3 682**	**3 293**	**3 229**	**3 391**
%	*54,5*	*54,5*	*47,5*	*42,7*	*42,0*
Steiermark	958	1015	1109	1187	1 186
%	*14,4*	*15,0*	*16,0*	*15,7*	*14,7*
Kärnten	371	405	475	536	561
%	*5,6*	*6,0*	*6,8*	*7,1*	*7,0*
Südregion	**1 329**	**1 420**	**1 584**	**1 723**	**1 747**
%	*20,0*	*21,0*	*22,8*	*22,8*	*21,7*
Oberösterreich	853	903	1 109	1 270	1 382
%	*12,8*	*13,4*	*16,0*	*16,8*	*17,1*
Salzburg	215	246	327	442	519
%	*3,2*	*3,6*	*4,7*	*5,9*	*6,4*
Tirol	305	349	427	587	675
%	*4,6*	*5,2*	*6,2*	*7,8*	*8,4*
Vorarlberg	145	155	194	305	352
%	*2,2*	*2,3*	*2,8*	*4,0*	*4,4*
Westregion	**1 518**	**1 653**	**2 057**	**2 604**	**2 927**
%	*22,8*	*24,5*	*29,7*	*34,5*	*36,3*
Österreich	**6 648**	**6 755***	**6 934**	**7 556**	**8 065**
%	*100,0*	*100,0*	*100,0*	*100,0*	*100,0*

* Plus 5000 Personen ohne festen Wohnort.

Tab. 6: Die Bevölkerungsentwicklung nach Bundesländern und Regionen in Österreich 1910 bis 2001 (in Tausend)

Quellen: Stat. Jb., 2001, S. 41; www.oestat.gv.at; SK.

glocknerstraße in der Zeit der größten Arbeitslosigkeit von 1930 bis 1935 zu den immer noch herzeigbaren Großleistungen der Ersten Republik. Sie führt in unmittelbarer Nähe des Großglockners vorbei und verzeichnet derzeit jährlich rund 1,2 Mio. Benutzer.

Von Einzelleistungen abgesehen war die Erste Republik ein ökonomisch krisengeschüttelter Staat. Es ist einsichtig, daß die Bevölkerung nur geringes Vertrauen in seine Existenzfähigkeit besessen hat. Dazu kam ein weiteres, nämlich die Zusammenfügung der zum Gutteil noch durch agrare Gesellschaftsstrukturen bestimmten Kronländer mit einer Millionenstadt, deren internationaler Charakter ebenso abgelehnt wurde wie die sozialdemokratische Ausrichtung der Stadtregierung. Darüber hinaus war Wien jedoch durch den Zusammenbruch der Monarchie der am schwersten betroffene Bestandteil der neuen Republik.

Wien: Weltstadt ohne Hinterland

Mit der Zerschlagung der Monarchie verlor Wien die Funktion der Hauptstadt eines Reiches mit 52 Mio. Einwohnern und sank zum „Wasserkopf" eines nur knapp 6,5 Mio. Einwohner zählenden Kleinstaates ab. Negative Vorzeichen bestimmten in der Zwischenkriegszeit alle Bereiche des städtischen Lebens, der Bevölkerung und der Wirtschaft. Die Einbuße der wirtschaftlichen Position als Finanz-, Organisations- und Handelszentrum spiegelt sich am klarsten auf dem Gebiet des Geldwesens. Die Zahl der Geldinstitute schmolz zusammen, ihre Bilanzsummen sanken in der Nachkriegsinflation auf ein Zwanzigstel der Spätgründerzeit.

Die bisherige Gesellschaftsordnung brach zusammen. Adel und Besitzbürgertum verarmten, die Beamten der ehemaligen Reichsbehörden und die Offiziere verloren ihre Existenz. Gleichzeitig stellten die kinderreichen Zuwandererfamilien der Gründerjahre Zehntausende Haushalte, die nach Wohnungen suchten. Arbeitslosigkeit und Wohnungsnot waren die Kardinalprobleme der Stadt. Mit dem allgemeinen Wahlrecht 1918 war die Sozialdemokratie in das Rathaus eingezogen. Sie erhob den sozialen Wohnungsbau zum Programmpunkt Nr. 1. Die Realisierung war möglich durch eine neue Wohnbaupolitik und ein neues Steuersystem. Bereits 1912 hatte die Munizipalverwaltung aufgehört, Land zu verkaufen, und mit einer massiven Bodenpolitik begonnen. Wien begann ein international einmaliges Wohnbauprogramm, allein im Jahrzehnt von 1923 bis 1934 wurden 63 000 Wohnungen errichtet. Eindrucksvolle architektonische Leistungen, wie der Karl-Marx-Hof, haben internationale Beachtung gefunden.

Doch auch die sozialdemokratische Stadtverwaltung war nicht imstande, den Zusammenbruch der Wirtschaftsordnung durch entsprechende Maßnahmen auszugleichen. In den Zeiten der schlimmsten Arbeitslosigkeit in den frühen 30er Jahren war rund die Hälfte der Wiener Arbeiter ohne Arbeit, viele von ihnen ausgesteuert. Aus diesen katastrophalen Verhältnissen heraus ist auch verständlich, daß die politischen Gegensätze zwischen der Sozialdemokratie und den Anhängern der kommunistischen Partei auf der einen Seite und den extrem konservativen Regierungskräften eskalierten.

Der Bürgerkrieg von 1934 und die anschließende autoritäre Regierung Dollfuß-Schuschnigg waren das Ergebnis. Vor diesem Hintergrund ist es einsichtig, daß der Einmarsch der deutschen Truppen und der „Anschluß Österreichs" an Hitler-Deutschland von einem Gutteil der Bevölkerung begrüßt wurden, da man sich davon eine Verbesserung der wirtschaftlichen Situation versprach.

Die Zugehörigkeit zum Deutschen Reich 1938 – 1945

Eine räumliche Bilanz des Erbes der Zugehörigkeit zum Deutschen Reich von 1938 – 1945 ist schwierig. Totalitäre Maßnahmen bestanden in der Enteignung jüdischen Besitzes (vgl. Bild 13) und in der Vernichtung der jüdischen Bevölkerung, soweit sie nicht rechtzeitig geflüchtet war (vorher rund 200 000 Menschen). Analoge Maßnahmen richteten sich gegen die Zigeuner, welche vor allem im Burgenland angesiedelt waren. Bevölkerungspolitische Maßnahmen bewirkten eine Welle von Eheschließungen und Geburten, agrarpolitische Maßnahmen kamen durch eine umfassende Entschuldungsaktion den Bauern zugute.

Großstaatliche Bauvorhaben wurden geplant und in Angriff genommen, Autobahnen und Wasserkraftwerke, darunter das Speicherkraftwerk Kaprun in den Hohen Tauern (Salzburg).

Mit der Eingliederung Österreichs in das Deutsche Reich 1938 gingen alle Staatsunternehmen in Reichsbesitz über. Hinzu kamen Neugründungen: Die im Industriekonzept des Dritten Reiches verankerte Gründung eines großen Hüttenwerkes in Linz (Reichswerke Hermann Göring 1939) mit angeschlossenem Blechwalzwerk, Wärmekraftwerk, Kokereien, Stickstoffwerk und der Anlage eines leistungsfähigen Hafens verliehen Linz einen für österreichische Verhältnisse einmaligen Aufschwung. Weiters anzuführen sind: die Nibelungenwerke St. Valentin und die Wiener Neustädter Flugzeugwerke. Im Zuge der Rüstungsplanung avancierte die „Alpenfestung" zum „Reichsluftschutzkeller". Immer mehr Rüstungsproduktionen wurden in die Alpen-Donau-Gaue verlegt.

Durch den Bombenkrieg verlor Österreich mehr Wirtschaftskapazität, als es durch die Beschäftigungspolitik des Dritten Reiches gewonnen hatte. Die Schadensbilanz des Zweiten Weltkrieges (vgl. Bild 14) übertraf jene des Ersten bei weitem. Allein in Wien wurden viele historische Bauten (Stephanskirche, Oper, Burgtheater) schwerstens beschädigt, alle Brücken und ein Viertel des Wohnungsbestandes zerstört.

Die Zweite Republik

Österreich ist bis herauf zur Öffnung des Eisernen Vorhangs ein „gedrehter Staat" gewesen. In der Ostregion des Staates lag in der k. u. k. Monarchie der Kernraum der österreichischen Reichshälfte. Hier lebten rund 57 % der Bevölkerung des heutigen Staatsgebietes. Die Zerschlagung der Monarchie brachte bereits die erste schwere Zäsur für die Bevölkerungsentwicklung der Ostregion (Wien, Niederösterreich, Burgenland) des neuen Kleinstaates (vgl. Tab. 6). Erst die Ziehung des Eisernen Vorhanges erzwang jedoch eine nahezu völlige Umorientierung des Staates und seiner in eine extreme Randlage gerückten Hauptstadt. Diese Randlage wurde dadurch verstärkt, daß Österreich während des Jahrzehnts von 1945 bis zum Staatsvertrag 1955 von den Siegermächten besetzt und in vier Besatzungszonen aufgeteilt war, wobei die Ostregion (Niederösterreich, Burgenland), das Mühlviertel in Oberösterreich sowie der östli-

Bild 13: Alter jüdischer Friedhof in Eisenstadt, Bgld.

Aufnahme: Lichtenberger.

Bild 14: Gedenkstätte für die Gefallenen des 2. Weltkrieges, Maria Taferl, NÖ

Aufnahme: Lichtenberger.

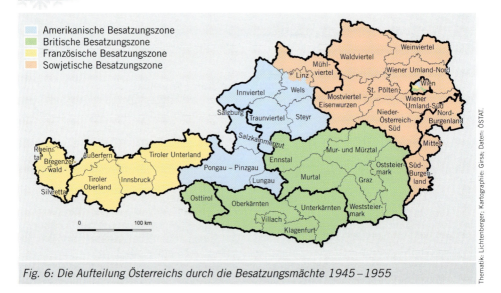

Amerikanische Besatzungszone
Britische Besatzungszone
Französische Besatzungszone
Sowjetische Besatzungszone

Fig. 6: Die Aufteilung Österreichs durch die Besatzungsmächte 1945–1955

Thematik: Lichtenberger; Kartographie: Girsa; Daten: ÖSTAT.

che und südliche Sektor Wiens unter sowjetischer Besatzung standen (vgl. Fig. 6). Die Verluste an Bevölkerung durch die Ost-West-Wanderung und ebenso die Kapitalverluste aufgrund des erst nach dem Staatsvertrag 1955 einsetzenden Wiederaufbaus konnten nicht wettgemacht werden.

Nun ist diese Ost-West-Wanderung längst zu Ende, und es wäre eine irrige Annahme, die anhaltende Bevölkerungsabnahme im Osten Österreichs auf Abwanderungsvorgänge zurückzuführen. Die Ursache liegt vielmehr in der hier sehr viel früher und massiver einsetzenden Geburtenbeschränkung, die von Wien ausgehend zuerst das Burgenland und schließlich Niederösterreich erfaßt hat. Die scheinbar festgeschriebenen Ost-West-Gegensätze in der Bevölkerungsentwicklung beruhen daher ganz wesentlich auf der unterschiedlichen Geburtenbilanz und werden aufgrund des Altersaufbaus der Bevölkerung und der Absterbeordnung auch in die Zukunft fortgeschrieben werden.

Während der russischen Besatzung im Osten hat sich die Wirtschaftsentwicklung nach dem Westen verschoben. Hier sind in erster Linie in Oberösterreich, aber auch in Tirol zahlreiche Betriebe, vor allem mit Marshallplan-Mitteln, gegründet worden. Insgesamt ist also die ganze Entwicklung der Nachkriegszeit bis 1989 darauf ausgerichtet gewesen, das große Übergewicht

hinsichtlich der Wirtschaftskapazität, das Ostösterreich, vor allem Niederösterreich und der Wiener Raum, als einstige Kernlandschaft der österreichischen Reichshälfte der Monarchie in die Republik mitgebracht hatte, abzubauen.

Besonders drastisch hat sich der Eiserne Vorhang im Außenhandel ausgewirkt. 1932 betrug die Einfuhr aus Osteuropa noch 49,4 %, 1964 nur 12,1 %; der Anteil an der Ausfuhr verringerte sich von 37,3 % auf 17,5 %. Die einst bedeutenden Fremdenverkehrszentren am Ostrand der Alpen, welche vor allem von Besuchern aus dem Südosten Europas frequentiert worden waren, stagnierten. Zwei Vergleichsangaben belegen dies eindrucksvoll: 1936/37 entfielen 44 % der Ausländerübernachtungen in Österreich auf südosteuropäische und 47 % auf westeuropäische Gäste. 1963/64 kamen jedoch nur mehr 1 % der Gäste aus Südosteuropa, dagegen 95 % aus Westeuropa.

Die regionalen Grenzgürteleffekte des Eisernen Vorhanges sind ebenfalls bedeutend und werden sich trotz der Öffnung der Grenzen noch lange erhalten. Sie bestehen in einem gravierenden Defizit auf dem Arbeitsmarktsektor. Die Gründungs- und Stillegungsraten von Industriebetrieben belegen, daß Industrieansiedlungsprogramme in den Grenzzonen trotz aller Bemühungen der Regionalplanung nicht erfolgreich waren. Die deutliche Abnahme der Bevölke-

Quelle: Pfeifer, o. J.

Bild 15: Hundertwasserhaus, Wien

Aufnahme: Lichtenberger.

Bild 16: UNO-City vom Donauturm, Wien

rung hat zu einer „sozialen Erosion" geführt, welche durch landschaftliche Indikatoren belegt wird, zu denen deutliche Phänomene des Siedlungsverfalls ebenso zählen wie die Sozialbrache in den agrarökologischen Gunstgebieten des mittleren und vor allem des südlichen Burgenlandes. Von dieser Grenzproblematik abgesehen, stand die Nachkriegszeit seit 1955 unter dem positiven Syndrom des Wachstums und Ausbaus in allen Bereichen der Wirtschaft, gleichzeitig unter dem Vorzeichen des Aufbaus des sozialen Wohlfahrtsstaates, auf dessen spezifisch österreichische Variante noch eingegangen wird. Die großen Leistungen liegen auf dem Gebiet der Entwicklung der technischen Infrastruktur. Über das gesamte Staatsgebiet hinweg wurde im Anschluß an die Elektrifizierung auch das Telefonnetz bis zum letzten entfernten Bauernhof hin ausgebaut. Dasselbe gilt für den Ausbau des Straßensystems, von den Autobahnen und Bundesstraßen über die Landes- bis zu den Gemeindestraßen hin. Große private Eigentümer, vor allem Forstbetriebe, haben die Aufschließung des Waldes, Gemeinden die Zugänglichkeit des Siedlungs- und Agrarraumes flächig vorangetrieben.

Daß dieser Kleinstaat entsprechend seiner Einwohnerzahl nicht in völlige Bedeutungslosigkeit versunken ist, verdankt er letztlich auch den künstlerischen (vgl. Bild 15), intellektuellen und politischen Eliten in der Metropole Wien, welche aus den Dimensionen des ehemaligen Reiches ihre weltpolitische Sichtweise in den staatlichen Entscheidungsprozeß eingebracht haben. In diesem Zusammenhang ist die Errichtung der UNO-City in Wien (vgl. Bild 16) in der Ära Kreisky besonders hervorzuheben. Sie hat als eine Landmarke den internationalen Standort Wien in einer Zeit des geteilten Europas gegen den Osten hin architektonisch symbolisiert, als dessen Einflußbereich nur 50 km östlich von Wien begann.

Die wiedergewonnene Mittelpunktlage

Mit der Öffnung der Grenzen im Jahr 1989 ist Österreich, allen voran die Millionenstadt Wien, wieder in eine Mittelpunktlage gerückt. Es wäre allerdings unrichtig, diese mit der Mittelpunktlage in der österreichisch-ungarischen Monarchie gleichsetzen zu wollen. Vielmehr sind diese Mittelpunktlage und die Probleme des Staates neu zu definieren:

- Für einen Wiedergewinn der verkehrsmäßigen Mittelpunktlage fehlen die Voraussetzungen. Durch den Eisernen Vorhang sind historische Verkehrsstrassen zerschnitten worden. Wien hat seine Position als internationaler Verkehrsknoten erster Ordnung eingebüßt.
- Es ist vielmehr eine sehr komplizierte Schnittstellenlage entstanden. Sie spiegelt sich im internationalen Transfer von Arbeitskräften und Kapital wider. Während im Zuge der Privatisierung von staatlichen Großbetrieben in Österreich diese von westlichen Unternehmen aufgekauft werden, haben andererseits österreichische Unternehmen ihre Einflußbereiche in den östlichen Nachbarstaaten ausgeweitet. Umgekehrt hat aus diesen Staaten eine „neue Zuwanderung" eingesetzt. Dadurch wächst die Ostregion wieder.
- Der Beitritt Österreichs zur EU hat gravierende Auswirkungen auf die territoriale Landkarte des Kleinstaates. Er bewirkt einerseits durch den Ausbau einer supranationalen Ebene den Rückbau des nationalstaatlichen Systems und fördert andererseits den österreichischen Föderalismus mit seiner kleinzügigen räumlichen Entscheidungsfindung.
- Die Globalisierung der Ökonomie und die Separierung der Sozialpolitik von der Wirtschaftspolitik beenden den Ausbau des sozialen Wohlfahrtsstaats. Sein Rückbau hat eingesetzt. Dadurch brechen die vorhandenen Unterschiede zwischen dem Westen und dem Osten Österreichs weiter auf.

Die politische Landkarte

Aufnahme: Lichtenberger.

Bild 17: Parlament, Wiener Ringstraße

Überblick

■ **Die politisch-institutionelle Struktur der Republik Österreich war bis zum Ende des 20. Jahrhunderts durch eine Reihe von Besonderheiten gekennzeichnet:**
- die Ausformung eines Parteien- und Verbändestaats mit einem straff zentralistisch organisierten Gewerkschaftsbund als unsichtbarem Teilhaber der Regierung;
- die seit 1957 bestehende, gesetzlich nicht verankerte Sozialpartnerschaft, welche die Umverteilung der Einkommen reguliert hat, und
- umfangreiche geschützte Sektoren des Wohnungs- und Arbeitsmarktes, welche regionale Disparitäten ausgeglichen und Segregationsprozesse hintangehalten haben.

■ **Dieses politisch-institutionelle System hat seit der Trendwende im Osten, dem EU-Beitritt und dem innenpolitischen Kurswechsel an Bedeutung verloren.**

■ **Der Beitritt zur EU hat den Föderalismus verstärkt.**

■ **Die politische Landkarte ist föderalistisch differenziert.**
- Die Länder sind zuständig für die Gestaltung der Kulturlandschaft und die soziale Infrastruktur. Landesgesetze regeln Raumordnung und Raumplanung, Flächenwidmung, Spitäler und Volksschulwesen.
- Wien nimmt als Hauptstadt und Sitz der Zentralbehörden sowie gleichzeitig als Bundesland und Gemeinde eine Sonderstellung ein. Von Wien sind viele, z.T. von den Universitäten getragene Bewegungen ausgegangen.

■ **Die administrative Landkarte ist äußerst kleinteilig.**
Österreich ist ein Staat der kleinen Gemeinden mit einer Durchschnittsgröße von weniger als 2500 Einwohnern.

Einleitung

Aus dem Erlebnis des Zusammenbruchs der österreichisch-ungarischen Monarchie hat der Geograph H. Hassinger in Banse's „Lexikon der Geographie" im Jahr 1923 eine Charakterisierung des Österreichers geschrieben, deren Aussagekraft – erstaunlich genug – sich über politische Umbrüche und den Zweiten Weltkrieg hinweg nur wenig verändert hat. Auch heute „wird an den ‚rotweißen' Grenzpfählen vieles anders, vom Speisezettel angefangen. Der Lebensrhythmus ist nie maschinenmäßig, meist gemütlich und lässig, aber oft aufbrausend in stürmischem Temperament, Liebenswürdigkeit und Höflichkeit sind selten zu missen. Sogar das ‚Polizeistaberl und der Absolutismus von einst' ließen mit sich reden. Letzterer war gemildert durch Schlamperei. Es gibt viel Erfindungsgabe und Kompositionstalent, aber sie wirken sich nicht immer aus, kommen selten zum großen Wurf, denn die Menschen sind gewohnt, daß jedes entschlossene Geradeaus in diesem Staat auf Hemmnisse und Widerstände trifft und abgebremst wird. Man mußte sich auseinandersetzen, und nur Kompromisse ermöglichten das Zusammenleben. In der Kunst des Kompromisses hatte es der österreichische Politiker und Staatsmann weit gebracht, aber sie brach oft die Charaktere. Kompromisse haben viele enttäuschte Hoffnungen hinter sich – die österreichische Geschichte mit ihrem Zick-Zack-Kurs ist voll davon –, und das macht müde Skepsis. Daraus wachsen aber Selbsterkenntnis und jene Selbstironie, in welcher der Österreicher groß ist und die dem aus entschlossenem, erfolgreichem Handeln erwachsenen Selbstbewußtsein des Norddeutschen diametral entgegensteht" (S. 153).

Blenden wir diese Sätze in die heutige Realität der österreichischen Gesellschaft und Wirtschaft ein und konfrontieren wir sie mit den Klischees, die im Ausland über Österreich bestehen – ein Land der Operette, der Phäaken und Lebenskünstler –, so kann doch kein Zweifel darüber bestehen, daß aus der Verschmelzung der kulturellen und wirtschaftlichen Tradition des einstigen kaiserlichen Großreiches mit den Errungenschaften des sozialen Wohlfahrtsstaates ein recht spezifischer Stil der Politik und des Lebens entstanden ist. Dazu kommt ein Weiteres: Alle vom Westen her anbrandenden intellektuellen und sozioökonomischen Strömungen laufen in Österreich aus und lagern sich nebeneinander ab. Altes wird bewahrt, Neues hinzugefügt.

Die politisch-institutionelle Struktur der Zweiten Republik

Die politisch-institutionelle Struktur der Zweiten Republik ist durch eine Reihe von Besonderheiten gekennzeichnet. Als erste und wichtigste sei die Proporzdemokratie von SPÖ (Sozialdemokratische Partei Österreichs) und ÖVP (Österreichische Volkspartei) genannt, welche ihre rund 4 Jahrzehnte während und erst in der Gegenwart aufgebrochene Stabilität nicht zuletzt darauf gegründet hat, daß Parteizugehörigkeit vielfach in der Generationenfolge weitervererbt wurde und überdies rund ein Viertel der Wähler ein Parteibuch besitzt. Was in den Niederlanden die religiösen, in der Schweiz die Sprachgruppen bedeuten, sind in Österreich die politisch-weltanschaulichen Lager. Beide Großparteien besitzen umfangreiche Vorfeldorganisationen wie Sportclubs, Autoclubs, Mieterverbände, Jugendclubs und Seniorenvereine. Aufgrund des Proporzes bei den Nationalratswahlen werden die Einflußsphären abgesteckt und anteilig Plätze vergeben: bei der Einstellung im gesamten öffentlichen Sektor, bei Beamten und Lehrern, beim Management in den verstaatlichten Betrieben, bei den Gebietskörperschaften, bei der Sozialversicherung, bei den Kammern, selbst beim ORF (Österreichischer Rundfunk) und neuerdings bei der Bürokratie der Europäischen Union.

Österreich ist somit ein „Parteien- und Verbändestaat", d. h., daß Parteien und Verbände im Prozeß der politischen Willensbildung eine hervorragende Position einnehmen. Die Mitgliederzahlen von ÖVP und SPÖ stellen im internationalen Vergleich

Thematik: Lichtenberger, Kartographie: Westermayr, Daten: ÖSTAT.

Fig. 7: Die politische Landkarte bei der Nationalratswahl 1975

Spitzenwerte dar. Da die heutige Mediendemokratie durch einen starken Informationsvorsprung der Parteispitzen und die Erfordernisse von effizienten Wahlkampagnen gekennzeichnet ist, sind die Mitbestimmungsmöglichkeiten der einzelnen Mitglieder stark zurückgegangen.

Aufgrund des allgemein gestiegenen Wohlstands und der sozialen Stabilität der Zweiten Republik waren in den 60er und 70er Jahren an die 90 % der Wählerstimmen auf ÖVP und SPÖ konzentriert. In den 80er Jahren kam es zum Abbau der ideologischen Polarisierung, zum Rückgang der Stammwählerschichten in beiden Großparteien und zur Differenzierung der Parteienlandschaft. Die ehemalige Kleinpartei der FPÖ (Freiheitliche Partei Österreichs) stieg 1994 mit 22,6 % zur Mittelpartei auf. Als neue Partei, welche die bisher vernachlässigte Thematik der Umwelt in die politische Diskussion eingeführt hat, ist 1986 die Grüne Alternative in den Nationalrat eingezogen, 1993 gefolgt vom Liberalen Forum, das sich von der FPÖ abgespalten hat.

Die politische Landkarte Österreichs, abgebildet in den regionalen Ergebnissen der Nationalratswahlen, hat sich in der Nachkriegszeit beachtlich verändert. Schon in den 50er Jahren wies sie zwei Paradoxa in den regionalen politischen Affinitäten unter Bezug auf das Siedlungs- und Sozialsystem auf, nämlich einerseits die Dominanz der

Sozialdemokratie im weithin ländlichen Kärnten und andererseits diejenige der Volkspartei in Vorarlberg, dem am stärksten industrialisierten Bundesland Österreichs.

Bei der Nationalratswahl im Jahr 1975 (vgl. Fig. 7) bestand eine sozialdemokratische Transversale mit einem Stimmenanteil von über 50 %, welche sich von Wien ausgehend über das obersteirische Industriegebiet mit einem Ausläufer nach Oberösterreich bis Linz und längs des schrägen Durchgangs durch die Alpen bis nach Kärnten hin erstreckte.

Im Verhältnis hierzu waren die von der Österreichischen Volkspartei dominierten Gebiete vor allem periphere Agrarräume wie das Waldviertel und Mühlviertel sowie die Oststeiermark östlich von Graz. Die ÖVP erreichte hier mehr als 60 % der abgegebenen gültigen Stimmen. In Westösterreich erreichte sie in den Bundesländern Vorarlberg und Tirol noch über die Hälfte der Stimmen, in Salzburg dagegen nur mehr zwischen 40 und 50 %.

Ein Vierteljahrhundert später, bei der Nationalratswahl 1995, sind wesentliche Verschiebungen im Parteiensystem erfolgt, die traditionelle ideologische Polarisierung wurde abgebaut, die „Lagermentalität" hat an Bedeutung verloren, die Wähler sind mobil geworden, der Anteil von Wechselwählern ist gestiegen. Durch Einbrüche in die Stammwählerschichten reduzierte sich

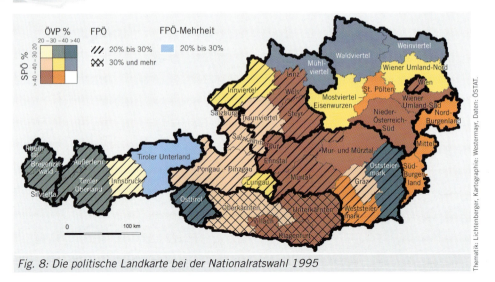

Fig. 8: Die politische Landkarte bei der Nationalratswahl 1995

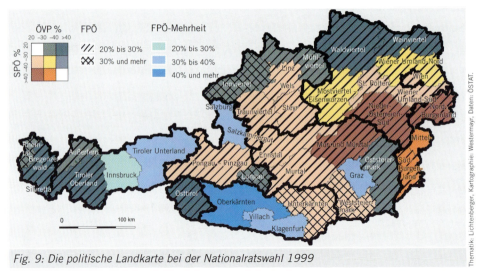

Fig. 9: Die politische Landkarte bei der Nationalratswahl 1999

der Anteil der SPÖ auf 38,1%, der der ÖVP auf 28,3%, während andererseits die Freiheitliche Partei 21,9% der Stimmen für sich gewinnen konnte (vgl. Fig. 8).

In regionaler Hinsicht kam es zu einem deutlichen Rückbau der sozialdemokratischen Transversale. Nur im alten Industrieraum der Obersteiermark, in dem in der Zwischenkriegszeit beachtliche kommunistische Tendenzen bestanden haben, erreichte die SPÖ noch mehr als 46% der abgegebenen Stimmen, ebenso in der Linzer Agglomeration in Oberösterreich und in Wien. Umgekehrt konnte die ÖVP ihre Posi-

tion in den traditionell stärker konservativen Bundesländern, in Niederösterreich, in Ost- und Westtirol und in Vorarlberg, halten. In Kärnten, Oberösterreich und Wien gelang es der FPÖ, zur zweitstärksten Partei aufzusteigen

Die Nationalratswahl 1999 setzte den Rückgang der SPÖ (33,1%) und ebenso den der ÖVP (26,9%) fort. Die Gewinnerin der Wahl war die Freiheitliche Partei (F), welche mit der ÖVP gleichziehen konnte.

Es ist nicht erstaunlich, daß damit die politische Landkarte Österreichs flächenhaft einen „blauen Farbton" erhalten hat, während der „rote Farbton" verschwunden ist. Das wohl schmerzlichste Ergebnis für die SPÖ war dabei der klare Verlust der nahezu acht Jahrzehnte währenden Mehrheit in Wien. Gebietsweise errang die Freiheitliche Partei einerseits in einer alten sozialdemokratischen Domäne, nämlich in Kärnten, und andererseits in den stets konservativen Bundesländern Salzburg und Tirol den ersten Rangplatz. Die noch vor zwei Jahrzehnten recht geschlossenen politischen Großlandschaften sind zerfallen.

Die Nationalratswahl 1999 hat die Jahrzehnte der politischen Macht der Sozialdemokratie beendet. Die Koalition zwischen der ÖVP und der FPÖ hat internationales Aufsehen erregt und nahezu einjährige Sanktionen des Auslands gebracht. Innenpolitisch hat die Opposition der SPÖ und der Grünen zunächst für Unruhen im öffentlichen Raum gesorgt, auch hier ist Beruhigung eingetreten.

Die bis 2003 gewählte Regierung ist dabei, den Einfluß des Staates zurückzubauen, wobei das Nulldefizit der Finanzpolitik oberste Priorität besitzt. Die Prognose für die weitere politische Zusammensetzung der Bundesregierung ist schwierig. Sicher ist jedoch, daß der Einfluß des Föderalismus zunehmen wird.

Gegenüber den Parteien und Verbänden war die Rolle des Bürgers bis herauf zu den 1970er Jahren stark eingeschränkt, seither konnten jedoch lokale und regionale Bürgerinitiativen Erfolge verbuchen. Ihre meist nur lose organisierten Mitglieder entstammen in der Regel der Mittelschicht und der Studentenschaft. Internationale Beachtung fanden: 1978 die Ablehnung der Inbetriebnahme des Atomkraftwerkes Zwentendorf durch eine Volksabstimmung und das im Anschluß daran beschlossene Atomsperrgesetz, das die Nutzung der Kernenergie in Österreich ausschließt. (Die Bemühungen zur Inbetriebnahme von Zwentendorf wurden nach der Reaktorkatastrophe von Tschernobyl 1986 eingestellt.) Die Besetzung der Hainburger Au 1984 durch Studenten hat die Errichtung eines Laufkraftwerkes durch die Donaukraftwerke AG verhindert und schließlich den Erfolg der Errichtung des Nationalparks Donauauen im Oktober 1996 gebracht.

Einen unsichtbaren Teilhaber an der Regierung bildet nach wie vor der straff zentralistisch organisierte Österreichische Gewerkschaftsbund, der mit ca. 1,48 Mio. Mitgliedern (1998) rund 48 % aller unselbständigen Berufstätigen erfaßt und eine bedeutende Vergangenheit aufweist.

Branchen	1961	1986	1998
Privatangestellte	246	198	298
Metall, Bergbau, Energie	286	205	206
Öffentlicher Dienst	121	135	230
Bau und Holz	194	177	167
Gemeinde-Bedienstete	120	97	177
Eisenbahner	122	110	103
Post- und Fernmeldewesen	54	60	78
Agrar, Nahrungs-, Genußmittel	59	30	44
Hotel- und Gastgewerbe	15	13	50
Chemie	66	46	38
Handel, Transport, Verkehr	27	25	36
Textil, Bekleidung, Leder	100	13	18
Druck und Papier	26	18	18
Kunst, Medien, freie Berufe	17	12	16
Persönl. Dienstleistungen	24	**	**
Land- und Forstw., Gartenbau	54	17	*
Insgesamt	**1 531**	**1 156**	**1 480**

Tab. 7: Die Entwicklung der Zahl der Gewerkschaftsmitglieder nach Branchen 1961, 1986, 1998 (in Tausend)

Quellen: Bamberger, Bruckmüller, Gutkas, 1995, Band 1, S. 398; www.oegb.or.at.

* Zu Agrar, Nahrungs-, Genußmittel.   ** Zu Hotel- und Gastgewerbe.

Der ÖGB ist Mitglied der Sozialpartnerschaft und hat mit seiner hohen Mitgliederzahl großen Einfluß auf die Wirtschafts- und Sozialpolitik. Er stellte Minister und Präsidenten des Nationalrates, verfügt mit einer eigenen Bank (Bank für Arbeit und Wirtschaft) auch über beträchtliche ökonomische Macht und nimmt Anteil an der Bildungspolitik und am kulturellen Geschehen. Aus Tabelle 7 ist zu entnehmen, daß der Rückgang der Mitglieder als Spiegelbild der Entindustrialisierung Anfang der 1990er Jahre durch die Organisation der Angestellten und Beamten aufgefangen werden konnte. Der Höhepunkt der Mitgliederzahl wurde 1993 erreicht. Seither reflektieren die sinkenden Zahlen den schleichenden Bedeutungsverlust des Gewerkschaftsbundes.

Österreich ist nicht nur im Naturraum, sondern auch im politischen System ein von West nach Ost sehr stark differenzierter Staat. Während in Ostösterreich der Organisationsgrad hinsichtlich der Zugehörigkeit zur Gewerkschaft und zur sozialdemokratischen Partei in Europa einmalige Werte erreicht, sinken die Anteile westwärts stufenweise ab, um in Vorarlberg das Niveau der Bundesrepublik Deutschland zu erreichen (vgl. Tab. 8).

Als Selbstverwaltungskörper mit Zwangsmitgliedschaft spielen im politischen System die großen Kammern der Arbeiter, des Handels (Gewerbliche Wirtschaft) und die – nur auf der Länderebene bestehenden – Landwirtschaftskammern sowie die riesigen Wirtschaftsgenossenschaften wie Raiffeisen eine entscheidende Rolle.

Für diese öffentlich-rechtlichen Interessenvertretungen von Berufsgruppen ist bisher an der obligatorischen Mitgliedschaft trotz heftiger Diskussionen festgehalten worden. Die Kammern sind nach dem Prinzip der Selbstverwaltung aufgebaut und führen die ihnen durch Gesetz übertragenen Aufgaben durch aus ihrer Mitte bestellte Organe aus, welche nicht dem Weisungsrecht der staatlichen Verwaltung unterstehen. Der Staat überträgt den Kammern aber auch Aufgaben der unmittelbaren Staatsverwaltung. In diesem „übertragenen Wirkungsbereich" sind die Kammern Unterinstanzen in der staatlichen Verwaltung. Die Kammern der freien Berufe (wie z. B. die Ärztekammer, Anwaltskammer) üben disziplinäre Aufsicht über ihre Mitglieder aus (bis zum Berufsverbot).

Die Arbeiterkammern wurden 1920 geschaffen und stellen ebenfalls eine österreichische Besonderheit dar. Die Kammern wirken bei allen Maßnahmen mit, die das Arbeitsverhältnis betreffen und zur Hebung der wirtschaftlichen und sozialen Lage der Arbeitnehmer beitragen. Sie sind berechtigt, die Besichtigung von Arbeitsstätten bei den Arbeitsinspektoraten zu beantragen

Bundesländer	Unselbst. Beschäft. 1999 Tausend	ÖGB- Mitgl. 1998 Tausend	ÖGB- Mitgl. % der Beschäft.	SPÖ- Wähler % 1999	SPÖ- Mitgl. 1999 Tausend	SPÖ- Mitglieder % d. Wähler
Wien	773	439	56,8	37,8	105	34,5
Niederösterreich	516	259	50,2	34,0	91	28,2
Burgenland	79	48	60,8	42,0	22	28,1
Steiermark	423	202	47,8	34,1	55	22,7
Kärnten	191	88	46,1	36,2	30	25,0
Oberösterreich	524	267	50,9	33,3	59	22,1
Salzburg	211	73	34,6	29,3	14	16,9
Tirol	257	74	28,8	23,3	8	6,9
Vorarlberg	131	29	22,1	18,4	2	6,4
Österreich	**3 106**	**1 480**	**47,6**	**33,2**	**384**	**25,1**

Tab. 8: West-Ost-Differenzierung von Gewerkschaften und Parteien 1998/99

Quellen: Stat. Jb., 2001, S. 169; www.oegb.or.at.; SPÖ, SK.

und Lehrlings- und Jugendschutzstellen einzurichten. Seit 1992 haben Mitglieder Anspruch auf Rechtsschutz in arbeits- und sozialrechtlichen Angelegenheiten.

Die Wirtschaftskammern vertreten die Interessen der Wirtschaft gegenüber dem Staat und den anderen Gruppen der Erwerbstätigen. Sie besitzen das Recht der Begutachtung von Gesetzes- und Verordnungsentwürfen und zur Entsendung von Vertretern in zahlreiche Institutionen. Die Kammern unterhalten mit ihren Wirtschaftsförderungsinstituten (WIFI) das größte nichtstaatliche Aus- und Weiterbildungswerk Österreichs. Die Wirtschaftskammer Österreich hat weltweit rund 90 Außenhandelsstellen zur Förderung des Warenverkehrs mit dem Ausland eingerichtet.

Eine spezifisch österreichische Institution bildet die Sozialpartnerschaft, eine seit 1957 bestehende, gesetzlich nicht verankerte „Paritätische Kommission für Lohn- und Preisfragen". Diese umfaßt Vertreter der Arbeitgeber- und Arbeitnehmerorganisationen, der Industriellenvereinigung, der Präsidentenkonferenzen der Landwirtschaftskammern und Kammern der Gewerblichen Wirtschaft, Vertreter des Gewerkschaftsbundes, Regierungsvertreter, Ressortminister u. dgl. Sie unternimmt es, in außerparlamentarischer Arbeit – hinter auch den Medien verschlossenen Türen – alle wesentlichen Probleme, wie Umverteilung der Einkommen, Lohn- und Preisbildung sowie soziale Maßnahmen, im Konsens zu lösen. Diese nirgends kodifizierte Einrichtung entstand aus der Einsicht der Vertreter einer Generation, die unter den Schicksalsschlägen des Zweiten Weltkriegs und des Dritten Reichs gelitten hatte und jene Fehler vermeiden wollte, welche in der Ersten Republik zu einer bürgerkriegsartigen Konfrontation der politischen Parteien mit anschließender Diktatur geführt hatten. Nicht zuletzt dank der Konsensbereitschaft und des Verhandlungsgeschicks profilierter Vertreter der Arbeitgeber- und der Arbeitnehmerseite ist die österreichische Arbeitswelt bisher weitgehend von Streiks verschont geblieben. Andererseits ist gerade das jahrelange politische Credo aller Parteien von der Sicherheit der Arbeitsplätze mit ein Grund dafür, daß die österreichischen Arbeitnehmer relativ früh den Weg in die Freizeit-

gesellschaft angetreten haben und beim Österreicher eine sehr hohe Bewertung der Freizeit vorhanden ist. Mit nur 1812 Arbeitsstunden im Jahr steht der österreichische Industriearbeiter hinsichtlich der Kürze der Arbeitszeit an der Spitze unter den Berufstätigen der Erde.

Das österreichische System der Sozialpartnerschaft gilt im internationalen Vergleich als eines der ausgeprägtesten und erfolgreichsten Beispiele eines „korporatistischen Systems" mit den Voraussetzungen einer ausgeprägten „internen Verbandsdisziplin" und der Paktfähigkeit, d. h. der Einhaltung der freiwilligen Vereinbarungen mit gesamtwirtschaftlicher Bindungskraft. Die Sozialpartnerschaft ist bis Mitte der 1990er Jahre ein Grundprinzip der österreichischen Wirtschaftspolitik und Verwaltung geblieben, vor allem für die Einkommenspolitik und für die Koordination konjunkturpolitischer Maßnahmen.

Mit dem Eintritt in die EU ist der Spielraum für die nationale Wirtschaftspolitik geringer geworden, so daß in Zukunft der Einfluß der Sozialpartnerschaft z. B. im Bereich der Preispolitik abnehmen wird. Hierzu kommen weitere Faktoren wie das Aufbrechen sozialer und räumlicher Disparitäten aufgrund der Globalisierung der Ökonomie und der Migration. Eine wesentliche Sprengkraft kommt seit der innenpolitischen Trendwende der FPÖ zu, welche bei nur sehr geringem Organisationsgrad ihrer Wähler das Aufbrechen der traditionellen Parteien- und Verbandsstrukturen anstrebt.

Wendet man die Produktzyklustheorie auf die Sozialpartnerschaft als österreichisches Spitzenprodukt des sozialen Wohlfahrtsstaates an, so gelangt man zur Feststellung, daß sie in ihre Endphase eingetreten ist. Damit ist ein Rückbau zu erwarten, dessen Einzelheiten schlecht prognostizierbar sind.

Dies wird durch den Anstieg der Sozialquote von 16 % des BIP im Jahr 1955 auf den vorläufigen Spitzenwert von 29,7 % im Jahr 1999 belegt. Rund 57 % der Sozialausgaben entfielen auf die Pensionen (1999: 16,9 % des BIP). Die Finanzierung der Pensionen ist zu einem Dauerthema geworden.

Zentralismus versus Föderalismus

Der österreichische Staat ist ein junges Gebilde. Seine Länder sind alte historische Einheiten. Die Donau bildete die Achse des mittelalterlichen Territoriums unter den Babenbergern, später den Habsburgern. Dieses Donau-Österreich mit den heutigen Bundesländern Ober- und Niederösterreich wurde mit dem Erwerb der Steiermark (1192) und Kärntens (1335) in den Alpenraum hinein verbreitet. Dieses räumlich gut proportionierte Gebilde wurde durch die politisch-territorialen Interessen der Habsburger durch die Erwerbung von Tirol 1363 und im Laufe des 15. Jahrhunderts von Teilen von Vorarlberg übermäßig in der Ost-West-Richtung ausgeweitet. Erst verhältnismäßig spät gelang es im Zuge der Säkularisierung, die große Lücke mit der Erwerbung des geistlichen Fürstentums Salzburg (1816) zu schließen. Erst nach dem Zerfall der Monarchie kam der deutschsprachige Westteil Ungarns, das Burgenland, als jüngstes Bundesland (1921) zu Österreich.

Abgesehen von Grenzrevisionen gegen Nachbarstaaten im Jahr 1919, durch die insbesondere die alpinen Bundesländer bedeutende Anteile an Italien (Südtirol) und Jugoslawien (Südkärnten, Südsteiermark) verloren haben, sind die Grenzen der historischen Länder durch die Jahrhunderte außerordentlich stabil gewesen. Nicht zuletzt deshalb, weil sie sich während ihrer mittelalterlichen Entwicklung in die natürlichen Großlandschaften eingefügt haben. So wird die alte Ländereinheit von Donau-Österreich durch den Verkehrskorridor des Alpenvorlandes verklammert und besitzt gleicherweise Anteile im Norden am Böhmischen Massiv (Mühlviertel, Waldviertel) wie im Süden an den nördlichen Kalkalpen. Steiermark und Kärnten verbinden Wald und Eisen als natürliche Ressourcen der kristallinen Hoch- und Mittelgebirge. Die einstigen Paßstaaten Salzburg und Tirol reichen von den nördlichen Kalkhochgebirgen bis in die Gletscherregion der Zentralalpen hinauf, deren Bäche heute Pumpspeicherkraftwerke speisen. Der bergbäuerliche Siedlungsraum hat in beiden Bundesländern durch den Fremdenverkehr eine enorme neue Inwertsetzung erfahren. An den Außenflanken der österreichischen Alpen schließen jene Bundesländer an, welche im Hinblick auf die Natur- und Kulturlandschaften die größten Kontraste bieten: im Westen Vorarlberg, das in Siedlung und Wirtschaft sowie in der Stammeszugehörigkeit seiner alemannischen Bevölkerung bereits dem größeren Komplex des Bodenseeraumes angehört und damit der Schweiz und Deutschland zugewandt ist, und im Osten das Burgenland, dessen Flüsse und Verkehrswege ins Pannonische Becken hinausstreben, mit dem es als Westteil Ungarns jahrhundertelang auch eine politische Einheit gebildet hat.

Die österreichischen Bundesländer sind aufgrund ihrer sehr langen territorialen Entwicklung eigenständige Einheiten im Hinblick auf Wesen und Mundart der Bevölkerung, Formen der ländlichen Siedlung und wirtschaftlichen Struktur. Selbst der Eiligreisende wird die Schilder an den Landesgrenzen bemerken, mit denen ihm das Bundesland, das er gerade durchfahren hat, ein „Auf Wiedersehen" zuruft und ihn das nächste, das er betritt, begrüßt. Sorgfältigeren Beobachtern werden die Unterschiede bei der Anlage der Siedlungen, Haus- und Dachformen, der Verkabelung oder Nichtverkabelung von technischer Infrastruktur und viele andere Details auffallen, deren Regulierung in die Ressorts der Landesbaudirektionen gehört und die ebenso wie die Raumplanung durch Landesgesetze geregelt ist. Der österreichische Föderalismus ist damit zuständig für die „Erhaltung und Gestaltung der Kulturlandschaft" – Landesgesetze regeln Raumordnung und Raumplanung. Für eine Bundesraumordnungspolitik bestehen keine Mittel und keine Instrumente. Die Österreichische Raumordnungskonferenz (ÖROK) bildet ein rein informatives Gremium, in dem in institutionalisierten Gesprächen auf hoher Beamtenebene eine Vereinheitlichung des Informationshorizontes erzielt und eine gewisse Konsensbildung der Strategien angestrebt wird. Die Maßnahmen selbst gehören zu den Aufgaben der Regionalplanung, deren Organisations- und Aufgabenbereiche sich von Bundesland zu Bundesland ganz wesentlich unterscheiden. Die föderalistische Struktur des österreichischen Staates begünstigt damit partikuläre kleinräumige Lösungen und eine Taktik der kleinen Schritte. Dazu trägt auch weiters bei, daß die Bundesländer eigene Arbeitsämter besitzen und auf die jeweiligen Landeshauptstädte zentrierte, mehr oder minder geschlossene Arbeitsmarkt- und Wanderungsregionen zur Ausbildung gelangt sind. In der Nachkriegszeit sind zwei Drittel der an sich geringen österreichischen Binnenwanderung, welche in den späten 1970er und frühen 80er Jahren unter 2 % lag, innerhalb der Landesgrenzen verblieben. Die Ländergrenzen sind damit in der gesamten Nachkriegsentwicklung zu Wanderungsgrenzen geworden.

Besonders hervorzuheben ist, daß auf dem Energiesektor, gestützt auf die natürlichen Ressourcen der Wasserkräfte, die Landesgesellschaften eine von der gesamtstaatlichen Verbundgesellschaft unabhängige Preis- und Exportpolitik betreiben, d. h., daß unter anderem Spitzenstrom aus Vorarlberg und Tirol in die Bundesrepublik Deutschland verkauft wird, der in der Ostregion des Staates gebraucht werden würde.

All das darf jedoch nicht darüber hinwegtäuschen, daß der Zentralismus in Österreich im Vergleich zur Schweiz eine wesentlich größere Kontrollfunktion über die Staatsfinanzen besitzt, so daß die Möglichkeiten der Länder, eine selbständige Wirtschaftspolitik zu betreiben, schon aufgrund der knapperen monetären Ressourcen eingeschränkt sind. Nur 17 % des Steueraufkommens gehen an die Länder, 8 % an die Gemeinden, 53 % verbleiben dem Bund und 23 % gehen an die Sozialversicherung (1999).

Zwar ist der österreichische Staat – wie betont – ein junges Gebilde, er fußt jedoch auf den Organisationsstrukturen des aufgeklärten Absolutismus unter Maria Theresia und Joseph II., der auch die institutionellen Organe geschaffen hat, welche die moderne Informationsgesellschaft benötigt: das Katasterwesen, die staatliche Landesaufnahme und die amtlichen Großzählungen. Die Zweite Republik hat in diesen Bereichen im internationalen Vergleich respektable Leistungen hinsichtlich der EDV-mäßigen Installierung von Informationssystemen vollbracht, wie die Errichtung des Bundesrechenzentrums, den Aufbau eines räumlichen Informationssystems über Bevölkerung und Wirtschaft (ISIS-Datenbank) beim neuerbauten Statistischen Zentralamt, den Aufbau einer Grundstücksdatenbank – einer digitalen Katastralmappe mit über 12 Mio. Liegenschaften, welche durch die EDV-Vernetzung bei jedem Notar zugänglich ist – und die Einrichtung eines digitalen Höhenmodells bei der amtlichen Landesaufnahme. Vielfach unbemerkt von der Öffentlichkeit ist damit in Österreich das bereits in den Grundzügen vorhandene staatliche Informationsmonopol weiter ausgebaut worden.

Der österreichische Zentralismus hat darüber hinaus noch ein zweites sehr wichtiges altes Monopol nicht aus der Hand gegeben, nämlich die Bildung. Das höhere Schulwesen sowie die Universitäten sind, durch zwei Ministerien administriert, Angelegenheiten des Bundes geblieben. Es sind diese höheren Schulen, in denen sich in der Gegenwart die Bewußtseinsbildung der Österreicher vollzieht. Nur das Volksschulwesen und die Einrichtungen der sozialen Infrastruktur, Kindergärten, Altersheime, Spitäler, zählen ebenso wie die technische Infrastruktur der Versorgung und Entsorgung zum Aufgabenbereich der Länder bzw. der Gemeinden.

Die Effekte der Primate City Wien

Wien war im Jahr 1918 mit 2,2 Mio. Menschen viel zu groß für die Erste Republik. Es galt als der „Wasserkopf" des Kleinstaates Österreich. Die teils anonyme internationale, teils proletarische lokale Gesellschaft des „roten Wien" wurde von der überwiegend konservativen Bevölkerung der Bundesländer abgelehnt. In der Zweiten Republik ist eine Umbewertung eingetreten. Sozialpolitische und regionalökonomische Effekte der Primate City sind zu registrieren.

In der Nachkriegszeit hat in der Regierung des Staates die Sozialdemokratische Partei ein Take-off erlebt, zu dem die Stimmen der Wiener Wähler entscheidend beigetragen haben. Ohne sie wäre die sozialdemokratische Alleinregierung von 1970 bis 1983 nicht möglich gewesen. In die gesellschaftspolitischen Maßnahmen sind daher auch Problemsichten der Bevölkerung Wiens in hohem Maße eingeflossen, während andererseits Fragen des ländlichen Raums und der kleinen Städte am Rande des Interesses blieben, so daß hier – gleichsam im politischen Windschatten – sehr spezifische „österreichische Lösungen", u. a. auf dem Agrar- und Tourismussektor, entstehen konnten.

Aufgrund der zentralistischen Einflußmöglichkeiten der sozialdemokratischen Alleinregierung auf die Bildungs- und Informationspolitik ist nicht nur durch ein neues Universitätsorganisationsgesetz mit drittelparitätischen Regelungen der Lehr- und Forschungsbetrieb an den Universitäten grundsätzlich geändert worden, sondern auch eine mächtige „weiche Welle" des Sozialismus zum Laufen gekommen und über die Massenmedien so wirksam verbreitet worden, daß eine bemerkenswerte „pseudosozialistische" Grundeinstellung in weiten Bevölkerungskreisen entstanden ist.

Gekoppelt mit dem Wohlstandssyndrom hat sich der Lebensstil eines sozialistischen Kleinbürgers vom Ursprungsort der sozialdemokratischen Bewegung, der Millionenstadt Wien, mit dem Verstädterungsprozeß der Nachkriegszeit über weite ländliche Räume ausgebreitet. Zu ihm gehört letztlich der Wunsch nach dem „social overhead" ebenso wie der Wunsch nach einer privaten Mikrosphäre, nach einem Schrebergarten, einer Zweitwohnung und/oder einem Eigenhaus.

Zu den sozialpolitischen Effekten, die von Wien ausgingen, kamen jedoch auch politische Funktionen für den österreichischen Staat. In der durch den Eisernen Vorhang in einem Dreiviertelkreis umschlossenen Osthälfte Österreichs erkannten die Entscheidungsträger rasch, daß Wien wichtige internationale Transferaufgaben zwischen Ost und West wahrnehmen konnte. Nur einem Kanzler mit dem Ansehen und dem Weitblick Kreiskys war es möglich, die als Gigantomanie zunächst diskreditierte UNO-City zu realisieren, welche in der Zeit des geteilten Europa in der Nähe zum Eisernen Vorhang auch als eine symbolische Landmarke der westlichen Welt aufzufassen war, unabhängig vom Raumbedarf der internationalen Institutionen, die man auch in der Innenstadt von Wien hätte unterbringen können. Es ist Kreisky und dem kulturellen Potential der ehemaligen Weltstadt Wien, die in der Nachkriegszeit zu einer Stadt ohne Hinterland wurde, zu verdanken, daß Österreich international nicht völlig in die Bedeutungslosigkeit eines Kleinstaates abgesunken ist.

Aus regionalökonomischer Sicht kam Wien in den Nachkriegsjahrzehnten die Aufgabe eines Wachstumspols zu, ohne den die Ostregion des Staates vermutlich in weit größere ökonomische Schwierigkeiten geraten wäre. Im Rahmen der begrenzten Möglichkeiten der Nachkriegszeit entwickelte sich Wien zum Arbeitsstättenzentrum für die gesamte Ostregion (Niederösterreich und Burgenland). Im Pendlerfeld der Millionenstadt etablierten sich die historischen Viertelshauptstädte des Bundeslandes Niederösterreich – Wiener Neustadt, Krems und St. Pölten (seit 1986 Landeshauptstadt von Niederösterreich) – als Trabanten der Wiener Region.

Die politische Trendwende des Jahres 1989 und die Öffnung des Eisernen Vorhangs in knapp 50 km Entfernung haben das natürliche Lagepotential der Stadt in der Mitte Europas wieder zum Tragen gebracht, ohne die asymmetrische Lage innerhalb des Kleinstaates aufheben zu können. Wien ist nach wie vor extrem ungünstig in der räumlichen Konfiguration Österreichs positioniert. Dementsprechend kompliziert ist die Schnittstellenfunktion beim Transfer von Kapital, Arbeitskräften, Gütern und Dienstleistungen. In Konkurrenz mit Prag und Budapest weitet sich die Einflußsphäre von Wien auf dem tertiären und quartären Sektor in die Staaten Ostmitteleuropas hinein aus, und ebenso greift die Wiener Arbeitsmarktregion über eine teils legale, teils illegale Zuwanderung von Arbeitskräften in die Nachbarstaaten Ungarn, Slowakei und Polen aus. Umgekehrt nimmt die Abhängigkeit von westlichen Kapitalgebern zu.

Einer West-Ost-Verschiebung auf dem Kapitalmarkt steht derart eine Ost-West-Verschiebung auf dem Arbeitsmarkt gegenüber.

Die Gemeinden

Österreich ist ein Staat der kleinen Gemeinden. Nahezu die Hälfte der Bevölkerung lebt in Gemeinden mit weniger als 10 000 Einwohnern. Österreich ist überdies ein Staat, in dem Streusiedlungen weithin – mit Ausnahme des Alpenrandes im Norden und Osten und der inneralpinen Täler und Becken – vorherrschen. Es ist ferner mit knapp 90 Einwohnern pro km^2 ein dünn besiedelter Staat, in dem in manchen Gebieten der Boden noch nicht als knappe Ressource betrachtet wird.

Im politischen System stellen die Gemeinden die unterste Ebene der Hoheitsverwaltung des österreichischen Staates dar. Sie bilden einerseits einen Selbstverwaltungskörper und andererseits einen Verwaltungssprengel, und zwar im Rahmen der politischen Bezirke. Diese Doppelstellung ist noch ein Erbe der Habsburgermonarchie. Konkret umfaßt daher der selbständige Wirkungsbereich nicht nur die Verwaltung des Gemeindevermögens, die Einhebung der Gemeindesteuern, die Errichtung und den Betrieb von wirtschaftlichen Unternehmen sowie die Erhaltung und Errichtung von Gemeindestraßen, Schulen, Hilfs-, Rettungs- und Bestattungswesen, sondern vor allem auch die Flächenwidmung. Durch diese Funktion ist es der Gemeinde möglich, über entsprechende Veränderungen der Flächenwidmung auch einen Planungsmehrwert zu erzielen bzw. in aktiver Form auch Unternehmen zur Ansiedlung auf dem Gemeindegebiet zu veranlassen.

Die österreichische Gemeindeverfassung, die auf das Jahr 1848 zurückgeht, welche die Gemeinde als untersten autonomen Bestandteil des Staates geschaffen hat, fußt in der territorialen Organisation auf mittelalterlichen Siedlungsstrukturen von Talschaften, Dörfern und Kirchensprengeln.

Verglichen mit der Bundesrepublik Deutschland sind die österreichischen Gemeinden stets klein gewesen, und selbst die Gemeindezusammenlegungen der 70er Jahre haben an dieser grundsätzlichen Aussage nichts Wesentliches ändern können, wobei allerdings beachtliche Reduzierungen hinsichtlich der Zahl der Gemeinden erfolgt sind. Insgesamt hat sich die Zahl der Gemeinden von 3999 im Jahr 1961 auf 2359 im Jahr 2001, d. h. um fast die Hälfte, verringert (vgl. Tab. 9).

Diese Gemeindereformen waren keineswegs ein österreichisches Spezifikum, sondern nur eine etwas nachgezogene Entwick-

Bundesländer	Anzahl der Gemeinden				
	1961	1971	1981	1991	2001
Niederösterreich	1652	814	558	569	573
Burgenland	319	138	138	153	171
Ostregion	**1 972**	**953**	**697**	**723**	**744**
Steiermark	851	551	544	544	543
Kärnten	229	204	121	128	132
Südregion	**1 080**	**755**	**665**	**672**	**675**
Oberösterreich	445	445	445	445	445
Salzburg	119	120	119	119	119
Tirol	287	287	278	278	279
Vorarlberg	96	96	96	96	96
Westregion	**947**	**948**	**938**	**938**	**939**
Österreich	**3 999**	**2 656**	**2 300**	**2 333**	**2 359**

Tab. 9: Veränderungen der Zahl der Gemeinden von 1961 bis 2001 in den österreichischen Bundesländern

Quelle: ÖSTAT bzw. Statistik Austria, SPA, 1961 – 2001.

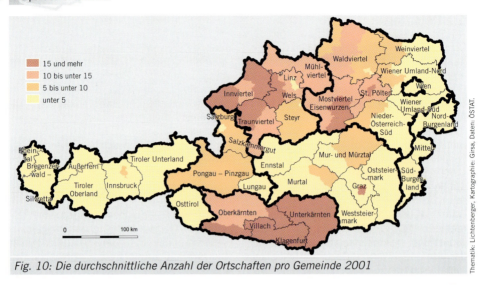

Fig. 10: Die durchschnittliche Anzahl der Ortschaften pro Gemeinde 2001

lung nach den großen Reformen der administrativen Landkarte, welche zuerst in Großbritannien erfolgt sind und dann auch in der Bundesrepublik Deutschland durchgeführt wurden. Da aber die Durchführung der Gesetze den Ländern überlassen blieb, sind entsprechend der politischen Ausrichtung derselben und den grundsätzlichen Maximen der Gemeindezusammenlegungen sehr unterschiedliche Strategien verfolgt worden.

Umstürzende Reformen der administrativen Landkarte, wie in Großbritannien, Nordeuropa und in der Bundesrepublik Deutschland, sind nicht erfolgt. Der österreichische Föderalismus konnte im Westen des Staates selbst die Bestrebungen zur Gemeindezusammenlegung negieren, welche in den 1970er Jahren das Ziel hatten, die vielfach noch ehrenamtlich geführte Verwaltung in eine verbeamtete überzuführen und damit eine Professionalisierung der Verwaltung zu erreichen. Gemeindeinstitutionen und -feiern bilden einen wesentlichen Bestandteil des Lebens.

Nur in Ostösterreich, der Steiermark und Kärnten wurden Gemeindezusammenlegungen durchgeführt. Diese betrafen meist Zwerggemeinden mit weniger als 1000 Einwohnern. Im Westen Österreichs, in Vorarlberg, Tirol und Salzburg, hat praktisch keine Reform der administrativen Landkarte stattgefunden, d.h., daß die bisherige Stellung der Gemeinden nicht angetastet wurde.

Ganz anders ist die Situation in Kärnten. In diesem Bundesland mit einer an sich recht komplexen Siedlungsstruktur von Weilern, Dörfern und Streusiedlungen und einer in manchen Landesteilen nur ansatzweisen Ausbildung von Märkten und Kleinstädten ist man bei der Gemeindezusammenlegung äußerst rigoros vorgegangen. Man hat nicht nur Großgemeinden geschaffen, sondern auch bestehende Gemeinden auf derartige Großgemeinden aufgeteilt; ein Vorgehen, das in den anderen österreichischen Bundesländern eine Ausnahme geblieben ist. Grundsätzlich hat man damit in Kärnten die interkommunalen Disparitäten in der funktionellen Differenzierung der Siedlung auf die intrakommunale Ebene transferiert, d.h. konkret, daß in den neu errichteten Großgemeinden sehr unterschiedliche soziale und siedlungsmäßige Strukturen zusammengefaßt wurden, nämlich Streusiedlungsgebiete im Bergbauernraum, Kleinweiler und Dörfer in den Tal- und Beckenlagen. Durch diese Vorgangsweise wurde vor allem das bergbäuerliche Streusiedlungsgebiet benachteiligt, da es zahlenmäßig nunmehr bei den Gemeindewahlen und damit im Gemeinderat zu schwach vertreten ist.

In Ostösterreich, insbesondere in Niederösterreich, waren die Dörfer vor den Gemeindezusammenlegungen häufig außerordentlich klein. So gab es 1961 72 Gemeinden mit weniger als 100 Einwohnern und weitere 997 Gemeinden mit weniger als

500 Einwohnern. Unter Verwendung des Hauptdorfkonzeptes wurden von der Niederösterreichischen Landesregierung zwei oder mehrere Gemeinden zu einer neuen Gemeinde zusammengeschlossen. Im Burgenland waren die Kriterien für die Zusammenlegung einerseits die Professionalisierung der Gemeindeverwaltung und andererseits die Bildung Zentraler Orte der untersten Stufe.

Diese Gemeindezusammenlegungen sind auch vor dem Hintergrund der wichtigen Funktion der Gemeinden, nämlich der Obsorge für das Volksschulwesen, von Bedeutung gewesen. Entsprechend den Gemeindezusammenlegungen im Osten und im Süden Österreichs sind von den jeweiligen Landesschulräten massive Auflassungen der bisherigen ein- und zweiklassigen Volks-

schulen und Zusammenlegungen in Zentrumsschulen veranlaßt worden. Die Ausdünnung des Volksschulnetzes hat in Ostösterreich ein wesentlich größeres Ausmaß angenommen als im Westen. Im Zeitraum zwischen 1926 und 1985 wurden in Niederösterreich 53,3 % aller Schulen geschlossen, im Burgenland nahm die Zahl der Volksschulen um 42,0 % ab. Andererseits hat Westösterreich, allen voran Tirol, auch ein- und zweiklassige Volksschulen beibehalten und damit zweifellos entscheidend zur Absicherung der Obergrenze der bergbäuerlichen Siedlung beigetragen.

Durch die Zusammenlegungen ist in den östlichen und südlichen Bundesländern auch die innere Struktur der Gemeinden deutlich verändert worden. Das 1850 die Gemeindeverfassung leitende Prinzip der

Aufnahme: Lichtenberger.

Bild 18:
Umzug anläßlich des
Virgil-Festes in Virgen,
Osttirol

Identität von Katastralgemeinden und Ortsgemeinden wurde aufgegeben, und es erfolgte eine Zusammenlegung von Katastralgemeinden, wobei allerdings eklatante Unterschiede zwischen West-, Ost- und Südösterreich bestehen. Von den 2359 Gemeinden Österreichs werden noch 40 % von einer einzigen Katastralgemeinde gebildet, während andererseits im Raum von Niederösterreich die Zusammenfassung der Katastralgemeinden, besonders im Wald- und Weinviertel, ebenso aber auch in Kärnten, eine ausgeprägte strukturelle Veränderung der Gemeinden zur Folge hatte (vgl. Fig. 10).

Die West-Ost-Unterschiede werden auch in der Symbolik von Veranstaltungen klar erkennbar, welche im Westen des Staates noch den alten Traditionen verhaftet (vgl. Bild 18), im Osten dagegen bereits weitgehend medienkonform geworden sind.

Trotz aller Reformen ist Österreich ein Land der kleinen Gemeinden geblieben. 181 Gemeinden haben weniger als 500 Einwohner, fast 1535 Gemeinden weniger als 2000 Einwohner. Besonders auffallend ist die nach wie vor kleingemeindliche Struktur im Mühlviertel und in der Südoststeiermark. Nur 199 Gemeinden in Österreich haben mehr als 5000 Einwohner und damit eine Bevölkerungszahl, die international als unterste Grenze einer effizienten und professionellen Verwaltung und Servicefunktion von Gemeinden angesehen wird. In Österreich erreichen ausschließlich Zentrale Orte derartige Werte, darunter alle Hauptorte der politischen Bezirke.

Der Anteil der kleinen Gemeinden ist derzeit in Vorarlberg und Tirol, wo keine Gemeindezusammenlegungen durchgeführt wurden, am höchsten, gefolgt von der Steiermark. Umgekehrt hat das Burgenland eine relativ große Zahl von Gemeinden mittlerer Größe, ohne daß sich jedoch deswegen ein entsprechendes zentralörtliches System entwickelt hätte (vgl. Tab. 10).

Weitere Zusammenlegungen sind aufgrund des zunehmenden Widerstandes der Bevölkerung politisch nicht zu realisieren. Vielmehr werden seit den 1980er Jahren beim Verfassungsgerichtshof laufend Anträge auf Gemeindeteilungen eingebracht und akzeptiert. Gleichzeitig hat die Idee der interkommunalen Kooperationen an Wert gewonnen, vor allem in den Bereichen Umwelt und soziale Wohlfahrt.

Derartige kooperatistische Modelle unterliegen parteipolitischer Ideologie. Entsprechend bestehen Unterschiede in der föderalistischen Vorgangsweise bei der Zusammenfassung von Gemeinden zu übergeordneten Verbänden. Extrempositionen beziehen Tirol und Kärnten.

Bundesländer	Anzahl der Gemeinden	Gemeinden <500 Ew. %	Durchschnittsgröße der Gemeinden (Einwohner)
Niederösterreich	572	*3,1*	2 623
Burgenland	170	*9,4*	1 570
Ostregion	**742**	**4,6**	**2 368**
Steiermark	542	*11,8*	1 743
Kärnten	131	*0,0*	3 588
Südregion	**673**	**9,5**	**2 102**
Oberösterreich	444	*4,1*	2 689
Salzburg	118	*6,8*	3 172
Tirol	278	*15,1*	2 026
Vorarlberg	95	*15,8*	3 415
Westregion	**935**	**8,8**	**2 627**
Österreich	**2 351**	**7,7**	**2 398**

Tab.10: Anzahl der Gemeinden und durchschnittliche Einwohnerzahl nach Bundesländern 2001 (ohne Landeshauptstädte)

Quelle: Statistik Austria, SPA, VZ 2001; SK.

Thematik: Lichtenberger, Kartographie: Trichtl, Daten: Statistik Austria, Stat. Jb., 2002, S. 472.

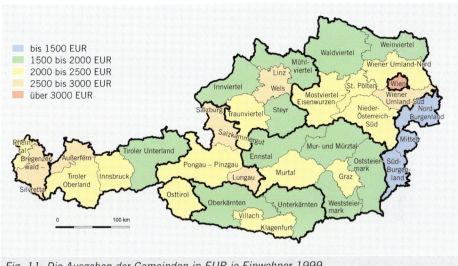

Fig. 11: Die Ausgaben der Gemeinden in EUR je Einwohner 1999

In dem konservativ regierten Bundesland Tirol haben sich die 277 Gemeinden in freiwilliger Form zu 110 Verbänden für soziale und technische Infrastrukturaufgaben zusammengeschlossen (für Schulen, Altersheime, Musikschulen, Kanalisation usf.), 9 Verbände wurden durch Verordnung geschaffen (Spitäler, soziale Wohlfahrt, Pensionsfonds usf.) und 117 Verbände durch Gesetz für administrative Aufgaben eingerichtet (Standesämter, Gesundheitssprengel). Konkret bedeutet dies, daß jede Gemeinde daher Mitglied mehrerer Verbände ist, ungeachtet der Zusammenschlüsse im eigenen Wirkungsbereich.

Das Gegenbeispiel zu Tirol stellt Kärnten dar. Bereits 1920 hatte hier die sozialdemokratische Partei eine Neuregelung der Kompetenzen der politischen Bezirke in der Verfassung angestrebt, konnte diese jedoch nicht durchsetzen. Nunmehr gelang eine indirekte Durchsetzung mittels Zusammenschluß aller Gemeinden eines Bezirks zu verschiedenen Zweckverbänden, deren Organisation in die Bezirkshauptmannschaften eingebunden ist, so daß die Geschäftsführung dem Bezirkshauptmann oder einem seiner Mitarbeiter obliegt. Damit haben weisungsgebundene Beamte einen entscheidenden Einfluß auf den Bereich der lokalen Selbstverwaltung erhalten.

Gemeinden bilden die unterste Finanzebene des Staates, denen aufgrund des im allgemeinen vierjährigen Finanzausgleichsgesetzes aus dem staatlichen Steuertopf Finanzmittel zugewiesen werden (vgl. oben). Entsprechend der Arbeitsstättenstruktur und dem Konsumverhalten der Bevölkerung weisen sie eine recht unterschiedliche Finanzkraft auf (vgl. Fig. 11).

Änderungen der Steuergesetzgebung 1994 im Zusammenhang mit der Liberalisierung und Privatisierung haben die Abhängigkeit von der Arbeitsstättenstruktur verstärkt, d.h., daß alle Gemeinden mit Großbetrieben zu den Budgetgewinnern, die anderen zu den Verlierern zählen. Unter Bezug auf die Bundesländer gewinnen derzeit die Gemeinden der Steiermark und Oberösterreichs mit Standorten von (jedenfalls bisher staatlichen) Großbetrieben der Industrie; in den übrigen 6 Bundesländern haben dagegen die Gemeinden an Finanzmitteln verloren.

Während die Gemeinden die kleinsten sich selbst verwaltenden politischen Einheiten bilden, unterstehen sie in Hinblick auf die Agenden der allgemeinen staatlichen Verwaltung den unter der Landesebene befindlichen *Bezirkshauptmannschaften* (insgesamt 94), welche für alle Fragen des Gewerbe,- Wasser- und Verkehrsrechts zuständig und in der Gemeindeaufsicht sowie in der Gesundheits-, Veterinär- und Forstverwaltung tätig sind. Sie bilden die erste Instanz der Sicherheitsverwaltung.

Die Segmentierung des Wohnungsmarktes

Der Wohnungsmarkt von Staaten ist abhängig von den nationalen Besonderheiten der Gesellschaftspolitik, den speziellen Formen der Steuergesetzgebung, der Privilegierung bestimmter sozialer oder demographischer Gruppen und den tradierten, über das Sozialprestige auch im Bewußtsein der Bevölkerung fortgeschriebenen Wohnbauformen. Diese Aussage gilt für alle sozialen Wohlfahrtsstaaten Europas, in denen dem Wohnen auch eine soziale Funktion zugeschrieben und damit Finanzmittel aus dem „social overhead" in der einen oder anderen Form zugewiesen wurden.

Die pluralistische Segmentierung des österreichischen Wohnungsmarktes mit den Details der Zutrittsbedingungen zu den einzelnen Segmenten, den Rechtstiteln und Finanzierungsformen fußt auf der Entwicklung von Wohnverhältnissen, Wohnungsnot und Wohnungsbau in der Millionenstadt Wien. Das Mietshauswesen der k. u. k. Monarchie war der Ausgangspunkt für die Mieterschutzgesetzgebung des Jahres 1917, welche erlassen wurde, um den Frauen der im Kriege stehenden Soldaten das Recht auf die Nutzung der Mietwohnung zu wahren, auch wenn sie nicht imstande waren, dafür die Miete zu bezahlen. Diese Mieterschutzgesetzgebung ist als österreichisches Spezifikum bis heute nicht grundsätzlich aufgehoben, wenn auch durch jüngere Gesetze, darunter insbesondere das Mietengesetz 1981, modifiziert worden. Die Konsequenzen dieser Gesetzgebung sind weitreichend:

▪ Sie haben zu einer jahrzehntelangen Versteinerung des Wohnungsmarktes und zu einer Immobilisierung der Bevölkerung, vor allem in Wien, aber auch in Kleinstädten und selbst im ländlichen Raum, im Rahmen des Mietshauswesens geführt, damit allerdings auch

▪ Segregationsprozesse hintangehalten, weil vor allem im Falle der Verarmung von Familien diese in den ererbten größeren Wohnungen bleiben konnten.

Mit dem Ablösewesen als Ersatz für einen kapitalisierten Mietzins ist gleichzeitig aber auch eine bestimmte Verhaltensweise der Bevölkerung entstanden, die bis heute dahingehend nachwirkt, daß man eher bereit ist, große Beträge gleichsam im vorhinein für ein Mietrecht zu bezahlen, um dann eine geringe Dauerbelastung in Hinblick auf die Miethöhe auf sich zu nehmen.

▪ Das jahrzehntelange Einfrieren der Mieten auf sehr niedrigem Niveau hat in Hinblick auf die physische Struktur des Baubestandes aufgrund des Fehlens von Reinvestitionen zum Auftreten von physischen Blightphänomenen und zur Entwertung des privaten Hausbesitzes geführt. Vor allem in Wien entstanden dadurch gravierende Verfallsprobleme.

▪ Weitere Konsequenzen des Mieterschutzes waren die Verhinderung der Bildung von großen Kapitalgesellschaften zur Aufschließung und Vermarktung von Grund und Boden für Wohnbauzwecke sowie das Abschieben der Wohnbautätigkeit an den privaten Einfamilienhausbau bzw. an den genossenschaftlichen oder sozialen Wohnungsbau.

▪ Diese Verhinderung einer profitorientierten Wohnbauentwicklung hatte insgesamt eine ausgleichende Wirkung in Hinblick auf die sonst in entwickelten Gesellschaften üblichen räumlichen Disparitäten in den Wohnverhältnissen.

▪ Die Niedrigmietenpolitik ist überdies – vor allem in Wien – ab den 1960er Jahren für das Entstehen des Zweitwohnungswesens verantwortlich zu machen, da die Aufspaltung der Wohnfunktion in eine Hauptwohnung und eine Zweitwohnung durch die Niedrigmietenpolitik indirekt „mitsubventioniert" wurde.

Zum unter Mieterschutz stehenden Altbaubestand trat seit der Zwischenkriegszeit in Wien – und später auch in anderen Städten – ein forcierter sozialer Wohnungsbau, dessen Standortwahl zu einem Instrument der Wahlgeometrie von sozialdemokratischen Gemeindeverwaltungen geworden ist. Eigentums- und Genossenschaftswohnungen, Wohnungen für Staatsbeamte und Werkswohnungen bei den staatlichen Großbetrieben tragen zur Vielfalt des Marktes bei. Neue Regelungen haben ihn weiter aufgespalten und weitere Subsegmente erzeugt. Die Intransparenz des Wohnungsmarktes ist zu einem anscheinend unlösbaren Problem geworden.

Rechtsform	Wien		Übrige Bundesländer		Österreich	
	Tsd.	%	Tsd.	%	Tsd.	%
Eigenbenützung des Hauseigentümers	40,5	5,7	1 016,8	51,4	1 057,3	39,3
Eigentumswohnungen	79,0	11,0	146,8	7,4	225,8	8,4
Genossenschaftswohnungen	57,3	8,0	109,2	5,5	166,5	6,2
Mieterschutzwohnungen	**438,8**	**61,6**	**321,8**	**16,3**	**760,6**	**28,3**
Wohnungen mit freier Mietenvereinbarung	45,0	6,3	168,7	8,5	213,7	7,9
Dienst-, Natural- und sonstige Wohnungen	52,4	7,4	214,9	10,9	267,3	9,9
Insgesamt	**713,0**	**100,0**	**1972,2**	**100,0**	**2 691,2**	**100,0**
Bauperiode: *Nachkriegszeit*	**302,0**	**42,3**	**1 234,0**	**62,6**	**1536,0**	**57,1**

Quelle: Lichtenberger, 1989, S. 29.

Tab. 11: Segmente des Wohnungsmarktes 1981

Übertragen wir diese Aussage in den räumlichen Kontext, so läßt sie sich sehr verkürzt in die Formel fassen: Wien versus Österreich. Diese Dichotomie wird durch Tab. 11 dokumentiert.

Während der Wiener Wohnungsbestand durch das weitgehende Fehlen des Eigenheims gekennzeichnet ist und in der Nachkriegszeit Großwohnanlagen aufs freie Feld gestellt worden sind, hat in den Bundesländern das Wohnen im Einfamilienhaus an Bedeutung gewonnen. Auf den Prozeß der „chaotischen Urbanisierung" mittels des Einfamilienhausbaus in weiten ländlichen Räumen und in Kleinstädten in der Nachkriegszeit wird noch besonders eingegangen.

Die duale Ökonomie und der duale Arbeitsmarkt

Die österreichische Wirtschaft ist durch die Dichotomie von verstaatlichten Großbetrieben auf der einen Seite und zahlenmäßig weit überwiegenden privaten Klein- und Mittelbetrieben auf der anderen Seite gekennzeichnet. Österreich ist ein Land der Klein- und Mittelbetriebe. Lediglich 17 Unternehmen beschäftigen mehr als 10 000 Personen, davon sind sieben gemeinwirtschaftlich organisiert. Im europäischen Vergleich erscheinen aber selbst die österreichischen Großbetriebe bescheiden.

Insgesamt ist die Struktur der österreichischen Industrie unausgeglichen und mit dem historischen Erbe noch immer belastet. Ebenso ist es eine historische Tatsache, daß Österreich niemals den Industrialisierungsgrad anderer Industrienationen erreicht hat. Ausländische Konzerne eröffneten nach dem Zweiten Weltkrieg in erster Linie Zweigwerke. Industrialisierungsprogramme in entwicklungsschwachen Räumen (Burgenland, Waldviertel) sind insgesamt wenig erfolgreich gewesen. Ohne die Möglichkeiten der Sachgüterproduktion auszuschöpfen, setzte in Österreich bereits in den 70er Jahren die Entindustrialisierung ein, zu einem Zeitpunkt, als der sekundäre Sektor nur wenig über 40 % der Erwerbsstruktur erreicht hatte. Da ein integrierender Produktionsverbund zwischen den ehemals verstaatlichten Großbetrieben, in erster Linie der Grundstoffindustrie, und den privaten Klein- und Mittelbetrieben nur in Ansätzen entstanden ist, belastete der Rückbau des verstaatlichten Stahlsektors in erster Linie die Staatsfinanzen – diese allerdings in erheblichem Umfang – und die regionale konsumentenorientierte Privatwirtschaft (Obersteiermark, südliches Niederösterreich). Auf die jüngste Entwicklung der Privatisierung wird noch eingegangen.

Der verhältnismäßig frühe Weg in die Dienstleistungsgesellschaft trägt in Österreich überdies spezifische Züge dadurch, daß in den österreichischen Alpen die Arbeitskraft der ortsständigen Bevölkerung für eine europäische Freizeitgesellschaft vermarktet werden konnte. Der Dienstleistungssektor hat seit Ende der 1970er Jahre die Beschäftigungseinbußen der Sachgüterproduktion sowie die Abwanderung aus der Land- und Forstwirtschaft nicht nur ausgleichen können, sondern sogar einen Beschäftigungszuwachs verursacht.

Auch wenn ein beträchtlicher Teil des Zuwachses auf eine Zunahme der Teilzeitbeschäftigung entfällt, so ist es dem Dienstleistungssektor dennoch gelungen, ein Mehr an Beschäftigung aufzunehmen.

Nun wird in der gesamten westlichen Welt die Tertiärisierung der Wirtschaft entscheidend vom Privatkapital getragen. In Österreich hat sich jedoch auch staatliches Kapital in diese Expansion eingeschaltet. Damit ist ein Spezifikum des österreichischen Arbeitsmarktes genannt, nämlich die Dualität zwischen geschütztem und öffentlichem Sektor, welche nicht nur die Industrie, sondern auch den Dienstleistungssektor umfaßt.

Die duale Ökonomie Österreichs basiert auf einer langen Tradition direkter und indirekter staatlicher Wirtschaftsaktivitäten, einer Tradition, die bereits unter Joseph II. begonnen hat. Wichtige Stationen auf dem Weg zur dualen Ökonomie in diesem Jahrhundert waren der Munizipalsozialismus des christlich-sozialen Wiener Bürgermeisters Karl Lueger mit der Verstaatlichung der Massenverkehrsmittel und der technischen Infrastruktur, die Übernahme bankrotter Unternehmen in der Zwischenkriegszeit und die Verstaatlichung des Deutschen Eigentums nach 1945. Während sich die Konzeption des dualen Arbeitsmarktes zwar theoretisch sehr gut begründen läßt, fehlen entsprechende exakte statistische Aussagen, da der Besitz der Produktionsmittel in der amtlichen Arbeitsstättenstatistik nicht als Gliederungskriterium ausgewiesen ist. Die in Tab. 12 gebotene Aufstellung der Beschäftigten des geschützten Arbeitsmarktsegments kann daher nur Größenordnungen vermitteln und weist eher zu geringe Werte auf.

Dem geschützten Segment klar zugeordnet sind alle Arbeitnehmer im Bereich der Hoheitsverwaltung des Bundes sowie diejenigen der Länder und Gemeinden und der Interessenvertretungen, Sozialversicherungen und religiösen Einrichtungen.

Bis vor wenigen Jahren konnte dem geschützten Segment noch eine Reihe weiterer Unternehmen mit ganz unterschiedlichen Eigentumsverhältnissen zugeordnet werden: Unternehmungen des Bundes (Bundesbahn, Post, Monopole, Bundesverlag usf.), die ehemals verstaatlichte Industrie, die großen Banken (Bank Austria, Creditanstalt usf.), Einrichtungen der Kommunalwirtschaft, gemeinwirtschaftliche und sonstige Genossenschaften (Raiffeisen, Volksbanken usf.) sowie weitere gemein-

Arbeitgeber	Beschäft. Gesamtzahl 1988	geschützter Sektor %	Beschäft. Gesamtzahl 2000	geschützter Sektor %
Bund (1)	296 401	*100,0*	209 389	*100,0*
Länder und Gemeinden (2)	262 449	*100,0*	304 717	*100,0*
Sozialversich., Interessenvertr. und religiöse Einrichtungen (3)	55 663	*100,0*	64 457	*100,0*
Gemeinwirtschaft (4)	490 966	*25,1*		

(1) Stat. Handbuch für die Republik Österreich, 1986: 133.
(2) Stat. Handbuch für die Republik Österreich, 1987: 151.
(3) ISIS-Datenbank des ÖSTAT.
(4) Die österreichische Gemeinwirtschaft im Jahre 1983. Beiträge zur öst. Statistik, ÖStZ, Heft 797.

Tab. 12: Das geschützte Arbeitsmarktsegment 1988 und 2000

Quellen: Faßmann, 1988, S. 8; Statistik Austria, SPA.

wirtschaftliche Unternehmen (ORF, Betriebe des Österreichischen Gewerkschaftsbundes). Alle diese Betriebe zusammen beschäftigten 1988 über 1 Mio. Arbeitnehmer, so daß über 40 % aller unselbständig Beschäftigten dem geschützten Arbeitsmarktsegment zuzurechnen sind. Dies ist sicherlich ein Spitzenwert in der westlichen Welt, auch wenn er in unmittelbarer Zukunft aufgrund der in Gang gekommenen Privatisierung schrittweise reduziert werden wird.

Geschützter und offener Arbeitsmarkt unterscheiden sich in den grundsätzlichen Dimensionen der Arbeitsplatzsicherheit, der Gratifikation und der Berufslaufbahn. Das Sicherheitsdenken, das mit der Budgetkalkulation mit dem sogenannten Biennium (eine zweijährlich exakt definierte Lohnerhöhung) beginnt und mit dem Hoffen auf Pragmatisierung und die Gewinnung eines Titels endet, hat aufgrund der quantitativen Bedeutung des geschützten Arbeitsmarktsektors die österreichische Mentalität tiefgreifend bestimmt. Die unterschiedlichen Bedingungen in beiden Arbeitsmarktsegmenten wurden von der Bevölkerung in den Verhaltensmustern längst internalisiert und in empirischen Untersuchungen nachgewiesen. H. Faßmann konnte belegen, daß sich die beruflichen Mobilitätsvorgänge zum größeren Teil innerhalb der beiden Arbeitsmarktsegmente vollziehen. Ein Beamter bleibt in seinem durch Schulbildung und berufliche Erstplazierung definierten Karrierepfad. Mobilität zwischen den Segmenten, d. h. Übertritte aus einem Segment in das andere, sind eher die Ausnahme.

Seit Mitte der 1990er Jahre hat sich die Situation im geschützten Segment deutlich verändert. Der Beitritt zur EU, die Öffnung ehemals geschützter Märkte und die verschärfte Konkurrenzsituation schaffen den Zwang zur Anpassung. Aus verstaatlichten Betrieben werden Aktiengesellschaften, die ihre spezifischen Regelungen im Bereich der Beschäftigung zurücknehmen. Die Reduktion des geschützten Sektors und die Zurücknahme der besonderen rechtlichen Ausgestaltung der Beschäftigung werden als tiefgreifend wahrgenommen. Viele – und nicht nur die direkt Betroffenen – empfinden die Veränderungen der vergangenen Jahre als zu rasch, zu unvermittelt und als ungerecht. Das geschützte Arbeitsmarktsegment hat Österreichs Nachkriegsgeschichte begleitet, es galt vielen als erstrebenswert und wird auf einmal demontiert. Die Verwerfungen, die dieser Schritt in eine europäische Normalität hervorruft, sind beachtlich.

Begleiteffekte des österreichischen Sozialstaates

In Österreich ist eine zentralistisch-föderalistische Verfassung mit Teilelementen des Staatskapitalismus östlicher Prägung sowie mit privatkapitalistischen Organisationsformen zu einem spezifischen Amalgam verschmolzen. Durch den beschriebenen Umfang des staatlichen und gemeinwirtschaftlichen Sektors ist in der Nachkriegszeit partiell ein Staatskapitalismus östlicher Prägung – wenn auch beschränkt auf die Reglementierung des Finanzmarktes – entstanden, der erst in der Gegenwart aufgebrochen wird. Die Konsequenzen und Folgewirkungen sind jedoch tiefgreifend.

▦ Bekanntlich werden durch den Staatskapitalismus marktwirtschaftliche Gleichungssysteme außer Kraft gesetzt. Es erfolgt eine partielle Immobilisierung des Produktionsfaktors Kapital, weiters über die Immobilisierung der Beschäftigten (vgl. oben) auch ein partielles Einfrieren des Humankapitals, so daß die zum technologischen Fortschritt notwendige Zusammenführung von Informationen, technischen Mitteln und qualifizierten Arbeitnehmern Schwierigkeiten bereitet, da die Marktregulative nur in unvollkommenem Ausmaße greifen.

▦ In regionaler Hinsicht sind alle Maßnahmen auf Disparitätenabbau und in Hinblick auf das Wohnmilieu auf Antisegregationsstrategien ausgerichtet gewesen. Auf die Finanzierung dieser Maßnahmen aus dem allgemeinen Steueraufkommen kann hier nur hingewiesen werden. Aus der Reduzierung der Marktmechanismen auf dem Arbeits- und Wohnungs-markt ist eine Reihe von sehr spezifischen Sicht- und Verhaltensweisen der Bevölkerung entstanden. Sie sind vereinfacht auf die Formel zu bringen, daß die in kapitalistischen Systemen anerzogene Spekulations- und Risikofreudigkeit sowie die ökonomische Rationalität und Gewinnmaximierung im Arbeits- und Konsumverhalten teilweise diskriminiert und somit auch eliminiert bzw. reduziert wurden.

◼ Die jahrzehntelange Diskriminierung kapitalistischen Rendite- und Profitdenkens hat die ökonomischen Kalküle des Durchschnittsösterreichers lange Zeit auf die sogenannte „sichere Kapitalanlage" im Einzelparzellenbesitz und eine „Sparbuchmentalität" reduziert und alle mit Risiko und höherem Profit verbundenen Anlageformen wie Aktien ebenso wie Investitionen in anonyme Immobilienwertpapiere u. dgl. aus den Überlegungen ausgeschlossen. Es ist derzeit trotz der bereits in Gang gekommenen Privatisierung von verstaatlichten Großunternehmen schwierig abzuschätzen, ob und in welchem Umfang im Zuge der Liberalisierung die Verhaltensdimensionen der Bevölkerung einer Änderung unterliegen werden.

◼ Die Sicherung des Wohnstandortes als Maxime aller politischen Parteien hat mit den Instrumenten des steuerlich begünstigten Einfamilienhausbaus und der Mieterschutzgesetzgebung zu einer weitgehenden regionalen Immobilisierung der Bevölkerung geführt. Auf die Wanderungsgrenzen der Bundesländer wurde hingewiesen. Es sind auch sehr spezifische nichtökonomische Verhaltensweisen beim Einfamilienhausbau entstanden. Hierbei erfolgt vielfach eine im einzelnen nicht nachvollziehbare Substitution von Kapital durch Arbeitskraft in einem informellen Interaktionsverbund der Nachbarschaftshilfe in den territorial überschaubaren ländlichen Räumen bis heute. Hinsichtlich des Einsatzes von Mitteln überwiegen ferner noch immer nichtökonomische Motive wie die Weitergabe des Besitzes in der Generationsfolge. Überlegungen über den Einsatz der persönlichen Freizeit, Berechnungen über den Wiederverkaufswert werden zu-meist nicht angestellt, so daß die Investitionen häufig den Marktwert überschreiten.

◼ Die Kapitalisierung potentieller Erträge durch ein weit verbreitetes Ablösewesen ist bisher ein weiteres Kennzeichen des österreichischen Wirtschaftsstils gewesen. Dieses umfaßt nicht nur – allgemein bekannt und trotz Verbots stillschweigend toleriert – Mieterschutzwohnungen, sondern ebenso Schrebergärten, selbst solche auf Pachtland, ferner Apotheken, Notariatskanzleien und Arztpraxen. Für die 1980er Jahre wäre das Einkaufen in Milchkontingente bei den lokalen Molkereien von seiten der Bauern anzuführen.

◼ Die geringe ökonomische Rationalität wird weiters durch ein Budgetdenken charakterisiert, in dem nicht säuberlich der Arbeitseinsatz pro Zeiteinheit kalkuliert, sondern nur mit der Summe des verfügbaren Einkommens gerechnet wird. Dieses Budgetdenken kennzeichnet weite Bevölkerungskreise und ist nicht nur, wie manche Ökonomen meinen, für Gastarbeiter und ausländische Arbeitskräfte, sondern auch für weite Teile der einheimischen Bevölkerung kennzeichnend, und zwar gleichgültig, aus welchen Gesellschaftsschichten diese stammen und aus welcher Arbeit tatsächlich die einzelnen Bestandteile des Haushaltseinkommens akquiriert werden.

◼ Im Schatten der bereits apostrophierten Decke des sozialen Wohlfahrtsstaates, welche sich von Wien ausgebreitet hat, sind wesentliche Sektoren der Wirtschaft beeinflußt worden, und zwar in Form des Entstehens von Doppelexistenzen. Hierbei handelt es sich um die insbesondere für den ländlichen Raum wichtigen Doppelexistenzen der Privatzimmervermietung (rund 250 000 Betten in rund 40 000 Betrieben) und der landwirtschaftlichen Neben- und Zuerwerbsbetriebe (rund 180 000, d. h. zwei Drittel aller landwirtschaftlichen Betriebe in Österreich 1993). Besonders zu betonen ist, daß beide Segmente vor allem Frauen im ländlichen Raum Verdienstmöglichkeiten bieten, während die Männer aus der Schattenwirtschaft im Baugewerbe und damit zusammenhängenden Branchen, wie dem Transportgewerbe, ein Zusatzeinkommen erwirtschaften können. Derart sind in weiten Teilen Österreichs im Schatten des österreichi-schen Sozialstaates ebenfalls sehr spe-zifisch österreichische Lösungen ent-standen.

Das Ende eines politökonomischen Produktzyklus. Ein Rückblick

An einer politischen Trendwende von säku-larer Bedeutung bedarf es in Distanz zur abgelaufenen Periode der Nachkriegszeit der Feststellung, daß in Österreich das En-de eines politökonomischen Produktzyklus erreicht ist, dessen Verlauf durch die Sum-mation der Leistungen im Arbeitsleben der sogenannten „Aufbaugeneration" entschei-dend bestimmt wurde. Diese ist inzwischen aus dem Erwerbsleben und den Entschei-dungspositionen ausgeschieden. Damit ist der abgelaufene Zeitraum der Nachkriegs-zeit nicht nur als eine Abfolge von Jahr-zehnten aufzufassen, sondern als Ende einer Periode, in der eine ganze Reihe von Entwicklungen mit zum Teil unterschiedli-chem Tempo, teils gebündelt mit, teils un-abhängig vom Hauptzyklus des politökono-mischen Systems abgelaufen sind. Hierzu im folgenden einige Stichworte für den räumlichen Kontext:

▨ Aufgrund der Koppelung von Gesell-schafts- und Wirtschaftspolitik ist einer-seits ein pragmatisch definierter sozio-ökonomischer und räumlicher Dispari-tätenausgleich erfolgt. Segregationspro-zesse sind sowohl im gesellschaftlichen Aufbau selbst als auch im räumlichen Zusammenhang hintangehalten worden.

▨ Bedingt durch das Fehlen einer staatli-chen Raumplanungsinstanz und die histo-risch verbriefte Raumordnungsautono-mie der Länder in Komplementarität mit den Gemeinden ist der teils ererbte, teils im Zuge des Staatsvertrages 1955 ent-standene „Staatskapitalismus" österrei-chischer Provenienz auf der Basis einer spezifisch keynesianischen Wirtschafts-politik nicht – wie in den COMECON-Staaten – zu einer aktiven Standortpolitik imstande gewesen. Im wissenschafts-theoretischen Jargon könnte man sagen, er hat – von wenigen Ausnahmen abge-sehen – keine neuen Standorte produ-ziert. Großsubventionen kamen bereits bestehenden Betrieben und damit den jeweiligen Bundesländern zugute. Auf der föderalistischen Ebene erfolgte die Zuteilung von Einrichtungen der sozialen Infrastruktur über das Netz der Zentra-len Orte der mittleren Stufe und ferner über die kommunale Hoheit, wobei mit-tels Flächenwidmungsplänen Investitio-nen lokal verortet wurden.

▨ Auf dem Gebiet des Wohnbaus ist – ent-scheidend gefördert durch staatliche Mit-tel und getragen vom steigenden Wohl-stand – eine enorme individuelle Bau-tätigkeit in Gang gekommen, auf die man, wie auf die glanzvolle Periode der Barockzeit in der Habsburgermonarchie nach den Türkenkriegen, den Satz an-wenden kann, daß breite Bevölkerungs-kreise nahezu ausschließlich „vom und für das Bauen" gelebt haben. Dabei ist es aufgrund der Versteinerung des Im-mobilienmarktes und aufgrund des Feh-lens von großen privaten Kapitalgesell-schaften im gesamten Aufschließungs- und Grundverwertungssektor nicht zu planmäßigen Großanlagen, zu Konzeptio-nen von Satelliten- oder Trabantensied-lungen und neuen Städten gekommen, wenn man vom kommunalen Wohnungs-bau in Wien und den sonstigen Anlagen des staatlichen Sektors auf der Grundla-ge von großbetrieblich organisierter Bau-wirtschaft absieht. Trotz der ungeheuren Expansion der Fremdenverkehrswirtschaft sind auch keine wirklich neuen Freizeit-städte entstanden. Der Fremdenverkehr hat sich vielmehr an das bereits vorhan-dene Siedlungssystem angeschlossen. Eine „chaotische Urbanisation", d. h. eine ungeheure Flächen konsumierende Zersiedlung des Landschaftsraumes ist das Ergebnis. Alle Folgekosten in Hin-blick auf die Aufschließung und die Ein-bringung von Infrastruktur wurden und werden der öffentlichen Hand zugescho-ben. Die historische Siedlungsstruktur der zentralörtlichen Hierarchie bildete hierbei das Skelett für die gesamte Bautätigkeit und erhielt neue Funktionen, welche durch die Schlagworte Arbeitsmarktzentren bzw. Freizeitzentren definiert werden können. Eine neue urbane Peripherie um Verdichtungsräume wurde abgesteckt.

- Auf dem staatlichen Sektor des Arbeitsmarktes sind zwei Entwicklungen abgelaufen:
  1. ein von der Öffentlichkeit kaum zur Kenntnis genommener beachtlicher Ausbau der öffentlichen Verwaltung und des gesamten staatlichen Dienstleistungssektors, angefangen vom Spitalswesen bis zum Bildungsbereich und
  2. sehr viel stärker im Rampenlicht der Medien, vor allem aufgrund der negativen Bilanzen seit den 80er Jahren, der Ausbau der verstaatlichten Großindustrie. Der Rückbau der Industrie, vor allem der Großindustrie, ist in der Gegenwart nun nicht mehr aufzuhalten. Der Produktzyklus des Stahlsektors ist auch in Österreich – später als in der Bundesrepublik Deutschland – in die Endphase eingetreten, wobei zwei Standortgenerationen und damit zwei Gebiete – freilich in unterschiedlichem Ausmaß – betroffen sind, nämlich der oberösterreichische Zentralraum und die Obersteiermark.

- Auf dem privaten Sektor des Arbeitsmarktes zeichnen sich ebenfalls zwei Rückbauphänomene ab: Das eine Phänomen, nämlich das Ende des Wachstums des Fremdenverkehrs, ist im Ausmaß und in der räumlichen Verteilung noch nicht exakt abschätzbar. Trotz aller negativen Aussagen in den Printmedien ist bisher nahezu ein Nullsummenspiel in den Nächtigungszahlen vorhanden. Andererseits sind Kommerzialisierungstendenzen und Bedeutungsverlust schlecht ausgestatteter Angebotskategorien bereits klar prognostizierbar.

Das zweite Rückbauphänomen betrifft die Industrie. Die Entindustrialisierung begann in der Wiener Kernstadt bereits in den 1980er Jahren und wurde hier zuerst als Suburbanisierungsprozeß aufgefaßt, bevor man erkannte, daß der Rückgang der Zahl der Industriebeschäftigten auch über die Kernstadt hinaus nach Niederösterreich ausgriff. Wie der hohe innere Tertiärisierungsgrad der Wiener Industriebetriebe belegt, wurde, überdies sehr viel früher als im übrigen Österreich, der Weg in eine Dienstleistungsökonomie angetreten – dies allerdings zum Teil unter sehr starkem staatlichem Kapitaleinfluß.

- Auf die spezifischen sozioökonomischen Formen der Doppelexistenz im ländlichen Raum wurde oben hingewiesen. Sie benötigten zu ihrem Entstehen und ihrem Take-off die direkte und indirekte staatliche Förderung ebenso wie die aufgrund des dualen ökonomischen Milieus entstandene Nischensituation und – last, not least – von seiten der Träger auch die Bereitschaft zu einem partiellen Konsum- bzw. Freizeitverzicht. Ein Rückbau beider Formen der Doppelexistenz, der Privatzimmervermietung und der Nebenerwerbslandwirtschaft, ist daher in Gang gekommen, wobei das Schicksal der Nebenerwerbslandwirtschaft in mittelfristiger Zukunft nicht nur von der österreichischen Agrarpolitik, sondern auch von der EU bestimmt werden wird.

Bevölkerung und Gesellschaftssystem

Aufnahme: Lichtenberger.

Bild 19: Donauinselfest Wien

Überblick

■ **Österreich ist ein zweimal gedrehter Staat:**
- Mit der Ziehung des Eisernen Vorhangs geriet die gesamte östliche Hälfte in eine Randlage in der westlichen Welt.
- Mit der Grenzöffnung nach dem Osten wachsen die Ostregion und allen voran Wien wieder.

■ **Österreich bietet das Modell für die Aufspaltung der Wohnstandorte von Arbeits- und Freizeitbevölkerung:**
- Rhythmische Phänomene des Wechsels von ortszentrierter und aufgestockter Bevölkerung führen zu neuen Raumordnungsproblemen.

■ **Österreich hat sich an der stillen Bevölkerungsrevolution der Nachkriegszeit beteiligt.**
Sie wird gekennzeichnet durch:
- drastischen Rückgang der Fertilität unter das Reproduktionsniveau,
- Anstieg der Lebenserwartung,
- Alterung der Bevölkerung,
- postindustriellen Lebensstil mit Zunahme der Scheidungshäufigkeit und Zunahme von Single-Haushalten.

■ **Österreich besitzt eine Sonderstellung in der europäischen Migration:**
- Die Abgabe und Aufnahme von Arbeitskräften hielten sich bis 1989 die Waage.
- Seit 1989 hat die Zuwanderung gründerzeitliche Maßstäbe erreicht.

■ **Der Schmelztiegel Wien hat eine neue Funktion mit der Integration ausländischer Bevölkerung erhalten:**
- Die Zuwanderer stammen aus ethnisch-kulturell entfernteren Staaten als denen der Monarchie.

Der zweimal gedrehte Staat

West-Ost-Gegensätze

Österreich ist ein zweimal gedrehter Staat. In der Ostregion des Staates lag in der k. u. k. Monarchie der Kernraum der österreichischen Reichshälfte. Hier lebten rund 57 % der Bevölkerung des heutigen Staatsgebietes (vgl. Tab. 6). Die Zerschlagung der Monarchie brachte die erste schwere Zäsur für die Bevölkerungsentwicklung. Die entscheidende Zäsur erfolgte jedoch durch die Ziehung des Eisernen Vorhangs. Lebten in der Ostregion 1951 noch 47,5 % der Bevölkerung Österreichs, so waren es 2001 nur mehr 42,0 % Gleichsam festzementiert auf der Basis unterschiedlicher demographischer Regime der Geburtenbilanz ist ein West-Ost-Gegensatz entstanden, der sich über die Absterbeordnung noch weit in das neue Jahrtausend hinein fortsetzen wird. Die Fig. 12 zur Bevölkerungsentwicklung Österreichs von 1961 bis 2001 bildet die festgeschriebenen Ost-West-Gegensätze ab. Die in Wien schon in der Zwischenkriegszeit praktizierte Geburtenbeschränkung bzw. Kinderlosigkeit, welche nur in der Zeit der Zugehörigkeit zum Deutschen Reich und im Babyboom der 1960er Jahre unterbrochen worden war, hat sich in den westlichen Bundesländern erst spät und auch nur teilweise durchgesetzt. Dies ist um so erstaunlicher, als die ökonomische Prosperität, welche der Tourismus mit sich brachte, doch ganz wesentlich durch den Einsatz der Frauen als Arbeitskräfte verdient werden mußte: in gastgewerblichen Familienbetrieben, in der Privatzimmervermietung und auf den landwirtschaftlichen Anwesen, von denselben Frauen, die andererseits trotz der damit verbundenen Arbeitsbelastung an den traditionellen familialen Normen festgehalten haben.

Einige Eckzahlen sollen die Verschiebung des Bevölkerungsschwerpunkts nach dem Westen und damit die Drehung der Republik nach 1918 illustrieren (vgl. Tab. 6).

Die Einwohnerzahl von Wien betrug 1951 noch 1 616 000, im Jahr 2001 nur mehr 1 563 000. Allerdings erfolgte eine räumliche Umschichtung nach Niederösterreich, dessen Einwohnerzahl im gleichen Zeitraum von 1 401 000 auf 1 550 000 angestiegen ist. Während die Ost- und die Südregion insgesamt Bevölkerung verloren, nahm andererseits der Anteil der Westregion von 29,7 % auf 36,3 % zu, am meisten in Vorarlberg. Das „Ländle" wies 1951 erst 194 000, 2001 aber bereits 352 000 Einwohner auf. Damit erhöhte sich die Einwohnerzahl des westlichsten Bundeslandes um 84,4 %. Salzburg und Tirol können im gleichen Zeitraum auf eine Zunahme von 58,1 % bzw. 58,7 % verweisen.

Erst mit der Grenzöffnung nach dem Osten ist die Ostregion Österreichs, allen voran Wien, aus der Grenzlage wieder in eine Mittelpunktlage gerückt. Die Ostregion und Wien wachsen wieder. Dieses Wachstum ist der Fernwanderung zu verdanken. Dabei greift der Herkunftsbereich der Migranten weit über die Grenzen der ehemaligen Monarchie in ethnisch-kulturell distanzierte Regionen des Vorderen Orients, Süd- und Ostasiens aus.

Bevölkerungsentwicklung und Siedlungssystem

Neben den durch die geopolitische Lage des Staates begründeten West-Ost-Gegensätzen der Bevölkerungsentwicklung sind in der Nachkriegszeit weitere Veränderungen im Siedlungssystem erfolgt, welche sich grundsätzlich nicht von den Vorgängen im westlichen Ausland unterscheiden. Hierbei handelt es sich um Bevölkerungsbewegungen zwischen Städten und ländlichen Räumen, bei denen folgende Etappen aufeinanderfolgten:

- Stadtwanderung
- Stadtflucht und Suburbanisierung
- „Counterurbanization" = chaotische Urbanisierung des ländlichen Raums
- Aufspaltung der Wohnfunktion = Ausbildung von Zweitwohnungsregionen
- Rückkehr einer neuen Stadtbevölkerung in die Innenstädte – „Gentrification".

Die Abfolge dieser Bewegungen läßt sich in den Jahrzehnten der Nachkriegszeit zeitlich folgendermaßen eingrenzen:

In den ersten Nachkriegsjahren war die Stadtwanderung auf die Mittel- und Großstädte gerichtet. Sie wurde bereits in den 1960er Jahren durch einen ersten Suburbanisierungsschub abgelöst, der insbesondere in Wien, aber auch in den anderen

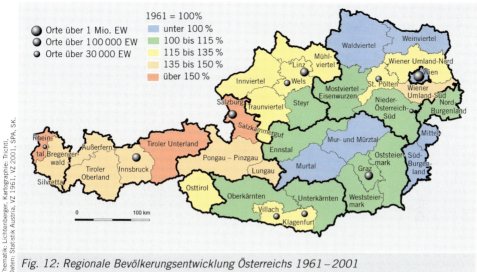

Thematik: Lichtenberger, Kartographie: Trichtl,
Daten: Statistik Austria, VZ 1961, VZ 2001, SPA, SK.

Fig. 12: Regionale Bevölkerungsentwicklung Österreichs 1961–2001

Landeshauptstädten, wie Graz und Linz, zur Geltung kam. Gleichzeitig erfolgte aufgrund der Maßnahmenpakete der Regionalplanung der Bundesländer eine recht massive Zentrale-Orte-Politik in Form der Ausstattung der Mittleren Stufe der Zentralen Orte mit öffentlichen Einrichtungen, höheren Schulen, Krankenhäusern usf. Durch die damit verbundene Schaffung von Arbeitsplätzen wurden auch periphere Gebiete in die günstige wirtschaftliche Gesamtentwicklung einbezogen und die Abwanderung aus ländlichen Räumen z.T. abgestoppt. Ab den 1970er Jahren verstärkte sich einerseits die Suburbanisierung, während andererseits die Kernstädte von Wien, Linz, Graz und Innsbruck zum Teil beträchtliche Abnahmen der Einwohnerzahlen – analog zu bundesdeutschen Städten und Städten im westlichen Ausland – zu verzeichnen hatten. Teilweise war die Stadtflucht in die Umgebungsbezirke bereits größer als die Zuwanderung. Darüber hinaus erfolgte im Zuge der Bautätigkeit und des Verkehrsausbaus auch eine flächige Zersiedlung des ländlichen Raums, d.h., es wurde auch zunehmend eine urbane Peripherie in das Bevölkerungswachstum einbezogen. Die vielzitierte „Counterurbanization" des angelsächsischen Sprachraumes besaß in Österreich das Gegenstück der chaotischen Urbanisierung einerseits mit der Bauform des Einfamilienhauses und

andererseits durch die Zweitwohnungsbewegung. Mit dieser Bautätigkeit wurde die Bevölkerungsentleerung peripherer Gebiete weitgehend abgestoppt. Außerhalb blieben nur die bereits genannten grenznahen Gegenden und Bergbauernräume in peripherer Lage, welche nicht am Tourismus partizipieren konnten.

In den 1980er Jahren zeichneten sich neue Vorgänge ab: Die im westlichen Ausland viel beachtete Rückkehr einer „neuen Stadtbevölkerung" fand zunächst in Wien statt und brachte dann auch den anderen Großstädten als Pendant zu den städtebaulichen Maßnahmen der Stadterneuerung eine neue Bevölkerungsschicht von Berufstätigen in Büroberufen, darunter auch viele Frauen.

Das Gesamtergebnis der Bevölkerungsentwicklung Österreichs seit den 1960er Jahren (vgl. Fig. 12) reflektiert die Vorgänge im Siedlungssystem nur in Hinblick auf die Suburbanisierungsprozesse im Umland von Wien, Graz, Klagenfurt, Linz und Wels, nicht jedoch im Hinblick auf die Aufspaltung der Wohnfunktion und die Counterurbanization, auf die im Kapitel Stadt und Land eingegangen wird.

Die neue Instabilität der Bevölkerung:
Aufgestockte und Ghostbevölkerung

Die politische Arithmetik hat die Bedeutung der räumlichen Verteilung der Bevölkerung für die wirtschaftliche und militärische Stärke eines Staates schon im 19. Jahrhundert zu einem wissenschaftlichen Lehrgebäude entwickelt. Struktur und Verteilung der Bevölkerung bilden seither Grundparameter für regionalpolitische und strategische Entscheidungen.

Die Basisannahmen der politischen Arithmetik, wie die räumliche Einheit der Lebensbezüge des Staatsbürgers und damit die Unteilbarkeit des Standorts im Raum und die Egalität dieser Standorte im Siedlungssystem, stimmen jedoch nicht mehr.

Im Zuge der Industrialisierung und Verstädterung ist es zu einer Ausdifferenzierung des Siedlungssystems gekommen. Mehrere Kategorien separieren sich klar voneinander: In den Bereichen des ländlichen Raumes ist eine zentral-periphere Strukturierung erfolgt, in zentrierten Stadtregionen haben sich die Kernstädte mit einem suburbanen Umland umgürtet, von dem hierarchisch strukturierten System der Zentralen Orte als Zentren des Dienstleistungssektors haben sich Industrie- und Tourismusreviere separiert. Die territoriale Einbindung des einzelnen Mitglieds der Gesellschaft in die genannten Kategorien des Siedlungssystems determiniert – wie viel zu wenig bekannt ist – seine Chancen im Lebensablauf, in der beruflichen Karriere und in den Wohnbedingungen in steigendem Ausmaß – dies ungeachtet aller Globalisierungstendenzen der vielzitierten Konsumgesellschaft.

Diese räumliche Ausdifferenzierung von Siedlungskategorien vollzieht sich partiell synchron mit der funktionellen Differenzierung der postindustriellen Gesellschaft nach den Sektoren Arbeit, Freizeit, Bildung, Ein-

Bundesländer	Wohn-bevölkerung	Ortszentrierte Bevölkerung (1)		Aufgestockte Bevölkerung (2)		Instabilitäts-bilanz (3)
	Tsd.	Tsd.	%	Tsd.	%	%
Wien	1 563	1 240	*79,4*	2 020	*129,2*	*49,8*
Niederösterreich	1 550	1 253	*80,8*	1 949	*125,8*	*45,0*
Burgenland	279	223	*80,2*	341	*122,4*	*42,2*
Ostregion	**3 391**	**2 716**	***80,1***	**4 309**	***127,1***	***47,0***
Steiermark	1 186	1 093	*92,2*	1 387	*117,0*	*24,8*
Kärnten	561	509	*90,7*	776	*138,2*	*47,5*
Südregion	**1 747**	**1 602**	***91,7***	**2 163**	***123,8***	***32,1***
Oberösterreich	1 382	1 233	*91,8*	1 576	*114,0*	*24,8*
Salzburg	591	440	*84,9*	795	*153,2*	*68,3*
Tirol	675	591	*87,6*	1 098	*162,6*	*75,0*
Vorarlberg	352	276	*78,5*	437	*124,3*	*45,8*
Westregion	**2 727**	**2 540**	***86,8***	**3 905**	***133,4***	***46,6***
Insgesamt	**8 065**	**6 859**	***85,0***	**10 377**	***128,7***	***43,7***

(1) Ortszentrierte Bevölkerung: Wohnbevölkerung minus Auspendler – interpolierte Schätzung – und Ausländer.
(2) Aufgestockte Bevölkerung: Wohnbevölkerung plus Fremdenbetten, Zweitwohnungen mal durchschnittliche Haushaltsgröße und Einpendler – interpolierte Schätzung.
(3) Instabilitätsbilanz: Aufstockungsgrad der ortszentrierten Bevölkerung in % minus Zentrierungsgrad in %.

Tab.13: Die Instabilitätsbilanz der Bevölkerung in den Bundesländern 2001

Quelle: Statistik Austria, SPA, VZ 2001; SK.

Wohnbevölkerung Wien: 1 562 676			
Bevölkerung auf Zeit +	**582 359**	**Bevölkerung auf Zeit −**	**519 640**
davon:		davon:	
Einpendler*	217 789	Auspendler*	65 266
Ghostbevölkerung**	231 682	Bevölk. mit Zweitwohnsitzen	197 374
Geschäftsreisende, Touristen usw.	41 833	Ausländer	257 000
Studenten	91 055		
Aufgestockte Bevölkerung	**2 145 035**	**Wienzentrierte Bevölkerung**	**1 043 036**

* Schätzung

Tab. 14: Die Instabilitätsbilanz der Bevölkerung in Wien 2001

Quellen: Statistik Austria, SPA, VZ 2001: SK.

kaufen, Teilnahme am Verkehr usf. und bewirkt dadurch, daß der einzelne nicht mehr einer „menügesteuerten" Lebensplanung folgt, sondern vielmehr „à la carte" lebt, indem er sich seine Sozialbezüge und Aktivitäten aussuchen kann, so daß auch in räumlicher Hinsicht eine wachsende Instabilität der Bevölkerung im lokalen und regionalen Kontext des Siedlungssystems erfolgt. Die mit den sachlichen Wahlmöglichkeiten verbundene Aufspaltung der Bevölkerung auf räumlich unterschiedliche Standorte bildet das aktuelle und künftige Hauptproblem aller mit räumlicher Ordnung befaßten Institutionen. Mit einigen Stichworten sei die Komplexität des Problems skizziert.

Die Trennung von Wohn- und Arbeitsstätten begann in den großen Städten mit der Entwicklung des tertiären Sektors und der Großindustrie und setzte sich im Siedlungssystem bis abwärts zu den kleinen ländlichen Gemeinden fort. Der Konzentrationsprozeß der Arbeitsstätten erzwang die Pendelwanderung, welche dazu führte, daß sich die „Tagbevölkerung" eines Gebietes bzw. einer Gemeinde von deren „Nachtbevölkerung" unterscheidet. Im ländlichen Raum ist letztere stets zahlenmäßig bedeutender. Ein weiterer Schritt infolge wachsender Distanzen zwischen Wohn- und Arbeitsstandorten führte zur Wochenpendelwanderung.

Saisonale Verschiebungen auf dem Arbeitsmarkt des Bau- und Fremdenverkehrssektors bilden eine weitere Ebene räumlicher Disaggregierung der Bevölkerung, der allerdings die rigide Ordnung abgeht, welche den Jahresrhythmus der Ausbildung von Studenten und Schülern und die da-

durch bedingte Trennung von Ausbildungs- und Wohnorten reglementiert.

Neben diese schon älteren Vorgänge der Aufspaltung von Standorten ist in der Nachkriegszeit die Aufspaltung von Arbeitswohnsitzen und Freizeitwohnsitzen getreten. Auf das spezifische Problem der Zweitwohnungen wurde bereits ausführlich eingegangen. Es wird teilweise durch die inländische großstädtische Bevölkerung und andererseits durch ausländische Bevölkerungskreise verursacht. Damit ist bereits der für Österreich entscheidende Vorgang angesprochen, daß zur österreichischen wohnhaften Bevölkerung in steigendem Ausmaß eine regional stark differenzierte ausländische Bevölkerung dazukommt, welche einerseits der Freizeitgesellschaft und andererseits der Arbeitsgesellschaft angehört bzw. in Form der Asylanten territorial kontingentiert verteilt wird.

Die interne räumliche Mobilität der Bevölkerung wird somit durch externe Effekte beeinflußt und auch erhöht. Völlig neue Phänomene treten auf. Hierzu gehört das Entstehen einer „Bevölkerung auf Zeit", welche die „ortszentrierte Bevölkerung" aufstockt. Diese Bevölkerung auf Zeit benützt die gebauten Strukturen nur gelegentlich (vgl. Bild 20, 21).

Versucht man anhand der vorhandenen, völlig unzureichenden Statistik eine Aussage über diese neue Instabilität der Bevölkerung in den österreichischen Bundesländern unter Berücksichtigung der über die Gemeindegrenzen hinausgehenden Pendelwanderung sowie des Potentials an Fremdenbetten und Zweitwohnungsunterkünften zu treffen, so gelangt man zu der Feststellung, daß insgesamt im Zeitraum von 1981

Bild 20:
Touristen vor dem
Franz-Josephs-
Haus gegen Groß-
glockner, Ktn.

Aufnahme: Lichtenberger.

bis 2001 diese aufgestockte Bevölkerung in Österreich von rund 9,3 Mio. auf 10,4 Mio. zugenommen hat. Andererseits hat sich die gemeindezentrierte Wohnbevölkerung um mehr als eine halbe Million reduziert, konkret sind daher insgesamt nur etwa 6,9 Mio. Einwohner als gemeindezentriert zu bezeichnen. Die Instabilität weist somit die Spannweite von 6,9 zu 10,4 Mio. auf. Konkret geht es um 3,5 Mio. Menschen, was einerseits zu kommunalpolitischen Leerräumen bzw. andererseits zur Überforderung der jeweiligen kommunalen Verwaltungen führt (vgl. Tab. 13).

Die Verhältnisse in den einzelnen Bundesländern sind außerordentlich unter-

schiedlich. In der Steiermark ist der Anteil der ortszentrierten Bevölkerung am höchsten, in Vorarlberg, dem Grenzgänger-Bundesland par excellence, am niedrigsten. Tirol führt die Instabilitätsbilanz an, gefolgt von Salzburg. Zur ortszentrierten Bevölkerung kommt eine nahezu gleich große Zahl, welche zur aufgestockten Bevölkerung beiträgt.

Die mit Abstand gravierendsten Probleme weist die Metropole Wien auf (vgl. Tab. 14). Hier ergibt sich bei der Aufstockung ein Mehrwert von rund 600 000 Menschen gegenüber der Wohnbevölkerung durch hohe Anteile von Einpendlern, Geschäftsreisenden, Studenten und Ghostbevölke-

Aufnahme: Lichtenberger.

Bild 21:
Citybevölkerung
und Touristen vor
dem Haas-Haus,
Wien

rung, während andererseits durch den hohen Ausländeranteil, den hohen Anteil von Bevölkerung mit Zweitwohnsitzen und die Auspendler die Spannweite zwischen der aufgestockten Bevölkerung und den wienzentrierten Bürgern nahezu 1,1 Mio. Menschen beträgt. Wesentlich in bezug auf die räumliche Verteilung der wienzentrierten Bevölkerung ist, daß sie keineswegs, wie man annehmen könnte, im Stadtzentrum wohnt, ebensowenig in den anschließenden Bezirken, sondern den gesamten Stadtrand im Süden und Osten einnimmt und de facto mit der Wohnbautätigkeit der Gemeinde Wien in diesen Arealen korre-

liert. Wir gelangen zur Aussage, daß die kommunale Bautätigkeit wienzentrierte Bürger erzeugt hat.

Es ist einsichtig, daß diese neue Instabilität der Bevölkerung sämtliche Vorausschätzungen und Zukunftsperspektiven in einem Maße erschwert wie nie zuvor. Ebenso ergeben sich auch neue Zuordnungsprobleme, nicht nur bei der Erstellung von Steuerbudgets, sondern vor allem in innerstädtischer Sicht. Kommunalpolitische Leerräume entstehen überall dort, wo derartige Bewohner auf Zeit größere Anteile an der Bevölkerung erreichen.

Die unbemerkte demographische Revolution in der Nachkriegszeit

Neue demographische Phänomene

In den sozialen Wohlfahrtsstaaten Europas hat sich in der Nachkriegszeit ein stiller, zunächst kaum wahrgenommener Strukturwandel des demographischen Regimes vollzogen, an dem Österreich, wenn auch gelegentlich mit Verzögerung, teilgenommen hat. In räumlicher Hinsicht bildete die Metropole Wien das Innovationszentrum. Folgende wichtige Phänomene der Veränderung der generativen Struktur sind zu nennen, die nacheinander eingesetzt haben und eine immer weitere Aufspaltung und Neubildung von Haushaltsformen bewirkten:

- die Auflösung der Dreigenerationenfamilie und die Ausbildung der Kernfamilie,
- der Bedeutungsverlust der Kernfamilie und
- das Aufkommen von neuen Formen von Lebensgemeinschaften, Alleinerzieherhaushalten und kohortenspezifischen Wohngemeinschaften entsprechend einem postindustriellen Lebensstil. Damit verbunden sind
- der Rückgang der Fertilität und
- die Verkleinerung der Haushalte.
- Die Verbesserung der Lebens- und Wohnverhältnisse in Verbindung mit dem gestiegenen medizinischen Standard führte zu einem Anstieg der Lebenserwartung, der noch anhält.
- Das Durchschnittsalter der Bevölkerung erhöhte sich damit, und im Altersaufbau verschob sich das Gewicht auf die älteren Jahrgänge.

Durch das Öffnen der Schere zwischen steigender Lebenserwartung bei gleichzeitig sinkendem Pensionseintrittsalter ist der Begriff des „troisième âge", des „dritten Lebensalters", entstanden, unter dem die aus dem Erwerbsleben ausgeschiedene Bevölkerung zusammengefaßt wird. Aufgrund der jüngsten medizinischen Fortschritte ist nunmehr die Bildung einer weiteren Altersgruppe in Sicht, es handelt sich um die Bevölkerung über 75, für die bei im Durchschnitt reduzierter Vitalität der Begriff des „quatrième âge", des „vierten Lebensalters", verwendet wird, in dem das Eingebundenbleiben in die gesellschaftlichen Aktivitäten sich als zunehmend schwierig erweist und die Pflegebedürftigkeit wächst, welche zu einem neuen Problem in der westlichen Welt geworden ist. In Österreich ist die zunehmende Zahl der Bevölkerung im „vierten Lebensalter" aufgrund der Sozialpolitik in erster Linie ein Problem der Staatsfinanzen, in kapitalistischen Staaten – wie den USA – ein Problem der individuellen Daseinsvorsorge geworden.

Die beschriebenen Vorgänge sind keineswegs synchron abgelaufen, sondern haben in den einzelnen Jahrzehnten der Nachkriegszeit, beeinflußt von siedlungssystemspezifischen und föderalistischen Effekten im Rahmen der gekennzeichneten West-Ost-Differenzierung von Österreich, eine sowohl zeitlich als auch regional unterschiedliche Ausformung erfahren.

Dazu hat ferner die Sonderstellung Österreichs im europäischen Migrationsprozeß der Nachkriegszeit beigetragen, weil sich Abgabe und Aufnahme von ausländischer Bevölkerung in Abhängigkeit von interner Nachfrage auf dem Arbeitsmarkt und externen Effekten im Zeitablauf unterschiedlich vollzogen. Aufgrund der spezifischen geopolitischen Lage des Staates in Europa mußten Wien und die Ostregion immer wieder Flüchtlinge aufnehmen, dienten teilweise als Transferstation und waren nach der Öffnung des Eisernen Vorhangs schlagartig mit starken Zuwanderungen konfrontiert.

Staat	Gesamtfertilitätsziffer				
	1970	1980	1986	1995	2000
Deutschland	2,01	1,45	1,36	1,25	1,34
Österreich	*2,29*	*1,65*	*1,45*	*1,40*	*1,34*
Schweiz	2,40	2,09	1,53	1,48	1,50

Tab. 15: Entwicklung der Gesamtfertilitätsziffern in der Bundesrepublik Deutschland, in Österreich und der Schweiz 1970–2000

Quellen: Sauberer, 1989, S. 75; Stat. Jb., 2002, S. 489.

Rückgang der Geburten und Alterung der Bevölkerung

Die natürliche Bevölkerungsentwicklung hat in den abgelaufenen Jahrzehnten erhöhte Aufmerksamkeit erlangt, weil die demographischen Regime in den Mitgliedsstaaten der Europäischen Union in eine in diesem Ausmaß in der jüngeren Bevölkerungsgeschichte ungewöhnliche Phase der Schrumpfung und des demographischen Alterns eingetreten sind. Dabei hat die Bevölkerung gegenwärtig, anders als die Millionenstadt Wien, welche nach dem Zusammenbruch der Monarchie eine derartige Schrumpfungs- und Alterungsphase bereits in der Ersten Republik erlebt hat, keine Existenzkrise ersten Ranges durchzustehen, sondern erfreut sich eines Wohlstandes wie nie zuvor.

In allen Mitgliedsstaaten der Europäischen Union, mit Ausnahme von Irland, liegen gegenwärtig die Fertilitätsziffern deutlich unter dem Reproduktionsniveau von ca. 2,1, welches erforderlich ist, um die „Reproduktion" eines Bevölkerungskörpers zu garantieren. Die sehr niedrige Fertilitätsrate von 1,34 in Deutschland und Österreich (vgl. Tab.15) wird inzwischen von südeuropäischen Staaten wie Italien (1,25), Spanien (1,22) und im Osten von Tschechien (1,14) noch unterboten.

In Österreich hat der Geburtenrückgang etwas später, und zwar in der zweiten Hälfte der 1970er Jahre eingesetzt. 1972 betrug die Fruchtbarkeitsrate noch 2,08, sie sank dann in den folgenden Jahren bis auf 1,65 im Jahr 1980 ab, reduzierte sich Anfang der 1980er Jahre auf 1,45, sank Mitte der 1990er Jahre auf 1,40 und bis 2000 auf 1,34.

Der Rückgang der Fertilität war ebenfalls europaweit von einer steigenden Lebenserwartung und einer dadurch bedingten lang-

sameren Abarbeitung der Absterbeordnung begleitet. In den ersten Nachkriegsjahren betrug die durchschnittliche Lebenserwartung für die männliche Wohnbevölkerung 61,9 Jahre, für die weibliche 67,0. Sie liegt heute (2000) für Männer bei 75,4, für Frauen bei 81,2 Jahren. Der Geburtenrückgang führt zu einer schrumpfenden Bevölkerung, zu einer Zunahme des Durchschnittsalters und der Jahrgänge der über 60jährigen (vgl. Tab. 16).

In der Nachkriegszeit ging der Anteil der unter 15jährigen von 22,9 % (1951) auf 16,8 % (2001) zurück. Andererseits stieg der Anteil der über 60jährigen von 18,8 % (1951) auf 21,0 % (2001). Hinzuzufügen ist, daß damit der Alterungsprozeß der Bevölkerung noch lange nicht abgeschlossen ist und überdies der Anteil der Bevölkerung im dritten Lebensalter noch größer wäre, wenn nicht Österreich in den letzten Jahren große Gruppen jüngerer Zuwanderer erhalten hätte.

Entsprechend der Zunahme des Anteils der Bevölkerung im dritten Lebensalter in den öffentlichen Räumen und bei der Entwicklung individueller Aktivitäten ist die Thematik der Integration der „Senioren" in die Konsum- und Freizeitgesellschaft und die Bereitstellung eines entsprechenden Angebots an Freizeitaktivitäten, sei es auf wohlfahrtsstaatlicher, sei es auf kommerzieller Ebene, auch in Österreich bereits medial präsent. In der regionalen Verteilung des Anteils der über 60jährigen an der Wohnbevölkerung spiegelt sich die West-Ost-Dichotomie der Bevölkerungsentwicklung in der Nachkriegszeit deutlich wider, wobei in nahezu flächiger Form die Ostregion, die Steiermark mit Ausnahme der Oststeiermark und Kärnten zu den Bundesländern mit den höchsten Anteilen alter Menschen gehören. Nahezu spiegelbildlich

Jahr	Alter			
	unter 15	15–60	60–75	75 und mehr
1951	22,9	61,5	12,4	3,2
1961	22,4	59,2	14,2	4,2
1971	24,3	55,5	15,5	4,7
1981	20,0	60,8	13,2	6,0
1991	17,4	62,5	13,4	6,7
2001	16,8	62,1	13,8	7,2

Tab. 16: Altersverteilung der österreichischen Bevölkerung von 1951 – 2001 (in Prozent)

Quelle: Stat. Jb., 2002, S. 48; SK.

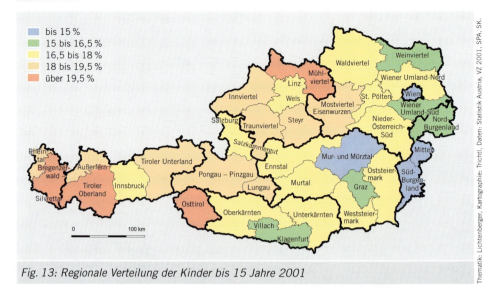

bis 15 %
15 bis 16,5 %
16,5 bis 18 %
18 bis 19,5 %
über 19,5 %

Fig. 13: Regionale Verteilung der Kinder bis 15 Jahre 2001

Thematik: Lichtenberger, Kartographie: Trichtl; Daten: Statistik Austria, VZ 2001, SPA, SK.

dazu verhält sich das Muster der regionalen Verteilung der Kinder bis 15 Jahre. Die Bundesländer Vorarlberg, Tirol, Salzburg und Oberösterreich weisen die höchsten Anteile auf. Nur mehr undeutlich kommen auf der Aggregierungsebene von Nuts-3-Regionen die deutlichen Stadt-Land-Unterschiede in der Fertilität zur Geltung, welche bei der Analyse auf Gemeindeebene (vgl. unten) klar durchschlagen (vgl. Fig. 13).

Reduzierung der Haushaltsgröße

Die Veränderung der Haushaltsformen und die Reduzierung der Haushaltsgröße haben bisher nicht genügend Aufmerksamkeit gefunden. Vielfach wird auch von der Entstehung eines neuen postindustriellen Lebensstils gesprochen. Worum handelt es sich dabei? In den 1960er Jahren hat die Kernfamilie, die als neue dauerhafte Form des Zusammenlebens angesehen wurde, die Dreigenerationenfamilie abgelöst, welche sich allerdings in einzelnen ländlichen Regionen wie in Osttirol bis in die Gegenwart erhalten konnte. Nun ist die Kernfamilie selbst durch die geänderten Normen und die Rechtsschwäche von normensetzenden Institutionen wie Kirche und Staat, die geänderte Legistik des Eherechts und die Änderung der Steuerverfassung von der Haushalts- zur Individualbesteuerung hin ebenfalls als dominierende Form in Frage gestellt. Neue Formen des Zusammenle-

bens sind entstanden, gleichzeitig hat die Größe der Haushalte abgenommen.

Hierzu die Eckdaten: Im Zeitraum von 1951 bis 2001 ist die Bevölkerungszahl von 6 856 000 auf 8 065 000, d. h. um 1 209 000 Einwohner, gestiegen, die Zahl der Haushalte hat im gleichen Zeitraum um 1 057 000 zugenommen! (vgl. Tab. 17). Die Zunahme der Einpersonenhaushalte stellt hierbei den wichtigsten Vorgang dar. Ihr Anteil hat sich von 17,5 % auf 30,6 % erhöht. Die Zahl der Zweipersonenhaushalte ist dagegen erst seit 1991 schwach auf 29,3 % angestiegen. Andererseits hat die Zahl der Drei-, Vier- und Mehrpersonenhaushalte abgenommen. Es ist schwierig abzuschätzen, in welchem Umfang die Individualisierung des Wohnens und der Lebensführung weiter anhalten und damit die Zahl der Einpersonenhaushalte weiter wachsen wird. Faßt man das Entstehen von Einpersonenhaushalten als einen von der Metropole Wien ausgehenden Vorgang auf, dann läßt sich in den abgelaufenen drei Jahrzehnten seine Ausbreitung über ganz Österreich hin verfolgen, ebenso auch eine Top-down-Bewegung innerhalb der Größenordnung des Siedlungssystems.

Die West-Ost-Differenzierung der Bevölkerungsentwicklung spiegelt sich nicht in der aktuellen regionalen Verteilung der Ein- und Zweipersonenhaushalte wider. Das räumliche Muster der Einpersonenhaushalte ist

Thematik: Lichtenberger, Kartographie: Trichtl, Daten: Statistik Austria, VZ 2001, SPA, SK.

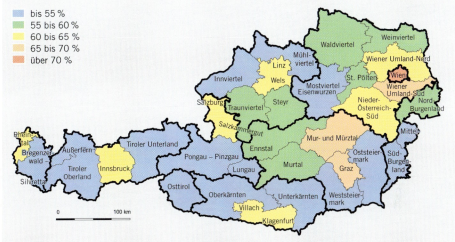

bis 55 %
55 bis 60 %
60 bis 65 %
65 bis 70 %
über 70 %

Fig. 14: Regionale Verteilung der Ein- und Zweipersonenhaushalte 2001

durch eine räumliche Dichotomie zu beschreiben, indem der Anteil der Einpersonenhaushalte einerseits in Wien und in den Kernstädten der Großstädte am höchsten ist und sich andererseits auch in altindustrialisierten Räumen manifestiert.

Eine Sonderstellung nimmt der Raum des Salzkammerguts ein, der sehr hohe Anteile von Kleinhaushalten aufweist. Im räumlichen Muster schließen die Zweipersonenhaushalte an die Einpersonenhaushalte an.

Die Zunahme der Einpersonenhaushalte wird von zwei Vorgängen gesteuert: erstens durch die bereits hervorgehobene Alterung der Bevölkerung und zweitens durch die Zunahme der Scheidungshäufigkeit, in der sich Österreich sehr rasch dem westlichen Ausland angepaßt hat. 2000 betrug in Öster-

reich die durchschnittliche Ehedauer 9,4 Jahre, 43,1% aller Ehen wurden geschieden.

Das Phänomen der Scheidung hat sich in den 1980er Jahren ebenfalls von Wien ausgebreitet und sehr rasch das Industriegebiet des Wiener Beckens und der Obersteiermark erfaßt. Als steuernder Parameter in diesem Vorgang sind jedoch nicht der Industrialisierungsgrad und damit Effekte der Arbeitswelt maßgebend, sondern die Wohnumwelt. Es ist zu vermerken, daß die Bevölkerung in Räumen mit hohem Mietshausanteil scheidungsfreudiger ist als in kleinstrukturierten Gemeinwesen mit vorherrschendem Siedlungshausmilieu, in denen soziale Kontrolle und kleinräumige Netzwerke im Verein mit den rechtlichen und finanziellen Problemen bei Vermögens-

Quellen: Republik Österreich 1945–1995, 1995, S. 38; Stat. Jb., 2001, S. 58; SK.

Jahr	Privathaushalte Tsd.	Personen in Privathaushalten Tsd.	Privathaushalte mit ... Personen			
			1 %	2 %	3 %	4 u. mehr %
1951	2205	6857	17,5	27,2	22,2	33,1
1961	2306	6972	19,7	27,0	20,9	32,4
1971	2571	7395	25,6	26,1	17,7	30,6
1981	2764	7466	28,3	26,1	17,4	28,2
1991	3013	7660	29,7	27,8	17,7	24,8
2000	3262	7984	30,6	29,3	18,2	21,9

Tab. 17: Die Entwicklung der österreichischen Haushalte nach der Personenzahl 1951–2000

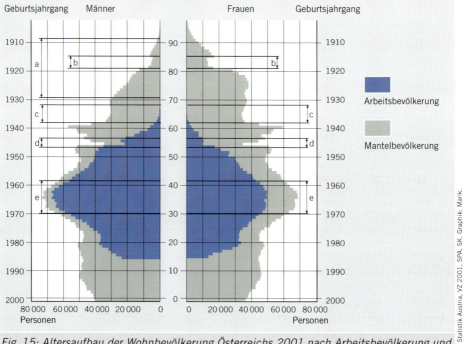

Fig. 15: Altersaufbau der Wohnbevölkerung Österreichs 2001 nach Arbeitsbevölkerung und Mantelbevölkerung

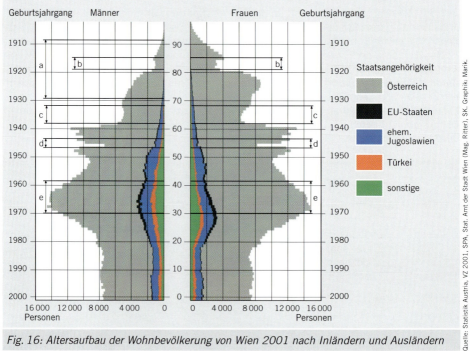

Fig. 16: Altersaufbau der Wohnbevölkerung von Wien 2001 nach Inländern und Ausländern

teilungen Scheidungen letztlich erschweren bzw. verzögern.

Grundlegende Konsequenzen für Wohnformen, Siedlungsformen, Wohnungsbedarf und Wohnungspolitik resultieren aus der Veränderung von Haushaltsgrößen und -typen und deren neuer Instabilität. In den großen Arbeitsmarktzentren sind anstelle von familienfreundlichen Wohnungen gut ausgestattete Garçonnieren gefragt, von denen viel zu wenige auf dem Markt angeboten werden, so daß eine neue Wohnungsnot entstanden ist.

Der Altersaufbau

Der Altersaufbau der Wohnbevölkerung Österreichs 1993 spiegelt die wichtigsten Wellentäler und -berge der Bevölkerungsentwicklung in der Vergangenheit wider und bildet damit demographische Phänomene ab, die – über Österreich hinausgehend – kontinentale Bedeutung hatten (vgl. Fig. 15).

Der seinerzeit recht bedeutende Einbruch, der die Gefallenen des Zweiten Weltkrieges (a) bzw. den Geburtenausfall im und nach dem Ersten Weltkrieg (b) abbildet, ist bereits in die oberste Alterskategorie der 70jährigen gerückt. Noch immer deutlich zu erkennen ist der Geburtenausfall während der Weltwirtschaftskrise der 1930er Jahre (c), dessen Jahrgänge bereits aus dem Erwerbsleben ausgeschieden sind. Die Jahrgänge des Babybooms während des Dritten Reiches, welche die Jahre 1939 bis 1943 umfassen, werden vom markanten Einschnitt des Geburtenrückgangs am Ende des Zweiten Weltkriegs gefolgt (d). Sie befinden sich bereits im Ausscheiden aus dem Erwerbsleben. Die Jahrgänge des nach dem Staatsvertrag 1955 einsetzenden Babybooms der frühen 1960er Jahre (e) verbinden sich mit einer starken Zuwanderung von Ausländern zur recht eindrucksvollen, derzeit die Arbeitswelt beherrschenden Gruppe der 30- bis 50jährigen. Einen dramatischen Einbruch im Altersaufbau bedeutet der Geburtenrückgang seit den 1970er Jahren, der die Verschmälerung des Sockels der Alterspyramide bis herauf zu den 25jährigen bewirkt.

Figur 15 bietet den Altersaufbau der Bevölkerung nach der Arbeitsbevölkerung und der von dieser erhaltenen Mantelbevölkerung von Kindern, Studenten, Hausfrauen und Pensionisten. Bemerkenswert am Altersaufbau der Arbeitsbevölkerung ist der Keil der Langzeitstudierenden (bis zum 30. Lebensjahr), der in den 90er Jahren zugenommen hat, so daß bei den 20- bis 24jährigen rund 30 % nicht in den Arbeitsprozeß eingegliedert sind.

Umgekehrt gehört Österreich aber zu jenen Staaten der EU, in denen nur ein sehr geringer Anteil der über 60jährigen noch im Arbeitsprozeß steht. Es bildet in dieser Hinsicht auch eine Ausnahme im Vergleich mit anderen wirtschaftlich hochentwickelten Wohlfahrtsstaaten wie Schweden. Bei den 60- bis 64jährigen Männern beträgt die Erwerbsquote bereits weniger als 10 %.

Die für die staatlichen Sozialausgaben gravierende „Pensionistenlast" ist in der Altersstruktur deutlich sichtbar. Während die Erwerbsquote der Männer bei 40jährigen mit 93 % kulminiert, erreicht die Erwerbsquote der Frauen bei den 20- bis 24jährigen mit rund 70 % diejenige der Männer, flacht aber dann sofort ab und sinkt – der Sozialgesetzgebung entsprechend – bei den 50jährigen sehr rasch ab. Bezogen auf die Gesamtbevölkerung betrug 2000 die Erwerbsquote bei den Frauen 40,7 %, bei den Männern 56,3 %

Neben der unbemerkten demographischen Revolution in der 2. Hälfte des 20. Jahrhunderts stellen die Zuwanderung von ausländischer Bevölkerung und deren Eingliederung in den Altersaufbau der Wohnbevölkerung die weitaus wichtigsten Vorgänge dar. Während im gesamtstaatlichen Durchschnitt der Anteil der ausländischen Bevölkerung 2001 rund 10 % betrug, waren in Wien zum gleichen Zeitpunkt bereits rund 20 % Ausländer wohnhaft.

Fig. 16 bildet den Altersaufbau der Wiener Wohnbevölkerung 2001 nach Inländern und Ausländern ab und unterscheidet bei letzteren die großen Gruppen der EU-Bürger, Jugoslawen (vor 1992), Türken und sonstigen Ausländer (vgl. Tabelle 19), die spezifische Wanderungs- und Haushaltsprofile aufweisen, wobei die am längsten in Wien ansässige Gruppe der Jugoslawen den gleichmäßigsten Aufbau besitzt, die Türken mehr Kinder haben und die neuen Zuwanderer vor allem durch Jahrgänge im Alter zwischen 25 und 40 Jahren vertreten sind. Auf die Schmelztiegelfunktion von Wien wird weiter unten eingegangen.

Die Bevölkerungsentwicklung in der Nachkriegszeit
(von Heinz Faßmann)

Seit Beendigung des Zweiten Weltkrieges hat die Einwohnerzahl von Österreich von 6 935 000 (1951) auf 7 989 000 (1993) zugenommen, so daß man eine durchschnittliche jährliche Zunahme von fast 22 000 Menschen berechnen könnte. Ein derartiger Durchschnittswert würde allerdings die sehr komplexen Prozesse verdecken, welche in diesem Zeitraum abgelaufen sind. Fig. 17 bildet die wichtigsten Phasen der Geburten- und Wanderungsbilanz von 1961 bis 2000 ab. Ferner wurden Stichworte für die jeweils wichtigsten räumlichen Prozesse in tabellarischer Form für die einzelnen Jahrzehnte ausgewiesen (vgl. Tab. 18).

Die unmittelbare Nachkriegszeit bis 1950
Das Nachkriegsjahrfünft stand unter den Vorzeichen des Rückstroms der während des Kriegs aus den Ballungsräumen evakuierten Bevölkerung. Es war ferner durch sehr hohe Sterblichkeit gekennzeichnet. Zwischen 1945 und 1951 starben 617 000 Menschen, d.h. rund 103 000 pro Jahr, an Tuberkulose, anderen Infektionskrankhei-

ten, Kriegsleiden usf. Allerdings standen der hohen Sterblichkeit ebenso hohe Geburtenzahlen gegenüber; der Babyboom hatte eine erste Vorphase. Zwischen 1945 und 1951 kamen 686 000 Kinder zur Welt. Die Gesamtfruchtbarkeitsrate betrug 1947 2,42.

Von der für die ersten Nachkriegsjahre kennzeichnenden europäischen Massenwanderung in Ost-West-Richtung in einer Größenordnung von 15,4 Mio. Menschen, darunter mehr als 12 Mio. Volksdeutschen, war auch Österreich betroffen, das zwischen 1945 und 1950 mehr als eine Million Volksdeutsche und andere Flüchtlinge aus dem Osten kurzfristig aufgenommen hat, von denen etwa die Hälfte im Land blieb und eingebürgert wurde.

Die fünfziger Jahre
Im Jahrzehnt von 1951 bis 1961 stand dem Zuwachs aus der Geburtenbilanz (269 000 oder 3,8 %) eine negative internationale Wanderungsbilanz (129 000 oder 2,0 %) gegenüber. Österreich ist in diesem Jahrzehnt ein Auswanderungsland gewesen,

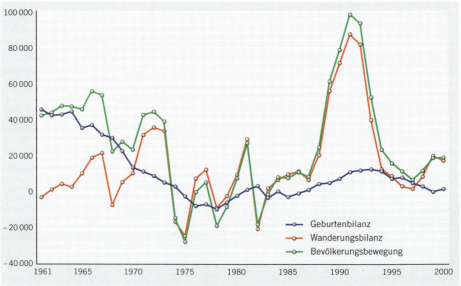

Fig. 17: Geburten- und Wanderungsbilanz 1961 – 2000

Quelle: Stat. Jb., 1995, S. 13, 2002, S. 41; Graphik: Marik.

die Auswanderung, darunter insbesondere aus dem Burgenland, erfolgte vorwiegend in Richtung Übersee.

Die Binnenwanderung konzentrierte sich auf die Mittel- und Großstädte, während andererseits agrare Räume von der Landflucht betroffen waren. Nach dem Staatsvertrag 1955 konnte sich die Wirtschaft konsolidieren, so daß es bereits Ende der 1950er Jahre möglich war, den Arbeitsmarkt zu stabilisieren und die Arbeitslosigkeit (mit 3,4 %) entscheidend zu reduzieren.

Bedingt durch die jüngere Altersstruktur und die höhere Fertilität kam es zu einem West-Ost-Gefälle des Bevölkerungswachstums.

Die sechziger Jahre

Das Jahrzehnt von 1961 bis 1971 war die stärkste Wachstumsphase seit dem Ersten Weltkrieg. Die Bevölkerung Österreichs nahm um 420 000 Einwohner zu. Die Zunahme erreichte die Ausmaße des frühgründerzeitlichen Bevölkerungswachstums. Die Hauptursachen waren einerseits die hohen Geburtenziffern und andererseits die relativ niedrigen Sterberaten. Die internationale Wanderungsbilanz war erstmals seit dem Zweiten Weltkrieg wieder positiv. Dies war auf die Zuwanderung ausländischer Arbeitskräfte und deren Familienangehörigen zurückzuführen, welche durch die gute Konjunktur zwischen 1965 und ab 1969 bedingt war. Diese war höher als die ebenfalls beträchtliche Abwanderung von Österreichern in das westliche Ausland.

Bedingt durch die jüngere Altersstruktur und die höhere Fertilität kam es zur Ausbildung eines West-Ost-Gefälles des Bevölkerungswachstums in Fortsetzung der bereits zwischen 1951 und 1961 beobachteten Bevölkerungszunahme der westlichen Bundesländer Salzburg, Tirol und Vorarlberg (17,0 %).

	1945–51	1951–61	1961–71	1971–81	1981–91	1991–2001
Veränderung pro Jahr	+28 000	+14 000	+42 000	+6 400	+24 000	+26 900
Gesamtfertilitätsziffer	2,42	2,4	2,6	1,7	1,5	1,34
Lebenserwartung **Männer** **Frauen**	61,9 67,0	65,6 72,0	66,6 73,7	69,2 76,4	72,9 79,4	75,4 81,2
Natürliche Bevölkerungsbewegung	hohe Sterblichkeit Tuberkulose Kriegsfolgen hohe Geburtenzahl	Babyboom	stärkstes Wachstum hohe Geburten- und niedrige Sterbeziffer	Stagnation Geburtentief	wieder Wachstum Geburtentief	
Wanderung	Rückstrom Evakuierter Transitwanderung Displaced persons Volksdeutsche zur Hälfte eingebürgert	Auswand. nach Übersee 1956/57 ungarische Flüchtlinge	1966 erste Gastarbeiter Arbeitswanderung ins westl. Ausland	Anwerbestop polnische Flüchtlinge	„Neue" Zuwanderung nach Wien und in die Ostregion Einbürgerung Anstieg	

Tab. 18: Dezennien der Bevölkerungsentwicklung Österreichs in der 2. Hälfte des 20. Jh.

Quelle: ISR-Datenbank; Zusammenstellung: Lichtenberger.

Im Siedlungssystem war das räumliche Entwicklungsmuster durch Anfänge der Suburbanisierung gekennzeichnet. In den ländlichen und peripheren Gebieten verringerte sich der Wanderungsverlust. Die Erfolge der Regionalpolitik bei der Schaffung neuer Arbeitsplätze in peripheren Gebieten waren mitbedingt durch die günstige wirtschaftliche Entwicklung Österreichs.

Die siebziger Jahre

Das Jahrzehnt von 1971 bis 1981 war durch Bevölkerungsstagnation gekennzeichnet, der Babyboom war beendet, die Geburtenzahlen sanken rasch, und die ungünstige Wirtschaftsentwicklung mit dem ersten Erdölpreisschock 1973 reduzierte die Zahl der rekrutierten ausländischen Arbeitskräfte. 1978 erreichte die Zahl der Geburten mit 85 402 einen historischen Tiefstand. Die Hauptursache hierfür war die Nachwuchsbeschränkung, die durchschnittliche Kinderzahl pro Frau sank während der 1970er Jahre von 2,29 auf 1,60 ab. Durch den gleichzeitigen Anwerbestopp für jugoslawische und türkische Arbeitnehmer und die Forcierung von deren Rückkehr in die Herkunftsländer begann die österreichische Bevölkerung zu schrumpfen; erste pessimistische Prognosen wurden – dem Beispiel der Bundesrepublik folgend – veröffentlicht.

Im Siedlungssystem verstärkte sich in den 1970er Jahren die Suburbanisierung. Die Kernstädte von Wien, Linz, Graz und Innsbruck verzeichneten zum Teil beträchtliche Abnahmen der Einwohnerzahlen; teilweise war die Stadtflucht in die Umgebungsbezirke bereits größer als die Zuwanderung. Neben Geburtendefiziten traten in den Kernstädten auch Wanderungsverluste auf.

Die regionale Bevölkerungsverteilung war nahezu ein „Nullsummenspiel" geworden. Die Gesamtzunahme der Wachstumsgebiete (d. s. vor allem die suburbanen Zonen sowie große Teile Westösterreichs) war genauso groß wie die Abnahme in den peripheren Gebieten. Auch der „Umverteilungseffekt" der Wanderungsbewegung in der Rangordnung des Siedlungssystems ließ generell nach (vgl. oben).

Die achtziger Jahre

Das Jahrzehnt von 1981 bis 1991 kann wieder als Wachstumsdekade bezeichnet werden. Bis Mitte der 1980er Jahre bestand eine ausgeglichene Geburtenbilanz, wobei die steigende Geburtenhäufigkeit auf einen Altersstruktureffekt zurückzuführen war. Der seinerzeitige Babyboom kam zum Tragen. Allerdings blieb die Gesamtfruchtbarkeitsrate mit 1,5 noch immer von jenem Niveau entfernt, das notwendig wäre, um eine Elterngeneration komplett zu ersetzen. Der wichtigste Prozeß, der in den 80er Jahren begann, ist jedoch die Zunahme der Zuwanderung, welche mit der Öffnung der Grenzen schlagartig einsetzte (vgl. unten).

Die neunziger Jahre

Die massive Zuwanderung am Ende der 1980er Jahre setzte sich Mitte der 1990er Jahre fort. Restriktivere Gesetze im Bereich Asyl und Ausländerbeschäftigung führten dann zu einem Sinken der hohen Zugangszahlen. Der Bestand an ausländischer Wohnbevölkerung erhöhte sich in Österreich und besonders in Wien beträchtlich. Die Zuwanderung sorgte dort für einen „Ersatz" der in das Stadtumland abwandernden inländischen Bevölkerung. Alle anderen demographischen Kennziffern veränderten sich weniger spektakulär. Die Lebenserwartung erhöhte sich weiter (Männer: 75,4 Jahre, Frauen: 81,2), und das Fertilitätsniveau sank auf 1,34 Geburten pro Frau. Österreich befindet sich damit mitten im zweiten demographischen Übergang.

Die Sonderstellung Österreichs im Migrationsprozeß

Österreich besaß in der Nachkriegszeit bis zur Grenzöffnung eine Sonderstellung in der europäischen Migration insofern, als sich die Abgabe von österreichischen Arbeitskräften ins Ausland und die Aufnahme von Gastarbeitern für die österreichische Wirtschaft nahezu die Waage gehalten haben.

Diesem Balanceakt auf dem Arbeitsmarkt zwischen der Abgabe an und der Aufnahme von Arbeitskräften aus dem Ausland ist allerdings eine heute weitgehend vergessene Periode der Auswanderung vorangegangen. Sie kennzeichnete die Erste Republik, in der die wirtschaftliche Notsituation und die schlechten Aufstiegschancen Tausende Österreicher zur Auswanderung veranlaßt haben und Österreich noch ein Auswanderungsland war. So hat im Burgenland die Hälfte der agraren Überschußbevölkerung das Land in Richtung Nordamerika, insbesondere Richtung Kanada, verlassen. Erst nach dem Staatsvertrag im Jahr 1955 ist eine Umpolung der Auswanderung in eine innerösterreichische Pendelwanderung, in erster Linie nach Wien, erfolgt.

Ebenfalls eine relativ alte Tradition besitzt die Gastarbeiterwanderung von Österreich ins westliche europäische Ausland, in die Schweiz und in die Bundesrepublik Deutschland. Neben den fehlenden Arbeitsmöglichkeiten haben hierbei die in den Nachbarstaaten wesentlich höheren Löhne stets einen wichtigen Pullfaktor für die österreichische Arbeitswanderung dargestellt. Diese besteht einerseits aus einem Export von Hochschulabsolventen aufgrund der Überkapazität der Universitäten und andererseits aus relativ gering qualifizierten Arbeitskräften aus der ländlichen Peripherie. Durch die Grenzziehung nach dem Zweiten Weltkrieg gerieten vor allem der gesamte nördliche und östliche Grenzsaum des Staates vom Mühlviertel in Oberösterreich über das Wald- und Weinviertel in Niederösterreich bis zum Burgenland und zur Oststeiermark in eine Randlage des Verkehrs und in den Teufelskreis von fehlender Kapitalinvestition, Defizit an Arbeitsplätzen und Bevölkerungsentleerung. Aus diesen Räumen gingen und gehen überschüssige Arbeitskräfte, darunter junge Frauen, vor allem ins Gastgewerbe in die Schweiz, Männer als Bauarbeiter in die Bundesrepublik Deutschland und übernehmen damit Arbeitsplätze im Ausland, für die Österreich selbst Arbeitskräfte aus dem Ausland, aus Jugoslawien und der Türkei, holen muß. Bereits in den 1960er Jahren arbeiteten mehr als 200 000 Österreicher im Ausland. Hinzu kommen über 50 000 Tagespendler in die Schweiz (Grenzgänger) und in die Bundesrepublik Deutschland.

Der Wirtschaftsaufschwung in Österreich hat in der Nachkriegszeit später als in der Bundesrepublik eingesetzt, dementsprechend setzte auch die Gastarbeiterwanderung später ein. 1966 wurde die 50 000er-Marke überschritten, 1974, zur Zeit des Höchststandes, arbeiteten 222 000 ausländische Arbeitnehmer in österreichischen Betrieben. Die ökonomische Stagnation nach 1973 und das Nachrücken geburtenstarker Jahrgänge auf dem Arbeitsmarkt führten ab Mitte der 1970er Jahre zu einem deutlichen Abbau der Gastarbeiterkontingente, 1984 gab es in Österreich nur noch 138 710 registrierte ausländische Arbeitskräfte (vgl. Fig. 18). Die offizielle Zahl von über 220 000 registrierten ausländischen Arbeitskräften in den frühen 70er Jahren wurde erst wieder nach der Grenzöffnung 1989 im Jahr 1990 mit 217 610 gemeldeten ausländischen Arbeitskräften erreicht.

Derzeit sind rund 320 000 ausländische Arbeitskräfte legal in Österreich tätig. Mit der gesetzlichen Koppelung der Ausländerbeschäftigung an das Beschäftigungsniveau insgesamt ist eine Plafondierung erreicht worden. Der Anteil der ausländischen Arbeitskräfte darf einen gesetzlich festgesetzten Wert nicht überschreiten (9 bzw. 8 %). Neue Arbeitskräfte dürfen nur dann legal beschäftigt werden, wenn durch Rückwanderung oder Einbürgerung deren Anteil sinkt (vgl. Fig. 18).

Neben der Zuwanderung von ausländischen Arbeitskräften kennzeichnet die Aufnahme von Asylbewerbern die Rolle Österreichs im internationalen Migrationsprozeß.

Österreich war auch während der Zeit des Eisernen Vorhangs das Ziel einer Reihe von spektakulären Flüchtlingswellen aus den COMECON-Staaten, darunter dem Exodus von 211 726 Ungarn in den Jahren 1956/57, von denen 46 365 einen Asylantrag stellten. 1968/69 verließen 162 000 Tschechen und Slowaken via Österreich ihre Heimat. Von ihnen suchten 12 000 um Asyl an. 1981/82 hielten sich zwischen 120 000 und 150 000 Polen in Österreich auf, rund 33 000 stellten Asylanträge.

Österreich hatte überdies eine wichtige Funktion als Transferstation für über 350 000 russische Juden auf dem Wege nach Israel, von denen nur wenige tausend in Wien geblieben sind. Ab 1972 nahm Österreich auf der Basis einer Quotenregelung auch Flüchtlinge aus Überseeländern

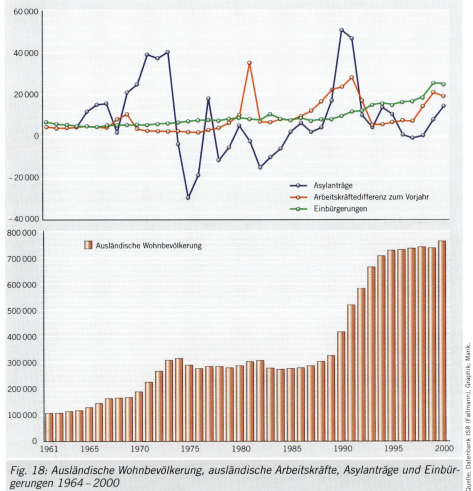

*Fig. 18: Ausländische Wohnbevölkerung, ausländische Arbeitskräfte, Asylanträge und Einbür-
gerungen 1964–2000*

Quelle: Datenbank ISR (Faßmann), Graphik: Marik.

auf, darunter aus Chile, Argentinien, Ugan-
da, Iran und Afghanistan. Während die Zahl
der Asylanträge in den 80er Jahren nach
der polnischen Krise zunächst 10 000 Anträge pro Jahr nicht überschritt, begann
1987 eine Zunahme von Asylbewerbern
aus Osteuropa und dem Vorderen Orient.
Ihre Zahl überschritt 1989 bereits die Zahl
von 20 000 und erreichte 1991 mit fast
30 000 den Höhepunkt der Asylantenwelle.
Gemessen an der Einwohnerzahl von Österreich lag die Zahl der Asylbewerber damit
genauso hoch wie in der Bundesrepublik
Deutschland.

Österreich versuchte, die politischen
Flüchtlinge – für die die Genfer Flüchtlings-

konvention konzipiert ist – von den Wirt-
schaftsflüchtlingen zu unterscheiden. Es
gelang, die hohen Zugangszahlen im Laufe
der 1990er Jahre wieder auf ein Niveau
von wenigen tausend zu senken.

Die Aufnahme von Asylbewerbern, ausländischen Arbeitskräften und deren Familienangehörigen im Laufe der 1990er Jahre
hat zu einer deutlichen Zunahme der ausländischen Wohnbevölkerung geführt. Lebten 1981 erst 291 000 ausländische Staatsbürger in Österreich, so waren es 2001
bereits 760 000 und somit 9,2 % der Wohnbevölkerung. Die Zahl und der Anteil der
ausländischen Wohnbevölkerung wären noch
höher, wenn nicht über Einbürgerungen der

Status „Ausländer" durch „Inländer" ersetzt worden wäre. Die jährlichen Einbürgerungen in den 1960er und 70er Jahren blieben unter 8000 Personen und umfaßten insgesamt bis 1980 rund 150 000 Personen. In den 1980er Jahren wurde insgesamt 120 000 Personen, in den 1990er Jahren 185 000 Personen – in erster Linie Bürgern aus dem ehemaligen Jugoslawien, aus der Türkei, aus Polen und Rumänien –

die österreichische Staatsbürgerschaft verliehen.

Österreich geht konform mit der EU-Politik und hat sich trotz der großen Bedeutung der Zuwanderung für die Bevölkerung und Wirtschaft nicht als Einwanderungsland deklariert. Zuwanderung wird noch immer als eine historische Ausnahmesituation angesehen.

Der Schmelztiegel Wien

Die geopolitische Lage von Wien hat sich durch den Fall des Eisernen Vorhangs und den Beitritt Österreichs zur EU grundlegend geändert. Wien steht am Beginn einer neuen Gründerzeit. Wien wächst wieder. Dem Rang der Stadt als Eurometropole in einer globalen Ökonomie entspricht die Position im internationalen Wanderungsfeld. Neue intrakontinentale und globale Integrationsmuster zeichnen sich ab. Nach Jahrzehnten abgeschotteter Existenz ist die historische Qualität der Stadt wieder gefragt.

Reflexionen zur Schmelztiegelthese

Das Konzept einer neuen multikulturellen Gesellschaft bestimmt Medien und wissenschaftliche Literatur. Man verweist auf die Gründerzeit, in der Wien mit einem Anteil von zwei Dritteln an Bevölkerung mit nichtdeutscher Muttersprache der Schmelztiegel Europas gewesen ist; und aus einer teils liberalen, teils sozialdemokratischen Grundhaltung heraus wird ein ähnliches integratives Potential der gegenwärtigen Wiener Bevölkerung hinsichtlich der Akzeptanz der ausländischen Zuwanderung angenommen. Diese auf einem historischen Analogieschluß beruhende Schmelztiegelthese bedarf allerdings einer Revision. Es wird übersehen, daß in der Gründerzeit der Wanderungsvorgang innerhalb des Vielvölkerstaates der k. u. k. Monarchie abgelaufen ist (vgl. Fig. 3). Zwar waren im Jahr 1856 nur 30 % der Bevölkerung in Wien geboren und weitere 18 % durch Einbürgerung „einheimisch" geworden, von der „fremden" Bevölkerung stammten jedoch 46,5 % aus den österreichischen Kronländern und nur

6,1 % aus dem Ausland. Die Zuwanderung vollzog sich überdies in einem zentralistisch organisierten Reich, in dem Armee und Beamtenstand – unabhängig von der ethnischen Zugehörigkeit – als normensetzende Institutionen dienten; ferner bestand eine straff organisierte Exekutive, welche imstande und jederzeit bereit war, die sehr vielfältigen Randgruppen (Hausierer, Wanderhändler, Obdachlose, Kleinkriminelle) zu kontrollieren und gegebenenfalls abends aus der Stadt hinaus vor den Linienwall aufs freie Feld zu schaffen.

Derartige Voraussetzungen sind in der Gegenwart nicht vorhanden. Wohl werden auf der einen Seite gründerzeitliche Wanderungsmuster reaktiviert, doch bilden diese nur ein akzessorisches und keineswegs das dominante Element des räumlichen Wanderungsprozesses. Bereits die Gastarbeiter sind nicht aus dem ehemaligen Raum der Monarchie, sondern in erster Linie aus Serbien, später dann aus der Türkei gekommen. Neue Flüchtlingswellen aus Bosnien bringen weitere Angehörige des Islam nach Wien. Ganz allgemein wächst der Anteil der Zuwanderer aus ethnisch-kulturell sehr entfernten Staaten (vgl. Bilder 22, 23, 24).

Die Ansiedelung von chinesischen Restaurants in Wien und Österreich folgt nicht dem Prinzip der „Chinatown", sondern einem dispersen Muster. In Wien sind derzeit über 400 chinesische Restaurants vorhanden.

Ethnische Über- und Unterschichtung

Bis Mitte der 1960er Jahre waren in Wien kaum Ausländer im heutigen Wortsinn ansässig. 1971 war die Zahl der offiziell registrierten Gastarbeiter mit 25 000 recht bescheiden. Insgesamt hatte sich bis 1981 die Zahl der Ausländer bereits auf 113 000 erhöht, 1991 wurden 196 000 registriert, gleichzeitig damit hat der Anteil der europäischen Herkunftsländer von 76,0 %

Bild 22: Buddhistischer Stupa, Donauufer, Wien

Aufnahme: Lichtenberger.

auf 64,4 % abgenommen. Hauptgewinner war die Türkei, deren Anteil an der ausländischen Bevölkerung von 4,3 % auf 22,4 % gewachsen ist. Die Verlagerung des Herkunftsfeldes in den asiatischen Kontinent hinein ist mit einer Zunahme von 9,2 % 1971 auf 29,9 % im Jahr 1991 der wichtigste Vorgang im globalen Maßstab, eine afrikanische oder lateinamerikanische Zuwanderung ist in größerem Umfang bisher nicht in Sicht.

Bei der Diskussion der Ausländerfrage wird vielfach übersehen, daß die soziale Geographie Wiens stets eine Zweiteilung in Hinblick auf die „fremde" Bevölkerung aufwies. Der vielfach durch populistische Propaganda diskriminierten ethnischen Unterschichtung steht eine ethnische Überschichtung gegenüber, welche mengenmäßig durchaus beachtenswert ist. In der Nachkriegszeit hat sich Wien als Zentrum von internationalen Organisationen etabliert. Bereits 1989 umfaßte der Mitarbeiterstab der internationalen Organisationen samt Familienmitgliedern in Wien rund

Bild 23: Hauptmoschee und islamisches Kulturzentrum nördlich der UNO-City, Wien

Aufnahme: Lichtenberger.

Aufnahme: Lichtenberger.

Bild 24:
Chinesisches
Restaurant in Wien

12 000 Personen. Zusammen mit den Angestellten von 120 Botschaften und Konsulaten leben mehr als 30 000 ausländische Staatsbürger mit internationalem Status in Wien, 10 Schulen für ausländische Elitekinder stehen zur Verfügung. An der Wiener Universität sind rund 9000 ausländische Studierende inskribiert. Mit dem Fall des Eisernen Vorhangs ist eine zweite Überschichtungsphase in Gang gekommen, gekennzeichnet durch die Immigration von Spitzenkräften des quartären Sektors aus dem westlichen Ausland.

Aus der Rangskalierung der 1995 in Wien gemeldeten Ausländer ergeben sich einige überraschende Feststellungen (vgl. Tab. 19): Es leben mehr Iraner in Wien als Bürger der USA, mehr Zuwanderer aus Indien und von den Philippinen als Italiener, mehr Chinesen bzw. mehr Migranten aus der GUS als Angehörige britischer Nationalität, weniger Schweizer als Bulgaren, ebenso viele Japaner und Israeli wie Franzosen. Informelle Strukturen, Vereinsbildung und die Besetzung von Nischen auf dem Arbeitsmarkt bilden insgesamt ein faszinierendes Kaleidoskop mit einer Fülle von sehr unterschiedlichen Mini-Subkulturen. Besondere Erwähnung verdient die neue sephardisch-jüdische Gemeinde mit einem neuen Tempel und Kulturzentrum im II. Bezirk in Wien und die katholische südindische Gemeinde, die sich auf Krankenpflege spezialisiert hat. Daneben stehen die beiden großen Ausländerblöcke, die aus der Gastarbeiterwanderung stammen, darunter der türkische Block, für den Wien in einer Westbewegung der Türken in Richtung Rheinachse und Paris nach wie vor das südöstlichste Zugangstor bildet.

Viertelsbildung von Ausländern in Wien
Noch in den 80er Jahren war die ethnische Segregation in Wien kein viertelweises, sondern ein hausweises Phänomen. Mit der neuen Zuwanderung hat sich die Situation geändert. Aufgrund der rasch steigenden Zahl von Ausländern und wachsender ethnisch-kultureller Distanz formiert sich eine territoriale Selbstorganisation. Subkulturen mit lokalen Märkten, Geschäftszentren und informellen Organisationsstrukturen bilden sich. Gleichzeitig findet jedoch eine ständige Integration von Einzelpersonen und Haushalten statt. Als Indikator kann der Erwerb der Staatsbürgerschaft angesehen werden. Es ist absehbar, daß es dadurch in den einzelnen Subkulturen zu einem Verlust durch „Aufsteiger" kommt, so daß – wenn man Analogien mit den USA beachtet – dadurch Ghettoisierungsprozesse in Gang gesetzt und gleichzeitig die Lebensbedingungen in den ethnischen Vierteln verschlechtert werden könnten.

Die räumlichen Verteilungsmuster von Ausländern haben sich seit Beginn der Zuwanderung verändert. Zur Zeit des Höhepunktes der Wanderung jugoslawischer Gastarbeiter nach Wien Anfang der 70er Jahre lagen die Schwerpunkte in

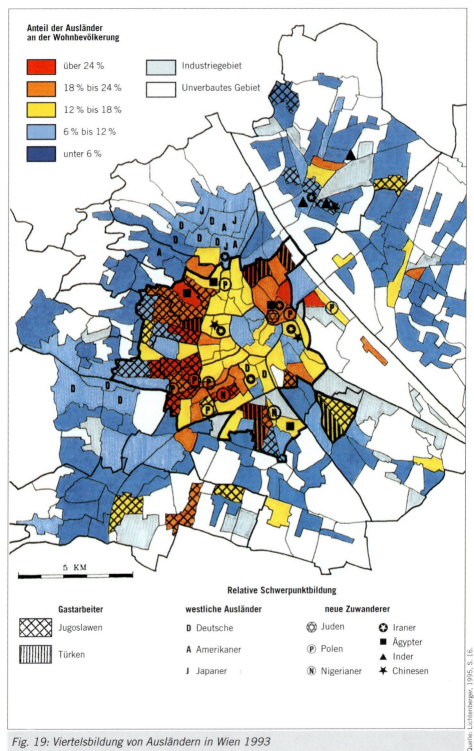

Quelle: Lichtenberger, 1995, S. 16.

Fig. 19: Viertelsbildung von Ausländern in Wien 1993

- funktionslos gewordenen Dörfern im Süden und Osten der Stadt,
- in Behelfsheimquartieren der Zwischenkriegszeit, vor allem östlich der Donau (Lobau),
- im Industriegürtel der Gründerzeit,
- in Altbauquartieren an den Ausfallstraßen (Triester Straße)
- und in abgewohnten Substandardwohnquartieren der Gründerzeit (Bezirke XII, XV, XVI, XVII). Hierbei erfolgte eine Sukzession von Gastarbeitern auf Rentnerhaushalte. Es fand also keine Flucht der einheimischen Bevölkerung statt, sondern diese starb einfach weg! Die später eintreffenden türkischen Gastarbeiter sondern sich ab den 1980er Jahren z. T. von den Jugoslawen ab. Die Volkszählung 1991 dokumentiert das Entstehen von „türkischen Vierteln" im X. und XX. Bezirk, ferner eine Sukzession von Jugoslawen im XVI. Bezirk (vgl. Fig. 19).

Grundsätzlich anders ist die Verortung der neuen Zuwanderung, welche durch die Affinität zu ehemaligen Mittelschichtbezirken gekennzeichnet werden kann (II., IV., VI., VIII. und IX. Bezirk). Diese Feststellung steht in Übereinstimmung mit der „Auffüllungsthese", wonach die Auffüllung Zehntausender leerstehender Wohnungen und ungenutzter Lokale eine Chance für neue Zuwanderer – und letztlich auch für die Stadt – darstellt.

Eine Verstärkung der ethnischen Segregation und eine Zusammendrängung der Ausländer im gründerzeitlichen Miethausbestand werden überdies durch die kommunale Wohnbaupolitik bewirkt, welche die Neubautätigkeit am Stadtrand seit der Zwischenkriegszeit absolut dominiert. Etwa 30 % des Wiener Wohnungsbestandes befinden sich im Besitz der Gemeinde, die mit Rücksicht auf die Stammwähler der Sozialdemokratie bisher aber nicht bereit war, den kommunalen Wohnbaubestand Ausländern zu öffnen. Unter Einsatz von öffentlichen Mitteln ist es bisher weitgehend gelungen, die eskalierende Zunahme des Anteils von Ausländerkindern in den Wiener öffentlichen Volksschulen aufzufangen. Wie Fig. 20 dokumentiert, hatten 1993 manche Schulbezirke bereits mehr als 40 % Ausländerkinder. Unabhängig von der Situation auf dem Wohnungsmarkt werden sich die

Ausländer	absolut	%
Westliche Staaten		
Ehem. COMECON-Staaten		
Afrika, Asien, Lateinamerika		
ehem. Jugoslawien	125 207	42,9
Türkei	*43 950*	*15,1*
Polen	17 433	6,0
Deutschland	**13 715**	**4,7**
Iran	*6 976*	*2,4*
ehem. ČSSR	6 316	2,2
Ungarn	5 464	1,9
Rumänien	4 789	1,6
Ägypten	*4 696*	*1,6*
Indien	*4 533*	*1,6*
GUS	4 361	1,5
USA	**4 052**	**1,4**
Italien	**3 409**	**1,2**
China (VR)	*2 886*	*1,0*
Philippinen	*2 705*	*0,9*
Bulgarien	2 699	0,9
Großbritannien	**2 583**	**0,9**
Frankreich	**2 529**	**0,9**
Schweiz	**1 645**	**0,6**
Israel	*1 558*	*0,5*
Japan	*1 539*	*0,5*
Insgesamt	**291 717**	*100,0*

Weitere 100 Staaten sind mit 28 672 Personen in Wien vertreten.

Quelle: MA 14 – Bevölkerungsevidenz 2001, SPA Ritter, SK.

Tab. 19: Rangordnung der Ausländer nach Herkunftsstaaten in Wien 2001

Akkulturierungskonflikte im Schulwesen vermehren und der Einrichtung von Privatschulen für österreichische Kinder, aber ebenso auch für einzelne Minoritäten Auftrieb geben.

Ausblick

Zwei Strategien von seiten der österreichischen Regierung bieten sich an, um die Zuwanderung von 20 000 und mehr Ausländern im Jahr nach Wien bewältigen zu können:
1. eine verstärkte Einbürgerung nach den Kriterien von Aufenthaltsdauer und geregelten Einkommensverhältnissen; seit 1989 wurden in Wien im Jahresschnitt zwischen 6000 und 9000 Ausländer eingebürgert;
2. eine Verstärkung der Kontrollmaßnahmen sowie eine rigidere Praxis bei den Ar-

beitsgenehmigungen. Insgesamt handelt es sich um ein immanent konfliktträchtiges und gleichzeitig neues innenpolitisches Problem. Sicher ist jedenfalls, daß Wien auch in Zukunft als südöstlichste Millionenstadt der EU aufgrund der Nähe zum Krisenherd Jugoslawien und Österreichs langer Grenzen zu Nicht-EU-Staaten eine besondere Funktion gegenüber den interkontinentalen Migrationsströmen besitzen wird.

Die politische Brisanz der Ausländerfrage hat auch Grauzonen der offiziellen Statistik zur Folge. Die illegal zuwandernde und beschäftigungssuchende ausländische Bevölkerung versucht, sich der staatlichen Administration und Kontrolle zu entziehen.

Zahlenmäßig schlecht dokumentiert ist das „neue Grenzgängerphänomen", welches durch die Ausweitung des Wiener Arbeitsmarktes in Richtung Polen, Ungarn, Slowakei und Tschechien entstanden ist. Umgekehrt ist zu vermerken, daß die unmittelbar nach dem Zusammenbruch der kommunistischen Regime in Osteuropa gefürchtete Ost-West-Wanderung nicht eingetreten ist.

Für die Zukunft wichtig ist im Zuge der Globalisierung der Migration der zu erwartende steigende politische Widerstand, den

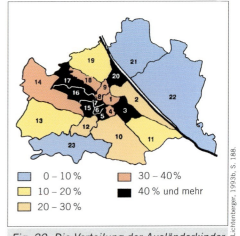

0 – 10 %	30 – 40 %
10 – 20 %	40 % und mehr
20 – 30 %	

Fig. 20: Die Verteilung der Ausländerkinder in den Wiener Bezirken 1992

Quelle: Lichtenberger, 1993b, S. 188.

die Bürger der sozialen Wohlfahrtsstaaten und damit auch Österreichs der ausländischen Zuwanderung entgegensetzen, da sie eine Reduzierung des „social overhead", auf welches sie primär einen Anspruch erheben, befürchten. Im Zuge des Rückbaus des sozialen Wohlfahrtsstaates wird sich die Ausländerproblematik akzentuieren.

Gesellschaftlicher Wandel in der Nachkriegszeit (von Heinz Faßmann)

Sozialer Wandel als stille Revolution
Ebenso unauffällig wie der demographische Wandel und das Auftreten neuer Phänomene hat sich der gesellschaftliche Wandel seit 1945 vollzogen. Erst der Rückblick macht Ausmaß und Tragweite deutlich. Hierbei hat Österreich in der gesellschaftlichen Transformation einige Besonderheiten aufzuweisen. So trifft das klassische gesellschaftliche Phasenmodell, wonach die Agrargesellschaft durch die Industriegesellschaft und diese wiederum durch eine postindustrielle Gesellschaft abgelöst wird, für Österreich nur bedingt zu, da Österreich, ohne den vollen Industrialisierungsgrad zu erreichen, bereits den Weg in die Dienstleistungsgesellschaft angetreten hat. Sehr vereinfacht könnte man die Feststellung machen, daß sich auf der einen Seite die Zahl der Beschäftigten in der Landwirtschaft im

Zeitraum der Nachkriegszeit um rund 1 Mio. reduziert hat, während andererseits die Zahl der Arbeitsplätze im Dienstleistungssektor ebenfalls um 1 Mio. zugenommen hat.

Der sektorale Strukturwandel
Die Entwicklung der österreichischen Wirtschaft in der Nachkriegszeit stand zunächst im Zeichen des Rückgangs der Landwirtschaft und einer anfänglichen Zunahme der Arbeitsplätze im Industriesektor. Noch 1951 waren weniger als 30 % der Berufstätigen im tertiären Sektor beschäftigt. Bis Anfang der 1990er Jahre hatte sich dieser Wert nahezu verdoppelt. 1951 war fast ein Drittel der Berufstätigen in der Landwirtschaft tätig, 50 Jahre später nur noch 5,7 %. Die verspätete Industrialisierung in den 1950er Jahren wurde bereits in den 60er Jahren

wieder abgeschlossen. Allerdings ist die Tertiärisierung und damit die Ausweitung des Dienstleistungssektors außerordentlich heterogener Natur und umfaßt sowohl die personenorientierten Dienste wie den Tourismus auf der einen Seite, andererseits Wirtschaftsdienste, Banken und Versicherungen und dgl., bzw. die von der öffentlichen Hand zur Verfügung gestellten Dienstleistungen (Schulen, Gesundheitswesen, Kultur, Verwaltung). Die quantitativen Veränderungen in den einzelnen Bereichen des Dienstleistungssektors verliefen dabei unterschiedlich. Insgesamt entspricht die massive Expansion der öffentlichen Dienstleistungen den theoretischen Vorstellungen des Übergangs vom Liberalkapitalismus zu einem kontrollierten Kapitalismus. Trotz der verschiedensten Bemühungen, den öffentlichen Sektor beschäftigungsmäßig zurückzunehmen, sind gegenwärtig mehr Menschen im öffentlichen Sektor beschäftigt als je zuvor. Auch in anderen sozialen Wohlfahrtsstaaten wurden private familiale Dienstleistungen an die öffentliche Hand übertragen, jedoch ist diese Entwicklung in Österreich besonders ausgeprägt gewesen. 1951 waren 414 000 Beschäftigte im Bereich persönliche, soziale und öffentliche Dienste tätig, 2001 hatte sich die Zahl auf

954 000 erhöht und damit weit mehr als verdoppelt (vgl. Tab. 20).

Im gleichen Zeitraum hat sich die Zahl der Berufstätigen im wirtschaftsorientierten Dienstleistungssektor fast versechsfacht (von 72 000 [1951] auf 406 000 im Jahr 2001). Dabei wurden immer mehr Dienstleistungsaufgaben aus der Produktion ausgelagert und haben sich als selbständige Branchen etablieren können. Eigene Firmen beschäftigen sich mit Werbung, Marketing, Finanzierung, Versicherung, Personalakquisition oder Betriebsberatung. Diese Auslagerung folgt dem arbeitsteiligen Prinzip; dementsprechend nahm auch in Österreich die Produktionstiefe in den Industrieunternehmen ab. Unternehmen spezialisierten sich und konnten somit kostengünstiger produzieren. Mit der abnehmenden Produktionstiefe sind die Unternehmen aber zunehmend in ein komplexes Transportsystem eingebunden worden. Rohstoffe und Vorprodukte müssen „just in time" zu den Unternehmen gebracht werden, ebenso die Endprodukte zu den Konsumenten. Damit ist auch das Wachstum des Bereiches Handel und Lagerung von 235 000 Beschäftigten im Jahr 1951 auf 595 000 2001 bzw. von Verkehr und Nachrichtenübermittlung von 174 000 auf 245 000 begründet. Trotz

Wirtschaftsabteilungen	1951	1961	1971	1981	1991	2001
Primärer Sektor:						
Land- und Forstwirtschaft	1 080	768	426	219	258	219
Sekundärer Sektor:						
Energie- und Wasserversorgung	26	32	35	36	40	30
Bergbau, Steine- u. Erdengewinnung	96	101	27	16	12	10
verarb. Gewerbe, Industrie	883	992	972	937	966	913
Bauwesen	244	256	262	279	312	340
Tertiärer Sektor:						
Handel, Lagerung	235	311	357	430	514	595
Beherberg.- u. Gaststättenwesen	83	118	132	134	174	214
Verkehr, Nachrichtenübermittlung	174	202	195	200	228	245
Geld- u. Kreditw., Wirtschaftsdienste	72	76	116	161	236	406
pers., soziale u. öffentl. Dienste	414	475	514	630	813	954
Unselbständige Berufstätige	**2 166**	**2 387**	**2 442**	**2 632**	**3 118**	**3 286**
Berufstätige insgesamt	**3 347**	**3 370**	**3 098**	**3 147**	**3 516**	**3 778**

Tab. 20: Berufstätige nach Wirtschaftsabteilungen 1951 – 2001 (in Tausend)

Quellen: Faßmann, 1995, S. 382; Stat Jb., 2002, S. 162.

massiver Rationalisierung im Bereich von Handel und Lagerung (Entstehen der Supermärkte, Verschwinden der Einzelhandelsbetriebe) nahm daher das Angebot an Arbeitsplätzen zu. Der Verkauf der Produkte wurde zur vorrangigen Aufgabe. Auf diese für die ansonsten kleinstrukturierte österreichische Betriebssituation sehr bemerkenswerte Erscheinung wird noch zurückzukommen sein. Auch der Fremdenverkehr wuchs in beachtlichem Tempo, und zwar von 83 000 Beschäftigten im Beherbergungs- und Gaststättenwesen im Jahr 1951 auf 174 000 im Jahr 1991. Hierbei wurde der Ausländerfremdenverkehr zeitweilig zur Wachstumsindustrie der österreichischen Wirtschaft und brachte vor allem dem ländlichen Raum in den westlichen Bundesländern einen tiefgreifenden Wandel von Gesellschaft und Wirtschaft. Innerhalb von eineinhalb Generationen vollzog sich der Übergang von einer Agrargesellschaft zu einer Dienstleistungsgesellschaft.

Veränderung der sozialen Gruppen
Bedingt einerseits durch die Tertiärisierung wird auch die österreichische Situation durch ein Phänomen gekennzeichnet, das man als „Ende der sozialen Klassengesellschaft" etikettieren kann. Auf die gleichsam nicht bis zum Höhepunkt gediehene Industrialisierung wurde bereits hingewiesen. 1950 waren laut Industriestatistik in Österreich 450 000 Industriebeschäftigte gemeldet, 1962, am Ende einer langen Aufschwungphase, wurden 620 000 gezählt. Die Industrialisierungsphase war damit quantitativ abgeschlossen. Was seither ein-

getreten ist, war ein relativer Bedeutungsverlust der klassischen Großindustrie. Die Entindustrialisierung betraf nicht das produzierende Gewerbe und auch nicht die kleineren und mittleren Industrieunternehmen, sondern die großen Betriebe im Bereich der Grundstoff- und Schwerindustrie. Dieser spezifische Entindustrialisierungsprozeß führte zu einem Rückgang der einfachen Hilfsarbeit. Manuelle Tätigkeiten am Fließband, in der Produktion und bei der Montage wurden durch den maschinellen Einsatz zurückgedrängt und durch qualifizierte Tätigkeiten ersetzt. Facharbeiter mit einer differenzierten Qualifikation ersetzten die Hilfsarbeiter. Dies betraf die alten Industriereviere in der Obersteiermark und im oberösterreichischen Zentralraum genauso wie das industriell geprägte Rheintal im Westen.

**Bildungsboom und
Feminisierung des Arbeitsmarktes**
Der sektorale und soziale Strukturwandel der österreichischen Gesellschaft war, der massiven Bildungspolitik des Staates entsprechend, von einer generellen Höherqualifikation der Berufstätigen begleitet. Bildungsabschlüsse avancierten zu einem wichtigen Kriterium bei der beruflichen Plazierung. Die Bildungspolitik des Staates wurde damit zu einem Motor des sozialen Wandels und der sozialen Ausdifferenzierung der Gesellschaft. Besonders profitiert vom Bildungsboom der 1970er und 80er Jahre haben Frauen. Noch in den 50er und 60er Jahren arbeiteten die Frauen unmittelbar nach Beendigung der Pflichtschule

Sozialrechtliche Stellung	1951	1961	1971	1981	1991	2001
Selbständige	588	533	428	376	359	400
mithelfende Familienangehörige	593	450	228	140	130	98
Angestellte, Beamte	–	872	1 100	1 409	1 670	1 968
Facharbeiter	–	–	410	453	596	–
sonstige Arbeiter	–	1 515	932	769	853	1 451
Unselbständig Berufstätige	2 166	2 387	2 442	2 632	3 118	3 286
Berufstätige insgesamt	**3 347**	**3 370**	**3 098**	**3 147**	**3 596**	**3 778**

Tab. 21: Sozialrechtliche Stellung der Berufstätigen 1951 – 2001 (in Tausend)

Quellen: Faßmann, 1995, S. 384; Stat. Jb., 2002, S. 162.

vielfach nur als ungelernte Hilfskräfte und schieden dann bei der Gründung einer eigenen Familie, also bei Heirat oder bei Geburt des ersten Kindes, aus dem Erwerbsleben aus. In den 90er Jahren zeigt sich ein anderes Bild, Frauen besuchen weiterführende Schulen, erwerben zumindest die Facharbeiterqualifikation, schieben die Familiengründung hinaus und steigen nach der Geburt des ersten Kindes seltener bzw. für kürzere Zeit aus dem Erwerbsprozeß aus. Verstärkt wird dieser Vorgang durch die steigenden Scheidungszahlen und die Zunahme der alleinerziehenden Frauen.

Die regionale Ungleichverteilung von Gesellschaft und Wirtschaft

Die Bedeutung
der Segregation
Segregationsprozesse der Gesellschaft nach ethnischen, sozialen und demographischen Kriterien zählen zu den wichtigen Vorgängen in der räumlichen Organisation von Städten und Regionen. Nun sind die sozialen Wohlfahrtsstaaten, zu denen auch Österreich zählt, bemüht, soziale Unterschiede zu reduzieren. Es geht gegenwärtig auch nicht mehr so sehr um die Frage der sozialen Ungleichverteilung der Gesellschaft im Raum, vielmehr ist durch die starke Zuwanderung von Ausländern in den abgelaufenen drei Jahrzehnten die soziale Auseinanderschichtung der Gesellschaft durch die ethnische Segregation auf den zweiten Rangplatz verdrängt worden. Unberührt davon blieb die demographische Segregation, die mit Abstand die geringste regionale Varianz besitzt.

Historische
und aktuelle ethnische Segregation
Historische Minderheiten und „neue" Ethnien weisen in Österreich hinsichtlich der Quantität und der räumlichen Segregation sehr große Unterschiede auf.

Alle historischen Minderheiten zusammen stellen weniger als 1 % der Gesamtbevölkerung und sind lokal konzentriert. Demgegenüber hat die Zuwanderung nach dem Zweiten Weltkrieg bereits mehr als 10 % „neue" Ethnien zur Wohnbevölkerung beigesteuert. Die historischen Minderheiten sind im wesentlichen im ländlichen Raum ansässig. Für sie wurde 1976 das sogenannte Volksgruppengesetz geschaffen und seither mehrfach novelliert. Es handelt sich um die Slowenen in Kärnten und in der Steiermark sowie um die Kroaten, Ungarn und Roma im Burgenland.

Auf die Tschechen in Wien wurde bereits eingegangen.

Die Slowenen sind die älteste historische Minderheit. 1991 verwendeten in Kärnten 16 461 Personen Slowenisch (und Windisch) als Umgangssprache. Der minderheitenfreundlichen österreichischen Kulturpolitik ist die Gründung eines Gymnasiums für Slowenen und einer zweisprachigen Handelsakademie in Klagenfurt sowie die Errichtung zahlreicher zweisprachiger Volksschulen und Kindergärten zu verdanken. Zwei Radiostationen senden in slowenischer Sprache, 60 Ortschaften weisen slowenische Ortstafeln auf (2002).

Die als Flüchtlinge im 16. Jahrhundert im Burgenland und im Marchfeld angesiedelten Kroaten zählten 1991 19 460 Personen. Seit 1922 wird eine kroatische Zeitung herausgegeben, seit 1929 besteht der Kroatische Kulturverein, seit 1948 der Kroatische Akademiker Club. An 29 Volksschulen findet Unterricht in kroatischer Sprache statt, an Hauptschulen und allgemeinbildenden höheren Schulen wird Kroatisch als Freifach angeboten. 1992 wurden im Bundesgymnasium Oberwart im Südburgenland eine deutsch-kroatische und eine deutsch-ungarische Abteilung eröffnet. Zur ungarischen Minderheit bekannten sich 1991 noch 6772 Personen (vgl. Fig. 21).

Von diesen historischen Minderheiten abgesehen war bis zum Beginn der 1980er Jahre die ethnische Auseinanderschichtung der Bevölkerung kein Thema, eine Segregation der ausländischen Gastarbeiter nicht in Sicht. Bereits die Daten der Volkszählung 1991 ergaben jedoch, daß auf der Ebene der 2400 Gemeinden die ethnische Segregation der Bevölkerung größere Bedeutung erlangt hatte als die soziale Auseinanderschichtung. Dabei spiegelte die regionale

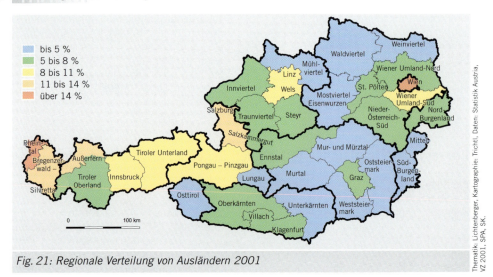

Thematik: Lichtenberger, Kartographie: Trichtl, Daten: Statistik Austria, VZ 2001, SPA, SK.

Fig. 21: Regionale Verteilung von Ausländern 2001

Verteilung der ausländischen Bevölkerung die Wirtschaftskraft der Regionen, vor allem aber deren industrielle Kapazität wider. Nun wurde eingangs darauf hingewiesen, daß Österreich im Migrationsfeld als Aufnahme- und Abgabeland fungiert. In diesem Zusammenhang besitzt die Aussage innenpolitische Brisanz, daß mit steigender Pendelwanderung der ortsständigen Bevölkerung ins Ausland der Ausländeranteil ansteigt, oder anders ausgedrückt, auf österreichische Arbeitskräfte wirkende Pull-Faktoren des westlichen Auslands indirekt als Pull-Faktoren für ausländische Arbeitskräfte in Österreich wirksam sind. Für diese Aussage hat Vorarlberg Modell gestanden. In Vorarlberg sind 17 806 Ausländer beschäftigt, während andererseits 6700 Vorarlberger als Grenzgänger in der Schweiz arbeiten.

Sozioökonomische Segregation
Die Bildungspolitik des österreichischen Staates wurde im vorhergehenden Kapitel als Motor der sozialen Ausdifferenzierung der Gesellschaft bezeichnet. Fächert man die österreichische Wohnbevölkerung nach den Bildungsabschlüssen auf, so entspricht der räumliche Niederschlag des Bildungsfächers weitgehend dem Zentrum-Peripherie-Modell. Die regionale Verteilung der Wohnbevölkerung mit Pflichtschulabschluß besetzt den äußersten Rand des österreichischen Staatsgebiets. Der Grenzgürtel-

effekt ist lehrbuchmäßig ausgebildet. Aufgrund der Bevölkerungserosion und des Wegzugs der Bevölkerung mit besserer Ausbildung aus den Grenzgebieten längs des ehemaligen Eisernen Vorhangs reicht der Streifen mit hohem Anteil der Bevölkerungsgruppe, die nur die Pflichtschule besucht hat, vom Mühl- und Waldviertel an der tschechischen Grenze über das Burgenland an der ungarischen Grenze bis zur Oststeiermark und nach Unterkärnten an der ehemaligen jugoslawischen Grenze, doch schließen sich auch einzelne Regionen in Westösterreich an. Dieser Grenzgürteleffekt wird noch recht deutlich von der regionalen Verteilung der durchschnittlichen Bruttobezüge der Pensionisten 1999 (vgl. Fig. 22) nachgezeichnet.

In der regionalen Verteilung der durchschnittlichen Bruttobezüge der Arbeitnehmer 1999 (vgl. Fig. 23) rangiert ebenfalls der Wachstumspol der Wiener Agglomeration an erster Stelle, von dem einerseits ein Pendlervorfeld das gesamte südliche Burgenland erfaßt und andererseits nach Westen hin an die einkommensstarke Siedlungsachse des Alpenvorlands anbindet. Abgesehen von den Agglomerationen Graz, Salzburg und Innsbruck ist der Alpenraum insgesamt, mit Ausnahme der Mur-Mürz-Furche, durch niedrigere Einkommen gekennzeichnet. Damit ist die ökonomische Drehung des Staates nach der politischen Wende im Osten belegt.

Thematik: Lichtenberger, Kartographie: Trichtl, Daten: Stat. Jb., 2002, S. 477.

Fig. 22: Regionale Verteilung der durchschnittlichen Bruttobezüge der Pensionisten 1999

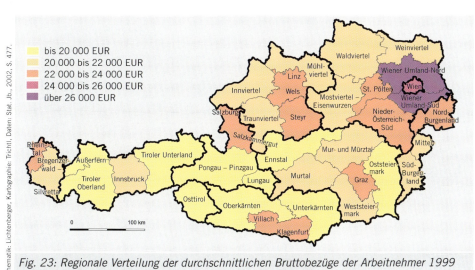

Thematik: Lichtenberger, Kartographie: Trichtl, Daten: Stat. Jb., 2002, S. 477.

Fig. 23: Regionale Verteilung der durchschnittlichen Bruttobezüge der Arbeitnehmer 1999

Demographische Segregation

Das gesellschaftlich brisante Problem der Alterung der Bevölkerung hat bisher in Österreich noch keine räumlichen Segregationsprozesse ausgelöst und ist in erster Linie durch die Drehung des Staates und damit durch die mehrfach apostrophierte West-Ost-Dichotomie der Bevölkerungsentwicklung bestimmt.

Die Aufrechterhaltung dieser geringen demographischen Segregation der Bevölkerung verdient besondere Aufmerksamkeit von seiten der politischen Entscheidungsträger, bildet sie doch eine äußerst wichtige Voraussetzung für die Beibehaltung des Kontinuums in der Weitergabe von gesellschaftlichen Normen und kulturellen Traditionen eines Staates und einer Gesellschaft.

Residuen der Modernisierung

Mit dem Prozeß der Modernisierung werden „ältere Strukturen" – wie die Agrarwirtschaft und der ältere Baubestand – in ihrer flächigen Verteilung durch neue ökonomische und siedlungsstrukturelle Entwicklungen in räumlich unterschiedlicher Weise aufgebrochen und ersetzt.

Thematik: Lichtenberger, Kartographie: Trichtl, Daten: Stat. Jb., 2002, S. 462.

Fig. 24: Anteile der ständig und gelegentlich in der Land- und Forstwirtschaft Beschäftigten 1999

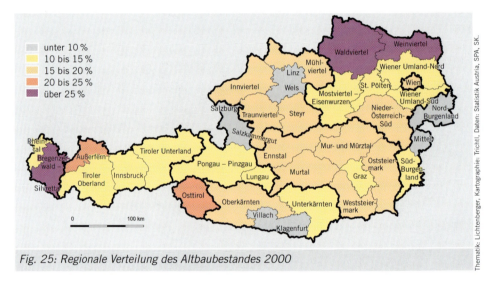

Thematik: Lichtenberger, Kartographie: Trichtl, Daten: Statistik Austria, SPA, SK.

Fig. 25: Regionale Verteilung des Altbaubestandes 2000

Mit dem Rückzug der Agrarbevölkerung aus der Fläche steigt synchron dazu auch der Entmischungsgrad an (vgl. Fig. 24). Die regionale Verteilung der Agrarbevölkerung belegt den in der Nachkriegszeit eingetretenen Prozeß der „Emanzipation" von den agrarökologischen Gunsträumen, in denen man, wie im Burgenland und im gesamten Alpenvorland, eine stärkere Beharrungstendenz der Agrarbevölkerung erwarten würde. Die nahezu ringförmige Zone mit relativ hoher Agrarbevölkerung in Niederösterreich in einem Abstand zu Wien belegt dagegen das Abschieben der Agrarbevölkerung durch den Metropolitanisierungsprozeß in Gebiete mit nur mäßiger agrarökologischer Ausstattung, wie etwa ins Waldviertel und analog dazu ins Mühlviertel in Oberösterreich und somit in Gebiete, welche an der Peripherie des jeweiligen Pendlerfelds von Wien bzw. Linz situiert sind. Ähnlich ist die Situation in der Steiermark.

Die Konsequenzen der mit der Abnahme der Agrarbevölkerung Hand in Hand gehenden wachsenden Ungleichverteilung der restlichen Agrarbevölkerung für die Aufrechterhaltung einer gepflegten Kulturlandschaft sind freilich einsichtig. Bei abneh-

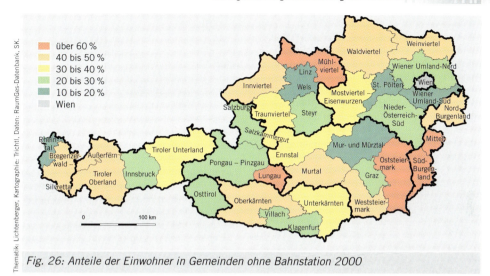

Thematik: Lichtenberger, Kartographie: Trichtl, Daten: RaumGes-Datenbank, SK.

Fig. 26: Anteile der Einwohner in Gemeinden ohne Bahnstation 2000

Thematik: Lichtenberger, Kartographie: Trichtl, Daten:RaumGes-Datenbank, SK.

Fig. 27: Überdurchschnittliche Anteile der oberen Bildungsschichten in Bahngemeinden 2000

mendem Agraranteil an der Gesamtbevölkerung sinkt nämlich das Arbeitspotential für die postulierte Landschaftspflege, welche nicht mittels ferngesteuerter Hochtechnologie erfolgen kann. Gerade in den produktionsmäßigen EU-„Herzeigegebieten" – wie im Osten Österreichs – gibt es keine Landschaftspfleger, sondern nur industrialisierte landwirtschaftliche Betriebe mit angestellten Fach- und Hilfskräften, deren ökonomisch effiziente Führung sich an technologischen Produktionsmethoden orientiert, die schon seit langem nichts mehr mit Kulturlandschaftspflege zu tun haben.

Die Polarisierung zwischen agrarökonomischen „Herzeigelandschaften" und „traditionellen" Agrarlandschaften mit „kulturellen Werten", sprich „Freizeitwerten", welche mittels staatlicher bzw. öffentlicher Subventionen von den Landwirten gepflegt werden, hat bereits eingesetzt. Über die jeweils zu erwartenden Mantelzonen mit Blight-Phänomenen wird derzeit noch nicht ernsthaft gesprochen.

Ebenfalls als Residuum des Modernisierungsvorgangs ist der ältere Baubestand aufzufassen (vgl. Fig. 25), der ein sehr ungleichmäßiges Verteilungsmuster aufweist und in Gebieten dominiert, in denen weder die Effekte der wachsenden Arbeitsgesellschaft noch die der Freizeitgesellschaft zum Tragen gekommen sind. Hierzu gehört die „zentrale Peripherie" Österreichs, welche von den niederösterreichischen und oberösterreichischen Alpen bis in die Steiermark und nach Mittelkärnten hineinreicht.

Die Effekte der
Erreichbarkeit durch den Bahnverkehr
So überzeugend in der internationalen Literatur die Marginalisierungsthese peripherer Räume auch sein mag, auf den bahnfreien Raum in Österreich kann sie nicht angewendet werden, da dessen räumliche Konfiguration entsprechend den Reliefverhältnissen und historisch-ökonomischen Gegebenheiten ein recht kompliziertes Flickwerk von bahnfreien Gemeinden aufweist (vgl. Fig. 26).

In Österreich wird der bahnfreie Raum durch zwei gesellschaftliche Pfeiler gestützt: die Agrargesellschaft und die Freizeitgesellschaft. Hierbei bildet die Agrargesellschaft durch ihre Funktion der Erhaltung der Kulturlandschaft partiell ein Substrat für die Freizeitgesellschaft.

Darüber hinaus ist der bahnfreie Raum durch einen überdurchschnittlich hohen Besatz mit Facharbeitern gekennzeichnet, die über individuelle Pendelwanderung mit den Arbeitsmarktzentren verbunden sind und in Form eines extensiven Wohnungsneubaus vor Ort investiert haben.

Die Polarisierungsthese von Bildungsschichten und ethnischen Zuwanderern, welche für Metropolen geläufig ist, belegt die eindrucksvolle Bahnorientierung beider Schichten im Zeitvergleich von 1991 bis 1998. Im Jahr der Volkszählung 1991 wohnten nur 11,0 % aller Ausländer im bahnfreien Raum. Jugoslawen und Türken, die beiden größten Ausländergruppen in Österreich, unterscheiden sich insofern voneinander, als von den 118 000 Türken 11,3 % auf den Nichtbahnraum entfielen und 61,9 % in Schnellzuggemeinden lebten.

Bei den insgesamt 198 000 Jugoslawen ist die Orientierung auf Schnellzuggemeinden mit 72,9 % noch wesentlich deutlicher und der Anteil von nur 8,7 % im Nichtbahnraum lebenden Migranten noch geringer.

Nun haben beide Gruppen im Zeitraum von 1991 bis zur Hochrechnung 1998 in unterschiedlichem Ausmaß zugenommen. Bei der auf 335 000 Personen angewachsenen jugoslawischen Bevölkerung hat sich eine leichte Verlagerung in den bahnfreien Raum (nunmehr 11,1 %) und eine relative Abnahme der Schnellzugsorte (nunmehr 67,5 %) vollzogen. Die türkische Bevölkerung, deren Zahl nur mäßig (auf 138 000) angestiegen ist, hat sich auf Kosten von Schnellzugsorten geringfügig auf Eil- und Regionalzugsorte (27,7 %) ausgeweitet. Im Nichtbahnraum sind jedoch bisher ausländische Bevölkerungsteile weit unterrepräsentiert geblieben.

Untersucht man die Wohnstandorte der Bildungsschichten (Absolventen höherer Schulen und Hochschulen) im Hinblick auf ihr Standortverhalten im Raum des schienengebundenen Verkehrs, so gelangt man für ganz Österreich zu erstaunlich ähnlichen Werten wie bei der türkischen Wohnbevölkerung. Von insgesamt 960 000 Personen mit höherer Schulbildung leben 61 % in Schnellzuggemeinden, 24 % in Eil- und Regionalzuggemeinden und nur 15 % in Gemeinden ohne Bahnanschluß. Bildungsschichten pendeln daher nicht weiter als Schichten mit geringerer Bildung, sondern bewegen sich in einem engeren Umland um die Arbeitsmarktzentren. Es besteht demnach ein durch den Indikator der Bildung meßbarer Gradient von den Zentren zur Peripherie. Die Suburbanisierung von Mittelschichten ist daher kein raumgreifender, von Mittelschichten getragener Prozeß, sondern vollzieht sich im engeren Umland von Städten. Das regionale Verteilungsbild wird von Agglomerationseffekten gesteuert und in erster Linie von der Rangordnung der Siedlungen im zentralörtlichen System bestimmt (vgl. Fig. 27).

Naturraum und natürliche Ressourcen

Aufnahme: Lichtenberger.

Bild 25: Großglockner mit Pasterze

Überblick

■ **Österreich verfügt über zwei natürliche Ressourcen von europäischem Format:**
● Österreich ist ein Alpenstaat. Die Alpen sind das Wasserschloß für die Elektrizitäts-wirtschaft und für einen potentiellen Wasserexport, die Aussichtsterrasse für eine europäische Freizeitgesellschaft, das Reservoir für Nationalparks der Europäischen Union.
● Österreich liegt an der Donau, dem größten Strom Europas. Als Verkehrsader fließt die Donau „verkehrt", d. h. in schwächere Wirtschaftsräume. Mit neun Laufkraft-werken bildet die Donau die Energieschiene des Staates.

■ *Geotektonik und morphologischer Bauplan bestimmen im Verein mit dem alpinen Klima ganz wesentlich den Stockwerksbau und die West-Ost-Differenzierung von Siedlung und Landnutzung.*

■ *Die Naturräume sind klein gekammert und dementsprechend auch die Lebensräume der Bevölkerung.*

Gesellschaftliche Sichtweisen zum Naturraum

Die Thematik Naturraum und natürliche Ressourcen kann unter verschiedenen Sichtweisen dargestellt werden:

1) auf der Grundlage der geowissenschaftlichen Forschung,
2) unter dem Gesichtspunkt der ökonomischen Bewertung von Naturraum und natürlichen Ressourcen,
3) mittels normativer Ausgrenzungen von Siedlungs- und Nutzungsbereichen, welche unterschiedliche Zielsetzungen haben können, und zwar erstens eine Ausgrenzung von besonders durch Naturkatastrophen gefährdeten Gebieten, um die Gefahr von Naturkatastrophen zu verringern, und zweitens eine Ausgrenzung von durch natürliche Bedingungen besonders benachteiligten Arealen der Landnutzung wie den Erschwerniszonen des Bergbauernraums, um damit die räumliche Bezugsbasis für einen Einkommensdisparitätenausgleich zu schaffen.
4) Während es im erstgenannten Fall um den Schutz des Menschen vor den Naturgewalten geht, wird in einer um 180 Grad gedrehten Perspektive im Naturschutz die Freihaltung von Räumen vom menschlichen Einfluß vertreten. Zu diesen „grünen" Bewegungen kommen weitere
5) Änderungen der gesellschaftspolitischen Bewertung von „Natur" durch die Gesellschaft.

ad 1)
Die Periode der Exploration der Anökumene in den Hochlagen der Alpen reicht ins späte 18. Jahrhundert zurück, als erste Beschreibungen und Zeichnungen von Gletschern entstanden. Dieses Interesse an der Erkundung des unbesiedelten Hochgebirges mündete in die geowissenschaftliche Erforschung der Alpen in der zweiten Hälfte des 19. Jahrhunderts ein. Vom Bildungsbürgertum getragen, unternahm der Österreichische Alpenverein eine Erschließung der Hochregion und begann mit freiwilligen Mitarbeitern die bis heute fortgeführten jährlichen Gletschermessungen. Hochgebirge, Gletscher und Seen waren die Untersuchungsobjekte vor der Haustüre der österreichischen Universitäten in Innsbruck,

Wien und Graz. Hochgebirgsforschung ist bis heute ein wichtiges Anliegen der Geowissenschaften geblieben. Österreich weist eine Reihe international renommierter Geowissenschaftler auf, von der Geologie und Tektonik (Kober, Tollmann) über die Eiszeit- und Quartärforschung (Penck, Fink, Patzelt, Kuhn), Seenforschung (Simony), Karstforschung (Trimmel), Quellen- und Grundwasserforschung (Zötl) bis zur Vegetationsforschung (Wagner, Wendelberger), zur Erforschung der Flora (Ehrendorfer), der Wälder (Mayer) und Fauna Österreichs (Löffler, Franz) und weiter bis zur Bodenkunde (Fink) und Witterungsklimatologie (Fliri).

Es ist einsichtig, daß der theoretisch-empirische Vorsprung der geowissenschaftlichen Forschungen, welche zum Großteil abgehoben von den gesellschaftlichen Fragen erfolgten, eine deterministische Sichtweise gegenüber Siedlung, Bevölkerung und Wirtschaft begünstigt hat, während andererseits ein angewandt-technologischer Ast, das gilt insbesondere für die Geologie, die Ergebnisse der Grundlagenforschung in die Erschließung natürlicher Ressourcen (Erdöl und Erdgas) umgesetzt hat.

Damit sind wir bei der entscheidenden Aussage angelangt. Die geowissenschaftlichen Grundlagen der „Natur" bleiben eine konstante Größe, während die Bewertung der natürlichen Ressourcen durch die Gesellschaft ökonomischen und ideologisch-gesellschaftspolitischen Änderungen unterliegt.

ad 2)
Die Veränderung der ökonomischen Bewertung von Naturraum und natürlichen Ressourcen ist aus den zeitspezifischen lokalen und internationalen Zusammenhängen zu begründen.

Durch die Zunahme der internationalen Konkurrenz verloren im Laufe der Geschichte die Bergbauschätze Österreichs ihre Bedeutung, darunter an erster Stelle der Silberbergbau Tirols durch die Entdeckung Amerikas. Das Salz aus den nördlichen Kalkvoralpen büßte seine Monopolstellung durch das billige Meersalz ein, der Verfall der Rohstoffpreise auf den Weltmärkten in der Nachkriegszeit hat zur Schließung der Braunkohlenbergbaue, aber auch des Bleibergbaus geführt. Die zuerst als nationale

Leistungen gepriesenen Speicherkraftwerke in den Gletscherbereichen, welche Spitzenstrom in das Verbundnetz einspeisen, sehen sich seit dem EU-Beitritt mit der Konkurrenz des billigeren Atomstroms konfrontiert.

Mehrfache Umbewertungen haben die Siedlungsstandorte im Gebirge erfahren.

Die ältesten Gunstgebiete waren bereits in neolithischer Zeit die Räume mit hoher Sonnenscheindauer und geringen Niederschlägen, darunter für die Weidewirtschaft die flachen Hochlagen im Firnfeldniveau über den Schluchtstrecken der Seitentäler und für den Ackerbau die Lößgebiete im Osten der Alpen sowie wenig später z.T. schon in vorrömischer Zeit die sonnigen, über dem Winternebel gelegenen Mittelgebirgsterrassen in den Längstälern von Inn, Enns und Drau.

Während sich die Bewertung des Naturraumes für die Agrarwirtschaft bis zur Gegenwart herauf – nicht zuletzt aufgrund der Fortschritte der Agrartechnik und der Zunahme der internationalen Konkurrenz – stetig verändert hat und aufgrund des Beitritts Österreichs zur EU weiter ändern wird, ist die Bewertung der „natürlichen" Standortgunst von Städten und Fernverkehrslinien seit langem in den großen Zügen ziemlich unverändert geblieben und hat ausschließlich durch Umstrukturierungen der politischen Landkarte Europas im 20. Jahrhundert relative Verschiebungen erfahren.

ad 3)

Eine normative Sichtweise gegenüber dem Naturraum wird mittels spezifischer Parameter durch die Raumordnungs- und Umweltpolitik ins Spiel gebracht und durch Ausgrenzung bestimmter Areale festgelegt. Im folgenden einige Beispiele zu dieser wichtigen allgemeinen Thematik.

Bevölkerungs- und Siedlungswachstum haben den Naturraum in zunehmendem Maße in Bereiche hinein erschlossen, welche durch Naturkatastrophen wie Wildbäche, Muren, Lawinen in hohem Maße gefährdet sind. Technische Maßnahmen und Gefahrenzonenpläne der Wildbach- und Lawinenverbauung reichen nicht aus, um gegenüber der Unberechenbarkeit von Naturgewalten einen perfekten Schutz zu bieten. Ein beachtliches Restrisiko der lokalen Bevölkerung bleibt bestehen, auch wenn zunehmend das Maßnahmenbündel, so z.B. durch temporäre Sperrung von Pisten bei Lawinengefährdung durch lokale Kommissionen, verbreitert wird.

Normative Ausgrenzungen von Räumen sind überall dort erforderlich, wo es um die Subventionierung von Nutzungen unter erschwerten Bedingungen, wie z.B. bei den Bergbauernwirtschaften, geht, und schließlich sind durch den Umweltschutz Auflagen bezüglich des Grundwassers usf. notwendig.

Derartige Ausgrenzungen von Naturräumen können von einer eindimensionalen, protektionistischen Sichtweise des Staates gegenüber dem Bürger getragen sein, aber auch die in komplizierter strukturierten Gesellschaften mit Notwendigkeit vorhandenen Konflikte zwischen verschiedenen Nutzungen in einem bestimmten Naturraum regeln.

ad 4)

Eine um 180 Grad gedrehte Sichtweise liegt dort vor, wo die „Natur" vor dem Menschen geschützt werden soll, wobei unter dem Einfluß der grünen Bewegung eine ständige Erweiterung des Aufgabenbereichs und auch der ausgewiesenen Flächen erfolgt ist. Die Thematik der Ausweisung von Naturschutzgebieten und Nationalparks unter Bezug auf den Naturraum besitzt für Österreich zweifellos große und in Zukunft wachsende Bedeutung.

ad 5)

Die Frage nach der gesellschaftspolitischen Bewertung von Natur – im speziellen Fall der Alpen – führt zur Dichotomie der Bewertung des Hochgebirges als Lebensraum für die ansässige Bevölkerung und die Bewertung als „Aussichtsterrasse" oder „Playground" für eine externe Freizeitgesellschaft.

Zunächst sei festgehalten, daß die Härte der Lebensbedingungen in traditionellen Gesellschaften durch die Substitution der ökonomischen Marginalität durch politische „Freiheit" zu erklären ist. Solange diese dort größer war als in den Vorländern und Niederungen, waren die Gebirge politische Rückzugsräume mit höherem politischem Freiheitsgrad. Diese Situation wurde durch das liberale Zeitalter beendet, das überdies Grund und Boden als Ware auf den Markt brachte.

Auf der anderen Seite ist mit der Verstädterung die Distanz zwischen einer im künstlichen Klima der Wohn- und Arbeitswelt von der Unsicherheit des Witterungsablaufs abgeschotteten städtischen Gesellschaft gegenüber der „Natur" sehr groß geworden, nicht zuletzt ist auch der Verlust der Alltagserfahrung einer Agrargesellschaft mit den Erscheinungen und Konsequenzen des Wettergeschehens eingetreten.

Ebenso wie die Residuen historischer Kultur- und Wirtschaftsräume in museale Ferne rücken und einem Besichtigungstourismus unterliegen, gilt dies auch für die Natur des Hochgebirges.

„Natur" wird im Paket des Risikosports und aller sonstigen Freizeitmoden mitgeliefert und unterliegt daher einem immer rascher werdenden Wandel in der monetären Bewertung. Ständige neue „Natur"-Produkte kommen auf den Markt der Ernährung und betreffen damit den Landbau, ebenso werden über die Werbung in den Medien ständig neue Produkte des Risikosports und

sanfterer Varianten angeboten (Snowboarding, Rafting, Paragliding), die ihre Herkunft aus den mit ganz anderen Naturkonfigurationen, Besitz- und Rechtsverhältnissen ausgestatteten USA nicht verleugnen können.

Der Nachteil, der durch die immer reicher werdende und in Globalisierung begriffene Speisekarte von „Natur" und „Naturprodukten" entsteht, liegt jedoch in dem damit einhergehenden abnehmenden Wissen und Problemverständnis von Natur im geowissenschaftlichen Sinne bei den aus großstädtischen Milieus stammenden Entscheidungsträgern – auch in Österreich.

Der rasche Wandel der gesellschaftspolitischen Moden, ökonomischen Bewertungen und normativen Regulierungen hat die Autorin zu der Entscheidung geführt, der geowissenschaftlichen Präsentation der Sachverhalte des Naturraums den Vorzug einzuräumen, da deren Aussagen länger Bestand haben werden als gesellschaftliche Sichtweisen.

Großstrukturen von Morphotektonik und Relief

Zur geowissenschaftlichen Forschung

Die Alpen sind das Eldorado der geowissenschaftlichen Forschung. Hier wurden die geologischen Theorien über die Entstehung von Gebirgen kreiert und verifiziert, welche auf alle jungen Faltengebirge der Erde anwendbar sind. Drei geologische Forschungsfragen sind miteinander verknüpft: Sie betreffen die Analyse des Deckenbaus, der Metamorphose der Gesteine und der Bruchtektonik.

In einem nahezu unglaublichen Zeitraffertempo werden in der geohistorischen Sichtweise unter Bezug auf „geologische Artefakte" die Vorgänge zusammengepreßt, welche sich in dem mehrstufigen Prozeß der Deckenbildung im Laufe der letzten eineinhalb Milliarden Jahre vollzogen haben. Wenn man das menschliche Zeitmaß dagegensetzt, so waren andererseits die geotektonischen Bewegungen von einer außerordentlichen Langsamkeit, nämlich im Ausmaß von plus/minus einem Millimeter pro Jahr.

Beruhten die Erkenntnisse des Deckenbaus zunächst auf der Feldforschung, so ist

die Forschungsfrage nach der Metamorphose der Sedimente erst durch sehr diffizile laboranalytische Verfahren erhellt worden. Zur Bruchtektonik konnten aus Satellitenbildern in den 1970er Jahren wesentliche neue, über die Geländekartierung hinausgehende Erkenntnisse gewonnen werden.

Aus dem Puzzle unterschiedlicher Forschungsfragen und Daten liegt derzeit ein äußerst diffiziles Forschungsergebnis hinsichtlich der Vorgänge vor, deren Resultat in der Morphotektonik, d. h. in der Großformung der Erdkruste im österreichischen Raum, seinen sichtbaren Niederschlag gefunden hat. In dokumentarischer Form hat A. Tollmann in einem dreibändigen Werk zur Geologie Österreichs seine eigenen Forschungen und die seiner Kollegen zusammengefaßt.

Während die geohistorische Thematik im Bereich der reinen Grundlagenforschung verbleibt, ist die lokale Geotektonik vielfach von großer Praxisrelevanz für alle großtechnischen Vorhaben wie Tunnelbau, Autobahnbau, für Fragen der geordneten Endla-

Aufnahme: G. Patzelt.

Bild 26: Ötztaler Alpen, Zentralalpen, Tirol

gerung von hochradioaktiven Abfallprodukten u. dgl. Geohydrologisches Wissen ist für Fragen der aktuellen Wasserversorgung ebenso wie für die der Abwasserbeseitigung von größter Relevanz.

Deckenbau

Der Alpenbogen ist das komplizierteste orogene System der Erde, das in einem vielphasigen Prozeß in der Kreide- und Tertiärzeit aus dem ehemaligen Tethysmeer zwischen den kollidierenden Platten von Laurasia und Gondwana entstanden ist. Die Theorie der Plattentektonik geht davon aus, daß durch das Ausgreifen der orogenen Bewegungen von innen her und durch die Verlegung der Subduktionsfront gegen das Vorland hin immer weitere Zonen in den Prozeß der Deckenbildung einbezogen wurden. Die Ursachen für diese großen Subduktions- und Transversal-Schubbewegungen sind bisher nur bedingt verständlich.

Als großtektonische Strukturen, die während der alpidischen Orogenese entstanden sind, dominieren weithin Abscherungsdecken. Liegende Faltendecken, welche beim Schweizer Deckenbau vorherrschen, treten nur bei den Zentralgneisdecken des Tauern-

pennins und im unterostalpinen System des Semmering auf.

Unter den Abscherungsdecken herrschen in Österreich wiederum bei weitem die Deckgebirgsdecken vor, bei denen die Sedimenthaut vom Kristallinsockel abgetrennt und selbständig überschoben worden ist. Hierzu zählen das Deckensystem des Helvetikums, der großen, im Osten weiter unterteilten Flyschdecken, das gesamte Oberostalpin, einerseits die Kalkalpen mit ihren Teildecken und andererseits die großen, vorwiegend aus dem Paläozoikum stammenden Decken in den Zentralalpen, wie die Gurktaler Decke, das Grazer Paläozoikum, ferner auch ein großer Teil der unterostalpinen Decken im Raum des Tauernfensters. Eine Sockeldecke par excellence stellt andererseits die riesige mittelostalpine kristalline Masse mit ihrer geringen bzw. fehlenden Sedimentbedeckung dar (vgl. Bild 26, Karte 3).

Die verschiedenartige Ausbildung der Sockel- und Deckgebirgsdecken geht bereits auf die Gestaltung der Kruste in der Geosynklinale zurück. Kilometermächtige Sedimentstapel der Beckenablagerungen wurden zu Deckgebirgsketten, kristalline

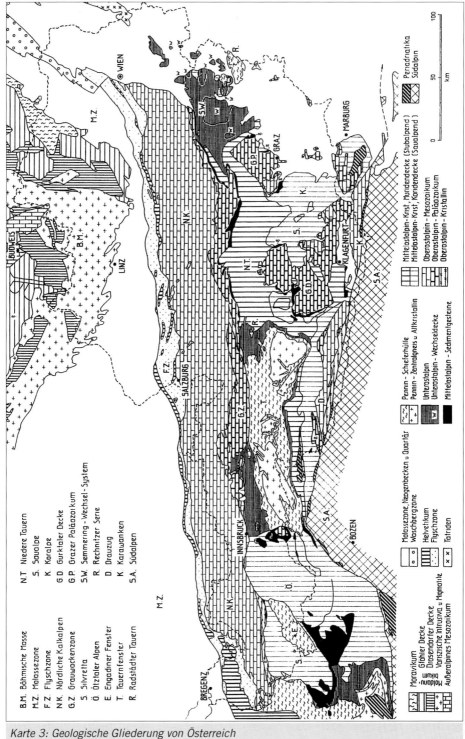

Karte 3: Geologische Gliederung von Österreich

Quelle: Tollmann, 1977, S. 2.

Schwellen mit lückenhafter Hülle zu Sockeldecken. Die Schubweiten der Decken überschreiten in den Ostalpen mehrfach 100 km. Den Haupttransportmechanismus der Decken liefert die Subduktion des gegen unten und innen abströmenden Untergrundes oder vice versa der transversale Aufschub der hangenden Einheiten. Nur selten kam es zum Gleittransport von Gebirgsmassen aufgrund der Schwerkraft.

Bruchtektonik
Die genetisch eigenständige Stellung der Bruch/Kluft-Tektonik gegenüber der Überschiebungstektonik ist in jüngster Zeit herausgearbeitet worden. Ihre Bedeutung liegt vor und nach dem Deckenbildungsprozeß.

Die Zeit der Geosynklinale im frühen Mesozoikum war die Zeit der Krustendehnung bis zur Krustenzerreißung, des Auseinanderdriftens der Vorländer und der Schwächung und Zerrung des Erdkrustenstreifens zwischen Eurasien und Afrika. In der Zeit der Orogenese kam dagegen der Bruchtektonik nur eine untergeordnete Rolle zu. Am markantesten waren Einrisse am Stirn- und Hinterrand von Decken und Deckenpaketen. Derartige Beispiele bieten sich im Raum des Salzkammergutes (Traunsee, Langbathseen usf.) in den nördlichen Kalkalpen. Die markantesten Bruchmuster stammen aus der Abschlußphase der Deckenbildung, wobei es zu einer brechigen Verformung des Materials und einer Zerlegung in Südwest-Nordost- und Südost-Nordwest-Richtung gekommen ist.

Im Jungtertiär sind schließlich zwei Prozesse für die Bruchstrukturbildung verantwortlich gewesen:

erstens ein plattentektonisch bedingtes Abdriften von Krustenteilen, das zur Öffnung großer Transversalgräben geführt hat, insbesondere zur Entstehung des Wiener Beckens und weiterer Einbruchstrukturen am Alpenostrand bis zum Lavanttaler Becken in Kärnten hin;

zweitens die isostatisch bedingte Hebung der Ostalpen durch Auftrieb aus der 60 km tief reichenden Gebirgswurzel. Hierbei brachen tiefe, junge tertiäre Becken, besonders in Längsrichtung orientierte, zwischen den aufsteigenden Schollen ein, darunter in der Mur-Mürz-Senke.

Die Forschung in den Sedimenten des Wiener Beckens hat zahlreiche Belege für ein Anhalten jüngster Bewegungen in bestimmten Zonen erbracht.

Geologische Orographie
Die Alpen sind ein zweiseitig gebautes Orogen, von dem auf österreichischem Staatsgebiet in erster Linie der nordvergente Flügel eine Rolle spielt. Im Nordflügel des Orogens liegen fünf große Deckensysteme übereinandergelagert und zusammengeschoppt in einer Breite von 150 km vor, deren ursprüngliche Ausdehnung wohl 1000 km noch überschritten hat.

Die wichtige Trennungslinie zum südvergenten Flügel bildet die sogenannte periadriatische Naht, welche vom Klagenfurter Becken über das Gailtal zum Pustertal verläuft. Damit gehört der sogenannte Drauzug der Gailtaler Alpen mit der Landmarke des Dobratsch im Westen des Klagenfurter Beckens zur Wurzelzone des nordvergenten Flügels (vgl. Fig. 28). Er weist daher die gleiche mesozoische Schichtfolge auf wie die nördlichen Kalkalpen, welche durch eine Fernüberschiebung entstanden sind. Sie gehören dem Deckenstapel des Ostalpins an, welches insgesamt aus drei tektonischen Systemen besteht, dem Ober-, Mittel- und Unterostalpin.

Das Oberostalpin umfaßt im Raum der Zentralalpen neben der Grauwackenzone das Grazer Paläozoikum, die Gurktaler Decke und die Steinacher Decke in den Stubaier Alpen sowie die nördlichen Kalkalpen, bei denen die topographischen Strukturen der großen Kalkplateaus und Kalkketten vielfach Teildecken widerspiegeln.

Das Mittelostalpin besteht vorwiegend aus Altkristallin samt metamorphem Paläozoikum und einer geringmächtigen mesozoischen Hülle in zentralalpiner Fazies. Die großen Kristallinmassen stellen die Reste eines voralpinen (variszischen) Gebirges dar und werden daher auch als Altkristallin bezeichnet. Hierzu gehören die Silvretta, die Ötztaler und Stubaier Alpen, die Schobergruppe, die Reißeck- und Goldeckgruppe, die Niederen Tauern, die Kor- und Saualpe.

Von geringerer Mächtigkeit ist das Unterostalpin, das aus Altkristallin, Paläozoikum und Mesozoikum in zentralalpiner Fazies zusammengesetzt ist. Dazu gehören Gebirgsteile südlich von Innsbruck sowie der Ostabfall der Alpen im Wechselgebiet.

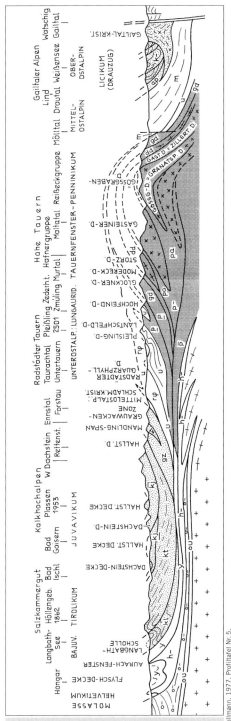

Fig. 28: Geologisches Nord-Süd-Profil durch die Ostalpen

Quelle: Tollmann, 1977, Profiltafel Nr. 5.

Zwischen dem Brenner im Westen und dem Katschberg sowie dem Radstädter Tauernpaß im Osten sind in den Zentralalpen die Sedimente der penninischen Decke im sogenannten Tauernfenster aufgeschlossen. Es wird vom Salzach- und Innlängstal im Norden und dem Mölltal und der Matreier Zone im Süden begrenzt und bildet mit einer Länge von 160 km und einer Breite von 30 km den Kernraum der Ostalpen. Durch die junge Aufwölbung ist hier das tektonisch tiefste Stockwerk des Deckengebäudes durch die Erosion an die Oberfläche gelangt und in großer Breite zugänglich geworden. Es besteht aus dem aus den Westalpen im Untergrund herüberziehenden penninischen Deckensystem, welches bis nach Rechnitz am Ostrand der Alpen, dem sogenannten Günser Sporn, verfolgt werden kann, der das mittlere und südliche Burgenland trennt. Das Tauernfenster ist petrographisch durch Zentralgneise, Altkristallin und eine sogenannte paläozoische und mesozoische Schieferhülle gekennzeichnet. In diesem Gebiet liegt auch der Großglockner, der höchste Berg Österreichs (vgl. Bild 25).

Verfolgt man vom Tauernfenster das geologische Profil nach Norden, so stößt man auf immer jüngere Abtragungsprodukte (vgl. Fig. 28).

Die südlich der Kalkalpen entlang der ostalpinen Längstäler von Inn, Salzach und Mürz zutagetretende Grauwackenzone mit ihren paläozoischen Gesteinsserien bildet die normale Unterlage der Kalkalpen, die mit permischen Transgressionsbildungen streckenweise noch ungestört mit diesem Untergrund verbunden sind.

Das Deckenpaket der nördlichen Kalkalpen hat zum Teil die nördlich anschließende Flyschsandsteinzone überwältigt, so daß sie mit ihrer Schichtfolge von Kreide und Alttertiär, von Sandsteinen bis zu Mergelkalken hin, nur mehr in den Stirnteilen an der Oberfläche sichtbar wird. Als sogenannte Klippenzone leitet sie im Osten im Weinviertel zu den Karpaten über. Im Westen gegen die Schweiz hin überwältigt andererseits die Flyschsandsteinzone die aus der Schweiz mächtig nach Vorarlberg hereinreichende Helvetische Zone, die hier Sedimente von Untermalm bis in das Mitteleozän umfaßt und die Ketten des Bregenzerwaldes aufbaut.

Quelle: F. Slupetzky, in: Goldberger 1986.

Bild 27: Kalkplateau, Hochkönig, Salzburg

Die Ablagerungen des seinerzeitigen Alpenvorlandmeeres, die Molasse, ist am Südrand noch teilweise in die Faltung miteinbezogen worden. Als Rest des einstigen Tertiärmeeres ist das Schwarze Meer übriggeblieben.

Österreich hat auch Anteil an der Rumpfscholle des Böhmischen Massivs, welches aus einem kompliziert strukturierten, durch Brüche gegliederten Teil der variszischen Gebirgsbildung besteht. Die Fortsetzung des im Inneren der Alpen in bestimmten Schollen teilweise erhaltenen voralpidischen Gebirges, das variszische und ältere Prägung sowie Metamorphose erfahren hat, läßt sich ohne Spuren alpidischer Beeinflussung in den südlichen Ausläufern der Böhmischen Masse, im Wald- und Mühlviertel studieren, wo variszische Lineamente in alpidischer Zeit als Schwächezonen reaktiviert worden sind.

Morphotektonik und Morphogenese

Vier Bereiche der Tektonik beeinflussen die morphologische Gestaltung der Landschaft:
1) die tektonisch bedingte Lagerung der Schichten wie Steil-, Schräg-, Flachlagerung oder Faltenwurf,

2) die bruchtektonische Zerlegung der Gesteine von Klüften bis zur Großstörung hin,
3) die großtektonische, kontinuierliche oder phasenhafte Gestaltung der Kruste durch Isostasie und Undation,
4) lokale Bewegungen, die bis zur Gegenwart anhalten und rezent meßbar sind.

ad 1)
Einfluß der Lagerung
auf die Formengestaltung
Während sich bei massigen Gesteinen wie dem Dachsteinkalk bei gleichzeitig flacher Lagerung in den östlichen Kalkhochalpen plateauförmige Altlandschaften erhalten haben (vgl. Bild 27), kommt es bei steiler bis weithin senkrechter Stellung der enggepreßten Falten in den Tiroler Kalkalpen, darunter insbesondere in den Lechtaler Alpen, zur Bildung schmaler Gebirgsketten mit scharfen Graten bis zur Überstürzung der Schichten hin wie etwa im Norden des Arlberggebietes. Schräge Schichtenlagerung bedingt isoklinale Hänge und Schichtkopfsteilen wie etwa am Hochtor-Planspitze-Zug im Gesäuse, die eindrucksvoll im Dachsteinkalk herauspräpariert sind. Eine großräumige

Schräglagerung kann regional prägend sein wie etwa beim axialen Abtauchen der Kalkglimmerschieferplatten beiderseits des Tauernfensters zur Brennerfurche und zur Katschberglinie hin, wo nicht nur der Einzelhang (Bratschenhänge), sondern der gesamte Landschaftscharakter durch diese

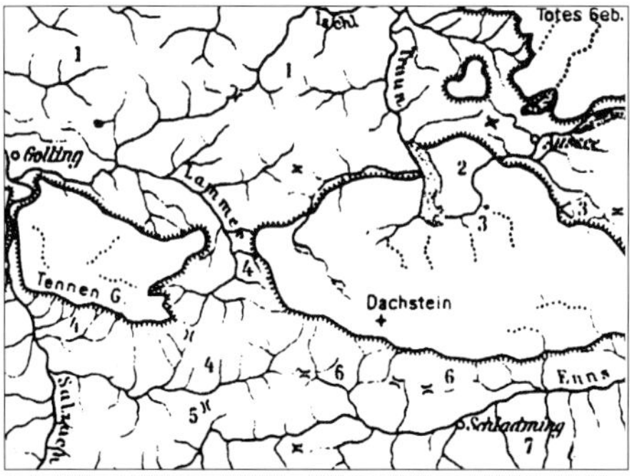

Ungegliederte Kalkstöcke
〜〜〜〜 Rand der Kalkplateaus
·········· Verkarstete Hochtäler

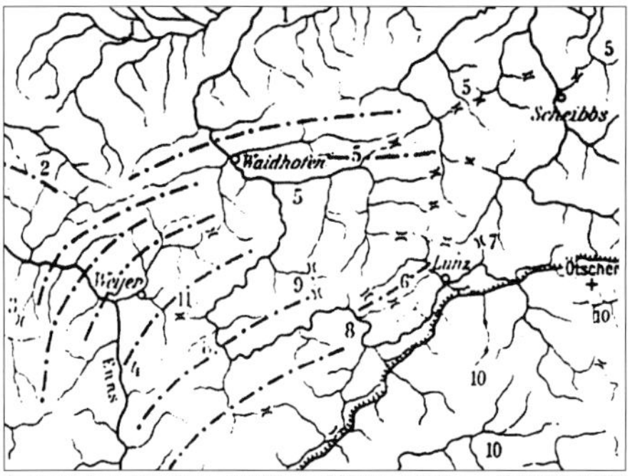

Talnetz in den österreichischen Kalkvoralpen
▬·▬·▬ Leitlinien des Schichtstreichens
▬▬▬ Rand des Kalkplateaus

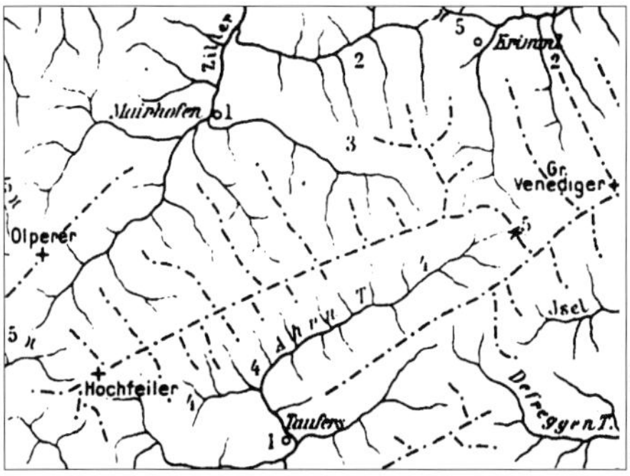

Fiederförmige Gliederung in den Zentralalpen

Fig. 29: Talnetztypen in den Ostalpen

Quelle: Krebs, 1928, S. 48 f.

Schichtlagerung bedingt ist. Besonders imposant aber kommt die morphologische Nachmodellierung der tektonischen Vorzeichnung bei einem gleichmäßigen Faltenwurf zum Ausdruck, wie z. B. im Bregenzerwald an Beispielen der helvetischen Gewölbe.

ad 2)

Bedeutung der Bruch- und Störungslinien

Die Bedeutung von Brüchen und Störungslinien als Ursache für die Anlage von Tälern und Talfurchen wurde in vollem Umfang erst durch die Auswertung der Satellitenbilder klargestellt. Zu den bruchtektonischen Talprägungen gehören die großen Längstäler, das Inntal, das Ennstal und die Mur-Mürz-Furche ebenso wie das Palten-Liesing-Tal als Verbindung zwischen beiden, ferner die sogenannte Doppeltalung zum Murtal im Süden der Niederen Tauern, dann die bedeutenden Quersenken wie die Brennersenke, geknüpft an die Silltalstörung oder die Sölkstörung, welche sich über den Sölkpaß in den Niederen Tauern bis weit nach Kärnten hinein verfolgen läßt. Auf den Neumarkter und Obdacher Sattel wurde schon hingewiesen.

Angeführt seien ferner die Vorzeichnung der Donauschlingen in der Wachau und die aus dem Waldviertel kommenden Störungen in Nord-Süd-Richtung, die jeweils südlich der Donau gleich orientierte Täler geschaffen haben.

Auch für die Auslösung spät- bis postglazialer Bergstürze in den Alpen sind neben der glazialen Versteilung der Flanken und dem Fehlen des Widerlagers beim Abschmelzen des Eises auch häufig tektonische Voraussetzungen in der Klüftung, im Störungsnetz in der Gesteinslagerung maßgebend gewesen.

ad 3)

Großbewegungen der Erdkruste

Die Großbewegungen der Erdkruste beeinflussen entscheidend den großräumigen morphologischen Charakter der Landschaft. In diesem Zusammenhang steht die geotektonisch bedingte Entstehung gewaltiger Einbruchsbecken am Alpenostrand, die maßgebend für die Entwicklung der großen flachen Akkumulationsfelder in diesem Raum waren. Hierzu gehört weiters das einseitige Niedersinken des steirischen Tertiärbeckens gegen Osten hin, welches eine ent-

Aufnahme: Lichtenberger.

Bild 28: Seekarspitze gegen Schladminger Tauern, ehemals vergletschertes Gebiet

sprechende Talasymmetrie und Anordnung des Talnetzes mitbewirkt hat. Beim Einbruch des Wiener Beckens ist besonders eklatant, wie die vom Südwesten kommende breite, sanfte Mürzfurche am Semmeringpaß breit in der Luft ausstreicht und andererseits vom Wiener Becken aus mit rückschreitender Erosion angeschnitten wird. In kleinerem Maßstab gehört hierher auch das Einbrechen der inneralpinen Becken, etwa der Teilbecken an der Norischen Senke, wo jedes einzelne Senkungsfeld vom Tamsweger Becken im Lungau bis zum Fohnsdorfer, Trofaiacher und weiteren Becken im Osten für eine zentripetale Entwässerung des Raumes und damit eine gleichgerichtete Talanlage sorgte (vgl. Fig. 29).
ad 4)
Lokale Bewegungen
Zur rezenten Beeinflussung des Reliefs durch die tektonischen Vorgänge gehören die Auswirkungen von jungen und jüngsten Absenkungen, etwa im Bereich der Donau, die Verbiegung und Versetzung jungeiszeitlicher Terrassen und junger Bruchgräben, welche wie der Schottertrog der Mitterndorfer Senke im Süden von Wien bis 150 m tief an Randbrüchen nach dem Altpleistozän abgesackt ist und durch Flußschotter aufgefüllt wurde. Ferner läßt sich nachweisen, daß bestimmte Beckenregionen auch weiter

absinken, so daß altpleistozäne Donauschotter abgebogen und in jüngere Schotter eingesenkt sind.
Die gemessenen rezenten vertikalen Bodenbewegungen in Österreich betragen im Osten am Rande des Wiener Beckens 1 mm Senkung pro Jahr, in der Neusiedler-See-Bucht des Pannonischen Beckens 2,5 mm Senkung pro Jahr; in den Zentralalpen, in der unruhigen periadriatischen Naht, dominiert die Hebung der Südscholle der Karawanken gegenüber dem Klagenfurter Becken im Ausmaß von rund 1 mm im Jahr.

Die morphologische Entwicklung der Ostalpen
Ab dem Oligozän, als der Gebirgskörper der Ostalpen als Ganzes kräftig über den Meeresspiegel emportauchte, begann die zusammenhängende Epoche der kontinuierlichen Reliefgestaltung in den Ostalpen. Für die älteste zusammenhängende Landschaft ist der Begriff Augensteinlandschaft geprägt worden. Bei stärkster Heraushebung der Zentralalpen stellte sich eine konsequente Entwässerung vom Alpenhauptkamm gegen Süden und Norden ein, wobei auf den Plateaus der nördlichen Kalkalpen und ebenso im Süden der Zentralalpen, in den Gailtaler Alpen, Quarzschotter, sogenannte Augensteine, als Reste abgelagert wurden, und

zwar bevor die Längstäler, wie das Ennstal, entstanden sind. Es besteht Konsens darüber, daß infolge der gewaltigen Abtragung seit dem Oligozän keine Reste der Augensteinlandschaft selbst erhalten sind.

Die bruchtektonische Konzeption der „Raxlandschaft", welche Lichtenecker unter Bezug auf die kuppige Flachlandschaft auf der Hochfläche der Rax mit sehr geringer Reliefenergie von 200 bis 300 m entwickelt hat, wonach ein in einem Zug, d. h. einphasig angelegtes miozänes Flachrelief durch Brüche zerstückelt und in verschiedene Höhen emporgeschaltet wurde, hat sich nicht als allgemein übertragbar erwiesen, wenn sie auch zweifellos für die Kalkplateaus Bedeutung besitzt.

Seit den 70er Jahren hat sich die Theorie der Piedmonttreppe vor allem in den Kristallingebirgen breiteren Konsens verschafft, wonach im Tertiär in einem subtropischen, wechselfeuchten Klima eine tiefgründige chemische Verwitterung arbeitete und andererseits beim Wechsel von Regen- und Trockenzeiten eine abtragungsintensive Flächenspülung durch Schichtfluten erfolgt ist. Von einem zentralen Bergland aus entstand entsprechend der Aufwölbung des Gebirges eine Fußflächentreppe synchron zur Tieferlegung der Erosionsbasis. Nach der Bildung der hochgelegenen Teile der Treppenflur im Gebirge hat seit dem Mittel- bis Oberpannon fluviatile Erosion eingesetzt. Talgebundene Terrassen verdanken dieser Erosion ihr Entstehen und werden dann in den wasserreichen Interglazialperioden (vgl. unten) wiederum zerschnitten.

Unabhängig von diesen geohistorischen Fragestellungen gehört die Existenz von hochgelegenen Verflachungen bzw. von getreppten Auslaufrücken und steil zerschnittenen Bergflanken zu den wesentlichen Grundlagen für die vertikale Differenzierung von Siedlung und Landnutzung in den Alpen. Hochgeschaltete Flachreliefs wie das sogenannte Firnfeldniveau sind vor allem für die Almwirtschaft wichtig. Auch die Rodung der Wälder durch die mittelalterliche Kolonisation und die Anlage von Streusiedlungen hat sich, stets den Leisten, Eckfluren und Verflachungen folgend, bergwärts und talein vorgeschoben.

Im Gegensatz zu den Alpen hat im österreichischen Anteil der Böhmischen Masse (Waldviertel, Dunkelsteinerwald, Mühlviertel, Sauwald) in einer langen Zeit tektonischer Ruhe eine Einebnung des Gebirges stattgefunden, so daß ein Flachrelief entstanden ist. Erst mit dem Beginn des Mittelmiozäns beginnt eine phasenhafte Heraushebung, so daß auch hier eine Rumpftreppenfolge um zentrale Berggruppen beobachtet werden kann, wobei die Massivabdachung tektonisch und erosiv stark zerstückelt und in den tieferen Teilen durch Brandungsterrassen des Tertiärmeeres gegliedert ist. Die quartäre Terrassentreppe entlang der Donau setzt unterhalb 400 m an.

Eiszeitlicher Formenschatz und aktuelle Vergletscherung

Eiszeitliche Vergletscherung und eiszeitlicher Formenschatz

Für die Morphologie der Alpen, aber auch des Vorlands ist die Eiszeit von großer Bedeutung gewesen. Nach internationaler Übereinkunft wird heute die Grenze des Pliozäns gegen das Pleistozän etwa 1,8 Mio. Jahre zurückdatiert, während andererseits das Ende des Pleistozäns einschließlich des Spätglazials bei 11 000 vor heute anzusetzen ist. Die Schneegrenze lag in der Eiszeit in den Alpen um rund 1200 m tiefer als heute, so daß ein großer Teil des Gebirges unter einem mächtigen Eisstromnetz lag (vgl. Bild 28), welches in den Haupttälern, wie dem Inntal (vgl. Bild 29), aber auch im Drautal, über 1500 m Mächtigkeit erreichte. In der Entwicklung des Eisstromnetzes kam die größere Höhe der westlichen Gebirge zum Tragen. Dadurch wurde die Differenzierung zwischen dem westlichen und dem östlichen Teil der österreichischen Alpen, Längstäler und Becken entscheidend verstärkt.

Salzach- und Traungletscher sind noch in das Alpenvorland vorgestoßen. In ihren mächtigen Zungenbecken ist die Seenlandschaft des Salzkammerguts entstanden. Weiter im Osten erreichten die Gletscher nur mehr den Alpenrand. Der Ennsgletscher

Aufnahme: G. Patzelt.

Bild 29: Inntal mit Innsbruck, gegen Westen, Tirol

blieb im Inneren der Alpen stecken (vgl. Karte 4).

Im Süden des Alpenhauptkamms erfüllte der Draugletscher noch das gesamte Klagenfurter Becken bis zum Ostrand hin, erreichte jedoch nicht mehr einen Zusammenschluß mit dem Murgletscher, der im Raum des Oberen Murtals westlich von Judenburg Endmoränen hinterlassen hat.

Weiter nach Osten entwickelten sich in den Kalkhochalpen, vom Hochschwab bis zum Schneeberg hin, nur mehr isolierte Plateaugletscher. Ebenso sind in den östlichen Zentralalpen, östlich des Palten-Liesing-Tals, nur mehr lokale Kar- und Talgletscher entstanden. Dies gilt für die Saualpe, die Koralpe und das gesamte Steirische Randgebirge. Unter dem Einfluß des trockenen pannonischen Klimas sind die kristallinen Gebirge am Alpenostrand, einschließlich des Wechsels, in der Eiszeit unvergletschert geblieben. Im Böhmerwald haben nur die höchsten Erhebungen kleine Kargletscher getragen.

Durch die Eiszeit ist damit eine klare Trennung zwischen den vergletscherten Gebirgsräumen im Westen und den unvergletscherten bzw. nur durch kleine Kargletscher gekennzeichneten Gebirgen im Osten ent-

standen, die uns als Waldmittelgebirge entgegentreten.

Auf der einen Seite ist daher eine glazialerosive Ausformung des Hochgebirgsraumes erfolgt: Eine Karplattenregion ist in den älteren Flachreliefs der Hochregion entstanden, die Täler sind durch das Gletschereis zu Trogtälern mit Trogschlüssen umgeformt worden (vgl. Bild 30), Kerbstufen wurden glazialerosiv überformt, bedeutende lokale Übertiefungen sind entstanden, die später von Seen ausgefüllt wurden.

Auf der anderen Seite ist im gesamten östlichen Alpenraum eine sehr mächtige periglaziale Schuttdecke entstanden, im Vorland wurden entsprechend der Abfolge der Eiszeit Moränen, pleistozäne Terrassen, Ausedimente, Löße und Staublehm abgelagert.

Die Eisbedeckung umfaßte im Würmhochglazial in den österreichischen Alpen eine Fläche von 47 050 km^2, d. h., über die Hälfte des heutigen Staatsgebietes war von Eis bedeckt.

Der Gletscherrückzug im Würmspätglazial erfolgte zunächst mit einem ersten rapiden Rückzug der Gletscher ohne ausgeprägte Haltephasen, so daß die Eisströme gleichsam in sich zusammengebrochen

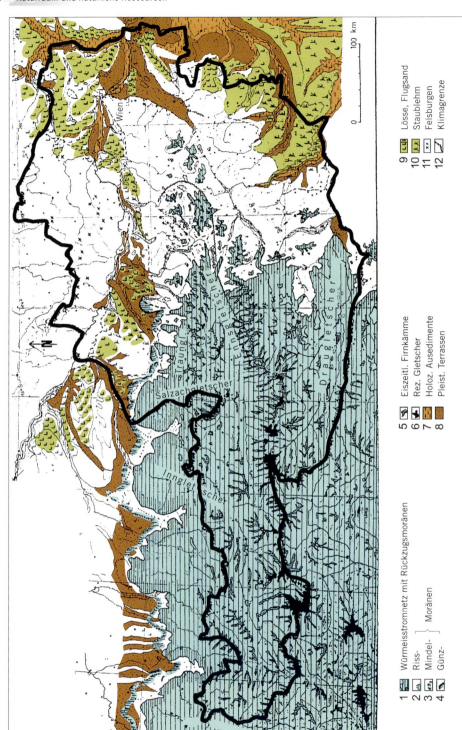

Karte 4: Vergletscherung und Vorlandsedimente des Pleistozäns in Österreich

Quelle: Nagl, 1972, Abb. 1.

1 Würmeisstromnetz mit Rückzugsmoränen
2 Riss-
3 Mindel- } Moränen
4 Günz-
5 Eiszeitl. Firnkämme
6 Rez. Gletscher
7 Holoz. Ausedimente
8 Pleist. Terrassen
9 Lösse, Flugsand
10 Staublehm
11 Felsburgen
12 Klimagrenze

Aufnahme: Lichtenberger.

Bild 30: Türmljoch gegen Malhamspitzen, Venedigergruppe, Osttirol

sind. Mannigfaltige Eisrandsedimente, Umfließungsrinnen und die Umschüttung von Toteisstrukturen sind zurückgeblieben. Am besten ist dieser Zusammenbruch im Bereich des Draugletschers im Klagenfurter Becken und im Drautal aufwärts bis Spittal nachweisbar. Erst dann kam es in der Tiefe des Gebirges zu nochmaligen Gletscherhalten bzw. kurzen Vorstößen. Mit dem Ende des Egesenstadiums, d. h. vor ca. 11 000 Jahren, wurden die heutigen klimatischen Werte erreicht.

Das Ausmaß der Gletschererosion in der Eiszeit hat in den Haupttälern mehrere hundert Meter betragen, wobei die stärksten Übertiefungen gerade im Zehrgebiet der Gletscherströme in den Haupttälern nahe dem Alpenrand auftreten, was auf die hohe Fließgeschwindigkeit des Eises und auf den Reichtum an mitgeführtem Scheuermaterial, nämlich Moränenschutt, zurückzuführen ist. Das Ausmaß der Übertiefung ist vom Volumen der betreffenden Gletscherzungen abhängig. So findet man im Rheintal, im Bodensee, eine Übertiefung von über 400 m, im Inntal östlich von Innsbruck bei 1000 m (F. Weber), im Salzachtal bei Hallein von 338 m, im Ennstal in der Nähe von Liezen

(Wörschach) ist die Felssohle in 195 m Tiefe angefahren worden.

Die spätglaziale Auffüllung ist vor allem im Kristallingebiet sehr rasch erfolgt. Daher sind im Salzach- und Ennstal und in den nördlichen Seitentälern der Niederen Tauern sämtliche einst vorhandenen Seen längst zugeschüttet. In den Kalkalpen aber, wo ein Gutteil der Fracht in Form von Lösungen abtransportiert wird, haben sich die Seen, wie im Salzkammergut, zum Teil im ehemaligen Umfang erhalten können.

Im periglazialen Bereich, den in den Kaltzeiten eisfreien Räumen im östlichen Abschnitt der Alpen und im Vorland, sind die Ablagerungen in Form der Lößbildung wichtig. Es können drei Regionen unterschieden werden:

▪ die trockene Lößlandschaft im Nordosten Österreichs, die mit dem heutigen pannonischen Klimaraum korrespondiert und das Gebiet des Weinviertels, des Wiener Beckens und des Eisenstädter Beckens im Burgenland umfaßt;
▪ die Region der Staublehme in der Westwindstaulage im Alpenvorland westlich der Erlauf sowie im illyrischen Klimabereich am Südostrand der Alpen mit dem

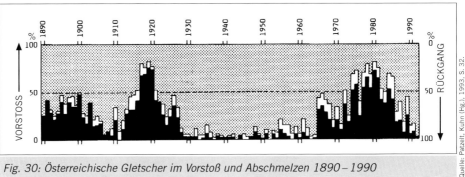

Fig. 30: Österreichische Gletscher im Vorstoß und Abschmelzen 1890–1990

Quelle: Patzelt, Kuhn (Hg.), 1993, S. 32.

Zentrum des Steirischen Beckens. Sie ist durch humidere ökologische Bedingungen charakterisiert. Der Staublehm ist kalkfrei und entsprechend der Bildung in einem feuchteren Klima dichter gepackt;

- die feuchte Lößlandschaft mit Braunlöß als Übergangsregion im Alpenvorland mit dem Schwerpunkt im Nordosten des Hausruck und zwischen Erlauf und Traisen sowie im Burgenland im Südteil der Landseer Bucht.

In den unvergletscherten Teilen der Alpen und des subalpinen Hügellandes, aber auch im Böhmischen Massiv haben die periglazialen Wirkungen des Dauerfrostbodens eine nicht unbeträchtliche Formung der Oberfläche verursacht. Eine bis 4 m mächtige Solifluktionsdecke wanderte als mobiler Schuttmantel zu Tal. Im Waldviertel ist die Freilegung der im Tertiär durch tiefe Verwitterung angelegten Felsburgen und Wollsackformen diesem pleistozänen Bodenfließen zu verdanken. Diese periglazialen Schuttdecken werden durch den Güterwege- und Forststraßenbau angeschnitten, Rutschungen werden ausgelöst und führen zu erheblichen Kosten bei der Erhaltung des Wegenetzes.

Die heutige Vergletscherung
(1) Mengenstatistische Angaben
Trotz der Bedeutung der Gletscher für die Elektrizitätswirtschaft fehlt in Österreich bisher ein staatlicher glaziologischer Dienst. Die Gletschermessungen werden seit 1891 von freiwilligen Mitarbeitern des Österreichischen Alpenvereins durchgeführt. Auf der Grundlage einer Gesamtbefliegung der österreichischen Gletscher im Jahre 1969 wurde unter der Leitung von G. Patzelt im

Rahmen des Instituts für Hochgebirgsforschung der Universität Innsbruck der österreichische Gletscherkataster in Form einer Gletscherdatenbank erstellt.

Die folgenden Angaben beruhen darauf. Danach ist die Gesamtfläche der österreichischen Gletscher mit rund 542 km^2 (um 1980) um mehr als 100 km^2 größer als das Stadtgebiet von Wien. Auf die österreichischen Alpen entfällt dabei weniger als ein Fünftel der vergletscherten Fläche in den Alpen (rund 2909 km^2). Von den insgesamt 925 Gletschern in den österreichischen Alpen überschreiten nur 12 %, d. s. 114 Gletscher, die Fläche von einem km^2. Bei der Mehrzahl der Gletscher handelt es sich daher um kleine Kar- und Hängegletscher mit einer Fläche unter 1 km^2. 32 % der österreichischen Gletscher entfallen auf die Ötztaler Alpen. Im folgenden die Angaben zu den 5 größten Gletschern:

Gletscher	Gebirgsgruppe	km^2
Pasterze	Glocknergruppe	19,8
Gepatschferner	Ötztaler Alpen	17,7
Obersulzbachkees	Venedigergruppe	11,5
Gurgler Ferner	Ötztaler Alpen	11,1
Mittelbergferner	Ötztaler Alpen	10,9

(2) Gletscherschwankungen
Insgesamt werden die Schwankungen von Temperatur-, Wald- und Schneegrenze innerhalb des Postglazials heute als gering erachtet. In den westlichen österreichischen Alpen (Ötztaler Alpen, Hohe Tauern) konnte nachgewiesen werden, daß die Gletscher seit Anfang des Holozäns nie weiter vorgestoßen sind als bei der Klimaverschlechterung in der Mitte des 19. Jahrhunderts. Durch den Fund des „Ötzi" am Tisenjoch (3200 m), welches vom Ötztal in den Vintsch-

gau hinüberführt, konnte nachgewiesen werden, daß zur Zeit der neolithischen Hochweidewirtschaft die Alpen weniger vergletschert waren als heute. Auch die Eingänge zu spätmittelalterlichen Bergbaustollen werden heute erst freigegeben, und auf dem Pasterzengrund wurde im 15. Jahrhundert Gold gewaschen.

Das letzte Vorstoßmaximum um die Mitte des 19. Jahrhunderts hat sehr auffällige Wälle im Gletschervorfeld hinterlassen, auf denen vielfach Alpenvereinswege führen. Seit 1855 ist die vergletscherte Fläche in den österreichischen Alpen um etwa 50 % kleiner geworden. Dieser Gletscherrückgang in den abgelaufenen 9 Jahrzehnten wurde von 1890 bis 1936 und von 1965 bis 1980 durch kurze Vorstoßperioden unterbrochen (vgl. Fig. 30).

Seit 1850 ist die Schneegrenze – bei einer Erhöhung der Sommertemperatur um ca. 0,6 Grad Celsius – um rund 100 m angestiegen. Durch das Zurückschmelzen haben viele Gletscher ihre Zungen eingebüßt und sich auf das hochgelegene Karplattenterrain zurückgezogen (vgl. Bild 31).

(3) Nutzung der Gletscher durch Schisport und Speicherkraftwerke

Die Nutzung der Gletscher für den Sommerschisport begann in den 1970er Jahren in einer Zeit kühler Sommer, als wenige Gletscher ausgeapert waren, d. h. in einer „gletscherfreundlichen" Phase mit guter Schneebedeckung. Mittlerweile hat sich nicht nur die glaziologische Situation geändert, sondern das Schilaufen im Sommer ist gegenüber anderen Extremsportarten aus der Mode gekommen. Die Erschließung der Gletscherschigebiete durch Straßen hat jedoch eine Art Schautourismus gebracht und im Verein mit Straßenmauten und Restaurationsbetrieben neue Einnahmequel-

Aufnahme: Lichtenberger.

Bild 31:
Schlattenkees,
Venedigergruppe,
Nationalpark Hohe
Tauern, Osttirol

Gletscher		Gletscher Fläche km²	Schigebiet geschätzte km²
Tirol			
Tuxer Tal	Gefrorene-Wand-Kees	4,58	2,0
Stubaital	Schaufel-Ferner	0,92	0,5
	Daunkopf-Ferner	2,19	1,0
	Gaiskar-Ferner	0,75	0,7
Ötztal	Rettenbach-Ferner	1,79	1,0
	Tiefenbach-Ferner	1,29	1,0
	Seiter-Ferner	0,18	0,1
Pitztal	Brunnenkogel-Ferner	1,61	1,0
	Mittelberg-Ferner	10,97	1,2
Kaunertal	Weißsee-Ferner	2,86	0,8
Salzburg			
Kitzsteinhorn, Schmiedinger Kees		1,81	1,5
Oberösterreich			
Dachstein, Schladminger Gletscher		0,81	0,8
Kärnten			
Sonnblickgruppe, Wurten-Kees		0,73	0,6

Tab. 22: Sommerschigebiete auf den Gletschern der österreichischen Alpen

Quelle: Patzelt, Gletscherdatenbank.

len erschlossen. Insgesamt werden derzeit 13 Gletscher mit 30,49 km² auf 11,2 km² als Sommerschigebiete genutzt. Das entspricht 2 % der Gesamtgletscherfläche (vgl. Tab. 22)!

(4) Zur Bedeutung der Gletscher für die Wasserwirtschaft
sei zunächst eine Relation angeführt. Das geschätzte Volumen von 21 km³ aller österreichischen Gletscher entspricht etwa einem Wasservolumen von 19 km³. Damit beträgt die gesamte Menge des in den Gletschern gespeicherten Wassers rund ein Fünftel des Jahresniederschlags, wenn man von einer mittleren Niederschlagsmenge von 1000 mm in Österreich ausgeht. Es wäre daher eine Illusion, in den Gletschern die Zukunft für die Trinkwasserversorgung und den Wasserexport zu sehen.

Nun zu den Speicherkraftwerken: Kaprun in den Hohen Tauern wurde nach Vorplanungen in der Zwischenkriegszeit vom Deutschen Reich 1938 zu bauen begonnen, allerdings durch den Krieg stark verzögert. In den 1950er Jahren ist unter sehr schwierigen Bedingungen, getragen von einer Aufbaueuphorie, Kaprun als eine Art Heldenepos, in Filmen und Romanen heroisiert, errichtet worden. Der Bau erfolgte in einer Periode mit warmen Sommern und einer so bedeutenden Wasserspende der Gletscher, daß der Stauraum vergrößert und die Limbergsperre am Wasserfallboden um 2 m erhöht werden mußte. In den 1970er Jahren konnte man dagegen bei kühlen Sommern das Stauziel nicht immer erreichen. Die Bedeutung der jährlichen Witterungsabläufe ist damit angesprochen.

Durch den Beitritt Österreichs zur EU befindet sich allerdings die Energiepolitik durch die Einspeisung von billigem Atomstrom ins Netz völlig im Umbruch. Damit ist der teure Spitzenstrom nicht mehr absetzbar. Die TIWAG, deren Ausbaupläne stets im Konflikt mit der Raumordnung und Umweltpolitik gestanden sind, hat inzwischen den Ausbau der Wasserkraft völlig gestoppt. Was daher als Erfolg der grünen Bewegung und des Umweltgedankens interpretiert wurde, nämlich der Verzicht auf den Bau der Dorfertalsperre und die Verbauung der Umbalfälle in den Hohen Tauern in Osttirol, ist realiter auf die geänderten Rahmenbedingungen für die Energiepolitik Österreichs in der EU zurückzuführen.

(5) Die Auswirkungen des Gletscherrückgangs auf das Gefahrenpotential des Hochgebirges

Allein im Bereich der Ötztaler Ache betrug die Fläche des vergletscherten Gebietes im Jahr 1850 rund 210 km², heute sind nur mehr 130 km² vergletschert, rund 80 km² sind eisfrei geworden. Von diesen sind rund ein Drittel Felsflächen; bei zwei Dritteln handelt es sich weitgehend um vegetationsfreie Schuttflächen, welche mit leicht mobilisierbarem Lockermaterial bedeckt sind, das bei Starkniederschlägen talaus transportiert werden kann. Es wächst somit durch den Rückgang der Gletscher das Areal der schuttbedeckten vegetationsfreien Flächen, die bei Extremniederschlägen als Schuttlieferanten dienen können. Die Absicherung vor Naturkatastrophen ist mittels technischer Verbauungsmaßnahmen nicht möglich.

Die Größenordnungen der morphologischen Veränderungen aufgrund klimatischer Einflüsse liegen eine ganze Zehner-Potenz über den Flächen der anthropogenen Veränderungen, welche im Talgrund durch Versiegelung bzw. durch Rodungsmaßnahmen für Schipistennutzung erfolgen.

Mit dem Ansteigen der Schneegrenze seit 1850 hat sich ferner auch der jährliche Rhythmus in den Verschiebungen der Schneegrenze im Zuge des Witterungsablaufes verändert. Die Schuttbereitstellung nimmt zu, und damit erfolgt die Erosion in den tieferen Lagen, d. h., der Vorfluter beginnt sich in die vorhandenen Schwemmkegel einzuschneiden. Gleichzeitig, jedoch nicht flächengleich, erfolgt durch das Wärmerwerden eine raschere Vegetationsbesiedlung, es schiebt sich die Vegationsgrenze nach oben, und es kommt zu einer Verfestigung des Schutts in den unteren Partien durch den Vegetationsbewuchs von Polsterpflanzen und Grasmatten.

Klima

Österreich liegt im Westwindgürtel, d. h. in einem atlantisch beeinflußten mitteleuropäischen Übergangsklima, welches nach Osten hin durch den pannonischen und illyrischen Klimabereich abgelöst wird. Durch die Höhe des Gebirges bedingt, weisen die Alpen ein spezifisches alpines Klima auf.

Wetterlagen

Die Wettervorausschau im Fernsehen bietet täglich einen Überblick über die Wetterlagen, deren Häufigkeit unterschiedlich ist:

- Hochdruckwetterlagen 28 %
- Hochdruckrandlagen 8 %
- Westwetterlagen 4 %
- Tiefdruckrandlagen 17 %

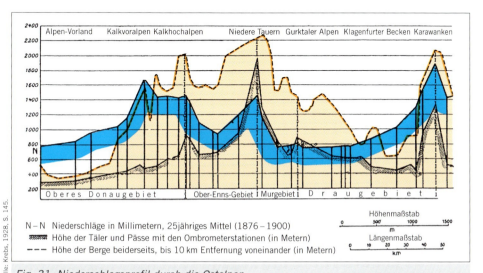

N–N Niederschläge in Millimetern, 25jähriges Mittel (1876–1900)
▨▨▨ Höhe der Täler und Pässe mit den Ombrometerstationen (in Metern)
– – – Höhe der Berge beiderseits, bis 10 km Entfernung voneinander (in Metern)

Höhenmaßstab
0   500   1000   1500
m

Längenmaßstab
0 10 20 30 40 50
km

Quelle: Krebs, 1928, S. 145.

Fig. 31: Niederschlagsprofil durch die Ostalpen

Sonstige Tiefdruckwetterl.	18 %
Übergang zwischen Wetterl.	15 %

Hierzu Beispiele: Kräftiger *Hochdruck* über Osteuropa verursacht trockene, heiße Sommer mit schwacher Luftbewegung. Ein Hochdruckkern über Mitteleuropa und den Alpen bildet sich als spätwinterliches Strahlungswetter; über den Niederungen lagert dabei eine beständige Hochnebeldecke. Winterliche Kaltlufteinbrüche aus Nordosten mit Frost stellen sich bei Hochdruck über Nordeuropa und Tiefdruck über dem Mittelmeer ein.

Bei *Westwetter* liegt über Nord- und Ostsee ein Tief, über Südwesteuropa ein Hoch mit einem leicht veränderbaren Ausläufer (Keil) zu den Alpen. Gefürchtet sind die Vb-Lagen, von Norditalien kommende Tiefs mit Starkregen und Hochwasser.

Alpines Klima

Schon bei Norbert Krebs kann man nachlesen, daß „der größere Teil der Alpen gerade zur Reisezeit oft von lang andauernden Regenperioden heimgesucht" wird und daß im Salzkammergut Regenperioden von 18 Tagen durchaus üblich sind und „gewisse Orte als Regenlöcher im übelsten Ruf stehen". Bereits ihm ist aufgefallen, daß die östlichen Teile der Alpen dem Regen häufiger und stärker ausgesetzt sind als die westlichen, nämlich dann, wenn der sommerliche Hochdruckkeil über dem Westen des Kontinents liegt. Das Problem des Sommertourismus in den österreichischen Alpen ist daher ein immanent klimatisches und wird es auch bleiben, da das Maximum des Niederschlags im Gebiet des mitteleuropäischen Klimaregimes im Juni und Juli fällt. Das alpine Klima ist niederschlagsreich, die Sommer sind kurz und relativ kühl. Die Winter sind lang und schneereich, zum Beispiel am Arlberg mit ca. 2 m mittlerer Schneehöhe. Sie haben den Wintersport begünstigt.

Entsprechend den Luv- und Leeseiten der Gebirge und ebenso aufgrund der ausgedehnten West-Ost-Erstreckung sind die Niederschläge außerordentlich differenziert (vgl. Fig. 31, 32). Sie reichen von über 2400 mm pro Jahr am Nordwestrand der Alpen bis zu

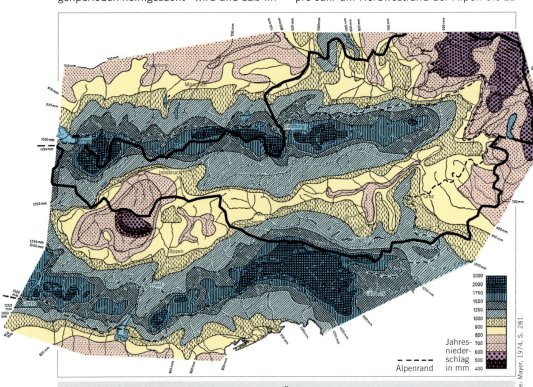

Fig. 32: Regionale Niederschlagsverteilung in Österreich

Quelle: Mayer, 1974, S. 281.

Aufnahme: Lichtenberger.

Bild 32: Nebelmeer über dem Stanzer Tal, vom Galzig gegen Osten, Tirol

600/700 mm pro Jahr im Osten und im Regenschatten des Alpenhauptkammes.

In Südkärnten kommt das mediterrane Klima mit den Herbstregen ebenso häufig zur Geltung, wie aus dem Mediterrangebiet stammende Zyklonen zu Weihnachten eine günstige Schneelage der Kärntner Wintersportgebiete bedingen. Gegen diesen Hintergrund ist auch der Aufstieg von Bad Kleinkirchheim – einem vor einer Generation noch relativ unbedeutenden Ort – zu einem erstklassigen Wintersportzentrum in den Nockbergen in Kärnten zu erklären.

Grundsätzlich sinkt die Temperatur mit zunehmender Höhe ab, wobei diese Abnahme um rund 0,5 Grad pro 100 m im Westen und im Inneren des Gebirges geringer ist als im Osten und am Rande. Auf die Effekte der Massenerhebung, d. h. der Gebirgsmassive, insbesondere der Ötztaler Alpen, wurde bereits bei der Vergletscherung hingewiesen. Im Inneren der Alpen steigen somit alle Höhengrenzen an. Hier liegt auch die Schneegrenze bei rund 3000 m und damit um 500 m höher als im Osten. Die stärkere Erwärmung der hochgelegenen Talräume und Hintergründe der Täler ist ebenso bekannt wie die hohe Sonnenscheindauer im Jahresablauf.

Die beachtlichen Beschattungseffekte einerseits und der günstige Bestrahlungswinkel andererseits bedingen die enormen Unterschiede zwischen den Schatt- und Sonnseiten. Alle großen von Westen nach Osten ausgerichteten Längstäler der Alpen lassen diese Unterschiede klar erkennen. Vielfach sind die Schattseiten nie besiedelt gewesen, während auf den Sonnseiten die bergbäuerliche Siedlung hoch hinaufreicht (vgl. Ennstal, Salzachtal usf.). Allerdings konnte der Wintertourismus die Nachteile der Schattseite für die bergbäuerliche Wirtschaft überall dort aufheben, wo in einem größeren Einzugsbereich Möglichkeiten der Partizipation entstanden sind.

Charakteristisch für die Talräume und Becken ist die Bildung von Kaltluftseen und Hochnebeldecken im Winter (vgl. Bild 32), welche die bekannte winterliche Temperaturumkehr zur Folge haben. In der Kärntner Umgangssprache wurde dafür der Satz geprägt: „Steigst du höher um einen Stock, ist es wärmer um einen Rock", der allgemeine Gültigkeit beanspruchen kann. Die niedrigsten Temperaturen im Winter werden daher in dem gegen Westen abgeschlossenen Gebirgsbecken des Lungaus im obersten Murtalbereich erreicht, wo 20 bis 30 Grad Minustemperaturen, bei allerdings windstillem, klarem Winterwetter, keine Ausnahme darstellen. Die tiefsten je in Österreich gemessenen Temperaturen waren in der Karstwanne der Gstättner Alm am Dürrenstein in Niederösterreich zu verzeichnen, wo Temperaturen unter minus 50 Grad den Kältepol Mitteleuropas belegen.

Im alpinen Klima wechseln überdies von Jahr zu Jahr die Perioden im Witterungsablauf sehr stark. Perioden von Strahlungswetter mit starker Erwärmung tagsüber werden von Wetterstürzen mit Neuschnee gefolgt, welche vielfach Todesopfer unter Bergsteigern zur Folge haben. Im Witterungsablauf des Jahres sind gefürchtete Kälterückfälle bekannt, wie die Eismänner im Mai und die Schafkälte im Juni, während andererseits im Herbst warmes Schönwetter, als Altweibersommer bekannt, lange anhalten kann. Insgesamt ist damit der Herbst wesentlich mehr begünstigt als das Frühjahr, das oft sehr spät und immer wieder durch Regenfälle gestört einsetzt.

Zum alpinen Klima gehört ferner der den Bergsteigern bekannte regelmäßige Wechsel von Bergwind (nachts) und Talwind (tagsüber), der Schönwetterverhältnissen entspricht.

Große Bedeutung für den Westen Österreichs besitzt der Föhn, der aus dem Süden wehende, warme, trockene Fallwind, der nicht nur eine frühe Schneeschmelze mit sich bringt, da ein Föhntag etwa 14 Sonnentage im Wärmeeinbruch des Frühjahrs bedeutet, sondern auch Lawinenkatastrophen,

Vermurungen, Erdrutsche und Brände verursacht, Gletscherspalten aufbrechen läßt (vgl. Bild 33) und die menschliche Leistungsfähigkeit so herabsetzt, daß in Innsbrucker Spitälern bei massivem Föhneinbruch nicht operiert wird. Freilich bringt andererseits der Föhn in den Föhngassen günstige Anbaubedingungen für empfindliche landwirtschaftliche Produkte wie Mais und Wein, so daß er auch als „Türkenröster" (Türken = Mais) und „Traubenkocher" bezeichnet wird.

Mitteleuropäisches Übergangsklima

Das mitteleuropäische Übergangsklima herrscht im Alpenvorland und in mittleren Lagen des Donaubereiches vor und verzahnt sich in den Quertälern der Alpen mit dem alpinen Klima. Hierbei ist der Westen des Alpenvorlands aufgrund der vorherrschenden Westwinde niederschlagsreicher als der Osten. Die Westwinde bringen Niederschläge zu allen Jahreszeiten, wobei die Maxima jedoch im Sommer liegen und der Stau am nördlichen Alpenrand hohe Niederschläge bewirken kann, von denen die Stetigkeit des Salzburger Schnürlregens aus der Perspektive des Fremdenverkehrs besonders gefürchtet ist. Besondere „Regen-

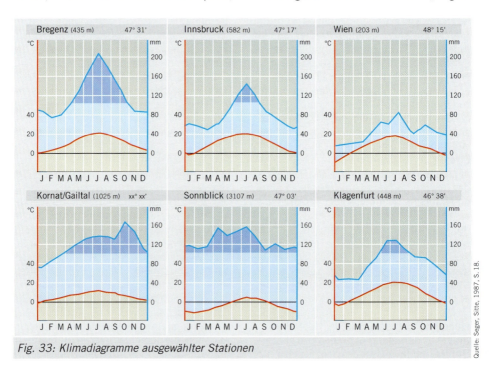

Fig. 33: Klimadiagramme ausgewählter Stationen

Quelle: Seger, Sitte, 1987, S. 18.

Aufnahme: Lichtenberger.

Bild 33: Föhnmauer am Hauptkamm der Zillertaler Alpen, Tirol

löcher" sind randliche becken- und trichterförmige Talausgänge. Die Maxima der Niederschläge liegen überall – zum Teil verbunden mit Gewittern – im Sommer.

Bei Westwettereinbrüchen kommt es im Sommer nach Abregnung der Fronten zur Abkühlung und häufig zu nachfolgenden Landregen, im Winter zu Tauwetter und Regen, der in Schneefall übergeht. Heiß kann es im Sommer bei windstillem Hochdruckwetter und bei trockener Ostwindlage werden. Im Winter kann ebenso wie im Gebirge auch im Alpenvorland und in den Niederungen Nebelbildung einsetzen und eine Temperaturinversion zur Folge haben.

Besonders klimatisch benachteiligt ist das Böhmische Massiv, d. h. das Wald- und das Mühlviertel, auf deren Hochflächen ein rauhes Klima herrscht, gekennzeichnet durch kalte Winter mit starkem Wind und Schneeverwehungen und ebenso rauhe Sommer. Nur der gegen die West- und Nordwinde geschützte Ostrand ist milder, der Südrand gegen das Alpenvorland hin ist überdies als Gewitterzone gefürchtet.

Pannonisches und illyrisches Klima

Im Osten der Alpen, d. h. im Osten Niederösterreichs und im Norden des Burgenlandes, vollzieht sich der Übergang zum kontinentalen Steppenklima mit kurzem Frühling und heißem Sommer und Julitemperaturen über 20 Grad Celsius, einem im allgemeinen schönen trockenen Herbst und relativ kalten Winter. Die Temperaturmaxima im Sommer erreichen im Osten Wiens und im Burgenland über 38 Grad Celsius. Die geringen Niederschläge mit zum Teil unter 700 mm im Jahr fallen, dem pannonischen Klimabereich entsprechend, hauptsächlich als Starkregen im Frühsommer.

Gegen den Gebirgsrand im Westen hin, längs den östlichen Ausläufern der Alpen, im Wechselgebiet und in der Buckligen Welt, sind sommerliche Gewitter die Regel. Die starke Austrocknung des Bodens durch die Sommerwärme und die oft heftigen Winde im Winter, welche die Gefahr von Kahlfrösten bewirken, da die an sich geringe Schneedecke vom Wind verblasen wird, können beachtliche Schäden für die Landwirtschaft hervorrufen.

Der südöstliche Teil Österreichs, das mittlere und südliche Burgenland und die südliche Steiermark, weisen klimatische Ähnlichkeit auf, werden jedoch bereits vom Mittelmeergebiet aus durch Herbstregen beeinflußt.

Anhand einer Serie von Klimadiagrammen mit Angaben des Witterungsverlaufs von Temperatur und Niederschlag ist in zwei West-Ost-Profilen, einem von Bregenz über Innsbruck nach Wien und einem südlich davon gelegenen, vom Gailtal über den Sonnblick nach Klagenfurt, die Differenzierung von Niederschlägen und Temperatur belegt (vgl. Fig. 33).

Gewässer

Fluß-Regime

Österreich ist ein wasserreiches Land und die Vorstellung, daß man Wasser exportieren könnte, welche in der jüngsten Zeit in den Medien auftauchte, besitzt durchaus ihren realen Sinngehalt, auch wenn die marktwirtschaftliche Umsetzung dieser Vorstellung bisher noch nicht wirklich diskutiert wurde. Konkret geht es darum, daß die Etikette der Alpen als Wasserschloß auch durch die Aussagen über den Abflußfaktor der Flüsse, der in Nord- und Mitteldeutschland nur 20 – 40 % beträgt, in den Alpen aber 80 %, bekräftigt wird. Die lange Dauer der Schneebedeckung, die niedrige Temperatur und der Reichtum an Sedimenten, die das Einsickern des Wassers begünstigen, reduzieren das Ausmaß der Verdunstung der Niederschläge. Die Wasserführung der Enns bei Steyr, deren Flußgebiet 4972 km^2 mißt, ist eineinhalbmal so groß wie die der Ems (unterhalb der Hasemündung), deren Areal 8200 km^2 umfaßt. In den Kalkhochplateaus, welche unterirdisch entwässert werden, ist die Wasserführung überhaupt am gleichmäßigsten. Entsprechend der verschiedenen Höhe ihrer Einzugsgebiete, der dadurch bedingten Zeit der Schneeschmelze und der jährlichen Verteilung von Niederschlag und Verdunstung gehören die österreichischen Flüsse mehreren Abflußtypen an (vgl. Tab. 23).

1. Ein glaziales Abflußregime kennzeichnet die in den stark vergletscherten Zentralalpen (Silvretta bis Hohe Tauern) wurzelnden Achen. Sie führen im Juli und August zur Zeit der stärksten Ablation Hochwasser und beeinflussen dementsprechend ihre Stammflüsse Inn, Salzach, Lieser, Möll und Isel.

2. Ein nivopluviales Regime bestimmt die Zubringer der Enns, Mur und Drau, deren Einzugsbereiche bereits unter der Schneegrenze liegen. Sie erreichen durch die Schneeschmelze im April und Mai schon in diesen Monaten ihren maximalen Abfluß;

Monat	Ötztaler-Ache Pegel Huben (T)	Mur-Pegel Leoben (Stmk)	Ager-Pegel Schalchham (OÖ)	Kamp-Pegel Zwettl (NÖ)
Januar	1,3	3,3	6,6	5,2
Februar	1,0	3,0	7,9	7,0
März	1,2	4,8	10,3	10,4
April	2,3	9,0	11,5	14,0
Mai	6,7	18,0	9,0	11,2
Juni	18,8	14,4	9,7	10,4
Juli	26,6	9,7	9,3	8,8
August	21,0	9,1	7,9	7,3
September	12,0	8,4	6,6	6,3
Oktober	5,1	8,2	7,0	6,2
November	2,6	7,2	6,7	7,2
Dezember	1,4	4,9	7,5	6,0
Insgesamt	**100,0**	**100,0**	**100,0**	**100,0**

Tab. 23:
Mittelwerte der Wasserführung österreichischer Flüsse (in % vom Jahresabfluß)

Quelle: Lichtenberger, 1953, S. 391.

	Meeres-höhe m	Fläche km²	Tiefe größte	Tiefe mittlere	Raum-inhalt Mio. m³	Umfang km
Neusiedler See	115	320,0	1,8	1	480	–
Attersee	469	47,0	171	84	3933	50
Traunsee	422	26,0	191	90	2300	34
Wörther See	439	19,1	85	43	840	45
Mondsee	481	14,2	68	36	510	26
Millstätter See	580	13,3	141	91	1213	27
Wolfgangsee	538	13,1	114	47	619	29
Ossiacher See	490	10,6	47	18	198	27
Hallstätter See	508	8,6	125	65	557	22
Achensee	929	7,0	133	71	518	22
Weißensee	918	6,6	97	36	221	23
Lunzer See	607	0,7	34	20	13	4

Tab. 24: Fläche und Tiefe größerer Seen in Österreich

Quelle: Krebs, 1928, S. 118, ergänzt.

trockene Hochsommer können dagegen bereits ein sekundäres Minimum verursachen. Entsprechend der insgesamt geringeren Niederschläge ist ihre Wasserspende geringer als die der Gletscherflüsse.

3. Die dem pluvionivalen Regime angehörenden Flüsse des Alpenrandes und Alpenvorlandes sind insgesamt unsicherer in ihrer jährlichen Wasserführung. Die Hoch- und Niederwasser der Alm, Ybbs, Erlauf und Traisen sind bei relativ kleinen und niedrigeren Einzugsgebieten nicht an bestimmte Monate gebunden, sondern vom jeweiligen Witterungsverlauf abhängig. Für die Wasserkraftgewinnung weisen sie daher ungünstigere Voraussetzungen auf, auch wenn sie andererseits durch die Nähe der Siedlungszentren einen Standortvorteil besitzen.

4. Eine natürliche Ergänzung zu den Hochgebirgsflüssen bilden die Flüsse des Mühl- und Waldviertels, deren Wasserklemmen in den Sommer bzw. Herbst und deren reichste Wasserführung in den Spätwinter fällt. Entsprechend der Verringerung der Niederschläge im Osten sinkt jedoch ihr Wert für die Energieerzeugung in diese Richtung (Ranna, Mühl, Aist, Naarn, Kamp). Die günstige Lage zu den Verbraucherschwerpunkten ließ dennoch mehrere Werke entstehen.

5. Einen Sonderfall stellen die Abflüsse der verkarsteten Kalkhochplateaus dar, die tief am Gehänge ihren Ursprung nehmen und dadurch keine wesentliche Nutzung des Gefälles gestatten.

Der größte Strom Österreichs, die Donau, hat Jahrhunderte hindurch durch verheerende Hochwässer (mit bis zu 10 000 m³/sec.) Brücken und Ortschaften zerstört, bis er schließlich durch Regulierungen im Wiener Raum ein neues erstes und schließlich ein zweites Bett erhalten hat und durch insgesamt 9 Laufkraftwerke gebändigt worden ist.

Seen

In den Ostalpen ist durch F. R. Simony die wissenschaftliche Seenforschung begründet worden. Österreich ist ein seenreiches Land, wobei die großen Talseen fast ausnahmslos in den eiszeitlich übertieften Tälern und den eiszeitlichen Zungenbecken der letzten Vergletscherung gelegen sind. Entsprechend dem Durchflutungsgrad unterscheiden sich die Seen in ihrer Eignung für den Sommerbadeverkehr ganz wesentlich voneinander. Alle Kärntner Seen, insbesondere der Wörther See und der Millstätter See, zählen zu den schwach durchfluteten Seen, bei denen überdies zumeist starker Wind und Wellengang fehlen, so daß das Epilimnium bei nur 5 bis 10 m Tiefe gelegen ist. Die darüberliegende Warmwasserschicht weist im Sommer eine bedeutende Temperaturstabilität auf, unter der allerdings die thermische Sprungschicht sehr ausgeprägt ist. Die Salzkammergutseen sind stärker durchflutet, darunter insbesondere der Hallstätter See, der daher zum Baden nicht geeignet ist. Die wenig bewegten Seen, wie die Kärntner

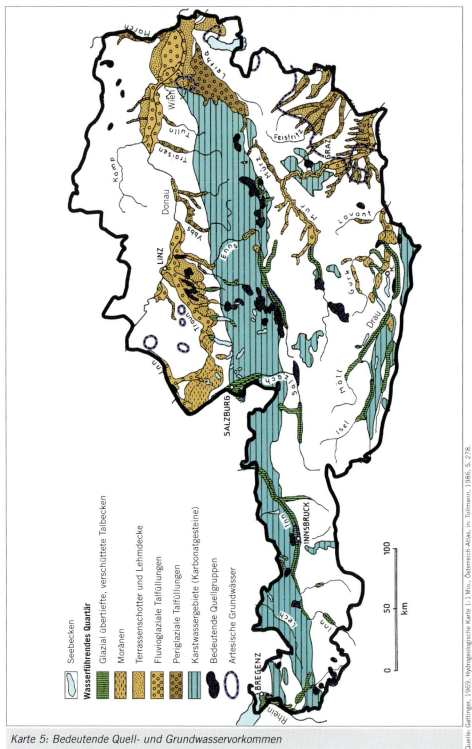

Karte 5: Bedeutende Quell- und Grundwasservorkommen

Quelle: Gattinger, 1969, Hydrogeologische Karte 1:1 Mio., Österreich-Atlas, in: Tollmann, 1986, S. 278.

Seen, frieren fast jeden Winter zu, während stark durchmischte Seen, wie die Salzkammergutseen bzw. der Bodensee, im Winter offenbleiben. Über Fläche und Tiefe der Seen gibt Tab. 24 Auskunft. Durch den Kraftwerksbau wurden zahlreiche künstliche Wasserflächen geschaffen.

Quell- und Grundwasservorkommen

In Abhängigkeit von den geologischen und klimatischen Verhältnissen bestehen in Österreich unterschiedliche regionale hydrologische Regime der Wasserversorgung, denen überdies im Zuge des Verstädterungsprozesses eine unterschiedliche Bedeutung zugemessen wurde.

In der klassischen Ära der Wasserversorgung und -gewinnung haben die Karstwassergebiete mit dem oft zu Höhlensystemen erweiterten Kluftnetz in den großen Kalk- und Riffkalkstöcken der Kalkhochalpen mit Recht als begehrte Lieferanten großer Mengen von vorzüglichem Trinkwasser gegolten. Die Wasserversorgung von Wien in der Gründerzeit fußte darauf. Die I. Wiener Hochquellenwasserleitung aus dem Raum von Rax und Schneeberg nahm 1873 den Betrieb auf und lieferte täglich 138 000 m³ (gegenwärtig 220 000 m³), die II. Wiener Hochquellenwasserleitung, welche die Karstquellen des Hochschwabplateaus erfaßte, nahm den Betrieb 1910 auf und liefert täglich 230 000 m³.

Ein gewisser Nachteil dieser Karstwasserquellen war stets die Schwankung der Wasserspende, die in trockenen Zeiten aufgrund des sehr raschen Durchflusses stark zurückgeht. Es konnte nachgewiesen werden, daß zwischen der Einspeisung und dem Wiederaustritt der Karstwässer in den Kalkhochalpenplateaus, vom Schneeberg über den Hochschwab und Dachstein bis zum Steinernen Meer hin, oft bei selbst kilometerweiter Entfernung nur wenige Stunden vergehen. Dadurch aber unterliegt das Wasser auch keinerlei nennenswerter Reinigung. In der Vergangenheit hat diese Tatsache kaum eine Rolle gespielt. Beim heutigen Massentourismus im Gebirge und mit der Verschmutzung auch hochalpiner Regionen durch Abfälle aller Art ist diese Wasserreserve, von der über ein Drittel der Bewohner Österreichs abhängt, bedroht, so daß sich die Bedeutung der Lockersedimente

der Tallandschaften für die Großwasserversorgung in den Vordergrund schiebt.

Als wichtigste Grundwasserspeicher Österreichs, welche an Bedeutung die Karstgebiete weit übertreffen, erweisen sich nämlich die eiszeitlichen Lockersedimente entlang der Täler und inneralpiner oder randlicher Becken. Die Ablagerungen des Quartärs und damit auch die Quartärforschung haben damit eine eklatante Bedeutung für die österreichische Wasserwirtschaft erhalten. Zwar nehmen die grundwasserführenden eiszeitlichen Ablagerungen nur 12 % der Landesfläche ein, doch bergen sie andererseits neben dem Karst alle wesentlichen Wasservorkommen und haben in rasch steigendem Ausmaß sowohl für die Versorgung der Städte als auch vor allem für die Industrie gegenüber dem Karstquellwasser an Bedeutung gewonnen, wobei sie noch beträchtliche Reserven aufweisen. Österreich ist daher nicht wie die Schweiz und Deutschland auf die Aufbereitung von Seewasser als Trinkwasser angewiesen (so besteht in Baden-Württemberg eine gewaltige Fernwasserversorgung aus dem Bodensee und in der Schweiz aus über 35 Seewasserwerken).

In Österreich sind drei Haupttypen von eiszeitlichen Grundwasserspeichern zu unterscheiden (vgl. Karte 5):

1. Fluvioglaziale Talverschüttungen im Vorland, außerhalb des vergletscherten Gebietes, sind die weitaus ergiebigsten Grundwasserspeicher. Die im Schlier kastenförmig eingesenkten Talräume sind nach unten gut abgedichtet, die aufgefüllten Schotter bieten ideale Verhältnisse für Regeneration und Speicherung des Grundwassers. Hierzu zählen die Vorlandflüsse in der oberösterreichischen Molasse und auch das Donautal selbst, im Raum von Eferding und abwärts von Linz, im Machland, Tullnerfeld und Marchfeld. Entlang der Mur in der Steiermark sind ähnliche Verhältnisse im Grazer und Leibnitzer Becken und im Murfeld.

2. Glazial übertiefte Becken und Täler innerhalb des Vereisungsgebietes, die im Spät- bzw. Postglazial mit mächtigen Sedimenten aufgefüllt wurden. Besonders günstige Speicher bilden das mittlere Ennstal und die Täler südlich des Hochschwabs.

3. Ungünstige Bedingungen bestehen bei den Talfüllungen im ehemaligen periglazia-

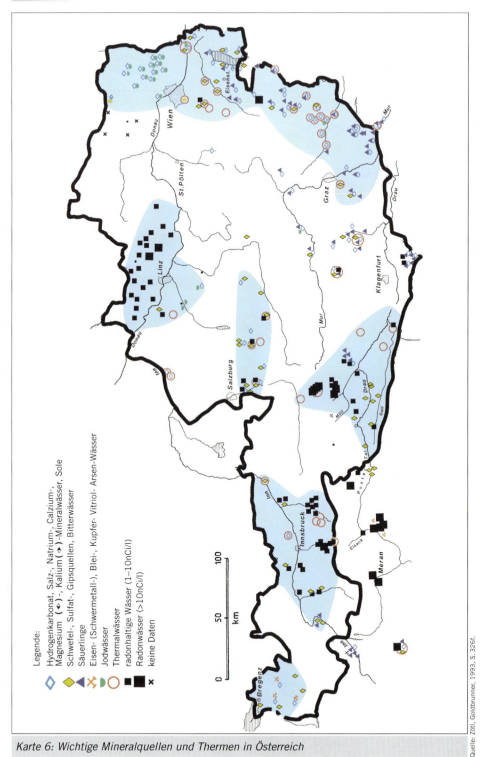

Quelle: Zötl, Goldbrunner, 1993, S. 326f.

Legende:

Hydrogenkarbonat, Salz-, Natrium-, Calzium-,
Magnesium (◆)-, Kalium (◆)-Mineralwässer, Sole
Schwefel-, Sulfat-, Gipsquellen, Bitterwässer
Säuerlinge
Eisen- (Schwermetall-), Blei-, Kupfer- Vitriol- Arsen-Wässer
Jodwässer
Thermalwässer
radonhaltige Wässer (1–10nCi/l)
Radonwässer (>10nCi/l)
keine Daten

◇ ◆ ◀ ✕ ▷ ◯ ■ ◼ ✕

Karte 6: Wichtige Mineralquellen und Thermen in Österreich

len, eisfreien Bereich am Ost- und Südostrand der Alpen. Hier sind die Täler meist
von umgelagertem, feinkörnigem Tertiär erfüllt. Ausnahmen bilden die großen jüngst-
eiszeitlichen tektonischen Senkungsfelder,
in denen alpine Schotter abgelagert wurden, wie die Mitterndorfer Senke (III. Wiener Wasserleitung) und die Lasseer Senke
im Wiener Becken und in grandiosem Ausmaß die Kleine und Große Ungarische Tiefebene östlich der österreichischen Grenze.

In den Beckenlandschaften Österreichs,
darunter in den Gosaubecken im Inneren
der Kalk- und Zentralalpen, ebenso in den
Tertiärbecken am Alpenostrand, sind ebenfalls größere Grundwasserspeicher vorhanden.

Ungünstige hydrologische Verhältnisse
bestehen dagegen in folgenden Gebieten:
(1) In der Flyschzone im Norden der Alpen
sind trotz genügender Niederschläge infolge der Undurchlässigkeit der Tone und
Mergelsedimente die Möglichkeiten zur
Grundwasserbildung sehr gering. Diese beschränkt sich auf Kluftzonen und die Ver-
witterungsdecke. Die Flyschzone ist damit
ein Wassermangelgebiet.
(2) Das Kristallingebiet der Böhmischen
Masse ist arm an nennenswerten Speicher-
gesteinen. Die Wasserführung ist auf die
geringe, maximal 10 m dicke Verwitterungs-
decke und auf Kluft- und Störungszonen
beschränkt. Lokale Grundwasserzonen im
Wald- und Mühlviertel sind daher im allgemeinen nur für die Versorgung von ca.
3000 bis 5000 Personen geeignet.
(3) Auch in den kristallinen Gesteinen der
Zentralalpen und in der Grauwackenzone
tritt keine nennenswerte Grundwasserfüh-
rung auf. Die Unterschiede gegenüber dem
Böhmischen Massiv bestehen jedoch in den
höheren Niederschlägen und den Zerrüt-
tungszonen des Hochgebirges, welche überall dort, wo auch noch Kalkzüge von größerer Mächtigkeit eingeschaltet sind, eine
namhafte Wasserspeicherung und Quellaus-
tritte zur Folge haben.

Mineralquellen und Thermen
Gespannte Grundwässer, welche durch artesische Brunnen gewonnen werden, sind in
Österreich viel weiter verbreitet als bekannt,
wobei überdies eine jahrhundertealte Tradition in der Nutzung dieses Grundwassertyps

in Österreich besteht. Die Voraussetzungen
hiefür sind beckenförmig eingelagerte Aqui-
fere, nach oben hin durch wasserstauende
Feinstsedimente abgedichtet und seitlich
bis hoch am Beckenrand empor durch ober-
oder unterirdische Wasserzufuhr erfüllt. Sie
bringen bei Durchbohrung der Abdichtung
ihr Wasser selbsttätig unter Druck, oft hoch
emporsprühend, zutage. Als Beispiele seien
erwähnt: das Neusiedler-See-Becken im
Raum Neusiedl am See/Gols, das Wiener
Becken, besonders südlich von Wien, das
Steirische Becken, wo derzeit 11 Gemeinden
durch 26 artesische Brunnen versorgt werden, das mittlere Ennstal und das angren-
zende Paltental; ferner Brunnen im Kärntner
Seengebiet, in den verlandeten Randzonen
des Faaker, Ossiacher, Millstätter und Weis-
sensees, im Inntal (Hall in Tirol, Innsbruck),
im Bodensee-Rheintal, wo mehrere unter
hohem Druck stehende Grundwasserstock-
werke auftreten; schließlich weitere in sedi-
menterfüllten glazialen Eisumfließungsrin-
nen am Alpenrand und in den tertiären
Ablagerungen des Alpenvorlandes.

Wenn artesische Wässer aus größerer
Tiefe kommen, so können sie stärker mine-
ralhaltig und auch entsprechend erwärmt
sein. Österreich ist dank seiner geologischen Vielfalt reich an verschiedenartigen
Mineral- und Thermalquellen, die zum Teil
in Form von Bädern genutzt werden (vgl.
Karte 6) und grundsätzlich an Störungslini-
en gebunden sind. Eine Reihe von Säuer-
lingen in der Oststeiermark und im Burgenland knüpft direkt an den jungen tertiären
Vulkanismus an, Beispiele hiefür sind Bad
Gleichenberg, Bad Radkersburg sowie auch
Bad Tatzmannsdorf und andere Orte im
Burgenland. Der komplizierte Mechanismus
der Thermen und Schwefelquellen an der
Thermenlinie am Westrand des Wiener Bek-
kens ist besonders bemerkenswert. Die aus
dem kalkalpinen Einzugsgebiet stammenden Niederschlagswässer strömen in großer
Tiefe bis weit unter den Westabschnitt des
Wiener Beckens, steigen erwärmt an inneren Störungen desselben hoch und gelangen dann in wasserwegigen Lagen des Ter-
tiärs wiederum zurück zum Beckenrand, wo
sie mineralisiert und erwärmt entlang der
Randstörungen aufsteigend die Oberfläche
erreichen. Auf diese Art ist die Vielzahl von
Thermal- und Schwefelquellen des West-

randes (Bad Fischau, Bad Vöslau, Baden usf.) ebenso wie jene des Ostrandes des Beckens (Sauerbrunn, Leithaprodersdorf, Mannersdorf, Bad Deutsch-Altenburg usf.) zu erklären.

Schwefel- und Solequellen sind häufig auch an das permische Salinar des Haselgebirges gebunden (Bad Goisern, Bad Ischl, Bad Aussee, Dürrnberg bei Hallein, Hall in Tirol usf.). Als Vertreter seltener Typen von Mineralquellen sollen beispielhaft folgende angeführt werden: die Jodsolequelle von Bad Hall in Oberösterreich, die Eisenquellen von Fellach in Kärnten, Bad Pirawarth in Niederösterreich, Kaliquellen am Ostrand des Ruster Höhenzuges im Burgenland und schließlich radonhaltige Quellen wie Gastein (mit 19 Thermen). Bei den Thermalquellen steigt das durch die aufsteigende Erdwärme in der Tiefe erwärmte Wasser an Bruchstörungen selbsttätig empor. Durch Bohrungen nach Erdöl wurde nach dem Ersten Weltkrieg das Thermalwasser von

Bad Schallerbach in 461 m Höhe gefunden. Anfang der 1930er Jahre wurde bei einer Bohrkampagne der Eurogasco die Heilquelle von Oberlaa in Tiefen zwischen 352 und 419 m entdeckt. Über dieser wärmsten und stärksten Schwefeltherme Österreichs (53 Grad Celsius, Schwefelgehalt 58 mg pro kg Wasser) hat die Gemeinde Wien ein großzügiges, modernes Kurzentrum erbaut.

Für den österreichischen Kurtourismus bestehen sehr viele Möglichkeiten, die zahlreichen und bisher im wesentlichen nur vom staatlichen Sozialversicherungssystem ausgenützten Thermen kommerziell zu verwerten und in ländlichen Räumen, wie im Burgenland, neue Arbeitsplätze zu schaffen. Allerdings ist nach der Grenzöffnung eine stetig wachsende Konkurrenz der Kurorte in Ungarn und in der Slowakei entstanden, welche ebenfalls auf der hydrogeologischen Grundlage des im Tertiär eingebrochenen Pannonischen Beckens aufbauen.

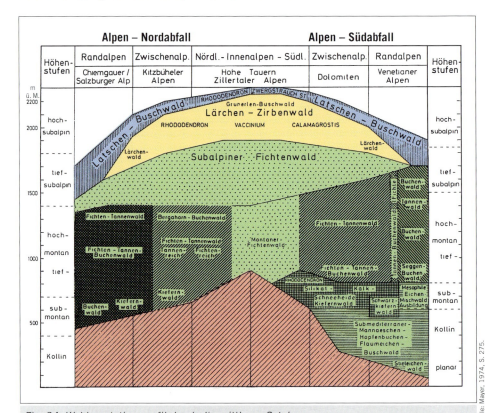

Fig. 34: Waldvegetationsprofil durch die mittleren Ostalpen

Quelle: Mayer, 1974, S. 275.

Aufnahme: Lichtenberger.

Bild 34: Waldgrenze am Lahngangkogel gegen Reichenstein und Hochtor, Stmk.

Vegetation und Boden

Österreich war am Beginn der Rodungsgeschichte, von wenigen schmalen Säumen im Osten des Staates abgesehen, Waldland bis hinauf zur Grenze des Waldes gegen Grasmatten und Ödland im Hochgebirge. Von diesen ursprünglichen Wäldern ist unter dem Einfluß der menschlichen Nutzung so gut wie nichts erhalten geblieben, sie sind einerseits durch verschiedene Formen der Landnutzung und andererseits durch den Forst oder Sekundärformationen des Waldes ersetzt worden. Damit ist die Thematik des natürlichen Pflanzenkleids von vornherein auf die Darstellung der Waldformationen einzuschränken. Hierbei bilden die geologisch-morphologische Gliederung und die dreidimensionale klimatische Differenzierung des physischen Raumes den ökologischen Rahmen für den Landnutzungswandel, in den der Wald einbezogen und transformiert wurde.

Die Darstellung der Waldformationen folgt erstens einem Höhenstufenmodell und zweitens edaphischen Prinzipien unter Berücksichtigung der Gesteinsunterlage von Kalk und Kristallin bzw. dem Wasserhaushalt der Standorte und nimmt auf die Faltkarte über die natürliche Vegetation von H. Wagner Bezug, wobei, jeweils über die Darstellung der Waldformationen hinausgehend, auch die Landnutzung in die Deskription einbezogen wird.

Die Höhenstockwerke der Waldformationen

Die Höhenstockwerke der Waldformationen unterliegen unterschiedlichen klimatischen Effekten (vgl. Fig. 34):

(1) In der Hügelstufe zwischen 200 und 500 m kommen die großklimatischen Unterschiede zwischen dem pannonischen, illyrischen und mitteleuropäischen Klimabereich zur Geltung.

(2) In der Bergstufe zwischen 500 und 1500 m beruht die Differenzierung auf den Luv-Lee-Effekten und den Gesteinsunterschieden von Kalk und Kristallin.

(3) In der subalpinen Stufe zwischen 1500 und 1900 m in den nördlichen Kalkalpen

Bild 35: Eichen-Hainbuchen-Niederwald, Leithagebirge, Niederösterreich

Aufnahme: Lichtenberger.

bzw. 2000 bis 2200 m in den Zentralalpen kommt primär die edaphische Gliederung zum Tragen, ebenso
(4) in der alpinen Stufe als baum- und strauchfreier Grasheidenstufe und
(5) in der nivalen Stufe mit offenen Polsterpflanzenbeständen.

ad (1)
Die Niederungen und Hügelstufe
Im heutigen Landschaftsbild der Niederungen und Hügel im Osten der Alpen herrscht der Ackerbau vor, so daß Reste der natürlichen Vegetation nur mehr fragmentarisch vorhanden sind. Dadurch werden auch Aussagen über das ursprüngliche Pflanzenkleid fragwürdig. Als potentielle Vegetation ist ein xerothermer Eichenwald kontinentaler Prägung anzunehmen. Waldreste sind im Schwadorfer und Rauchenwarther Holz im Wiener Becken erhalten. Sie sind durch die fortgesetzte Niederwaldwirtschaft mehr oder minder degradiert, was sich auch durch das Überhandnehmen der Hainbuche aufgrund der enormen Stockausschlagsfähigkeit, die auch zur Mehrstämmigkeit führt, erweist (vgl. Bild 35).

Auf den meist tiefgründigen, nährstoffreichen Böden – vorwiegend über Löß – finden sich steppenartige Trockenrasen, welche durch Umbruch in den letzten Jahrzehnten stark dezimiert wurden. Den be-

deutendsten Komplex stellen die sogenannten Zitzmannsdorfer Wiesen am Ostufer des Neusiedler Sees dar, welche irrtümlich für Reste der pannonischen Ursteppe gehalten und unter Schutz gestellt wurden. Weitaus der größte Teil der pannonischen Niederung ist völlig unter Kultur genommen wie im Marchfeld und im Tullner Becken. Hauptsächlich werden Weizen und Zuckerrüben angebaut, während Wein aufgrund der Frostgefahr fehlt. Im Zusammenhang mit der Mechanisierung der Landwirtschaft und der Vergrößerung der Wirtschaftsflächen wurden vielfach die letzten Reste von Hecken und Bäumen entfernt, so daß in den 60er Jahren zur Abwehr von Flugerdeverwehungen vor allem im Wiener Becken künstliche Windschutzpflanzungen angelegt wurden.

■ Der breite Randstreifen vom Tertiärhügelland im Nordosten Niederösterreichs, dem Weinviertel, über den Alpenostrand gegen die Ungarische Tiefebene, vom Leithagebirge bis zum südlichen Burgenland, ist durch eine Mittelwaldwirtschaft gekennzeichnet, in der jeweils nur die wertvolleren Eichenstämme als Überständer erhalten bleiben, während alle anderen Holzarten in kurzfristigem Umtrieb als Brennholz geschlagen werden. Ackerkulturen und Entsteinungen haben Gebüsche und Hecken ebenso wie sekundäre Trockenrasen vorwiegend auf steilere, flachgründige Hangpartien beschränkt, welche den Standort des Flaumeichengebüsches bilden. Der Lößboden wurde zum Teil durch Abschwemmung bereits zu Rohlößboden degradiert. Hoch ist der Anteil des Weinbaus an Süd-West- bis Süd-Ost-Hängen, ebenso der Obstbau von Kirsche, Marille und Pfirsich.
■ Laubwälder der illyrischen Hügelstufe mit Hopfenbuche und Mannaesche haben sich nur auf kleinen Flecken in Südkärnten sowie östlich von Graz erhalten.
■ Der Eichen-Hainbuchen-Wald stellt die klassische Ausbildung der Eichenstufe in den tieferen Lagen des gemäßigt warmen, niederschlagsreichen mitteleuropäischen Klimaraumes dar. Er ist auf die tiefstgelegenen Teile des niederösterreichischen Alpenvorlandes, das Horner Becken, den Raum um den Bodensee sowie kleine Teile der Oststeiermark beschränkt. Zum Unterschied vom panno-

nischen und illyrischen Klimabereich fehlt der Weinbau. Weizen und Zuckerrübe treten gegenüber anderen Feldfrüchten zurück.

▨ Die submontanen Eichen-Buchen-Wälder nehmen den größten Teil des höheren Hügellandes im Alpenvorland und am Alpenostrand zwischen 300 und 600 m ein, in der heutigen Kulturlandschaft gekennzeichnet durch das Nebeneinander von Acker- und Grünlandnutzung mit zum Teil auch größeren Waldresten. In den artenreichen Wäldern stocken neben der Hainbuche auch Eiche, Linde, Ahorn, Esche, Ulme und stets auch die Rotbuche, wobei die jeweilige Zusammensetzung von den Nutzungsunterschieden abhängig ist und vom Rotbuchenhochwald bis zum Niederwaldbetrieb hin reicht. Ältere, reine Rotbuchenbestände weisen dabei meist einen hallenartigen Aufbau ohne Strauchschicht mit einer dichten, vorwiegend aus koloniebildenden Schattenpflanzen zusammengesetzten Krautschicht auf (vgl. Bild 36).

In Übereinstimmung mit der Abnahme der Temperatur und der Zunahme der Niederschläge überwiegen im Ackerbau Roggen, Gerste, Kartoffel und Futterrübe, die Luzerne wird vom Rotklee abgelöst, und auch das Grünland spielt in der Form gut gedüngter Fettwiesen oder Intensivweiden mit Koppeleinteilung eine gewisse Rolle. Im Obstbau herrscht der Apfel vor, wobei gerade Qualitätsobst in dieser Höhenstufe ausgezeichnete Bedingungen vorfindet.

ad (2)
Die Bergstufe zwischen 500 m und 1500 m
Die Bergstufe ist in der heutigen Wirtschaftslandschaft durch das eindeutige Überwiegen der Wälder gekennzeichnet. Der Ackerbau erfolgte vielfach im Wechsel mit mehrjähriger Grünlandnutzung (Egartwirtschaft). Erst seit den 1970er Jahren erfolgte eine Trennung in Dauergrünland (oft als Umtriebsweide) und Dauerackerland unter Einbeziehung einer zwei- bis dreijährigen Klee-Gras-Nutzung in die Fruchtfolge. In den 1980er Jahren hat sich die Entwicklung weiter in Richtung der Grünlandwirtschaft fortgesetzt.

Mehrere Waldformationen lassen sich in der natürlichen Waldvegetation unterschei-

den, die vom Buchen- bis zum reinen Fichtenwald reichen. Sie sind jedoch weitgehend verwischt, da durch die Aufforstungen seit der Mitte des vergangenen Jahrhunderts die Fichte weit über ihr natürliches Areal hinaus zum vorherrschenden Waldbaum geworden ist. Dadurch hat sich in den Monokulturen oft auch der Unterwuchs so verändert, daß die ursprüngliche Pflanzengesellschaft nicht eindeutig erkennbar ist (vgl. Bild 37).

▨ Auf Silikatgestein finden sich die montanen Buchen- und Eichenwälder einerseits in einem Randstreifen der Flyschzone (besonders im westlichen Wiener-

Aufnahme: Lichtenberger.

Bild 36: Rotbuchenhallen, Wienerwald, NÖ

wald) bis zur Molassezone Hausruck hin, andererseits an den Abfällen der Zentralalpen gegen das ungarische Tiefland (Rosaliengebirge, Bucklige Welt, Wechsel) sowie im Bachergebirge und am Ostabfall der Koralpe und schließlich in der unteren Buchenstufe des Böhmischen Massivs.

▪ Bei den Wäldern der Flyschzone des Hausrucks handelt es sich um Buchen-Tannen-Wälder auf oligotropher Braunerde, die allerdings leicht zur Podsolierung neigt.

▪ Im Böhmischen Massiv sind weitgehend Fichtenmonokulturen entstanden. Der Begriff Waldviertel ist übrigens irreführend, denn auf den Hochflächen dominiert die Landwirtschaft mit Ackerbau (Kartoffeln, Roggen, Hafer und Grünland).

▪ In den nördlichen Kalkalpen wachsen in tieferen Lagen auf Braunerde- und Braunlehmböden artenreiche (Buchen, Tannen, Fichten) Mischwälder. Lokal sehr markant sind die Schluchtwälder in

Bild 37: Fichten-Lärchen-Forst anstelle von ehemaligem Laubwald, Stmk.

Aufnahme: Lichtenberger.

engen Tälern und an steilen Hängen mit hohem Anteil an Ahorn und dgl. Mit steigender Höhe wird die Buche von der Tanne und der Fichte ersetzt.

▪ Zwischen den Mischwäldern der Nördlichen Kalkalpen und den Fichtenwäldern der kontinentalen Zentralalpen sind die Tannen-Fichten-Wälder eingeschaltet, welche auch hier durch die Forstwirtschaft in nahezu reine Fichtenbestände umgewandelt wurden. Bei Bauernwäldern läßt sich erkennen, daß der Tanne eine größere Bedeutung zukäme. Der Tannen-Fichten-Wald reicht vom Semmering, Wechsel und Joglland, der Mürz und oberen Mur folgend, bis an die Grenze von Salzburg bei Predlitz sowie über das Liesing- und Paltental ins mittlere und obere Ennstal und findet in den Kitzbüheler Alpen seine größte Ausdehnung. Südlich des Alpenhauptkammes treten entsprechende Wälder in Kärnten in den Gurktaler Alpen, im Raum von Hüttenberg am Saualpenfuß auf, ferner im Drautal bei Lienz und im Mölltal bei Winklern. Interessante Sekundärwälder von Erlen finden sich vor allem in Osttirol im Defereggental.

Der bodensaure Fichtenwald ist als großräumig verbreitete Waldgesellschaft in den Ostalpen für die Montanstufe der Zentralalpen mit ihrem kontinentalen Klima, definiert durch größere Jahresschwankungen und höhere Sommertemperaturen, kennzeichnend. Vermehrt auftretende Spätfröste eliminieren die Rotbuche. Auf xerothermen Standorten wird die Fichte durch die Kiefer abgelöst.

ad (3)

Die subalpine Stufe

Die subalpine Stufe beginnt bei etwa 1500 m und reicht bis zur Waldgrenze hinauf, welche weitestgehend anthropogen bedingt ist und somit keine pflanzengeographische Höhengrenze darstellt (vgl. Bild 34).

▪ Die Strauchgesellschaften von Latsche (auf Kalk) und Grünerle (auf Kristallin) können als Höhenvarianten der Hochlagenwälder aufgefaßt werden, wenn bei zunehmender höherer Windeinwirkung ein aufrechter Baumwuchs nicht mehr möglich ist. Überdies bilden die Zwergstrauchheiden von Rhododendron und Erika weitgehend den Unterwuchs hochgelegener

Nadelwälder und bleiben schließlich – oft als Folge der Nutzung der höchstgelegenen Bäume im Umkreis der Almen – allein übrig. Schließlich ist noch besonders hervorzuheben, daß die Gesamtheit der intensiver nutzbaren Almweiden in Österreich trotz der (sekundären) Baumlosigkeit und starker Ähnlichkeit mit alpinen Rasengesellschaften (einschließlich Eindringen der Alpenpflanzen) der subalpinen Stufe und somit dem Waldbereich im weiteren Sinne angehören.

▪ Innerhalb der subalpinen Stufe sind demnach einerseits die von Lärchen und Zirben beherrschten Hochlagenwälder der Zentralalpen, andererseits die Strauch- und Zwergstrauchgesellschaften auf Kalk bzw. Silikat zu unterscheiden.

Parallel mit dem Ansteigen der Waldgrenzen in den Innenalpen treten in den Fichtenwäldern der Hochlagen – etwa ab 1500 m – in zunehmendem Maße Lärche und Zirbe oder Arve (Pinus cembra) hinzu und dominieren schließlich, so daß man von einem subalpinen Lärchen-Zirben-Wald sprechen kann.

▪ Nun ist die Zirbe, die seit jeher ein geschätztes Wertholz ist, aus mehreren inneralpinen Tälern weitgehend verschwunden, wie überhaupt diese Hochlagenwälder durch die Almwirtschaft sehr stark dezimiert wurden. Jedenfalls ist der Lärchen-Zirben-Wald an die Gebiete der größten Massenerhebung gebunden (vgl. Bild 38).

Er findet sich daher insbesondere in den Zentralalpen von Tirol, hier sind die Zirbenwälder des Ötztales oberhalb Sölden zu nennen sowie der Oberhauser Zirbenwald im hintersten Defereggental (mit fast 2 km² der größte zusammenhängende Zirbenwald Österreichs) und unweit davon die Wälder zwischen Erlsbach und der Staller Alm, beides in Osttirol, sowie der breite Zirbengürtel unter den Kuppen der Gurktaler Alpen im Grenzbereich von Salzburg, Kärnten und Steiermark. Die strenge Bindung der Zirbe in Österreich an die kontinentalen Zentralalpen führt zu einem Ausklingen gegen Osten (Auftreten am Bösenstein in den Rottenmanner Tauern, am Zirbitzkogel in den Seetaler Alpen). Sie fehlt in den östlichen Ausläufern der Zentralal-

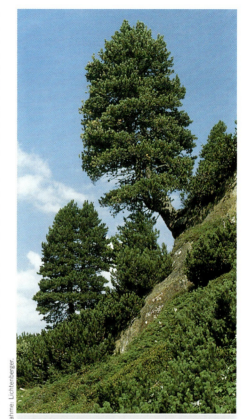

Aufnahme: Lichtenberger.

Bild 38: Zirben in den Zillertaler Alpen, Tirol

pen, wo ein subalpiner Fichtenwald die Waldgrenze bildet. Zirben finden sich auch auf Kalkgestein im Tauernfenster der Radstädter Tauern, aber auch an der Südseite des Dachsteinmassivs und in kleinen Beständen noch auf dem Warscheneck.

▪ Zum Unterschied von der Zirbe geht in den Ostalpen die Lärche bis an den Alpenostrand. Sie findet sich noch im Gebiet von Schneeberg und Rax.

▪ In der subalpinen Strauchstufe bildet das Grundgestein den bestimmenden Faktor. In den Nördlichen und Südlichen Kalkalpen Österreichs mit schroffen Oberflächenformen, steilen Felswänden und mächtigen Schutthalden herrscht die Legföhre (Pinus mugo) vor, welche bis 2000 m emporsteigt, aber in felsigem Terrain auch weit hinunter bis ins Tal vorstoßen kann (z. B. im Gesäuse oder am Traunsee). Auf Kristallin bildet die

Grauerle, welche höhere Wasseransprüche an den Boden stellt und daher tiefgründigere Silikatböden präferiert, das Gegenstück.

ad (4)

Eine Sonderstellung nehmen im subalpinen Übergangsbereich Weiden-Strauch-Gesellschaften ein, welche weit in die Pioniervegetation, in die Gletschervorfelder und in die *untere Grasheidenstufe* hinaufreichen. Sie verlangen ebenso wie das Rhododendron- und Grünerlengebüsch unbedingten Schneeschutz und bevorzugen daher nordschauende Hänge. Auf Südhängen wird diese Strauchformation weitgehend durch den Zwergwacholder ersetzt.

ad (5)

Die Sträucher der subalpinen Stufe unterscheiden sich ökologisch markant von der *nivalen Stufe* mit offenen Polsterpflanzenbeständen, die an eine extrem geringe Schneedecke und an die Ausnützung der Wärmestrahlung unmittelbar an der Bodenoberfläche angepaßt sind.

Azonale Vegetationseinheiten

Bei den azonalen Vegetationseinheiten sind Trockenstandorte und Feuchtstandorte zu unterscheiden. Von den Trockenstandorten im pannonischen Raum wurde die Salzvegetation im Seewinkel am Ostufer des Neusiedler Sees im Rahmen des Nationalparks Neusiedler See unter Schutz gestellt.

Als Nadelbaum auf Extremstandorten ist die Kiefer hervorzuheben, welche in den Ostalpen am häufigsten als Pinus silvestris auf Dolomitböden anzutreffen ist, vor allem auf dem Hauptdolomit mit seiner grusigen Verwitterung und den flachgründigen wasserdurchlässigen Skelettböden. Sie kennzeichnet auch die Schotterfächer der aus den Kalkalpen austretenden Flüsse, wo, wie z. B. im Steinfeld im südlichen Wiener Becken, im 18. Jahrhundert ausgedehnte Pinus-nigra-Forste zur Harznutzung angelegt wurden.

Die Feuchtbiotope sind als Auwälder im Zusammenhang mit den Donaukraftwerken in den letzten Jahren auch medial präsent geworden ebenso wie die damit verbundene Tierwelt und haben zur Unterschutzstellung des Gebietes der Donauauen im Süden von Wien geführt.

Zahlreiche, ursprünglich als ertrag- und wertlos angesehene Moorgebiete wurden in der Nachkriegszeit durch eine weitgehende Meliorierung, Düngung und Planierung in landwirtschaftliche Nutzflächen umgewandelt, so daß auch nach dieser Richtung im Rahmen des Natur- und Landschaftsschutzes Bestrebungen in Gang gekommen sind, einzelne noch bestehende Hochmoore als Landschafts- und Naturschutzgebiete zu bewahren.

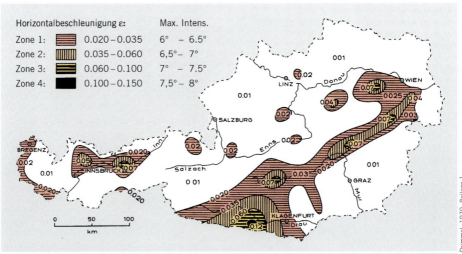

Fig. 35: Erdbebengebiete

Quelle: Drimmel, 1979, Beilage 1.

Naturrisiken und Naturkatastrophen

Erdbeben

Als Bestandteil des mediterranen Kettenge-
birgsgürtels ist der Alpenstaat Österreich
zwar kein Erdbebenland wie z. B. Griechenland oder auch die Türkei, doch bestehen
regionale Bebenherdgruppen (vgl. Fig. 35).
Die wichtigste Erdbebenlinie in Österreich
ist die Mur-Mürz-Linie, an der sich eine
große Zahl wiederholt aktiver Bebenherde
aneinanderreiht und auf die rund die Hälfte
aller in Österreich registrierten Beben entfällt. Sie stellt eine bruchtektonisch besonders stark beanspruchte Längsregion in den
Zentralalpen dar, in der seit dem Miozän
bis zur Gegenwart kräftige Ausgleichsbewe-
gungen zwischen Schollen stattgefunden
haben, so daß auch relativ tiefe Becken in
der „Norischen Senke" mit tertiären Ablagerungen gefüllt wurden (Trofaiach-Leoben,
Aflenz).

An zweiter Stelle steht das Wiener Bek-
ken, wo der Abbruch des Alpenostrandes
durch eine parallele Schar von aufgefieder-
ten Brüchen entlang der westlichen Thermenlinie gekennzeichnet ist und am Bek-
kenostrand – als Gegenstück hierzu – die
östliche Thermenlinie dem Westrand des
Leithagebirges und der Hainburger Berge
folgt. An diesen Bruchlinien ist das Wiener
Becken als ein gewaltiger Zerrgrabenbruch
fast 6 km tief eingesunken. Österreichs
stärkstes Beben in der Nachkriegszeit, in
Seebenstein-Pitten südlich des Wiener
Beckens am 16. 4. 1972 mit einer Intensität
von 7,75 auf der MKS-Skala, hat auch noch
in Wien zu beträchtlichen Schäden geführt.

In die Mur-Mürz-Störungszone, welche
sich in den Lungau fortsetzt, schneidet in
den Gurktaler Alpen eine Reihe von Störungen ein, denen der Neumarkter und Obdacher Sattel und damit der sogenannte
„Schräge Durchgang durch die Alpen" ihre
Entstehung verdanken. Dem letzteren folgen die Triester Straße (Wien – Triest) und
die Südbahntrasse. Zwei mächtige Störungen, die Görtschitztalstörung (= Noreialinie)
mit dem exorbitanten Versatz von 5 bis
6 km und die Lavanttaler Störung mit 4 bis
5 km Vertikalversatz, flankieren den Sau-
alpenblock im Westen bzw. Osten.

Dieses ausgeprägte Störungssystem findet in Kärnten Anschluß an den Bereich
der periadriatischen Naht, die eine der tiefsten steilstehenden Störungen der Alpen
darstellt, welche von Bebenzentren von
Sillian in Osttirol über Obertilliach bis Köt-
schach-Mauthen im Gailtal und bis Eisenkappel in den Karawanken begleitet wird.
Das eigentliche Starkbebenzentrum befindet sich im Raum von Villach, wo das stärkste überhaupt in Österreich verzeichnete
Beben am 25.1.1348 mit 10 Grad auf der
Richterskala den Abbruch des Bergsturzes
vom Dobratsch, flächige Siedlungszer-
störungen im gesamten westlichen Klagenfurter Becken und im unteren Gailtal mit
Hunderten Toten verursacht hat. Der Villa-
cher Herd ist deswegen so gefährlich, weil
er an einer Reihe bedeutender Störungen
liegt. Von West-Nord-West streicht die tiefgreifende schnurgerade Mölltalstörung heran, aus den Südalpen kommen von West-
Süd-West die Pontebbalinie und eine
weitere Linie von Tarvis hinzu.

Der tektonischen Anlage der nördlichen
Längstalfurche vom Arlberg über das Inntal
bis zum Ennstal entsprechen ebenfalls Be-
benlinien. Von Westen nach Osten sind hier
zunächst der Raum von Feldkirch mit der
Taminastörung im Rheintal und die Kloster-
talstörung über den Arlberg Richtung Land-
eck zu nennen. Entlang der tiefgreifenden
alpidischen Kalkalpensüdrandstörung am
Inn, der Inntalstörung, liegen die Bebenzentren von Innsbruck, Hall in Tirol, Schwaz,
Jenbach, Kundl, Kufstein sowie der Loferer
und Leoganger Steinberge. Hierzu versetzt
folgt die Tauernnordrandstörung, welche
sich in der Ennstal- und Gesäusestörung
fortsetzt und durch Beben im Raum Lie-
zen-Admont gekennzeichnet ist. An allen
diesen Störungslinien sind bis zur Gegenwart herauf immer wieder leichtere oder
schwerere Beben mit unterschiedlichem
Schadensausmaß verzeichnet worden.

Hochwasser, Muren, Lawinen

Hochwasser, Muren und Lawinen bilden in
einem dicht besiedelten Gebirgsland, das im
Überschneidungsbereich des atlantischen,
kontinentalen und submediterran geprägten
Klimas liegt, eine immanente Gefahr.

Österreichweit sind 1771 Gemeinden
(74 % aller Gemeinden) von über 10 000

Wildbach- und nahezu 5000 Lawinengebieten betroffen. Für Gefahrenzonenplanung sowie technische und biologische Schutzprojekte werden derzeit pro Jahr 100 Mio. EUR, zu 83 % aus öffentlichen Mitteln, ausgegeben. Im Rahmen der Forstsektion des Bundesministeriums für Land- und Forstwirtschaft besteht seit langem der Forsttechnische Dienst zur Wildbach- und Lawinenverbauung mit 1620 Mitarbeitern, dem sieben Landessektionen und 29 Gebietsbauleitungen nachgeordnet sind. Derzeit laufen österreichweit rund 900 Projekte mit einem Bauvolumen von über 300 Mio. EUR.

Hervorzuheben ist, daß die Mitarbeiter zu einem Großteil aus der bergbäuerlichen Bevölkerung stammen. Ein erheblicher Teil der Leistungen wird überdies „kostenlos" durch bergbäuerliche Grundbesitzer zur Hintanhaltung des Brachfallens von Gefahrengebieten erbracht. Ein vollständiger oder auch nur weitgehender Schutz vor Hochwässern, Muren und Lawinen ist jedoch in Anbetracht der dafür erforderlichen Mittel unmöglich.

Klimatisch-hydrologische und morphologische Voraussetzungen

Viele Naturereignisse werden erst zu Naturgefahren, weil sie den Siedlungs- und Wirtschaftsraum direkt betreffen. Nun hat sich allerdings auch der Siedlungsraum im Gebirge aufgrund der enormen Beanspruchung durch die auswärtige Freizeitgesellschaft sehr erweitert und in Gebiete ausgedehnt, welche in der Vergangenheit nicht besiedelt waren.

Es bestehen allerdings auch von seiten des Naturraumes selbst bestimmte Gefahrenzonen. Auf einige, wie die abbruchgefährdeten saigeren Schichten aufgrund des Deckenbaus, wurde ebenso hingewiesen wie auf die Labilität des Schutts in den gletscherfrei gewordenen Hochzonen des Gebirges. Von klimatisch-hydrologischer Seite aus bestehen weitere Rahmenbedingungen für Starkregenfälle, welche zu verheerenden Hochwassersituationen und Vermurungen führen können. Auf sie sei im folgenden eingegangen.

Eine besondere Gefährdung durch Hochwässer und Vermurungen besteht dann, wenn sich der Alpenraum an der Vorderseite eines aus dem Mittelmeerraum hereinströmenden Höhentrogs befindet und mit der Bodenströmung feuchtwarme Mittelmeerluft an den Alpenhauptkamm herangeführt und in großem Stil hochgehoben wird. Verheerende Hochwässer in den Jahren 1965, 1966 und 1987 wurden dadurch ausgelöst. Entscheidend war hierbei, daß es zu keiner wesentlichen Absenkung der Schneefallgrenze kam, so daß ein Spitzenabfluß mit katastrophalen Auswirkungen erfolgte. Zum Unterschied von derartigen, aus dem Mittelmeer kommenden Wetterlagen bringen West- und Nordwestwetterlagen, die im Sommer vom Atlantik oder von der Nordsee heranbewegt werden, nur halb soviel Feuchtigkeit wie die Mittelmeerluft, überdies liegt die Schneefallgrenze zumeist rund 1000 m tiefer, so daß keine derart katastrophalen Hochwässer auftreten. Andererseits bringen jedoch gelegentlich Nordstaulagen hohe Niederschlagsmengen über längere Zeit und über ausgedehntere Räume und bewirken nordalpine Starkniederschläge und Hochwässer mit Schwerpunkten im Bregenzerwald, in den Allgäuer Alpen, in den Salzburger Kalkalpen, im Salzkammergut und in den Steirisch-Niederösterreichischen Kalkalpen (Ötschergebiet). Das Donauhochwasser vom Juli 1954 war an eine derartige Nordwestwetterlage im Zusammenhang mit einem Höhentrog über den Ostalpen gebunden und veranlaßte aufgrund der katastrophalen Verheerungen im Wiener Stadtgebiet die Errichtung des zweiten Donaubettes zunächst als Hochwasserschutzanlage.

Durch starke Niederschläge und starke Abflüsse werden die Wildbäche aktiviert. Sie können Hochwasser und Geschiebe führen, Muren oder Murstöße bewirken. Die Ursachen für Murenabgänge sind vielfältig:

- Mobilisierung von Geschiebeablagerungen in einem steilen Gerinne,
- Auftreten von Hanginstabilitäten und Hangrutschungen bei ausreichendem Wasserangebot,
- zeitweise Blockierung eines Abflusses durch seitliche, kleinere Muren, Blöcke, Baumstämme (Wildholz, Unholz) oder kurzfristig liegengebliebene, vorauslaufende Muren.

Beim Durchbrechen der Blockierung kann ein größerer Murstoß ausgelöst werden.

Quelle: Beckel, 1975.

*Bild 39:
Schmittenhöhe,
Salzburg, Schipisten
im Waldgürtel*

Auf das Problem von labilen Schuttmengen in den oberen Talabschnitten und Karbereichen wurde hingewiesen. Solange ein ausreichender Wasserzusatz fehlt, sind die steilen Anrißflächen standfest, erst bei ausreichender Durchfeuchtung verlieren sie rasch und oft schlagartig ihren inneren Zusammenhalt. Derartige „Altschuttherde" sind besonders potente Gefahrenquellen für darunterliegende Siedlungen und Verkehrseinrichtungen. Ein klassisches Beispiel dafür ist der Schesatobel bei Bludenz in Vorarlberg, der sich seit dem Ende des 18. Jahrhunderts durch anthropogene Eingriffe aus einem harmlosen Wildbach zur größten Geschiebequelle Europas mit 1 km Länge,

600 m Breite und 220 m Tiefe entwickelte, welche seither mehr als 45 Mio. m^3 Material lieferte, von dem 20 Mio. m^3 am Schwemmkegel in der Gemeinde Bürs abgelagert und der Rest vom Vorfluter, der Ill und dem Rhein, aufgenommen werden mußte.

Murschuttkegel und Schutthalden reichen vor allem in den Kalkalpen tief am Gehänge hinunter und können sehr nachhaltig wirksame Schuttlieferanten sein. Bei den Vorflutern in den größeren Seitentälern entstehen die Schäden vor allem durch die Ufererosion an reaktivierten Prallhängen, durch Tiefenerosion nach dem Aufbrechen der Bettpflasterung und durch Aufsedimentieren und Laufverlagerungen in Flachstrecken.

In jüngerer Zeit wird immer wieder der Bau von Schipisten für die Zunahme von Hochwässern und Muren verantwortlich gemacht. Dem liegt die Überlegung zugrunde, daß Waldrodung und Bodenverdichtung durch Pistenbau das Retentionsvermögen eines Einzugsgebietes verringern (vgl. Bild 39).

Die bisherigen Untersuchungen gestatten folgende Aussagen: Für das Ausmaß der Abflußerhöhung ist die räumliche Beziehung zwischen den lokalen Vorflutern und den Pistenflächen sowie das Ausmaß der Waldrodung entscheidend. Dort, wo traditionell immer schon Almwirtschaft betrieben wurde, ist praktisch keine nennenswerte Erhöhung der Hochwasserspitzen durch schitouristische Erschließung festzustellen. Entscheidend war viel eher die Waldrodung für Almwirtschaft und Bergbau. Diese liegt aber schon Jahrhunderte bis Jahrtausende zurück. Eine deutliche Zunahme der Hochwasserspitzen läßt sich nur dort nachweisen, wo ausgedehnte Waldrodungen durchgeführt wurden.

Die Zunahme der Hochwasser- und Wildbachschäden in den letzten Jahren ist fast ausschließlich auf die Siedlungs- und Erschließungstätigkeit in den unmittelbar gefährdeten Bereichen zurückzuführen, die trotz entsprechender Gefahrenzonenpläne und oft unter Verletzung der Gesetze erfolgt. Dazu gehört vor allem die Bebauung von Talsohlen und Umlagerungsstrecken, die Beschneidung der natürlichen Retentionsräume durch den Straßenbau und die zu geringe Dimensionierung von Brückendurchlässen. In Saalbach-Hinterglemm befanden sich (Stand 1989) 165 Bauobjekte in den roten Gefahrenzonen, davon 57 Wohngebäude sowie 81 Beherbergungsbetriebe und Gaststätten. Die Gründe für diese Entwicklung liegen in der relativ hohen Risikoakzeptanz der Bevölkerung, im wirtschaftlichen Druck der extrem hohen Bodenpreise und im Vertrauen auf den nachträglichen Schadenersatz durch die öffentliche Hand.

In der Schweiz registrierte man von 1937 bis 1999 1592 Lawinentote, in Österreich von 1979 bis 1999 allein 556 Lawinentote, wobei die Zahlen in den letzten Jahren angestiegen sind. Die Schadenslawinen wurden in den 1990er Jahren nicht mehr registriert. Im Zeitraum von 1967 bis 1991 haben 4966 Schadenslawinen Siedlungen, Straßen und Wälder zerstört.

Mineralische Rohstoffe und Bergbau

Einleitung

Gemessen an globalen Maßstäben weist Österreich nur kleine und kleinste Lagerstätten auf, und überdies ist die Gewinnung von mineralischen Rohstoffen durch die äußerst komplizierte Tektonik mit Deckenüberschiebungen und gestaffelten Bruchlinien schwierig und kostspielig. Nichtsdestoweniger besitzt Österreich eine bedeutende kulturhistorische Tradition des Bergbaus, von der sich bis heute noch der Salzbergbau und der Eisenerzabbau erhalten haben.

Nach dem Zusammenbruch der Monarchie war der kleine Staat ferner gezwungen, den Verlust der reichen Steinkohlefelder in Oberschlesien durch den Abbau relativ minderwertiger Braunkohle zu ersetzen. Neu hinzu kam seit der Zwischenkriegszeit die Erschließung von Erdölrevieren und in der Nachkriegszeit von Erdgaslagern. Von Weltrang geblieben ist nur der Abbau von Magnesit, der bereits in die Monarchie zurückreicht, welche darin ein Weltmonopol besessen hat.

Historischer Bergbau

Der *Salzbergbau* ist an die nördlichen Kalkalpen gebunden und tritt hier im sogenannten ostalpinen „Salinar" auf, welches eine bis 35 km breite Zone von Tirol bis nach Niederösterreich bildet. Darin liegen Salzvorkommen und Lagerstätten, darunter in Hall in Tirol, Hallein, Hallstatt, Bad Ischl, Altaussee, ferner Hall bei Admont in der Steiermark und Mariazell.

Der Salzbergbau war die Grundlage der Hallstattkultur, der älteren Stufe der Eisenzeit (rd. 750 – 450 v. Chr.). Die reichen Grabfunde von Hallstatt (Salzkammergut) haben der Epoche den Namen gegeben. Bedeutende Untertagbetriebe der Hallstattzeit mit Zimmerungen, Förder- und Steiganlagen wurden in Oberösterreich, Salzburg und Tirol gefunden.

Anfang des 16. Jahrhunderts erfolgte die Monopolisierung der Produktion durch die Landesfürsten von Oberösterreich (Habsburger) und Salzburg (Erzbischöfe). Als kulturhistorischer Raum von spezifischer Prägung entstand das sogenannte Salzkammergut, welches heute auf drei Bundesländer, nämlich die Steiermark, Oberösterreich und Salzburg, aufgeteilt ist. Die Sonderstellung als Kammergut des Landesfürsten hatte schon sehr früh eine durchgreifende Reglementierung der auf Salzgewinnung abgestellten Siedlung und Wirtschaft zur Folge. Bereits im 18. Jahrhundert wurden die Wälder einer forstlichen Pflege zugeführt. Doch waren sie bis zum Ende des 19. Jahrhunderts mit Servituten der Berg-, Holz- und Salinenarbeiter belastet, deren Kleinanwesen auch eine gewisse Eigenversorgung mit Lebensmitteln ermöglichten, wenn auch Teile der nach Norden anschließenden Flyschzone und des Alpenvorlandes als Proviantbezirke dem Kammergut zugeordnet waren. Die Verwaltungsreform des aufgeklärten Absolutismus (1786) beendete diese Vorzugsstellung. Nahezu gleichzeitig erfolgte jedoch die Entwicklung zur feudalen Erholungslandschaft mit der Errichtung von Solebädern in Bad Ischl, Gmunden und Bad Aussee. Darüber hinaus wurde das Salzkammergut zum kaiserlichen Jagdrevier.

Die Salzwirtschaft mit ihren Nachfolgebetrieben (der chemischen Industrie Ebensee) geriet infolge der Konkurrenz der Meersalze schon um 1900 in Schwierigkeiten, und nach dem Zweiten Weltkrieg wurden im Zuge von Rationalisierungsmaßnahmen die Sudwerke in Bad Aussee und Hallstatt stillgelegt (vgl. unten).

Das zweite wichtige historische Produkt war das *Eisen*. Erste Funde gehen auf das 7. Jh. v. Chr. zurück. Das Eisen gewann erhöhte Bedeutung bei den Kelten für die Herstellung von Waffen und Werkzeugen. Die Ausgrabungen auf dem Magdalensberg in Kärnten, dem Zentrum des norischen Königtums, dokumentieren eindrucksvoll die Rolle des von den Norikern wahrscheinlich am Hüttenberger Erzberg in Kärnten gewonnenen „Norischen Eisens". Die Wiederaufnahme der Eisengewinnung erfolgte bereits im Mittelalter in zwei Räumen, und zwar einerseits in der Steiermark im Anschluß an den steirischen Erzberg und andererseits in Kärnten im Raum um den Hüttenberg in der nördlichen Saualpe.

Während sich der Salzbergbau unter staatlicher Verwaltung befand, führten den Erzabbau hauptsächlich Genossenschaften persönlich freier Bergleute durch. Gegen Ende des 15. Jahrhunderts kamen immer mehr große private Kapitalgeber hinzu. Es entstand die Rechtsform der bergmännischen Gewerkschaft, deren Teilhaber, die Gewerken, Miteigentümer der Bergwerke waren und die persönliche Haftung übernahmen.

Im Zuge der Weiterverarbeitung des Eisens durch Hammerwerke entstanden in den wald- und wasserreichen Regionen, vor allem in der Steiermark und in Oberösterreich, aber ebenso auch in Kärnten, spezielle, vom Eisen und der Eisenverarbeitung geprägte Regionen. Auf die sogenannte Eisenwurzen im Gebiet nördlich des Erzberges, welche in vorindustrieller Zeit ein Zentrum der europäischen Kleineisenindustrie war, wurde bereits eingegangen. In Kärnten lag die Haupteisenwurzen um den Hüttenberger Erzberg.

Ebenfalls auf die Römerzeit gehen die ersten *Bergbaue auf Gold, Silber und Blei* in den Hohen Tauern zurück. Zahlreiche Namen erinnern an den weit verbreiteten Bergsegen (Goldberg, Goldzeche, Arzberg, Arzleiten, Hüttenberg, Knappenberg, Reichenfels, Silberegg). Im Hochmittelalter, vor allem aber im 15. und im 16. Jahrhundert, erlebte der Edelmetallbergbau einen starken Aufschwung. Im gesamten Gebiet der östlichen Hohen Tauern wurde damals nach Gold gegraben, vielfach in Höhen bis zu 2900 m. Im Bereich Rauris-Gastein begann der Goldbergbau bereits Ende des 13. Jahrhunderts und erreichte im 16. Jahrhundert den Höhepunkt (Gewerkenhäuser in Bad Hofgastein). Auf dem eisfreien Boden der Pasterze ist 1446 Goldgewinnung belegt.

Der Silberbergbau hatte in Tirol die reichsten Gruben (Rattenberg, Sterzing, Kitzbühel, Schwaz). Der Höhepunkt der Silberförderung wurde um 1520/30 mit insgesamt etwa 25 000 kg Förderung pro Jahr erreicht. Davon entfielen allein auf Schwaz mehr als 20 000 kg. Etwa ab 1580/90 ging die Förderung stark zurück und wurde bereits im 17. Jahrhundert bedeutungslos. Die wachsende Konkurrenz des südamerikanischen Silberbergbaus, Raubbau, Erschöpfung der Gruben und Holznot waren die Ursachen. Heute wird in Österreich kein Silberbergbau mehr betrieben. Dasselbe trifft für Gold zu, wobei letzte Versuche noch 1937/38 durch den Londoner Eldron Trust und 1941/44 durch die Preuß AG im Raum Badgastein erfolgt sind. Als wichtigstes Erbe davon verblieb der 2,5 km lange Imhoff-Stollen, der jetzt als Heilstollen für den Kurbetrieb dient.

Eine ganze Reihe von Städten und Märkten wie Schladming in der Steiermark, das neben Zeiring an der Pöls einen der ältesten Bergbriefe besitzt, ferner Schwaz, Kitzbühel und Hall in Tirol, Leoben (Steiermark), Bleiburg und Eisenkappel (Kärnten) verdanken dem Bergbau ihre Stadt- und Marktrechte und den bemerkenswerten historischen Baubestand, der zum Großteil unter Denkmalschutz steht.

Bergbau in der Ersten Republik: Braunkohle und Erdöl

Durch den Verlust der reichen Steinkohlenreviere in Oberschlesien sah sich der Kleinstaat gezwungen, auf die Braunkohlenlager, welche nur geringe Bonität aufweisen, zurückzugreifen, und zwar im Alpenvorland (Hausruck), in der Mur-Mürz-Furche (Judenburg, Leoben) und im Aflenzer Becken in der Obersteiermark, auf die Tagbaue in der Weststeiermark bei Voitsberg und Köflach, ferner auf Lagerstätten im Raum Zillingsdorf-Neufeld bei Wiener Neustadt sowie Gloggnitz und Berndorf am Rand des Wiener Beckens. 1925 konnte die Förderung mit 3 Mio. Tonnen Braunkohle knapp 40 % des Bedarfs decken.

Im gleichen Jahr begann die systematische Aufschließung von *Erdöl*. Gösting II wurde von Karl Friedl, Ehrendoktor der Montanuniversität, gefunden. Daraufhin gründeten Shell und Vakuum Oil gemeinsam die Rohölgewinnungs AG (RAG). Während der Zugehörigkeit zum Deutschen Reich wurde die Erdölgewinnung stark forciert. 1946 erklärte die sowjetische Besatzungsmacht die Erdöl- und Erdgasgewinnung in Österreich zum Deutschen Eigentum und gründete zur weiteren Nutzung die Sowjetische Mineral-ölverwaltung (SMV). Erst nach dem Staatsvertrag kamen im August 1955 die Erdöl- und Erdgasfelder in den Besitz der Republik. Nachfolgerin der SMV wurde die staatliche Österreichische Mineralölverwaltung (OMV).

Das österreichische Erdölrevier umfaßt zwei Hauptgebiete, nämlich das Wiener Becken, das einen außerordentlich komplizierten geologischen Stockwerksbau aufweist, und die oberösterreichische Molassezone im Alpenvorland (Voitsdorf). Das größte Ölfeld ist das Feld Matzen im Weinviertel, welches 1949 entdeckt wurde, weiters sind Sattledt und Kemating (alle RAG Oberösterreich) von Bedeutung.

Die Effekte der internationalen Konkurrenz in der Zweiten Republik

Die Entwicklung in der zweiten Hälfte des 20. Jahrhunderts war durch den Preisverfall auf den Rohstoffmärkten und durch eine Kette von Schließungen in nahezu allen Bergbaubereichen bestimmt. 1977 wurde der Kupferbergbau in Mitterberg in Salzburg und 1993 der Bleibergbau in Bleiberg-Kreuth in Kärnten geschlossen.

Als einziger *Erzabbau* in Österreich hat sich der treppenförmige Tagbau von Spateisenstein mit ca. 33 % Eisengehalt bei Eisenerz erhalten (vgl. Bild 40). Hier betrug die Fördermenge rund 1,8 Mio. Tonnen (2000) bei insgesamt 260 Beschäftigten.

Positiv hat sich nur der wiedereröffnete Wolframerzbergbau im Felbertal in der Nähe der Tauernautobahn in Salzburg mit einer Förderung von über 410 000 t (2000) zum bedeutendsten Abbau in Mitteleuropa entwickelt. Das Erz wird in Pölfling-Bergla, im Westen von Graz, verhüttet.

In der *Salzwirtschaft* wurden im Zuge von Rationalisierungsmaßnahmen stillgelegt: 1965 die Salinen Bad Ischl und Hallstatt, 1967 der Salzbergbau und die Saline in Hall in Tirol, 1983 die Saline Bad Aussee, 1989 der Salzbergbau und die Saline Hallein in Salzburg. Mit dem Beitritt Österreichs zur EU ist das Salzmonopol gefallen. Die Privatisierung brachte eine Reorganisation und einen Anstieg der Soleproduktion der Saline Ebensee auf 1,2 Mio. Tonnen und der Salzproduktion der Salzbergwerke Altaussee, Bad Ischl und Hallstatt auf 3,1 Mio. m^3 (2000).

Aufnahme: Lichtenberger.

Bild 40: Eisenerz mit Erzberg, Stmk.

Bereits in den 1960er Jahren setzte die Schließung der *Braunkohlenbergwerke* ein, 1960 in Ratten (Steiermark), 1964 in Seegraben bei Leoben (Steiermark), 1965 in Grünbach am Schneeberg (Niederösterreich), 1968 in St. Stefan im Lavanttal (Kärnten), 1978 in Fohnsdorf (Steiermark, mit 1130 m der tiefste Braunkohlenbergbau der Welt), 1995 in Ampflwang im Hausruck (Oberösterreich, wo 1980 noch 435 000 Tonnen von 1629 Bergleuten gefördert wurden), 1997 in Trimmelkamm in Oberösterreich. Es ist nur mehr der Köflach-Voitsberger Tagbau mit einer Förderung von 1,2 Mio. Tonnen (2000) in Betrieb. Die anderen Braunkohlenabbaue hat auch die Errichtung kalorischer Kraftwerke nicht retten können. Die Reserven im Köflacher Revier werden auf 30 Mio. Tonnen im großräumig abbaubaren Tagbau geschätzt.

Beim *Erdöl* konnte bis 1958 noch der gesamte Erdölbedarf aus heimischen Quellen gedeckt werden. 1980 betrug der Selbstversorgungsgrad nur mehr 15,1 % und 1992 12,0 %. Die Förderung wurde von 3,66 Mio. Tonnen, dem Maximum in der russischen Zeit, auf ein Drittel zurückgenommen und

betrug 2000 nur wenig mehr als 1 Mio. Tonnen.

Das geförderte Rohöl wird zur Gänze in der Raffinerie Schwechat der OMV im Südosten von Wien verarbeitet, die eine Verarbeitungskapazität von 10 Mio. Tonnen pro Jahr aufweist.

Für den Transport von Erdöl ist die Transalpine Ölleitung (TAL), die von Triest über Kärnten, Salzburg und Tirol nach Ingolstadt verläuft, von Bedeutung. Von der TAL zweigt in Würmlach (Kärnten) die Adria-Wien-Pipeline (AWP) ab, die die Raffinerie Schwechat mit Importrohöl versorgt.

Durchaus positiv hat sich in der Nachkriegszeit die *Erdgasgewinnung* in Österreich entwickelt. Sie betrug 2000 1,8 Mrd. m³. Die bedeutendsten Erdgasfelder liegen im Wiener Becken (Matzen, Zwerndorf) und in der Molassezone in Oberösterreich (Puchkirchen, Pfaffstätt, Friedburg und Atzbach). Mit dem Feld Höflein (2700 bis 3000 m tief) liegt ein erstes Feld mit wirtschaftlicher Förderbarkeit unter den Alpen vor. 2000 konnten rund 22 % des österreichischen Erdgasbedarfes aus heimischen Quellen gedeckt werden. Die Erdgasreserven betrugen 2000 25,8 Mrd. m³. Als Speicher werden teilweise ausgeförderte unterirdische Lagerstätten in Tiefen zwischen 500 und 1200 m verwendet.

Österreich hat mit der Trans-Austria-Gasleitung (TAG) von Baumgarten an der March in Niederösterreich bis Arnoldstein in Kärnten und der West-Austria-Gasleitung (WAG) von Baumgarten an der March bis in die Gegend von Passau Anteil am europäischen Gasleitungsnetz. Diese Leitungen dienen seit 1968 nicht nur als Transitleitungen mit sehr beachtlichen Jahresleistungen (17,5 Mrd. m³ Erdgas jährlich), sondern transportieren auch Gas für die heimische Versorgung.

Während sich der Großteil der Betriebe seit dem Verstaatlichungsgesetz im Besitz der Republik befindet, sind die Erdölfelder in Oberösterreich (RAG) und die Magnesitbergbaue in Privatbesitz.

Neben den negativen Tendenzen im Bergbau gibt es auch positive Entwicklungen.

Magnesit

Magnesit ist das Herzeigeprodukt des österreichischen Bergbaus gewesen. Seit Mitte der 1990er Jahre sind die Fördermengen stark rückläufig (2000: 725 000 t). Doch ist auf der Grundlage von Magnesit ein weltweit führender Konzern im Industrieofenbau, die RHI (Radex Heraklith Industry), entstanden, welcher von der Zentrale im Twin Tower in Wien aus die Logistik von 60 Produktionsstandorten auf vier Kontinenten steuert und mit 13 650 Mitarbeitern einen Umsatz von 2 Mrd. EUR erzielt. Die Geschichte des Unternehmens reicht in die k.u.k. Monarchie zurück, 1899 wurde die Veitscher Magnesitwerke AG gegründet, welche Kriege und Wirtschaftskrisen überstand. Sie schloß sich

	1970	2000
Salinen		
Bergbaubetriebe	4	4
Beschäftigte	*422*	*403*
Sudhütten	3	–
Beschäftigte	*380*	*–*
Sole 1000 m³	1769	3130
Steinsalz t	940	1280
Eisenerz		
Betriebe	3	1
Beschäftigte	*3 026*	*260*
Produktion in 1000 t	3 996	1855
Blei- und Zinkerz		
Betriebe	1	–
Beschäftigte	*560*	*–*
Produktion in 1000 t	219	–
Braunkohle		
Betriebe	15	3
Beschäftigte	*6 240*	*408*
Produktion in 1000 t	3 669	1255
Erdöl und Erdgas		
Betriebe	5	12
Beschäftigte	*4 418*	*1 385*
Erdöl in 1000 t	2 798	1056
Erdgas in 1 Mio. m³	1 897	1805

	1970	2000
Magnesit		
Betriebe	9	6
Beschäftigte	*971*	*86*
Produktion in 1000 t	1609	726
Steine und Erden		
Dolomit		
Betriebe	4	95
Beschäftigte	*77*	*510*
Produktion in 1000 t	1 107	7 152
Kalkstein und Marmor		
Betriebe	–	167
Beschäftigte	*–*	*1 516*
Produktion in 1000 t	–	23 824
Quarz und Quarzsand		
Betriebe	20	222
Beschäftigte	*114*	*469*
Produktion in 1000 t	569	7 357
Ton		
Betriebe	10	59
Beschäftigte	*163*	*576*
Produktion in 1000 t	337	1 722

Tab. 25: Struktur des österreichischen Bergbaus 1970 und 2000

Quelle: Stat. Jb., 2002, S. 316f.

1993 mit der in der Zwischenkriegszeit gegründeten Austro-American Magnesite Company als Veitsch-Radex AG zusammen. Marktführer in Europa wurde der Konzern durch die Übernahme von Dolomite Franchi in Italien (1993) sowie der Didier-Werke AG in Deutschland (1995). 1998 in RHI umbenannt, übernahm er 1999 u. a. die amerikanische Konkurrenz Harbison-Walker, von der er sich bereits 2002 aufgrund der Asbestklagen unter schwersten Verlusten wieder trennen mußte. Während die Bergbaustandorte mit Ausnahme von Breitenau geschlossen wurden, ist der Erfolg der industriellen Weiterverarbeitung von Magnesit letztlich dem internationalen Bürosektor von Wien zugute gekommen.

Steine und Erden

Anders als beim Magnesit bilden die Produktionszahlen von Steinen und Erden eine Erfolgsstory. Ebenso wie beim Magnesit wurden zwei Großbetriebe von der Internationalisierung des Finanzkapitals erfaßt. Die Konzernzentralen verblieben in Wien.

Die „Wienerberger" haben sich in den letzten zwei Jahrzehnten von einem österreichischen Ziegeleibetrieb zu einer internationalen Unternehmensgruppe mit über 120 Fabriken in fast allen europäischen Ländern sowie in Amerika und Asien entwickelt. Die Unternehmensgeschichte des 1819 von A. Miesbach gegründeten Betriebs steht mit der Errichtung von Prachtbauten an der Ringstraße in einem engen Zusammenhang. Der doppelt gebrannte Wiener Ziegel auf der Grundlage tertiärer Tegel im Wiener Stadtraum kann auf eine mittelalterliche Tradition verweisen.

Unter internationalem Druck sind die Perlmooser Zementwerke an den internationalen französischen Konzern Lafarge verkauft worden. Der Firmenname ist verschwunden. Die wichtigsten Werke liegen in Mannersdorf am Leithagebirge, in Rodaun südlich von Wien und in Kirchbichl in Tirol.

Neben diesen wenigen Großbetrieben ist die österreichische Szene jedoch durch die Vielzahl von lokalen Bergbaubetrieben gekennzeichnet, welche in der Rubrik der „grundeigenen mineralischen Rohstoffe" im Rahmen des Österreichischen Berggesetzes 1975 nur der Gewerbeberechtigung und einer grundsätzlichen Zustimmung von seiten der Behörde bedürfen. Insgesamt sind in der Gewinnung von Dolomit, Kalkstein, Mergel, Quarzsand, Quarzit, Kiesel, Basalt und sonstigen Gesteinen über 500 Betriebe registriert (vgl. Tab. 25).

Die für die österreichische Wirtschaft kennzeichnende Dichotomie zwischen zahlreichen Klein- und Kleinstbetrieben und wenigen Großbetrieben trifft damit auch auf die gegenwärtige Bergbausituation zu.

Bemerkenswert ist die Initiative von seiten des Föderalismus, aber auch lokaler Organisationen, den historischen Bergbau in Österreich in Form von Schaubergwerken einem interessierten Publikum zugänglich zu machen. Insgesamt sind derzeit 31 Schaubergwerke zu besichtigen, 1994 hat das Salzbergwerk in Hallein über eine Viertelmillion Besucher gezählt. Im Rahmen des aufstrebenden Kulturtourismus besitzt eine zielgruppenorientierte Vermarktung von historischen Schaubergwerken eine gute Zukunftschance.

Wasserkraft und Elektrizitätswirtschaft

Einleitung

Österreich ein Alpenstaat. Die Alpen sind das Wasserschloß Europas. Ähnlich wie in der Schweiz sind daher die Wasserkräfte stets wichtige Energielieferanten gewesen. Der Aufbau der österreichischen Elektrizitätswirtschaft gehört zur Erfolgsstory des Staates in der Nachkriegszeit, als unter dem Gesichtspunkt möglichst großer Unabhängigkeit vom Ausland in der Elektrizitätswirt-

schaft auch ein massiver Ausbau der Speicher- und Laufkraftwerke betrieben wurde. Die West-Ost-Differenzierung des Naturraums in Hinblick auf die natürlichen Ressourcen wird durch die Verteilung von Pumpspeicherwerken in der westlichen Hälfte Österreichs nachgezeichnet, während sich längs der Flüsse an der Ostabdachung der Alpen die Laufkraftwerke aneinanderreihen (vgl. Karte 7).

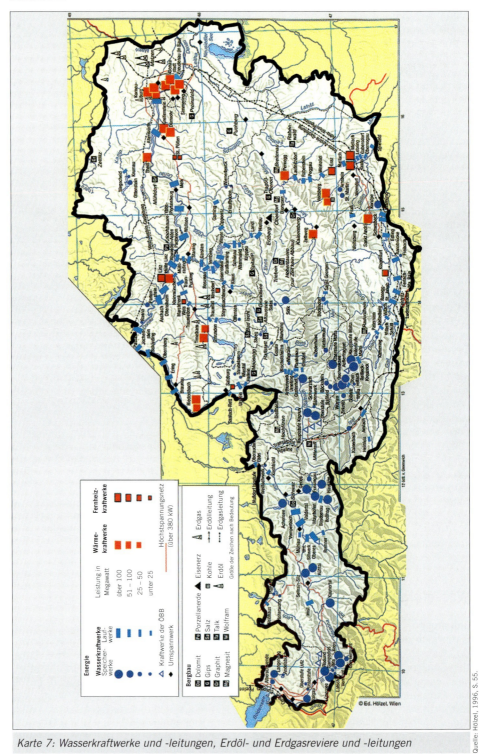

Karte 7: Wasserkraftwerke und -leitungen, Erdöl- und Erdgasreviere und -leitungen

Quelle: Hölzel, 1996, S. 55.

In der zweiten Hälfte des 20. Jahrhunderts hat sich in Österreich, einem mit der Schweiz vergleichbaren Staat mit ähnlicher ökologischer Ausstattung und ökonomischer Struktur, eine synchrone Entwicklung zwischen dem Wachstum des Wohlstands, gemessen am BIP, und dem Energieverbrauch vollzogen. Diese Wachstumsspirale des Energieverbrauchs wird weltweit durch die massive reale Verbilligung der Energie, gemessen an den Löhnen und am Warenkorb des Verbrauchs, angetrieben und bedingt letztlich die energieverschwendenden Muster von Siedlung und Verkehr sowie der Aktivitäten der Bevölkerung.

Noch stärker als in der Schweiz dominieren in Österreich bei der Inlandsaufbringung von Energie die Wasserkraft mit 38 % und die Biomasse mit 33 %, während die Verwendung von fossilen Brennstoffen (Kohle, Erdöl und Erdgas) in der Schweiz weitgehend durch den Strom aus Atomkraftwerken ersetzt wird. In der Elektrizitätswirtschaft steht Österreich mit einem Deckungsgrad von rund 70 % durch Wasserkraftwerke in der Stromversorgung in dieser Hinsicht an erster Stelle in der Europäischen Union.

Die gegenwärtige Struktur von Kraftwerken und Leitungen ist unter dem Vorzeichen eines Staatsmonopols entstanden und ist der Ideologie des sozialen Wohlfahrtsstaates als Zuteilungsstaat verpflichtet gewesen. Mit dem Beitritt zur EU ist in der Elektrizitätswirtschaft infolge der Liberalisierung ein rasanter Umbruch in Gang gekommen, dessen mittel- und langfristige Auswirkungen derzeit kontroversiell prognostiziert werden.

Historische Rahmenbedingungen

Bereits in der Zwischenkriegszeit begann die Umstellung der österreichischen Elektrizitätswirtschaft von der Kohleversorgung in der k. u. k. Monarchie auf der Basis des oberschlesischen Kohlereviers auf die planmäßige Nutzung der in Österreich reichlich vorhandenen Wasserkräfte. Damals entstanden auch die ersten 110-kV-Leitungen von der Steiermark und Oberösterreich nach Wien. Große Ausbaupläne hatte das „Dritte Reich" zwischen 1938 und 1945 – unter anderem war ein Komplettausbau der Donau mit Laufkraftwerken geplant. Mehrere Groß-

kraftwerke, darunter Kaprun in den Hohen Tauern, erlebten die erste Bauphase. Insgesamt ist der Ausbau der Wasserkräfte in Österreich in der Nachkriegszeit später erfolgt als in Italien und in der Schweiz. Ein Komplettausbau wurde durch die grüne Bewegung und Lokalinitiativen, die zu Großaktionen anwuchsen, in den 1980er Jahren abgestoppt. In Osttirol mußten die Errichtung eines Kraftwerks im Kalser Tal ebenso wie die Verbauung der Umbalfälle fallengelassen werden. Im Wiener Raum gelang es der geschickten Politik des Wiener Vizebürgermeisters Mayr, in einer mit der Weltausstellung Wien-Budapest gekoppelten Volksbefragung die Akzeptanz der Wiener Bevölkerung für die Errichtung des Donaukraftwerks Freudenau zu erlangen, während die Abhaltung der Weltausstellung keine Zustimmung gefunden hat.

Energiepolitik als Staatsmonopol

In der Nachkriegszeit wurden 1947 durch das Zweite Verstaatlichungsgesetz alle Kraftwerke mit mehr als 200 kW und alle Eigenversorgungsanlagen mit einer jährlichen Stromabgabe von mehr als 100 000 kWh an betriebsfremde Verbraucher verstaatlicht. Damit begann die Erlassung einer Reihe von Gesetzen, welche der Ideologie des sozialen Wohlfahrtsstaates entsprachen. Das *Verstaatlichungsgesetz* 1947 begründete:

- die Mehrheit der öffentlichen Hand (Bund, Länder, Gemeinden) an den Energieversorgungsunternehmen von mindestens 51 %, die nur mit Zweidrittelmehrheit geändert werden kann;
- die Gebietsaufteilung für die einzelnen Energieversorgungsunternehmen;
- die Preisregelung für den vom Verbund an die Landesenergieversorgungsunternehmen, die kommunalen Versorger bzw. Endverbraucher gelieferten Strom sowie
- die Versorgungspflicht durch Eigenproduktion bzw. Zukauf oder Tausch von Strom.

Folgende, der Aufgabenteilung der Hauptträger entsprechende, *mehrstufige Organisation* wurde beschlossen:

1. Entsprechend der Aufgabenverteilung zwischen Zentralismus und Föderalismus wurde der *Verbundkonzern* mit der überregionalen Aufgabe betraut, die Stromvertei-

lung im gesamten Bundesgebiet zu übernehmen und mit dem Eigentum an Höchstspannungsleitungen für den Ausgleich zwischen Erzeugung und Bedarf zu sorgen.

Der Verbundgesellschaft unterstehen die folgenden Sondergesellschaften mit Großkraftwerken:

Kraftwerk	Leistung in GWh
Österr. Donaukraftw. AG	11 749
(mit 8 Donaukraftwerken)	
Draukraftwerke AG	3 942
Tauernkraftwerke AG	3 421
Ennskraftwerke AG	1 113
Verbundkraft E-Werke GmbH	451
Donaukraftwerk Jochenst. AG	419
Österr.-Bayer. Kraftwerke AG 1	1508
Vorarlberger Illwerke AG	769

2. Für die regionale Stromversorgung sind die jeweiligen *Landesgesellschaften* zuständig, welche Strom erzeugen und an kommunale sowie an private E-Werke und Privatkunden im jeweiligen Bundesland abgeben und das Leitungsnetz in ihrem Versorgungsgebiet betreiben. Aufgrund der sehr unterschiedlichen natürlichen Ressourcen an Wasserkraft und der unterschiedlichen Investitionen von seiten ausländischer Interessenten entstand eine regionale Differenzierung der Preise. Alle Länder mit Ausnahme des Burgenlands (nur dieses bezieht den Strom vom Verbundkonzern) besitzen eigene Kraftwerke. Diese regionalen Unterschiede werden heute im 21. Jahrhundert, in welchem der Stromkunde die Preise im Internet abrufen kann, offengelegt. Von Ost nach West besteht ein Preisgefälle von fast zwei zu eins.

3. *Stadtwerke* (u. a. Graz, Linz, Salzburg, Innsbruck, Klagenfurt) für Stadt und Umland sind eine Mischform mit verschiedenen Geschäftsfeldern, wobei im wesentlichen die Gewinne aus dem Stromsektor zur Verlustabdeckung im defizitären Nahverkehr verwendet werden.

1968 wurde das Starkstromleitungsgesetz erlassen und damit der Verbundgesellschaft der Ausbau der überregionalen Starkstromleitungen aufgetragen. Die gegenwärtige Struktur des Netzes ist durch die auch in anderen Bereichen auffällige West-Ost-Dichotomie sowie eine externe Ausrichtung gekennzeichnet (vgl. Karte 7). Von Vorarlberg und Tirol führen 380-kV-Hochspannungsleitungen einerseits in die Schweiz und andererseits in die Bundesrepublik Deutschland, und zwar von Vorarlberg bis ins Ruhrgebiet und von Tirol nach Baden-Württemberg und Bayern.

Ferner führt die Hochspannungsschiene, welche die Laufkraftwerke an der Donau verbindet, nach Bayern und damit in das Netz der Bundesrepublik Deutschland. Eine leistungsfähige innerösterreichische Verbindung zwischen beiden Hochspannungsleitungen fehlt. Vom seit langem geplanten Hochspannungsring, der von Wien aus über Innerösterreich und Osttirol nach Salzburg und über den Inn an die Donaustrecke heranführen soll, fehlen größere Teilstücke.

1976 wurde mit dem Preisgesetz eine Tarifregelung vorgenommen. Bis zum Ende des 20. Jahrhunderts erfolgte in Österreich die Festsetzung der Strompreise nicht über den Markt, sondern wurde durch das staatliche Preisgesetz geregelt. Der Preisantrag wurde durch den Verbundkonzern an das Wirtschaftsministerium gestellt, wobei in das Vorprüfungsverfahren auch Vertreter der gesetzlichen Interessenvertretungen eingebunden waren und die weitere Behandlung durch die Paritätische Preiskommission erfolgt ist.

1978 hat Österreich mit dem *Atomsperrgesetz* auf der Grundlage einer Volksabstimmung schon beachtlich lange vor dem Reaktorunfall von Tschernobyl (1986) die Inbetriebnahme des fertigen Atomkraftwerks Zwentendorf verhindert und das atomfreie Zeitalter begonnen.

1984 wurde mit der *Besetzung der Hainburger Au* durch Wiener Studenten der *Bau des Donaukraftwerks Hainburg verhindert*.

1996 wurde auf diesem Areal der Nationalpark Donauauen eingerichtet.

Entsprechend der Stärke der ökologischen Bewegung sind in Österreich die Grundintentionen der Energiepolitik mehr als in anderen Staaten bisher jedenfalls auf die Schaffung von erneuerbaren Energien hin ausgerichtet. Es bestehen von der Basis her, und zwar von der Verbrauchergruppe der Haushalte ausgehend, sehr breite und vielfältige Bemühungen um neue Wege in Hinblick auf die Verwendung von erneuerbaren und zugleich kostengünstigen Energi-

Bild 41: Donaukraftwerk Greifenstein, Niederösterreich

en (Solaranlagen, Windenergie, Biomasse, Stroh, Energiepflanzen, Biogas usf.). Diese Bemühungen weisen inzwischen beachtliche Erfolge auf; über sie informiert die neu eingerichtete Energieverwertungsagentur. Die „Modernisierung der Heizung" in den österreichischen Haushalten wird dadurch belegt, daß der traditionelle Hausbrand (Steinkohle, Briketts, Braunkohle) inzwischen weitgehend an Bedeutung eingebüßt hat, wobei allerdings bemerkenswerte regionale Unterschiede auftreten. So sind die Haushalte in den westlichen Bundesländern Tirol und Vorarlberg zur Gänze auf elektrischen Strom umgestiegen; in Innerösterreich erfolgt ein Comeback von Kachelöfen mit Holzfeuerung und eine Verwertung von Holzabfällen mittels Zentralheizungen, während die Haushalte im Burgenland, dem Wiener Beispiel folgend, auf Gas umgestiegen sind.

Gegenwärtige Struktur

Derzeit werden zwei Drittel der Energie aus der Wasserkraft, aus den Laufkraftwerken an den zahlreichen Flüssen, allen voran der Donau (Bild. 41), und aus den alpinen Speicherkraftwerken gewonnen. Der restli-

che Bedarf wird durch Wärmekraftwerke und Importe gedeckt. Zwischen 1970 und 2000 hat sich die Stromproduktion mehr als verdoppelt (vgl. Tab. 26).

Kraftwerke	1970	2000
Wasserkraftwerke		
Laufkraftwerke	13 091	31 127,7
Speicherkraftwerke	6 205	12 412,0
Insgesamt	**19 296**	**43 539,7**
Wärmekraftwerke		
Steinkohle	304	4 432,0
Braunkohle u. a.	1 907	1 292,3
Heizöl	1 132	1 588,3
Naturgas	2 878	7 845,8
Sonstige	302	3 094,9
Insgesamt	**6 221**	**18 253,3**
Inländische Stromerzeugung	**25 818**	**61 793,0**

Tab. 26: Aufbringung elektrischer Energie in Österreich 1970 und 2000 (in GWh)

Quellen: Energiebericht, 1996; Strom in Österreich, 2000; www.veoe.at.

Die Liberalisierung des Strommarktes

Mit der vollen Liberalisierung des Strommarktes, wie sie durch die Vorgaben der EU für 2004 vorgesehen sind, befindet sich die österreichische Elektrizitätswirtschaft in vollem Umbruch. Mit der gesetzlichen Vorwegnahme vom 1.10.2001 hat sich der Stromsektor grundlegend geändert. Die Gebietszuweisung an bestimmte Unternehmen ist aufgehoben. Für die Betriebe ist die Trennung von Erzeugung, Verkauf und Stromnetz verbindlich geworden. Nach Jahrzehnten einer Politik, welche gemeinwirtschaftliche Überlegungen in den Vordergrund rückte, erlangen nunmehr Preisüberlegungen den Vorrang. Der „saubere Strom" Österreichs steht in der Preiskonkurrenz mit billigem Atomstrom in West und Ost. Der kapitalintensive Bau von Wasserkraftwerken ist damit vorläufig zu Ende. Gravierend ist die Änderung der Preispolitik gegenüber dem Verbraucher. War nach den Intentionen des sozialen Wohlfahrtsstaates der Kleinverbraucher mit dem Großverbraucher gleichgestellt und wurden sogar Überlegungen diskutiert, für Stromsparen einen Bonus in Form von Preisabschlägen zu gewähren, so ist in einer Zeit der „economies of scale" wieder der Großabnehmer am Zug, der die Preise mit den Stromerzeugern aushandeln kann.

In außerordentlichem Tempo erfolgen auf der institutionell-betrieblichen und räumlichen Ebene zwei entscheidende Scherenbewegungen: Auf der einen Seite ist die angestrebte gesamtösterreichische Lösung des „Verbunds" als gescheitert zu betrachten und eine beeindruckende Individualität föderalistischer Lösungen in Sicht. Auf der anderen Seite benützen der französische Staatsbetrieb und deutsche Großkonzerne Österreich als Sprungbrett zum Südosten und nehmen damit, im strategischen Rahmen der EU-Energiepolitik, schon die EU-Osterweiterung vorweg! Die Tendenz „mehr privat, weniger Staat" geht daher in Österreich in Richtung „weniger Staat, mehr Föderalismus".

▨ Der Verbund konnte nur die EASTAG (Steiermark) für eine Allianz zur Austria Süd (EAS) gewinnen und wurde vor seinem Börsengang in drei Unternehmen aufgegliedert. Die Austrian Hydro Power betreibt 76 Kraftwerke (davon 5 kalorische), in denen die Hälfte des österreichischen Stroms erzeugt wird, Austrian Power Grid verwaltet das 3600 km lange Hochspannungsnetz, über das rund 90 % des Stroms in Österreich fließen. Austrian Power Trading ist das Stromhandelshaus des Konzerns.

▨ Die Ostregion mit Wien als Zentrum bildete einschließlich Niederösterreichs, des Burgenlands und Oberösterreichs einen neuen Stromkonzern, die Energie Allianz (EA), mit Wienstrom, EVN (Niederösterreich), BEWAG und BEGAS (Burgenland), Linz AG und Energie AG (EAG) für Oberösterreich mit der E&S als Kernunternehmen. Dieser Konzern umfaßt ein Gebiet mit 38 000 km² und rund 4 Mio. Kunden, welche die Tochtergesellschaft Switch als Stromhändler betreut.

▨ In den westlichen Bundesländern ist die Salzburg AG zum Energie- und Infrastrukturdienstleister des Bundeslandes für Strom, Erdgas, Fernwärme, Wasser, Verkehr, Telekommunikation, Kabel-TV und Internet geworden. Oberösterreich hält dabei die Sperrminorität! Tirol und Vorarlberg haben ihre Selbständigkeit gewahrt und sind schon seit Jahrzehnten durch langfristige Verträge mit deutschen Bundesländern (vgl. oben) verknüpft.

Von langfristig entscheidender Bedeutung sind die Interessen des Auslandskapitals in der österreichischen E-Wirtschaft. Hierbei ist der französische Staatskonzern EdF, der größte Stromkonzern der EU und größter Atomenergieerzeuger der Welt, bereits in Ungarn und Polen vertreten. Er hat bereits die Sperrminorität bei der STEWAG und damit in der Austrian Hydro Power erworben und fährt weiter auf Expansionskurs. Ebenso gehören ihm bereits 25 % des deutschen Konzerns EnBW, der ebenfalls Aktien beim Verbund und einen Liefervertrag mit VKW (Vorarlberg) hat. Dem deutschen Atomstromproduzenten RWE wurden 49 % der Kärntner KEH verkauft. Der deutsche Konzern E.ON ist dabei, den Verbund an sich zu binden, und besitzt überdies die Sperrminorität bei der oberösterreichischen Energie AG.

Der österreichische Föderalismus hat somit den internationalen Großkonzernen den Weg gebahnt.

Agrargesellschaft und Freizeitgesellschaft

Aufnahme: Lichtenberger.

Bild 42: Schladming, Niedere Tauern, Sommerprospekt.

Überblick

■ *Die Überlagerung der Agrargesellschaft durch die städtische Freizeitgesellschaft ist in Österreich mit nur mäßiger agrartechnischer Zerstörung der historischen Kulturlandschaft erfolgt.*
Hierbei wirkten zusammen:
● die staatliche Subventionspolitik der Agrarwirtschaft,
● die geringe Reduzierung der Zahl der Betriebe durch die Umstellung vom Voll- zum Nebenerwerb,
● eine zügige Umstellung auf den biologischen Landbau.

■ *Mit rund 100 000 Betrieben ist Österreich d a s Bergbauernland Europas.*
Die Tendenzen sind unterschiedlich:
● Die Reduzierung der Waldbauernhöfe hält weiter an.
● Die Almbauern können sich durch Partizipation am Tourismus besser halten.

■ *Österreich ist nahezu zur Hälfte Waldland:*
● Der Forst ist der Gewinner der Agrarkrise.

■ *Österreich weist die höchste Intensität des Tourismus auf:*
● Am kleinbetrieblichen Angebot partizipieren breite Bevölkerungsschichten.
● Die Nachfrage, in erster Linie aus der Bundesrepublik Deutschland, konzentriert sich auf Westösterreich.
● Der Wintertourismus hat den Sommertourismus zur Jahrtausendwende bereits überrundet.

Agrargesellschaft und Freizeitgesellschaft: Überblick

Einleitung

Österreich ist ein Alpenstaat. Agrargesellschaft und Freizeitgesellschaft sind in den ökologischen Stockwerksbau eingebunden. Es kommt zu Überlagerungen zwischen beiden im Hinblick auf die räumlichen Ansprüche, ebenso aber auch zur völligen Separierung. Mit Notwendigkeit muß die Agrarpolitik mit der Raumordnungspolitik eine Allianz eingehen. Allerdings deckt sich das agrarökologische Potential der Alpen für die traditionelle Agrargesellschaft nicht mit dem ökologischen Potential, welches die moderne städtische Freizeitgesellschaft benötigt. Dazu kommt ferner, daß die Agrargesellschaft vorwiegend negative Entwicklungstendenzen aufweist. In stark vereinfachter Form sind unter Bezug auf die Verortung im Raum folgende Aussagen möglich:

1. In Gunsträumen des Hochgebirges, deren ökologische Qualität etwa jener der Vorländer entspricht, erfolgt eine Modernisierung, Intensivierung und teilweise besitzmäßige Umstrukturierung der Landwirtschaft. Diese Situation ist für einen Teil des Klagenfurter Beckens ebenso charakteristisch wie für einen Großteil der inneralpinen Längstäler.

2. Überall dort, wo die ökonomische Marginalität nicht durch ökologische Attraktivität für eine expandierende städtische Freizeitgesellschaft substituiert werden kann, bilden Extensivierung und Aufgabe von Siedlung und Nutzung eine zwangsläufige und unaufhaltsame Konsequenz.

3. Zwischen einer stabilisierten Kernzone des Agrarraumes und den peripheren Extensivierungsgebieten liegt ein mehr oder minder breiter Gürtel der Extensivierung der ländlichen Siedlung und Wirtschaft, welcher teilweise morgen bereits zur Gänze verschwunden sein kann (vgl. Fig. 36).

Wenden wir uns dem Wachstumsmodell der Freizeitgesellschaft zu, so gelangen wir zu folgenden Aussagen:

1. Der harte Kern befindet sich außerhalb des Kernraumes der Landwirtschaft.

2. Die weitere Expansion greift zum Teil auch in den Agrarraum aus. Hierbei kommt es zur Integration ländlicher Siedlungen, wobei in diesen neue Lebensformen, wie der Fremdenverkehrsbauer und der Zweitwohnungsbauer, entstehen. Andererseits dringt die Freizeitgesellschaft über den Wintersport auch in die ökologische Gefahrenzone des Hochgebirges vor.

3. Die freizeitökologischen Möglichkeiten des alpinen Raumes sind insgesamt noch nicht ausgeschöpft. Die künftige Entwicklung wird jedoch entscheidend davon abhängen, ob von seiten der Raumordnungspolitik die bisher zum Teil nach kapitalistischen Spielregeln ablaufende Okkupation des Raumes durch die städtische Freizeitgesellschaft weiter unterstützt oder abgestoppt werden wird.

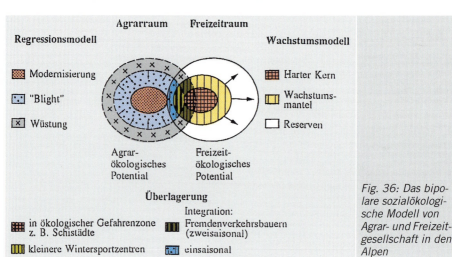

Fig. 36: Das bipolare sozialökologische Modell von Agrar- und Freizeitgesellschaft in den Alpen

Quelle: Lichtenberger, 1979, S. 402.

Es ist einsichtig, daß externe Einflußgrößen wie politische Leitbilder, Restriktionen des Bodenmarktes, Investitions- und Kreditmaßnahmen ebenso eine Rolle für die weitere Entwicklung spielen wie die agrarökonomische Konkurrenzsituation zwischen Gebirge und Vorland. Der Transfer von städtischem Kapital und Freizeitbevölkerung wirkt andererseits auch als Push-Faktor auf die politischen Entscheidungsträger. Die sozialen Organisationsformen der Agrarwirtschaft und des ländlichen Siedlungsraumes, die Verkehrslage und die technologische Aufschließung sind ebenfalls von Bedeutung.

Der Stockwerksbau des Agrar- und Freizeitraums in den Alpen

In sehr starker Vereinfachung und unter Vernachlässigung der West-Ost- und der Nord-Süd-Unterschiede ebenso wie der Unterschiede zwischen beregneten Außenflanken und trockenen Innenräumen wird von einer Gliederung des Dauersiedlungsraumes in drei ökologische Stockwerke ausgegangen (vgl. Fig. 37).

Über dem aus den Vorländern in die Alpen hereinreichenden untersten Stockwerk der Polykultur mit Wein- und Obstbau liegen zwei Stockwerke der Gebirgslandwirtschaft, die zum Teil nur unscharf zu trennen sind. Im unteren Stockwerk hat einst der Ackerbau vorgeherrscht, der heute nur mehr am Ostrand der Alpen vorhanden ist, während im oberen Stockwerk seinerzeit

Wechselwirtschaftssysteme (Acker – Grünland, Acker – Wald) dominiert haben. In der Nachkriegszeit ist ein durchgreifender Prozeß der Vergrünlandung im gesamten österreichischen Alpenraum erfolgt.

Beide Stockwerke waren über sehr komplizierte Staffelsysteme mit der Stufe der Hochweiden verknüpft, auf die noch speziell eingegangen wird. Durch die Intensivierung der Grünlandwirtschaft ist in den österreichischen Alpen eine Verstärkung des Wirtschaftszieles erfolgt, welches letztlich immer ein Primat besaß, nämlich das der Rinderhaltung. In den östlichen Alpen ist schließlich noch ein weiterer Wandel der mittleren Stufe anzuführen, und zwar insofern, als sich seit mehr als einem Jahrhundert der Forst als Gewinner der Krise der Berglandwirtschaft weitflächig ausbreiten konnte.

Die Höhenstufe ist zu einer Zone der Extensivierung geworden. Dort, wo der Fremdenverkehr Einzug gehalten hat, ist zwar eine Stabilisierung der Siedlungsgrenze erfolgt, die Zahl der Bevölkerung und der Bauten hat sogar zugenommen, nichtsdestoweniger hat jedoch die Extensivierung des Grünlands, auch rings um die Wintersportorte in den österreichischen Alpen, an Fläche gewonnen. In besonderem Maße gilt dies für die Almwirtschaft. Letztlich steht hinsichtlich Transportkostenbelastung, Gefahrenrisiko und Härte der Arbeitsbedingungen die traditionelle Hochweidewirtschaft in noch größerer Distanz zum Lebensstil, Wohlstands- und Konsumniveau

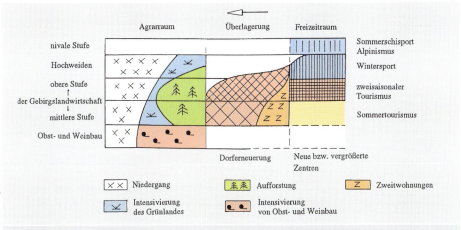

Quelle: Lichtenberger, 1984, S. 285.

Fig. 37: Der Stockwerksbau des Agrar- und Freizeitraums in den Alpen

der städtischen Freizeitgesellschaft als die Berglandwirtschaft.

In Hinblick auf die dritte Dimension im Freizeitraum zeigt sich, daß eine Inversion des Kapitaleinsatzes und der beteiligten Gesellschaftsschichten erfolgt ist. Der erste Schritt hierzu wurde von den alpinen Vereinen bereits um die Jahrhundertwende getan, als Hütten und Wege in der eigentlichen Anökumene und teilweise im oberen Saum der Hochweidenstufe angelegt wurden (vgl. Bild 43). Der zweite Schritt erfolgte durch die Anlage von Wintersportorten oberhalb der agraren Dauersiedlungen. Sie sind vielfach auf Arbeitskräfte von überregionalen Arbeitsmärkten angewiesen. Hierdurch erfolgt eine Segregation zwischen der Freizeit- und der Agrargesellschaft nicht nur räumlich, sondern auch funktionell.

Obwohl der Wintersport die Wachstumsindustrie par excellence in der subnivalen Stufe der Hochgebirge der österreichischen Alpen darstellt und vielfach als Nachfolge auf Flächen der Hochweidewirtschaft entstanden ist, hat er dieser nur teilweise von seinen Profiten abgegeben. Doppelnutzungen von Objekten und technischer Infrastruktur haben selbst in Tirol bestenfalls lokale Bedeutung.

Das höhere Stockwerk der Gebirgslandwirtschaft verfügt über die klimaökologischen Voraussetzungen für einen zweisaisonalen Fremdenverkehr. Im Gegensatz zum Wintertourismus ist jedoch der Sommerfremdenverkehr in höherem Maße an Siedlungs- und Kulturlandschaftsqualität gebunden. Verfallszonen von Siedlung und Nutzung schließen eine Ausbreitung weitgehend aus. Ob eine betriebswirtschaftliche Integration von Agrarwirtschaft und Fremdenverkehr erfolgt, hängt von einer Reihe von Einflußgrößen wie agrarsozialer Organisation, staatlicher Förderung, Gebäudestrukturen usw. ab. Am stärksten ist diese Integration in Tirol, wo über ein Drittel der Bergbauern als Fremdenverkehrsbauern zu bezeichnen sind. Im großen und ganzen hat der zweisaisonale Fremdenverkehr die Bergflucht gestoppt und durch sein rasches Wachstum sogar synchron eine Bevölkerungszunahme bewirkt. Nichtsdestoweniger konnte der Flucht aus der Landwirtschaft und der Extensivierung der Nutzung bestenfalls lokal Einhalt geboten werden.

In der unteren Stufe der Gebirgslandwirtschaft ist nur mehr Sommertourismus möglich. In Abhängigkeit von der Zugänglichkeit und Distanz zu den Verdichtungsräumen in den Vorländern gewinnt jedoch das Zweitwohnungswesen vielfach als Nachfolgenutzung von funktionslos gewordenen landwirtschaftlichen Objekten bzw. über Neubautätigkeit zunehmend an Bedeutung, vor allem in den östlichen Alpenausläufern, hier unter dem Einfluß von Wien, ebenso dort, wo dank des alpinen Eisstromnetzes, wie im Salzkammergut, große Seen die einstigen Zungenbecken einnehmen und die Tradition der Villeggiatura historisch weit zurückreicht. Die eigentlichen Probleme und Konflikte um die Agrarflächen im Gebirge entstehen jedoch durch den Flächenbedarf der Verkehrslinien und der Industrie, welche nicht nur die Arbeitskräfte aus der Landwirtschaft an sich ziehen, sondern auch in den engen, bei winterlicher Inversionslage besonders schlecht durchlüfteten Talräumen eine besonders hochgradige Umweltverschmutzung bewirken.

Entsprechend der Verteuerung bei der Anlage und Erhaltung aller Infrastruktureinrichtungen mit der relativen und absoluten Höhe des Gebirges besteht im Freizeitraum der österreichischen Alpen eine Inversion der gesellschaftlichen Differenzierung der Freizeitgesellschaft im Vergleich zum Agrarraum. In den Wintersportorten über der Baum- und Siedlungsgrenze wird zum Teil reiner Luxustourismus an den Jet-set bzw. obere und mittlere Einkommensbezieher vermarktet. Die zweisaisonalen Fremdenverkehrsorte bieten dort, wo sie sich zu Zentren entwickelt haben, eine breite Palette des Komforts, während andererseits das Stockwerk des Sommertourismus, vorwiegend einfacher ausgestattet, auf niedrigere Einkommensbezieher und deren Ansprüche eingestellt ist. Mit dem Fortschreiten und dem Bedeutungsgewinn der Wintersaison, der Anlage weiterer Schipisten und zunehmender Kommerzialisierung des Tourismus verstärkt sich diese Inversion zunehmend.

Die städtische Freizeitgesellschaft in den Alpen: Eine Analyse der Probleme

Die massive Okkupation von Teilen der österreichischen Alpen durch die außeralpine Freizeitgesellschaft verstärkt die Polarisierung zwischen Extensivierung und Verstädterung. Im Zuge der Überschichtung der Freizeitgesellschaft über die ortsständige Bevölkerung kommt es zu einer Übertragung aller Erscheinungen des unkoordinierten Wachstums, welche uns aus den großen Agglomerationen geläufig sind.

Ebenso wie im Stadtumland sind die Kleingemeinden als lokale Entscheidungsträger überfordert. Die Schere zwischen den notwendigen Ausgaben für die soziale und technische Infrastruktur und den Einnahmen öffnet sich immer weiter. Profite aus dem Immobilienmarkt gehen an Private und fließen nicht in kommunale Budgets. Eine Abschöpfung des Planungsmehrwertes wie in Großbritannien ist derzeit in Österreich nicht in Sicht.

Städtische Wohnhausformen, Wohnhochhaus, Apartmentbau, Reihenhäuser und Bungalows, werden je nach Kapitalgeber und föderalistischen Bauvorschriften errichtet. Nur gebietsweise kam es durch massive Bürgerinitiativen zum Abstoppen dieser Entwicklung.

Hierbei erfolgte analog zur Suburbanisierung in Großstädten auch im Freizeitraum der Alpen die Okkupation jeweils von den Ober- über die Mittel- bis zu den Unterschichten hin. In der Gründerzeit brachte die Oberschicht das architektonisch am Nobelmiethaus der Ringstraße in Wien orientierte Großhotel und die Villa in exklusive Fremdenverkehrszentren der Alpen, wie auf den Semmering im Süden von Wien, nach Bad Ischl im Salzkammergut bzw. nach Badgastein in Salzburg. Der Massentourismus der Nachkriegszeit hat die Palette der Bauformen aufgefächert und jahrzehnteweise stets neue Akzente gesetzt, ebenso dem Preisniveau entsprechend objektweise, viertelweise, selten ortschaftsweise zu einer Segregation der Freizeitgesellschaft geführt.

Freizeitzentren sind im Hinblick auf sozioökonomische und demographische Strukturen der Benützer sehr viel unterschiedlicher als Städte. Es verschieben sich nämlich im saisonalen Wechsel von der Winter- zur Sommersaison demographische und sozioökonomische Strukturen der Freizeitbevölkerung insofern, als am Sommertourismus in weit höherem Maße einkommensschwächere Schichten, ältere Leute und Familien mit Kindern partizipieren, während in der Winter-

saison junge, gut verdienende Berufstätige den Ton angeben. Für den Tiroler Tourismus gilt als Regel, daß bei gleicher Bettenauslastung die Wintersaison doppelt soviel einbringt wie die Sommersaison.

Ebenso wie in den Städten verbindet sich im Freizeitraum das Wachstumssyndrom mit dem Wohlstandssyndrom. Dies bedeutet einerseits eine Potenzierung des Flächenbedarfs zur Erfüllung der Funktionen von Erholung und Freizeit sowie anfallenden Verkehrs und andererseits wachsende Ansprüche an Komfort und Ausstattung. Konkret heißt dies, daß gegenwärtig vielfach die baulichen Strukturen der späten 60er und frühen 70er Jahre bereits veraltet sind und Preisverfall bzw. Unternutzung zur Regel werden. Für Gemeinden und am Fremdenverkehr beteiligte Betriebe bedeutet diese rasche Abnützung einen immanenten Zwang zur Investition, um dem sehr viel rascher als in Städten ablaufenden Vorgang der sozialen Abwertung von seiten des Gästepublikums zu entgehen.

Komplementär zu den rhythmischen Phänomenen der Arbeitswelt in den Städten wird auch der Freizeitraum in den Alpen in diese einbezogen. Verkehrsstauungen in Zubringer- und Verteilerstellen, Rush-hours an Liftstationen und Geistersiedlungen in der toten Saison bilden ein immanentes Problem von wachsender Bedeutung.

Dabei führt der „magische" Einfluß, der von den Spitzenbelastungen ausgeht, zur geläufigen Spirale von weiteren Investitionen in technische Infrastruktur und Betriebe, wodurch die Kapazitäten vergrößert werden, bei deren Auslastung weitere Investitionen erfolgen. Ebenso wie in den Städten bestehen technologische Entwicklungssprünge und eine starke Tendenz zu Megaprojekten.

Ähnlich den auf die Arbeitsstätten der City zentrierten Stadtregionen entstanden Freizeitregionen mit zentral-peripheren Gradienten von Bodenpreisen, Bettendichten und -auslastung sowie einer charakteristischen Nutzungszonierung. Nicht zuletzt werden alle Probleme der städtischen Humanökologie, der Entsorgung und Versorgung in das Hochgebirge übertragen.

Der wachsende Flächenverbrauch richtet sich in erster Linie auf flaches Terrain, vielfach sogar auf landwirtschaftlich gute und leicht bearbeitbare Böden. Während somit die Freizeitgesellschaft als Landschaftsfresser in den Tallagen auftritt, wird andererseits von der staatlichen und föderalistischen Agrarpolitik die Bewirtschaftung von Steillagen mit Sonderprämien honoriert (!).

Für die Steuerung der vielfältigen Probleme und Konflikte stehen keine spezifischen Strategien zur Verfügung, sondern es werden die Reglementierungen der physischen Planung von Städten übernommen. Hierzu zählen die Gliederung der Siedlungen nach funktionellen Elementen, die Ausweisung von Flächennutzung und Bebauung, von Freiflächen, von Grünzügen aus den Orten in die Landschaft, ferner Restriktionen der Verbauung aufgrund von Gefahrenzonenplänen, die allerdings selbst in den österreichischen Alpen noch nicht vollständig vorliegen. Hinzu kommen ferner Verkehrsplanungen wie Fußgängerzonen, Umfahrungen, Maßnahmen der Ortsbildpflege usw.

Mit Vorbehalten muß man den Bestrebungen hinsichtlich der Festlegung von Grenzwerten der Belastung gegenüberstehen. Die Erfahrungen in Großstädten zeigen, daß Vorschriften über Dichtewerte unter dem Druck steigender Bodenpreise über kurz oder lang revidiert werden müssen.

Der Freizeitraum, der als äußerste Peripherie des „städtischen Feldes" aufgefaßt werden kann, weist jedoch gegenüber dem Wachstumsrand von Stadtregionen sehr wesentliche Unterschiede auf: Der Freizeitraum unterliegt sehr viel stärker kapitalistischen Spielregeln. Die Wahl des Erholungsortes erfolgt auf einem nach liberalistischen Prinzipien gesteuerten Markt mit enormer Mobilität der Kunden und nahezu perfekter Konkurrenzsituation zwischen den Anbietern (Gemeinden, Betriebe), vor allem dort, wo sich das internationale Marketing einschaltet.

Die hohe Mobilität umfaßt auch den Arbeitsmarkt, der durch die Bedürfnisse der

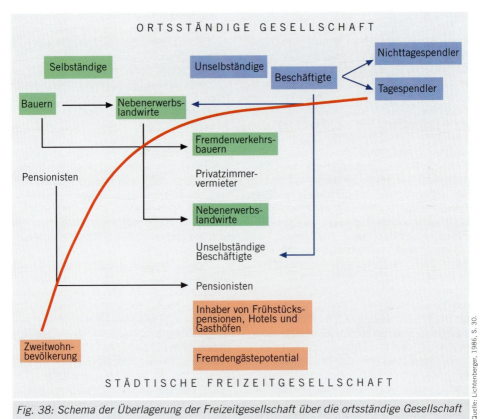

Fig. 38: Schema der Überlagerung der Freizeitgesellschaft über die ortsständige Gesellschaft

Quelle: Lichtenberger, 1986, S. 30.

Aufnahme: Lichtenberger.

Bild 43: Kalser Törl gegen den Großglockner, Osttirol

Freizeitbevölkerung entsteht. Dieser Bedarf ist unterschiedlich hoch. In exklusiven Wintersportorten erreicht er etwa 20 bis 25 % der Freizeitbevölkerung und damit höhere Werte als die sogenannte „zentrale Schicht" in Stadtregionen.

Während in den Städten die Nachfrage nach Wohnraum in quantitativer und qualitativer Hinsicht stets höher ist als das entsprechende Angebot, bestehen im Freizeitraum aufgrund der oben genannten rhythmischen Phänomene grundsätzlich ein Überangebot und das immanente Problem der viel zu geringen Auslastung während des überwiegenden Teils des Jahres bei nur wenigen Tagen der Überfüllung und erhöhten Nachfrage.

Nicht gelöst ist die Frage der Besteuerung der Freizeitwohnungen, welche zunehmend an Bedeutung gewinnen.

Integration und Segregation der Freizeitbevölkerung

Die österreichische Nachkriegsentwicklung ist aufgrund der Beteiligung der lokalen Bevölkerung an der Privatzimmervermietung durch einen erstaunlich hohen Integrationsgrad der städtischen Freizeitgesellschaft gekennzeichnet gewesen, der sich allerdings seit den 1980er Jahren aufgrund des Rück-

gangs der Privatzimmervermietung und der steigenden Kommerzialisierung des Tourismus wieder reduziert hat und wahrscheinlich weiter reduzieren wird. Die ortsständige Bevölkerung im ländlichen Raum der Alpen besteht aus mehreren Gruppen (vgl. Fig. 38).

Der Anteil der Agrarbevölkerung beträgt im Schnitt nur mehr rund ein Viertel, von dem wiederum maximal 40 % zur Gänze in der Landwirtschaft verankert sind, während der größere und gleichzeitig wachsende Anteil auf Nebenerwerbslandwirte entfällt. Die Existenz dieser Nebenerwerbslandwirte steht auf drei Beinen, nämlich dem landwirtschaftlichen Betrieb, der Berufstätigkeit im sekundären bzw. tertiären Sektor und der Partizipation am Tourismus über die Privatzimmervermietung.

Das Arbeitsplatzdefizit ist im ländlichen alpinen Raum sehr hoch. Überall dort, wo lokales Gewerbe und Dienstleistungen fehlen, muß etwa die Hälfte der ortsständigen Arbeitsbevölkerung als Pendler in größere Zentrale Orte bzw. in das Ausland pendeln.

Aus dem Schema ist ferner das Spezifikum der österreichischen Alpen ersichtlich, nämlich, daß sich zwischen der ortsständigen Bevölkerung und der Freizeitbevölkerung Doppelexistenzen in Form der Fremdenverkehrsbauern (Zweitwohnungsbauern) und der Privatzimmervermieter gebildet haben, die beide eine enorme ökologische und soziale Aufgabe für den österreichischen Alpenraum besitzen, so daß alles getan werden sollte, um ihren Fortbestand zu sichern.

Damit ist die Frage der Bedeutung der Freizeitbevölkerung für den lokalen Arbeitsmarkt angesprochen. Hierbei ist teilweise in den Freizeitzentren in Westösterreich eine Segmentierung und Ausrichtung auf spezifische Nachfragegruppen bemerkenswert. Demnach arbeiten Männer auf Ganzjahresstellen der technischen Infrastruktur (Bergbahnen u. dgl.) sowie in der gewerblichen Produktion; ferner besteht eine starke Verklammerung zwischen Tourismus und Bautätigkeit, in einzelnen Orten sind bis zu 40 % der männlichen Berufstätigen im Baugewerbe beschäftigt. Die Frauen finden dagegen Arbeitsplätze im Detailhandel und in kommunalen Diensten. Diese spezifischen Anforderungsprofile des touristischen Arbeitsmarktes zwingen nach wie vor viele einheimische Jugendliche zur Abwanderung, damit sie den gewünschten Beruf erlernen und ausüben können. Daher überwiegen im Gast- und Hotelgewerbe auf den qualifizierten Saisonstellen zumeist von Zentren kommende Arbeitskräfte, während auf den unqualifizierten saisonalen Stellen die Zahl der ausländischen Arbeitskräfte (darunter vor allem Türken) zunimmt.

Hinzu kommt ein weiteres Phänomen: Aufgrund der steigenden Bodenpreise wird es für die nicht im Boden- und Hausbesitz verankerte Bevölkerung immer schwieriger, ein Haus zu bauen bzw. überhaupt eine Wohnung in der Herkunftsgemeinde zu fin-

den, falls man dort bleiben will, wo man aufgewachsen ist. Aufgrund der Konkurrenz mit der städtischen Freizeitbevölkerung ist nämlich die Wohnungsnot für dieses sich neu bildende „ländliche Proletariat" weit größer als in großen Städten. Das Fehlen von preisgünstigen Mietwohnungen ist ein Schatteneffekt des physiognomisch sichtbaren Wohlstandes von Fremdenverkehrsorten.

Tab. 27 präsentiert eine idealtypische Reihe von Untersuchungsgemeinden, in der eine Unterscheidung von ortszentrierter Bevölkerung, Kontaktbevölkerung zur Freizeitbevölkerung (mit Angebot von Unterkünften), Ein- und Auspendlern und schließlich auswärtiger Freizeitgesellschaft – jeweils bezogen auf die Wohnbevölkerung – vorgenommen wird. Die Tab. 27 illustriert gleichzeitig die unglaubliche Spannweite des Problems, welches mit schlichten agrarökonomischen Modellen ebensowenig wie mit der Ideologie der Pflege der Kulturlandschaft unter ein gemeinsames Dach gebracht werden kann. Regionale und lokale Maßnahmen sind erforderlich. Ferner ist zu betonen, daß die Unterscheidung zwischen der gemeindezentrierten Bevölkerung und einer im Wohnkontakt mit der Freizeitgesellschaft befindlichen Ortsbevölkerung von grundsätzlicher Bedeutung ist. Letztere ist gleichzeitig auch eine Art Index für die Integration zwischen der ortszentrierten Bevölkerung und der Freizeitbevölkerung. Die Beispiele umfassen Gemeinden mit guter Arbeitsplatzausstattung und geringem Anteil der Freizeitbevölkerung wie Ybbsitz in der niederösterreichischen Eisenwurzen, die

Gemeinde	Orts-zentrierte Bevölkerung	Auspendler	Kontakt-bevölkerung zur Freizeit-gesellschaft	Einpendler	Auswärtige Freizeit-bevölkerung
Ybbsitz (NÖ)	89,0	9,0	2,0	–	8,0
Aspang-Berg (NÖ)	71,5	18,0	10,5	8,9	69,0
Gosau (OÖ)	59,0	21,5	19,5	13,5	85,6
Dienten (Sbg.)	50,5	45,0	34,5	19,5	152,8
Rohrmoos (Stmk.)	34,3	14,0	51,7	20,1	379,0
Damüls (Vbg.)	37,6	2,5	59,9	32,0	504,0

Tab. 27: Ortsständige Bevölkerung und Freizeitgesellschaft in Beispielsgemeinden 1988 (in % der Wohnbevölkerung).

Quelle: Lichtenberger, 1989, S. 31ff.

Aufnahme: Lichtenberger.

Bild 44: Bauernhof und Pension in Rohrmoos gegen den Dachstein, Stmk.

Zweitwohnungsgemeinde der Wiener, As-pang-Berg, in der sich die Anteile der Frei-zeitbevölkerung und der ortszentrierten Be-völkerung die Waage halten, während in allen weiter westlich gelegenen Gemeinden der Anteil der Freizeitbevölkerung bereits höher ist als der der ortszentrierten Be-völkerung. Die Gemeinde Rohrmoos in der Steiermark (vgl. Bild 44) vertritt den Typ von Gemeinden, in denen die Landwirtschaft eine „glückliche Ehe" mit dem Fremden-verkehr eingegangen ist, was sich nicht nur im zumeist kompletten Umbau der Höfe, sondern auch in der vorzüglichen Pflege der Kulturlandschaft äußert.

Selbst bei sehr hohem Anteil der Frei-zeitbevölkerung, wie in Damüls in Vorarl-berg, bleibt eine Art „Subkultur" der loka-len Bevölkerung bestehen, welche auch nicht bereit ist, am Tourismus über direkte Zimmervermietung oder Dienstleistungen zu partizipieren.

Bodennutzung, Produktionsgebiete und Betriebstypen

Bodennutzung

Bereits der aufgeklärte Absolutismus hatte im Rahmen der politischen Arithmetik nicht nur die Bevölkerung, sondern auch Viehbe-stand und Bodennutzung erhoben. Das Land-wirtschaftsministerium sowie die Landwirt-schaftsstatistik weisen daher in Österreich ebenso wie in anderen entwickelten Staaten eine weit zurückreichende Tradition auf. Im Zusammenhang mit der Erstellung des Kata-sters wurden auch die Kulturarten schon relativ früh aufgenommen und ebenso auch Nutzungsrechte wie Weiderechte im Wald grundbücherlich verbrieft. Damit wurde aller-dings nur ein Teil der Wechselwirtschafts-systeme im alpinen Raum erfaßt, die in Form von Acker-Wald- und Acker-Grünland-Wechselnutzung sehr verbreitet waren. Bis heute sehr vielfältig sind die Formen der Grünlandnutzung von den Bergmähdern über einschürige und zweischürige Wiesen bis zu den Streuwiesen, Koppelweiden, Hutweiden und zur Waldweidenutzung hin. In der Alm-wirtschaft war die Obergrenze gegen die subalpine Vegetationsstufe stets fließend, vor allem bei der Hochweidewirtschaft von Schafen und Ziegen, andererseits hat sich die Almwirtschaft schon seit neolithischer

Zeit auf Kosten des Waldes ausgedehnt und die Waldgrenze in allen Gebirgsräumen hinabgedrückt. Im Zuge der Vergrünlandung des Ackerlandes sind andererseits Egarten und Wechselweiden wieder neu entstanden.

Entsprechend der Abhängigkeit der Bodennutzung von den naturräumlichen Bedingungen unterscheiden sich die Bundesländer in der Kulturartenverteilung außerordentlich stark voneinander (vgl. Tab. 28). Das Ackerland beschränkt sich gegenwärtig bereits auf das Burgenland, Nieder- und Oberösterreich sowie Teile der Steiermark und Kärntens und ist in Westösterreich bedeutungslos, während die Grünlandwirtschaft mit zweimähdigen Wiesen in Oberösterreich, gefolgt von der Steiermark, zentriert ist. In der Almnutzung steht Tirol an erster Stelle, gefolgt von Salzburg. In der Waldnutzung führt die „grüne" Mark, d. h. die Steiermark, an zweiter Stelle steht Niederösterreich. Der pannonische und illyrische Klimabereich erlaubt den Weinbau in erster Linie in Niederösterreich (Weinviertel), längs der Thermenlinie und in der Wachau sowie im Burgenland und der südlichen Steiermark. Im Obstbau hat sich die Steiermark spezialisiert.

Produktionsgebiete

In der Nachkriegszeit wurde ferner, um die österreichische Agrarpolitik effizient durchführen zu können, ein umfangreiches neues landwirtschaftliches Informationssystem aufgebaut. Damit ist es möglich, einerseits regionale und andererseits betriebliche Strukturveränderungen und Produktionsleistungen zu erfassen. Österreich wurde aufgrund der Relief- und Klimaverhältnisse in 8 Produktionsgebiete eingeteilt. Sie umfassen folgende Anteile an der Staatsfläche und sind in Fig. 39 dargestellt:

Hochalpen	34,8 %
Voralpen	11,1 %
Alpenostrand	12,9 %
Wald- u. Mühlviertel	9,6 %
Kärntner Becken	2,9 %
Alpenvorland	11,4 %
Südöstliches Flach- u. Hügelland	7,0 %
Nordöstliches Flach- u. Hügelland	10,3 %

Die Produktionsgebiete werden in der landwirtschaftlichen Buchführung des Bundesministeriums für Land- und Forstwirtschaft u. a. auch zur Berechnung der Betriebsergebnisse verwendet. Die Leistungsbilanz in den Hauptproduktionsgebieten Österreichs von 1970 bis 2000 belegt sehr nachdrücklich, daß in erster Linie im sogenannten nordöstlichen Flachland, welches das Weinviertel, das Marchfeld und das Wiener Becken umfaßt, sowie im südöstlichen Flachland, d. h. dem Burgenland und

	Acker-land	Wein-gärten Intensiv-land	Wiesen	Weiden und Streu-wiesen	nicht mehr genutztes Grünland/ Almen	Wald	fließ. u. stehende Gewässer u. andere unprod. Flächen	Insg.
Wien	6	1	1	1	0,4	13	2	24
Niederösterreich	700	37	175	23	11	672	63	1681
Burgenland	157	17	13	10	1	88	18	305
Steiermark	150	15	168	49	120	852	150	1503
Kärnten	67	1	79	34	150	446	74	851
Oberösterreich	293	5	241	15	14	422	77	1067
Salzburg	7	0,3	90	21	191	268	109	687
Tirol	12	0,5	88	32	316	435	305	1188
Vorarlberg	3	0,2	34	10	71	63	30	212
Insgesamt	**1395**	**77**	**889**	**195**	**873**	**3260**	**829**	**7518**

Tab. 28: Bodennutzung nach Bundesländern 1999 (Flächenangaben in Tausend ha)

Quelle: Stat. Jb., 2002, S. 274; SK.

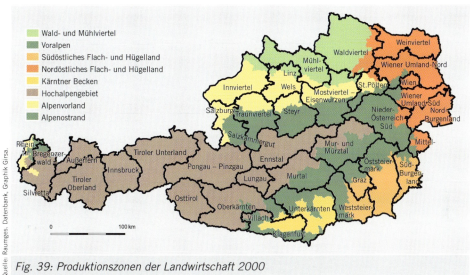

Fig. 39: Produktionszonen der Landwirtschaft 2000

dem Steirischen Hügelland, eine positive Reinertragsentwicklung zu verzeichnen war, während andererseits der alpine Raum, ebenso das Steirische Randgebirge (Alpenostrand), die Voralpen sowie das Wald- und Mühlviertel eine ausgeprägt negative Entwicklung aufgewiesen haben.

Betriebstypen der Land- und Forstwirtschaft
Die Aufgliederung nach Produktionsgebie-

ten ist nicht identisch mit den Produktionstypen, welche sich im Zuge des Strukturwandels der Agrarwirtschaft in der Nachkriegszeit aus ökologischen Gründen und mitbedingt durch die Notwendigkeit der zunehmenden Marktorientierung der Produktion gebietsmäßig spezialisiert haben.

Die Matrix von Betriebstypen und Kulturarten bietet eine Information über die Verschränkung (vgl. Tab. 29). Die Forstbe-

Betriebsformen	Zahl der Betriebe	Landwirtschaftl. Nutzfläche	davon				Wald	Gesamtfläche
			Ackerland	sonst. Kulturarten	Grünland	Almen		
Marktfruchtbetriebe	31 022	722	672	10	40	–	60	801
Futterbaubetriebe	79 475	1379	325	4	664	386	358	1886
Veredelungsbetriebe	8 805	165	146	1	16	1	35	204
Dauerkulturbetriebe	19 930	108	47	52	9	–	20	133
Landwirt. Gemischtbetriebe	8 596	134	101	3	29	1	41	179
Gartenbaubetriebe	1 774	7	4	1	1	–	1	10
Forstbetriebe	34 277	472	8	1	106	357	2160	3284
Kombinationsbetriebe	31 148	398	88	3	218	89	583	1021
Insgesamt	**215 224**	**3390**	**1395**	**77**	**1083**	**833**	**3260**	**7519**

Tab. 29: Betriebe und Kulturflächen nach Betriebsformen 1999

Fig. 40: Regionale Verteilung der Waldwirtschaftsbetriebe nach der Fläche 1999

Thematik: Lichtenberger, Kartographie: Trichtl, Daten: Agrarwissenschaftliches Institut des BMfLuF (DI Wagner), SK.

Fig. 41: Regionale Verteilung der Futterwirtschaftsbetriebe 1999

Thematik: Lichtenberger, Kartographie: Trichtl, Daten: Agrarwissenschaftliches Institut des BMfLuF (DI Wagner), SK.

triebe nehmen mit Abstand die größte Fläche ein. Fig. 40 dokumentiert die anteilsmäßige Differenzierung der Waldwirtschaftsbetriebe, welche einerseits den Zentralalpen in Kärnten und der Steiermark folgen und andererseits die Nördlichen Kalkalpen von Niederösterreich bis Tirol hin nachzeichnen. Sie umfassen einerseits reine Großforste und andererseits bäuerliche Waldwirtschaftsbetriebe, welche auch über Acker-

und Grünland verfügen. Die Einkommensverhältnisse der letzteren entsprechen dem Bundesmittel (2000: 11 264 EUR pro Familienarbeitskraft) und steigen mit dem Anteil an Wald an.

Schlechter gestellt sind die Futterbaubetriebe (9447 EUR), bei denen es sich durchwegs um bäuerliche Betriebe mit Rindviehhaltung und Milchwirtschaft handelt. Die Futterwirtschaftsbetriebe weisen zwei klare

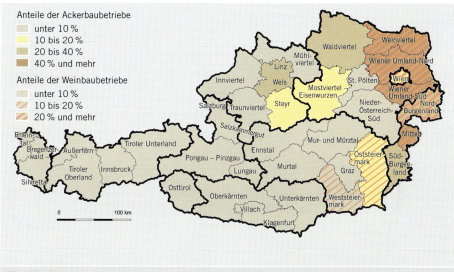

Fig. 42: Regionale Verteilung der Ackerbau- und Weinbaubetriebe 1999

Schwerpunkte auf: Sie begleiten einerseits den Gebirgsabfall gegen das Alpenvorland hin und kennzeichnen die gesamten westlichen Hochalpen, von den Hohen Tauern gegen Westen zu, und verfügen über eine ausgeprägte Almzone (vgl. Fig. 41).

Bei den als „Kombinationsbetriebe" bezeichneten Acker-Grünlandwirtschaften verändert sich das räumliche Muster. Sie fehlen im Hochgebirge, bilden eine Art Randzone zu den Ackerwirtschaftsbetrieben im oberösterreichischen Kernraum des Alpenvorlands, im anschließenden niederösterreichischen Alpenvorland, aber auch auf den Hochflächen des Waldviertels, und begleiten den Alpensaum vom Wiener Raum nach Süden hin. Ihre Einkommensverhältnisse sind besser als jene der Futterwirtschaftsbetriebe und nähern sich dem österreichischen Mittel an (10 756 EUR).

Die als Marktfruchtbetriebe ausgewiesenen Betriebe mit dominierendem Ackerland und einer Vielzahl von Feldfrüchten sind auf die ökologischen Gunsträume im Osten des Staates, vom Weinviertel bis zum Alpenvorland auf der einen Seite und auf den Ostalpenabfall im Südosten beschränkt. Sie sind mit einem Durchschnittseinkommen von 18 386 EUR (2000) mit Abstand die einkommensstärksten Betriebe Österreichs. Sie übertreffen bei weitem auch die Dauerkulturbetriebe, zu denen Wein- und Obst-

baubetriebe und Forstgärten zusammengefaßt werden, wo das Durchschnittseinkommen 12 427 EUR pro Jahr und Arbeitskraft beträgt. Die angegebenen Werte stammen von den Buchführungsbetrieben des Landwirtschaftsministeriums. Sie bieten daher einen eher günstigen Eindruck von den ökonomischen Verhältnissen der Agrarbevölkerung. Aus den umfangreichen Unterlagen ist zu entnehmen, daß nur durch staatliche Subventionen ein Fortbestand der überwiegenden Mehrzahl der Betriebe, besonders im Berggebiet, möglich ist (vgl. S. 172).

Eine Sonderstellung besitzen die Weinbaubetriebe, welche an ökologische Gunstlagen, den Abfall des Böhmisches Massivs zum Weinviertel hin und den der Ostalpen vom Wiener Becken bis zur Südsteiermark gebunden sind.

Der Weinbau nimmt sozialgeographisch eine Sonderstellung ein. Er hat in Österreich eine alte Tradition. Im Mittelalter war die Kenntnis des Rebanbaus und der Kellerwirtschaft in der Hand von Klöstern und sonstigen kirchlichen Institutionen. Dadurch ist in den Weinbaugebieten Ostösterreichs, wie im Süden von Wien und in der Wachau, auch eine sehr starke Urbanisierung des Baubestandes im ländlichen Raum erfolgt. Ein attraktives Bauerbe hat sich bis heute erhalten. Im 16. Jahrhundert hatte der Weinbau seine größte Ausdehnung, in nahezu

Bild 45: Weinbau längs der Steirischen Weinstraße, Sausal

allen Bundesländern gab es Weingärten. Wein wurde nach Deutschland und selbst in die baltischen Länder und nach Polen exportiert. Wien war das Zentrum des Weinhandels. Durch den Reblausbefall wurden die Anbauflächen 1872 drastisch reduziert. Es dauerte Jahrzehnte, bis die Umstellung auf veredelte Rebsorten abgeschlossen war. In der Nachkriegszeit kam es zu Veränderungen in den Anbaumethoden, insbesondere zur Umstellung von Stockkultur auf Hochkultur, sowie zu einem Rückgang der zum Teil sehr kleinen Betriebe.

Die durchschnittliche Weinernte von rund 2,5 Mio. Hektoliter kann zum Gutteil im Inland verbraucht werden. Die Weingesetznovelle 1993 hat 16 Weinbaugebiete festgelegt, 33 Qualitätsrebsorten sind zugelassen. Eine große Bedeutung für die Aufrechterhaltung des Weinbaus spielt die Direktvermarktung über den Heurigenbetrieb, der sich, ursprünglich im Wiener Umland beheimatet, gestützt vom Ausflugsverkehr in

der gesamten Ostregion und selbst in das Obstbaugebiet des Mostviertels in Niederösterreich und ebenso in das Weinbaugebiet der Steiermark hinein ausgebreitet hat (vgl. Bild 45).

„Weinstraßen" wurden als Vermarktungsschienen für den Tourismus in allen wichtigen Weinbaugebieten eingerichtet. Ein Rückgang des Weinbaus ist derzeit nur im südlichen Burgenland festzustellen, in dem auch sonst Brachephänomene in der Nachkriegszeit stark um sich gegriffen haben.

„Die Reblaus"

Dieser Schädling wurde 1872 mit Reben aus Kalifornien eingeschleppt. Die europäischen Edelsorten erwiesen sich dagegen als wehrlos, und in der Folge zerstörte die Reblaus praktisch den gesamten europäischen Weinbau.

Die einzige mögliche Rettung war, europäische Reben auf reblausfeste amerikanische „Träger" (Unterlagsreben) aufzupfropfen.

Der österreichische Weg der Agrarpolitik

Die Agrarpolitik Österreichs fügt sich nahtlos in das gekennzeichnete System des sozialen Wohlfahrtsstaates ein und war durch einen ausgesprochen protektionistischen und gleichzeitig dirigistischen Stil gekennzeichnet. Von der OECD wurde für 1991 der Protektionsgrad der österreichischen Landwirtschaft auf rund 52 % des Produktionswertes geschätzt. Konkret bedeutet dies, daß die Landwirtschaft in der Nachkriegszeit über im Vergleich zu den Weltmärkten hohe Agrarpreise, ferner ein restriktives Importregime, administrative Angebotskontrollen und Exportsubventionen abgesichert wurde. Die hohen Preise haben in der Nachkriegsentwicklung dem Bauern ein akzeptables Einkommen gesichert, darüber hinaus eine Intensivierung der Produktion stimuliert und schwer absetzbare Überschüsse erzeugt, die zum Teil zu ökologischen Problemen, zum Teil wieder zu neuen restriktiven Maßnahmen geführt haben. Aus dieser Schutzpolitik ergibt sich bereits, daß die österreichische Landwirtschaft und Ernährungswirtschaft international und selbst im westeuropäischen Vergleich nur begrenzt wettbewerbsfähig ist.

Die Agrargesetzgebung hat in Österreich mehrere Revisionen erfahren, die aktuelle Gesetzgebung von 1992 hat im Zielkatalog die Multifunktionalität der Landwirtschaft explizit berücksichtigt. Die wichtigsten Ziele sind folgende:

(1) Eine wirtschaftlich gesunde, leistungsfähige bäuerliche Land- und Forstwirtschaft in einem funktionsfähigen ländlichen Raum zu erhalten, wobei auf die soziale Orientierung, die ökologische Verträglichkeit und die regionale Ausgewogenheit unter besonderer Berücksichtigung der Berggebiete und sonstiger benachteiligter Gebiete Bedacht zu nehmen ist. Nachdem das erste Ziel eher allgemeinpolitisch formuliert ist und die Richtung der Agrarpolitik angibt, stellen die nachfolgend aufgelisteten Ziele den Weg zur Erreichung des ersten Zieles dar.

(2) Als zweites Ziel sollen „die vielfältigen Erwerbs- und Beschäftigungskombinationen zwischen der Landwirtschaft und anderen Wirtschaftsbereichen" ausgebaut werden. Hiermit wird der steigenden Zahl an Nebenerwerbsbetrieben in der österreichischen Landwirtschaft Rechnung getragen. Diesen kommt vor allem bei der Verwirklichung des raumwirtschaftlichen Zieles der ökosozialen Agrarpolitik Bedeutung zu.

(3) Zum dritten wird eine am Markt orientierte Ausrichtung der agrarischen Produktion, Verarbeitung und Vermarktung gefordert. Diese Marktorientierung der Landwirtschaft wird hier im §1 des LWG 1992 zum erstenmal in einem Landwirtschaftsgesetz explizit formuliert. Während die ersten drei Ziele des österreichischen Landwirtschaftsgesetzes von 1992 bis auf den ersten Halbsatz des ersten Zieles nicht im Gesetzestext von 1976 enthalten waren und das zweite Ziel in der Gesetzesnovelle von 1988 eingebaut wurde, sind die nachfolgenden Ziele bereits im Landwirtschaftsgesetz von 1976 enthalten.

(4) Die Produktivität und Wettbewerbsfähigkeit der Landwirtschaft sollen insbesondere durch strukturelle Maßnahmen erhöht werden, wobei auf eine leistungsfähige, umweltschonende, sozialorientierte, bäuerliche Landwirtschaft besonderes Gewicht zu legen ist.

(5) Den in der Land- und Forstwirtschaft tätigen Personen ist die Teilnahme am sozialen und wirtschaftlichen Wohlstand zu ermöglichen.

(6) Die Landwirtschaft soll unter Bedachtnahme auf die Gesamtwirtschaft und die Interessen der Verbraucher gefördert werden.

Ein wichtiges Instrument stellen dabei produktionsneutrale direkte Einkommenszuschüsse und leistungsbezogene Direktzahlungen dar (vgl. unten).

Marktordnungsgesetze und Viehwirtschaftsgesetze haben die markt- und preispolitischen Maßnahmen geregelt. Hierbei kommt den Preisen für Getreideerzeugnisse und Milch sowie Vieh und Fleisch eine Schlüsselfunktion zu. Besonders reglementiert wurde in diesem Zusammenhang der Milchsektor, in dem seit 1978 die Menge der Milchanlieferung durch das System der Richtmengenregelung beschränkt ist. Jedem einzelnen Milcherzeuger wurde ein Lieferrecht durch die Zuteilung einer Einzelrichtmenge zuerkannt. Grundsätzlich entspricht diese Kontingentierung der Garantiemengenregelung für Milch in der EU. Hierfür war bis zum 30. Juni 1993 der sogenannte Milchwirtschaftsfonds zuständig, seine Aufgaben wurden von der Agrarmarkt Austria (AMA) übernommen. Auf das im einzelnen außerordentlich komplizierte System kann hier nicht eingegangen werden. Auf die Reaktion der einzelnen Milchproduzenten, mittels einer Art von Ablösesystem die Liefermenge zu vergrößern, wurde bereits hingewiesen.

Im Bereich der Getreidewirtschaft war bis zum 30. Juni 1993 der sogenannte Getreidewirtschaftsfonds zuständig, der ebenfalls von der AMA abgelöst wurde.

Eine wichtige Regelung des Viehwirtschaftsgesetzes von 1983 (Novelle 1992) stellten die Bestandsobergrenzen in der Großviehhaltung zur Verhinderung der Massentierhaltung dar. Ihre Beseitigung im Zuge der Liberalisierung hat jedoch keineswegs eine „echte" Liberalisierung der Produktion ausgelöst. Dies zumindest nicht in der Rinderhaltung, wo nach wie vor aus der Sicht der Düngung, aus wasserrechtlicher Sicht und in Hinblick auf den biologischen Landbau legistische Grenzen hinsichtlich der pro Hektar zulässigen Großvieheinheiten bestehen. Die betriebliche Regelung der Obergrenze in der Großviehhaltung wurde somit durch die Regelung über die zur Verfügung stehende landwirtschaftliche Nutzfläche ersetzt, wonach im biologischen Landbau 2 GVE pro ha zulässig sind und aus wasserrechtlichen Gründen eine Obergrenze von 3 GVE pro ha nicht überschritten werden darf.

Durch den EU-Beitritt ist der österreichische Weg der Agrarpolitik zu Ende, wenn auch im Rahmen der Beitrittsverhandlungen eine Übergangsfrist von fünf Jahren mit Sondermaßnahmen eingeräumt wurde, die inzwischen verlängert worden ist. Die Multifunktionalität der Zielsetzung der bisherigen Agrarpolitik reduziert sich auf zwei Hauptfunktionen der Agrarwirtschaft im Rahmen der Europäischen Union, nämlich einerseits die Produktionsfunktion, welche in Zukunft mittels der Kategorie der Wettbewerbsfähigkeit gemessen wird, und die kulturlandschaftliche Funktion, welche der Landwirtschaft die Aufgabe der Landschaftserhaltung und Kulturlandschaftspflege zuschreibt. Daraus resultieren – sehr vereinfacht – zwei Grundstrukturen von Betrieben, nämlich einerseits die Talbetriebe, welche sich nunmehr der internationalen Konkurrenz stellen müssen, und andererseits die Bergbauernbetriebe, denen im Rahmen der EU die Funktion der Kulturlandschaftserhaltung zugeteilt wird (vgl. Bild 46).

Der Strukturwandel der Agrarwirtschaft in der Nachkriegszeit

Ökonomische und gesellschaftliche Sichtweisen

Der Strukturwandel der Agrarwirtschaft kann unter verschiedenen Sichtweisen interpretiert werden. Die dramatische Abnahme des ökonomischen Stellenwerts der Landwirtschaft im Rahmen des Bruttonationalprodukts wird begleitet von einer beachtlichen Steigerung der Produktion, und zwar sowohl im Anbau als auch in der Viehzucht. Es erging den Landwirten wie dem Zauberlehrling: Die angestrebte Selbstversorgung wurde erreicht, eine weitere Produktionssteigerung konnte aber nur durch dirigistische Maßnahmen abgeblockt werden. Der Zauberer Staat hatte überdies Mühe, die Überschüsse mittels immer tieferer Dumpingpreise ins Ausland zu verkaufen, während im Inland die Preise für Butter, Milch und Fleisch relativ hoch festgesetzt wurden.

Die eigentliche Agrarrevolution erfolgte jedoch nicht auf der Produktionsseite, dazu sind die agrarökologischen Rahmenbedingungen des Alpenstaates Österreich doch zu eng gezogen, sondern sie vollzog sich als gesellschaftlicher Modernisierungsprozeß in Form der Entagrarisierung, d. h. einer von der Öffentlichkeit weitgehend unbemerkten Abnahme der Agrarbevölkerung um mehr als eine Million Menschen. Diese Herausnahme von Arbeitskräften aus dem landwirtschaftlichen Produktionsprozeß war nur durch eine zügige Mechanisierung möglich. Mit diesem Strukturwandel hat die Anpassung der Betriebsgröße an die veränderten

Quellen: Republik Österreich 1945–1995, 1995, S. 180f.; Statistik Austria, SPA.

Jahr	Weizen	Roggen	Gerste	Hafer	Mais	Kartoffeln
1937	*350*	*360*	*170*	*290*	*70*	*220*
1951	190	210	140	200	60	170
1961	280	210	190	160	50	170
1971	270	150	300	100	130	110
1981	270	100	360	90	190	50
1991	270	90	270	60	190	30
2001	*271*	*51*	*217*	*31*	*171*	*23*

Tab. 30: Veränderung der Anbauflächen ausgewählter Anbaufrüchte 1937–2001 (Anbaufläche in Tausend ha)

Einkommensverhältnisse nicht Schritt gehalten. Konkret, die Obergrenze der Familiennahrung der landwirtschaftlichen Betriebe stieg rascher an als der zögerlich anlaufende Prozeß der Vergrößerung der Betriebe, der staatlich auch nicht gefördert wurde. Es vollzogen sich daher entsprechend den Möglichkeiten der lokalen Arbeitsmärkte individuelle Anpassungen mit der Konsequenz der Annahme eines nichtlandwirtschaftlichen Arbeitsplatzes. Ein Herausdriften der Betriebe aus dem Vollerwerb und der Übergang zum Nebenerwerb waren die zwangsläufige Folge. Die Substitution der Familienarbeitskräfte durch Maschinen war aber nur die eine Seite der Medaille, die Zunahme der Zahl der nicht ständig in der Landwirtschaft beschäftigten Familienarbeitskräfte die andere.

Das Ergebnis dieser zum Teil einander ausschließenden Vorgänge ist bemerkenswert. Bei starker Abnahme der Kleinstbetriebe entstehen andererseits aus Vollerwerbsbetrieben laufend Nebenerwerbsbetriebe, die gut mechanisiert sind und in denen sich Familienmitglieder finden, die bereit sind, ihre Freizeit in die Waagschale zu werfen, wenn es die Notwendigkeit des Agrarjahres erfordert. Die Reduzierung der Zahl der Betriebe um nur 1 Prozent im Jahr in den abgelaufenen Jahrzehnten ist ein Indikator dafür, daß der bisherige österreichische Weg der Agrarpolitik mit der Akzeptanz des Nebenerwerbsbetriebs als gleichwertige Betriebsform neben dem Vollerwerbsbetrieb den flächigen Zusammenbruch einer noch in vorindustriellen Größenstrukturen verbliebenen Agrarordnung bis zum EU-Beitritt verhindern konnte.

Verlust des ökonomischen Stellenwerts

Die Landwirtschaft verliert ökonomisch weltweit an Gewicht. Auch Österreich hat sich dieser globalen Tendenz angeschlossen. Gemessen am ökonomischen Stellenwert des Bruttonationalprodukts hat die österreichische Landwirtschaft in der Nachkriegszeit dramatische Einbußen erlitten. Der Anteil sank von 16,4 % im Jahr 1954 über 9,7 % im Jahr 1963 auf 1,4 % im Jahr 2000. Dabei stammten 36,9 % (1998) der Bruttoproduktion der Landwirtschaft aus der Pflan-

Quellen: Republik Österreich 1945–1995, 1995, S. 178; www.oestat.gv.at.

Jahr	Pferde	Rinder	Schweine	Schafe	Ziegen	Hühner	Truthühner
1938	*247*	*2 579*	*2 868*	*315*	*349*	*9 046*	*–**
1951	276	2 284	2 448	332	310	6 920	–*
1961	135	2 457	2 995	169	149	9 943	–*
1971	43	2 499	3 091	112	56	12 231	68
1981	42	2 530	4 010	194	33	15 656	189
1991	58	2 534	3 638	326	41	13 479	759
2000	****	*2 155*	*3 348*	*339*	*56*	*11 077*	*588***

* Seit 1971 erfaßt; ** Ab 1999: Sonstiges Geflügel (Truthühner, Gänse, Enten, Perlhühner); *** Ab 2000: nicht mehr erhoben

Tab. 31: Veränderung des Viehbestandes 1938–2000 (in Tausend)

zenproduktion und 63,2 % aus der Tierproduktion. Damit ist schon die spezifische Situation der österreichischen Produktion umschrieben, sie ist durch die Notwendigkeit zur Vermarktung der Produkte der Rinderwirtschaft, d. h. die Konkurrenzfähigkeit von Fleisch- und Milchprodukten auf dem internationalen Markt gegeben.

Von der Selbstversorgung zu Agrarüberschüssen

In der unmittelbaren Nachkriegszeit war die österreichische Landwirtschaft noch nicht in der Lage, den österreichischen Nahrungsmittelbedarf zu decken. Es ist einsichtig, daß die Agrarpolitik damals zu Recht auf eine Steigerung der Produktion ausgerichtet war. Nach 1970 veränderte sich die Situation grundlegend, der Inlandsverbrauch konnte bei allen wichtigen Agrarprodukten abgedeckt werden, gleichzeitig nahmen aufgrund der steigenden Produktion die Überschüsse mehr und mehr zu. Um den Zusammenbruch des Agrarmarktes zu verhindern, griff der Staat ein und stellte zunehmend größere Beträge für die Stützung des Exports zu Dumpingpreisen zur Verfügung.

Die Steigerung der Hektarerträge ausgewählter Anbaufrüchte in der Nachkriegszeit brachte bei Weizen und bei Roggen mehr als eine Verdoppelung der Erträge, bei Mais nahezu eine Vervierfachung (1999: Weizen 5,5 t/ha, Roggen 3,9 t/ha, Mais 9,8 t/ha). Entsprechend den Preisen auf dem internationalen Agrarmarkt wurden bei geringwertigen Anbaufrüchten, wie vor allem der Kartoffel, drastische Reduzierungen der Anbauflächen vorgenommen. Noch am Ende der Zwischenkriegszeit (1937) war die Kartoffel ein integrierter Bestandteil der Dreifelderwirtschaft, inzwischen hat sie ihre Position völlig verloren und an den Mais abgeben müssen. Ebenfalls auf ein Zehntel der Zwischenkriegszeit ist die Anbaufläche bei Roggen zurückgegangen, während sie andererseits bei der Gerste zunächst anstieg und dann durch die Getreidemarktordnung wieder reduziert wurde (vgl. Tab. 30).

Mit der Reduzierung der Anbaugebiete der genannten Agrarprodukte war ein starker Konzentrationsprozeß auf die agrarischen Vorranggebiete des Alpenvorlandes und des Ostalpenabfalls, vom Weinviertel im Norden bis zum Burgenland und in die

Bild 46: Schafversteigerung in Lienz, Osttirol

Aufnahme: Lichtenberger.

Südsteiermark, verbunden. Im alpinen Raum wurde der Ackerbau praktisch nahezu völlig aufgegeben, wenn man vom Maisbau für die Silage absieht.

Das Überschußproblem bei den Produkten des Ackerbaus wird durch die Überschüsse in der Viehproduktion, vor allem bei der Rinderhaltung, verstärkt. Dabei hat die Zahl der Rinder von 1951 bis 1991 leicht zugenommen, danach begann sie abzunehmen (vgl. Tab. 31). Durch die Intensivierung auf dem Gebiet der Rinderzucht und der Milchwirtschaft sind jedoch nahezu Verdoppelungen bei der Produktion von Milch und Fleisch erfolgt. Hierbei war die Umstellung der Bergbauernbetriebe in den 1970er Jahren von der bis dahin vorherrschenden Aufzucht zur Milchproduktion der mit Abstand wichtigste Vorgang. Gleichzeitig hat das in Oberösterreich gezüchtete Fleckvieh über weite Teile Österreichs einen Siegeszug angetreten und die lokalen Rinderrassen zurückgedrängt. Manche sind nur mehr in ganz geringen Restbeständen vorhanden, wie das im Zillertal gezüchtete Tuxerrind oder die Pustertaler Schecken. Ebenso auf dem Rückzug ist das für Salzburg kennzeichnende Pinzgauer Rind. Alle in Österreich vorhandenen Rinderrassen sind Zweinutzungsrinder, d. h., es wird von ihnen sowohl Milchleistung als auch Mastfähigkeit erwartet. Die Rinderhaltung hat bisher keine großbetrieblichen Strukturen angenommen, die Anzahl der Rinder pro Betrieb liegt im Durchschnitt bei 19 Stück, auf Milchkühe entfällt mit 671 000 Stück etwas mehr als ein Viertel des Bestandes. Dieser Verhältniswert weist auf die hohe Bedeutung der Zucht und partiell auch der Mast hin (vgl. Tab. 31).

Bis 1992 war die Milchwirtschaft durch die sehr rigide Kontingentierung gekennzeichnet, die nunmehr aufgehoben und seit 1994 durch freie Milchliefervereinbarungen zwischen Bauern und Verarbeitungsbetrieben abgelöst wurde. Mit dem Beitritt Österreichs zur Europäischen Union sind tiefgreifende Strukturänderungen bei den Molkereien in Gang gekommen. Bestanden 2000 in Österreich noch 103 Milchverarbeitungsbetriebe, so werden infolge des bereits angelaufenen zügigen Konzentrationsprozesses weniger als ein Drittel übrigbleiben. Süddeutsche Molkereien (Süd-milch, Müller) haben bereits ihre Reviere abgesteckt.

In Hinblick auf die Rindermast befindet sich die österreichische Landwirtschaft in einem Exportzwang. Jährlich wird rund ein Drittel der Mastrinder exportiert, vor allem nach Italien.

Seit dem EU-Beitritt sind die Zahlen der milchliefernden Betriebe (1990: 99 000, 2000: 63 100) sowie der Milchkühe (1991: 904 000, 2000: 671 000) kontinuierlich zurückgegangen, während andererseits die Milchleistung pro Kuh (1991: rund 3800 kg/Jahr, 2000: rund 5000 kg/Jahr) und ebenso die betriebliche Ablieferungsquote (1991: 66,8 %, 2000: rund 80 % der Rohmilch bei komplementär dazu gesunkenem Eigenverbrauch auf dem Hof für Ernährung und Fütterung) angestiegen sind. Am stärksten hat die Milchleistung pro Betrieb in diesem Jahrzehnt zugenommen. Sie hat sich nämlich verdoppelt (1991: 22 000 kg/Jahr, 2000: 44 000 kg/Jahr). Es hat somit ein durchaus beachtlicher betrieblicher Intensivierungsprozeß bei einer im gleichen Zeitraum unveränderten Gesamtproduktionsmenge von rund 3,34 Mio. t/Jahr stattgefunden. Allerdings sind die Betriebe nach wie vor klein. Die Mehrzahl besitzt nur 10 bis 19 Kühe. Nur 142 Betriebe hatten im Jahr 2000 50 bis 99 Milchkühe im Stall und nur 6 mehr als 100. Milchfarmen sind nicht in Sicht.

Ebenso wie der Rinderbestand hat auch der Schweinebestand in den 1990er Jahren nach einem Gipfel in den 1980er Jahren wieder abgenommen. Die Schweinezucht im Gebirge wurde nahezu völlig aufgegeben, während sich andererseits Betriebe im Alpenvorland darauf spezialisiert und Umweltprobleme verursacht haben. Bereits vor der BSE-Krise in der EU hat die Züchtung von Rotwild und Wildschweinen eingesetzt und neue Absatzmärkte erschlossen.

Die Schafhaltung war in der Zwischenkriegszeit und noch während des Krieges von Bedeutung, hat dann einen sehr starken Rückgang erlebt und ist seit den späten 1980er Jahren, mitbedingt durch veränderte Gewohnheiten beim Fleisch-, aber auch beim Käsekonsum, beim ersteren vor allem durch ausländische Zuwanderer, wieder auf die Werte der Zwischenkriegszeit gestiegen (1938: 315 000 Schafe, 2000: 339 000

Jahr	Betriebsinhaber	Ständige Arbeitskräfte		Nichtständige Arbeitskräfte		Arbeitskräfte		
		familieneigene	fremde	familieneigene	fremde	Insg.	familieneigene	fremde
1930	*480*	*628*	*278*	*82*	*175*	*1 643*	*1 190*	*453*
1951	423	672	182	177	161	1 615	1 273	342
1960	338	526	101	59	125	1 149	923	226
1970	280	348	44	69	58	799	697	102
1980	241	229	25	88	20	603	558	45
1990	207	151	21	107	21	507	465	42
1999	*207*	*65*	*23*	*255**	*21*	*571**	*527**	*44*

* Nur fallweise beschäftigte Arbeitskräfte.

Tab. 32: Abnahme der landwirtschaftlichen Arbeitsbevölkerung 1930–2000 (in Tausend)

Quellen: Republik Österreich 1945–1995, 1995, S. 177; Stat. Jb., 2002, S. 272.

Schafe). Die Hühnerhaltung hat im gleichen Zeitraum zunächst in Großbetrieben bis in die 1980er Jahre zugenommen und dann ebenfalls abgenommen. Für die in den 1970er Jahren eingeführten Truthühner gilt derselbe Trend.

Entagrarisierung

Der Begriff der Entagrarisierung bezieht sich auf die Reduktion der Agrarbevölkerung in Richtung auf eine industrielle und schließlich tertiäre Bevölkerung hin. Ende des 19. Jahrhunderts war Österreich noch ein Agrarland, in dem nahezu drei Viertel der Bevölkerung dem bäuerlichen Stand angehörten bzw. als Gesinde gezählt wurden. Noch 1961 gehörten 16 % der Bevölkerung zum primären Sektor. Verglichen mit anderen westlichen Staaten, darunter der Bundesrepublik Deutschland, war dies ein relativ hoher Wert, der allerdings durch die Krise der Zwischenkriegszeit und die damit abgestoppte Landflucht erklärt werden kann. Inzwischen ist der Anteil der Agrarbevölkerung auf unter 5 % gesunken.

Überprüft man die Abnahme der landwirtschaftlichen Arbeitsbevölkerung ab der Zwischenkriegszeit (1930), so lassen sich unter Bezug auf die familienfremden und familieneigenen Arbeitskräfte bzw. auf ständige und nichtständige Arbeitskräfte zwei Entwicklungslinien trennen: Auf der einen Seite folgt die Abnahme der landwirtschaftlichen Arbeitsbevölkerung der Abnahme der Agrarbevölkerung, auf der anderen Seite haben die ständigen Arbeitskräfte im Vergleich zu den als Betriebsinhaber registrierten Personen überproportional abgenom-

Jahr	Vollerwerb		Erwerbsarten der Betriebe Zuerwerb		Nebenerwerb		Juristische Personen		Betriebe insgesamt
	Tsd.	%	Tsd.	%	Tsd.	%	Tsd.	%	Tsd.
1951	*299**	*69,2*	*–*	*–*	*124*	*28,7*	*9*	*2,1*	*433*
1960	245*	61,9	–	–	145	36,5	6	1,6	397
1970	169	50,3	43	12,7	119	35,3	6	1,7	337
1980	116	38,3	18	5,8	165	54,4	5	1,5	303
1983	104	35,9	20	6,9	157	54,0	9	3,2	291
1990	83	30,4	23	8,5	163	59,5	4	1,6	273
1993	78	29,4	30	11,2	150	56,0	9	3,4	267
1999	*80**	*37,2*	*–*	*–*	*127*	*59,2*	*8*	*3,6*	*215*

* Haupterwerbsbetriebe.

Tab. 33: Veränderung der Voll-, Zu- und Nebenerwerbsbetriebe 1951–1999

Quellen: ÖSTAT, Landwirtschaftliche Betriebszählung, 1951, 1960; GÖLTL 1988, S. 289; Stat. Jb., 1995, S. 230; Stat. Jb., 2002, S. 272.

men. Noch stärker hat sich die Zahl der familienfremden Arbeitskräfte – von 450 000 im Jahr 1930 auf weniger als ein Zehntel, nämlich 44 000, im Jahr 1999 – reduziert. Darin spiegelt sich der Zusammenbruch der Gesindeverfassung ab den 1950er Jahren wider.

Umgekehrt ist eine interessante Substitution durch nicht ständig in der Landwirtschaft beschäftigte Familienmitglieder erfolgt, die in den Spitzenzeiten des Arbeitsanfalls einspringen. Die Zahl dieser fallweise mithelfenden Familienmitglieder wurde 1999 mit 255 000 angegeben (vgl. Tab. 32).

Insgesamt sind aus der Landwirtschaft in der 2. Hälfte des 20. Jahrhunderts mehr als 1,3 Mio. ständige Arbeitskräfte ausgeschieden. Bezogen auf die Zahl der Betriebe im Jahr 1951 hat sich somit der Arbeitskräftebesatz pro Betrieb von vier Personen im Jahr 1951 auf knapp eine Person im Jahr 1999 reduziert, wenn man nur den Besatz an hauptberuflich Beschäftigten ins Kalkül zieht.

Aufnahme: Lichtenberger.

Bild 47: Landwirtschaftsmesse, Ried, OÖ

Vom Voll- zum Nebenerwerbsbetrieb

Wir stoßen damit auf die beachtenswerte Tatsache, daß beim Rückbau des Agrarsystems, d. h. der Reduzierung der Agrarbevölkerung und der Beschäftigten im Lauf der Nachkriegszeit, die Zahl der aufgegebenen Betriebe relativ bescheiden war. Konkret hat sich damit eine Verlagerung aus den Vollerwerbsbetrieben in Richtung auf die Nebenerwerbsbetriebe hin vollzogen (vgl. Tab. 33).

Die Zahl der Vollerwerbsbetriebe hat von 299 000 im Jahr 1951 auf 80 000 im Jahr 1999 abgenommen. Setzt man die Zahl der Betriebe 1951 gleich 100, so ist eine Reduzierung auf 26 % in den fünf Jahrzehnten der Nachkriegszeit zu verzeichnen. Österreich ist damit in Europa das Land der Nebenerwerbslandwirtschaft par excellence und wird nur wenig von Norwegen übertroffen. Es ist bezeichnend für die österreichische Agrarpolitik, daß im Rahmen des „österreichischen Weges" diese Nebenerwerbsbetriebe nicht als Übergangserscheinung, sondern als eine durchaus förderungswürdige Betriebsform angesehen wurden und nach wie vor werden. Grundsätzlich muß man feststellen, daß durch diese Politik auch bisher, getragen von der

hohen Subventionierung, die flächige Bewirtschaftung gewährleistet wurde, auf welche – bei verhältnismäßig geringer Reduzierung der Betriebszahl – die erstaunlich intakte Kulturlandschaft Österreichs zurückzuführen ist, für deren Erhaltung im Gebirge noch immer Handarbeit erforderlich ist (vgl. Bilder 53, 57).

Die Nebenerwerbslandwirtschaft hat eine Reihe von spezifischen Phänomenen mit sich gebracht. Dazu gehört der partielle Einkommenstransfer aus der nichtlandwirtschaftlichen Berufstätigkeit in die technologische Aufrüstung der Betriebe ebenso wie der sehr hohe Feminisierungsgrad, d. h., die Arbeit in den Nebenerwerbsbetrieben wird de facto vielfach von Frauen geleistet. Es stellt sich die Frage, ob und unter welchen Bedingungen der Verzicht auf die freie Disposition über Freizeit und Urlaub, welche der viehhaltende Nebenerwerbsbetrieb erfordert, auch in der Zukunft akzeptiert werden wird.

In ökonomischer Hinsicht ist durch den Nebenerwerbsbetrieb eine Retardierung der Industrialisierung in der Agrarwirtschaft erfolgt, was in der Gegenwart zweifellos den Weg in Richtung auf den biologischen Landbau erleichtert. Vor dem Hintergrund der Reduktion von Arbeitskräften hat sich eine stille agrartechnologische Revolution vollzogen, welche mit einigen Eckdaten charakterisiert werden soll. Vorneweg seien zwei Ergebnisse festgehalten: Es ist zu einer gewissen Übermechanisierung gerade

Bild 48: Parndorfer Platte, Burgenland

Quelle: Scheide (Hg.), 1969, S. 93.

der Nebenerwerbsbetriebe gekommen. Ferner ist die Produktionssteigerung nicht nur auf den verstärkten Einsatz von Betriebsmitteln, sondern auch auf die starke Mechanisierung und bessere Bodenbearbeitung zurückzuführen.

Die Zahl der Traktoren kann als Leitindikator verwendet werden. Im Jahr 1939 registrierte man in der österreichischen Landwirtschaft erst 1641 Traktoren, im Jahr 1957 schon 78 748 und 1999 schließlich 335 728. Damit hat die Zahl der Traktoren die Zahl der Betriebe bereits überrundet. Ein weiterer Wert sei angeführt, der allerdings für den Gebirgsraum nicht repräsentativ ist, nämlich die Zahl der Mähdrescher. 1952 wurden erst 900 Mähdrescher registriert, 2000 bereits 13 834; über 70 000 Betriebe sind zur besseren Auslastung ihres Maschinenparks in Maschinenringen organisiert.

Der Rückgang der landwirtschaftlichen Betriebe in der zweiten Hälfte des 20. Jahr-

Bild 49: Weinviertel, Acker- und Weinwirtschaft in Gewannflur, NÖ

Aufnahme: Lichtenberger.

Bild 50: Bucklige Welt, Einzelhöfe in Heckenlandschaft, NÖ

Aufnahme: Lichtenberger.

hunderts war mit einer beachtlichen Vergrößerungstendenz verbunden. Die Kleinstbetriebe mit weniger als 2 ha waren die Hauptverlierer im Rahmen dieses Vorgangs. Ihre Zahl hat von 105 000 im Jahr 1951 auf 17 000 im Jahr 1999 abgenommen. Die Abnahme der Zahl der Betriebe hat in den 1990er Jahren auch auf die Größenklassen von 2 bis 5 ha und 5 bis 10 ha übergegriffen und hat um die Jahrtausendwende die 30-ha-Marke erreicht. Erst die Betriebe zwischen 30 und 50 ha konnten sich in den späten 1990er Jahren zahlenmäßig halten. Die Zahl der Betriebe mit 50 ha und mehr hat zugenommen.

Zwei Zahlen belegen diesen Konzentrationsprozeß in der zweiten Hälfte des 20. Jahrhunderts: Die durchschnittliche landwirtschaftliche Nutzfläche aller Betriebe ist von 9,4 ha im Jahr 1951 auf 16,8 ha im Jahr 1999 gestiegen. Noch eklatanter war die Flächenvergrößerung bei der gesamten Kulturfläche der Betriebe, die sich in diesem Zeitraum von 16,3 ha auf 30,9 ha nahezu verdoppelt hat.

Diese Aussage stimmt einigermaßen optimistisch, weil sie zeigt, daß ohne wesentliche agrarsoziale Spannungen oder Krisen der wünschenswerte Vergrößerungsprozeß in Gang gekommen ist, der auf der anderen Seite – und das ist das österreichische Paradoxon – mit einem Hinausdriften eines wachsenden Anteils von Betrieben in die Existenz des Nebenerwerbs verbunden war.

Die österreichische Landwirtschaft besitzt damit hinsichtlich der Betriebsgrößen und Erwerbsarten eine breite Pufferzone von Nebenerwerbsbetrieben mit derzeit fast 127 000 Betrieben und dazu auch etwa 255 000 fallweise zur Verfügung stehende Arbeitskräfte. Die Elastizität in der Betriebsgrößenstruktur und im Hinblick auf den Arbeitskräftebesatz ist damit außerordentlich hoch und gestattet daher auch den Optimismus in der Aussage, daß aufgrund der Kleinzügigkeit von Produktionsgebieten, von Betriebsgrößenstrukturen und siedlungsmäßiger Organisation (vgl. Bilder 48, 49, 50) die österreichische Agrarwirtschaft gute Chancen besitzt, sich an die neuen EU-Quoten anzupassen. Dies gilt besonders unter dem Gesichtspunkt des Anbaus von Alternativkulturen und des biologischen Landbaus schlechthin.

Biologische Landwirtschaft

Die biologische Landwirtschaft wird seit 1.7.1994 durch eine EU-Verordnung gesetzlich geregelt. Demnach sind folgende Hauptmerkmale dafür erforderlich: die Optimierung der Nutzung des betriebseigenen Stoffkreislaufs und der Einsatz von hofeigenem Wirtschaftsdünger sowie artgerechte Tierhaltung. Die biologische Landwirtschaft wird von der EU, vom Bund und den Ländern finanziell unterstützt.

Rückblickend ist die biologische Landwirtschaft als *das* Phänomen der 1990er Jahre zu bezeichnen. 1990 wurden noch 1539 Betriebe, 1992 bereits 6000 Betriebe registriert. 1996 war mit über 19 000 Betrieben der Wendepunkt erreicht. Seither ist die Bewegung zum Stillstand gekommen und seit 1999 geht die Zahl der geförderten Betriebe sogar wieder leicht zurück.

Ein Blick auf die Durchschnittsgröße der Biolandwirtschaften belegt, daß die Biobetriebe mit 14,8 ha (2000) im Konzentrationsprozeß zurückgeblieben sind. Überdies konnte das Vermarktungsproblem der teureren, in geringer Menge hergestellten Produkte nicht gelöst werden. Eine Ausnahme bilden die Bundesländer mit starkem Fremdenverkehr. So ist in Salzburg rund ein Drittel der Betriebe bereits als Biobetriebe registriert, gefolgt von Tirol mit einem knappen Fünftel der Betriebe. Andererseits liegen die beiden Randländer Österreichs, das Burgenland und Vorarlberg, wesentlich unter dem österreichischen Mittel von 10 % Biobetrieben, mit dem Österreich an der Spitze Europas steht und der österreichische Weg der Agrarpolitik im 21. Jahrhundert eine neue Facette aufweist.

Auch sonst besteht ein umfangreiches Paket von direkten und indirekten Förderungen weiter, wobei Maßnahmen verschiedenster Art in Hinblick auf die Infrastruktur, den Straßenbau, die Gebäudesanierung bis zu Direktzahlungen an die Bergbauern zu Buche stehen. Als Institutionen wirken hierbei das Bundesministerium für Land- und Forstwirtschaft, die Landwirtschaftskammern und die Landwirtschaftlichen Genossenschaften unter dem Dachverband der Raiffeisenbank zusammen. Überdies besteht in breiten Bevölkerungskreisen Verständnis für die Probleme der Agrarwirtschaft, besonders im Alpenraum.

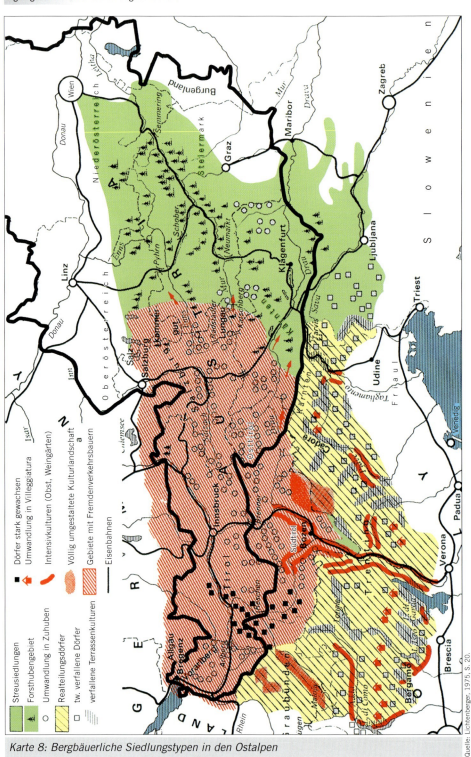

Karte 8: Bergbäuerliche Siedlungstypen in den Ostalpen

Quelle: Lichtenberger, 1975, S. 20.

Das Bergbauernproblem in den österreichischen Alpen

Einleitung

Im gesetzlich abgegrenzten Bergbauerngebiet der österreichischen Alpen liegen rund 100 000 Bergbauernbetriebe. Österreich ist somit das größte Bergbauernland Europas.

Erfreulicherweise hat sich in jüngster Zeit in der EU die Einsicht durchgesetzt, daß die Leistung der Bergbauernbetriebe im Gebirge nicht mit ökonomischen Wettbewerbsparametern gemessen werden kann, sondern daß an der Grenze zur Anökumene die Erhaltung der Kulturlandschaft eine wichtige Funktion ist, welche von der Gesamtgesellschaft honoriert werden muß. Mit dieser neuen normativen Sichtweise ist allerdings die Krise des Bergbauerntums als Lebensform und damit die Krise der Bergbauernbetriebe in Österreich keineswegs beendet. Ein historischer Rückblick auf die Problematik erscheint zum Verständnis der sozialgeographischen Differenzierung des Phänomens notwendig.

Sozialgeographischer Rückblick

Die Diskussion über das Bergbauernproblem wird von verschiedenen konventionellen Lehrmeinungen belastet, die einer Revision bedürfen. Eine vor allem von Nationalökonomen vertretene Auffassung geht dahin, daß die eigentlichen Ursachen der Krise des Bergbauerntums in seiner Herauslösung aus der traditionellen Naturalwirtschaft und den Schwierigkeiten bei der Anpassung an die moderne Marktwirtschaft zu suchen sind. Wenn wir jedoch die Rodungsgeschichte des Alpenraumes betrachten, so sehen wir, daß bereits die im 12. Jahrhundert erfolgte zweite Ausbauetappe der Kolonisation von sogenannten Schwaighöfen getragen wurde, d. h. von Viehhöfen, die dem Grundherrn ihren Zins in Form von Käse ablieferten und von diesem mit Brotgetreide versorgt wurden. Die frühe marktwirtschaftliche Funktion des Gebirges als Viehüberschußgebiet für das aufblühende Städtewesen des nördlichen und vor allem des südlichen Vorlandes ist daraus ersichtlich. Bis ins 18. Jahrhundert zählte die Verpachtung des Ochsenhandels aus Kärnten an italienische Familien zu den besten Einkünften des Landesfürsten. Eine dritte Siedlungsschicht, die Neureutte, „Novalia", im

ausgehenden 13. und 14. Jahrhundert lieferte den Zins überhaupt nur mehr in Geld ab und hatte sich damit praktisch aus der Naturalwirtschaft gelöst.

Die verbreitete Vorstellung von der ungenügenden marktwirtschaftlichen Verflechtung des Bergbauerntums in älterer Zeit ist folglich nicht haltbar. Das gleiche gilt auch für die zweite Auffassung, nach der die Krise der Gebirgslandwirtschaft und die Entsiedlung des Gebirgsraumes erst Erscheinungen des industriellen Zeitalters und damit des ausgehenden 19. Jahrhunderts darstellen. Vielmehr haben sich Krisen und Wirtschaftsblüte der Vorländer schon Jahrhunderte früher im Gebirge ausgewirkt. Bereits die allgemeine Wirtschaftskrise an der Wende vom Mittelalter zur Neuzeit, die sich vor dem Hintergrund einer Desorganisation der alten Feudalordnung vollzog, löste eine erste einschneidende Entsiedlungswelle im Gebirge aus. Dazu trugen ferner der Verfall des einst bedeutenden Bergbaus – so war z. B. der Schwazer Raum in Tirol noch zu Anfang des 16. Jahrhunderts das bedeutendste Silberbergbaugebiet Mitteleuropas – und die Verödung der alten Saumwege bei.

Seit dem 16. Jahrhundert kann man die Rückbildung von Bauernhöfen in nur noch zeitweise bewohnte und bewirtschaftete Nebenhöfe, auch Zulehen oder Zuhuben genannt, nachweisen. Dieses Zuhubenwesen gewann seither zunehmende Bedeutung und wurde zu einer in den bäuerlichen Besitzverhältnissen fest verankerten Institution. Ein zweiter Ast der Entsiedlung, das Forsthubenwesen, ergab sich aus dem steigenden Wert, den das Holz in Form von Holzkohle mit dem Aufschwung der staatlich geförderten Kleineisenindustrie in den östlichen österreichischen Alpen erhielt. Die großen geistlichen und weltlichen Grundherren begannen im 18. Jahrhundert den Waldbetrieb systematisch zu rationalisieren, um dem steigenden Holzkohlenbedarf genügen zu können. Dabei erfolgte einerseits eine Aufschließung bisher kaum genützter Gebirgsregionen durch Holzhauersiedlungen, andererseits bemühte man sich um eine Arrondierung und Erweiterung der Großforste durch „Abstiftung" (Enteignung und Vertreibung) von Bauern. Bereits Ende des 18. Jahrhunderts läßt sich als Folge dieser Tendenzen in den östlichen Waldgebirgen ein deutlicher Siedlungsrückgang feststellen.

Das Bergbauerngebiet bildet ferner hinsichtlich der Größe der Betriebe keineswegs eine Einheit, sondern ist infolge regionaler Unterschiede des Erbrechts auch regional differenziert.

Der Begriff „Bergbauer" darf, strenggenommen, nur im Anerbengebiet (in dem die Höfe ungeteilt an einen Erben gehen) angewendet werden. Dagegen müßte man in den Realteilungsgebieten von Westtirol und Vorarlberg eigentlich von „Bergkeuschlern" (Nebenerwerbslandwirten) sprechen. Die hier durch fortschreitende Besitzersplitterung entstandenen Klein- und Zwergbetriebe konnten schon früher nicht ohne Saisonwanderung und Nebenerwerb bestehen.

Die vierte und geläufigste Auffassung schließlich geht von der Annahme aus, daß die Haupteinbußen an Bergbauernhöfen entsprechend der Ungunst der natürlichen Gegebenheiten in den westlichen Hochgebirgen Österreichs, vor allem in Tirol und

Salzburg, zu verzeichnen seien. Bemerkenswerterweise trifft auch das nicht zu.

Die Einbettung des bergbäuerlichen Lebensraums in den österreichischen Alpen in die Höhenstockwerke der Vegetation weist deutliche West-Ost-Unterschiede auf (vgl. Fig. 43). Entsprechend dem Ansteigen der alpinen Gipfelflur von Osten nach Westen steigt die obere Waldgrenze an, auf die nach oben hin – von den Niederen Tauern nach Westen sich verbreiternd – alpine Matten folgen, die z.T. für die Almwirtschaft genutzt werden. Stärker als die Wald- und Mattengrenze steigt die Obergrenze der bergbäuerlichen Besiedlung von rund 1000 m im Osten auf über 1900 m in den Tiroler Zentralalpen empor. Entsprechend der Einbettung der Bergbauern in zwei verschiedene Vegetationsstufen sind daher seit alters zwei verschiedene Formen bergbäuerlicher Existenz zu unterscheiden, nämlich die „Waldbauern" im Osten und die „Almbauern" im Westen.

Diesem Unterschied entsprechen auch die bereits genannten Formen der „Entsiedlung", nämlich das Zuhubenwesen im Westen und das Forsthubenwesen im Osten (vgl. Karte 8).

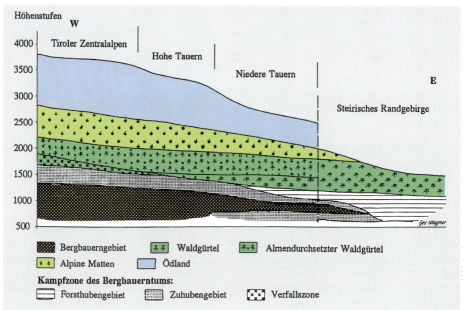

Fig. 43: *Schematisches West-Ost-Profil durch den bergbäuerlichen Lebensraum in den österreichischen Zentralalpen*

Quelle: Lichtenberger, 1965, S. 49.

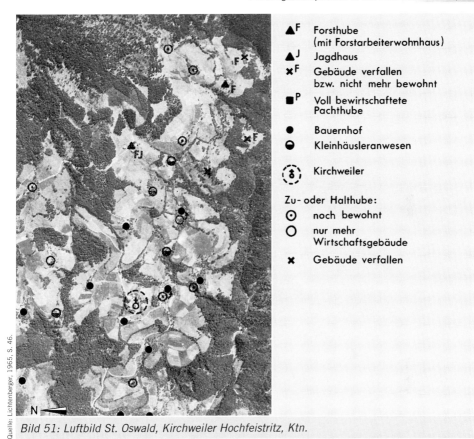

▲F   Forsthube
     (mit Forstarbeiterwohnhaus)

▲J   Jagdhaus

✗F   Gebäude verfallen
     bzw. nicht mehr bewohnt

■P   Voll bewirtschaftete
     Pachthube

●   Bauernhof

◖   Kleinhäusleranwesen

⊛   Kirchweiler

Zu- oder Halthube:

⊙   noch bewohnt

○   nur mehr
     Wirtschaftsgebäude

✗   Gebäude verfallen

Bild 51: Luftbild St. Oswald, Kirchweiler Hochfeistritz, Ktn.

Quelle: Lichtenberger, 1965, S. 46.

Der stärkste Rückgang an Bergbauernhöfen ist nicht im Westen erfolgt, wo die Pionierfront menschlicher Siedlung und Nutzung gegen die Anökumene verteidigt werden muß, sondern in den bewaldeten Mittelgebirgen des Ostens. Hier reicht die Kampfzone des Bergbauerntums gegen das Forsthubenwesen von der Siedlungsgrenze bis hinab zum Talboden.

Rechts- und sozialhistorische Unterschiede führen zu einer Erklärung. Im Osten, in Innerösterreich (Kärnten, Steiermark) sowie in den nieder- und oberösterreichischen Alpen verschlechterte sich nach den mißglückten Bauernaufständen des 16. Jahrhunderts die Lage der Bauern zusehends. Sie gerieten in immer stärkere Abhängigkeit vom Grundherrn, von dem sie zu umfangreichen Hand- und Spanndiensten herangezogen und jederzeit auch „abgestiftet", d. h. vom Hof vertrieben werden konnten.

Demgegenüber vermochten die „Almbauern" in Vorarlberg, Tirol und etwas eingeschränkt in Salzburg ihr Erbbaurecht zu behaupten, das die persönliche Freiheit des wirtschaftenden Besitzers garantierte. Daher erhielt sich hier ein politisch selbstbewußtes Freibauerntum, das im Landtag vertreten und waffenfähig war, wie die Erhebung der Tiroler Bauern gegen Napoleon belegt. Die Unterschiede zwischen „Freistift" im Osten und „Erbbaurecht" im Westen wurden de jure durch die Grundentlastung von 1848 zwar beseitigt, sie haben aber, über Jahrhunderte hin gültig, die Mentalität der bäuerlichen Bevölkerung im Westen und Osten bis heute tiefgreifend und unterschiedlich geprägt.

Diese rechtshistorischen und sozialpsychologischen Verschiedenheiten bilden jedoch nur eine Seite der Erklärung. Unterschiedliche wirtschaftliche Faktoren treten hinzu. Erst sie können die großen und un-

Bild 52: Pitztal, realgeteilte Felder, Tirol, 1986

erwartet hohen Verluste an Bauernhöfen in den östlichen Waldgebirgen verständlich machen. Während die Entsiedlung im Westen nämlich weitgehend die Folge eines Konkurrenzkampfes darstellt, der sich innerhalb des bäuerlichen Lebensraumes abspielt, wobei bessergestellte Talbauern Hangbetriebe aufkauften und in Zugüter verwandelten, sind es im Osten stets nichtbäuerliche Waldinteressenten gewesen, die das Waldbauerntum in eine schwere und bis heute nicht beendete Krise gebracht haben.

Seit alters bildeten die ausgedehnten Dominikalwaldungen ein mächtiges Walddach, von dem der daruntergelegene bäuerliche Siedlungsraum gleichsam erdrückt wurde. Auf die bodenständigen, aus der einst bedeutenden Eisenindustrie stammenden Waldinteressenten, die Gewerken und Hammerherren, die Unmengen von Holzkohle namentlich für die neuerrichteten Hochöfen benötigten, folgte Ende des 19. Jahrhunderts eine großbürgerliche Schicht. Rechtsanwälte, Bankiers, Großhändler und Industrielle wollten feudale Lebensformen nachahmen und waren häufig bereit, Liebhaberpreise für Bergbauernhöfe zu zahlen, um ein Jagdrevier zu arrondieren. In der Zeit zwischen den beiden Weltkriegen kamen Holzindustrielle und Holzhändler hinzu, die sich in der Rohstoffbeschaffung jetzt ähnlich absichern wollten wie seinerzeit die Gewerken. Das Resultat dieses trotz gesetzlicher Schutzmaßnahmen auch heute noch fortschreitenden Prozesses ist erschreckend: In den östlichen Waldgebirgen verschwand über die Hälfte aller Berghöfe. Manche Talregionen und Hänge wurden völlig siedlungsleer.

Im Vergleich dazu ist der Siedlungsrückgang im Westen Österreichs erstaunlich gering geblieben. In Nordtirol wurden in den letzten 100 Jahren nur 9 % der Höfe aufgegeben, in Osttirol etwa 15 %. Allerdings darf man bei der Beurteilung dieser Prozentzahlen nicht übersehen, daß bei den weit vorgeschobenen Siedlungszungen in den Hochalpentälern ein Rückgang der Besiedlung viel stärker ins Gewicht fällt als in den Waldgebirgen.

Zuhuben und Forsthuben

Die beiden Formen der Entsiedlung, das Zuhuben- und das Forsthubenwesen, haben die Kulturlandschaft in sehr unterschiedlichem Maße verändert. Bei der Forsthubenbildung verfielen die Gebäude meist rasch.

Häufig wurde so durchgreifend aufgeforstet, daß man die Lage der einstigen Bauernhöfe und ihr Kulturland ohne Kenntnis älterer Pläne gar nicht mehr finden würde. Nur auf einem Teil der Höfe wurden, meist mit verkleinertem Kulturareal, Deputatbetriebe für Forstarbeiter eingerichtet, um einen Stamm von bodenständigen Holz- und Waldarbeitern zu erhalten. Die Neuanlage und Verbesserung von Forstwegen und die Motorisierung der Forstarbeiter haben in der Nachkriegszeit die Situation geändert. Einerseits hat das Deputatland, für dessen intensive Nutzung die mechanischen Hilfsmittel fehlen, an Wert verloren, und andererseits wollen vor allem die Frauen das einsame und harte Leben im Gebirge und den weiten Schulweg für die Kinder verständlicherweise nur noch ungern in Kauf nehmen. Viele Forsthuben werden daher verlassen, immer mehr Forstarbeiter siedeln sich in den Talorten an. Die alte Doppelexistenz des „Bergkeuschlers", der gleichzeitig Waldarbeiter war, hat keine Zukunft mehr. Diese gehört dem Waldarbeiter, der zum reinen Lohnempfänger wird und der von den alten Gerechtsamen nur mehr das Anrecht auf Brennholz und – wenn er ein neues Siedlungshaus errichtet – auf Bauholz für sich in Anspruch nimmt (vgl. Bilder 53, 54).

Quelle: Lichtenberger, 1967, S. 33.

Bild 54: Verlassene Forsthube in den Kärntner Nockbergen

Beim bäuerlichen Zuhubenwesen muß man gemäß dem innerösterreichischen Sprachgebrauch zwischen den eigentlichen Zuhuben und den Halthuben unterscheiden. Beide hatten ursprünglich die Aufgabe, das landwirtschaftliche Potential des Haupthofes zu vergrößern, wobei auf der Zuhube meist noch Wiesennutzung oder sogar etwas Ackerbau betrieben wurde, während die Halthube in erster Linie dem Weidegang diente. Rein äußerlich sind viele Zuhuben, wenn man von dem meist höheren Baualter des Gehöftes absieht, kaum von einem Bauernhof zu unterscheiden. Sie können ganzjährig von einer Wohnpartei, dem „Inwohner" (meist einem Wald- oder Wegearbeiter) oder auch einem „Moar" (Meier) bewohnt sein, entweder einer Einzelperson oder einer ganzen Familie, die das Haus in Ordnung hält und das Vieh des Bauern betreut. Die Entlohnung des „Moars" fällt meist recht bescheiden aus. Wichtiger ist das Recht der Acker- und Weidenutzung für das eigene Vieh. Nur dort, wo die Zuhube in der unmittelbaren Nachbarschaft des Haupthofes lag, wurden die Gebäude oft abgerissen und die Flur insgesamt von diesem aus bewirtschaftet. Aber seit dem Ende des letzten Krieges geht diese intensive Zuhubenwirtschaft immer mehr zurück und ist derzeit im Verschwinden begriffen, da es

Quelle: Lichtenberger, 1975, S. 24.

Bild 53: Bauer bei der Holzbringung, Niedere Tauern, Stmk.

Aufnahme: Lichtenberger.

Bild 55: Dauersiedlungsraum und periodischer Siedlungsraum, Damüls, Vbg.

für die Bauern immer schwieriger wird, geeignete „Moarleute" zu finden.

Die Vernachlässigung der Zuhuben und Halthuben gehört zu den charakteristischen Erscheinungen unserer Gegenwart. Mit dem zunehmenden Mangel an Arbeitskräften unterbleibt auf den Halthuben häufig bereits die Mahd, und es wird nur mehr geweidet. Das ungenutzte Wohngebäude verfällt. Da die Pflege und Räumung der Weideflächen bei größeren Entfernungen zwischen Heimgut und Halthube immer schwieriger wird, beginnt sich der Wald auszubreiten, und auch das Wirtschaftsgebäude sinkt in Trümmer. Der einzige Ausweg besteht in der von den Ländern subventionierten Aufforstung von Halthuben, womit auch diese Entsiedlungsreihe in das Endresultat der Forsthubenbildung einmündet (vgl. Bilder 53, 54).

Anders war die Entwicklung im Realteilungsraum im Westen Österreichs. Bis zu den Napoleonischen Kriegen gehörte das obere Tiroler Inntal zum Bistum Chur. In Anwendung der Lex Romana Churiensis wurde die Aufteilung des Erbes in diesem Gebiet bis an die Grenzen des Möglichen praktiziert und auch auf die Behausungen ausgedehnt. Die auch hier seit 100 Jahren

zu beobachtende Betriebsreduzierung kann daher im großen und ganzen als begrüßenswerte und ausgleichende Gegenbewegung zu der übermäßigen Zersplitterung des bäuerlichen Besitzes im 16. bis 18. Jahrhundert aufgefaßt werden: Das Kulturland der aufgelassenen Betriebe dient zur Aufstockung der verbleibenden Höfe. Der geringe Verfall des Kulturlandes in diesem Gebiet überrascht. Wie oft in Realteilungsgebieten mit jahrhundertealter Saisonwanderung wird trotz aller periodischen Mobilität der Bevölkerung auch in den häufig extrem steilen Berglagen am Grundbesitz zäh festgehalten (vgl. Bild 52).

Anders als im trockenen und sommerwarmen Inneren ist die Situation an der kühl-feuchten Gebirgsfront in Vorarlberg im Siedlungsraum der Walser. Diese z.T. erst im Laufe des 16. Jahrhunderts erschlossene Hochgebirgsregion bietet besonders im Hochtannberg klassische Beispiele für die Entwicklung von Almen zu Dauersiedlungen und wieder zurück zu Sommersiedlungen. So besteht heute z.B. in Damüls ein charakteristisches Nebeneinander von Winterheimaten, Vorsässen (Früh- oder Voralmen, auf die das Vieh schon zu Beginn des Frühjahrs getrieben werden kann) und Almen, die physiognomisch kaum voneinander zu trennen sind (vgl. Bild 55). Das ist darauf zurückzuführen, daß in diesem ausschließlich auf Weidewirtschaft eingestellten Bergbauernraum nach der Heuernte auf den Heimgütern meist noch die ganze Familie in die Sommersiedlungen wandert. Der Entsiedlungsprozeß wurde hier nicht zuletzt dadurch gefördert, daß die Höfe im Laufe einer jahrhundertelangen Raubwirtschaft am Wald „ob Holz", d.h. über die Waldgrenze geraten sind.

Aktuelle ökonomische Lage und Agrarpolitik
Die österreichische Agrarpolitik hat eine sehr sorgfältige betriebsindividuelle Einteilung der Bergbauernbetriebe in vier Erschwerniszonen durchgeführt. Tabelle 34 belegt die unterschiedliche Verteilung der Bergbauernbetriebe auf Bundesländer und Regionen. Im Gegensatz dazu erfolgt die Abgrenzung des Berggebiets entsprechend der Verordnung der EU 1277/88 von 1999 nach Gemeinden bzw. Gemeindeteilen. Damit werden auch Betriebe einbezogen, die nicht den betriebsindividuellen Kriterien entsprechen.

Der Vergleich der Gesamteinkommen von Betrieben nach Erschwernisstufen belegt die Benachteiligung der Zone 4 mit nur knapp 8067 EUR Einkommen pro Fami-

lienarbeitskraft im Vergleich zum Durchschnitt des Berggebiets von 10 974 EUR und zum Bundesmittel aller Betriebe von 12 427 EUR. Die Transferzahlungen im Rahmen von Fördermaßnahmen der öffentlichen Hand, die in extremen Lagen sogar mehr als 40 % der Einkünfte aus der Land- und Forstwirtschaft betragen, haben aber bisher die Einkommensdisparitäten nicht beheben können. Die Tabelle 34 dokumentiert, daß es sich bei der Zone 4 in erster Linie um ein „Tiroler Problem" handelt, entfällt doch nahezu die Hälfte der Bergbauernbetriebe in dieser Zone auf dieses Bundesland.

Nun wäre es aber völlig unrichtig, die ökonomische Bedeutung der Bergbauern gering einzuschätzen. Sie stellten im Jahr 2000 immerhin 46 % aller landwirtschaftlichen Betriebe in Österreich. Auf sie entfielen 75 % des Ertrags aus der Forstwirtschaft und 65 % der Milchproduktion. Sie waren nach wie vor für die Bewirtschaftung des Grünlandes und der Almen mit einem Flächenanteil von 70 % verantwortlich. Industrialisierte Formen der Bewirtschaftung im Bergbauernraum sind allerdings bisher selten (vgl. Abb. 56).

Nichtsdestoweniger hat im Zuge des nunmehr dreifach gestaffelten umfangreichen Fördersystems der Bundesländer, des Staates und der EU eine rigide marktwirt-

Bundesland	Zone 1	Zone 2	Zone 3	Zone 4	Insgesamt
Niederösterreich	9 390	6 161	5 825	99	21 475
Burgenland	159	762	11	0	932
Ostregion	**9 549**	**6 923**	**5 836**	**99**	**22 407**
Steiermark	3 827	5 523	7 815	683	17 848
Kärnten	2 236	2 794	5 171	1 393	11 594
Südregion	**6 063**	**8 317**	**12 986**	**2 076**	**29 442**
Oberösterreich	10 250	5 630	5 093	133	21 106
Salzburg	1 978	2 158	2 265	843	7 244
Tirol	2 709	3 022	4 889	3 058	13 678
Vorarlberg	667	1 240	1 478	622	4 007
Westregion	**15 604**	**12 050**	**13 725**	**4 656**	**46 035**
Österreich	**31 216**	**27 290**	**32 547**	**6 831**	**97 884**

Tab. 34: Bergbauernbetriebe nach Bundesländern, Regionen und Erschwerniszonen 2000

Quelle: BMLFUW, Grüner Bericht 2000, S. 215, Tab. 3.1.12; SK.

schaftliche Kontrolle der Betriebe eingesetzt, wobei die aus der Buchführungstradition des Bundesministeriums für Landwirtschaft entstandene diffizile Bilanzierung von Anlagevermögen, Leistungen und Subventionen, welche nunmehr auch im Internet nachzusehen ist, besonders bemerkenswert erscheint. Bei keiner Betriebs- oder Berufsgruppe im Kleinstaat Österreich sind in solch minutiöser Form die Erträge aus den Produktionszweigen von Anbau, Tierhaltung, Forstwirtschaft usf., der „Unternehmensaufwand" und „Unternehmensertrag", Gewinnrate, Vermögensrente, Schulden, Investitionen baulicher Art, Maschinen, Eigenverbrauch, Eigenkapitalbildung, die Einnahmen aus Nebenerwerb, Pensionen, Familienbeihilfen, sonstige Sozialtransfers, Sozialversicherung usf., im Bundesmittel und nach Zonen gegliedert, aufgelistet.

Das Paradoxon einer Lebensform, welche mit der Rechenhaftigkeit kapitalistischer Wirtschaftsgesinnung konfrontiert wird, legen die negativen Bilanzen im Internet erschreckend offen.

Bergbauernbetriebe ruhen – überzeichnet ausgedrückt – auf drei Einkommenspfeilern: einem Landwirtschaftseinkommen, einem nichtlandwirtschaftlichen Einkommen und einem „staatlichen" Einkommen. Das landwirtschaftliche Einkommen steht wiederum auf zwei Pfeilern, nämlich auf der Milchproduktion und dem Verkauf von Holz. Zu diesem Gesamteinkommen kommt nochmals ein Viertel an verschiedenen Sozialtransfers, nämlich Familienbeihilfen, sonstige Sozialleistungen und Pensionen, hinzu. Die Beibehaltung des „Lebensformdenkens" der Bergbauern wird einerseits durch das wesentlich niedrigere Konsumniveau und andererseits durch die höheren Investitionen in Gebäude und Maschinen belegt.

Urlaub auf dem Bauernhof

Im Zuge der Entwicklung des Fremdenverkehrs ist ein Teil desselben – vor allem in den westlichen Hochgebirgen Österreichs – schon seit Ende des Ersten Weltkrieges und in verstärktem Maße ab den 1960er Jahren auch den Bergbauernbetrieben zugute gekommen. Es entstand eine neue Doppelexistenz – der Fremdenverkehrsbauer (vgl. Tab. 35).

Die Aktion „Urlaub am Bauernhof", welche in den 1970er Jahren initiiert wurde, hat in den 80er Jahren ihren Höhepunkt erlebt und befindet sich seither im Rückgang, wobei vor allem Kleinstanbieter aufgegeben haben. In Tirol und Salzburg ist daher ein Rückgang von 26,3 % bzw. 30,4 % auf 22,8 % bzw. 22,0 % erfolgt. Aufgrund der innerbetrieblichen Knappheit an Arbeitskräften ist auch ein Teil der Kapazität durch den biologischen Landbau abgezogen worden. Unabhängig davon hat sich der Urlaub auf dem Bauernhof über vorzüglich illustrierte Kataloge auf internationalen

Bundesland	landwirt. Betriebe mit Nächtigung	landw. Betriebe mit Ferienwohn.	Insgesamt	in % aller landw. Betriebe	Zahl der Betten	Zahl der Nächtigungen in 1000
Niederösterreich	375	176	551	*1,0*	4 171	162,5
Burgenland	172	81	253	*1,6*	3 157	130,5
Steiermark	1 297	364	1 661	*3,4*	13 371	721,8
Kärnten	1 108	704	1 812	*8,5*	14 102	500,5
Oberösterreich	607	308	915	*2,2*	7 419	304,3
Salzburg	1 651	799	2 450	*22,8*	19 602	1 138,6
Tirol	2 633	1 388	4 021	*22,0*	30 435	1 700,9
Vorarlberg	191	390	581	*10,8*	4 988	291,4
Österreich	**8 034**	**4 210**	**12 244**	*5,6*	**97 245**	**4 950,4**

Tab. 35: Urlaub auf dem Bauernhof nach Bundesländern 2000

Quellen: AMA/INVEKOS 2000; Bundesanstalt für Bergbauernfragen, Groier, 2002.

Aufnahme: Lichtenberger.

Bild 56: Industrialisierter Bergbauer bei Dienten, Salzburg

Ferienmessen sowie im Internet etabliert und gleichzeitig professionalisiert und besitzt mit der Vermietung von Fremdenzimmern bzw. Ferienwohnungen große regionalwirtschaftliche Relevanz. Insgesamt bieten die landwirtschaftlichen Betriebe in Österreich ca. 10 % aller Gästebetten an. Die Kommerzialisierung der Strukturen und der Übergang von landwirtschaftlichen Betrieben zur Hotellerie haben bereits seit den 80er Jahren an Bedeutung gewonnen (vgl. Bild 44).

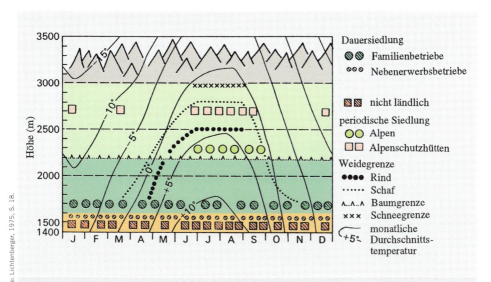

Quelle: Lichtenberger, 1975, S. 18.

Fig. 44: Der Zusammenhang zwischen Temperaturzone und Almauf- und -abtrieb in Osttirol

Almwirtschaft

Die Almen sind das Höhenstockwerk der Kulturlandschaft. Sie bedecken mit einer Fläche von 1322 Mio. ha (2000) 15,8 % der Katasterfläche Österreichs und bilden ein wichtiges Glied in der österreichischen Landwirtschaft. Etwa ein Fünftel aller österreichischen Bauern sind Almbauern.

Der Rückgang des Bergbauerntums hat auch das höhere Stockwerk der Almen in Mitleidenschaft gezogen. Die im Osten Österreichs verbreiteten Servitutsalmen, welche in den Großwaldbesitz eingeforstet sind, wurden in die Arrondierungsbestrebungen der Großwaldbesitzer hineingerissen. Mit der Intensivierung der Forstwirtschaft verstärkten sich die alten Gegensätze zwischen Wald- und Weidewirtschaft. Die Besitzer der Forstgüter unternehmen alle Anstrengungen, die Weiderechte abzulösen, wenn auch die Löschung alter bäuerlicher Nutzungsrechte nunmehr von staatlicher Seite hintangehalten wird.

Als Folge dieser alten Bestrebungen der Großforstbesitzer ist die einst blühende Almwirtschaft der nordöstlichen Alpen, auf den großen Kalkstöcken und in den Waldgebirgen, heute bis auf geringe Reste verschwunden. Man hat den Verfall des Almwesens in den Kalkgebirgen mit der Verkarstung in Zusammenhang bringen wollen. Diese ist aber lediglich eine Mitursache, nicht die Hauptursache. In Westösterreich überwiegen Einzelalmen von Almbauern bzw. in manchen Talschaften Gemeindealmen (vgl. Bild 57).

In der Nachkriegszeit hat ferner die zunehmende Verknappung der Arbeitskräfte in

	Großvieh-Einheit	Anzahl der Tiere
Pferde (ab 0,5 Jahre)	9 254	9 254
Rinder (0,5–2 Jahre)	77 425	193 563
Rinder (ab 2 Jahre und Mutterkühe)	117 303	117 303
Milchkühe	58 792	58 792
Schafe (ab 1 Jahr)	14 499	144 990
Ziegen (ab 1 Jahr)	911	9 110
Insgesamt	**278 184**	**533 012**

Tab. 36: Gealptes Vieh nach Viehkategorien 2000

Quellen: AMA/INVEKOS 2000; Bundesanstalt für Bergbauernfragen, Groier, 2002.

der Landwirtschaft eine Zurücknahme von Menschen aus der Zone periodischer Siedlung bewirkt, wovon vor allem die bäuerlichen Einzelalmen in Westösterreich betroffen waren.

Im Zeitraum von 1952 bis 2000 hat die Almfläche von 1 721 000 ha auf die oben genannten 1 322 000 ha abgenommen. Insgesamt gingen damit 389 000 ha Weidefläche verloren (vgl. Tab. 37).

Damit hat sich ferner eine Vereinfachung in dem komplizierten Nutzungssystem ergeben, welches durch die Staffeln von Nieder-, Mittel- und Hochalmen gekennzeichnet war. Die Fig. 44 illustriert den Zusammenhang zwischen dem Temperaturgang des Jahres und dem Auftrieb bzw. Abtrieb des Almviehs in Osttirol.

Durch die Auflassung vieler Hochalmen sowie die Neuaufnahme vieler kleiner Almen im Niederalmbereich (Zu- und Halthuben,

Jahr	Anzahl bestoßener Almen (inkl. ZBA)	Almfläche in ha	Almfutterfläche in ha	aufgetriebene Großvieheinheit
1952*	10 819	1 721 201	904 337	313 202
1974*	9 311	1 449 405	742 588	212 326
1986*	12 096	1 452 020	761 849	283 552
1996**	9 170	1 482 622	769 298	288 559
1997**	9 294	1 358 390	744 035	288 208
1998**	9 180	1 286 235	727 758	286 924
1999**	9 364	1 329 897	653 976	279 789
2000**	**9 310**	**1 321 570**	**582 293**	**278 184**

* Almerhebung 1952, 1974 und 1986 des ÖSTAT (1986 andere Erhebungssystematik, dadurch überschätzte Almanzahl)
** Almauftriebslisten INVEKOS; ZBA (Zusatzblatt Almen)

Tab. 37: Entwicklung der Almwirtschaft in Österreich 1952–2000

Quellen: AMA/INVEKOS; Bundesanstalt für Bergbauernfragen, Groier, 2002.

Aufnahme: Lichtenberger.

Bild 57:
Almabtrieb bei
St. Johann, Tirol

Vorsäße usw.) verlagerte sich die Almwirtschaft in tieferliegende günstigere Lagen. Im Jahr 2000 betrug der Anteil der Niederalmen 27 %, jener der Mittelalmen zwischen 1300 m und 1700 m 49 % und jener der Hochalmen über 1700 m 24 %.

Durch die Einführung der Almwirtschaftsförderung sowie die Almmilchregelung im Marktordnungsgesetz ist in den späten 1970er Jahren eine gewisse Konsolidierung der Almwirtschaft eingetreten. Allerdings ist es dabei zu einer Separierung zwischen Galtviehalmen, welche nunmehr im Osten absolut dominieren, und den auf Milchproduktion und Käseerzeugung ausgerichteten Almen mit Kühen im westlichen Hochgebirge, insbesondere in Tirol, gekommen.

In den 1970er Jahren erreichte die Almwirtschaft ihren Tiefpunkt (vgl. Tab. 37). Durch die Neuorientierung der Agrarpolitik in den 80er Jahren begann eine Konsolidierung bei den aufgetriebenen Großvieheinheiten. Im Rahmen der Investitionsförderung gewährte der Bund für den Neu- und Umbau von Almgebäuden, Ställen und Wirtschaftsgebäuden, den Ankauf von Geräten für die Innen- und Außenwirtschaft, die Errichtung von Zäunen und Almwegen, die Wasserversorgung, die Elektrifizierung usw. finanzielle Unterstützung in Form von verlorenen Zuschüssen und Zinszuschüssen. Dazu kamen die Alpungsprämien der Länder, die nach Viehkopfzahlen in unterschiedlicher Höhe von den Ländern ausbezahlt werden.

Seit dem EU-Beitritt ist eine Abnahme der Almfläche festzustellen. Dabei ging die Almfutterfläche stärker zurück als die Gesamtfläche der Almen. Dies hängt mit der Abnahme der rinderhaltenden Betriebe und der Intensivierung der Futterwirtschaft in den Heimgütern zusammen. Die historischen Tendenzen zur Verwaldung kehren zurück. In geringerem Ausmaß ist auch ein Rückgang der Zahl der gealpten Tiere erfolgt, wobei die Zahl der Schafe und Ziegen zugenommen hat (vgl. Tab. 36).

Auch die Almen partizipieren am Fremdenverkehr (vgl. Tab. 38). In den 80er Jahren entstand ein neues Höhenstockwerk von Verbindungen zwischen den Almen in 1600 bis 2000 m unterhalb der Hochregion der Schutzhüttenaufschließung des Alpenvereins und anderer alpiner Vereine. Wie Hunderte von Internet-Adressen belegen, sind Almgasthöfe inzwischen ein Renner im Tourismus geworden und haben sich vielfach von der Almwirtschaft abgekoppelt.

Bundesland	Almen mit FV	% aller Almen
Niederösterreich	129	*36,2*
Steiermark	1 507	*43,0*
Kärnten	1 333	*54,0*
Oberösterreich	227	*41,3*
Salzburg	1 261	*46,3*
Tirol	1 727	*59,3*
Vorarlberg	617	*61,5*
Österreich	**6 801**	***50,3***

Quelle: Groier, 1993. S. 200.

Tab. 38: Anteil der Almen mit Fremdenverkehrseinrichtungen (FV)

Wald und Jagd

Ökonomischer Stellenwert der Forstwirtschaft

Österreich ist ein Waldland, wenn auch die Verteilung des Waldes in den einzelnen Bundesländern und Großlandschaften sehr große Unterschiede aufweist (vgl. Farbkarte). Insgesamt sind derzeit mit 3,924 Mio. ha (2000) 47 % der österreichischen Staatsfläche bewaldet. Umgerechnet auf die Bevölkerungszahl von Österreich entfallen auf jeden Einwohner rund 0,5 ha Wald.

Trotz der flächenbeherrschenden Position des Waldes in Österreich beträgt der Anteil der Forstwirtschaft am Bruttoinlandsprodukt – ungeachtet der hohen Bewaldungsdichte und Zuwachsleistung – nur rund 0,5 %; bei Hinzurechnung der Holzwirtschaft erhöht sich der Wert auf 4,2 %. Der Exportanteil von Holz- und Forstwirtschaft beträgt etwa 12 – 15 % des Gesamtexports. Für die Handelsbilanz ergibt sich daraus ein Überschuß von rund 1,5 Mrd. EUR jährlich.

Die Forstwirtschaft stellt einen arbeitsextensiven Wirtschaftssektor dar. 2000 waren insgesamt nur rund 8600 Personen in der Forstwirtschaft beschäftigt, davon 5000 in der Waldarbeit und 3600 als Angestellte und Beamte in Büro- und Aufsichtstätigkeiten. Allerdings wird ein wesentlicher Teil der Arbeit in den rund 200 000 meist bäuerlichen Kleinwaldbetrieben geleistet, auf welche die Hälfte der Waldfläche entfällt.

Forstpolitik und Besitzstrukturen

Forstpolitik und Agrarpolitik sind stets getrennte Wege gegangen. Während die landwirtschaftlichen Produkte einer dirigistischen Schutz- und Subventionspolitik unterliegen, fehlt eine derartige Politik gegenüber dem wichtigsten Produkt der Forstwirtschaft, dem Holz, völlig. Österreich importiert Holz, auch Schnittholz, in großem Umfang und führt andererseits auch Holz und Holzprodukte aus. Es wurde schon erwähnt, daß durch die Dumpingpreise von russischen Holzimporten in der Zwischenkriegszeit sehr viele Waldbauernbetriebe unter den Hammer gekommen sind.

Die österreichische Legistik zur Forstwirtschaft geht weit zurück und fußt bereits auf den maria-theresianischen Waldordnungen, welche erlassen wurden, um den Holzbedarf für die Eisenindustrie sicherzustellen. Das Forstgesetz 1975 bildet noch immer die gesetzliche Grundlage für die Überwachung der Wälder. Eine Novelle wurde 1987 erlassen. Derzeit ist die Novelle 2002 in Kraft. Das österreichische Forstgesetz gilt als eines der rigidesten Gesetze für die Nutzung der Wälder innerhalb der EU. Das Forstgesetz regelt auch das freie Begehen des Waldes zu Erholungszwecken. Einzelne private Forstgüter machen neuerdings von Restriktionen Gebrauch und gestatten das Betreten der Wälder dem Erholungssuchenden nur von 8.00 bis 16.00 Uhr. Ebenso bedarf das Befahren der Forststraßen der Erlaubnis der Eigentümer. Verschlossene Schranken reduzieren die Möglichkeiten für den Autoverkehr überdies drastisch. Damit ist die tief in die Sozial- und Wirtschaftsgeschichte zurückreichende Trennung zwischen Bauernwald und Großforst angesprochen. Österreich war ursprünglich weitgehend Waldland, bei der Rodung des Waldes im Mittelalter verblieb im Osten der Alpen das Walddach über der bäuerlichen Siedlung vielfach in der Hand der Feudalherren. Auf die Kette von auswärtigen Interessenten am Wald – einerseits für die Rohstoffbasis Holz und andererseits für die einst feudale Domäne der Jagd – wurde bereits hingewiesen.

Diese Polarisierung der Besitzverhältnisse in Niederösterreich, der Steiermark und Kärnten findet allerdings in den westlichen Bundesländern Tirol und Vorarlberg kein Gegenstück. In Vorarlberg handelt es sich bei fast der Hälfte der Wälder um Gemeinschaftswälder, und der private Großforst fehlt nahezu völlig. Ähnliches gilt für Tirol, nur daß hier auch die Bundesforste ebenso wie in Salzburg und Oberösterreich eine wichtige Rolle spielen. Dabei läßt sich in Tirol eine gewisse Privatisierung des Gemeineigens beobachten. Die unterschiedlichen Waldbesitzverhältnisse der Bundesländer sind aus Tab. 39 zu entnehmen.

Im Kataster werden 21,3 % als öffentlicher Besitz ausgewiesen (Österreichische Bundesforste, Bundesländer, Gemeinden und ähnliches), 13,6 % sind Gemeinschaftswälder (Genossenschaften 9,5 %, Kirchen 4,1 %) und 65,1 % Privatwälder in der

Hand von Privatpersonen und privaten Institutionen.

In der Betriebsgrößenstruktur dominiert der Kleinwaldbesitz der bäuerlichen Betriebe (bis zu 200 ha) mit 53 %; 32 % sind Großwald, und rund 15 % gehören den Österreichischen Bundesforsten.

Mit der Polarisierung in der Betriebsgrößenstruktur unterscheidet sich die Forstwirtschaft von der Agrarwirtschaft, in welcher Staatsbetriebe ebenso wie Gutsbetriebe keine bemerkenswerte Rolle spielen, sondern bestenfalls punktuell auftreten.

Waldverteilung und -nutzung

Die geschlossensten Waldgebiete liegen in den Voralpen von Salzburg bis Niederösterreich sowie am Alpenostrand, vom Steirischen Randgebirge, der Kor- und Saualpe über die Gebirge beiderseits der Mur-Mürz-Furche bis zum Wechsel hin (vgl. Farbkarte). Zwar gingen in den letzten Jahrzehnten ausgedehnte Flächen für Straßen-, Kraftwerks- und Siedlungsbau sowie für Freizeiteinrichtungen verloren, doch vergrößerte sich das Waldareal insgesamt durch Anflug auf Almen und Weiden sowie durch planmäßige Aufforstungen von Grenzertragsböden. In den späten 1990er wurden jährliche Zuwachswerte von rund 7700 ha registriert, welche derzeit (2002) die Prognosen bestimmen.

Die Nutzung des Waldes ist multifunktional und reicht von außerökonomischen Leistungen wie dem Boden-, Wasser-, Lawinenschutz u. dgl. über die Erholungsfunktion bis zur Produktion von Holz und dessen Weiterverarbeitung zu verschiedensten Erzeugnissen. In den alpinen Regionen haben die Schutz- und Wohlfahrtsfunktionen einen hohen Stellenwert. Fast ein Fünftel der Waldfläche wird als Schutzwald klassifiziert. Der Anteil beträgt in Tirol mit 46 % nahezu die Hälfte, in Vorarlberg 42 % und in Salzburg 32 %. Die monetären Erlöse aus dem Schutzwald sind eher gering. Schutzwälder, die nach einer langen Periode der Waldverwüstung oft erst im 19. Jahrhundert unter großen Opfern wiederhergestellt wurden, sind heute wiederum in größerem Ausmaß gefährdet. Neben einer starken Überalterung und den immissionsbedingten Waldschäden sind es weit überhöhte Schalenwildbestände, welche die mögliche natürliche Verjüngung des Schutzwaldes verhindern. Allein im Bundesland Tirol ist ein knappes Fünftel des Waldes durch Wildverbiß geschädigt, im Außerfern sind es sogar zwei Drittel (!).

Funktionen wie die Intensivnutzung als Wirtschaftswald und die Erholungsfunktion des Waldes schließen einander weitgehend aus. Der intensiv genutzte Wirtschaftswald, v. a. in Höhenlagen zwischen 600 und 1200 m, hat durch den hohen Anteil an Monokulturen bei gleichzeitig dichter Erschließung durch LKW-taugliche Straßen und den Einsatz von Großmaschinen an Attraktivität für die Erholungsfunktion verloren. Umgekehrt werden Erholungssuchen-

Bundesland	Österr. Bundes-forste	Besitz von Land und Gemeinde	Private Großforste (über 200 ha)	Bauern-wald (unter 200 ha)	Gemein-schafts-wälder	Insg.
Wien	–	5	0,4	0,3	–	6
Niederösterreich	87	38	243	360	21	749
Burgenland	4	2	38	53	21	118
Steiermark	90	37	254	473	43	896
Kärnten	22	2	125	317	28	493
Oberösterreich	114	4	85	243	3	450
Salzburg	148	2	21	92	17	281
Tirol	110	25	8	159	168	470
Vorarlberg	–	11	0,3	32	34	77
Insgesamt	**576**	**125**	**774**	**1729**	**336**	**3540**
%	*16,3*	*3,5*	*21,9*	*48,8*	*9,5*	*100,0*

Tab. 39: Besitzstrukturen des Waldes nach Bundesländern 1999 (in Tausend ha)

Quellen: www.lebensministerium.at; BMLFUW 2001; Hengler, Österreichische Waldinventur.

de von den Forstleuten vielfach als Störenfriede betrachtet.

Neuaufforstungen von Lichtungen und aufgelassenen Agrarflächen mindern in waldreichen Gebieten die ästhetische Vielfalt der Landschaft und reduzieren dadurch in den peripheren Gebieten die Entwicklungschancen im Tourismus (z. B. im Wald- und Mühlviertel und in Teilen der Steiermark). Von Ausflugswäldern um große Städte, Wildparks, walddurchsetzten Almflächen und der Obergrenze des Waldes abgesehen, hat der Wald bisher auf dem Markt des Tourismus keinen Stellenwert erhalten.

Der Wirtschaftswald
Der Wirtschaftswald umfaßt rund drei Viertel der gesamten Waldfläche (Hoch- und Niederwald). Seine Bewirtschaftung als „Ertragswald" erfolgt überwiegend als Hochwald; die Niederwaldwirtschaft dominiert vor allem in den Eichenbeständen des Burgenlandes. Die Baumartenzusammensetzung im Ertragswald wird mit 56 % von der Fichte beherrscht, gefolgt von der Buche

Bild 58: Waldweide im Wechselgebiet, NÖ

Aufnahme: Lichtenberger.

(9 %), der Weißkiefer (6 %) und der Lärche (5 %); der Tannenanteil ist wild-, verbiß- und immissionsbedingt auf unter 3 % zurückgegangen, der Anteil der Eiche liegt unter 2 %.

Die natürliche Zusammensetzung der Wälder hat sich seit dem Mittelalter durch Nutzungseingriffe (Rodungen, Waldweide, Gewinnung von Brenn- und Bauholz) verändert und sich insgesamt in den letzten 150 Jahren durch forstliche Maßnahmen zugunsten des Nadelwaldes verschoben. Die Verteilung der Waldgesellschaften erfolgt einerseits in vertikaler Hinsicht entsprechend der Seehöhe und weist andererseits eine West-Ost-Differenzierung auf, ferner sind Außen- und Innenlagen der Alpen zu unterscheiden.

Die Fichte herrscht in den Zentral- und Kalkalpen vor und ebenso im Böhmischen Massiv, die Weißkiefer ist im Waldviertel, im Burgenland und in der südöstlichen Steiermark sowie im Kärntner Becken verbreitet, die Buche dominiert in den Voralpen, im südöstlichen Flach- und Hügelland der Steiermark und südlich der Drau, fehlt hingegen in inneralpinen Lagen. Eichen gibt es im wesentlichen nur in den Ebenen und in den Randgebieten Ostösterreichs bis zu einer Seehöhe von 400 m.

Generell steigt mit zunehmender Seehöhe der natürliche Nadelbaumanteil an, über 1400 m besteht eine Nadelwaldzone mit Beständen aus Fichten, Lärchen, Zirben oder Latschen. Die Waldgrenze liegt randalpin bei 1600 m, zentralalpin bei 2000 m Seehöhe. Hier ist, wie jüngste Forschungen im Ötztal belegen, die Waldgrenze wieder im Steigen begriffen. 1961 hat das Bundesministerium für Land- und Forstwirtschaft mit den Waldinventuren begonnen, die, im Forstgesetz verankert, die Grundlage für den Routinebericht des Ministers an das Parlament darstellen. Bereits seit den 1970er Jahren wuchs in Abhängigkeit von den Holzpreisen mehr Holz nach als geschlägert wurde.

Hierbei ließen sich unterschiedliche Nutzungstendenzen bei den Besitzergruppen feststellen. Im Kleinwald, der in den letzten drei Jahrzehnten des 20. Jahrhunderts die höchsten Zuwachsraten aufwies, wurde nur die Hälfte des anfallenden Holzes geschlägert, die andere Hälfte verblieb als „Sparkasse" der Besitzer am Stamm. Umgekehrt wiesen die 1997 in eine Aktiengesellschaft umgewandelten Österreichischen Bundesforste den höchsten Einschlag von fast 90 % auf, gefolgt von den Großforstbesitzern mit rund 80 %.

Insgesamt stehen (2000) im österreichischen Wald rund 1 Mrd. m³ Holz, und jährlich wachsen 27 Mio. m³ zu. Rund 2 % des Vorrats werden geschlägert. Entsprechend dem Forstgesetz wird eine kleinflächig strukturierte Bewirtschaftung vertreten. Als Beleg darf angeführt werden, daß nur 33 % der Schlägerungen in Form eines Kahlschlags auf Flächen von mehr als 500 m² erfolgt sind.

Der Wald als Gewinner der Agrarkrise

Alle traditionellen Agrarsysteme von Bauern haben in der Vergangenheit Raubbau am Wald betrieben. Diese Aussage schließt auch Österreich mit ein. Die partielle Zerstörung der Bannwälder in den Alpen war das Ergebnis. Erst die physiokratischen Bestrebungen im 18. Jahrhundert haben die Ära einer geordneten Forstwirtschaft eingeleitet, die in erster Linie auf die Verbesserung des Wirtschaftswaldes ausgerichtet war.

Zuerst durch Waldordnungen angehalten, dann dem Beispiel der Forstbesitzer folgend, begann in der Gründerzeit die bergbäuerliche Waldwirtschaft. Damit wurden einerseits ältere Wechselwirtschaftssysteme wie die Acker-Wald-Wechselwirtschaft aufgegeben, von deren einstiger Ausdehnung Birkenbestände als Sekundärformationen in den Nadelwäldern des Steirischen Randgebirges noch eine gewisse Vorstellung vermitteln, und andererseits begann eine Reduzierung der noch in die Gegenwart heraufreichenden Waldweidewirtschaft, die allerdings in den westlichen Bundesländern Tirol und Salzburg mit 160 000 ha bzw. 120 000 ha beachtliche Flächen einnimmt, während sie in den Waldgebirgen Innerösterreichs durch die Forstbesitzer schon sehr viel früher und durchgreifender eingeschränkt werden konnte, so daß in beiden Bundesländern bereits weniger als ein Zehntel des Waldes noch als Viehweide dient. In Niederösterreich ist die Waldweidewirtschaft nahezu völlig verschwunden (vgl. Bild 58). Auf der anderen Seite werden in großen abgezäunten Waldteilen Wildtiere neu eingebracht und für die Jagd und Konsumzwecke gehalten (vgl. Bild 59).

Aufnahme: Lichtenberger.

Bild 59: Wildschweine im Eichen-Hainbuchen-Wald, Burgenland

Der wichtigste Vorgang seit den 60er Jahren besteht jedoch in der „inneren Aufstockung" der landwirtschaftlichen Betriebe durch Aufforstung. Gleichzeitig hat sich eine Art Sparkassenmentalität der Bauern gegenüber dem Wald entwickelt, gerade weil die Holzpreise vom Weltmarkt diktiert werden.

Der Wald bildet heute das wirtschaftliche Rückgrat für die Mehrzahl der bergbäuerlichen Betriebe und steuert bei den Grünland-Waldwirtschaftsbetrieben Innerösterreichs annähernd die Hälfte des Einkommens bei, ist aber auch für die Grünlandbetriebe der Hochalpen ein wesentlicher Pfeiler der Wirtschaft. Eine Betriebsaufstockung kann daher nur mit Wald erfolgen, der im Vergleich zur landwirtschaftlichen Nutzfläche etwa ein drei- bis viermal höheres Arbeitseinkommen gewährleistet. Vor allem die großen Bergbetriebe, die heute im wesentlichen auf die familieneigenen Arbeitskräfte angewiesen sind, begannen seit den 1970er Jahren die Konsequenz aus dieser Situation zu ziehen. Sie besteht in einer Reduzierung des umfangreichen Kulturlandes auf hofnahe, möglichst ebene Flächen, auf denen noch intensiver gewirtschaftet wird. Das steilere Gelände, vor allem Hänge zwischen 20 und 40 Grad Neigung, die noch bis vor kurzem ein „Niemandsland der Technisierung" waren, werden in Weide umgewandelt, Schatthänge, steiles und felsdurchsetztes Gelände aufgeforstet, was einer inneren Aufstockung der Betriebe gleichkommt.

Die Erschließung des Waldes

Die wohl wichtigste Leistung der Nachkriegszeit besteht in der Neuanlage von mehr als 100 000 km Zufahrtsstraßen und Forststraßen. Hierbei gibt es allerdings bezüglich der Benützungsrechte wesentliche Unterschiede zwischen dem Kleinwald, wo zwei Drittel der Waldstraßen Gemeinschaftswege mit privatem oder öffentlichem Benützungsrecht und nur ein Drittel private Wege einzelner Besitzer sind, und den Betrieben über 200 ha sowie den Österreichischen Bundesforsten, wo der größte Teil der Waldstraßen privat und daher durch Schranken abgesperrt ist.

Neben den Waldstraßen führen weitere 40 000 km öffentliche Straßen durch den Ertragswald, damit ergibt sich ein für LKW befahrbares Straßennetz von 140 000 km und eine durchschnittliche Erschließungsdichte von 41,7 Laufmetern pro ha. Mit dieser Forststraßendichte weist Österreich den europäischen Spitzenwert auf. Dabei ist die Erschließungsdichte mit 45,6 Laufmetern pro ha im Kleinwald am höchsten, am niedrigsten im Schutzwald mit 9,3 Laufmetern pro ha. Die geringe Aufschließungsdichte desselben erschwert die notwendigen Pflege- und Sanierungsmaßnahmen.

Unbefestigte Wege, sogenannte Rückwege, im Ausmaß von weiteren 140 000 km bilden die Feinerschließung im befahrbaren Teil des Ertragswaldes. Hinzu kommen noch Seilgassen in nicht befahrbaren Abschnitten.

Entsprechend der Multifunktionalität des Waldes dient das Waldstraßennetz auch als Zufahrt zu land- und alpwirtschaftlichen Liegenschaften sowie für jagdliche, touristische und andere Zwecke. Konflikte mit Mountainbikern bei der Benützung der Waldstraßen sind noch nicht abgeklärt.

Waldsterben

Aufgrund der Bedeutung des Waldes, der Waldwirtschaft und der Holzwirtschaft für die österreichische Kulturlandschaft und Wirtschaft hat das Phänomen des Waldsterbens in Österreich sehr rasch zum Aufbau eines österreichweiten Netzes von Beobachtungen geführt, in welches Tausende Probebäume eingeschlossen sind. In jährlichen Waldberichten wird die Entwicklung des Waldzustandes vom Landwirtschaftsministerium veröffentlicht. Der aktuelle Waldzustand (2001) entspricht nicht den Horrormeldungen, die in den 1980er Jahren durch die Medien gegangen sind. In Österreich sind keine großen Waldflächen abgestorben, doch werden 36,8 % aller Waldbäume als sichtbar verlichtet, 8,9 % als mittel oder stark verlichtet bzw. tot eingestuft.

Die zum Waldsterben gezählten Erscheinungen sind hinsichtlich ihrer Schadkomponenten und Verursacher nicht eindeutig geklärt. Neuartige Waldschäden treten durch Ferntransport der Luft auch in Reinluftgebieten auf. Die Schadwirkung kann über den Boden durch saure Niederschläge von Schwermetallen erfolgen; Schwefeldioxid, Ozon, Chlor und Stickstoffverdünnungen sowie Kohlenwasserstoffe gelangen über die Assimilationsorgane in die Pflanzen. Die Folge sind Nadel- und Blattverlust, Kronenverdichtungen und Zuwachsverluste. Das allmähliche Absterben kann dann auch die Folge von sekundärem Schädlingsbefall oder mangelnder Widerstandsfähigkeit gegen Witterungsextreme sein. Für den Schadholzanfall zeichnen jedoch in erster Linie Naturkatastrophen verantwortlich (vgl. Tab. 40).

Jagd

Bei Norbert Krebs können wir in seinem 1928 erschienenen Werk über die Ostalpen und das heutige Österreich folgendes über die Jagd nachlesen: „Sie ist nicht so sehr Beruf als Vergnügen und erlangt Bedeutung im Bereich der Großgrundbesitzer, denen wir für die Erhaltung des Waldes viel Dank wissen müssen, die aber gerade durch die Wildpflege und die darin begründete Verdrängung der Kleinbauern, die Abstiftung der Almen und die immer weiter um sich greifende Arrondierung ihres Besitzes der Volkswirtschaft nicht förderlich sind. Darum konnte die gewaltige Vermehrung des Wildstandes vor dem Krieg [gemeint ist der Erste Weltkrieg] nicht begrüßt werden. Die nördlichen Kalkalpen weisen in ihrer ganzen Erstreckung vom Lechtal ostwärts und zwar nicht nur im öden Hochgebirge, sondern auch in den besser besiedelbaren Voralpen, ausgedehnte Jagdgründe auf, und das Bergland der österreichisch-steirischen Grenze ist nicht ohne Bitterkeit als ‚der künftige Wildpark Europas' bezeichnet worden. Allenthalb nahm hier das Areal der Eigenjagden zu, die Volksdichte aber rapid ab. Im Süden gilt ähnliches nur von den Karawanken." Diesen Aussagen von Norbert Krebs ist nur wenig hinzuzufügen. Die wichtigste Ergänzung besteht in der Feststellung, daß die Exklusivität der Jagd gerade in der Zeit der modernen Massengesellschaft wieder im Ansteigen begriffen ist, wobei die Gegenwart an das räumliche Muster der historischen Jagdreviere anschließt. Die historische Bedeutung der Jagd wird durch die Zahlen für das Jagdpersonal belegt, welches in den österreichischen Alpen im Jahr 1910 mit 12 530 Personen, davon 3435 in der Steiermark und 3365 in Niederösterreich (Tirol nur 1965), angegeben wird, also mehr Personen umfaßte, als heute insgesamt in der Forstwirtschaft tätig sind.

Die Jagd zählte zu den „Herrenrechten" des Feudalzeitalters und besitzt aufgrund dieser historisch elitären Position – in erster Linie hinsichtlich der Hochwildjagd – bis heute noch immer ein exklusives institutionelles Prestige. Dies nicht zuletzt deshalb, weil das Jagdrecht an das Eigentum an Grund und Boden gebunden ist. Dabei beträgt die Reviermindestgröße für eine Eigenjagd 115 ha (im Burgenland und Tirol sogar 300 ha). Kleinere Flächen werden zu sogenannten Gemeinde- bzw. Genossenschaftsjagdgebieten zusammengefaßt. In Österreich gibt es knapp 12 000 solcher eigenständiger Reviere. Gegenwärtig (2000) sind 19 000 Personen als haupt- und nebenberufliche Jagdaufsichtsorgane bestellt. 113 000 Personen besitzen Jagdscheine. Die Tendenz ist steigend.

Die Landesjagdverbände, welche die Interessen der in den Bundesländern ansässigen Jäger vertreten, sind Körperschaften öffentlichen Rechts, die über eine Zentralstelle als Dachorganisation verfügen, wel-

Schadens- ursache	Betroffene Fläche Tsd. ha	Schad- holz- anfall Tsd. m³
Naturkatastrophen*	99	2 194
Forstschädigende Luftverunreinigungen	360	24
Sonstige abiotische Schädigungen	93	70
Pflanzen- und Pilzschäden	278	318
Insektenschäden **	199	351
Wildschäden***	189	10
Schäden durch Waldweide (Weidevieh)	65	10

* Sturm, Schnee u. Lawinen, Waldbrände
** Borkenkäfer, Rüsselkäfer, Blattwespen
*** Verbiß- und Schälschäden

Quelle: Seger, 1995/1, S.44.

Tab. 40: Waldschäden in Österreich 1991 nach Schadensursache

che die österreichische Jagd gegenüber Bundesdienststellen und dem Ausland zu vertreten hat.

Wichtig ist, daß das Jagdrecht in Österreich Ländersache ist und jedes Bundesland ein eigenes Jagdgesetz besitzt. Überall bestimmen rigide Regulierungen die Abschußquoten. Jegliches Schalenwild mit Ausnahme von Schwarzwild darf nur im Rahmen eines behördlich genehmigten Abschußplanes erlegt werden. In diesem wird nicht nur die Stückzahl genau vorgeschrieben, sondern auch Alter und Geschlecht des zu erlegenden Wildes. Aufgrund des sehr begrenzten Angebots – von jährlich etwa 350 000 Stück Schalenwild (Rot-, Reh-, Gams-, Muffel- und Schwarzwild) – bei stark gestiegener Nachfrage, vor allem aus dem Ausland, ist die Jagd auf Hirsche und Gemsen zu einer sehr kostspieligen Angelegenheit geworden. Ebenso gehört das Verpachten von Jagdrevieren an ausländische Interessenten, in erster Linie deutsche Unternehmer, zu den einträglichen Einnahmen von Großforstbesitzern. Die Öffnung der Grenzen gegen den Karpatenraum hat diese Monopolsituation Österreichs in der Hochwildjagd etwas aufgebrochen, ohne sie aber infolge der steigenden Nachfrage zu erschüttern.

Tourismus und Freizeitgesellschaft

Der Stellenwert des Tourismus

Österreich ist das Fremdenverkehrsland Nummer eins in der EU. Auf 7 Österreicher entfällt ein Fremdenbett. Pro Kopf der Bevölkerung beliefen sich im Jahr 2000 die Einnahmen aus dem Tourismus auf rund 1526 EUR. Der Tourismus ist ein standortgebundener Wirtschaftszweig und weitgehend unabhängig von Importen, allerdings angewiesen auf ausländische Gäste. Der Wertschöpfungsanteil der Tourismus- und Freizeitwirtschaft beträgt 13 % des BIP, der Anteil an den Deviseneingängen 6 %. Die breite Streuung der Wertschöpfung belegt die Verteilung der Gesamtumsätze auf die Branchen: 21 % Handel, 37,5 % Gastgewerbe, 13 % Transport, 14 % Sport und Unterhaltung. Laut OECD hängen in Österreich 586 000 Personen direkt oder indirekt vom Tourismus ab. Insgesamt ist der Tourismus die Wachstumsbranche par excellence in der Nachkriegszeit gewesen und hat entscheidend zum Um-, Neu- und Ausbau weiter ländlicher Räume und städtischer Zentren in nahezu ganz Österreich beigetragen.

Anfänge des Fremdenverkehrs

Die Anfänge des alpinen Fremdenverkehrs reichen in die Zeit vor dem Eisenbahnzeitalter zurück und fächern sich in drei Äste von Tätigkeiten auf, welche bis zur Gegenwart heraufreichen: Jagen, Badekuren und Bergsteigen. Die exklusive Freizeitbeschäftigung von Hof und Adel, die Jagd, fand schon im frühen 19. Jahrhundert ein Domizil in den ausgedehnten Forstgütern der Nördlichen Kalkalpen, vor allem im Salzkammergut, wo Bad Ischl als kaiserliche Sommerresidenz sich auch als Kurort etablieren konnte. Ein Kurort von internationalem Rang im 19. Jahrhundert war auch Badgastein, das vor allem vom Großbürgertum präferiert wurde. Der alpine Tourismus in Form des Bergsteigens entstand ebenfalls im frühen 19. Jahrhundert. Seine Ziele waren damals Erstbesteigungen vor allem in den Zentralalpen. Im südlichen Fußort des Großglockners, Kals in Osttirol, wurde schon 1877 der erste Bergführerverein gegründet, nachdem das Kronland Tirol 1871 eine Landesbergführerordnung erlassen hatte.

Mit dem Bahnbau entstanden im Anschluß an Schnellzugstationen in attraktiver Lage die ersten Touristenzentren mit z. T. luxuriösen Grand Hotels für Gäste aus der Oberschicht, darunter in Kitzbühel in Nordtirol. In der prächtigen Aussichtslage zu Schneeberg und Rax zog der Semmering vor dem Ersten Weltkrieg die Oberschichten von Wien, aber auch von Budapest an. Erfolgte somit die Erschließung der Alpen durch den Tourismus einerseits über den Bahnbau von den Talräumen aus, so hat andererseits der 1862 in Wien als erster alpiner Verein auf dem europäischen Festland gegründete Österreichische Alpenverein die Höhenregion der Alpen im Verein mit dem Deutschen Alpenverein erschlossen. Bereits vor dem Ersten Weltkrieg bauten die alpinen Klubs ein geschlossenes Wegenetz mit über 500 Hütten, davon 302 in den Zentralalpen und 190 in den Südlichen Kalkalpen. Heute gehören dem Österreichischen Alpenverein rund 270 Hütten und Biwakschachteln. Getragen von rund 234 000 Mitgliedern gelang ihm in der Nachkriegszeit eine durchgreifende Erneuerung der Bauten und des Wegenetzes.

Die Rolle des Tourismus in den österreichischen Alpen vor dem Ersten Weltkrieg läßt sich an den Zahlen für Tirol besonders gut belegen. Im Jahr 1906 beliefen sich die Einnahmen auf 60 bis 70 Mio. Kronen, zu einem Zeitpunkt, als das gesamte Steueraufkommen des Kronlandes nur 17 Mio. Kronen ausmachte (!). 1909 wurden im Alpenraum der ehemaligen österreichisch-ungarischen Monarchie 2,5 Mio. Gäste registriert, davon 884 000 in Tirol.

Auch der Schitourismus begann bereits vor dem Ersten Weltkrieg. 1896 erschien das erste Lehrbuch über die Lilienfelder Schifahrtechnik. Der erste Schikurs fand 1905 in Stuben am Arlberg (unweit Bild 60) statt, und 1908 ging am Bödele oberhalb von Dornbirn der erste Lift für Schifahrer in Mitteleuropa in Betrieb.

Durch den Zerfall der Monarchie, den Zusammenbruch der Gesellschaftsordnung von Hof und Adel verloren die darauf ausgerichteten Fremdenverkehrsorte ihre Klientel. Der Alpinismus verbreitete den Kreis seiner Interessenten durch neue Vereinsbil-

Aufnahme: Lichtenberger.

Bild 60: St. Christoph (1793 m) am Arlberg, gegen Lechtaler Alpen, Tirol (1956)

dungen in Richtung auf die Arbeiterschaft. In der Zwischenkriegszeit entwickelte sich ferner im Umland der Städte, in erster Linie von Wien, eine Art „Sommerfrischenverkehr". 1934 entfiel auf ihn rund ein Drittel der 15 Mio. Übernachtungen. Den Ausländertourismus bestimmten damals in erster Linie Besucher aus den Räumen der Nachfolgestaaten, nur ein Drittel der Gäste kam aus dem Deutschen Reich. In räumlicher Hinsicht bestand eine deutliche Zweiteilung zwischen den westlichen Bundesländern (Tirol, Vorarlberg, Salzburg), welche in erster Linie von deutschen Touristen besucht wurden, und den Kärntner Seen und Salzkammergutseen, die noch zum Wiener Ein-

zugsbereich gehörten. Mit nahezu 20 Mio. Nächtigungen erreichte der Tourismus vor der Weltwirtschaftskrise des Jahres 1929 einen ersten Höhepunkt, nach einer Zeit innenpolitischer Instabilität und Wirtschaftskrise einen weiteren 1937. Mit einer Einnahme von 18,2 Mio. EUR Devisen aus dem Ausländerreiseverkehr konnte das Handelsbilanzdefizit von 16,8 Mio. EUR abgedeckt werden. Die sogenannte 1000-Mark-Sperre durch das Dritte Reich beendete diese Aufwärtsentwicklung.

Von staatlicher Seite war man sich früh der Bedeutung des Tourismus bewußt. Bereits bei der Einrichtung des Eisenbahnministeriums der k. u. k. Monarchie 1896

Jahr	Gästenächtigungen insg. Mio.	In- länder Mio.	Aus- länder Mio.	Devisen- ein- nahmen Mio. EUR
1950	15,6	11,3	4,3	–
1955	25,4	12,8	12,6	–
1961	47,5	17,7	29,8	–
1973	102,3	24,0	78,3	–
1994	122,4	30,1	92,3	10 914
2000	113,7	31,2	82,5	12 288

Tab. 41: Eckdaten für die Tourismusentwicklung von 1950 bis 2000

Quelle: Stat. Jb. 1962, 1974, 1988, 1995; www.destinationaustria.at.

wurde diesem auch das Aufgabengebiet für „grundsätzliche Maßnahmen zur Hebung des Fremdenverkehrs" zugewiesen. 1923 wurde unter Wahrung der Kompetenz der Bundesländer das damalige Bundesministerium für Handel und Verkehr mit der staatlichen Fremdenverkehrsförderung betraut. Auf der Landesebene wurde in der Monarchie das erste Landesfremdenverkehrsgesetz 1910 vom Tiroler Landtag beschlossen, nachdem schon 1890 in Tirol der Landesverband für Fremdenverkehr auf Vereinsbasis entstanden war. Die unteren Ebenen der territorialen Tourismusorganisation haben ebenfalls ihren Ursprung im 19.

Jahrhundert. Bereits 1884 nahmen Vertreter von 107 Gemeinden am „Delegiertentag zur Förderung des Fremdenverkehrs in den österreichischen Alpenländern" in Graz teil.

Heute gelten in allen Bundesländern Österreichs Landesfremdenverkehrsgesetze, in denen die Organisation des Tourismus festgelegt ist, ebenso besitzt jede Tourismusgemeinde und Tourismusregion aufgrund der jeweiligen Landesfremdenverkehrsgesetze einen Tourismusverband bzw. eine Kurkommission.

Der Massentourismus in der Nachkriegszeit

Die Entwicklung des Massentourismus in Österreich in der Nachkriegszeit bildet die Tab. 41 mit den Eckdaten für den Anstieg der Nächtigungen und Deviseneinnahmen im Zeitraum von 1950 bis 2000 ab. Sie zeigt den Anstieg der Nächtigungen von 15,6 Mio. im Jahr 1950 auf 113,7 Mio. im Jahr 2000 ebenso wie den Anstieg der Deviseneinnahmen auf 12 Mrd. EUR. Dabei standen die einzelnen Jahrzehnte der Nachkriegszeit unter dem Vorzeichen von verschiedenen Produktionsstilen im Strukturwandel von Angebot und Nachfrage (vgl. Tab. 42).

Die entscheidenden Impulse für das Wachstum des Tourismus in der Nachkriegs-

	60er	70er	80er	90er	Jahre
Verkehrsmittel	PKW		Bus	Flugzeug	
Jahreszeit	Sommerurlaub	Winterurlaub	Kurzurlaube		
Aktivitäten	Wandern	Schifahren			
	Schifahren	Tennis	Golf	Risikosport	
		Kurtourismus			
		Städtetourismus			
			Urlaubsstil-Pakete		
Unterbringung	Gasthöfe		Hotels***		
	Privatzimmer		< Ferienwohnungen >		
			„Urlaub am Bauernhof"		
Herkunft der Gäste	Westdeutsche			Ostdeutsche	
				Comeconstaaten	
			Österreichische Bundesländer		

Tab. 42: Der Strukturwandel von Angebot und Nachfrage in der zweiten Hälfte des 20. Jh.

Entwurf: Lichtenberger.

zeit gingen von der Motorisierung aus. Benützten 1954 nur 19 % der Touristen ihre eigenen Autos, so waren es 1966 bereits 57 % und 1975 63 %. Mit der Motorisierung weitete sich der Fremdenverkehr damit in Gebiete abseits des Bahnnetzes aus und erschloß Räume, die bis dahin vom Tourismus noch völlig unberührt geblieben waren. In Hinblick auf die Jahreszeiten schob sich in den 1960er Jahren der Winterurlaub mit stetig steigender Bedeutung neben den Sommerurlaub, Ende der 70er Jahre begannen die Kurzurlaube umfangmäßig zuzunehmen, eine Abnahme der durchschnittlichen Aufenthaltsdauer und damit eine stärkere Belastung für die Beherbergungsbetriebe durch den häufigeren Gästewechsel waren das Ergebnis. In der Unterbringung wurden die einfachen Gasthäuser und Privatquartiere in den 70er Jahren durch Ferienwohnungen und Urlaub am Bauernhof, seit den 80er Jahren durch Komforthotels erweitert und sukzessive ersetzt. Die Aktivitäten fächerten sich auf, bis zu den Urlaubsstil-Paketen im letzten Jahrzehnt. Am wenigsten änderte sich das Nachfragespektrum der Gäste, in dem westdeutsche Besucher durchgehend mit rund 75 % die Mehrheit behalten haben.

Hinsichtlich der regionalen Nachfrage hat sich seit der Zeit des Take-offs des Fremdenverkehrs in den 1960er und 70er Jahren die regionale Konzentration auf die westlichen Bundesländer erhalten (vgl. Tab. 43). Allerdings lassen sich im Zeitablauf gewisse Verschiebungen in Hinblick auf die regionale Nachfrage, gemessen an der Gesamtzahl der Übernachtungen, registrieren. In allen Bundesländern, mit Ausnahme von Niederösterreich und eingeschränkt Oberösterreich, entfiel der Löwenanteil des Wachstums auf die 60er Jahre. Nur Tirol und Salzburg konnten auch weiterhin in großem Umfang Gäste gewinnen, während Kärnten und Oberösterreich, d. h. konkret die Seenlandschaften, bereits ab den 70er Jahren unter der Konkurrenz der Meerbäder Gäste verloren. Allein das Burgenland, ein Neuankömmling in der österreichischen Tourismuslandschaft, konnte mit dem Neusiedlersee als sommerwarmem Steppensee rasch Sommergäste gewinnen. Insgesamt konzentrierte sich die Nachfrage – gerade im Nullsummenspiel des letzten Jahrzehnts

– immer stärker auf die westlichen Bundesländer. Nur der Wiener Stadttourismus konnte ähnliche Wachstumsraten verzeichnen (vgl. Tab. 44).

Dieser konzentrierten Nachfrage stand stets ein äußerst kleinbetrieblich strukturiertes Angebot gegenüber. Dieses entsprach der bereits gekennzeichneten Situa-

Bundesland	Nächtigungen			
	1961	1973	1987	2000
Wien	2,2	4,0	5,9	7,7
Niederöst.	4,9	5,8	6,0	5,7
Burgenland	0,4	1,4	2,1	2,4
Ostregion	**7,5**	**11,2**	**14,0**	**15,8**
Steiermark	4,4	9,0	8,6	9,4
Kärnten	6,8	16,6	16,3	12,8
Südregion	**11,2**	**25,6**	**24,9**	**22,2**
Oberöst.	5,1	9,0	7,2	6,7
Salzburg	7,7	18,5	20,8	21,0
Tirol	12,9	31,0	38,8	40,1
Vorarlberg	3,5	7,1	7,8	7,8
Westregion	**29,2**	**65,6**	**74,6**	**75,5**
Österreich	**47,9**	**102,4**	**113,8**	**113,7**

Quelle: Stat. Jb., 1962, 1974, 1988, 1995; Statistik Austria; SK.

Tab. 43: Übernachtungen von 1961–2000 nach Bundesländern (in Millionen)

Bundesland	Index 1961 = 100		
	1973	1987	2000
Wien	179	267	350
Niederösterreich	120	124	116
Burgenland	383	565	600
Ostregion	**150**	**188**	**211**
Steiermark	204	200	214
Kärnten	244	240	188
Südregion	**228**	**223**	**198**
Oberösterreich	176	142	131
Salzburg	240	271	271
Tirol	240	300	311
Vorarlberg	202	224	223
Westregion	**224**	**256**	**259**
Österreich	**214**	**237**	**327**

Quelle: Stat. Jb., 1962, 1974, 1988, 1995; Statistik Austria; SK.

Tab. 44: Übernachtungen von 1961–2000 nach Bundesländern (Index)

tion der kleinen Gemeinden in Österreich und der kleinbetrieblichen Struktur der gesamten Wirtschaft.

Bis heute gelten folgende Kennzeichen für die Betriebsstruktur:

- die gastgewerblichen Unternehmer sind bodenständig,
- ausländische Unternehmen spielen keine wesentliche Rolle,
- Hotel- und Restaurantketten fehlen.

Privatzimmervermietung

Ein besonderes Kennzeichen des österreichischen Tourismus wurde die Privatzimmervermietung. Zum Unterschied vom traditionellen Fremdenverkehrsland Schweiz mit seiner altetablierten Hotellerie hat die Beteiligung breiter Bevölkerungsschichten im ländlichen Raum auf dem Wege über die Privatzimmervermietung in Österreich beim Aufbau des Fremdenverkehrs eine entscheidende Rolle gespielt, die gar nicht hoch genug eingeschätzt werden kann. Die Privatzimmervermietung war nach dem Staatsvertrag der Spitzenreiter bei der Ausbreitung des Fremdenverkehrs in wenig erschlossene Räume hinein, ebenso aber auch ein Puffer für die sommerliche Nachfragehausse. Die Betriebsgründungsphase lag im Jahrzehnt ab der Mitte der 1950er Jahre bis zur Mitte der 60er Jahre, als die Zahl der Betten in Privatunterkünften um 162 %, in Beherbergungsbetrieben dagegen nur um 63 % anwuchs. Ab Mitte der 60er Jahre bis Anfang der 70er Jahre ist

die Privatzimmervermietung im großen und ganzen in eine Ausbauphase eingetreten. Die Erweiterung von Betrieben überwog gegenüber Neugründungen. Bis Anfang der 70er Jahre konnte damit die Privatzimmervermietung einen Anteil von 32 % im wachsenden System des Massentourismus für sich verbuchen. Dabei war Tirol mit 41 % der Spitzenreiter, gefolgt von Vorarlberg mit 39 % (vgl. Tab. 45).

Privatzimmer übernahmen wichtige Ergänzungsfunktionen beim Aufbau der Fremdenverkehrsregionen. Mitbedingt durch die steigenden Bodenpreise in den Fremdenverkehrszentren erfolgte eine Aussiedlung der Wohnbevölkerung in deren Umgebung. Privatzimmergemeinden entstanden im Umkreis von Fremdenverkehrszentren. Gering blieb der Anteil der Privatzimmervermietung in Räumen mit hohem Verstädterungsgrad und altem Gastgewerbe und besonders in Zentralen Orten.

Zusammenfassend darf festgestellt werden, daß ohne die Initiative breiter Bevölkerungskreise in der Privatzimmervermietung der österreichische Fremdenverkehr in den 1960er Jahren bis herauf zur Mitte der 70er Jahre nicht einen derartigen Aufschwung genommen hätte. Die Privatzimmervermietung entwickelte sich zu einer Art Lebensform, für die ökonomische Rationalität und Renditedenken nicht die leitenden Motive waren, sondern die Finanzierung des Baus eines eigenen Hauses. Die Erlöse aus dem Fremdenverkehr wurden daher auch nicht säuberlich zu der investierten Zeit in eine Relation gesetzt, sondern einfach als Bareinnahmen betrachtet, mit denen man zuerst Zinsen und Hypotheken des Hausbaus abgedeckt und später das Konsumniveau angehoben hat. Darüber hinaus war und ist die Privatzimmervermietung ein wesentlicher Zusatzverdienst für die Frauen, für die in ländlichen Räumen nur ein unzureichendes Arbeitsplatzangebot besteht.

Seit Ende der 1970er Jahre ist die Privatzimmervermietung in die Endphase ihres Produktzyklus eingetreten. Das läßt sich begründen: Die Hypotheken für den Bau des Einfamilienhauses waren abgezahlt, im Generationswechsel haben junge Frauen die Hausarbeit übernommen. Sie sind vielfach nicht bereit, die eigene Freizeit für den

Bundesländer	Übernachtungen in Privatquartieren in %			
	1961	1973	1987	2000
Niederösterreich	28	25	12	10
Burgenland	36	22	13	14
Steiermark	28	34	20	21
Kärnten	34	31	15	20
Oberösterreich	34	32	16	13
Salzburg	27	29	18	21
Tirol	41	38	21	24
Vorarlberg	39	39	20	31
Österreich* in Mio.	**14**	**32**	**20**	**23**

* Gesamtsummen einschl. Rundungen

Tab. 45: Der Anteil der Privatquartiere an den Nächtigungen von 1961–2000

Quelle: Stat. Jb., 1962, 1974, 1988, 1995; Statistik Austria; SK.

Aufnahme: Lichtenberger.

Bild 61: Bauboom der 70er Jahre in Fiss, Ötztaler Alpen, Tirol

Tourismus in die Waagschale zu werfen, wie dies die ältere Generation getan hat. Der Rückgang des Anteils der Übernachtungen in der Privatzimmervermietung von über 32 % im Jahr 1973 auf 17 % im Jahr 1987 bis auf 14 % im Jahr 1994 spiegelt deutlich die Schlußphase des Produktzyklus wider. Seither ist ein gewisses Comeback in den Fremdenverkehrsrevieren in Westösterreich erfolgt (vgl. Tab. 45).

Kommerzialisierung des Fremdenverkehrs

Komplementär zur Abnahme der Privatzimmervermietung hat die Kommerzialisierung des Fremdenverkehrs zugenommen, wobei sich allerdings bisher die kleinbetrieblichen Strukturen erhalten konnten. Als Indikator hierfür kann die durchschnittliche Bettenzahl der gastgewerblichen Betriebe verwendet werden, die im umschriebenen Zeitraum von 1961 mit 20 Betten, über 1973 mit 26 Betten und bis auf 38 Betten im Jahr 2000 nur mäßig zugenommen hat und nach wie vor suboptimal geblieben ist. Wichtiger als die nur mäßige Vergrößerung der gastgewerblichen Betriebe war die Anhebung des Qualitätsstandards. Dementsprechend haben sich Betriebe mit drei und

mehr Sternen aus der breiten Masse der Ein- und Zwei-Sterne-Betriebe herausentwickelt. Im Sommer 2000 hatten von den 15 517 gewerblichen Betrieben 39,5 % bereits drei Sterne und 12,2 % vier und fünf Sterne. Entsprechend der höheren Bettenzahl der besser ausgestatteten Betriebe entfielen von den 623 000 Betten in gewerblichen Betrieben im Jahr 2000 bereits 29,5 % auf Vier- und Fünf-Sterne-Betriebe und 37,2 % auf Drei-Sterne-Betriebe.

Dieselben Schwierigkeiten in der Fortführung der „Lebensform der Privatzimmervermietung" unter dem Druck der Freizeitgesellschaft, welche Ende der 1970er Jahre eingesetzt haben, entstanden in den 90er Jahren beim Generationswechsel in den gastgewerblichen Kleinbetrieben. Sie geraten in die Krise vor allem dann, wenn sie unzureichend ausgestattet (mit einem oder zwei Sternen) und nur einsaisonal ausgelastet sind und das Stammpublikum der Sommergäste gleichsam „wegstirbt".

Saisonalität

Damit ist die Veränderung in Hinblick auf die Saisonalität des Fremdenverkehrs angesprochen. Der Sommertourismus in den Alpen, im österreichischen Mittelgebirge und

Bundesländer	Übernachtungen in der Wintersaison in %			
	1961	1973	1987	2000
Wien	35	32	32	40
Niederösterreich	23	26	31	35
Burgenland	20	14	16	24
Steiermark	23	27	39	45
Kärnten	5	7	15	24
Oberösterreich	21	18	27	33
Salzburg	22	30	52	58
Tirol	25	30	51	58
Vorarlberg	41	38	56	58
Österreich* in Mio.	**11**	**26**	**47**	**55**

* Gesamtsummen einschl. Rundungen

Quellen: Stat. Jb., 1962, 1974, 1988, 1995; www.bmwa.gv.at; SK.

Tab. 46: Der Anteil der Wintersaison an den Nächtigungen von 1961–2000

im Flachland wird zunehmend vom internationalen Flugtourismus konkurrenziert und weist dementsprechend in den letzten Jahren abnehmende Nächtigungszahlen auf. Auf der anderen Seite besitzt Österreich, ähnlich wie andere Alpenstaaten, ein gewisses Monopol im Wintertourismus (vgl. Bilder 61, 62), welcher daher in den abgelaufenen zwei Jahrzehnten ständig gewachsen ist.

Hierbei hat die Wintersaison so kontinuierlich aufgeholt, daß sich bei anhaltender Stagnation bzw. leichtem Rückgang der Übernachtungen in der Sommersaison um die Jahrtausendwende die Schere geschlossen hat.

Da die Einnahmen in der Wintersaison pro Gast wesentlich höher sind als in der Sommersaison, konnte in monetärer Hinsicht die Wintersaison bereits in den 1990er Jahren mit der Sommersaison gleichziehen.

Die ökonomischen Probleme von Ein- und Zweisaisonalität sind auf die schlichte Formel der relativen Benachteiligung der ersteren zu bringen, da infolge der geringen Auslastung die Betriebe nicht imstande sind, die nötigen Investitionen zu tätigen, so daß langfristig das Ausstattungsniveau nicht entsprechend angehoben werden kann (vgl. Fig. 45).

Entsprechend dem ökologischen Potential des Naturraumes für den Wintersport konnten bisher nur die westlichen Bundesländer einen zweisaisonalen Tourismus entwickeln. Deutlich aufholen konnte seit den 1980er Jahren die Steiermark mit dem Ennstal (vgl. Tab. 46).

Ausländische Gäste

Der wachsende Ausländeranteil war die dynamische Variable in der Entwicklung des Tourismus bis herauf zur Mitte der 1970er Jahre. Seit damals ist der im internationalen Vergleich sehr hohe Anteil von rund drei Viertel ausländischer Gäste gleichgeblieben, wenn auch einige Veränderun-

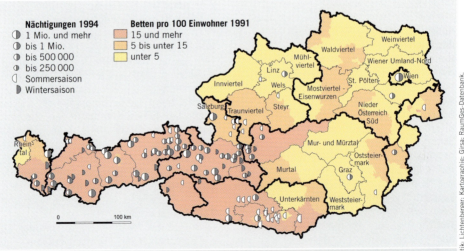

Fig. 45: Regionale Verteilung des Sommer- und Winterfremdenverkehrs 1994

Thematik: Lichtenberger; Kartographie: Girsa; RaumGes-Datenbank.

Aufnahme: Lichtenberger.

Bild 62: Seefeld gegen nördliche Kalkalpen, Tirol

gen in bezug auf das ausländische Gäste-spektrum eingetreten sind. Die Zahl der Gäste aus der Bundesrepublik Deutschland war in den späten 80er Jahren aufgrund des Altersaufbaus der bundesdeutschen Bevölkerung rückläufig, ist aber seit 1990 durch ostdeutsche Gäste wieder angestiegen. Beachtliche Zuwächse sind dagegen bei den Gästen aus der Schweiz, aus Frankreich, Italien, Belgien und vor allem aus den ehemaligen COMECON-Staaten zu verzeichnen, unter denen Ungarn der Spitzenreiter geworden ist. Relativ zurückgegangen ist die Zahl der Nächtigungen aus den USA, Schweden und den Niederlanden.

Ein relativ neues Interessengebiet öffnet der Städtetourismus, auf den 2000 bereits 12 Mio. Nächtigungen, davon 7,7 Mio. allein auf Wien, entfallen sind. Im innerösterreichischen Reiseverkehr war im Zeitraum von 1975 bis 1994 ein deutlicher Rückgang der Wiener Gäste zu verzeichnen, während im österreichischen Tourismus insgesamt der Inländeranteil gestiegen ist. Sehr überpointiert könnte man sagen, die Bevölkerung der Kleinstädte und des ländlichen Raums in Österreich beginnt Österreich zu bereisen, ein Trend, von dem zu hoffen ist, daß er sich fortsetzt. Die Euro-

metropole Wien sondert sich somit im Reiseverhalten ihrer Bewohner, welche der Globalisierung des Tourismus folgen, deutlich vom übrigen Österreich ab.

Die West-Ost-Differenzierung des Tourismus
Die räumliche Konzentration des Fremdenverkehrs hat im Zeitraum ab den 1960er Jahren deutlich zugenommen. Ein Vergleich der Bettenzahlen und Bettenquoten des österreichischen Fremdenverkehrs nach Bundesländern und Regionen 1961, 1973, 1985 und 2000 (vgl. Tab. 47) belegt die Verstärkung des Anteils der Westregion, insbesondere von Tirol, der sich von 56 % im Jahr 1961 auf zwei Drittel im Jahr 2000 erhöhte, bei einer Indexsteigerung auf 259 gegenüber 1961 (= 100). Andererseits hat das Bundesland Niederösterreich seinen Indexwert von 1961 bis 2000 nur auf 116 steigern können. Hierfür gibt es eine Erklärung: Sie liegt in der Entwicklung der Wiener Zweitwohnungsregion, welche große Teile Niederösterreichs umfaßt und die Entwicklung des Tourismus abgestoppt hat. Es ist eine Substitution der touristischen Nachfrage durch die Nachfrage nach Zweitwohnungen erfolgt. Übersprungeffekte des Ausländerfremdenverkehrs haben seit den 60er

Jahren dem Burgenland, vor allem den Ortschaften um den Neusiedler See, einen beachtlichen Sommertourismus gebracht.

Die unterschiedliche Intensität des Fremdenverkehrs in West-, Ost- und Südösterreich spiegelt sich sehr klar im Siedlungsbild wider, vor allem in den unterschiedlichen Bauformen der Einfamilienhäuser, welche in der Westregion stattliche Ausmaße erreichen und immer einen Fremdenstock besitzen, während sie in der Ostregion meist eingeschossig geblieben sind und in Kärnten zumeist nur Mansardenausbauten durchgeführt wurden, deren Räumlichkeiten den gegenwärtigen Ansprüchen der Gäste nicht mehr genügen.

Die Investitionen aus dem Tourismus kamen nicht nur dem Ausstattungsstandard und der Größe der Siedlungshäuser zugute, sondern haben in den Zentralen Orten auch das Niveau des gesamten Handels- und Dienstleistungssektors wesentlich angehoben.

Der Ausländeranteil wurde als dynamische Variable des Systems des Massentourismus bezeichnet. Zieht man ihn und die Intensität der Entwicklung als Gliederungsmerkmale heran, so sondern sich in Österreich folgende Fremdenverkehrsgebiete voneinander:
(1) die Gebiete des Ausländerfremdenverkehrs im Westen

(2) mit einer dazugehörigen Bewegungsfront,
(3) die Gebiete des Inländerfremdenverkehrs im Osten,
(4) ein zwischen dem Ausländer- und Inländerfremdenverkehr gelegenes fremdenverkehrsmäßiges Vakuum.

ad 1)
Die klassischen Gebiete des Ausländerfremdenverkehrs umfassen im wesentlichen Tirol und das östliche Vorarlberg. Das Haupteinfallstor von der Bundesrepublik Deutschland, das Inntal, hat eine starke weitere Auffüllung mit sich gebracht. Einer Verdreifachung und teilweise Vervierfachung der Nächtigungszahlen steht dabei ein Zuwachs von knapp einem Viertel neuer Fremdenverkehrsgemeinden gegenüber, ist Tirol doch bereits nahezu flächig vom Fremdenverkehr okkupiert.

Im Hinblick auf die Herkunft der Gäste reihen sich die Briten als bemerkenswerte zweite Gruppe an die bundesdeutschen Gäste an. Sie sind nicht nur in international renommierten Orten, sondern auch in wenig bekannten Gemeinden weit überrepräsentiert. Als Beispiele seien angeführt: Seefeld, Ladis, Westendorf bei Kitzbühel, Lermoos mit rund 30 %, St. Anton, Eben am Achensee, Alpbach mit 25 %.

Bundesland	Betten in Tsd.				Bettenquoten/Einwohner			
	1961	1973	1987	2000	1961	1973	1987	2000
Wien	12	21	35	42	136,6	76,1	43,1	37,4
Niederösterreich	57	72	68	62	24,0	19,9	21,3	25,1
Burgenland	7	16	21	22	41,9	17,5	13,1	12,8
Ostregion	**76**	**109**	**124**	**126**	**43,2**	**30,6**	**25,7**	**26,9**
Steiermark	53	111	106	100	21,3	10,8	11,2	11,8
Kärnten	81	215	204	162	6,1	2,4	2,7	3,5
Südregion	**134**	**326**	**310**	**262**	**12,1**	**5,3**	**5,6**	**6,7**
Oberösterreich	41	102	93	67	28,0	12,2	13,9	18,1
Salzburg	70	175	200	193	4,9	2,4	2,3	2,7
Tirol	148	325	373	347	3,1	1,7	1,6	1,9
Vorarlberg	33	70	75	69	6,9	4,1	4,2	5,1
Westregion	**292**	**672**	**741**	**658**	**7,4**	**3,7**	**3,6**	**4,3**
Österreich	**502**	**1 107**	**1 175**	**1 072**	**14,1**	**6,9**	**6,5**	**7,5**

Tab. 47: Die Entwicklung der Bettenzahlen und Bettenquoten 1961 – 2000 nach Bundesländern und Regionen

Quellen: Stat. Jb., 1962, 1974, 1988, 1995; Statistik Autria; SK.

ad 2)
Die Bewegungsfront des Ausländerfremdenverkehrs reicht vom Salzkammergut über die Salzburger Alpen, den Raum von Zell am See und Saalbach bis nach Kärnten und hat hier Anfang der 1970er Jahre bereits zahlreiche kleine Orte vollkommen überrollt. Allerdings hat sie sich in den abgelaufenen zwei Jahrzehnten nur wenig nach Osten weiterbewegt. Im Salzkammergut hält sie derzeit im Raum des Attersees, während der Traunsee und damit alte Fremdenverkehrsorte wie Bad Ischl noch einen höheren Anteil österreichischer Gäste aufweisen. Das flächige Ausgreifen des Fremdenverkehrs in den 70er Jahren hat eine beachtliche Zahl neuer Fremdenverkehrsgemeinden entstehen lassen. Die österreichischen Gäste, vor allem das Wiener Publikum, wurden durch zahlungskräftigere ausländische Touristen von den angestammten Badeseen des Salzkammergutes und des Klagenfurter Beckens verdrängt. Nur mehr höhere Einkommensschichten konnten sich halten. Neben den bundesdeutschen Gästen waren vor allem die Niederländer von Bedeutung, während die Briten, mit Ausnahme von einigen Stützpunkten im Salzkammergut (St. Wolfgang und Fuschl mit über 15 %), anteilsmäßig schwächer vertreten waren. Die zweifellos größere Bedeutung von Privatreisen bei den Niederländern gegenüber den von Reisebüros organisierten Urlaubsaufenthalten der britischen Touristen dürfte mit ein Grund für das unterschiedliche Verteilungsmuster sein.
ad 3)
Der Raum des Inländerfremdenverkehrs umfaßt die östlichen Bundesländer, Teile Oberösterreichs und Ostkärntens sowie Teile der Steiermark und des Burgenlandes. Die Entwicklungstendenzen sind ganz unterschiedlich. Aufgrund der rapiden Ausweitung der Zweitwohnungsperipherie von Wien und der Umwidmung zahlreicher Privatquartiere in Jahreswohnungen von Wienern ist in Niederösterreich nicht nur eine Reduzierung der Zahl der Privatbetten erfolgt, sondern es hat auch die Hotellerie in zahlreichen Orten Gäste eingebüßt. Niederösterreich ist, von einzelnen Orten und Kleinlandschaften abgesehen, ein stagnierender Fremdenverkehrsraum, ungeachtet aller Bemühungen von seiten der Kammern,

der Wirtschaftsverbände und der Landesplanung. Ganz anders ist die Situation in der Steiermark. Sie konnte im Rollentausch mit Niederösterreich im letzten Jahrzehnt mit 25 % aller Inländernächtigungen die Führungsspitze im Inländerfremdenverkehr gewinnen, wobei vor allem längs der Ostflanke des Steirischen Randgebirges zahlreiche kleine Fremdenverkehrsorte entstanden sind. Sie besitzen das Fluidum des Langzeiturlaubs von Rentnern und Pensionisten sowie einkommensschwacher Schichten der Wiener Bevölkerung, vor allem kinderreicher Familien; d.h., sie sind in ihrem Angebot auf Bevölkerungskreise eingestellt, für die ein Urlaub im Ausland zu mühselig oder zu kostspielig wäre.

Mit dem ab Mitte der 1980er Jahre zu beobachtenden Rückgang der Ausländerübernachtungen und der teilweisen Substitution durch Inländer sind Teile der Bundesländer Oberösterreich und Steiermark wieder stärker unter den Einfluß des inländischen Tourismus gekommen (vgl. Tab. 48). Dazu zählt in Oberösterreich der östliche Teil des Salzkammerguts, der Raum von Vorder- und Hinterstoder im Norden des Toten Gebirges, ebenso aber in der Steiermark die ganze Mittelsteiermark und im Ennstal der Raum des Gesäuses. Ähnliches gilt für Kärnten. Auch hier hat der österreichische Gast, in erster Linie der Wiener, wieder im Raum des Klagenfurter Beckens, vor allem in den

Bundesländer	Übernachtungen von Ausländern in %			
	1961	1973	1987	2000
Wien	78	86	89	93
Niederösterreich	9	23	31	33
Burgenland	20	51	39	25
Steiermark	22	38	37	34
Kärnten	72	85	75	63
Oberösterreich	35	61	47	43
Salzburg	70	81	76	75
Tirol	91	94	90	92
Vorarlberg	89	92	90	89
Österreich* in Mio.	**27**	**72**	**86**	**82**

* Gesamtsummen einschl. Rundungen

Quellen: Stat. Jb., 1962, 1974, 1988, 1995; www.bmwa.gv.at; SK.

Tab. 48: Der Anteil der ausländischen Gäste an den Nächtigungen 1961–2000

Orten um die kleineren Seen, Fuß fassen können (vgl. Fig. 46).

Die umgekehrte Entwicklung hat sich im Zuge des Städtetourismus nach Wien und der Grenzöffnung nach Osten in dem lange Zeit im Lee der Entwicklung gebliebenen Bundesland Niederösterreich vollzogen, welches den Ausländertourismus mit einer recht massiven Kampagne verstärken konnte und nunmehr die Anteilswerte des Burgenlandes erreicht, welches seine Attraktionskraft, die es in den 70er Jahren besaß, deutlich eingebüßt hat.

Nur die beiden westlichsten Bundesländer Tirol und Vorarlberg sind die uneingeschränkte Domäne des Ausländertourismus in Österreich geblieben.

ad 4)

Zwischen den beiden Gebieten des vorwiegenden Ausländer- und des Inländertourismus befindet sich ein großes Vakuum. Es erstreckt sich von den Kärntner Nockbergen bis zum Steirischen Randgebirge, umfaßt auch Teile der Zentralalpen wie die Niederen Tauern und die Eisenerzer Alpen und reicht bis nahe an den Semmering heran. Es wäre meines Erachtens ein müßiges Unterfangen, in den Kriterien der landschaftlichen Attraktivität die Gründe für die Unterentwicklung des Fremdenverkehrs zu suchen. Die Barrieren liegen im sozioökonomischen Bereich. Ist doch der umschriebene Gebirgsraum durch die genannte spe-

zifische Problematik des Bergbauerntums gekennzeichnet, dessen wichtige wirtschaftliche Existenzgrundlage, der Wald, seit alters das Besitzinteresse nichtagrarischer städtischer Kreise erweckt hat. Es darf darauf verwiesen werden, daß im ganzen Raum des Waldbauerntums seit der Mitte des 19. Jahrhunderts eine Aushöhlung des Streusiedlungsnetzes einsetzte, das talschaftsweise vollkommen zusammengebrochen ist und mit seinem Verfall die alten Talorte und Marktzentren ebenfalls in Mitleidenschaft gezogen hat. Als Resultat des Entsiedlungsprozesses sind über weite Landstriche hin Großforste entstanden, deren Besitzer an einer Entwicklung des Fremdenverkehrs schon mit Rücksicht auf die Jagd nicht interessiert sind. In der Verkehrsachse des Gebietes der Mur-Mürz-Furche hat sich überdies durch die hier altansässige Schwerindustrie der Fremdenverkehr nie entwickelt. Es ist auch eher unwahrscheinlich, daß mit dem Umsichgreifen der Entindustrialisierung der Fremdenverkehr in diesem Gebiet eine Nachfolgechance haben sollte.

Die Gebiete des Ausländer- und Inländertourismus sind nun keineswegs festgeschrieben, sondern unterliegen einem saisonalen Rhythmus. In der Sommersaison erfolgt eine ostwärts gerichtete Expansion von seiten ausländischer Gäste, welche in den 1970er Jahren eingesetzt und sich seit-

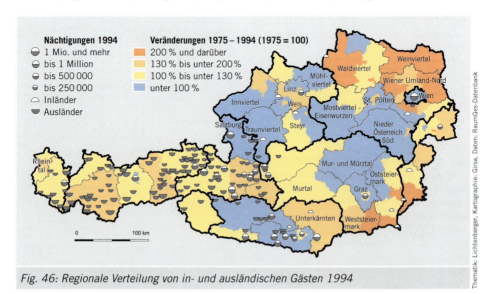

Fig. 46: Regionale Verteilung von in- und ausländischen Gästen 1994

Thematik: Lichtenberger, Kartographie: Girsa, Daten: RaumGes-Datenbank

Aufnahme: Lichtenberger.

Bild 63: Therme Blumau von Hundertwasser, Steiermark

her verstärkt hat. Längs verkehrsmäßiger Leitschienen, wie den Autobahnen im Alpenvorland und im steirischen Ennstal, konnten inzwischen ausländische Gäste in einzelnen Orten in den niederösterreichischen Kalkvoralpen und in der Wachau bis zum Neusiedler See die Mehrheit gewinnen. Das „Meer der Wiener" ist in den Monaten Juli und August zu einem bundesdeutschen Vorposten des inzwischen auch eroberten „Meers der Budapester", dem Plattensee, geworden.

Umgekehrt weitet sich im Winter das Gebiet des Inländertourismus in Richtung Westen aus. Dies gilt insbesondere für das steirische Ennstal (Donnersbach, Haus, Rohrmoos, Schladming, Tauplitz) und den Lungau. Eine weitere Peripherie umfaßt auch Kärntner Orte wie Bad Kleinkirchheim, Mallnitz, Salzburger Orte im Pongau und das Gasteiner Tal sowie die Gegend von Kitzbühel in Tirol. Vor allem die zahlreichen obligaten Wiener Schulschikurse tragen zu diesem Phänomen bei. Nun sind diese saisonalen Verschiebungen zwischen Inländer- und Ausländertourismus keineswegs ein Spezifikum der österreichischen Alpen, sondern lassen sich auch in den italienischen Alpen beobachten.

Zur Tourismusinfrastruktur

Das selektive Reiseverhalten erfordert im Tourismus eine Differenzierung des Angebots. Diese Notwendigkeit zur Spezialisierung wird durch die Bildung von Angebotsgruppen, welche von der Österreichwerbung ins Leben gerufen wurden, unterstützt. Es ist eine ganze Reihe von derartigen Spezialisierungen entstanden. Der österreichische Fremdenverkehr hat in den abgelaufenen Jahrzehnten die Angebotspalette stetig verbreitert.

Für den Wintersport stehen zur Verfügung (1993):
■ 3500 Seilbahnen und Lifte
■ 400 Schischulen
■ 22 000 km Pisten und Tourenabfahrten
■ 8300 Schilehrer
■ 1270 Schihütten und Bergrestaurants.

Zur aktivitätsorientierten Infrastruktur gehören:
■ ein ausgedehntes, rund 50 000 km umfassendes markiertes Wander- und Spazierwegenetz mit 900 Schutzhütten, 26 Klettergärten, zahlreichen Bergsteigerschulen, ferner
■ eine ausgebaute Radtourismusinfrastruktur, die sich im letzten Jahrzehnt sehr rasch entwickelt hat. Allein im Burgen-

land, in Nieder- und in Oberösterreich sowie in Kärnten werden mehr als 12 000 km Radwege angeboten.

- Im Bereich der wassergebundenen Einrichtungen bietet Österreich 1320 Frei- und Strandbäder, 900 Hallenbäder, 60 Segelschulen, 33 Wasserschischulen, ferner 600 Orte mit der Möglichkeit zum Fischen an.
- In jüngster Zeit beginnt der Risikosport neue Standorte zu kreieren.
- Der Kur- und Gesundheitstourismus in Österreich umfaßte (1991) 29 Gemeinden mit ortsgebundenen Heilvorkommen, 23 Gemeinden mit Kuranstalten und 25 Gemeinden, die als heilklimatische Kurorte ausgewiesen sind. Daneben gibt es 20 weitere Gemeinden mit Einrichtungen für Kneipp- und sonstige Kuren. Die Umstrukturierung klassischer Kurorte in multifunktionale Gesundheits- und Wellness-Zentren ist im Gang (u. a. Blumau [vgl. Bild 63], Waltersdorf, Bad Tatzmannsdorf) und erscheint erforderlich, da in preiselastischen Segmenten die billigen Kurstandorte in Ungarn und Tschechien eine bedeutende Konkurrenz darstellen.
- Für den Tennissport werden derzeit in 974 Tourismusorten rund 5000 Tennisplätze und 430 Hallen angeboten. Zur Angebotsgruppe Multi-Tennis-Austria gehören derzeit 59 Tennishotels, zumeist in der vierten Sternkategorie.
- Beim Golfsport ist die Angebots- und Nachfrageentwicklung sehr dynamisch. Es gibt 88 Golfhotels der Golf-Green-Austria-Angebotsgruppe mit insgesamt 60 Golfplätzen.
- Freizeit-Reitangebote bestehen in 500 Orten, Reithallen in 170, vor allem im Osten Österreichs, im Einzugsbereich von Wien.
- Auf Familien mit Kleinkindern hat sich insbesondere Kärnten mit sogenannten Kinderhotels spezialisiert.
- Im Bereich österreichischer Dorfurlaub profilieren sich derzeit 32 österreichische Gemeinden.
- Besonders umfangreich ist das Angebot im Städtetourismus mit den Spitzenreitern Wien und Salzburg.

Die Unterbringung der Freizeitbevölkerung
Die Unterbringung der Freizeitbevölkerung ist abhängig von den jeweiligen nationalen

Strategien des Wohnungs- und Arbeitsmarktes. Ein Vergleich zwischen der Schweiz und Österreich dokumentiert dies eindrucksvoll. In der Schweiz ist, gestützt auf ein mächtiges Privatbankenwesen und strikte privatkapitalistische Prinzipien, im Rahmen der Wohnungswirtschaft ein bedeutender Immobilienmarkt entstanden. Die Vermarktung des Wohnraumes in Form der Parahotellerie und der Zweitwohnungen hat sich weitgehend vom Tourismus klassischer Art abgekoppelt. Das Bedürfnis nach Sachwertanlage und ausländisches Fluchtkapital haben das Immobiliengeschäft zum Hauptgeschäft werden lassen. Es ist folgender Circulus vitiosus entstanden: Örtliche Kapitalgeber treten als Grundstückskäufer auf, vergeben Bauaufträge an zum Teil örtliche Bauunternehmen, die ebenfalls zum Teil mit auswärtigen Kräften die Objekte errichten, in erster Linie Apartmentwohnungen, in zweiter Linie Chalets. Ein Heer von Realitätenbüros und Agenturen vermarktet diese, wobei auch Ausländer Zugang gewinnen können, wenn auch durch die jeweilige Gesetzeslage in unterschiedlicher Form. Dadurch tritt eine Nachfrageverstärkung ein, es erhöhen sich die Preise weiter, und es wird wieder Freizeitwohnraum auf „Vorrat" erzeugt.

In der Schweiz übertraf 1993 das Bettenangebot in der Parahotellerie mit 830 000 das Angebot an Hotelbetten (270 000) um rund das Dreifache, nachdem das Verhältnis zu Beginn der 1960er Jahre noch ausgeglichen war. Hinzu kommt noch die Zahl der ausschließlich eigengenutzten Zweitwohnungen in der geschätzten Größenordnung von rund 740 000 Betten. Konkret bedeutet dies, daß jede achte Wohnung in der Schweiz eine Ferien- oder Zweitwohnung ist.

In Österreich ist die Situation bisher wesentlich verschieden (vgl. Tab. 49). Vom Gesamtbestand an Betten entfallen auf Ferienwohnungen nur 16,1 %, auf sonstige Unterkünfte (Jugendheime, alpine Vereine u. dgl.) 7,1 %, zusammen 23,2 %, ferner auf Privatquartiere 17,1 % (bei allerdings sehr geringer Auslastung), davon 31,2 % in Bauernhöfen. Auf die Gründe für diese enormen Unterschiede gegenüber der Schweiz wird im folgenden eingegangen. Die seit 1917 bestehende Mieterschutzgesetzgebung hat

Bundesland	insge-samt	Gewerb-liche Beher-bergungs-betriebe	5- und 4-Sterne-Betriebe	3-Sterne-Betriebe	Privat-quar-tiere	Bauern-höfe	sonst. Unter-künfte
			in % von (2)			in % von (4)	
	(1)	(2)	(3)		(4)	(5)	(6)
Wien	42	40	62,5	25,0	–	–	2
Niederösterreich	62	41	29,3	43,9	12	32,2	9
Burgenland	22	14	28,6	28,6	6	35,2	2
Ostregion	**126**	**95**	**43,2**	**33,7**	**18**	**33,2**	**13**
Steiermark	102	56	21,4	50,0	33	36,3	13
Kärnten	163	90	22,2	40,0	63	21,0	10
Südregion	**265**	**146**	**21,9**	**43,8**	**96**	**26,2**	**23**
Oberösterreich	76	44	22,7	34,1	19	36,1	13
Salzburg	202	102	31,4	43,1	68	26,2	32
Tirol	357	203	28,6	32,0	130	22,0	24
Vorarlberg	73	33	36,4	39,4	31	15,0	9
Westregion	**708**	**382**	**29,3**	**35,9**	**248**	**23,4**	**78**
Landeshauptstädte (ohne Wien)	44	30	50,1	29,9	1	6,1	3
Österreich	**1 099**	**623**	**29,5**	**37,2**	**361**	**24,6**	**115**

Tab. 49: Unterkunftsarten nach Bundesländern 2000 (Betten in Tausend)

Quellen: Tourismus in Österreich, 2000, S. 42; Statistik Austria; SK.

den privaten Mietshausbau unrentabel gemacht und die Profitorientierung im Wohnungswesen schlechthin diskriminiert. Dabei hat jedoch gerade das Mietengesetz mit der über ein halbes Jahrhundert beibehaltenen niedrigen Mietenpolitik eine Aufspaltung der Wohnfunktion in Erst- und Zweitwohnungen begünstigt und die umfangreiche Bewegung des Zweitwohnungswesens subventioniert. Dieses wurde überdies doppelt subventioniert, da auch die Wohnbauförderungsmaßnahmen der Länder für die Beschaffung von neuem Wohnraum in den Gemeinden zinsgünstige Kredite gewährt haben und weiter gewähren. Das gebietsweise völlige Fehlen einer altetablierten Hotellerie wie in der Schweiz und ebenso das Fehlen von städtischem Kapital haben die Entstehung der Privatzimmervermietung im ländlichen Raum bewirkt, die überdies durch föderalistische Maßnahmen gefördert wurde. Zur Privatzimmervermietung gehört auch die Gruppe der Fremdenverkehrsbauern, auf deren Bedeutung bereits hingewiesen wurde und auf die insgesamt etwa rund 30 % der Privatquartiere entfallen.

Damit wird in Österreich die Unterbringung der auswärtigen Freizeitbevölkerung erstaunlicherweise noch immer weitgehend von spezifischen Lebensformen getragen, nämlich dem Familienbetrieb im Gastgewerbe, der Frühstückspension, dem Fremdenverkehrsbauern und der Privatzimmervermietung. Eine Herauslösung und rigide Kommerzialisierung im Sinne des kapitalistischen Systems hat erst relativ spät, etwa ab den 1980er Jahren, eingesetzt, ohne daß jedoch bisher ausländisches Kapital im größeren Umfang zum Zuge gekommen wäre, wenn man vom Stadttourismus absieht (Wien, Salzburg, Innsbruck).

Andererseits trifft das Schlagwort von der Überfremdung für die Schweizer Alpen zu, wo, getragen durch Kapitalgesellschaften aus dem Mittelland, die Landschaft zunehmend für Ausländer vermarktet wird, für deren Service ebenfalls zum Gutteil Ausländer bzw. Ortsfremde herangezogen werden müssen. Die Kommerzialisierung des Schweizer Zweitwohnungswesens, das mit einer Auslastung von rund 30 % etwa den Durchschnitt der Auslastung der österreichischen Fremdenverkehrsbetriebe (!) erreicht bzw. sogar überschreitet, unterscheidet sich grundsätzlich vom Zweitwohnungswesen in Österreich, dem, von wenigen Ausnahmen im Westen abgesehen, eine Kommerzialisierung fehlt und welches der Eigennutzung dient. Dies gilt insbesondere für den Zweitwohnungsraum der Wiener.

Mit der Beteiligung der bäuerlichen Betriebe am Fremdenverkehr hat sich überdies der oben genannte sozialökologische Gegensatz zwischen Alm- und Waldbauern keineswegs gemildert, sondern verschärft. Bei nur geringer Beteiligung der letzteren, vor allem am Sommertourismus (etwa ein Fünftel der Betriebe), und geringer zusätzlicher Wertschöpfung aus demselben (nur selten über dem österreichischen Mittel von 10 bis 15 % des Gesamteinkommens) geht die Entsiedlung im Waldbauerngebiet weiter (vgl. Fig. 40). Auf die neue Form der Zweitwohnungsbauern am Ostabfall der Alpen (Wechsel, Bucklige Welt), welche im Zuge des Neubaus der Höfe den ersten Stock ihrer Wohntrakte, meist in Zimmer oder Kleinwohnungen aufgeteilt, in Jahresmiete an Wiener vergeben und so ein gewisses Gegenstück zu den Fremdenverkehrsbauern Westösterreichs darstellen, wurde bereits hingewiesen.

In der Dreiergemeinschaft der westösterreichischen Bundesländer trugen die Merkmale Tirols wesentlich zum Planungsleitbild für die Alpenregion bei. Dazu zählen:

- ein multifunktionaler Lebensraum der einheimischen Bevölkerung (Inntal),
- die Partizipation breiter Bevölkerungsschichten am Fremdenverkehr.

Konsequenzen des Amalgams von Agrar- und Freizeitgesellschaft sind:

- die Festigung der Siedlungsgrenze,
- die Erneuerung und der Ausbau der ländlichen Siedlung,
- die Umkehr der Bergflucht der Bevölkerung in eine Bergwanderung, d. h. in die Talhintergründe mit zweisaisonalem Freizeitpotential. Dementsprechend sind asymmetrische talschlußzentrierte Fremdenverkehrsbänder entstanden (Montafon in Vorarlberg; westliches Inntal, Ötztal, Stubaital, Zillertal in Tirol; Gasteiner Tal in Salzburg; Mölltal in Kärnten).

Die klimaökologische Sonderstellung Tirols ist recht eindrucksvoll an einem Nord-Süd-Profil zu illustrieren (vgl. Fig. 47).

In Nordtirol bestehen nur graduelle, jedoch keine grundsätzlichen Unterschiede der Wirtschaftsweisen und Lebensformen zu den Talbauern des bayerischen Alpenvorlandes. Im Süden des Brenners hebt sich der Bergbauernraum jedoch als höheres Nutzungsstockwerk gegenüber der breiten Verfallszone von Dorfsiedlungen mit realgeteilter Flur heraus, die auch die Tiefenstufe der Polykultur umfaßt. Allein in Südtirol berühren sich die intensiven Monokulturen von Obst und Wein des Etschtales, nur durch ein schmales Band der Extensivierung getrennt, nahezu mit dem Bergbauernraum, in dem ähnlich wie in Nordtirol die bäuerlichen Betriebe am Sommertourismus und in den Hochlagen auch am Wintertourismus teilhaben.

Die Krise des Fremdenverkehrs

Das Schlagwort von der Krise des Fremdenverkehrs ist in den letzten Jahren immer wieder durch die Medien gegangen. Mit Bestürzung wurde festgestellt, daß die Nächtigungsziffern nicht mehr zunehmen, sondern bestenfalls gleichbleiben, bei ungünstigen Witterungsbedingungen sogar abnehmen. Krisenszenarien des Tourismus wurden entworfen und die Chancen des österreichischen Fremdenverkehrs vor dem Hintergrund der Globalisierung der Ökonomie und des Tourismus aufzuzeigen versucht.

Zum Unterschied von anderen Szenarien kann der EU-Beitritt nicht als Auslöser angesehen werden, da die Globalisierung des Tourismus nur ein Teilphänomen im Rahmen der Globalisierung der Ökonomie darstellt. Ferner ist zu beachten, daß in der Schweiz der Fremdenverkehr schon viel länger stagniert und daß im Zeitraum von den 1960er Jahren bis in die 80er Jahre die Schweiz zum Unterschied von Österreich ihr Bettenangebot nur verdoppeln, jedoch nicht wie Österreich verdreifachen konnte. In einer Zeit, in der Wachstumsmodelle noch immer das Denken der Ökonomen beherrschen, ist es schwierig, den Begriff des „steady-state environment" von der Krisenideologie abzukoppeln, welche derzeit die Medien beherrscht, und Überlegungen dahingehend anzustellen, daß nach einer Zeit sehr raschen und zügigen Wachstums dem System eine Atempause durchaus wohlbekommen könnte. Wie auch immer, das Ergebnis von vier Jahrzehnten Fremdenverkehrsentwicklung in Österreich ist insgesamt äußerst erfreulich. Indirekt gefördert, auch vom österreichischen Staat, durch die Investitionen in den ländlichen Raum und in die Landwirtschaft, hat der Fremdenverkehr an den Leistungen im Straßen- und Wegebau, an technischer und selbst an sozialer Infrastruktur, wie den Spitälern in Fremdenverkehrsregionen, ebenso partizipiert wie diese indirekt initiiert, allen voran die private Bautätigkeit. Insgesamt sind außerordentlich eindrucksvolle Rückkopplungseffekte entstanden, welche auf das

Gesamtresultat der Qualität und Attraktivität des österreichischen Fremdenverkehrs, nämlich eine gepflegte Kulturlandschaft im Hochgebirge der Alpen zu erhalten, die in Fläche und Vielfalt kein Gegenstück in der Europäischen Union aufweisen, verweisen können.

Mit der in der Vergangenheit bewährten Strategie unzähliger Einzelinitiativen wird in vermutlich kurzer Zeit die Qualität des Kulturraumes in einem auch naturlandschaftlich außerordentlich attraktiven Staatsgebiet wieder eine Steigerung des internationalen Marktwertes erfahren.

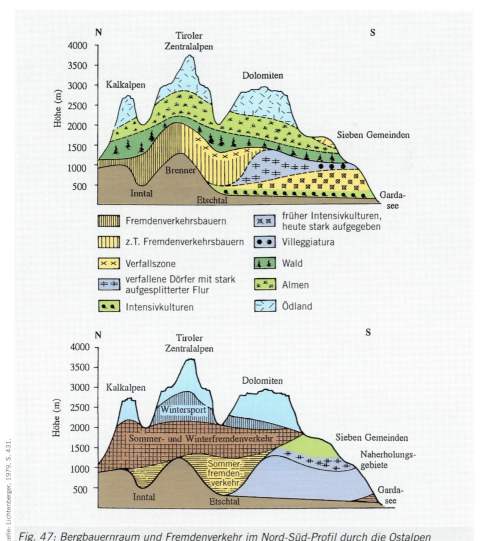

Quelle: Lichtenberger, 1979, S. 431.

Fig. 47: Bergbauernraum und Fremdenverkehr im Nord-Süd-Profil durch die Ostalpen

Naturschutz – Nationalparks – Wiener Grüngürtel

Einleitung

Das europäische Naturschutzjahr 1995 wurde vom Europarat unter das Motto „Naturschutz auch außerhalb von Naturschutzgebieten – Naturschutz überall" gestellt. Österreich kann darauf verweisen, daß Naturschutz in Österreich, getragen vom Bildungsbürgertum im Zusammenhang mit dem Alpinismus, bereits im vorigen Jahrhundert entstanden ist, wobei es zunächst darum ging, seltene Pflanzen der Alpen unter Schutz zu stellen. Ein symbolischer Auftakt hierzu war das 1886 von Salzburg erlassene Gesetz zum Schutz des Edelweißes; gleichartige Gesetze folgten in Tirol 1892, in der Steiermark 1898 und in Vorarlberg 1904. Niederösterreich erließ 1905 ein ähnliches Alpenpflanzenschutzgesetz. In den Naturschutz wurden später auch einzelne Naturdenkmäler eingeschlossen, dominante Einzelbäume, markante Felsformationen, z. B. die sogenannten Wackelsteine im Waldviertel.

Erst in der Zwischenkriegszeit begann die Ausgrenzung bestimmter Areale als Naturschutzgebiete, wobei Niederösterreich mit dem ersten Landeshöhlenschutzgesetz 1924 zu nennen ist, dem die anderen Bundesländer mit unterschiedlichen Gesetzen folgten. Damit ist bereits die Position des Natur- und Landschaftsschutzes in Österreich definiert, welcher analog zur Raumordnung Ländersache darstellt. Dementsprechend differieren auch Bezeichnungen, Definitionen und Maßnahmen für Schutzgebiete. Es ist einsichtig, daß landesgesetzliche Regelungen den Vorteil bieten, die speziellen Naturschutzbedürfnisse in einem Bundesland adäquat berücksichtigen zu können. Für den Gesamtstaat ergibt sich daraus der Nachteil uneinheitlicher Bestimmungen über Grad und Intensität des Schutzes. Noch schwieriger wird es werden, im Zusammenhang mit dem Beitritt Österreichs zur Europäischen Union von der föderalistischen Ebene aus einen Anschluß an die europäische Nationalparkebene zu finden.

Naturschutzrechtlich geschützte Gebiete

Insgesamt unterliegen derzeit (Stand: 31. 3. 2001) rund 25 % des Bundesgebietes in irgendeiner Form den Bestimmungen der Naturschutzgesetze als Gebietsschutz, wobei sich seit Beginn der 1990er Jahre die Anzahl der Naturschutzgebiete, der Landschaftsschutzgebiete sowie der Naturparks beachtlich erhöht hat. Der derzeitige Stand ist aus Tab. 50 ersichtlich:

Allein im Zeitraum vom 31.3.1995 bis 31.3.2001 erhöhte sich die Zahl der Schutzgebiete um 57 (davon 31 Naturschutzgebiete und 27 Landschaftsschutzgebiete).

Kategorie	Anzahl der Gebiete	Fläche ha
Nationalpark	6 (5)	230 334
Naturschutzgebiet*	379	331 507
Pflanzenschutzgebiet	14	27 643
Ruhegebiet	7	130 743
Landschaftsschutzgebiet	267	1 300 000
Insgesamt	**673**	**2 020 227**
Naturparks**	31	228 598

* Inkl. „Natur- und Landschaftsschutzgebiet".
** Da „Naturpark" ein Prädikat für bereits bestehende Schutzgebiete ist, sind diese für die Gesamtfläche der Schutzgebiete nicht nochmals zu berücksichtigen.

Tab. 50: Naturschutzrechtlich geschützte Gebiete in Österreich 2001

Quellen: Umweltbundesamt; www.ubavie.gv.at.

Nationalparks

Österreich hat mehrere Nationalparks von europäischem Format. Die Bestrebungen um die Einrichtung von Nationalparks gehen auf die späten 1970er Jahre zurück. Da der Naturschutz gemäß der Bundesverfassung in den Kompetenzbereich der Länder gehört, sind diese auch für die Schaffung der rechtlichen Grundlagen zur Errichtung von Nationalparks zuständig. Aufgrund landesgesetzlicher Bestimmungen sind fünf Gebiete als Nationalparks ausgewiesen. Sie umfassen vier geographische Bereiche. Drei weitere Nationalparks sind in Planung.

Es gehört zu den Anliegen des Bundes, vertreten durch das Bundesministerium für Umwelt, für die österreichischen Nationalparks die Anerkennung durch die IUCN (International Union for Conservation of Nature und Natural Resources) sowie die Akzeptanz der Bevölkerung zu erlangen.

Bisher ist nur der *Nationalpark Neusiedler See-Seewinkel* als einziger Nationalpark Österreichs auch international anerkannt. Die Errichtung des Nationalparks Neusiedler See-Seewinkel war nur durch die Finanzierung der Anpachtung der Flächen von rund 1000 Grundeigentümern durch Bund und Land möglich. In der Kernzone des Nationalparks wurde jegliche Nutzung eingestellt. In der Außenzone (Bewahrungszone) wurden die Bildungs- und Erholungseinrichtungen für Besucher geschaffen und zur Erhaltung des Steppencharakters ein Beweidungsprojekt mit Steppenrindern gestartet. Auch auf ungarischer Seite besteht ein Nationalpark. Grenzüberschreitende Maßnahmen erfolgen in Absprache mit Ungarn, so daß eine harmonische Entwicklung gesichert erscheint. Beide Schutzgebiete weisen zusammen eine Fläche von 14 000 ha auf.

Der *Nationalpark Hohe Tauern* umfaßt drei Bundesländer, Tirol, Salzburg und Kärnten, und ist mit einem Areal von 1786 qkm, 304 Dreitausendern und 246 Gletschern mit Abstand der größte Nationalpark in den Alpen. Seit der sogenannten Drei-Länder-Vereinbarung von Heiligenblut im Jahr 1971 vergingen 23 Jahre, um ein Einvernehmen zwischen Vertretern der Energiewirtschaft, des Bergbaus und des Tourismus sowie rund 1100 Grundbesitzern herzustellen.

Auch die Intentionen der Bundesländer selbst waren zunächst unterschiedlich. Während das Bundesland Tirol energiewirtschaftliche Projekte in Osttirol weiterverfolgte, nämlich die Errichtung eines Kraftwerks im Dorfertal am Fuße des Großglockners und die Nutzung der Umbalfälle, hat das Bundesland Salzburg die Einrichtung seines Anteils am Nationalpark sehr zügig durchgeführt. Ähnliches gilt für Kärnten. Die weiteren Schwierigkeiten liegen im Detail eines zeitaufwendigen, mühsamen Prozesses der Konsensfindung mit den betroffenen Landwirten, um Vereinbarungen zur Extensivierung bzw. zur Aufgabe der Hochweidewirtschaft mit entsprechenden finanziellen Regelungen abzuschließen und durch Pachtung von Jagden eine wildbiologische Bestandsregulierung zu erreichen. Erst 1994 ist es gelungen, die Logistik für die weitere Zusammenarbeit zwischen dem Bund und den drei Ländern Kärnten, Salzburg und Tirol zu schaffen.

Der *Nationalpark Donauauen* wurde im Oktober 1996 nach dem Verzicht auf den Bau eines Donaukraftwerkes östlich von Wien von den Bundesländern Wien und Niederösterreich eröffnet. Er umfaßt mit 9300 ha das größte geschlossene Schutzgebiet einer Auenlandschaft in Zentraleuropa

1999 wurde mit 1330 ha der *Nationalpark Thayatal* in Niederösterreich eingerichtet. Er liegt im niederösterreichischen Grenzgebiet zu Tschechien und findet im tschechischen Nationalpark Podyji eine Fortsetzung.

Der *Oberösterreichische Nationalpark Kalkalpen* umfaßt mit einer Fläche von 18 500 ha ein völlig siedlungsleeres Waldgebiet rings um das Sensengebirge.

Für den rund 12 400 ha großen *Nationalpark Gesäuse* in der Obersteiermark sind die legistischen Vorbereitungen im Laufen.

Der *Nationalpark Nockberge* liegt in Kärnten zwischen dem Liesertal und der Turracher Höhe und umfaßt eine bewaldete Mittelgebirgslandschaft. Seine Ausweisung wurde 1987 mit der Zielsetzung vorgenommen, eine traditionell bewirtschaftete Kulturlandschaft zu erhalten. Diese Zielsetzung steht im Widerspruch zu der Definition der IUCN. Von den Umweltressorts werden daher die Nockberge nicht als Nationalpark anerkannt.

Nach dem Motto „Jedem Bundesland seinen Nationalpark" sind weitere ambitionierte Programme in mittelfristiger Zukunft zu erwarten.

Naturschutzgebiete

Aufgrund der seit 1980 rasch wachsenden Zahl der Naturschutzgebiete könnte man den Slogan „Jedem Bezirk bzw. jeder Gemeinde sein/ihr Naturschutzgebiet" verwenden. Da die Naturschutzgesetze in den österreichischen Bundesländern nicht einheitlich sind, divergieren die konkreten Voraussetzungen für die Verordnung eines Gebietes als Naturschutzgebiet.

Ein österreichisches Spezifikum stellt der Begriff *Naturpark* dar, der eine starke Bildungsfunktion aufweist. Hierzu gehören die Naturparks mit bestimmten Gesteinsformationen wie die Blockheide bei Gmünd in Niederösterreich bzw. die Kalkformationen der Föhrenberge westlich von Mödling bzw. im Süden von Wien oder als größter alpiner Naturpark das Wildwassergebiet von Ötscher und Tormäuern. Ebenso zählen die Wildgehege mit Wildschweinen, Rotwild und Auerochsen in Geras bei Horn im Waldviertel oder mit Gänsen, Murmeltieren, Auer- und Birkwild, Hirschen und Alpensteinböcken im Raum der Hohen Wand bei Wiener Neustadt in Niederösterreich bzw. Wasserschaupfade wie in den Sölktälern in der Steiermark dazu.

Eine wichtige Institution für die Vertretung der Interessen des Bundes sind die *Österreichischen Bundesforste*, welche der Bildung von Natur- und Landschaftsschutzgebieten sowie von Nationalparks positiv gegenüberstehen. Bereits 43 % der Grundfläche der Österreichischen Bundesforste sind in irgendeiner Form unter Schutz gestellt (!). Den Bundesforsten gehören u. a. im Nationalpark Hohe Tauern in Salzburg und Kärnten insgesamt 28 000 ha, im Nationalpark Nockberge in Kärnten rund 1200 ha.

Naturschutzgebiete von internationaler Bedeutung

Österreich ist internationalen Abkommen und Organisationen im Bereich des Naturschutzes beigetreten. Hierbei handelt es sich im wesentlichen um drei institutionelle Komplexe:

(1) Die UNESCO hat sogenannte *Biosphären-Reservate* deklariert, welche in einem weltweiten Netz sämtliche Ökosysteme bzw. biogeographischen Areale der Welt erfassen sollen. In Österreich bestehen derzeit vier Biosphärenreservate:

- Untere Lobau (Wien)
- Neusiedler See (Burgenland)
- Gössenköller See und
- Gurglerkamm (beide Tirol).

Vom *World Wildlife Fund (WWF)* sind folgende Gebiete zu berücksichtigen:

- die Hundsheimer Berge bei Bad Deutsch-Altenburg in Niederösterreich

mit 120 ha, eines der letzten Primärsteppengebiete Europas,
- die Marchauen bei Marchegg in Niederösterreich mit der einzigen europäischen Baumkolonie des Weißstorchs im Auwald und mit Nachtreihern, Kormoranen und Würgefalken sowie
- das Pürgschachener Moor in der Steiermark mit 46 ha, eines der letzten intakten Hochmoore Österreichs.

(2) Zu den *biogenetischen Reservaten* des Europarates gehören 56 österreichische Gebiete, welche „repräsentative Beispiele verschiedener natürlicher Lebensraumtypen zum Schutz der europäischen Tier- und Pflanzenwelt" darstellen. Das Netz kann als Maßnahme zur Umsetzung der Berner Konvention gesehen werden, welche die Mitgliedstaaten zum Schutz der Lebensräume wildlebender Tier- und Pflanzenarten verpflichtet.

Mit dem *Europadiplom* wird die Anerkennung des internationalen und europäischen Wertes von bestimmten Naturgebieten vorgenommen. In Österreich sind bisher zwei Gebiete ausgezeichnet worden:
- die Krimmler Wasserfälle im Bundesland Salzburg und
- die Wachau im Bundesland Niederösterreich.

(3) Österreich ist 1982 der *Ramsar-Konvention* über Feuchtgebiete, insbesondere als Lebensraum für Wasser- und Wattvögel, beigetreten. Es wurden bis März 1995 acht Gebiete mit insgesamt 103 000 ha als Ramsar-Gebiete ausgewiesen:

Untere Lobau (Wien)	1 039 ha
Donau-March-Auen (NÖ)	38 500 ha
Neusiedler See u. Lacken (B.)	60 000 ha
Pürgschachen Moor (Ktn.)	62 ha
Sablatnig Moor (OÖ)	97 ha
Stauseen am Unteren Inn (Salzbg.)	1960 ha
Rotmoos im Fuscher Tal (Vbg.)	50 ha
Rheindelta (Vbg.)	870 ha

Allerdings ist bisher die Umsetzung der Ramsar-Konvention in Österreich wenig zufriedenstellend. So wird z. B. in den Donau-March-Auen eine nachhaltige Nutzung de facto nur auf Teilflächen betrieben. Hinsichtlich der Grundlagenforschung liegt erst für das Neusiedler-See-Gebiet ein umfassender Maßnahmen- und Forderungskatalog vor.

(Quelle: Bundesministerium für Umwelt, 1996, S. 189.)

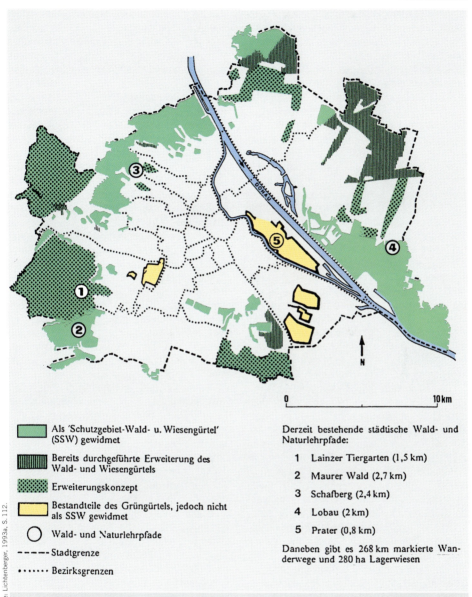

Quelle: Lichtenberger, 1993a, S. 112.

Als 'Schutzgebiet-Wald- u. Wiesengürtel' (SSW) gewidmet

Bereits durchgeführte Erweiterung des Wald- und Wiesengürtels

Erweiterungskonzept

Bestandteile des Grüngürtels, jedoch nicht als SSW gewidmet

◯ Wald- und Naturlehrpfade

– – – – Stadtgrenze

•••••• Bezirksgrenzen

Derzeit bestehende städtische Wald- und Naturlehrpfade:

1 Lainzer Tiergarten (1,5 km)

2 Maurer Wald (2,7 km)

3 Schafberg (2,4 km)

4 Lobau (2 km)

5 Prater (0,8 km)

Daneben gibt es 268 km markierte Wanderwege und 280 ha Lagerwiesen

Fig. 48: Der Grüngürtel von Wien

Im Zusammenhang mit der Erweiterung des Ramsar-Abkommens in Richtung eines generellen Schutzes wichtiger Feuchtgebiete wurden seither von den Bundesländern folgende potentielle Ramsar-Gebiete genannt:
▨ Hörfeld (Kärnten, Steiermark),
▨ Lafnitztal (Burgenland, Steiermark),
▨ die Teich- und Moorlandschaft des Waldviertels (Niederösterreich)

Mit dem Beitritt zur EU hat sich Österreich auch zur Umsetzung der Richtlinien im Bereich des Naturschutzes verpflichtet. Dazu zählen: die Richtlinie über die Erhaltung der wildlebenden Vogelarten aus dem Jahr 1979 sowie die Richtlinie zur Erhaltung der natürlichen Lebensräume sowie der wildlebenden Tier- und Pflanzenarten aus dem Jahr 1992 (Fauna-Flora-Habitat-Richtlinie).

Um beiden Programmen zu entsprechen, sind die Mitgliedstaaten verpflichtet, entsprechende Schutzgebiete auszuweisen. Mit der Fauna-Flora-Habitat-Richtlinie wurden die Verpflichtungen der Berner Konvention in einem rechtlichen Instrument der EU verankert. Das Hauptziel der Richtlinie ist der Aufbau des europaweiten Schutzgebiet-Netzes 2000, durch das die natürlichen Lebensräume in Europa dauerhaft gesichert werden sollen. Dabei werden die im Rahmen der Vogelschutzrichtlinie ausgewiesenen Schutzgebiete automatisch in das Schutzgebietsnetz „Natura 2000" integriert. Die Auswahl der Gebiete für „Natura 2000" ist inzwischen erfolgt. Von den Bundesländern wurden insgesamt 161 Gebiete mit einer Gesamtfläche von 13 515 km^2 gemeldet. (31.10.2001). In Hinblick auf die in den einzelnen Bundesländern in Anspruch genommenen Flächen ist der Anteil von Niederösterreich mit 31 % der Landesfläche hervorzuheben. An zweiter Stelle folgt das Burgenland mit 20,5 %. Alle wichtigen Lebensräume vom Hochgebirge bis zu den kontinentalen Salzsteppen sind dabei vertreten.

Da Österreich der EU-Mitgliedstaat mit dem höchsten Alpenanteil ist, kommt dem Schutz der alpinen Lebensräume besondere Bedeutung zu. Allerdings bereiten die Abstimmung der Interessen zwischen den Bundesländern und die Erstellung eines bundesländerübergreifenden österreichweiten Naturschutzkonzeptes große Schwierigkeiten, da die Kriterien für die Auswahl der Gebiete schwierig zu objektivieren sind. Wie die Gründungsgeschichten der Nationalparks Neusiedler See und Hohe Tauern ferner belegen, stellt die Aufgabe der Abstimmung des Naturschutzes mit den Interessen der sonstigen Nutzer der Landschaft, von der Land- und Forstwirtschaft bis hin zum Tourismus und Erholungsverkehr, eine ebenso mühselige und konfliktreiche wie äußerst zeitaufwendige Angelegenheit dar.

Der Wiener Grüngürtel

Naturschutzgebiete und Nationalparks bilden im allgemeinen die Peripherie des ländlichen Siedlungsraums. Ihre Ausgrenzung in der Gegenwart enthält implizit die Annahme, daß ihre Flächen auch in Zukunft nicht für andere Nutzungen herangezogen werden dürfen. Diese normative Zielsetzung der Ausgrenzung von Flächen ist jedoch früher als im Landschaftsraum im Stadtraum erfolgt, allen voran in den großen Städten.

Bereits der aufgeklärte Absolutismus hat in der 2. Hälfte des 18. Jahrhunderts außerhalb der Stadtmauer von Wien das bis dahin öde Glacis als öffentliche Grünfläche eingerichtet: Es wurden Bäume gepflanzt, Wege angelegt, Bänke aufgestellt. Mit der Öffnung des Praters (1756) und der Anlage des Augartens (1775) setzte der Kaiser zwei Maßnahmen des Abbaus des privilegierten Grüns von Hof und Adel.

Dieselbe Konzeption, die Peripherie der Stadt als Grünraum zu nutzen, wurde eineinhalb Jahrhunderte später für die inzwischen außerordentlich gewachsene Wiener Agglomeration von Bürgermeister Lueger verwendet. 1905 verabschiedete der Wiener Gemeinderat das Gesetz über den Wald- und Wiesengürtel und faßte den Beschluß, 4400 ha an Wald und Wiesenflächen im Stadtgebiet unverbaut zu erhalten. Zum Unterschied von der englischen „Greenbelt"-Idee, welche zur gleichen Zeit entstanden ist, ging es in Wien in erster Linie darum, der fortschreitenden Mietshausverbauung ein Gegengewicht zu bieten. Ungeachtet der Rodungen von Teilen des Wienerwaldes in den Notjahren der Zwischenkriegszeit hat die Gemeinde Wien am Konzept des Wald- und Wiesengürtels festgehalten (vgl. Fig. 48).

In der Nachkriegszeit ist es ihr überdies gelungen, durch die Anlage neuer Parks (Wiener Internationale Gartenbauausstellung 1964 – Donaupark, Wiener Internationale Gartenbauausstellung 1974 am Laaer Berg), wichtige Teilstücke neu zu schaffen. Überdies wurde mittels Grünstreifen und Radfahrwegen eine radiale Vernetzung der Teilstücke quer durch das dichtverbaute Stadtgebiet erreicht. Darüber hinaus ist es jedoch der Wiener Stadtregierung mit der Integration der Donau und des Auengürtels in das Stadtgebiet von Wien gelungen, erneut neue Maßstäbe zu setzen, wonach die Erholungsflächen für die großstädtische Freizeitgesellschaft in das Zentrum der Stadt gehören (vgl. Kapitel Stadt und Land).

Stadt und Land

Bild 64: UNO-City, Wien

Quelle: Stadtbauforum, 1989, Einband.

Überblick

■ *Das Siedlungssystem ist bestimmt durch den Gegensatz zwischen der Eurometropole Wien und den zahlreichen Kleinstädten, welche als Zentrale Orte den ländlichen Raum versorgen.*
- Das enorme Siedlungswachstum in der Nachkriegszeit hat diese Zweiteilung nicht reduziert, sondern verstärkt.
- Hierzu hat die Segmentierung des Wohnungsmarktes beigetragen. Der Munizipalsozialismus in Wien errichtete Großwohnanlagen. In flächenhafter chaotischer Urbanisierung entstanden über 1 Mio. Eigenheime im ländlichen Raum und in den Kleinstädten.

■ *Die historische Kulturlandschaft hat sich in unterschiedlichem Ausmaß erhalten.*
- Durch die enorme Neubautätigkeit wurden die historischen Siedlungs- und Hausformen im ländlichen Raum weitflächig umgestaltet.
- Dagegen konnten dank umfassender Maßnahmen des Denkmalschutzes und der Stadterneuerung die Kleinstädte ein reiches Bauerbe bewahren.

■ *Es ist der Eurometropole Wien zu verdanken, daß der Kleinstaat Österreich mit seinen kleinen Städten nicht in völlige Bedeutungslosigkeit versunken ist.*

Zur Thematik

Das Gegensatzpaar Stadt und Land ist in der europäischen Siedlungsgeschichte verankert und trennte unterschiedliche Rechtsformen, Funktionsweisen und Lebensstile ebenso wie Strukturen der baulichen Gestaltung. Die Gegensätze sind Stück für Stück abgebaut worden, zuerst die rechtlichen Unterschiede durch die Liberalisierung des 19. Jahrhunderts, dann die funktionellen Unterschiede durch die Entagrarisierung des ländlichen Raums und die Zunahme seiner Funktionen für die städtische Freizeitgesellschaft und als Wohnstandort für Pendler und schließlich über die Verstädterung der Lebensweise auch die Unterschiede der generativen Struktur, der Haushaltsformen und dgl. mehr. Geblieben ist jedoch die Trennung zwischen den Planungsinstanzen und Planungszielen, ebenso aber auch die Trennung in den Präferenzen der Bevölkerung hinsichtlich Lebensweise und Wohnformen. Nur bei Großstädten und teilweise bei Mittelstädten als Statutarstädten besteht ein mit Budgetmitteln ausgestatteter Behördenapparat der Stadtplanung, während es ansonsten in Österreich der föderalistischen Regionalplanung überlassen ist, ein leistungsfähiges Netz Zentraler Orte mit entsprechender Zuweisung von öffentlichen Einrichtungen an verschiedene Verwaltungsebenen im ländlichen Raum zu schaffen.

Die Bildung von Agglomerationen und Verdichtungsräumen hat bisher in Österreich keine durch gesetzliche Maßnahmen und Budgetmittel abgesicherten Planungsinstanzen geschaffen.

Die Basis des Städtewesens in West- und Mitteleuropa – Österreich eingeschlossen – bildeten vor der Industrialisierung zentralörtliche Netze, die aus den Stadt-Land-Beziehungen und aus den spezifischen Bedürfnissen der Vermarktung, der Produktion, des Verkehrs und schließlich im 19. Jahrhundert durch die administrative Zuordnung von ländlichen Gemeinden zu Städten in Form von Eingemeindungen erwachsen sind.

In der Gründerzeit entstanden Reviere, d.h. Verbände von Industriesiedlungen, der Textilindustrie im Wiener Becken und im Vorarlberger Rheintal und der Eisenindustrie in Niederösterreich, Oberösterreich, der Steiermark und Kärnten.

Mit dem administrativen Aufbau der k.u.k. Monarchie im Zeitalter des aufgeklärten Absolutismus im späten 18. Jahrhundert entwickelte sich die k.u.k. Reichshaupt- und (Residenz)stadt Wien zu einer Primatstadt und dominierte aufgrund ihrer überragenden politischen, ökonomischen und kulturellen Funktionen mit deutlichem Abstand zu den nächstgrößeren Städten, Prag und Budapest, die Rangordnung des Städtesystems. Die Landeshauptstädte der heutigen österreichischen Kronländer verblieben auf der Stufe von Klein- und Mittelstädten. Mit dem Zerfall der Monarchie entstand die bis heute gültige Dichotomie des österreichischen Kleinstaates. Sie besteht aus dem Gegensatz zwischen der Primatstadt Wien, die sich unter dem Druck der Globalisierung der Ökonomie in der Konkurrenz der Eurometropolen bewähren muß, und dem übrigen Österreich, welches im wesentlichen aus ländlichen Regionen mit kleinstädtischer Organisation des zentralörtlichen Systems zusammengesetzt ist (vgl. Bilder 65, 66, 67, 68).

Bild 65: Arkadenhof, Wachau, NÖ

Aufnahme: Lichtenberger.

Bild 66: Ortsrand von Liezen, Ennstal, Stmk.

Aufnahme: Lichtenberger.

Bild 67: „Sezession" in der Wiener Innenstadt

Aufnahme: Lichtenberger.

Bild 68:
Otto-Wagner-Villa,
Hütteldorf, Wien

Aufnahme: Lichtenberger.

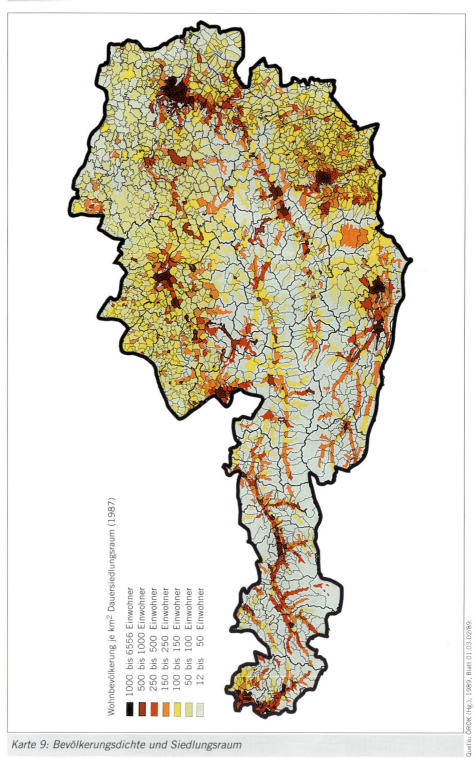

Wohnbevölkerung je km² Dauersiedlungsraum (1987)

1000 bis 6556 Einwohner
500 bis 1000 Einwohner
250 bis 500 Einwohner
150 bis 250 Einwohner
100 bis 150 Einwohner
50 bis 100 Einwohner
12 bis 50 Einwohner

Karte 9: Bevölkerungsdichte und Siedlungsraum

Quelle: ÖROK (Hg.), 1989, Blatt 01.03.02/89.

Analyse des Siedlungssystems

Siedlungsraum und Bevölkerungsdichte

Österreich weist, auf die Katasterfläche des Gesamtstaates berechnet, eine im westeuropäischen Vergleich zunächst sehr gering erscheinende Bevölkerungsdichte von insgesamt 96 Personen pro km² auf. Diese schlichte arealstatistische Meßgröße bedarf jedoch zweier Revisionen:

Österreich ist ein Alpenstaat, lediglich 38,9 % der Fläche werden daher dem Dauersiedlungsland zugerechnet und kommen für eine Besiedlung in Frage (vgl. Tab. 51). Berechnet man nun die Bevölkerungsdichte auf der Basis der Siedlungsfläche, so erreicht Österreich bereits einen Dichtewert von 256 Personen pro km² und damit die Bevölkerungsdichte der Bundesrepublik Deutschland. Berücksichtigt man in einem zweiten Schritt schließlich die Aufstockung der anwesenden Bevölkerung durch Feriengäste, Touristen und Zweitwohnbevölkerung, so errechnet man in den westlichen Bundesländern Tirol, Vorarlberg, Salzburg und selbst in Kärnten Dichtewerte, welche doppelt so hoch sind wie die Dichtewerte der Niederlande (368 Personen/km²) und Belgiens (320 Personen/km²). Der Siedlungsraum ist damit in den alpinen Bundesländern Österreichs eine viel knappere Ressource als in den europäischen Staaten, deren hohe Dichtewerte allgemein bekannt sind.

Ein Vergleich der Bundesländer nach der Bevölkerungsdichte belegt erneut die Strukturunterschiede zwischen dem Westen und dem Osten des Staates. Im Burgenland erreicht die Bevölkerungsdichte unter Berücksichtigung der aufgestockten Bevölkerung nur wenig mehr als 130 Personen und damit nur ein Viertel des Tiroler Werts. Als ebenfalls verhältnismäßig dünn besiedelt erweist sich Niederösterreich. Eine Übergangsposition zu den westlichen Bundesländern bezieht einerseits Oberösterreich und andererseits die Steiermark. Bereits aufgrund dieser schlichten Angaben über die Bevölkerungsdichte ist auch die unterschiedliche Raumordnungspolitik der Landesplanung bzw. der Gemeinden verständlich, welche in Vorarlberg und Tirol bereits zu sehr rigiden Maßnahmen bezüglich der Baulandausweisung und der Bewilligung von Zweitwohnungen gegriffen haben, während andererseits bis herauf zur Gegenwart die Zersiedlung in der Steiermark, aber auch in Niederösterreich und dem Burgenland ungebremst weiter fortschreitet (vgl. unten). Das topographische Detail der auf den Siedlungsraum bezogenen Bevölkerungsdichte ist aus Karte 9 zu entnehmen. Besonders stark verdichtete und überdies durch den Transitverkehr belastete Räume stellen das Rheintal in Vorarlberg, das Inn-

| Bundes-land | Kataster-fläche km² | Siedlungsfläche* | | Bevölkerungsdichte pro km² | | |
		km²	% Kataster-fläche	Kataster-fläche	Siedlungs fläche	aufge-stockt**
Wien	415	322	*77,6*	3765	4 853	6 273
Niederösterreich	19 174	11 277	*58,8*	81	137	173
Burgenland	3 966	2 507	*63,2*	70	111	136
Steiermark	16 388	4 957	*30,2*	72	239	280
Kärnten	9 533	2 312	*24,3*	59	243	336
Oberösterreich	11 980	6 593	*55,0*	115	210	239
Salzburg	1 154	1 430	*20,0*	72	362	556
Tirol	12 647	1 544	*12,2*	53	437	711
Vorarlberg	2 601	583	*22,4*	135	603	750
Österreich	**83 858**	**31 525**	*37,6*	**96**	**256**	**329**

* Agrarwirtschaftl., baulich, verkehrswirtschaftl. genutzte Fläche, ohne Wald, alpines Grünland, Ödland.
** Vergleiche Tabelle 13.

Tab. 51: Fläche und Bevölkerungsdichte der Bundesländer 2001

Quellen: Stat. Jb., 2001, S. 42; www.oestat.gv.at; SK.

tal und die Brennerfurche in Tirol, das Alpenvorland von Salzburg bis zum oberösterreichischen Zentralraum hin und das gesamte südliche Umland von Wien dar.

Primatstadt –
Zentrale Orte – ländlicher Raum

In der westlichen Welt konzentriert sich die Siedlungsentwicklung auf die großen metropolitanen Gebiete. Die Metropolitanisierung zählt zu den wichtigsten Vorgängen der Siedlungsentwicklung, wobei es zu einer Polarisierung zwischen Kernstadt und Umland gekommen ist. In Nordamerika mußte das Take-off des neuen Siedlungssystems von „Suburbia" mit dem Preis des gravierenden Verfalls in den Kernstädten bezahlt werden. Auf dem Wege einer Desurbanisierung (Entstädterung) werden immer weitere periurbane Randzonen an Suburbia angeschlossen.

In den großen metropolitanen Gebieten mit mehr als einer halben Million Einwohner hat sich ferner der quartäre Sektor vom tertiären Sektor „emanzipiert". Es entstand ein komplex vernetztes intermetropolitanes System, welches das ältere zentralörtliche System überlagert und die Interessen der Wirtschaft, vor allem des Finanzsektors, wahrnimmt.

Gemessen an diesen globalen Vorgängen hinsichtlich der Entwicklung des Siedlungssystems ist das österreichische Siedlungssystem in den räumlichen Maßstäben der „Prämoderne" verblieben.

Die Nachkriegsentwicklung hat an der traditionellen Dichotomie zwischen der Primatstadt Wien und den Hunderten kleinen Zentralen Orten und Kleinstädten nicht gerüttelt und trotz des enormen Siedlungswachstums die Ranggrößenstruktur nur unwesentlich verändert, wobei die beiden Extreme der Skala, einerseits die Primate City Wien und andererseits die kleinen Gemeinden mit weniger als 2500 Einwohnern, in diesem eine Generation umfassenden Zeitraum einen unauffälligen und schleichenden Rückgang der Bevölkerung, im ersten Fall nur im Prozentanteil, im zweitgenannten um 66 000, zu verzeichnen hatten. Das Bevölkerungswachstum konzentrierte sich andererseits recht gleichmäßig auf alle Größenstufen von Gemeinden ab 2500 Einwohnern bis zu den Großstädten mit einer Viertelmillion Einwohnern (vgl. Tab. 52).

Es hat damit nach wie vor die Aussage Gültigkeit, daß das österreichische Siedlungssystem durch die Dreiheit von ländlichen Gemeinden ohne Ausstattung, kleinen Zentralen Orten mit einer mittleren Einwohnerzahl zwischen knapp 3000 und rund 13 000 Einwohnern und die Gruppe der Viertels- und Landeshauptstädte einschließlich Wien zu kennzeichnen ist, auf die jeweils rund ein Drittel der Einwohner des Staates entfällt. Kein westeuropäisches Nachbarland weist einen derart hohen Anteil des ländlichen Raums und der Kleinstädte auf. Verwendet man den in der internationalen Statistik gebräuchlichen Schwellenwert von 5000 Einwohnern, so leben in Österreich rund 46 % der Wohnbevölkerung, d. h. immerhin 3,7 Mio. Menschen, in kleineren Siedlungen, während der Anteil in der Bundesrepublik Deutschland nur 14 %, in Italien 30 % und selbst in der Schweiz nur 37 % beträgt.

Auf die Situation der österreichischen Kleinstädte sei im folgenden anhand von Tab. 53 eingegangen. Aus Tabelle 78 ist ersichtlich, daß selbst zwei Landeshauptstädte die obere Kleinstadtgrenze von

Gemeindegrößenklasse Einwohner	1961	2001
	Tausend	
bis 2 500	2 314	2 333
2 501 – 5 000	972	1 353
5 001 – 10 000	598	900
10 001 – 50 000	845	922
50 001 – 500 000	718	926
Wien	1 628	1 562
Österreich	**7 074**	**8 065**

Gemeindegrößenklasse	1961	2001
	%	
bis 2 500	*32,7*	*28,9*
2 501 – 5 000	*13,7*	*16,8*
5 001 – 10 000	*8,5*	*11,1*
10 001 – 50 000	*11,9*	*12,3*
50 001 – 500 000	*10,1*	*11,5*
Wien	*23,0*	*19,4*
Österreich	***100,0***	***100,0***

Tab. 52: Wohnbevölkerung nach Gemeindegrößenklassen 1961–2001

Quelle: Sa. Jb., 2002, S. 43.

	Stufe	Einwohner Gesamtzahl	Einwohner Durchschn.	Zahl der Gemeinden
Kernstädte:				
Wien	9	1 562 482		1
Landeshauptstädte*	8	849 577	106 197	8
Viertelshauptstädte**	7	311 979	38 997	8
Gesamt		2 724 038		17
Zentrale Orte:				
Ausstattung				
Bezirksorte				
voll	6	333 169	13 327	25
mittel	5	356 866	9 150	39
schwach	4	238 104	8 210	29
Gerichtsorte				
voll	3	557 094	5 357	104
mittel	2	603 962	4 053	149
schwach	1	529 909	2 960	179
Gesamt		2 619 104		525
Ländlicher Raum ***		2 722 323		1 817
Österreich		8 065 465		2 359

*   Bregenz, Eisenstadt, Graz, Innsbruck, Klagenfurt, Linz, Salzburg, St. Pölten.
** Krems, Wiener Neustadt, Baden, Wels, Steyr, Villach, Leoben, Feldkirch.
*** ohne Ausstattung.

Tab. 53: Kernstädte – Zentrale Orte – Ländlicher Raum 2001

Quellen: Statistik Austria, VZ 2001; Stufen nach H. u. M. Bobek, 1978; SK.

50 000 Einwohnern nicht überschreiten, Bregenz in Vorarlberg, welche diese Funktion erst mit der Errichtung des Bundeslandes 1918 erhalten hat, und Eisenstadt, die Hauptstadt des Burgenlandes, dessen größere Städte wie Ödenburg bei Ungarn verblieben sind. Auch die ehemalige Viertelshauptstadt St. Pölten, heute die Landeshauptstadt von Niederösterreich, hat die Schwelle von 50 000 Einwohnern 2001 wieder unterschritten.

Bei den Viertelshauptstädten handelt es sich um die ehemaligen Vororte der historischen Viertel der Länder, denen die Verwaltungsgliederung des 19. Jahrhunderts, welche die historische Viertelsgliederung beiseite schob und eine Neugliederung der Länder nach politischen Bezirken vornahm, keine höherrangigen Funktionen zuteilte. Nichtsdestoweniger konnten sie ihre historisch etablierte Position in wirtschaftlichen Belangen wahren und heben sich mit einer durchschnittlichen Zahl von 39 000 Einwohnern deutlich von den gut ausgestatteten Bezirkshauptorten ab, welche knapp 13 000 Einwohner erreichen. Insgesamt leben annähernd gleich viele Personen in beiden Rangstufen des zentralörtlichen Systems.

Die Zuordnung der Kleinstädte zu den Stufen des zentralörtlichen Systems von H. Bobek belegt deutlich, daß mehr als eineinhalb Millionen Menschen in der unteren Stufe der Gerichtsorte leben, deren durchschnittliche Einwohnerzahl zwischen 2960 und 5357 Einwohnern liegt und die sich damit nur mehr mäßig von der Durchschnittsgröße der ländlichen Gemeinden abheben, welche rund 1800 Einwohner beträgt und in denen mit 2,7 Millionen Menschen rund ein Drittel der Bevölkerung des österreichischen Staates lebt.

Bild 69: Blick vom Schloßberg auf die Altstadt von Graz nach Süden mit gründerzeitlicher Dachlandschaft

Aufnahme: Lichtenberger.

Bild 70: Blick vom Stephansdom auf die Altstadt von Wien gegen Westen mit jüngstem Ausbau der Dachlandschaft

Aufnahme: Lichtenberger.

Phänomene der Siedlungsentwicklung in der Nachkriegszeit

Überblick

In der Siedlungsentwicklung der Nachkriegszeit fehlen in Kontinentaleuropa die kommerzialisierten, auf dem Reißbrett gestalteten Formen der Parzellierung und die Vielfalt der Standards der Einfamilienhäuser der nordamerikanischen Suburbs, die als „Konsumartikel" in vielfältiger Verpackung erzeugt und vermarktet werden. In Kontinentaleuropa folgen die Vorgänge einerseits dem französischen Typus der chaotischen Urbanisierung und andererseits dem Typus der „Zersiedlung" im deutschen Sprachraum. Hinter den Bezeichnungen stehen verschiedene Ideologien. Die „urbanistische" französische Tradition faßt die Entwicklung als Gegenstück zur Metropolitanisierung auf, während andererseits die auf die historische Siedlungsordnung des ländlichen Raums hin orientierte Sichtweise im deutschen Sprachraum diesem Vorgang eine gewisse lokale Eigenständigkeit zuschreibt. Beide Vorgänge bezeichnen jedoch gleicherweise ein völlig ungeordnetes, unplanmäßig verlaufendes Wachstum der Siedlung.

Blenden wir die österreichische Situation ein: In gesamtstaatlicher Sicht dominierten in der Siedlungsentwicklung der Nachkriegszeit Wachstumsvorgänge gegenüber Umbau- und Erneuerungsvorgängen. Der Motor hierzu war die allgemeine Wohlstandssteigerung, die sich bei insgesamt nur schwach wachsender Bevölkerung in einem steigenden Flächenbedarf aller Funktionen geäußert hat. Hierzu die Eckdaten: 1951 bestanden erst 2 128 000 Wohnungen, 2001 bereits 3 616 000. Dieser Zunahme von rund 1,5 Mio. Wohnungen steht ein Bevölkerungswachstum von nur einer Million Einwohnern – von rund 7 auf 8 Mio. – gegenüber.

Bezogen auf den internationalen Trend in der Siedlungsentwicklung folgte Österreich einerseits dem Modell der chaotischen Urbanisierung in bezug auf die Kernstädte, allen voran die Primatstadt Wien, und andererseits dem Modell der „autochthonen" Zersiedlung im ländlichen Raum.

Analog zur „stillen Revolution der Gesellschaft" ist dieses enorme Siedlungswachstum unspektakulär abgelaufen. Trotz der Bauleistung von mehr als 1,2 Mio. Gebäuden, welche in den drei Jahrzehnten von 1961 bis 1991 errichtet wurden, sind kaum Plansiedlungen in größerem Umfang entstanden. Flächige und punktuelle Zersiedlung zerstörte – nur wenig behindert von den Raumplanungsbehörden der Länder – die historische Kulturlandschaft (vgl. Tab. 54).

Die politökonomischen Rahmenbedingungen für die einerseits chaotische Urbanisierung und die andererseits enorme Zersiedlung sind komplex. Dazu gehört in erster Linie das Fehlen großbetrieblicher Aufschließungsgesellschaften für den Einfamilienhausbau, mitbedingt durch das sozialpolitische Paradigma der Schutzfunktion des Staates in der Wohnungspolitik. Damit wurde einerseits ein marktwirtschaftlicher Wohnungsbau hintangehalten und andererseits die Immobilisierung der Bevölkerung durch Mieterschutzgesetzgebung und Investition der Ersparnisse der Lebensarbeitszeit in den Eigenhausbau mittels langfristiger Bausparkassendarlehen institutionalisiert. In weiten Teilen Österreichs, vor allem in den ländlichen Räumen, lebte die Bevölkerung für und vom Bauen im Rahmen des Syndroms der Errichtung von Einfamilienhäusern in Do-it-yourself-Bauweise mittels Nachbarschaftshilfe, unterstützt von der lokalen Baubehörde der Gemeinden und deren Bürgermeistern. Die Kleinzügigkeit der politisch-administrativen Gliederung Österreichs mit rund 2400 Gemeinden hat das Entstehen von neuen übergreifenden Siedlungssystemen hintangehalten.

Während im gesellschaftlichen Aufbau die traditionelle ständisch gegliederte Struktur zunächst von den industriellen Gesellschaftsformen und schließlich in der Gegenwart von postindustriellen Lebensstilen zum Teil weitflächig abgelöst wurde, hat sich das räumliche Muster der vorindustriellen Anordnung und Verteilung von Siedlungen weitgehend erhalten, wenn auch durch die chaotische Urbanisierung in der Nachkriegszeit ältere Strukturen zum Teil verwischt, zum Teil auch durch den diffusen Wachstumsprozeß ausgelöscht worden sind. Das Skelett in diesem Wachstum bildete das Netz der Zentralen Orte, wobei allerdings der für Österreich kennzeichnende Gegensatz zwischen den Zentralen Orten und den großen Städten sowie der Metropole Wien keineswegs ausgeglichen, sondern eher akzentuiert worden ist, auch wenn die Plattform der Großstädte über suburbane und rurbane Zonen zunehmend ins ländliche Umland vorgegriffen hat und zum Teil bandförmige Verdichtungsräume entstanden sind.

Damit ist festzuhalten:

1. Eine Metropolitanisierung, wie vielfach im westlichen Ausland, hat in Österreich nicht stattgefunden.

2. Die chaotische Urbanisierung ist auf das Umland von Kernstädten beschränkt geblieben.

3. Die Zersiedlung fand in der kleinzügigen Struktur von Weilern und Streusiedlungen ein vorzügliches Substrat.

4. Die Entstädterung vollzog sich in Form der Aufspaltung der Wohnfunktion in Arbeitswohnungen und Freizeitwohnungen, wobei die letzteren an den ländlichen Raum delegiert wurden.

Das enorme Siedlungswachstum erfolgte in erster Linie als Neubautätigkeit. Es ist somit die Balance zwischen dem Umbau und dem Neubau, insbesondere in den 70er Jahren, aus dem Gleichgewicht geraten. Die Konsequenz war der Verfall des Altbaubestandes in den Stadtkernen, allen voran in Wien (vgl. unten). Nahezu gleichzeitig richtete sich auch die Aufmerksamkeit der öffentlichen Hand auf die Problematik des Dorfverfalls, vor allem in der Ostregion. Sowohl das Bundesland Wien als auch das Bundesland Niederösterreich haben daher besonders umfangreiche Programme der Stadt- bzw. Dorferneuerung seit den 80er Jahren etabliert.

Die chaotische Urbanisierung

Die chaotische Urbanisierung ist keineswegs erst ein Produkt der Nachkriegszeit, sondern sie begann nach dem Zusammenbruch der Monarchie, d. h. bereits in der Zwischenkriegszeit, aufgrund der Rechtsschwäche der nachfolgenden Verwaltungs- und Rechtsinstitutionen in der Ersten Republik. Die sogenannten „wilden Siedlungen" auf dem Territorium von kirchlichen oder staatlichen Institutionen in peripheren Teilen der Wiener Stadtgemarkung, im Augelände der Donau, im Wienerwald und auch außerhalb der Stadtgrenzen von Wien entstanden in den ersten Jahren der Zwischenkriegszeit, in einer Zeit von katastrophalem Brennstoffmangel und einer für uns

	1945–51	1951–61	1961–71	1971–81	1981–2001
räumliche Verteilung	Land-Stadt-Wanderung stärker als	Großstadt-wanderung Land-flucht	Suburbani-sierung Abnahme in Kernstädten	wachsende Pendler-regionen Dekonzentration	
	West-Ost-Gefälle	West-Ost-Gefälle	West-Ost-Gefälle	West-Ost-Wachstum im Osten	

Siedlungs-prozesse	
	■ „chaotische Urbanisierung" im Umland der Städte
	■ Zersiedlung des ländlichen Raums
	■ Aufspaltung der Wohnfunktion
	■ Zweitwohnungen >Regionen >Reviere
	■ Stadterweiterung innerhalb der Kernstadt
Wiederaufbau	■ Stadtverfall ■ Stadterneuerung
	■ Gentrifizierung
	■ Dorferweiterung
	■ Dorfverfall ■ Dorferneuerung

Tab. 54: Dezennien der Siedlungsentwicklung Österreichs in der Nachkriegszeit

Entwurf: Lichtenberger.

Aufnahme: Lichtenberger, 1996.

Bild 71: Blick vom Donauturm auf ehemalige „wilde Siedlungen" in den Donauauen

Nachgeborene unvorstellbaren Wohnungsnot und Arbeitslosigkeit, als ein Teil der Bevölkerung von Wien dazu gezwungen war, als Squatter am Rande der Stadt zu überleben. Quadratkilometergroße Flächen mit Behelfssiedlungen verschiedener Art entstanden auf brachliegenden Ackerparzellen, in Rodungsinseln des Waldes und auf extensiven Hutweiden. Sie wurden erst in der Nachkriegszeit schrittweise an die notwendigen Infrastruktureinrichtungen angeschlossen.

Ähnliche, freilich im Umfang weitaus bescheidenere wilde Siedlungen entstanden auch in der Bannmeile von anderen Städten Österreichs, darunter in Wiener Neustadt, in Graz und im Industriegebiet der Mur-Mürz-Furche.

Dort, wo derartige ehemals wilde Siedlungen durch das Heranrücken von Wien an die Donau nunmehr in eine günstige Verkehrslage geraten sind, wie im Umkreis des sogenannten Donauturms, ist eine bausoziale Aufwertung erfolgt, indem auf dem Erb- oder Kaufwege finanzkräftigere Bevölkerungsschichten in den Besitz der ehemaligen wilden Siedlungen gelangt sind. Die oft recht attraktiven Einfamilienhäuser las

sen den Ursprung der einstigen Flächensiedlungen als wilde Siedlungen zum Teil nicht mehr erkennen (vgl. Bild 71).

Die Eingemeindungspolitik des Dritten Reiches mit der Schaffung von Groß-Wien, welche den gesamten suburbanen Raum und auch zahlreiche rein ländliche Gemeinden an die Kernstadt von Wien angeschlossen hat, wurde mit Ausnahme des 23. Gemeindebezirks im Südwesten in der Nachkriegszeit wieder annulliert. Trotz der Bestrebungen von verschiedenen Institutionen und Einzelpersönlichkeiten ist es nicht gelungen, die legistische Grundlage für die Agglomeration zu schaffen, wie dies in der Bundesrepublik Deutschland, u. a. auch für München, schon seit längerem geschehen ist.

Wie bereits ausgeführt, haben die Gemeinden, welche in der territorialen Organisation auf mittelalterlichen Siedlungsstrukturen beruhen, nicht nur einen wesentlichen Anteil am Gesamtsteueraufkommen des Staates, sondern auch mittels der Flächenwidmungspläne die Planungshoheit über ihre Territorien. Dementsprechend ist der suburbane Raum Wiens und der anderen Landeshauptstädte fragmentiert durch die Grenzen der Gemeinden, welche entsprechend den Intentionen der politischen Entscheidungsträger sehr verschiedene Siedlungsstrategien betreiben, von der Ausweisung von Industrieparks bis zu großen Shopping-Centers. Nur als Beispiele seien im Süden von Wien genannt: Perchtoldsdorf mit striktem Denkmalschutz für den Baubestand des Altorts und einer auf Erhaltung des Weinbaus ausgerichteten kommunalen Bodennutzungspolitik; Vösendorf mit der Ansiedlung von Einkaufszentren, darunter der großen Shopping City Süd, Wiener Neudorf mit einem großen Industriepark.

Zahlreiche Gemeinden vertreten jedoch den Kurs der kleinen Schritte in Abhängigkeit von den nachfragenden Interessentengruppen und geleitet von den Bestrebungen, durch die Ansiedlungspolitik die kommunalen Budgets zu verbessern. Insgesamt überfordert die Zweiteilung der Mittel zwischen Ländern und Gemeinden die letzteren. Es ist jedenfalls nicht gelungen, im Wiener Umland einen Konsens über die in Zukunft von Verbauung freizuhaltenden Flächen und über das potentielle Bauland zu erzielen. Eine chaotische Urbanisierung ist das Ergebnis, strukturiert ausschließlich durch das Netz des öffentlichen Verkehrs und die Autobahnknoten.

Zerstörung der ländlichen Kulturlandschaft

Die Zerstörung der ländlichen Kulturlandschaft ist keineswegs ein österreichisches Phänomen, sondern kennzeichnet vielmehr den gesamten europäischen Kontinent. Die Gründe hiefür sind einsichtig. Der ländliche Raum ist nicht nur in der Standorttheorie eine residuale Größe, dem im Solitärstadtmodell von Thünen entsprechend der Distanz zu der Solitärstadt bestimmte Landnutzungsfunktionen zugewiesen wurden, sondern er hat stets auch die Reserve für die Verbauung und die Ansiedlung städtischer Funktionen gebildet, ohne daß diese Ansiedlungen, von wenigen Staaten wie den Niederlanden abgesehen, in eine übergeordnete Planungskonzeption gestellt worden wären.

Die Zersiedlung des ländlichen Raumes wurde in Österreich überdies auch dadurch sehr begünstigt, daß große Teile des Staatsgebietes bereits seit der mittelalterlichen Kolonisation durch Streusiedlung gekennzeichnet sind und daß sich das Areal der reinen Dorfsiedlung auf die östlichen Abdachungen und Vorländer der Alpen, im wesentlichen auf Niederösterreich und Teile der Steiermark, beschränkt.

Die Expansion der städtischen Gesellschaft erfolgte überdies in mehreren Schüben, wobei jede Phase ganz charakteristische Siedlungseinheiten aufwies (Industrie-, Pendler-, Fremdenverkehrs-, Zweitwohnungsbauten), die sich teils in die bestehende Siedlung einfügten, teils auf das freie Feld gestellt wurden. Die erste Etappe der Industrialisierung, die an sich weit zurückreicht, hat in der Nachkriegszeit durch eine von der Regionalplanung initiierte und vom Staat subventionierte Industrieansiedlungspolitik, vor allem im Burgenland, aber auch in den Grenzräumen von Niederösterreich gegen Tschechien hin, die Neuanlage von Betriebsstätten des sekundären Sektors im ländlichen Raum gebracht.

Die zweite Phase des funktionellen Wandels ist durch die Verbesserung der Verkehrsinfrastruktur gekennzeichnet und damit durch eine partielle Umpolung der Landflucht in die Pendelwanderung. Damit wurde es der ortsständigen Bevölkerung möglich, im ländlichen Raum zu verbleiben. Zum Unterschied von der Industrialisierung stellt die Pendelwanderung einen im weiteren Fortschreiten begriffenen Vorgang dar, dessen potentielle Grenzen aufgrund der sich stetig verringernden Zeit-Kosten-Mühe-Relationen des Verkehrsaufwandes sowie der Bewertung durch die Pendler nicht absehbar sind. Derzeit gehört zur Pendlerregion von Wien nicht nur die gesamte Ostregion, d. h. Niederösterreich und das Burgenland, sondern sie umfaßt in Form einer Wochenpendelwanderung auch bereits die Obersteiermark und Teile von Kärnten.

Die dritte Phase ist durch eine Ausweitung des tertiären Sektors zugunsten der Zentralen Orte gekennzeichnet gewesen, in der diese zu den Investitionsstandorten der Regionalpolitik geworden sind. Entsprechend der Zentrale-Orte-Politik der 1960er und frühen 70er Jahre haben sich die interregionalen Disparitäten in Österreich im Hinblick auf das Einkommensniveau und die Ausstattung mit sozialer und technischer Infrastruktur deutlich verringert. Allerdings wurden vielfach interregionale Un-gleichheiten auf eine intraregionale Ebene verschoben, d. h., daß man mittels der bis-herigen Regionalpolitik nicht imstande war, die tatsächlichen Strukturprobleme des ländlichen Siedlungsraumes, nämlich den Mangel an Arbeitsplätzen, zu lösen.

Die vierte aktuelle Phase, in der bisher ein staatliches Maßnahmenpaket der Regu-lierung fehlt, ist durch die Aufspaltung der Wohnfunktion und die Zuschiebung der Freizeitgesellschaft in Form des Zweitwoh-nungswesens und des Tourismus an den ländlichen Raum gekennzeichnet. Es han-delt sich dabei um eine rhythmisch gesteu-erte Stadtflucht der großstädtischen Frei-zeitgesellschaft, welche zentral-peripher von Wien und anderen Großstädten ausgrei-fend, andererseits aus dem Ausland kom-mend, große Teile des ländlichen Raumes

in Österreich erfaßt hat und auch die zu-künftige Entwicklung determinieren wird.

In einem einzigen Bundesland, Vorarl-berg, ist es, mitbedingt durch die Nähe des Vorbildes der Schweiz und die sehr hohe Bevölkerungsdichte im Siedlungsraum, ge-lungen, in einem koordinierten Vorgehen zwischen der Landesplanung und den Ge-meinden eine Ausgrenzung zwischen ver-baubarem und unverbaubarem Gebiet zu erreichen und damit einerseits bisherige landwirtschaftliche und forstwirtschaftliche Nutzflächen von Siedlungen freizuhalten und andererseits die bereits als Bauland gewidmeten Gebiete intensiver baulich zu erschließen.

Stadtverfall und Stadterneuerung
Die Stadtentwicklung stellt keinen unilinea-ren Prozeß dar, sondern muß grundsätzlich

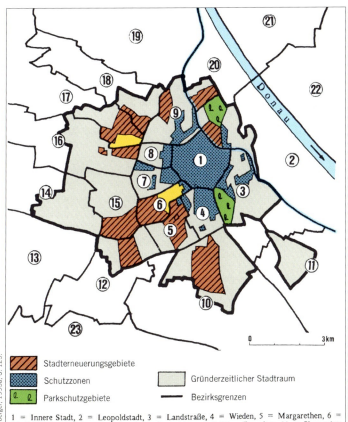

Stadterneuerungsgebiete

Schutzzonen

Parkschutzgebiete

Gründerzeitlicher Stadtraum

Bezirksgrenzen

1 = Innere Stadt, 2 = Leopoldstadt, 3 = Landstraße, 4 = Wieden, 5 = Margarethen, 6 = Mariahilf, 7 = Neubau, 8 = Josefstadt, 9 = Alsergrund, 10 = Favoriten, 11 = Simmering, 12 = Meidling, 13 = Hietzing, 14 = Penzing, 15 = Rudolfsheim-Fünfhaus, 16 = Ottakring, 17 = Hernals, 18 = Währing, 19 = Döbling, 20 = Brigittenau, 21 = Floridsdorf, 22 = Donaustadt, 23 = Liesing

Fig. 49:
Stadterneuerungs-gebiete und Denkmal-schutzgebiete in Wien

Quelle: Lichtenberger, 1993a, S. 125.

als ein zweigliedriger Vorgang von Stadterweiterung und Stadterneuerung aufgefaßt werden, welche als komplementäre Vorgänge in einem dynamischen Stadtsystem auftreten. Besteht eine starke zeitliche Verzögerung der Stadterneuerung gegenüber der Stadterweiterung bzw. hat letztere mengenmäßig die Überhand, so kommt es zum Verfall in den älteren Baugebieten. Dieser Vorgang wird entscheidend durch die potentielle Lebensdauer von Bauobjekten bestimmt.

Zum Unterschied von der Vergangenheit ist der Stadtverfall in der Gegenwart nicht mit einer Auflösung von politischen Systemen und Wirtschaftskrisen, sondern mit politischer Stabilität und wirtschaftlicher Prosperität breiter Bevölkerungsschichten verbunden. In den Städten der westlichen Welt ist der Stadtverfall vielfach ein Ergebnis der Tatsache, daß es einer im Vergleich zur Vergangenheit wirtschaftskräftigeren und überdies verkehrsmäßig mobileren Gesellschaft möglich ist, sich von den historischen Besitzstrukturen zu lösen, historische Leitbilder der Stadt aufzugeben und schließlich die Stadt zu verlassen. Der Stadtverfall ist somit das negative Gegenstück zum Prozeß der Suburbanisierung und Entstädterung.

In Österreich haben allerdings zu seinem Entstehen und Fortschreiten auch die Mieterschutzgesetzgebung und Niedrigmietenpolitik sowie das Fehlen von Investitionen in den Hausbestand von seiten der Mietshausbesitzer entscheidend beigetragen.

In Wien ist es der zentralistisch organisierten Munizipalverwaltung gelungen, die ökonomische Prosperität der Nachkriegszeit dazu zu benützen, um mit einem breiten und vielfältigen Maßnahmenpaket im gründerzeitlichen Stadtraum der Stadterneuerung zum Erfolg zu verhelfen. Die Stadterneuerung wurde und wird in Wien auf drei Ebenen betrieben: auf der Ebene von Wohnungen mittels der Wohnungsverbesserungskredite, welche an die Mieter vergeben werden, auf der Ebene von Häusern und damit mittels Krediten an die Mietshausbesitzer und schließlich in Form der Erneuerung in den ausgewiesenen Stadterneuerungsgebieten (vgl. Fig. 49).

Am erfolgreichsten hat sich hierbei die untere Ebene einer „Partnerschaft zwischen der öffentlichen Hand und den Mietern" erwiesen. Dank dem Wohnungsverbesserungsgesetz konnten über 170 000 Wohnungen renoviert werden. Insgesamt läßt sich für Wien die erfreuliche Aussage machen, daß bei einem Umfang von rund 40 000 Häusern im gründerzeitlichen Stadtraum die Erneuerung anteilsmäßig bereits mit dem Verfall gleichgezogen hat. Der optische Eindruck wird von den in Ordnung befindlichen Häusern sowie den renovierten Altbauten und den Neubauten bestimmt. Die Gesamtzahl der letzteren im Umfang von 6752 (Stand 1991) belegt, daß damit in der vorhandenen Kubatur die Größenordnung einer neuen Stadt erreicht worden ist.

Dorferneuerung und Dorferweiterung

Zwar gibt es kein österreichisches Dorf im Sinne eines Idealtypus, doch besteht überall in Österreich zwischen den Dorfsiedlungen im Vergleich zur Weiler- und Streusiedlung eine Gemeinsamkeit insofern, als Dörfer nur in geländemäßig und verkehrs-

Bild 72: Kinderzeichnungen von Dorfhäusern, Burgenland

Aufnahme: Lichtenberger.

mäßig günstigeren Lagen angelegt wurden, während die Streusiedlung mit den jeweils schlechteren Positionen vorliebnehmen mußte.

Verglichen mit den benachbarten Räumen in Ost- und Mitteleuropa sind die österreichischen Dörfer verhältnismäßig klein. Die Definition des Statistischen Zentralamts legt die Untergrenze der Dorfsiedlung gegenüber der Weilersiedlung bei 10 Häusern fest, ein Schwellenwert, dem vor allem im Westen und Süden Österreichs aufgrund der vorherrschenden Kleinsiedlungen Bedeutung zukommt. Vergleicht man Größe und Behausungsziffer in den Dorfsiedlungen Niederösterreichs, Kärntens und Tirols, so läßt sich feststellen, daß nur in Ostösterreich die Dorfsiedlungen die Zahl von 100 Häusern überschreiten, wobei sich die Behausungsziffern im Umland von Wien, in den Dörfern des Weinviertels und des Marchfeldes in den abgelaufenen Jahrzehnten bereits auf die durchschnittliche Haushaltsgröße der Wiener Mietwohnungen mit 2,0 Personen reduziert haben. Ganz anders ist die Situation in Tirol, wo im Durchschnitt noch fünf Personen in einem Haus wohnen.

Im Hinblick auf die Einbindung der Dörfer in die Gesamtheit des ländlichen Siedlungsraumes lassen sich drei historisch entstandene Strukturen unterscheiden:

(1) In Westösterreich, insbesondere in Tirol und Salzburg, ist den Dörfern in den meisten Fällen ein Streusiedlungsraum zugeordnet. Sie sind auch vielfach Hauptdörfer im Sinne des Begriffes von W. Christaller, d. h. mit verschiedenen zentralen Einrichtungen wie Kirche, Schule, Gemischtwarenhandlung (heute Filiale einer Lebensmittelkette) u. dgl. ausgestattet.

(2) In Kärnten und Oberösterreich, den Bundesländern, deren Besiedlung auf die Zeit der Karolinger zurückgeht, ist nur mehr knapp die Hälfte der Bevölkerung im ländlichen Raum in Dörfern konzentriert, Weiler überwiegen.

(3) In Niederösterreich, im Burgenland und Teilen der Steiermark erfolgte die grundherrschaftliche Erschließung erst im Hochmittelalter. Planmäßig angelegte Gassen-, Straßen- und Angerdörfer entstanden. Streu- und Weilersiedlungen fehlen gebietsweise nahezu völlig. Allerdings bestehen zwischen den einzelnen Vierteln Niederösterreichs, ebenso wie im Burgenland, beachtliche Unterschiede in der Dorfgröße. Im Waldviertel überschreitet das „Normaldorf" selten die Zahl von 20 Häusern, im Weinviertel und ebenso im nördlichen Burgenland und in Teilen des Wiener Beckens sind dagegen Dörfer mit 100 und mehr Anwesen die Regel.

Analog zu den Vorgängen der Stadterneuerung und Stadterweiterung ist in der Nachkriegszeit auch eine Dorferneuerung (vgl. Bild 72) und Dorferweiterung in spontaner Form erfolgt. Allerdings war der sozioökonomische Wandel der dörflichen Siedlungen von der Agrargesellschaft zur gegenwärtigen pluralistischen Gesellschaft nicht vorhersehbar. Es gibt daher auch keine integrativen Modelle der Dorferneuerung und -erweiterung, welche diesen Wandel in Rechnung setzten, so daß es müßig erscheint, nachträglich Zensuren auszuteilen und darauf hinzuweisen, daß sehr viel versäumt wurde, um ästhetisch befriedigende architektonische Gesamtgestaltungen dörflicher Siedlungen zu erzielen.

Bei den im Zuge der Raumordnung in den 1980er Jahren zum Teil aus der Bundesrepublik Deutschland und der Schweiz importierten Ideen zur Dorferneuerung ist vielfach übersehen worden, daß in Hinblick auf die Dorfentwicklung zwischen dem Westen und Osten Österreichs grundsätzliche Unterschiede bestehen. Im Westen hat sich zumeist Hand in Hand mit der Dorferneuerung eine Reduzierung der Agrarbevölkerung und Agrarbetriebe im „Altdorf" vollzogen, welche im Baubild nur schwer erfaßt werden kann. Einerseits ist es zur Entstehung der neuen Lebensform der Fremdenverkehrsbauern gekommen, andererseits sind Fremdenverkehrsbetriebe an die Stelle von ehemaligen Gehöften getreten. Gleichzeitig erfolgte eine Vermehrung der Zahl der Geschäfte und der haushaltsorientierten Dienstleistungen. Die Dorferneuerung wurde damit sehr wesentlich durch eine beachtliche Aufstockung mit neuen Wirtschaftsfunktionen finanziert. Das Problem liegt somit weniger in den fehlenden finanziellen Ressourcen für die Erneuerung als in der baulichen Gestaltung. Nun übertrifft die Dorferweiterung in Hinblick auf Fläche, Anzahl der Bauten und Einwohner vielfach das Altdorf. Diese locker und lückenhaft aufgeschlossene Peripherie, in der Einfamilienhäuser überwiegen, ortsständige Erwerbstätige und Pendler sich angesiedelt haben, Privatzimmervermietung und Frühstückspensionen, Hotels und Freizeitwohnsitze attraktive Lagen besetzen, ist dort das eigentliche Problem der Zersiedlung des Landschaftsraumes geworden, wo die vorhandene Streusiedlung die Ansatzpunkte liefert.

Anders ist die Situation im Osten: Hier muß man nur die einstige Scheunenfront an der Rückseite der Dörfer in Niederösterreich und auch im Burgenland entlanggehen, um die Aufgabe zahlreicher landwirtschaftlicher Betriebe, ihre Umstellung zum Nebenerwerb bzw. Vergrößerungen und Zusammenlegungen am Zustand und an der Nutzung der Wirtschaftsobjekte ablesen zu können. Viele Gehöfte stehen leer, einige wurden von Wienern gekauft und zu Zweit-

häusern umgestaltet. Die einst vorhandenen Betriebe des Gewerbes und Einzelhandels haben längst zugesperrt, die Reduzierung der Wohnbevölkerung führt zum Leerstehen von Wohnhäusern, die Umstrukturierung der Landwirtschaft zum Leerstehen von landwirtschaftlichen Objekten. Die Dorferneuerung hat daher nur partiell stattgefunden, die ortsständige Pendlerbevölkerung, ohne Verankerung in der Landwirtschaft, zieht es zumeist vor, am Ortsrand neue Einfamilienhäuser zu errichten. Damit ist auch in der Ostregion vielfach eine Erweiterung erfolgt. Das Problem der Erneuerung des Altdorfes konnte jedoch trotz beachtlicher Anstrengungen von seiten der föderalistischen Planung erst teilweise gelöst werden, wenn auch das Bundesland Niederösterreich gerade in dieser Richtung außerordentlich große Anstrengungen unternommen hat.

Bauen und Wohnen

Zur Wohnungspolitik und Wohnbauentwicklung

Während der Arbeitsmarkt in der westlichen Welt weitgehend von den internationalen Verflechtungen abhängig ist, erweist sich die Wohnungswirtschaft sehr viel stärker den nationalen Systemen verhaftet und ist abhängig von den nationalen Besonderheiten der Gesellschaftspolitik, den Eingriffen des Staates auf dem Wohnungsmarkt, den speziellen Formen der Steuergesetzgebung und der Subventionen, den Rechtsformen der Bauträger und der Wohnungen, der „Privilegierung" bestimmter sozialer oder demographischer Gruppen, den tradierten, über das Sozialprestige im Bewußtsein der Bevölkerung verankerten Wohnvorstellungen und schließlich der Bautechnologie und den Organisationsformen der Bauwirtschaft.

Die österreichische Wohnungspolitik hat die im Jahr 1917 von der k. u. k. Monarchie erlassene Mieterschutzgesetzgebung, welche die Frauen und Kinder der im Felde stehenden Soldaten vor Delogierung schützen sollte, bis heute grundsätzlich beibehalten, wenn auch seit 1981 ein Abbau des

Mieterschutzes im Segment der sehr gut ausgestatteten Wohnungen im Falle von Neuvermietungen erfolgt ist.

Die Konsequenzen des Mieterschutzes waren tiefgreifend: Es kam zu einer Reduzierung der freien Verfügbarkeit der Hauseigentümer über die Mietwohnungen. Ferner sanken die Mieten seit der Inflation der 1920er Jahre auf reine Anerkennungsgebühren herab. Schließlich entstand durch die vom Gesetzgeber gestattete „Vererbung der Wohnungen", welche übrigens erst jüngst (!) vom sozialen Wohnungsbau der Stadt Wien übernommen wurde, eine Art Pseudoeigentumsdenken der Mieter. Aufgrund der Investitionen der Mieter in die Wohnungen separierte sich das Wohnungsimage vom Hausimage.

In weiterer Konsequenz erfolgte eine Immobilisierung der Bevölkerung, ebenso fehlen Fluchtreaktionen beim Zuzug von Bevölkerungsgruppen mit geringerem Sozialstatus oder aus anderen Ethnien.

Auf dem Neubausektor sonderte sich Wien seit der Zwischenkriegszeit durch den forcierten sozialen Großwohnanlagenbau der Stadtgemeinde vom übrigen Österreich.

Quelle: Lichtenberger, 1993b, S. 155.

Bild 73: Wohnpark Alterlaa, Wien

In der Nachkriegszeit delegierte die Munizipalverwaltung ihn teilweise an kapitalmäßig verflochtene Genossenschaften (vgl. Bild 73). Im Mehrwohnungsbau dominierte in der Nachkriegszeit das Genossenschaftswesen (vgl. Tab. 56). Im ländlichen Raum wurde das Einfamilienhaus zur vorherrschenden Wohnform (vgl. oben). Seit den späten 80er Jahren und verstärkt seit der Ostöffnung und dem EU-Beitritt sind bedingt durch die Preissteigerungen auf den Boden-, Bau- und Kapitalmärkten die Mechanismen der Kapitalverwertung wieder in Gang gekommen. Die Schere zwischen Angebot und Nachfrage auf dem Niedrigmietensektor öffnet sich, mitbedingt durch die massive Sanierung der Ausstattung von Wohnungen. Dementsprechend wird das Segment an billigen Mietwohnungen – in erster Linie in Wien und anderen Großstädten – reduziert. Generell steigen auf dem offenen Wohnungsmarkt die Bruttomieten an, besonders bei den sogenannten Kategorie-A-Wohnungen, welche aus der Mieterschutzgesetzgebung im Falle der Neuvermietung herausgenommen und von den Hausbesitzern zumeist erstklassig renoviert werden. Besonders in Wien, wo die Innenstadt noch immer die soziale Mitte darstellt, ist in den angrenzenden Bezirken eine deutliche bauliche Erneuerung und

damit auch ein sozialer Aufwertungsprozeß in Gang gekommen, der allerdings nicht mit den als Gentrifizierung bezeichneten Vorgängen im westlichen Ausland gleichgesetzt werden kann, da es sich nicht um eine soziale Aufwertung von ehemaligen Substandardvierteln, sondern um die Erneuerung von ehemaligen Mittelstandsmietshäusern handelt, in denen eine Wiederanhebung des sozialen Status der Bewohner auf die Ausgangslage zur Zeit der Errichtung der Mietshäuser in der k. u. k. Monarchie erfolgt.

Aus dem Vergleich der Häuser- und Wohnungszählungen von 1951 bis 2000 (Mikrozensus) ist zu entnehmen (vgl. Tab. 55), daß in diesem Zeitraum der Anteil der im Eigentum befindlichen Wohnungen von 35,6 % auf rund die Hälfte zugenommen hat. Gleichzeitig ist die durchschnittliche Nutzfläche der Wohnungen von 58 m² auf 96 m² angestiegen, die Ausstattung mit Bädern hat von 10,6 % auf 95,2 % zugenommen. Im gleichen Zeitraum ist jedoch auch eine neue Wohnungsnot entstanden. Sie beruht auf der raschen Zunahme von Ein- und Zweipersonenhaushalten, noch dazu von Beziehern niedriger Einkommen, welche als Wohnungssuchende auftreten und sich aus den insgesamt bereits relativ kleinen Haushalten von 2,47 Personen im

	1951	1961	1971	1981	2000
Eigentumswohn. (%)	35,6	37,7	41,2	47,5	52,2
Bad (%)	10,6	21,2	52,9	77,1	95,2
Nutzfl. m²	58	69	82	96	96
Pers./Whg.	3,24	3,16	3,00	2,76	2,47

Tab. 55: Die Veränderung der Ausstattung der Wohnungen von 1951 – 2000

Quelle: ÖSTAT bzw. Statistik Austria, SPA, 1951–2000.

Schnitt des Jahres 2000 weiter abspalten. Damit ist ein neues Problem vorhanden, das von der bisher praktizierten Wohnbaupolitik, welche auf die Schaffung von Wohnraum für Familien ausgerichtet war, gleichsam übersehen wurde. Insbesondere in Wien ist durch die Bildung von Single- und Zweipersonenhaushalten ein Bedarf von rund 200000 gut ausgestatteten Kleinwohnungen vorhanden, der auf dem Markt nicht abgedeckt werden kann.

Pluralismus und Regionalisierung der Wohnverhältnisse

Der Pluralismus der Wohnverhältnisse kann unter das Motto „Wien versus Österreich" gestellt werden. Tab. 56 bietet hierzu die Detailangaben.

Während außerhalb von Wien über 50 % des Baubestandes als Einfamilienhäuser im Eigentum stehen und dazu noch rund 10 % Wohnungseigentümer kommen, ist auf der anderen Seite in Wien mit nahezu drei Vierteln der Wohnungen das „Zur-Miete-Wohnen" nach wie vor dominierend. Hierbei wurden in der Zählung 2001 die Mietwohnungen der Gemeinde Wien nicht mehr von den Mietwohnungen der privaten Hausbesitzer separiert.

Zu den immanenten Fragen der Gesellschaftspolitik gehört die Benachteiligung von sozialen Gruppen in einer Wohnklassengesellschaft.

Nun lassen sich Paradoxien in den politisch gesteuerten Modernisierungsprozessen nachweisen. Einige verdienen es, herausgestellt zu werden:

1. Es gelang der staatlichen Wohnungspolitik nicht, eine Schnittstelle zwischen den Investitionen in die technische Infrastruktur und in die private Bautätigkeit herzustellen. Selbst im Weichbild von Wien wurde noch in den 1980er Jahren – wie die Baustatistik belegt – Tausenden Einfamilienhäusern ohne Kanalanschluß die Bezugserlaubnis gewährt.

2. Als ein weiteres bemerkenswertes Paradoxon ist zu verzeichnen, daß die explizit auf den Arbeiterstand ausgerichtete kommunale Wohnbautätigkeit in Wien – verglichen mit anderen Bundesländern – zu einer Benachteiligung der Arbeiter hinsichtlich

Rechtsform	Wien		übr. Bundesländer		Österreich	
	Tausend	%	Tausend	%	Tausend	%
Hauseigentümer	46	5,8	1 453	59,0	1 499	46,0
Wohnungseigentümer	92	11,5	248	10,1	340	10,4
Genossenschaftswohnungen	119	14,9	335	13,6	454	13,9
Mietwohnungen	512	64,2	366	14,8	878	26,9
Sonstiges Rechtsverhältnis	28	3,5	62	2,5	90	2,8
Insgesamt	797	100,0	2 464	100,0	3 261	100,0
Bauperiode: Nachkriegszeit	442	55,5	1 903	77,2	2 345	71,9

* Schätzung

Tab. 56: Segmente des Wohnungsmarktes 2001

Quelle: Statistik Austria, SPA, Wohnbaustatistik, SK.

Quellen: Republik Österreich 1945–1995, S. 115; Stat Jb., 2002, S. 227.

	1951	1961	1971	1981	2000*
Burgenland	73	76	85	100	112
Kärnten	127	127	161	190	231
Niederösterreich	443	451	516	591	682
Oberösterreich	312	325	383	451	568
Salzburg	97	97	130	169	223
Steiermark	305	319	372	425	490
Tirol	114	121	160	204	279
Vorarlberg	53	58	77	101	134
Wien	614	676	782	821	897
Österreich	**2 138**	**2 250**	**2 666**	**3 052**	**3 616**

* einschließlich der bewohnten Zweitwohnungen

Tab. 57: Die Zunahme der Wohnungen von 1951–2000 in den Bundesländern (in Tausend)

der Wohnverhältnisse geführt hat, da aufgrund der kommunalen Boden- und Wohnbaupolitik die Privatinitiative der Arbeiter, welche in den westlichen Bundesländern, allen voran in Vorarlberg, die Zielsetzung des Eigenheimbaus erfolgreich verwirklichen konnten, ausgeschaltet wurde. Die Parallele mit den Staaten des ehemaligen Staatskapitalismus drängt sich auf.

3. Besonders eindrucksvoll ist andererseits der „Mehrwert" des Einkommens der Bauarbeiter des Burgenlandes dank der Pendelwanderung nach Wien, der in der Bautätigkeit sichtbar seinen Niederschlag gefunden hat, so daß man mit Überraschung feststellen kann, daß die Arbeiter in diesem als Fördergebiet der EU ausgewiesenen Bundesland mit Abstand über die besten Wohnverhältnisse und den höchsten Anteil an Neubauten unter allen österreichischen Bundesländern verfügen und selbst die Lage am Eisernen Vorhang die Bautätigkeit nicht abgebremst hat.

4. Auf das Tourismusgebiet im Westen des Staates wurde mehrfach eingegangen. Die prosperierende bauliche Erscheinung der Siedlungen erweckt den Eindruck besonderen Wohlstands und bester Wohnverhältnisse der einheimischen Bevölkerung. Allerdings ist dieser Eindruck zu differenzieren. Der Tourismus hat zweifellos die Synchronisierung zwischen staatlichen und privaten Investitionen begünstigt und den technischen Ausstattungsstandard der Siedlungen angehoben. Ebenso hat er der einheimischen Bevölkerung im Vergleich zur Osthälfte des Staates (vgl. Fig. 51) nachweisbar eine wesentliche Verkürzung der Baudauer bei der Errichtung der Einfamilienhäuser ermöglicht. Legt man freilich die Meßgröße der Wohnfläche der in den 80er Jahren neu erbauten Einfamilienhäuser zugrunde, so gelangt man zur Aussage, daß der Tourismus die Errichtung von geräumigen Einfamilienhäusern mit über 150 m² Wohnfläche, welche in den Vorländern des Ostens dominieren, abgeblockt hat. Für die Möglichkeit der Vermarktung des lokalen Lebensraumes an eine auswärtige Freizeitgesellschaft muß die ortsständige Bevölkerung den Preis einer Verknappung und Reduzierung des eigenen Wohnraums in Kauf nehmen.

Die für die Wachstumsprozesse der Metropolen der westlichen Welt allgemein akzeptierte Polarisierungsthese läßt sich auf die kleinstädtisch und ländlich strukturierten Räume in Österreich nicht übertragen. Sie wurde im Zuge der apostrophierten chaotischen Urbanisierung durch die Substitutionsstrategien der unteren Bevölkerungsschichten, welche ihre eigene Arbeitskraft kapitalisieren konnten, aufgehoben. In Zusammenhang damit verdient Beachtung, daß die traditionelle Klassengrenze zwischen Angestellten und Facharbeitern bei der Ausstattung von Häusern und Wohnungen in allen (!) österreichischen Bundesländern geschlossen werden konnte. Dies ist zweifellos ein wichtiges Ergebnis einer nahe-

Fig. 50: Regionale Verteilung der Bautätigkeit nach 1945 – 2000 (2001)

zu ein halbes Jahrhundert währenden sozialdemokratischen Egalisierungsstrategie.

Die wiederholt herausgestellte West-Ost-Differenzierung des Staates kommt vor allem in der Zunahme der Zahl der Wohnungen zur Geltung, welche im Zeitraum 1951 – 2001 errichtet wurden (vgl. Tab. 57).

Die wiederholt herausgestellte West-Ost-Differenzierung des Staates kommt in der Zunahme der Wohnungen nicht direkt zur Geltung. Fig. 50 belegt vielmehr die Agglomerationseffekte, die vor allem von Wien ausgehen, ferner von Graz, Linz, Klagenfurt und Villach. Dazu treten die Effekte des Fremdenverkehrs, welche die Bautätigkeit im Pinz- und Pongau ebenso bedingt haben wie im gesamten Raum von Nordtirol. Als Räume unterdurchschnittlicher Bautätig-

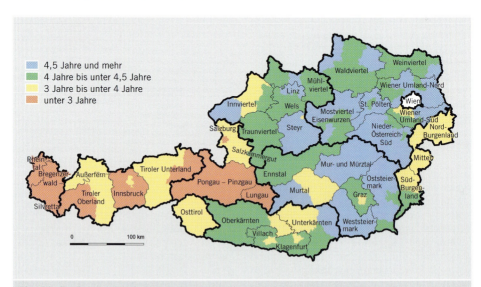

Fig. 51: Regionale Verteilung der Baudauer der Einfamilienhäuser 1980 – 1993

keit fallen dagegen das Waldviertel und die Obersteiermark besonders auf. Selbst hier hat jedoch der Wohnungsbestand, gemessen am Jahr 1945, zumindest um 60 % zugenommen.

Die Aufspaltung der Wohnfunktion und das Zweitwohnungswesen

Die Aufspaltung der Wohnfunktion in Erst- und Zweitwohnungen ist der wichtigste Vorgang der Nachkriegsentwicklung im Siedlungssystem weiter Teile des europäischen Kontinents. Die Erstwohnungen bleiben als Arbeitswohnungen den Arbeitsmarktzentren der großen Städte erhalten, während die Zweitwohnungen einer neuen urbanen Peripherie zugeschrieben werden. Die Niedrigmietenpolitik der sozialen Wohlfahrtsstaaten – und, man muß hinzufügen, der ehemals sozialistischen Staaten im Osten – hat im Verein mit der Sicherung des Wohnstandortes durch die Gesetzgebung diese Aufspaltung mitsubventioniert, die durch die Komplementarität der Wohnformen von Miethaus und Einzelhaus (Datscha) gekennzeichnet ist. Es sind vor allem die großen Städte, in denen das Leben in Massenmietwohnhäusern den Boom des Zweitwohnungswesens begründet hat. Jeder dritte Budapester und jeder dritte Prager Haushalt besitzt eine Zweitwohnung. Auch Wien erreicht einschließlich der mitnutzenden Haushalte diese Größenordnung.

Nichtökonomische Motive geben für die Errichtung von Zweitwohnungen den Ausschlag. In einer entfremdeten Arbeitswelt verlagert sich das Identitätsbewußtsein des einzelnen in seine kleine, überschaubare private Sphäre. Die oft wenig befriedigende Rolle in der Arbeitswelt wird kompensiert durch die Schaffung einer Freizeitrolle, die neues persönliches Prestige gewährt.

Der Gegensatz zwischen großstädtischem Wohnmilieu und überschaubarem ländlichen Milieu potenziert den Freizeitwert des privaten Grüns und der persönlichen Gestaltungsmöglichkeit des Wohnens im Einfamilienhaus in weit höherem Maße, als dies bei verstädterten Gesellschaften mit suburbanem Lebensstil, wie in Nordamerika, der Fall ist.

Durch die Trennung von Arbeits- und Freizeitwohnung kann sich der einzelne ferner zwei Wahrnehmungsräume und zwei

Aktionsräume schaffen, welche ihm eine Erweiterung seines sozialen Umfeldes und gleichzeitig auch seines persönlichen Erfahrungshorizontes bieten.

Zweitwohnungen haben auch die demographische Funktion, daß die in der arbeitsteiligen Gesellschaft getrennten Teile der Dreigenerationenfamilie wieder zusammenkommen. Damit übernimmt das Zweitwohnungswesen eine eminent wichtige familiale Rolle und trägt derart zum Zusammenhalt der Familie bei. In regionalpolitischer Hinsicht ist das Zweitwohnungswesen sehr unterschiedlich zu bewerten. Es bewirkt einen Kapitaltransfer aus den Arbeitsmarktzentren zu den Gemeinden und Kleinstädten des ländlichen Raumes und kann damit in letzteren auch siedlungsstabilisierende Funktionen übernehmen.

Freilich darf man ebensowenig übersehen, daß nicht nur Überschichtungsphänomene bestehen derart, daß die Bauten der Zweitwohnbevölkerung an Größe und baulicher Gestaltung diejenigen der lokalen ortsständigen Bevölkerung häufig übertreffen, sondern auch, daß sich in den Gebieten mit starker Nachfrage nach Grund und Boden die Schere zwischen ortsständiger besitzender und landloser Bevölkerung öffnet und letztere damit zunehmend benachteiligt wird.

In Österreich kam das Zweitwohnungswesen durch zwei Ereignisse in die Medien: (1) durch das Schlagwort vom „Ausverkauf der Landschaft" an Ausländer in den Fremdenverkehrsgebieten Westösterreichs und Kärntens in der ersten Hälfte der 1970er Jahre, was zum teilweisen Erlaß von Grundverkehrsgesetzen führte, und (2) durch die Volkszählung 1981, die an der Wohnsitzfrage („ordentlicher" und „weiterer" Wohnsitz) beinahe scheiterte. Die erfolgreiche Anfechtung der Volkszählung beim Verfassungsgerichtshof durch die Gemeinde Wien in ca. 30 600 Fällen illustriert die enorme politische Brisanz des neuen Zuordnungsproblems der Bevölkerung, welches weitreichende finanzielle (Finanzausgleich) und politische Konsequenzen (Mandatsverteilung) aufweist. Die Daten der Großzählung 1991 zeigen mit den Angaben über die Zahl der Wohnungen, welche als Nebenwohnsitze gemeldet sind bzw. keine Wohnsitzangaben aufweisen, und den Ferien-

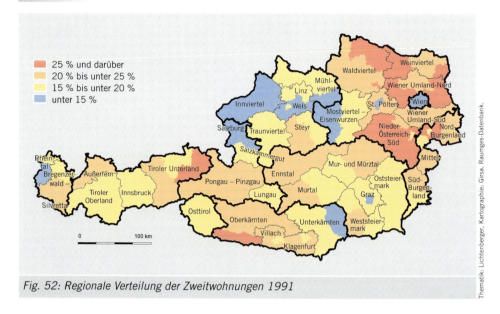

Thematik: Lichtenberger, Kartographie: Girsa, Raumges-Datenbank.

Legende:
- 25 % und darüber
- 20 % bis unter 25 %
- 15 % bis unter 20 %
- unter 15 %

Fig. 52: Regionale Verteilung der Zweitwohnungen 1991

und Wochenendwohnungen mit insgesamt 425 000 bzw. 202 000 Fällen (vgl. Tab. 58) die mengenmäßige Bedeutung des Zweitwohnungswesen, welches etwa ein Fünftel des gesamten Wohnungsbestandes in Österreich umfaßt. Aus Fig. 52 sind die zwei regionalen Schwerpunkte zu erkennen: einerseits die Wiener Zweitwohnungsregion in Ostösterreich und andererseits das Zweitwohnungsrevier in Westösterreich, wo in älteren, komplex strukturierten Fremdenverkehrsgebieten seit den späten 1960er Jahren Ein- und Anlagerungen von Zweitwohnungen und Zweithäusern erfolgten, von denen sich in manchen Tiroler Gemeinden bereits die Hälfte in ausländischem Besitz befindet.

Die Wiener Zweitwohnungsregion
Die Wiener Wohnungswirtschaft mit der gekennzeichneten Wohnbaupolitik der Munizipalverwaltung hat das Zweitwohnungswesen außerordentlich gefördert. Wie erwähnt, hat die jahrzehntelange Niedrigmietenpolitik das Zweithaus gleichsam mitsubventioniert. Ferner war aufgrund der hohen Bodenpreise im Wiener Stadtgebiet die Realisierung des Wunsches nach einem Eigenhaus mit Garten nicht möglich. Damit entstand die Zweitwohnung außerhalb der Stadtgrenze als „Ersthaus". Das Wiener Zweitwohnungswesen kann damit als Form

einer partiellen Stadtflucht aufgefaßt werden. Es weist eine Reihe von Besonderheiten auf:
(1) Der starken Nachfrage nach Bauland für Zweitwohnungen stand von vornherein ein zersplittertes Angebot in den zahlreichen Kleingemeinden des weiteren Umlandes gegenüber.
(2) Aufgrund des Fehlens eines privatkapitalistischen Wohnungsmarktes in Wien kann es nicht erstaunen, daß auch bei den Zweitwohnungen privatkapitalistische Organisationsformen fehlen, d. h., es fehlen daher große Aufschließungsgesellschaften und Bauträger und damit auf dem Reißbrett geplante Anlagen.
(3) Der örtlich fragmentierte Zweitwohnungsmarkt wird auch keineswegs durch Informationsträger gebündelt und strukturiert. Es fehlt ihm daher auch jegliche Transparenz.
(4) Trotz der enormen Bautätigkeit seit Mitte der 60er Jahre blieb die Aufschließung weitgehend lokaler Initiative und einem individuellen Grundstücksverkehr überlassen.
(5) Daraus ergibt sich ferner die enorme bauliche Variationsbreite, welche ausschließlich vom einzelnen Bauherrn, seinem Stilempfinden und seinen ökonomischen Möglichkeiten bestimmt wird. Bauliche Restriktionen bleiben innerhalb der generell für die Bauordnung und Flächenwidmungspläne der jeweiligen Gemeinden bestehenden

Quelle: ÖSTAT, Häuser- und Wohnungszählung 1991.

	Wohnungen mit Neben- bzw. ohne Wohnsitzangaben		Ferien- und Wochenend-wohnungen		Insgesamt	
	Tausend	% d. Whg.	Tausend	% d. Whg.	Tausend	% d. Whg.
Wien	114	13,4	30	3,6	144	17,0
Niederösterreich	100	15,4	56	8,7	156	24,1
Burgenland	18	16,1	11	10,3	29	26,4
Steiermark	50	10,6	23	4,8	73	15,4
Kärnten	28	12,5	17	7,6	45	20,1
Oberösterreich	42	8,3	19	3,7	61	12,0
Salzburg	27	13,4	16	7,8	43	21,2
Tirol	34	13,7	21	8,5	55	22,2
Vorarlberg	13	10,3	8	6,7	21	17,0
Österreich	**426**	**12,5**	**201**	**6,0**	**627**	**18,5**

Tab. 58: Das Zweitwohnungswesen in den Bundesländern 1991

Normen. Es fehlen spezielle Sonderregelungen für Zweithäuser, wie sie in anderen europäischen Staaten bestehen.

(6) Die fehlende Kommerzialisierung bedingt das Fehlen von ökonomischen Renditemotiven, wie sie ansonsten im europäischen Tourismus beim Vermieten von Bauobjekten die Regel sind.

(7) Die enorme Streuung der Standorte wird nur durch den Distanzfaktor nach außen hin determiniert, wonach im Durchschnitt 100 – 120 km bzw. eineinhalb Autostunden Entfernung von Wien kaum überschritten werden.

(8) Grundsätzlich beteiligen sich alle Schichten am Zweitwohnungswesen. Dort, wo Wiener Mittelschichten überproportional vertreten sind, wie in den besonders attraktiven Landschaften des Alpenrandes, kommt es zu sichtbaren Überschichtungsphänomenen insofern, als die Zweithäuser der Wiener Bevölkerung an Größe und architektoni-scher Gestaltung den Bauten der lokalen Bevölkerung überlegen sind.

(9) In demographischer Hinsicht sind die Träger des Zweitwohnungswesens Erwerbs-tätige in mittlerem Lebensalter, zum größe-ren Teil Familienhaushalte. Es handelt sich bei der Zweitwohnungsregion auch nicht um eine Pensionistenregion, da in höherem Lebensalter die Aufspaltung der Wohnstand-orte überwiegend aufgegeben wird. Die Tab. 59 bietet einen Überblick über die Vielfalt der Bau- und Rechtsformen und gleichzeitig über das Ausmaß des Zweitwohnungswesens.

Rund fünf Sechstel des gegenwärtigen Bestandes an Zweitwohnungen sind erst seit dem Staatsvertrag im Jahr 1955 errichtet worden. Mit 60 % dominieren Massivbau-ten, deren Zahl mit rund 165 000 Objekten nahezu dem Umfang der Neubautätigkeit in der Außenstadt von Wien entspricht. Miet- und Pachtverträge werden überwiegend lang-fristig und informell abgeschlossen. Die

Quelle: Baumhackl, 1989, T. 7.4.

Rechtsform	Kleingarten-häuser		Massivhäuser		Zweitwohnungen		Insgesamt	
	Tausend	%	Tausend	%	Tausend	%	Tausend	%
Besitz	33	12,3	112	41,2	20	7,2	165	60,6
Miete/Pacht	9	3,2	41	14,9	14	5,1	63	23,2
Mitbenützung	23	8,3	13	4,8	8	3,1	44	16,2
Insgesamt	**65**	**23,8**	**166**	**60,8**	**42**	**15,4**	**272**	**100,0**

Tab. 59: Wiener Haushalte mit Zweitwohnungen: Bauformen und rechtlicher Status 1983

Mitbenützung durch Verwandte und Freunde erweitert und belegt den informellen Rechtscharakter des Zweitwohnungswesens.

In jüngster Zeit hat auch die Regionalpolitik den Wert des Zweitwohnungswesens zur Erhaltung des Siedlungsbestandes in den von Abwanderung und Entsiedlung bedrohten Gebieten erkannt. Nach einer Phase einer eher negativen Bewertung des Phänomens steht nunmehr die Förderung des Zweitwohnungswesens in peripheren ländlichen Gebieten auf dem Programm.

Historische Siedlungsformen
und agrarsoziale Strukturen des ländlichen Raumes

Die historisch-politische Raumbildung reicht in Österreich weit zurück, dementsprechend unterschiedlich waren bis knapp an die Schwelle der Gegenwart herauf die historischen Siedlungsformen und agrarsozialen Strukturen. In Tirol erhielt sich im Westen noch eine illyrisch-rätoromanische Grundschicht, die erst ab dem 6. Jahrhundert von der bajuwarischen Einwanderung überschichtet wurde. Geschlossene Dörfer mit realgeteiltem, ursprünglich zum Teil terrassiertem Ackerland kennzeichnen den Westen Tirols und unterscheiden ihn deutlich vom bajuwarischen Siedlungsraum östlich von Innsbruck. Zu den früh besiedelten Räumen einer bajuwarischen Einwanderung seit der 2. Hälfte des 8. Jahrhunderts zählt auch Kärnten. In den Ebenen des Klagenfurter Beckens herrschen Weiler und lockere Haufendörfer mit Blockfluren vor. Ein Gegenstück zu diesem Kärntner Kernraum bildet in Oberösterreich die fruchtbare Flußebene und Terrassenlandschaft des Traungaus als Teil des Alpenvorlandes an der Vereinigung von Donau, Traun und Enns. Hier lag der Schwerpunkt der unter Karl dem Großen 788 vom Herzog von Bayern abgetrennten bayerischen Ostmark. Klostergründungen aus karolingischer Zeit (Kremsmünster, Mondsee) und das Fehlen von Planformen der ländlichen Siedlung kennzeichnen damit diesen Altsiedlungsraum, der sich wesentlich von Niederösterreich und der Steiermark unterscheidet. Aus diesem karolingischen Traungau ist später der oberösterreichische Zentralraum mit dem Städteviereck Linz – Wels – Enns – Steyr entstanden.

Die Enns-Linie, vergleichbar der Saale-Linie in der Bundesrepublik Deutschland, trennt die bereits auf die Karolingerzeit zurückgehende Siedlungslandschaft von den ab dem 10. Jahrhundert erschlossenen Kolonisationsräumen. Besonders Niederösterreich offeriert noch heute die gesamte Palette der im Zuge der Kolonisation des 11. bis 13. Jahrhunderts entstandenen Planformen von Anger- und Straßendörfern mit Gewannfluren, welche auch sonst in den östlichen Vorländern der Alpen, in der Steiermark und im Burgenland, weitflächig zur Anwendung kamen.

Die Effekte von politischen Grenzen lassen sich im Burgenland studieren, wo, durch die Zugehörigkeit zum Königreich Ungarn bedingt, die Realteilung Gültigkeit besaß, so daß die Gewannstreifen im Laufe der Zeit in extrem schmale Handtuchparzellen von mehreren 100 Metern Länge aufgeteilt wurden.

Erst im Hochmittelalter erfaßte die Rodung die Seitentäler der Alpen und die Hochlagen des böhmischen Rumpfschollengebirges im Mühlviertel und Waldviertel. Im steilen und unwirtlichen Gelände fehlte der Raum für das dörfliche Kollektivsystem der Zelgenwirtschaft. Übergangsformen von Gelängefluren und Zeilensiedlungen besetzten die höheren Flächen des Böhmischen Massivs, ihnen folgten gegen den „Nordwald" hin Waldhufensiedlungen und Einödfluren, welche ebenso die Terrassenleisten des alpinen Gebirgsraumes häufig in mehreren Staffeln erschlossen haben.

Bereits ab dem Spätmittelalter setzten Verfalls- und Konzentrationsprozesse der ländlichen Siedlung ein. Der Rückgang der Siedlung und Wüstungsprozesse haben schon im Spätmittelalter in Ostösterreich zur „Verwaldung", wie in Teilen des Waldviertels, zum Entstehen von Großdörfern, wie im Weinviertel und im Wiener Becken, andererseits zur Gutsbildung, wie im March-

Aufnahme: Lichtenberger, 1996.

Bild 74: Erzherzog-Johann-Landhaus, Stmk.

Aufnahme: Lichtenberger, 1996.

Bild 75: Gründerzeitscheune südlich Sölker Tauern, Stmk.

Aufnahme: Lichtenberger, 1995.

Bild 76: Paarhof mit Fremdenverkehr, Techendorf am Weißensee, Ktn.

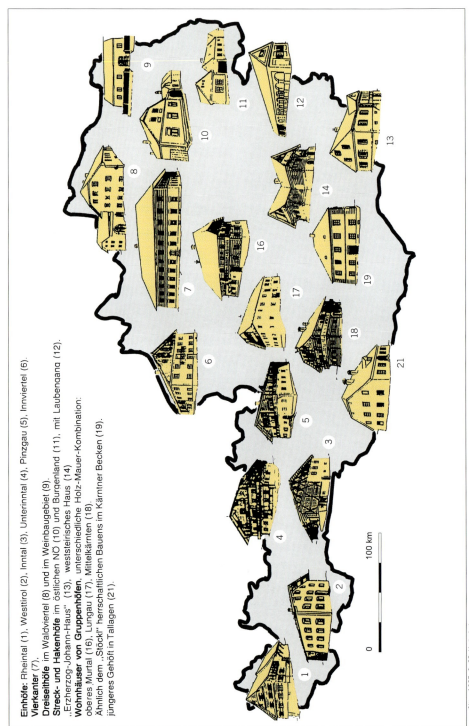

Einhöfe: Rheintal (1), Westtirol (2), Inntal (3), Unterinntal (4), Pinzgau (5), Innviertel (6).
Vierkanter (7).
Dreiseithöfe im Waldviertel (8) und im Weinbaugebiet (9).
Streck- und Hakenhöfe im östlichen NÖ (10) und Burgenland (11), mit Laubengang (12).
„Erzherzog-Johann-Haus" (13), weststeirisches Haus (14)
Wohnhäuser von Gruppenhöfen, unterschiedliche Holz-Mauer-Kombination:
oberes Murtal (16), Lungau (17), Mittelkärnten (18).
Ähnlich dem „Stöckl" herrschaftlichen Bauens im Kärntner Becken (19).
jüngeres Gehöft in Tallagen (21).

Karte 10: Traditionelle Bauernhausformen in Österreich

Quelle: Seger, Sitte, 1987, S. 38. Verändert.

feld, geführt. Auf partielle Ortswüstungen gehen die lückenhaften Zeilen der Gehöfte in den Dörfern des Waldviertels zurück.

Im 18. Jahrhundert richtete sich die Binnenkolonisation der k. u. k. Monarchie auf die wiedergewonnenen Gebiete des Pannonischen Beckens, wo Geodäten Großdörfer und Dorfstädte im Schachbrettgrundriß ausgemessen haben. Im heutigen Österreich entstanden nur kleinzügig ausgelegte Nachsiedlungen, darunter Webersiedlungen für das staatliche Manufakturwesen mit Kleinlandwirtschaften im Waldviertel, Holzfällersiedlungen für die Effizienzsteigerung der Forstwirtschaft in den Kalkvoralpen.

Im Zusammenhang mit dem Kommerzialstraßenbau und später mit dem Bahnbau erfolgten Betriebsvergrößerungen in der mittleren Achse des Staates, von Oberösterreich nach Kärnten hin, in den ökologischen Gunsträumen der Terrassenlandschaften des oberösterreichischen Alpenvorlandes, der inneralpinen Längstalzonen und im Kärntner Becken, zum Teil im Zusammenhang mit dem Aufschwung der Eisenindustrie und dem regionalen Proviantbedarf der Hütten- und Bergarbeiter. Guts- und Großbauernbetriebe entstanden aus ehemaligen Weilern im Krappfeld in Kärnten, im Murtal, Palten- und Liesingtal in der Steiermark.

Die agrarökologisch und verkehrsmäßig günstig gelegenen Dörfer des Weinviertels wuchsen durch die „Neustift" von Kleinhäuslern. Die Übergänge von den ursprüng-

Aufnahme: Lichtenberger, 1976.

Bild 78: Renoviertes Fresko auf ehemals realgeteiltem Haus in Ladis, Westtirol

lichen „Lehen" durch Teilungen in Hälften und Viertel der ursprünglichen Hofausstattung verbreiterten sich damit durch zahlreiche Keuschen (Kleinstformen landwirtschaftlicher Betriebe), ähnlich wie in den Becken und Niederungen Innerösterreichs.

Wander- und Hausierhandel sowie Heimgewerbe waren bis herauf zum Ersten Weltkrieg die Voraussetzungen für die kleinstbäuerlichen Existenzen in den Realteilungsgebieten Westtirols, aber auch in Osttirol, wo im Defereggental jedes Dorf eine spezifische Produktpalette aufwies. Während im agrarökologischen Gunstraum des Burgenlandes die existentielle Koppelung der Kleinlandwirtschaften über Handdienste mit den Spanndiensten von Großgrundbesitz und Gutswirtschaft die Regel war, entstand andererseits im Realteilungsraum von Vorarlberg schon im 19. Jahrhundert im Zuge des Aufschwungs der Textilindustrie zuerst das Heimgewerbe der Weber und dann der Prototyp des Arbeiter-Bauern.

Die historischen Territorien von Ländern und Landschaften und die unterschiedlichen Formen der kulturellen Urbanisierung

Aufnahme: Lichtenberger, 1995.

Bild 77: Realgeteiltes Haus im Ötztal, Tirol

des ländlichen Siedlungsraumes haben noch eine weitere Differenzierung begünstigt, und zwar im Hinblick auf die *Bauernhausformen.*

Österreich war bis herauf zur Nachkriegszeit ein Eldorado der Hausforschung im ländlichen Raum. Die umfangreiche Typologie ist in Schulbüchern und Atlanten belegt und in den meisten Bundesländern inzwischen auch beispielhaft in Freilichtmuseen konserviert worden. Würde man die zahlreichen Bauernhausmuseen in Österreich zusammenlegen, so entstünde ein weit größeres Museum, als es zentralistisch organisierte Staaten wie Schweden oder Rumänien in ihren Hauptstädten besitzen.

Die enorme Umbautätigkeit seit den 50er Jahren hat gebietsweise den alten Bauernhausbestand nahezu komplett beseitigt. Im Westen Österreichs hat der Massentourismus den Um- und Neubau der Bauernhöfe zum weit überwiegenden Teil in einer tourismuskonformen Bauweise bewirkt. Der Denkmalschutz kam im ländlichen Raum viel zu spät; kunsthistorisch wertvolle Bauten, wie z. B. mit Renaissancefresken geschmückte Realteilungshäuser im Westen Tirols, sind z. T. der Spitzhacke zum Opfer gefallen und nur zum Teil restauriert worden (vgl. Bild 78), wie überhaupt die reizvolle Architektur der Realteilungsgebiete überall zu spät vom Denkmalschutz entdeckt worden ist: von den Details der Eingänge angefangen (vgl. Bild 77) bis zu den Hofgäßchen in den Dörfern

am Westufer des Neusiedler Sees (insbesondere Mörbisch: vgl. Bild 80), welche Jahrhunderten der Realteilung ihre bemerkenswerte architektonische Gestaltung verdanken. Auch die Dorferneuerung – so z. B. in Niederösterreich – kam zu spät und konzentriert sich – erstaunlich genug – auf eine dörfliche Architektur, welche bereits auf das physische Gehäuse der Umbautätigkeit der Gründerzeit zurückgreift, so daß analog zur Stadterneuerung nunmehr auch die Dorferneuerung die Muster der architektonischen Gestaltung der Gründerzeit in die Ensembleschutzideen integriert hat.

Einen Eindruck von der großen Vielfalt der baulichen Formen von landwirtschaftlichen Anwesen vermittelt Karte 10. Die reiche volkskundliche Literatur dazu ist regional und lokal äußerst aufgesplittert. Eine Zusammenfassung ist nicht möglich. Die folgenden Ausführungen nähern sich daher aus einer vom gesamten Siedlungssystem ausgehenden Sichtweise dem Thema und kreisen um 3 Fragen:
(1) die Einflüsse des städtischen Bauens auf die ländlichen Hausformen,
(2) die Einflüsse von seiten des Siedlungsverbandes, d. h. von geschlossener Dorfsiedlung und Einzellage in der Streusiedlung,
(3) die Einflüsse von historischen, den heutigen Staat übergreifenden Strukturen.

ad 1)
Die Einflüsse des städtischen Bauens auf die ländlichen Hausformen sind durch die

*Bild 79:
Illmitz, Bgld., spätbarockes Giebelhaus unter Denkmalschutz*

Aufnahme: Lichtenberger.

Aufnahme: Lichtenberger 1977.

Bild 80:
Hofgäßchen in
Mörbisch, Bgld.

Urbanisierung in Weinbaugebieten, z.B. im Donautal der Wachau und im Wiener Umland, besonders früh feststellbar. Der Villeggiatura ähnliche Verhältnisse haben Ritterbürger, Prälaten und Äbte geistlicher Stifte dazu veranlaßt, ihre Pachthöfe auch als sommerliche Wohnsitze auszugestalten, so daß städtische Bauformen wie der Arkadenhof und die Gewölbetechnik, verbunden mit der Stein- und Ziegelbauweise, schon ab dem Spätmittelalter nachweisbar sind.

In der Zeit der Blüte des Bergbaus im 16. Jahrhundert haben einige bergbäuerliche Orte am Reichtum partizipiert. Prachtvolle Renaissancefresken sind an einigen Steinhäusern im Realteilungsraum Westtirols inzwischen restauriert worden. Sehr viel ging zugrunde, da der Denkmalschutz zu spät gekommen ist (vgl. Bild 78).

Die mächtige Bauwelle des barocken Umbaus der Städte hat ihre Wogen bis in entfernte dörfliche Siedlungen entsandt, wo sich Beispiele von repräsentativer Fassadengestaltung bei den bescheidenen Giebelhäusern burgenländischer Dörfer aufgrund jüngerer Um- und Neubauten freilich zumeist nur in musealer Form erhalten haben (vgl. Bild 79).

In der Zeit des Vormärz hat der Förderer des Landes Steiermark, Erzherzog Johann, im Zuge der „Assanierung" älterer Holzbau-

Aufnahme: Lichtenberger 1980.

Bild 81:
Laubenganghaus,
Hennersdorf, Süd-
burgenland

Bild 82: Vierkanter, Mühlviertel, OÖ

Aufnahme: Lichtenberger.

formen den Landhausstil des Biedermeier in die ländliche Bauweise, vor allem im Grazer Umland, eingeführt, wo diese damals neue Hausform nach ihm benannt wurde (vgl. Bild 74).

Der Landhausstil und eine Frühform der Villenbauweise boten auch das Vorbild für die Wohnhäuser der Gutsbesitzer im Klagenfurter Becken, denen im Zuge des Bahnbaus und der Industrialisierung eine Betriebskonzentration gelungen ist. Der Aufschwung des Getreidebaus wird in den Talräumen und Niederungen Innerösterreichs durch den Neubau von großen Scheunen mit Ziegelmosaikdekor belegt (vgl. Bild 75).

ad 2) Dörfer und Einzelhöfe

Die Gründerzeit hat mit städtischen Bauformen wesentlich zur Veränderung der Dörfer beigetragen, wobei die Dachdrehung von den Giebelhäusern zu traufseitig zur Straße stehenden Häusern in der Gründerzeit begonnen hat und bis zur modernen Neubauwelle heraufreicht. Hinter dieser regen Bautätigkeit verbirgt sich ein agrarökonomischer Fortschritt in Form der „Vergetreidung" in den Ebenen des Wiener Beckens, des Marchfelds und im Burgenland, wo die Hutweiden unter den Pflug genommen wurden. Der beachtliche ökonomische Fortschritt mit der Vergrößerung der Ackerflächen brachte eine sehr rege Umbautätigkeit, deren umfangreicher noch erhaltener Bestand eine Vorstellung von dem „Auslaufen der von Wien ausgehenden Umbauwelle" in den ländlichen Raum vermittelt. In der Gründerzeit umgebaute Gehöfte finden sich im Waldviertel ebenso wie im Südburgenland und in der Oststeiermark, und zwar sowohl in der Dorfsiedlung als auch in der Weiler- und Streusiedlung. Die großzügige gründerzeitliche Gestaltung der Gehöfte in Grenzgebieten gegen Ungarn und Tschechien läßt erkennen, daß die heute peripher gelegenen Gebiete von der Nachbarschaft zu den ehemaligen Kronländern profitiert haben.

Der Siedlungsverband im östlichen Kolonisationsraum umfaßte ursprünglich neben den Streckhöfen und Hakenhöfen (mit querstehender Scheune als Abschluß des Hof-

Aufnahme: Lichtenberger, 1977.

Bild 83: Rätoromanisches Steinhaus in Fiss, Westtirol

Aufnahme: Lichtenberger, 1978.

Bild 84: Salzburger Einhaus aus Stein, Dienten, Sbg.

raums) auch Dreiseithöfe, bei denen die Wohntrakte giebelseitig zur Straße standen und der Hofraum durch ein Einfahrtstor abgeschlossen war. Mit der Dachdrehung war vielfach eine Überbauung der Einfahrt und der Ausbau zu Vierseithöfen verbunden. Im einzelnen gibt es verschiedene Übergangsformen.

Unter dem Einfluß der städtischen Wohnhoftradition sind – im wesentlichen erst seit diesem Jahrhundert – aus früheren Vierseithöfen, die vielfach vor dem Ersten Weltkrieg ebenerdig und mit Stroh bedeckt waren, die mächtigen Vierkanter im Alpenvorland entstanden, bei denen die Zahl der Fensterachsen als Prestigesymbol von einem ökonomisch potenten Gesindebauerntum verwendet worden ist. Die inzwischen erfolgte marktkonforme Umstellung auf spezialisierte Familienbetriebe hat die enorme Kubatur ihrer Funktion beraubt (vgl. Bild 82).

Schließlich wurden im Zuge der gründerzeitlichen Entwicklung des Fremdenverkehrs in einzelnen Gebieten Westösterreichs architektonische Elemente des Villenstils in die bäuerliche Holzbauweise integriert, während ansonsten die Übernahme städtischer Bauformen auch mit der Übernahme der Ziegelbauweise verbunden war.

In Streulage sind zwei Hauptformen vorherrschend: Zum einen handelt es sich um den innerösterreichischen Haufenhof, bei dem die einzelnen wirtschaftlichen Tätigkeiten jeweils eigene Gebäude besaßen und der daher eine Vielzahl von Bestandteilen umfaßte wie Mühlen, Badstube, Backofen, Heustadeln, Getreidekasten, Austraghäusel. Das Verbreitungsgebiet lag in den sogenannten Nockbergen, dem Kristallingebirge in Innerösterreich. In dem stark entsiedelten Raum trifft man noch viele altertümliche Formen. Das noch von N. Krebs beschriebene altertümliche Rauchstubenhaus kann freilich nur mehr in Museen besichtigt werden.

Nur schmal ist die Übergangszone nach Westen zu den Einhäusern und Paarhöfen, deren Verbreitungsgebiet jedoch, zum Unterschied vom innerösterreichischen Haufenhof, über die heutigen Staatsgrenzen hinausgreift.

ad 3) *Staatsübergreifende Einflüsse*
Die Durchgangsposition des heutigen Staates ist damit nicht nur ein Problem des modernen Verkehrs, sondern wird recht ein-

drucksvoll in historischer Perspektive durch die Grundschicht der Hausformen der ländlichen Siedlung belegt. Einflüsse kommen aus allen Himmelsrichtungen: Die Steinbauweise des Mediterrangebietes reicht vom Engadin nach Westtirol herein und kennzeichnet damit den ehemaligen rätoromanischen Sprachraum. Die wuchtigen mehrstöckigen Steinhäuser, bei denen die Realteilung in früherer Zeit nicht nur durch die Zahl der Eingangstüren, sondern auch durch die nach außen ragenden Backöfen sichtbar war, die auf alten Abbildungen noch zu sehen sind, sind heute meist nur mehr von einer Familie bewohnt (vgl. Bild 83).

Die Pfettendachkonstruktion mit einem ursprünglich von Steinplatten beschwerten Dach verbindet diese Westtiroler Häuser mit den bajuwarischen Einheitshäusern, welche mit der bajuwarischen Besiedlung von Bayern aus in den Gebirgsraum von Nordtirol und Salzburg gelangt sind (vgl. Bild 84). Es handelt sich um Mittelflurhäuser mit den Schlafräumen im ersten Stock, teilweise mit einem Laubengang, welche im Zuge der Integration des Tourismus z. T. mehrere Etagen von Fremdenzimmern mit umlaufenden Balkonen erhalten haben. Bemerkenswert ist auch die Drehung der Häuser beim Um- und Neubau. Wandten diese ursprünglich die Scheunenseite der Sonne zu, um deren Wärme für das Nachreifen von Mais, das Trocknen von Heu u. dgl. zu nutzen, so wird mit dem Umbau nunmehr – was einer städtischen Bevölkerung selbstverständlich erscheint – die Zimmerfront sonnseitig ausgerichtet. Mit dem Tourismus hat überdies der Paarhof mit der Separierung des Wohntrakts vom Wirtschaftstrakt erneut Auftrieb erhalten (vgl. Bilder 76, 86).

Eine andere Tradition der Ständerbauweise und der Holzschindeldächer und -wandverkleidung weisen die Einhäuser mit Querflur im alemannischen Bereich von Vorarlberg auf, welcher Gemeinsam-keiten mit der Schweiz besitzt (vgl. Bild 85).

Von den östlichen Vorlagen der Alpen reichen die Hausformen nach Ostmitteleuropa und Südosteuropa hinein. Besonders hinzuweisen ist auf die Laubenganghäuser des illyrischen Raumes, welche eine beliebte Hausform von Bukarester Vororten schon in der Zwischenkriegszeit waren, damit noch

Bild 85: Einhaus, Montafon, Vbg.

Bild 86: Paarhof, Klaunzerberg bei Matrei, Osttirol

vor der Nachkriegszeit, in welcher derartige Importe ländlicher Baukultur über Printmedien auch die chaotische Urbanisierung und Suburbanisierung beeinflußt haben (vgl. Bild 81). Das Burgenland war seit dem Mittelalter ein Bestandteil Ungarns. Die Grundstruktur seiner dörflichen Gehöfte ist daher ebenso in der Slowakei wie in Ungarn zu finden. Die jüngste Umbau- und Neubauentwicklung unterscheidet allerdings das Burgenland wesentlich von den Nachbarstaaten, in denen die Dorfbewohner nicht über die notwendigen finanziellen Ressourcen für einen Umbau verfügten.

Die gegenwärtigen Bauordnungen der Länder betreffen gleichsam funktionsneutral landwirtschaftliche und nichtlandwirtschaftliche Objekte und bewirken daher eine formale Vereinheitlichung der Neubau- und Umbautätigkeit. In Tirol hat man sich des Pfettendaches angenommen, von dem nunmehr eine Billigvariante legistisch verordnet wird, während man in Kärnten das Krüppelwalmdach präferiert. Ebenso sind die Steiermark und Niederösterreich dabei, in ursprünglich recht unterschiedlichen Hausformenlandschaften nunmehr Baupläne beim Neubau als Prototypen aufzulegen und aus der Wohnbauförderung zu finanzieren, so daß eine Neuauflage regionaler Bauweisen über die Baubehörden erfolgt.

Von städtischen Besitzern von Zweithäusern werden andererseits immer häufiger mit sehr viel Sachkenntnis, Arbeits- und Kapitaleinsatz Restaurierungen von landwirtschaftlichen Gehöften, Mühlen, Weinkellern usf. durchgeführt, wobei inzwischen auch in Österreich wie im gesamten deutschen Sprachraum eine umfangreiche Literatur Hilfestellung gibt.

Das kulturhistorische Erbe der österreichischen Städte

Das österreichische Stadtsystem besitzt eine tief in die Geschichte zurückreichende Stabilität der Standorte und der Rangordnung in der zentralörtlichen Hierarchie. Die regionale Standortkontinuität der Landeshauptstädte und Viertelshauptstädte geht bis in die römische Zeit zurück. Auf die beiden Ausnahmen von Graz und Eisenstadt wurde bereits hingewiesen.

Die oberen Ränge des heutigen zentralörtlichen Systems weisen damit auch die ältesten Standorte auf. Dieser Zusammenhang zwischen der Rangordnung der Städte und der Periode des Auftretens im Städtesystem gilt auch für die jüngere Entwicklung. Zwischen der historischen Tiefenschichtung des Städtesystems und der gegenwärtigen Position einer Stadt im zentralörtlichen System besteht insgesamt ein klarer Zusammenhang. Anders ausgedrückt, später entstandene Städte mußten mit bescheideneren Lagepositionen vorliebnehmen. Dieses somit aus einem inneren Wachstums- und Verdichtungsvorgang erklärbare Städtesystem wurde determiniert durch die Verkehrsknotenpotentiale des Gebirgsraums, welche nur geringe Möglichkeiten zum Ausweichen boten, und die politische Stabilität der territorialen Landkarte, auf die wiederholt hingewiesen wurde. Nur externe ökonomische und politische Effekte, wie die Änderungen der politischen Landkarte Europas, haben damit tiefergehende Strukturänderungen bewirkt.

Im Zusammenhang mit der politischen Geschichte des Staates lassen sich mehrere Perioden der Stadtentwicklung unterscheiden, in denen jeweils eine Verdichtung des Netzes erfolgt ist:

(1) Die Gründungsstädte des Hochmittelalters (bis ca. 1330) besetzten die wichtigsten Plätze im Vorland, sicherten die offenen Grenzen gegen Norden und Osten und reihten sich in den Alpentälern an den Fußpunkten von wichtigeren Gebirgsübergängen. Die meisten Kleinstädte, welche heute als politische Bezirkshauptorte die mittlere Stufe des zentralörtlichen Systems in Österreich vertreten, stammen aus dieser Periode.

(2) Ein weiterer Ausbau von Zentren in abgelegeneren Gebieten, Wäldern und Gebirgsräumen erfolgte im Spätmittelalter (1330–1500), als weniger begangene Gebirgstäler und kleine Becken in Nieder- und Oberösterreich, der Steiermark und

Bild 87: Graz, Blick gegen Schloßberg, Stmk.

*Bild 88:
St.Veit a. d. Glan,
Rathaus, Kärnten*

den westlichen Bundesländern ihre lokalen Marktorte erhielten (Kirchberg am Wechsel, Markt Piesting, Aflenz, Trofaiach, St. Gallen, Weyer, Scheibbs, Lilienfeld, Mariazell, Kirchschlag, Pottenstein, Windischgarsten, St. Michael im Lungau). Ferner wurden Bergbauorten Marktrechte verliehen (Eisenerz, Hüttenberg, Bad Ischl), die spät besiedelten Hochflächen des Böhmischen Massivs in einem Nachziehverfahren mit zentralen Orten (Gföhl, Ottenschlag, Pöggstall, Großgerungs, Arbesbach) ausgestattet und das schon bestehende Netz von Städten im Kolonialland durch lokale Marktorte, vor allem in der weiteren Umgebung von Wien, verdichtet (Mistelbach, Hollabrunn, Stockerau, Haugsdorf, Ernstbrunn, Wolkersdorf, Dürnkrut, Orth an der Donau, Guntramsdorf, Pottendorf, Himberg).

(3) Der Zeitraum zwischen 1500 und 1850 trug wenig zur Verdichtung des Netzes von Kleinstädten und Märkten bei.

(4) Erst Industrialisierung und Bahnbau sowie die 1848 bzw. endgültig 1867/68 vorgenommene Neugliederung der Verwaltung brachten neue Impulse, im wesentlichen aber nur durch die Schaffung von Gerichtsorten und damit die Zuweisung von zentralörtlichen Einrichtungen der Unteren Stufe an Kleinstädte und Märkte.

Dieser über die Jahrhunderte ablaufende Prozeß einer Top-down-Bewegung von zentralen Diensten und Einrichtungen hatte zwei Auswirkungen: Erstens sind stets einige Kleinstädte und Märkte an den Rand der wirtschaftlichen Entwicklung geraten und entweder zu Minderstädten oder in jüngster Zeit zu Museumsstädtchen geworden, und zweitens entstand eine ausgeprägte West-Ost-Asymmetrie des kleinstädtischen und märktischen Systems.

Als Beleg für die Asymmetrie sei angeführt, daß derzeit die Ostregion, Steiermark und Oberösterreich zusammen 122 Städte, die Westregion einschließlich Kärnten nur 34 Städte aufweist; allein auf Niederösterreich entfällt fast die Hälfte der 560 Märkte von Österreich.

Mit der erwähnten West-Ost-Asymmetrie zwischen dem Altsiedelland und dem Kolonisationsraum des Hochmittelalters verbinden sich zwei Leitformen in der Grund- und Aufrißgestaltung. Die Städte in Tirol, Salzburg und Oberösterreich werden als sogenannte Inn-Salzach-Städte gerne als ein spezifisches Element der Westregion herausgestellt. Die zur Straße hin ausgerichteten Baukörper der Giebelhäuser reihen sich längs der Hauptstraße auf schmalen und tiefen Bauparzellen aneinander. Hinter hochgezogenen Blendfassaden verbergen sich sogenannte Grabendächer. Die Altstadt von Innsbruck mit Erkern und Lauben wird gerne als der Prototyp angesehen. Allerdings reicht die architektonische Verkleidung der Hausfronten mit Blendfassaden noch weiter nach dem Osten (vgl. Bild 89).

Fügt man zur architekturhistorischen Sichtweise noch die Fakten der politischen und ökonomischen Entwicklung in der Westregion und in der heutigen Ostregion des Staates, so sind der Niedergang des Bergbaus in Tirol und Salzburg und die Gegenreformation und die Auswechslung des Adels in Kärnten im 16. Jahrhundert anzuführen. Seit dieser Zeit sind die genannten Kronländer im Vergleich zu den östlichen Kronländern, allen voran Wien, aber auch der Steiermark, in der ökonomischen Entwicklung zurückgeblieben.

Darüber hinaus bestehen Unterschiede im Städtewesen seit dem Hochmittelalter.

Östlich der Enns dominieren bei den Gründungsstädten große Rechteckplätze mit beachtlichen Abmessungen, wie sie bei der Anlage von Städten im Zuge der Ostkolonisation jenseits von Elbe und Saale bevorzugt wurden. Dieselben Formen wurden auch von den geistlichen Herrschaften bei den Stadtgründungen in Kärnten verwendet.

Der Osten Österreichs wurde in den eineinhalb Jahrhunderten der ständigen Bedrohung durch das Osmanische Reich zwischen 1529 (erste Türkenbelagerung von Wien) und 1683 (zweite Türkenbelagerung von Wien) wiederholt von kriegerischen Zerstörungen betroffen. Ein umfassender Wiederaufbau nach 1683 erfolgte im Stilkleid des Barock, welches daher die kleinstädtische und märktische Struktur in den Altkernen bestimmt, soweit nicht das Industriezeitalter und die Gegenwart Umbauten vorgenommen haben.

Die Einflüsse Italiens kamen in zwei neuen Bauformen zur Geltung, nämlich erstens in den Arkadenhöfen (vgl. Fig. 54) und zweitens im Umbau der schmalen goti-

Aufnahme: Lichtenberger.

*Bild 89:
Gmünd, Waldviertel,
NÖ*

Aufnahme: Lichtenberger.

*Bild 90:
Steyr, Hauptplatz, OÖ*

Aufnahme: Lichtenberger.

Bild 91: Schärding, OÖ

schen Bürgerhäuser in breit zur Straße ge-
stellte Wohnbauten. Die Veränderung der
Gesamtkonstruktion des Baukörpers ist aus
Fig. 53 zu entnehmen. Die Längsgliederung
des mittelalterlichen Giebelhauses in zur
Straße senkrecht stehende Steifen, in denen die Räume in der Tiefe der Parzelle
hintereinander angeordnet waren, wurde in
der Barockzeit von einer Quergliederung abgelöst. Eine tragende Mittelmauer entstand
als neues Konstruktionselement, längs der
man zu beiden Seiten Zimmer aufreihte,
die dann Ende des 18. Jahrhunderts auch
eine einheitliche Größe bekamen. Die
Dachdrehung vom Giebel- zum Traufdach
spiegelte die Veränderung des tragenden
Mauerwerks wider. Dort wo infolge Kapital-
mangels der Zusammenbau von Häusern
nicht durchgreifend durchgeführt werden
konnte, zog man Blendfassaden vor, wobei
keine neuen Dachhauben aufgesetzt wurden, so daß ebenfalls „Grabendächer" entstanden. Das Auftreten der Grabendächer
ist daher nicht ein spezifisches „regionales" Stilelement der Inn-Salzach-Häuser,
sondern greift über deren Verbreitungsgebiet in unterschiedlicher Weise überall dort
hinaus, wo das Besitzbürgertum in Märkten
und Kleinstädten im 16. und 17. Jahrhun-

dert kapitalschwach und ein kompletter
Umbau nicht möglich war bzw. dieser dann
erst später im 19. Jahrhundert erfolgt ist.
Vielfach war es bei sehr kleinzügigem Par-
zellenzuschnitt auch schwierig, einen derartigen Umbau durchzuführen.

Mit dem Arkadenhof wurde aus dem
Mediterrangebiet die Wohnform des Hof-
hauses übertragen, bei dem der Hof den
architektonischen Mittelpunkt des Wohn-
hauses und gleichzeitig auch den sozialen
Mittelpunkt bildete. Das bedeutete ein Ab-
gehen von der Wohnbauform des mittelalterlichen Bürgerhauses, bei dem die Fassa-
de das soziale und wirtschaftliche Prestige
des Bürgers nach außen hin repräsentierte,
während der Hofraum mittels Durchgangs-
rechten vielfach mit dem öffentlichen Stra-
ßenraum verbunden war und in erster Linie
wirtschaftlichen Funktionen diente (vgl.
Bilder 89–91).

Der mediterrane Einfluß kam nicht nur in
der Grundrißgestaltung, sondern auch im
Baumaterial zum Tragen; die Holzbauweise
wurde völlig aufgegeben und bei Palästen
durch den Steinbau, bei allen anderen Wohnbauten durch den Ziegelbau ersetzt. Am
Rande sei vermerkt, daß in Wien schon im
Spätmittelalter Holzstiegen verboten waren.

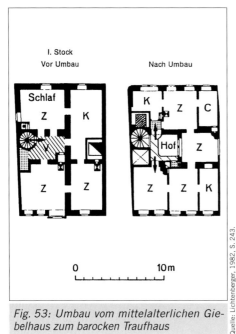

*Fig. 53: Umbau vom mittelalterlichen Gie-
belhaus zum barocken Traufhaus*

Quelle: Lichtenberger, 1982, S. 243.

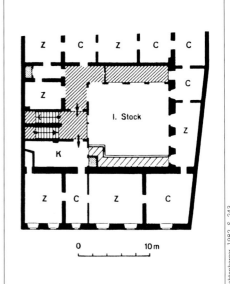

Fig. 54: Renaissance-Arkadenhof

Quelle: Lichtenberger, 1982, S. 243.

Aufnahme: Lichtenberger.

Bild 92: Renaissanceschloß Schallaburg, NÖ

Aufnahme: Lichtenberger.

Bild 93: Verderberhaus Retz, NÖ

Quelle: Bundesministerium für Wissenschaft und Forschung (Hg.), 1990, S. 12.

Bild 94: Krems, Altstadt unter Denkmalschutz, NÖ

Die von Adalbert Klaar durchgeführte Aufnahme des Baubestandes aller österreichischen Kleinstädte, welche als Baualteratlas von der Österreichischen Akademie der Wissenschaften herausgegeben wird, belegt das außerordentlich reiche kulturhistorische Erbe der österreichischen Kleinstädte bei allerdings im einzelnen sehr großen stadtweisen Unterschieden in Hinblick auf Abbruch und Neubau seit dem 19. Jahrhundert.

Es ist einsichtig, daß mittelalterliche Städte, welche aus verschiedenen Gründen nicht reüssiert haben, wie die Donaustädte Ybbs, Pöchlarn und Mautern, die im niederösterreichischen Wehrsystem nach Norden hin angelegten Städte Weitra und Drosendorf, die von Salzburg gegründeten Städte Friesach und Gmünd in Kärnten, die freisingische Bergbaustadt Oberwölz, die ehemals bambergische Stadt St. Leonhard und das landesfürstlich gewordene Bleiburg in Kärnten, die bis 1504 bayerische Grenzstadt Rattenberg in Tirol, um nur einige zu nennen, neben vielen anderen Kleinstädten ihre alte, heute unter Denkmalschutz stehende Bausubstanz besonders gut erhalten haben.

In Hinblick auf Fläche, Stockwerkszahl und Kubatur stehen diese Kleinstädte in deutlichem Abstand zu den Viertelshauptstädten. Es sind in der Regel außer dem Hauptplatz nur mehr Straßengabelungen und Seitengassen im ehemaligen Mauerring vorhanden, die Bauhöhe geht nur vereinzelt über 3 Geschosse hinaus, wobei die Baublöcke im Altstadtkern jedoch meist recht dicht verbaut sind. Mehrere Kirchen und einzelne Klöster (Minoriten, Dominikaner) gehören fast immer zum Altbaubestand.

Die Viertelshauptstädte heben sich bis heute in der Einwohnerzahl deutlich von den Kleinstädten als politischen Bezirkshauptorten ab. Sie waren jahrhundertelang die Vororte der Viertel der Länder Niederösterreich (Krems [vgl. Bild 94], Wiener Neustadt, St. Pölten, heute Landeshauptstadt) und Oberösterreich (Wels, Steyr).

Doch wurde bei der neuen administrativen Verfassung der k. u. k. Monarchie im Jahr 1848 die ältere Viertelgliederung der Länder nicht mehr berücksichtigt. Die Viertelshauptstädte verloren daher an Bedeutung. Im Unterschied zu den Landeshauptstädten blieben sie auch während der Barockperiode zumeist Bürgerstädte, deren glanzvollen Umbau in dieser Zeit man noch überall studieren kann; erst das industrielle Zeitalter beendete diese „bürgerliche" Idylle, einzelne wurden Industriestädte wie St. Pölten, Wiener Neustadt und Leoben und sind bis heute Hochburgen der SPÖ; alle erhielten gründerzeitliche Vororte mit Mietshäusern und Villen. In der Nachkriegszeit wurden sie von der Stadtplanung „entdeckt" und als erste mit Fußgängerzonen ausgestattet sowie mit Wohnhochhäusern als

Landmarken an der Peripherie versehen. Der Altbaubestand wurde überall unter Denkmalschutz gestellt.

Die Landeshauptstädte Innsbruck, Salzburg, Linz und Graz unterscheiden sich als Großstädte schon aufgrund ihrer Einwohnerzahl deutlich von den Viertelshauptstädten. Nur Klagenfurt nimmt eine Übergangsposition ein. Mit dem Aufbau des absolutistischen Staates wurde das Bürgertum durch die Residenzfunktion und Urbanisierung des Adels an die Wand gedrängt. In der glanzvollen barocken Bauperiode entstanden aber nicht nur Adelspaläste und Kirchen, sondern auch der Bürger folgte dem Repräsentationsbedürfnis der Zeit und baute nach Adelsart in oben beschriebener Form. Wohl zu den großartigsten städtebaulichen Leistungen der Barockzeit zählt die

Quelle: Bundesministerium für Wissenschaft und Forschung (Hg.), 1990, S. 11.

Bild 95: Gegründete Industriestadt Berndorf, unter Denkmalschutz, NÖ

architektonische Verbindung von Bürgerstadt und Fürstenstadt in Salzburg, der einstigen erzbischöflichen Residenz.

Das Industriezeitalter hat in Österreich keine Neugründungen von Industriestädten hervorgebracht, mit einer einzigen Ausnahme: Berndorf in Niederösterreich wurde von der Firma Krupp um die Jahrhundertwende planmäßig als Industriestadt mit Stadttheater, Schulen und Arbeitersiedlungen angelegt. Die Stadt steht unter Denkmalschutz. Das als deutsches Eigentum verstaatlichte Unternehmen wurde 1988 durch ein Management-Buyout als Berndorf AG Technologie und Metallwarenunternehmen privatisiert (vgl. Bild 95).

Die Gründerzeit hat die historischen Kleinstädte und Viertelshauptstädte und selbst die Landeshauptstädte nicht umgebaut, sondern in erster Linie auf grüner Wiese gebaut. In der Nachkriegszeit hat nach dem Wiederaufbau der Denkmalschutz sehr rasch den Altbaubestand unter Schutz gestellt.

Wien – von der mittelalterlichen Bürgerstadt zur Eurometropole

Einleitung

Wien ist an einer Drehscheibe des Verkehrs von transkontinentalen Durchgangskorridoren entstanden, dort, wo sich große Bruchlinien im tektonischen Aufbau Europas kreuzen und die Alpen von den Karpaten trennen, die Donau vom Alpenvorland in das Wiener Becken durchbricht, sich die transkontinentalen West-Südost-Verbindungen längs der Donau vom Alpenvorland zu den Niederungen des Karpatenbogens und zum Schwarzen Meer hin mit dem Schrägen Durchgang durch die Alpen zur Adria hin verschneiden und bereits in prähistorischer Zeit Wege nach Norden über die Mährische Pforte nach Polen bis zur Ostsee führten. Entsprechend den politischen Konstellationen auf der europäischen Landkarte hat die Lage von Wien zwischen extremer Grenzlage und Mittelpunktlage gewechselt. In einer Grenzlage ist Wien von der Vergangenheit bis zur Gegenwart herauf geblieben, und diese wird auch in Zukunft bestimmend sein. Östlich unweit der Stadt ist die Bewegung der deutschen Ostkolonisation im 11. Jahrhundert zum Stillstand gekommen. Wien bildet daher seit mehr als 900 Jahren den Eckpfeiler des deutschen Sprachraums gegen Ostmitteleuropa und Südosteuropa, nur 50 km entfernt von den Sprachräumen der Slawen und Ungarn.

Das Schicksal von Wien ist seit dem späten 13. Jahrhundert mit der politischen Karriere der Habsburgerfamilie aufs engste verknüpft gewesen, der am längsten regierenden Dynastie in Europa (1276 bis 1918). Wien ist seit dem Mittelalter bis herauf zum Ende des Ersten Weltkriegs – mit nur kurzzeitigen Unterbrechungen – stets Residenzstadt gewesen. Damit bezieht die Stadt eine Sonderposition in der europäischen Stadtgeschichte, welche vor dem Hintergrund der Abfolge der politischen Organisationssysteme klar definierte Stadttypen zur Ausformung gebracht hat.

Max Weber hat die Marktfunktion als entscheidendes Merkmal der Stadt angesehen, Walter Sombart von „Städtegründern" und „Städtefüllern" gesprochen und den Produktionsüberschuß für ein weiteres Hinterland als Grundlage der städtischen Existenz bezeichnet. Wendet man diese Theorien von der Bedeutung von Produktion und Vermarktung auf die historischen Stadttypen Europas an, so können wir, sehr vereinfacht, feststellen, daß für die mittelalterliche Bürgerstadt die Marktfunktion, für die Industriestadt die Erzeugung von Sachgütern, für die postindustrielle Großstadt übergeordnete Dienstleistungen die Existenzgrundlage bilden. Nur die Residenzstadt bricht aus dieser von wirtschaftlichen Funktionen bestimmten Reihe aus. Ihre Existenz war an nichtökonomische Aufgaben politisch-administrativer und kultureller Art gebunden.

Nun ist die reale Bedeutung der Residenzfunktion abhängig von der Einwohnerzahl und dem ökonomischen Potential des jeweiligen territorialen Gebildes. Im konkreten Fall wuchs die Stadt Wien daher mit dem Ausbau des habsburgischen Territoriums von einem Land zu einem Reich und behielt überdies durch die gesamte Ent-

Aufnahme: Lichtenberger.

Bild 96: Belvedere gegen Stephansdom und Wienerwald

wicklung die Doppelfunktion von Markt und Herrschaft von der mittelalterlichen Bürgerstadt zur Reichshaupt- und Residenzstadt des aufgeklärten Absolutismus bis zur Weltstadt im Industriezeitalter des 19. Jahrhunderts bei. Dieser Dualismus prägte die Stadt durch die Jahrhunderte. Er hatte spezifische Konsequenzen für das Verhältnis von politischer Macht und Ökonomie ebenso wie für die Ausbildung „hof-" bzw. „regierungszugewandter" und „wirtschaftsorientierter" Sozialgruppen.

Die mittelalterliche Bürgerstadt

Die historische Position von Wien mit dem Dualismus der Funktionen von Herrschaft und Markt begann mit der mittelalterlichen Bürgerstadt. Schon im Frühmittelalter entwickelte sich innerhalb der Stadtmauer, ungeachtet des zweimaligen Standortwechsels der Burg vom „Berghof" über die Babenbergerpfalz (1156) am Hof zur Burg der Habsburger, der Dualismus von landesfürstlicher Residenz und Bürgergemeinde, auf dem in einem Jahrhunderte umspannenden Transformationsprozeß von Gesellschaft und Stadtraum der Dualismus von Regierungs-

und Wirtschaftscity im liberalen Zeitalter beruht.

Zur mittelalterlichen Großstadtbildung von Wien gehörten der Ausbau weltlichherrschaftlicher Institutionen wie Münze und Gericht, von kirchlichen Einrichtungen wie Bistum, Klöstern und Kirchen, die gesellschaftlichen Grundelemente von Erbbürgern, Fernhändlern und „fremden" Gewerbetreibenden, eine im Ghetto lebende jüdische Bevölkerung sowie die frühe Entwicklung von Bildungsschichten über die 1365 gegründete Universität, die älteste im deutschen Sprachraum. Trotz mehrmaliger Versuche gelang es den Wiener Bürgern jedoch nicht, sich von der weltlichen Herrschaft zu emanzipieren und die Reichsfreiheit zu erlangen.

In der territorialstaatlichen Organisation des Mittelalters war Wien freilich als Babenbergerresidenz in den damaligen österreichischen Ländern nur eine landständische Stadt neben anderen, wie Graz und Innsbruck. Auch als Residenzstadt der Habsburger blieb Wien im Mittelalter nur eine „Großstadt" in Mitteleuropa neben anderen – mit annähernd 20 000 Einwohnern im

15. Jahrhundert – und konnte nicht mit der Metropole Prag, dem Zentrum Böhmens, mithalten. Hatte der Hausmachtbesitz der Habsburger in den Alpenländern im Spätmittelalter eine Einwohnerzahl von maximal einer Dreiviertelmillion, so gehörte das Königreich Böhmen damals zu den dicht besiedelten und aufgrund der Silber- und Goldbergbaue „reichen" Territorien Mitteleuropas mit schätzungsweise 2 Millionen Einwohnern.

Die neuzeitliche Residenz

Die ersten eineinhalb Jahrhunderte der Neuzeit sahen Wien als Grenzstadt gegen das Osmanische Reich. Nach der ersten Türkenbelagerung 1529 wurde es zur „stärksten Festung der Christenheit" ausgebaut. Das Verwaltungsprimat über die Länder der Krone Böhmens, deren damalige Einwohnerzahl auf vier Millionen, die der österreichischen Alpenländer auf weniger als zwei Millionen geschätzt wird, ging schon 1577 an Wien über.

Mit der erfolgreich abgeschlagenen zweiten Türkenbelagerung (1683) und der rasch einsetzenden Rückeroberung Ungarns rückte Wien aus der Grenzlage gegen das Osmanische Reich in den Mittelpunkt der expandierenden Habsburgermonarchie. Wien überrundete im 18. Jahrhundert alle Städte Mitteleuropas hinsichtlich der Einwohnerzahl. Durch den Bau von auf Wien zentrierten Kommerzialstraßen (Brünner Straße, Prager Straße, Ungarische Straße, Triester Straße, Linzer Straße) erhielt die Reichshaupt- und Residenzstadt das Verkehrsprimat zusätzlich zur Residenzfunktion und zum bereits bestehenden Primat in der absolutistischen Staatsverwaltung in einem Reich, das um 1750 mit rund 17 Millionen Einwohnern gleich viele Einwohner wie Italien, wenn auch weniger als Frankreich (rund 23 Millionen Einwohner) zählte. Die Agglomeration Wien hatte damals eine Zahl von rund 180 000 Einwohnern erreicht.

Aus der Funktion als Residenz des absolutistischen Flächenstaates bezog Wien den kulturellen Mehrwert, der aus dem Hofstaat und der Urbanisierung des Adels resultierte, und den politisch-administrativen Mehrwert, den die Stadt aus der sich formierenden Zentralverwaltung schöpfen konnte. Die Residenz bot Lebensraum für neue städtische Schichten. Als Aufstiegsschiene entstand – die älteren Stände übergreifend – der Beamtenstand. Durch die Urbanisierung des Adels vollzogen sich tiefgreifende Akkulturationsvorgänge, welche über Bau- und Lebensformen die gesamte städtische Bevölkerung erfaßten und wandelten.

Adel, Klerus (Gegenreformation), Hofstaat und Beamtenstand haben als neue städtische Schichten den Um- und Ausbau Wiens ab dem 16. Jahrhundert bis tief ins 18. Jahrhundert hinein geprägt.

Eine Expropriation der bürgerlichen Schichten, vor allem der hausbesitzenden Oberschicht in der Stadt, und ein Hinausdrängen der Gewerbetreibenden in die Vorstädte waren die räumlichen Konsequenzen des Strukturwandels der städtischen Gesellschaft. Die bürgerliche Bevölkerung (Gewerbe- und Handeltreibende) betrug um die Mitte des 18. Jahrhunderts – zur Zeit des Höhepunkts der kaiserlichen Hofhaltung – nur mehr rund ein Drittel der schätzungsweise 40 000 Einwohner der Stadt. Zwei Drittel stellten Angehörige von Adel, Klerus, Hofstaat, Beamtenstand und Stadtguardia.

Ein Hauptmotor für das Wachstum Wiens im 18. Jahrhundert war der Aufbau der Zentralbehörden, mit dem Ferdinand I. 1527 im Anschluß an die Verwaltungsreformen von Maximilian I. begonnen hatte (Hofrat, Hofkanzlei, Hofkammer, Hofkriegsrat). Die organisatorische Bedeutung der Zentralverwaltung spiegelt sich in der beachtlichen Zunahme der Zahl der öffentlichen Bauten von 54 im Jahre 1664 auf 131 im Jahre 1779 wider. Für die rasch anwachsende Zahl der Beamten in den Zentralbehörden wurden aufgrund der Festungssituation von Wien keine neuen Stadtteile angelegt, sondern ihre Unterbringung, ebenso wie die der Angehörigen des Hofstaates, mittels der Hofquartierspflicht den bürgerlichen Hausbesitzern aufgelastet. Die für Um- und Neubauten gewährten Steuerfreijahre kurbelten andererseits die bürgerliche Bautätigkeit an. Beamte wurden zu einer wichtigen Gruppe bei der Nachfrage nach Wohnraum. Geistliche Stifte übernahmen den Bau von qualitativ hochwertigen Wohnungen für den Beamtenstand und setzten damit ein Vorbild für den Bau von Mietwohnungen für die Mittelschichten. Die Konzeption geistli-

Aufnahme: Lichtenberger.

Bild 97:
Karlskirche, Wien

cher Wohnhöfe für den Beamtenstand wurde im kommunalen Wohnbau der Zwischenkriegszeit für den Arbeiterstand fortgeführt.

Der Dualismus von Adel und Bürgertum in der Stadt Wien und den Wiener Vorstädten wurde in Fig. 55 graphisch festgehalten. Die Ausbreitung der Sommerpaläste des Adels, die von großen Parkanlagen umgeben waren, bestimmte im 18. Jahrhundert die Vorstadtentwicklung in Wien auf der Stadtgemarkung. Sie erfolgte zum Teil auf den Flächen der durch die Türkenbelagerung verwüsteten bürgerlichen Weingärten. Im Anschluß an das Sommerschloß von Prinz Eugen, das Belvedere (vgl. Bild 96), entstand der Südsektor der Villeggiatura des Wiener Adels zwischen der Ungarischen und der späteren Triester Straße (vgl. Bild 98), weitere Viertel entwickelten sich im Nordwesten (Josefstadt, Alsergrund) und im Norden im Anschluß an den kaiserlichen Park des Augartens in der Leopoldstadt.

Auf der Stadtgemarkung lagen ferner die Straßenvorstädte und die Milchmeier- und Gemüsebaudörfer auf den grundwassernahen Flächen von Donau und Wien-Fluß.

Auf dörflichen Gemarkungen im Westen der Stadt erfolgte die „bürgerliche Vorstadtbildung". Sie kann als „Frühform" eines zeitspezifischen Suburbanisierungsprozesses interpretiert werden und resultiert aus der „Stadtflucht" bzw. der „Vertreibung" der Handwerker aus der Stadt durch das Hofquartiersamt und der Zuwanderung von „Neubürgern" aus dem Westen und Süden des deutschen Sprachraums. Bemerkenswert ist die große Zahl von planmäßig angelegten Vorstädten mit zumeist kleinzügigem Zuschnitt der Straßenführung und Parzellierung, ebenso die frühe Entwicklung von nichtzünftischen Organisationsformen des Handwerks. Dekretisten (außerhalb der Zünfte stehende, mit speziellen Dekreten ausgestattete Gewerbeherren), Störer (fahrende, d. h. nicht ortsfeste Handwerker), Militär- und Hofhandwerker bildeten 1736 bereits zwei Drittel der 10 829 in und vor der Stadt registrierten „Professionisten".

Im Zuge der Stadterneuerung und Stadterweiterung im 18. Jahrhundert polarisierte sich die wirtschaftliche und soziale Entwicklung. In der Stadt konzentrierten sich die Einrichtungen der Regierung und Verwaltung des Staates, die Anfänge des Bankenwesens, der Groß- und Einzelhandel. In den Vorstädten, im Raum der Stadterweiterung, lag dagegen der Schwerpunkt der

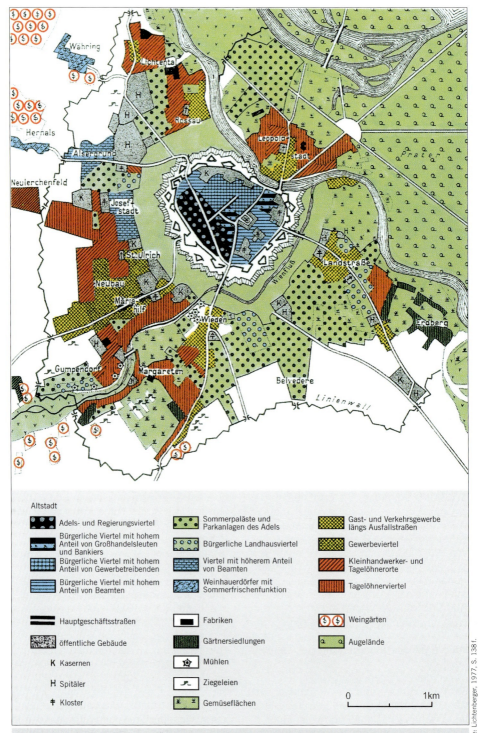

Altstadt

- Adels- und Regierungsviertel
- Bürgerliche Viertel mit hohem Anteil von Großhandelsleuten und Bankiers
- Bürgerliche Viertel mit hohem Anteil von Gewerbetreibenden
- Bürgerliche Viertel mit hohem Anteil von Beamten

- Hauptgeschäftsstraßen
- öffentliche Gebäude
- K Kasernen
- H Spitäler
- ✝ Kloster

- Sommerpaläste und Parkanlagen des Adels
- Bürgerliche Landhausviertel
- Viertel mit höherem Anteil von Beamten
- Weinhauerdörfer mit Sommerfrischenfunktion

- Fabriken
- Gärtnersiedlungen
- Mühlen
- Ziegeleien
- Gemüseflächen

- Gast- und Verkehrsgewerbe längs Ausfallstraßen
- Gewerbeviertel
- Kleinhandwerker- und Tagelöhnerorte
- Tagelöhnerviertel

- Weingärten
- Augelände

0   1km

Fig. 55: Sozial- und wirtschaftsräumliche Gliederung Wiens um 1770

Quelle: Lichtenberger, 1977, S. 138 f.

Bild 98: Karlskirche gegen Rennweg und Belvederegarten

Quelle: Lichtenberger, 1978, S. 336 f.

gewerblichen Produktion. Auch die sozialen Kontraste wurden verschärft. Sie lassen sich auf die einfache Formel bringen, daß in der Stadt in erster Linie die Angehörigen des Adels, des Hofstaates und die hohen Beamten, die Vertreter des Großhandels und Geldwesens wohnten, während andererseits in den Vorstädten die in der Produktion tätige Bevölkerung lebte, von den Gewerbetreibenden bis zu den Erzeugern landwirtschaftlicher Produkte.

Im Hinblick auf die Herkunft sonderte sich die überwiegend ortsbürtige Bevölkerung in der Stadt von der in hohem Maße fremdbürtigen Bevölkerung in den Vorstädten. Die Zuwanderung war demnach mit der Stadterweiterung verknüpft.

Die Privilegierung des Manufakturwesens durch Maria Theresia und Joseph II. sowie Verkehrs- und Verwaltungsreformen einschließlich des Toleranzpatents von Joseph II. schufen die Grundlage für das Entstehen der „zweiten", bürgerlichen Gesellschaft. K. k. privilegierte Großhändler, Industrielle und Bankiers, in erster Linie ausländische Zuwanderer, waren ihre Vertreter. Auf dem Wege über Vermögensbildung und

persönliche Leistungen im Verein mit der Verleihung des Adelstitels fächerte sich die „erste Gesellschaft", die des Adels, immer stärker auf. Diese soziale Ausdifferenzierung in Form der Abspaltung immer neuer Elemente von den großen ständischen Blöcken im Verein mit der professionellen Spezialisierung hatte eine ausgeprägte Viertelbildung zur Folge, die sowohl in der Wiener Altstadt als auch in den Wiener Vorstädten zur Geltung kam.

Um 1800 nahm Wien den vierten Rangplatz in der Rang-Größen-Skala der europäischen Städte ein. Als Primate City des Habsburgerreiches konnte Wien schließlich in der ersten Hälfte des 19. Jahrhunderts Neapel überrunden und zum dritten Rangplatz nach London und Paris aufsteigen. Zu diesem Zeitpunkt hatte die k. u. k. Monarchie mit 31,3 Millionen Einwohnern bevölkerungsmäßig zu Frankreich (34 Millionen) und dem Deutschen Reich (34,5 Millionen) bereits knapp aufgeschlossen.

Die Relation verschob sich im Eisenbahnzeitalter. Der Bahnbau zeichnete nochmals den transkontinentalen Verkehrsknoten Wien nach. Die Stadt wurde zum

„Schnittpunkt" von Orientexpreß und Moskauexpreß. Der Ausgleich zwischen Österreich und Ungarn 1867 und die Bildung der Doppelmonarchie mit der österreichischen Reichshälfte, in der rund 20 Millionen Einwohner lebten, und der ungarischen Reichshälfte mit rund 15 Millionen Einwohnern schob Budapest, der Metropole der ungarischen Reichshälfte, Entwicklungschancen zu. Durch den Ausgleich wurde nicht nur das ökonomische, sondern auch das demographische Einzugsgebiet der Monarchie zwischen Budapest und Wien aufgeteilt und das Wiener Einzugsgebiet auf die österreichische Reichshälfte der Monarchie beschränkt.

Aufgrund der administrativen und ökonomischen Funktionsteilung mit Budapest und der Entwicklung von Prag zum Vorort der Industrie in Böhmen, dem Kernraum der Industrieentwicklung der Monarchie, verlangsamte sich das Bevölkerungswachstum von Wien gegenüber Berlin, das Wien in der zweiten Hälfte des 19. Jahrhunderts überholte, was sich rückblickend für Wien als Vorteil erwiesen hat. Es konnte daher die städtebauliche Ausgestaltung Wiens in der Gründerzeit mit der Einwohnerzahl besser Schritt halten. Rückblickend läßt sich feststellen, daß es dadurch für Wien eher möglich war, die Existenzkrise der Zwischenkriegszeit zu überstehen, als wenn es noch mehr Einwohner gehabt hätte.

Die gründerzeitliche „Weltstadt" des Habsburgerreiches

Die Revolution 1848 führte zu einer Auswechslung der politischen Parameter und leitete die liberale Ära ein. Die sieben Jahrzehnte der Gründerzeit brachten Wien den Aufstieg zur Weltstadt. Mit jährlichen Wachstumsraten von 3 % vergrößerte die Agglomeration ihre Einwohnerzahl von 440 000 im Jahr 1840 bis auf zwei Millionen im Jahre 1910 (Altstadt, Vorstädte und Vororte). Dabei erfolgte eine zonale periphere Verschiebung des Bevölkerungswachstums aus dem Vorstadtraum in den Vororteraum.

Drei administrative Stadterweiterungen trugen dem Bevölkerungswachstum der Stadt in der Gründerzeit Rechnung. Bei der ersten Stadterweiterung im Jahr 1850 wurden die innerhalb des Linienwalles gelege-

nen 34 Vorstädte eingemeindet. Wien zählte danach 431 147 Einwohner auf 54,4 km². Die zweite Eingemeindung (1890) erfaßte die westlichen und südlichen Vororte und erweiterte die Stadtfläche auf 178 km² mit einer Einwohnerzahl von 1 364 000. Mit der Zukunftshoffnung auf eine Stadtgröße von 4 Millionen Einwohnern im Jahr 1950 erfolgte schließlich eine dritte Eingemeindung (1904) im Osten der Donau, weit in unbesiedeltes Gebiet hinaus. Die Fläche wurde auf 278 km² erweitert. Die von den Stadtbehörden damals gezeichneten Stadtpläne waren auf hohe Bevölkerungsdichte und kompakte Verbauung ausgelegt.

Die Eingemeindungen der Gründerzeit hatten tiefgreifende Folgen für Wien: Sie brachten die betreffenden Gebiete in den Geltungsbereich der städtischen Bauordnung, lösten eine Erhöhung der Grundstückspreise und damit eine höhere Verbauung aus und akzentuierten die sozioökonomische räumliche Differenzierung.

Gleichzeitig ermöglichten sie eine durchgreifende Assanierung der Agglomeration (Kanalnetz, Wasser, Strom, Gas, Pflasterung u. dgl.). Diese zählt fraglos zu den großen Leistungen der Wiener Kommunalbehörden um die Jahrhundertwende, die viel zu wenig gewürdigt werden.

Mit der enormen Bauleistung von 460 000 Wohnungen im Zeitraum von 1856 bis 1917 hat die Gründerzeit nicht nur den bereits vorhandenen Baubestand in der Altstadt und den Vorstädten linien- und flächenhaft erneuert, sondern darüber hinaus außerhalb der Linie (des Gürtels) eine neue, breite Zone geschlossener Verbauung errichtet. Der Umbau folgte hierbei dem Prinzip einer zentral-peripher ausgreifenden bausozialen Aufwertung, d. h., er wurde zur Gänze von dem Prozeß bestimmt, der heute als „Gentrifikation" bezeichnet wird. Es entstand die Ringstraßenzone als Wohnstandort für die Oberschicht, die Vorstädte der Kleinhandwerker und Taglöhner wurden zu Mittelstandsquartieren umgebaut, und außerhalb des Gürtels bildeten sich Arbeitervororte.

Der Altbaubestand wurde nicht nur „erneuert" im Sinne des aktuellen Begriffs der Revitalisierung und der sanften Stadterneuerung, sondern in durchgreifender Weise beseitigt. Bürgerliche Wohnquartiere er-

Aufnahme: Lichtenberger.

Bild 99: Graben, Altstadt Wien

setzten Slums und Verfallsgebiete. Wien folgte damit dem Prinzip der „bausozialen Aufwertung" und kann als historisches Beispiel für eine „Gentrifikation" genannt werden.

Die Gründerzeit brachte ferner ein neues „Modell der Stadtmitte". Hatte die Residenz und damit das Herrscherhaus die politische und gleichzeitig soziale Mitte der barocken Stadt gebildet, so wurde nunmehr die Innenstadt zum Standort der neuen wirtschaftlichen Institutionen. Banken und Versicherungen verdrängten die Adelspaläste. Der Stadtumbau erfolgte im Zeichen der Citybildung (vgl. Bild 99), die Stadterweiterung in Form von Neuaufschließungen in peripher ausgreifenden Vororten bot Raum für die Zuwanderer in die neu entstehenden Industrien.

In international vorbildlicher Weise hat der Flächenwidmungsplan 1893 die zentral-periphere Abstufung der Bauhöhen und die Ausweisung von Flächen für Industrieanlagen vorgenommen.

Den Gründerjahren verdankt Wien nicht nur die Einheitlichkeit der baulichen Gestaltung im gesamten geschlossenen Stadtraum, sondern auf diese Periode der Industrialisierung geht auch die innere funktionelle Differenzierung der Stadt zurück. Damals ist das hierarchische Netz der Geschäftsstraßen ebenso entstanden wie die funktionelle Differenzierung der Innenstadt in die Wirtschaftscity und die Regierungscity. Auch im sozialen Bauplan blieb die Stadt den Prinzipien der barocken Residenz verhaftet, in der das Stadtzentrum die soziale Mitte der Stadt gebildet hat (vgl. Fig. 56). Wien unterscheidet sich damit bis heute grundsätzlich von den Städten der angelsächsischen Welt, in denen die Stadtmitte zum Zentrum der Unter- und Randschichten der Bevölkerung geworden ist.

Die Stadt des Munizipalsozialismus seit dem Ersten Weltkrieg

Aus der Polarität von kaiserlicher Weltstadt und sozialdemokratischer Hauptstadt eines Kleinstaates ist die gegenwärtige duale Struktur von Wien zu verstehen. Nahezu modellhaft stehen in Wien in der Gegenwart zwei Stadträume einander gegenüber: die bereits beschriebene in kompakter Verbauung errichtete Innenstadt der Gründerzeit

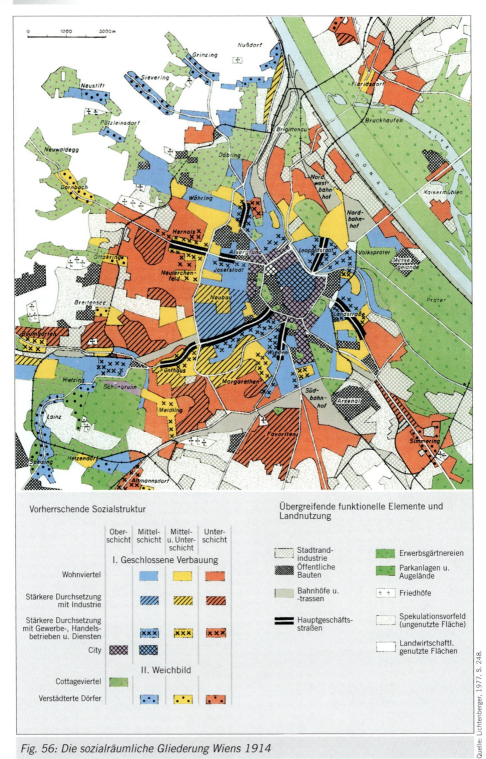

Fig. 56: Die sozialräumliche Gliederung Wiens 1914

Vorherrschende Sozialstruktur

	Oberschicht	Mittelschicht	Mittel u. Unterschicht	Unterschicht

I. Geschlossene Verbauung

Wohnviertel

Stärkere Durchsetzung mit Industrie

Stärkere Durchsetzung mit Gewerbe-, Handelsbetrieben u. Diensten

City

II. Weichbild

Cottageviertel

Verstädterte Dörfer

Übergreifende funktionelle Elemente und Landnutzung

Stadtrandindustrie

Öffentliche Bauten

Bahnhöfe u. -trassen

Hauptgeschäftsstraßen

Erwerbsgärtnereien

Parkanlagen u. Augelände

Friedhöfe

Spekulationsvorfeld (ungenutzte Fläche)

Landwirtschaftl. genutzte Flächen

Quelle: Lichtenberger, 1977, S. 248.

und die daran anschließende „Außenstadt", welche der Munizipalsozialismus in Wien in der Zwischen- und Nachkriegszeit errichtet hat (vgl. Fig. 57).

Die räumliche Entwicklung von Wien in der Nachkriegszeit kann unter das Schlagwort „von der Asymmetrie zur Bipolarität" gestellt werden. Hatten die Zwischenkriegszeit und die ersten Nachkriegsjahre an die gründerzeitlichen Strukturen angeschlossen, so wurden in den 1960er Jahren unter der Zielsetzung „vom sozialen Wohnungsbau zum sozialen Städtebau" Großwohnanlagen auf freiem Feld im Süden und Osten der Stadt errichtet. Mit der enormen Neubautätigkeit von rund 180 000 Wohnungen hat die traditionelle West-Ost-Orientierung von Wien, einer Stadt, deren Entwicklung bis herauf zur Gründerzeit stets mit dem Rücken gegen die Donau erfolgt ist, eine Umdrehung um 180 Grad erfahren. Während der Wienerwald, schon seit dem späten 19. Jahrhundert unter Schutz gestellt, eine weitere Westexpansion verwehrt, richten sich die Wachstumsfronten der Stadt nach dem Süden und Osten. Neue Trassen des Verkehrs, von Schnellbahn, U-Bahn und Autobahn, verbinden den Süden und den Osten der Außenstadt. Die neuen Netze der

Fernheizwerke (vgl. Bild 100) kommen ebenfalls diesem Stadtraum zugute. Neue Spitäler, Schulen usf. wurden errichtet, Industriebaugebiete ausgewiesen, und mit der Anlage der UNO-City im Osten der Donau wurde das Symbol für die Transfer-Rolle des Staates in der Stadt gleichzeitig auch zu einem Symbol dieses neuen Stadtraumes (vgl. Bild 64). Die Wohnbautätigkeit selbst hat längst die Dimensionen von sozialen Fürsorgemaßnahmen gesprengt. Wenn auch der Anspruch auf „Städtebau" noch nicht in allen Belangen eingelöst werden konnte, so werden der Bevölkerung in der Außenstadt doch integrale Pakete von Massenverkehrsmitteln, Einkaufszentren, Fußgängerzonen, Grünflächen, sozialen Einrichtungen und Wohnanlagen angeboten.

„Neue Städte" zu errichten wurde allerdings niemals beabsichtigt. In der Architektur des städtischen Wohnens hat Wien in der Nachkriegszeit auch nur mehr eine Mitläuferrolle und keine Pionierrolle – wie bei den kommunalen Wohnburgen der Zwischenkriegszeit – erlangen können. Eine einzige „Wohn-Komposition" in der Außenstadt erregte internationale Aufmerksamkeit: die Anlage des Wohnparks Alterlaa,

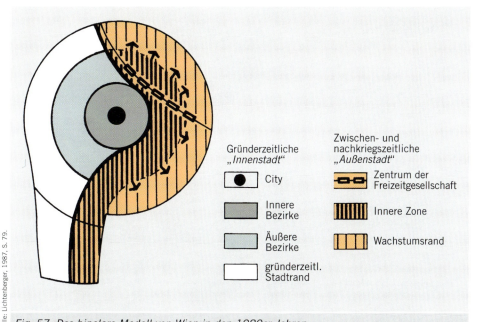

Quelle: Lichtenberger, 1987, S. 79.

Gründerzeitliche „*Innenstadt*"	Zwischen- und nachkriegszeitliche „*Außenstadt*"
● City	⬛ Zentrum der Freizeitgesellschaft
Innere Bezirke	Innere Zone
Äußere Bezirke	Wachstumsrand
gründerzeitl. Stadtrand	

Fig. 57: Das bipolare Modell von Wien in den 1980er Jahren

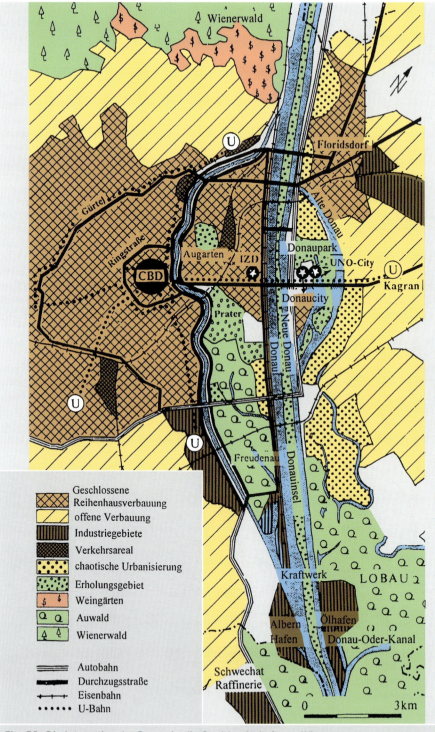

Geschlossene Reihenhausverbauung
offene Verbauung
Industriegebiete
Verkehrsareal
chaotische Urbanisierung
Erholungsgebiet
Weingärten
Auwald
Wienerwald

Autobahn
Durchzugsstraße
Eisenbahn
U-Bahn

Fig. 58: Die Integration der Donau in die Stadtlandschaft von Wien

Quelle: Lichtenberger, 1993b, S. 127.

(vgl. Bild 73), die, an Le Corbusiers „Ville Radieuse" orientiert, die Nachbarschaftskonzeption in ein vertikales Design von 100 m hohen Wohntürmen übersetzt hat.

Konzertierte Aktionen von Wohnhausbau und Massenverkehrsmitteln wurden in Wien nicht favorisiert. Das schwedische Satellitenstadtmodell wurde von den politischen Entscheidungsträgern besichtigt, jedoch nicht imitiert. Von wenigen Ausnahmen, wie der Großfeldsiedlung im 22. Bezirk, abgesehen, wurden auch Großanlagen nur selten „aufs freie Feld" gestellt, wie dies in den anderen Millionenstädten die Regel war, sondern an die bereits bestehende Siedlungsstruktur zumindest „angelagert".

In den Dezennien der Nachkriegszeit hat überdies die Kommunalpolitik jahrzehnteweise die Intentionen geändert: Standen die 1960er Jahre unter der Ideologie des Wohnbaus in der Außenstadt, so wurde in den 70er Jahren der Wohnungsbau aus dem „Nulltarif" herausgenommen, den Trägern des Eigentumswohnungsbaus und Genossenschaften zugeschoben und die Stadterneuerung auf das Programm gestellt. Gleichzeitig erhielten Fragen des Umweltschutzes und der Entsorgung einen neuen Stellenwert.

Ferner vollzog sich die kommunale Bautätigkeit in Wien stets nur zu einem Teil auf den neuausgewiesenen Flächen der Außenstadt, wo sich in erster Linie der kommunale Wohnungsbau und von der Stadt geförderte Unternehmen etablierten. Nahezu die Hälfte der Bautätigkeit in der Nachkriegszeit und über zwei Drittel des privaten Betriebsbaues erfolgten auf dem kleinzügigen Parzellensystem der gründerzeitlichen Innenstadt. Allein im Zeitraum von 1945 bis 1980 wurden 123 000 Wohnungen in der gründerzeitlichen Innenstadt erbaut, während andererseits 180 000 Wohnungen in der Außenstadt entstanden sind.

Entsprechend der zwar mit unterschiedlicher Schwerpunktbildung, jedoch stets gleichzeitig in der Innen- und Außenstadt erfolgenden Bautätigkeit war auch die Strategie des Ausbaus der öffentlichen Verkehrsmittel stets ambivalent und durch eine Vielzahl von Entscheidungen bestimmt, die jeweils der Verkehrsbedienung der Innenstadt oder der Außenstadt zugute gekommen sind.

Insgesamt hat die Munizipalregierung die Chance genutzt, bei stagnierender Bevölkerungszahl alle Investitionen für die Verbesserung des Ausstattungsstandards und die Erhöhung der Quadratmeterflächen an Wohnraum, Betriebsraum, Geschäftsraum, Erholungs- und Verkehrsraum pro Einwohner zu verwenden. Darüber hinaus brachte die massive Investition in den kommunalen Wohnungsbau aus öffentlichen Mitteln eine entscheidende Besserstellung der Wohnverhältnisse breiter Bevölkerungsschichten, wie sie in dieser Form mit einem Anteil von rund einem Drittel der Bevölkerung im kommunalen Wohnungsbestand der Stadt im gesamten westeuropäischen Städtewesen ein einmaliges Phänomen darstellt.

Die Integration der Donau in die Stadtlandschaft

Anders als Budapest war Wien in der Gründerzeit nicht an die Donau gerückt. Das Inundationsbett des regulierten Stromes separierte vielmehr die Stadträume im Osten der Donau klar vom westlichen Ufer, welches von Bahngeleisen, Industrie- und Lagereinrichtungen begleitet wird. Die Integration des Donauraumes in den Stadtkörper erfolgte erst durch den Bau der UNO-City. Diese vom österreichischen Staat unternommene Initiative wurde von der Stadtgemeinde in der schrittweisen Entwicklung einer „waterfront development" fortgesetzt, welche sich im internationalen Vergleich in die Großvorhaben der Public-Private Partnerships einreihen läßt, wie zum Beispiel die Docklands in London und der Hafenumbau in Rotterdam. Anlaß für diese Integration der Donau in die Stadtlandschaft von Wien waren die großen Überschwemmungen der 1960er Jahre, welche den Bau eines zweiten Donaubettes zur Folge hatten, um künftige Flutkatastrophen auszuschließen (vgl. Fig. 58).

Zwischen dem Bett der Donau aus dem 19. Jahrhundert und der Neuen Donau entstand eine Insel von 21 km Länge und einer Breite von 70 bis 210 m. Diese Donauinsel ist nunmehr mit öffentlichen Mitteln zu einem großzügigen Erholungsareal ausgestaltet worden, mit neuen Stationen der U-Bahn und der Schnellbahn. Gleichsam zum Nulltarif können an warmen Sommertagen über eine halbe Million Besucher das von

Bild 100:
Müllverbrennungs-
anlage und Fern-
wärmeerzeugung,
Spittelau, Wien

der Stadtbehörde verwaltete und gepflegte Areal benutzen. Großveranstaltungen verschiedenster Art finden statt. Keine andere Großstadt verfügt über ein derart umfangreiches Freizeitareal. Damit wurden auch die mentalen Vorbehalte gegen die Errichtung eines Kraftwerkes auf Wiener Boden überwunden, als mit dem Aufstau der Donau vom Kraftwerk Freudenau bis nach Klosterneuburg ein 20 km langer Stausee entstanden ist. Die Wasserfrontentwicklung längs der Donau hatte als weitere Konsequenz die Schaffung einer dualen Cityentwicklung zur Folge. Im Anschluß an die UNO-City war ursprünglich die Weltausstellung 1996 gemeinsam mit Budapest vorgesehen, inzwischen ist eine Umplanung erfolgt in Richtung auf eine Donau-City hin, welche mit Hochbauten und anschließenden Objekten neue Akzente auf dem östlichen Donauufer setzen und damit Wien tatsächlich an die Donau bringen wird.

Über 100 Jahre später unternimmt damit Wien die Integration der Donau in die Stadtlandschaft und folgt dem Beispiel von Budapest, das aufgrund anderer hydrologischer Bedingungen schon im 19. Jahrhundert die Stadtfronten von Buda und Pest längs der Donau aufgebaut hat.

Ebenso wie der Munizipalsozialismus unter Bürgermeister Lueger neue Wege in der europäischen Stadtplanung und Kommunalpolitik gegangen ist, gelang es der Wiener Stadtregierung erneut, mit der Konzeption „Wien an die Donau", der Anlage des zweiten Donaubettes und dem Ausbau des kollektiven Freizeitraums der Donauinsel intuitiv eine richtungsweisende städtebauliche Idee zu kreieren. Ohne explizit definiert zu werden, wurde für die bipolare Konzeption von arbeitsteiliger und Freizeit- gesellschaft ein neues Planungsleitbild gefunden. Danach gehören die „große grüne Wiese", Erholungsflächen und Sportanlagen in einer Zeit der Freizeitgesellschaft nicht mehr an den Rand, sondern in die Mitte der Stadt, mit bester Erreichbarkeit für alle.

Die Leistungen des Denkmalschutzes

Die staatliche Denkmalpflege in Österreich reicht weit zurück. Bereits 1850 wurde durch eine kaiserliche Entschließung die „k. k. Central Commission für die Erforschung und, Erhaltung der Baudenkmale" gegründet und dem französischen Vorbild folgend, 1859 dem Kulturressort unterstellt. Dem liberalen Zeitgeist entsprechend, ging es in erster Linie um die Erforschung und systematische Inventarisierung der Denkmäler. Der Historismus in der Architektur diktierte bei der Instandsetzung von Bauwerken das Prinzip der Erhaltung der „Reinheit des Stils", welches heute nicht mehr akzeptiert wird.

Die historischen Linien der institutionellen Entwicklung des Denkmalschutzes und der Denkmalpflege sind kompliziert, nur das Ergebnis verdient Interesse. Es gelang nämlich – erstaunlicherweise, muß man hinzufügen –, die staatliche Zuständigkeit für alle Angelegenheiten des Denkmalschutzes beizubehalten, trotz aller Bestrebungen, diese analog zur Raumordnung und zu den Bauagenden den Ländern und den Gemeinden zu übertragen. Das Bundesdenkmalamt ist damit als Behörde und als wissenschaftliche Institution das Ergebnis einer über hundertjährigen Entwicklung, verfügt über eine umfangreiche Dokumentation, über Restaurierwerkstätten von internationalem Ansehen, über ein kunsthistorisches Institut, das kunsttopographische und denkmalpflegerische Literatur herausgibt. Damit unterscheidet sich der Denkmalschutz grundsätzlich vom Naturschutz, welcher zum Aufgabenspektrum der Länder gehört.

Österreich ist in seinen Intentionen eingebunden in die europäische Bewegung des Denkmalschutzes. Vergleichbar der Entwicklung im Naturschutz hat die Denkmalschutzbewegung in Österreich, nahezu zeitgleich zu Deutschland, vom Einzelobjekt her den Ausgang genommen. Aus dem Schutz des Einzeldenkmals, der Kirche, Kapelle, des Wegkreuzes und einzelner Wohnbauten, ist der Ensembleschutz entstanden. Dieser reicht von Weinhauerhäusern und Kellergassen über barocke Stifte und Klosteranlagen, mittelalterliche Altstädte wie Salzburg oder Krems bis zur Wiener Ringstraße.

Der Bund erhält in seinen Intentionen die massive Unterstützung der Länder, deren Behörden für die Altstadterhaltung bis hin zur Dorferneuerung im Rahmen der Regionalplanung bzw. Stadtplanung zuständig sind.

In der Nachkriegszeit hat sich die Denkmalforschung und damit auch das Spektrum der Denkmalschutzobjekte immer weiter aufgefächert. Sie umfaßt heute die Industriearchäologie ebenso wie historische Verkehrsbauten.

Die Tabelle auf S. 258 gibt einen Überblick über die beachtenswerte Zahl von Denkmalschutzobjekten in Österreich und spiegelt die stetig zunehmende Differenzierung der Denkmalforschung und die damit im Umfang zwangsläufig immer ausführlicher werdende Inventarisierung wider.

In der österreichischen Denkmälerstatistik steht die *Ostregion* in allen Bereichen an der Spitze. Das gilt gleichermaßen für Orts- und Stadtensembles verschiedenster Größenordnung wie für den Sektor Burgen, Schlösser und Ruinen, die archäologischen Fundstellen vom Neolithikum bis zur Völkerwanderungszeit und Relikte der frühindustriellen und industriellen Entwicklung. Die Ostregion ist ein geschichtlicher Kernraum mit vielfach in die Vorgeschichte zurückreichender Kontinuität der Besiedlung.

Bemerkenswert sind die Dichte hoch- und spätmittelalterlicher Baudenkmäler und die nach 1683 schlagartig auf allen Ebenen der bildenden Kunst sich entfaltende Blüte des Barock, welche auf die Ausstrahlungskraft der Metropole Wien zurückgeht, die bis zur Gründerzeit herauf weit in die Region und darüber hinaus gewirkt hat.

In der Nachkriegszeit lag die Ostregion am Rande der westlichen Welt und damit auch der ökonomischen Interessen, so daß sich ein außerordentlich umfangreicher historischer Baubestand erhalten hat. Umgekehrt ist in keiner anderen Region die Liste der leerstehenden und in ihrer Existenz bedrohten Schlösser und Monumentalbauten, der wirtschaftlich um ihre Existenz kämpfenden Klöster und Stifte, die Zahl der vom Verfall bedrohten bäuerlichen Kulturdenkmäler so groß wie hier.

Ensembles	histor. Orts- und Stadtkerne, Straßen und Plätze	1 550
städtische Wehranlagen	Turm- und Toranlagen, auch Mauerreste	216
Burgen und Burgruinen		535
Schloßbauten	einschl. Ansitze, Stadtpalais, Herrenhäuser	2 044
Wohnbauten	einschl. Gemeinde- und Siedlungsbauten Bauernhöfe, einschl. Stadel, Weinkeller, Maierhöfe, Almen	103 920
Kirchen	einschl. Kapellen, Bethäuser	6 693
Klöster, Stifte	einschließlich profanierte	323
Pfarr- und Stiftshöfe	einschl. Bischofs-, Benefiziaten-, Kaplan- und Mesnerhäuser	1 158
sakrale Anlagen	Friedhöfe, Kalvarienberge, Kreuzwege, Grabdenkmale etc.	854
öffentliche Bauwerke	Regierungs-, Verwaltungsgebäude, Rathäuser, Theater, Museen, Kasernen, Spitäler, Schulen, Sportanlagen etc.	1 498
technikgeschichtliche Objekte	Bergbaue, Produktions-, Verkehrsanlagen, Kraftwerke	878
sakrale Kleindenkmale	Dreifaltigkeits-, Pest- und Mariensäulen, Heiligenstatuen, Licht- und Wegsäulen, Wegkapellen, Bildstöcke etc.	11 091
profane Kleindenkmale	Denkmale von Persönlichkeiten, Brunnen, Pranger, Kriegerdenkmäler, Inschriftsteine	1 829
prähistorische/ römerzeitliche Objekte	sichtbare Denkmale	1 335
	bekannte, vermutete	20 300

Denkmalschutzobjekte in Österreich

Quelle: Bundesdenkmalamt, 1989, S. 69.

Duale Ökonomie und dualer Verkehr

Quelle: OMV-Prospekt, o. J.

Bild 101: Erdölraffinerie im Südosten von Wien

Überblick

■ *Die zweite Hälfte des 20. Jahrhunderts war durch eine duale Ökonomie gekennzeichnet.*
Diese beruhte auf der Verstaatlichung (1947/48) von Schwerindustrie und Bergbau,
Elektrizitätswirtschaft und Bankenwesen.
In der Ära Kreisky erfolgten weitere Konzentrationsprozesse:
- die „große Stahllösung" mit der Fusion von VOEST (Linz) und Alpine Montan
  (Donawitz),
- die „große Einzelhandelslösung" mit der Vereinigung von 15 Konsumgenossen-
  schaften zum KONSUM.

■ *Die „Entstaatlichung" der Wirtschaft ist, durch Ostöffnung und EU-Beitritt akzeleriert, der
wichtigste Vorgang der Gegenwart.*

■ *Der quartäre Sektor, der Finanz-, der Kommunikations- und Informations- sowie der Forschungssektor, ist auf die Metropole Wien konzentriert.*

■ *Der österreichische Verkehr weist mehrere Probleme auf:*
- die technischen Schwierigkeiten und Kosten für die Verkehrserschließung des
  Gebirges,
- die Kleinzügigkeit der Siedlungsstruktur mit hohem Vernetzungsaufwand,
- den Mangel von durchgehenden Bahn- und Straßenverbindungen zwischen dem
  Westen und dem Osten des Staates,
- die hohe Umweltbelastung durch den Transitverkehr von Straße, Bahn und Flug-
  zeugen.

Einleitung

Wirtschaft und Verkehr des österreichischen Kleinstaates sind entscheidend durch die Abfolge von geopolitischen Strukturen bestimmt, nämlich durch: (1) das Erbe des Großreiches der Donaumonarchie, (2) das Erbe des „Dritten Reiches" (1938–45), (3) die Position am Eisernen Vorhang in vier Jahrzehnten des geteilten Europa, (4) die erneute Umorientierung des Staates durch die Ostöffnung und (5) die Eingliederung in die EU.

Um das komplexe Ergebnis dieser Abfolge darzustellen, werden in den einzelnen Sektoren der Wirtschaft und des Verkehrs unterschiedliche Zugänge gewählt.

Die Wirtschaft ist in ihren wesentlichen Bestandteilen ein Produkt des erfolgreichen österreichischen Weges in der Nachkriegszeit, zu dessen Kennzeichnung der Auf- und Ausbau des Keynesianismus als heuristisches Prinzip für die Interpretation der Entwicklungszusammenhänge von sehr verschiedenen Sachbezügen gewählt wird. Dieser Sonderweg eines „verwalteten Kapitalismus" und einer ausgabenorientierten Wirtschaftspolitik wurde erst in den 1990er Jahren verlassen. „Mehr Privat, weniger Staat" lautete der entsprechende politische Slogan. Damit setzte – zunächst sehr zögerlich – die Privatisierung und Internationalisierung der Wirtschaft ein. Zu Beginn des 21. Jahrhunderts beginnen die Maßstäbe der New Economy für die Informations- und Wissensgesellschaft des Internetzeitalters zu greifen.

Das bis in die 1990er Jahre dominante duale Modell des österreichischen Arbeitsmarktes, welches durch eine geringe Mobilität zwischen dem offenen und dem geschützten Arbeitsmarktsegment gekennzeichnet ist, wird in den 90er Jahren verändert. Teile des geschützten Segments werden in das offene Segment verschoben, in dem neben dem primären auch der sekundäre Arbeitsmarkt, derjenige mit flexiblen, gering entlohnten und einfachen Arbeitsverhältnissen, rasch an Bedeutung gewinnt. Die Zunahmen bei den Teilzeitbeschäftigten, den geringfügig Beschäftigten sowie den ausländischen Arbeitskräften können als Indikatoren gewertet werden.

In den einzelnen Sektoren der Wirtschaft, den sekundären, tertiären und quar-tären Bereichen, ist allerdings die Ausgangslage sehr unterschiedlich.

Die im Kapitel über die politische Landkarte getroffene Aussage von der Dichotomie der österreichischen Wirtschaft trifft in besonderem Maße auf die Industrie zu. Den erst kürzlich „privatisierten" Großbetrieben steht eine zahlenmäßig weit überwiegende Zahl von Kleinbetrieben gegenüber. Das Branchenprofil hat sich diversifiziert. In Verbindung mit der Industrialisierung gelang ein Aufholprozeß im Bereich der Arbeitsproduktivität. Einige neue Unternehmen sind mit Spezialprodukten zu Marktführern auf den globalen Märkten geworden.

Entsprechend den Vorstellungen des Austrokeynesianismus erfolgte im zentralörtlichen System der Ausbau der sogenannten „gesetzten Dienste" als Mittel für den regionalen Disparitätenausgleich. Jedem politischen Hauptort „sein" Spital bzw. „seine" höheren Schulen, so lautete die Devise. Mittels der Gegenüberstellung von Einzelhandel und Spitälern wird seit den 1980er Jahren die Dislozierung von marktwirtschaftlichen gegenüber sozialstaatlich gesetzten Einrichtungen belegt.

Unter den Effekten der Globalisierung der Ökonomie separiert sich der wachsende quartäre Sektor vom konsumentenorientierten zentralörtlichen System. In Österreich bleibt er im wesentlichen auf die Eurometropole Wien beschränkt und hat hier die Internationalisierung des Finanz- und Immobiliensektors und in Public-Privat Partnerships den Boom des Bürosektors bewirkt.

Österreich ist *das* Transitland der EU. Die verkehrspolitischen Zielsetzungen werden daher mit Notwendigkeit von der Thematik des Transitverkehrs geprägt. Aufgrund der zentralen Verkehrslage in Europa und der föderalistischen Struktur des österreichischen Staates sind in der Nachkriegszeit die Entscheidungen über Autobahnen und Bahntrassen im Lobbying zwischen externen Interessenten und den Vertretern des österreichischen Föderalismus gefallen. Die Probleme des Transitverkehrs sind ebenso ungelöst wie die Probleme eines von gesamtstaatlichen Interessen getragenen Ausbaus der Bahn.

Die Dezennien der Wirtschaftsentwicklung in der Nachkriegszeit (gem. m. Heinz Faßmann)

Einleitung

In der Wirtschaftsentwicklung der Nachkriegszeit kann man 5 Etappen unterscheiden:

(1) die Phase des Wiederaufbaus (1945 – 1952), gekennzeichnet durch starke staatliche Eingriffe in die Wirtschaft;

(2) die Phase des österreichischen Wirtschaftswunders der 50er Jahre;

(3) die Take-off-Phase des Austrokeynesianismus in den 60er Jahren;

(4) die Kreisky-Ära des Austrokeynesianismus (1970 – 1983), gekennzeichnet durch „Deficit-spending" bei internationalen Konjunktureinbrüchen mit dem Ziel der Sicherung der Vollbeschäftigung;

(5) das Ende des Austrokeynesianismus seit 1984 mit dem Ziel der Budgetkonsolidierung.

Die wichtigsten Fakten sind in Tab. 60 zusammengestellt.

Der Wiederaufbau (1945 – 1952)

In einer Welt der Zerstörung, des Mangels und der Inflation mußte es in Österreich wie in anderen in den Zweiten Weltkrieg involvierten Staaten die oberste Zielsetzung sein, die Lebensgrundlagen und damit die Produktionsgrundlagen wiederherzustellen. Erleichtert wurde diese Zielsetzung durch mehrere Faktoren.

Bürgerliche und sozialistische Politiker waren zum Zusammengehen bereit. Kompromißbereitschaft und Konsensfähigkeit entstanden aus den gemeinsamen traumatischen Erfahrungen des Bürgerkriegs in der Zwischenkriegszeit und der kriegsorientierten Befehlswirtschaft des Dritten Reiches.

Dazu kam zweitens: Die Annexion Österreichs und die auf Kriegswirtschaft ausgerichtete Industriepolitik brachten dem Staat einen, wenn auch teuer bezahlten Modernisierungsschub. Das öffentliche Österreichbild nach 1945 hat dies ausgeblendet, dennoch muß darauf hingewiesen werden, daß große Industriekomplexe auf Planungen des Dritten Reichs zurückgehen. Sie ermöglichten eine rasche Wiederaufnahme der Produktion in der Grundstoffindustrie. Im Jahr 1948 erreichte die industrielle Produktion bereits 93 % des Jahres 1937, die Wertschöpfung der Energieproduktion lag schon im Jahre 1946 bei 152 % gegenüber dem Jahr 1937. Das Bruttoinlandsprodukt erreichte 1950 den Vorkriegswert von 1937. Innerhalb weniger Jahre waren somit die unmittelbaren ökonomischen Folgen des Zweiten Weltkriegs überwunden.

Diese Aussagen gelten jedoch nicht für den Gesamtstaat. Die Teilung Österreichs in vier Besatzungszonen spaltete nämlich für zehn Jahre (1945 – 1955) den Wirtschaftsraum ähnlich wie in Deutschland in zwei Teile mit unterschiedlichen Entwicklungstendenzen. Die Sowjets beschlagnahmten die Donaudampfschiffahrtsgesellschaft und eigneten sich in ihrer Besatzungszone (Niederösterreich, Mühlviertel in Oberösterreich, Burgenland, Industriebezirke in Wien) die Erdölfelder an. Ferner wurde das gesamte Deutsche Eigentum in Österreich von den Alliierten zunächst als Kriegsentschädigung konfisziert. 1946 vereinigte die sowjetische Besatzungsmacht rund 300 Industrie- und 140 land- und forstwirtschaftliche Besitzungen in der USIA, der Verwaltung des sowjetischen Besitzes in Österreich. Zu den Betrieben der USIA zählten die österreichischen Betriebe von Siemens, Mannesmann, Unilever, Brown Boveri, ferner AEG, Elin, Glanzstoff St. Pölten, Simmering-Graz-Pauker usw.

Die Westalliierten hingegen überließen schon bald ihren Anteil am Deutschen Eigentum dem österreichischen Staat, u.a. die Eisen- und Stahlwerke Linz, die Betriebe des Salzmonopols, die Lenzinger Zellwoll- und Papierfabrik und die Steyr-Daimler-Puch-Werke, denen dann auch die Marshallplan-Mittel (vgl. unten) zugute kamen.

Mit zwei Verstaatlichungsgesetzen versuchte die österreichische Regierung, weitere Zugriffe der Besatzungsmächte abzustoppen. Das erste Verstaatlichungsgesetz (1946) führte die Anteilsrechte an rund 70 Industrieunternehmen und drei Großbanken (Creditanstalt-Bankverein, Länderbank, Österreichisches Creditinstitut), die privatrechtlich organisiert blieben, in Staatsbesitz über; das zweite Verstaatlichungsgesetz (1947) betraf den Großteil der Betriebe der Elektrizitätswirtschaft. Von den Sowjets wurde die Nationalisierung in ihrer Zone jedoch nicht akzeptiert. Die Verwaltung der verstaatlichten Betriebe übernahm seit 1949 das Ministerium für Verkehr und verstaatlichte Betriebe.

Seit 1948 konnte Österreich am Marshallplan partizipieren, der ein ökonomisches Wiederaufbauprogramm für westeuropäische Länder umfaßte. Österreich erhielt im Zeitraum von 1948–1953 insgesamt rund 3 Mrd. EUR an Warenlieferungen, Geldzuwendungen und Kredithilfen. Umgekehrt mußte Österreich an die Sowjetunion Reparationen zahlen, und zwar im Ausmaß von 0,3 Mrd. EUR. Die Demarkationslinie zwischen der amerikanischen und russischen Besatzungsmacht längs der Enns trennte damit auch zwei Räume mit unterschiedlicher Wirtschaftsentwicklung (vgl. Fig. 6).

Bereits 1950 trat Österreich dem GATT bei und war seitdem in die Liberalisierung des Wirtschaftsverkehrs der westlichen Welt eingebunden.

Das österreichische Wirtschaftswunder der 1950er Jahre

Das österreichische Wirtschaftswunder folgte dem Vorbild Deutschlands. Im Zeitraum von 1950 bis 1961 konnte Österreich das Bruttosozialprodukt um 85 % steigern.

Die Regierung Raab-Kamitz war 1953 mit der Regierungserklärung „Beseitigung der Arbeitslosigkeit und Erringung der Freiheit" angetreten. Sie konnte beide Ziele erreichen. Der Staatsvertrag 1955 beendete die Besatzungszeit. Österreich wurde als neutraler Staat anerkannt und trat 1956 dem Europarat und 1960 der EFTA bei.

Die ehemals sowjetischen Erdölbetriebe wurden in die Österreichische Mineralölverwaltung OMV umgewandelt, die USIA-Betriebe in die verstaatliche Industrie (vgl. unten) integriert.

Die Wirtschaftspolitik folgte der Vorstellung eines verwalteten Kapitalismus. Das läßt sich auch an den konkreten wirtschaftlichen Maßnahmen ablesen, die den Arbeitnehmern mehr abverlangten als den Unternehmern. Die Staatsausgaben wurden gesenkt, die Steuern verringert und die Währung stabilisiert. Der Staat selbst sorgte für einen zügigen Infrastrukturausbau (Autobahnen, Wasserkraftwerke). Gegen Ende der 1950er Jahre war die Konvertibilität des Schillings erreicht, der Außen- handel konnte liberalisiert werden, und der Fremdenverkehr sorgte für eine Verbesserung der Leistungsbilanz.

Wachstum und Inflationsbekämpfung lauteten die vorrangigen wirtschaftspolitischen Ziele. Motor des Wachstums war die Industrie. Die verstaatlichte Grundstoffindustrie zog als Konjunkturlokomotive andere Sektoren der Wirtschaft mit.

Der Aufstieg des größten Schwerindustriezentrums von Österreich, der VOEST in Linz (Oberösterreich), läßt sich mit dem Anblasen der Hochöfen dokumentieren (1. Hochofen 1951, 2. Hochofen 1956, 3. Hochofen 1959). Die „Verstaatlichte" genoß als Instrument der Vollbeschäftigungspolitik eine deutliche Bevorzugung und hatte mit dem neuen, in Linz und Donawitz erfundenen LD-Blasstahlverfahren weltweite Erfolge im Anlagenbau. 1956 wurden die Austrian Airlines gegründet, 1958 das Speicherkraftwerk Kaprun fertiggestellt.

Anfang der 1960er Jahre hat Österreichs Volkswirtschaft „das Bettlerkleid abgestreift". Mit einem Wachstum des realen BIP von 5,5 % im Jahrzehnt von 1950–1960 lag Österreich hinter Deutschland an der Spitze aller westeuropäischen Staaten. Die Reallöhne stiegen, die Inflationsgefahr war gebannt, die Vollbeschäftigung erreicht, der Sozialstaat konnte ausgebaut werden. Mitte der 1950er Jahre wurde das Allgemeine Sozialversicherungsgesetz (ASVG) verabschiedet, 1959 die Arbeitszeit auf 45 Stunden pro Woche verkürzt.

Die 1960er Jahre

In dem „magischen Viereck" von Wachstum, Beschäftigung, Preisstabilität und Zahlungsbilanz fand zur Sicherung der internationalen Wettbewerbsfähigkeit eine Gewichtsverschiebung zu den beiden letzten Zielen statt. Die Integration in die Weltwirtschaft wurde zu einem dominierenden Ziel. Der Export wurde zum bestimmenden Faktor für Wachstum und Beschäftigung.

Insgesamt waren die 1960er Jahre in Österreich politisch eine Umstellungsphase, die auch in der Entwicklung der Sektoren der Wirtschaft ablesbar ist.

	1945–52	1953–60	1961–70	1971–80	1981–90
Externe Effekte	BESATZUNG 1945–1955 STAATSVERTRAG	1956 Europarat 1960 EFTA	Weltbank 1961 Anleihe > Kongreß nach Wien 1963 IAE 1965 OPEC 1967 UNIDO	1973 UNO-Sicherheitsrat 1973 Freihandelsabk. 1979 UNO-City eröffnet	
W–E Unterschiede	MARSHALLPLAN 1948–53 42 Mrd.		1964 Abschluß Reparationen an UdSSR		
Etappen der Wirtschaftspolitik	WIEDERAUFBAU	Raab-Kamitz (erstes) österr. Wirtschaftswunder >	AUSTRO-KEYNESIANISMUS zweites WW	Kreisky (>83)	ökologische Bewegung
	VERSTAATLICHUNG Industrie, Banken			1973 Zusammenschluß VOEST-Alpine	1984 Semperit an Continental
Verstaatl. Industrie	VOEST 51 2./56 3./59 4. Hochofen			1977 modernster Hochofen 1978 ZUSAMMENSCHLUSS Konsum 1144 Fil.	
Unternehmensgründungen		1956 Austrian Airlines			
Technische Leistungen Verkehr		1958 Kaprun Elektrifizierung d. Bundesbahn	1972 Brenner-autobahn 1969 U-Bahn-Bau Telephonnetz-Automat. > 72	1978 Volksabstimmung Zwentendorf Baubeginn 1978 Arlbergtunnel	
Bergbau			Schließung Braunkohlen-bergbau	1977 Kupfer-bergbau	1989 Salz-bergbau

Tab. 60: Dezennien der Wirtschaftsentwicklung Österreichs in der Nachkriegszeit bis 1990

Entwurf: Lichtenberger.

Quelle: „Trend", November 1996, S. 85.

Bild 102: VA Stahl: Produktionspalette 1996

Mit der Rezession des Jahres 1962 geriet die Grundstoffindustrie in ihre erste Strukturkrise. Zwischen 1963 und 1968 wurden 50 000 Industriebeschäftigte abgebaut, auf die Schließung zahlreicher Bergbaue, darunter auch altetablierter, wie der Eisenerzabbau in Hüttenberg in Kärnten und Salzbergbaue und Salinen in Tirol und Salzburg, wurde bereits hingewiesen.

Andererseits begann in diesem Jahrzehnt der Aufbau des internationalen quartären Sektors in Wien mit der Niederlassung der Internationalen Atomenergiekommission (1963), der OPEC (1965) und der UNIDO (1967).

Die 1960er Jahre waren das Jahrzehnt des Ausbaus der technischen Infrastruktur. Die Automatisierung des Telephonnetzes und die Elektrifizierung der Bundesbahn konnten im wesentlichen abgeschlossen werden. 1963 wurde die Europabrücke der Brennerautobahn dem Verkehr übergeben, 1967 der Felber-Tauern-Tunnel (Verbindung Salzburg – Osttirol) fertiggestellt, 1969 erfolgte der Spatenstich für die Adria-Wien Pipeline.

In den 1960er Jahren trat Österreich auch den Weg in die Konsumgesellschaft an. 1968 wurden eine Million Fernsehteilnehmer registriert, 1969 begann das Farbfernsehen.

Die 1960er Jahre gehören sozialpolitisch bereits dem Austrokeynesianismus an. Im Rezessionsjahr 1962 wurde die Sozialpartnerschaft, die bis auf die Paritätische Kommission für Lohn- und Preisfragen nur informell verankert war, durch das Raab-Olah-Abkommen gefestigt und 1963 durch Gründung des Beirats für Wirtschafts- und Sozialfragen ausgebaut. 1969 erfolgte die Einigung auf einen etappenweisen Übergang zur 40-Stunden-Woche.

Die Kreisky-Ära
des „Deficit-spending" (1970 – 1983)

Um 1970 war in den entwickelten kapitalistischen Staaten die einmalige Wachstums- und Vollbeschäftigungsperiode der 1950er und 60er Jahre beendet. Der Zusammenbruch der auf dem Bretton-Woods-Abkommen beruhenden Weltwährungsordnung fixer Wechselkurse 1971/73 und der anschließende Erdölpreisschock 1973 führten 1975 zur ersten großen Nachkriegskrise mit weltweiten Produktionsrückschlägen und sprunghaftem Ansteigen der Arbeitslosigkeit.

Österreich konnte sich von dieser Entwicklung in der Kreisky-Ära weitgehend abkoppeln. Dieses „zweite österreichische Wirtschaftswunder" vollzog sich aufgrund der Beibehaltung des Ziels der Vollbeschäftigung mit der pragmatischen Politik des „Durchtauchens" der ökonomischen Krise mittels Budgetdefiziten. Es wurde später mit dem Terminus „Austrokeynesianismus" belegt und bestand aus einem Bündel z. T. divergierender Maßnahmen:

- 1971 die Koppelung des Schillings an die Deutsche Mark,
- 1973 die Einführung der Mehrwertsteuer und der Individualbesteuerung,
- 1973 die „große Stahllösung" mit dem Zusammenschluß des Linzer Hüttenbetriebs mit der Hütte Leoben-Donawitz in der Obersteiermark zur VOEST-Alpine sowie 1975 die Gründung der Vereinigten Edelstahlwerke (Böhler, Schoeller-Bleckmann, Styria, Obersteiermark). Die massive Stützung der verstaatlichten Industrie begründete das österreichische Beschäftigungswunder.
- 1974 begann der Abbau der beschäftigten Ausländer (1974 bis 1984 um rund 100 000; vgl. Fig. 18),
- 1978 wurden 15 autonome Konsumgesellschaften zum Konsum Österreich mit 1144 Filialen und Kaufhäusern zusammengelegt.

Die Ära Kreisky war überdies eine Periode der Großbauvorhaben:

- 1972 begann der Bau des Atomkraftwerkes Zwentendorf, dessen Inbetriebnahme durch eine Volksabstimmung 1978 verhindert wurde.
- 1973 wurde der Grundstein zur UNO-City gelegt, welche 1979 die Einrichtungen der Vereinten Nationen als Amtsgebäude mit dem symbolischen Pachtschilling übernahmen.
- Die 1970er Jahre waren das Jahrzehnt bedeutender Tunnelbauten: 1973 wurde der Katschbergtunnel (Tauernautobahn) durchschlagen, 1978 der Arlbergtunnel zwischen Tirol und Vorarlberg, damals der längste Straßentunnel der Welt, dem Verkehr übergeben.

Ende der 1970er Jahre war der Traum „Durchtauchen" ausgeträumt. Österreich mußte sich nach einem überdurchschnittlichen Wachstum in eine rezessionsanfällige Weltwirtschaft einordnen. Das Problem der enormen Staatsverschuldung und des Budgetdefizits verblieb der Nach-Kreisky-Ära zur Lösung. Darüber hinaus hatte sich in einer zunehmend verflochtenen Weltwirtschaft der Spielraum einer „small open economy" reduziert.

Das Ende des Austrokeynesianismus

Die SPÖ verlor 1983 ihre Mehrheit. Der österreichische Sonderweg einer ausgabenorientierten Wirtschaftspolitik, gestützt auf eine mächtige verstaatlichte Industrie, wurde verlassen. „Mehr Privat, weniger Staat" lautete der entsprechende politische Slogan, der das wirtschaftspolitische Paradigma Bruno Kreiskys zu ersetzen begann. Ab 1980 rasant steigende Arbeitslosenquoten wurden zunehmend als „normale" Begleiterscheinungen unvollständiger Märkte und zu geringer Nachfrage akzeptiert. Die Diskussion um die Bekämpfung der Arbeitslosigkeit wurde durch Spekulationen über den mißbräuchlichen Bezug von Sozialleistungen und Überlegungen zum Industriestandort Österreich verdrängt.

Galt in den 1960er und 70er Jahren Vollbeschäftigung als Ziel der Wirtschaftspolitik und wurden Budgetdefizite, Wechselkurse und Zinssätze als Instrumente zu deren Sicherstellung eingesetzt, so war im Laufe der 1980er Jahre eine Umkehr feststellbar. Wechselkurse und Budgetdefizite wurden festgelegt, kurzfristige Anpassungen an die weltwirtschaftlichen Rahmenbedingungen erfolgten über den Arbeitsmarkt. In der Öffentlichkeit wurde die industriepolitische Dis-

kussion dieses Jahrzehnts fast ausschließlich von der „Verstaatlichten Schwerindustrie bestritten. Diese war der Motor für den österreichischen Wiederaufbau gewesen und hatte in der Krise der Weltwirtschaft Anfang der 1970er Jahre eine beschäftigungs- und regionalpolitische Funktion besessen. Sie wurde nun das Experimentierfeld für die staatlichen Maßnahmen zur Reduzierung der Arbeitsplätze mit den Strategien der Frühpensionierung, extensiver Arbeitslosenunterstützungen und steuerfreier Lohnfortzahlungen, um freiwillig ein Ausscheiden aus dem Arbeitsmarkt zu erreichen, wie zum Beispiel die „Aktion 57" (d.h. Pensionierung im Alter von 57 Jahren). Aufgrund der Übernahme dieser Maßnahmenpakete durch die Privatwirtschaft ist nicht nur eine Diskriminierung älterer Arbeitnehmer erfolgt, sondern deren Anteil im internationalen Vergleich auch einer der niedrigsten in der EU.

Die Maßnahmen der Regierung zur Bekämpfung der Rezession haben die notwendige Umstrukturierung der verstaatlichten Industrie verzögert, sie aber gleichzeitig, sobald sie nicht mehr zu verhindern war, erschwert. Die sehr spezifischen sozioökonomischen Phänomene erinnern in manchem an ehemalige Comecon-Staaten und wirken bis zum Beginn des 21. Jahrhunderts nach. Im Zuge der Schließung von Unternehmen entstanden nämlich gravierende Defizite infolge des Verlusts der „Subkultur", welche die verstaatlichten Betriebe aufgrund ihrer paternalistischen Einstellung erzeugt hatten. Die lokalen Behörden waren mit der Bewältigung der wirtschaftlichen Krise stark überfordert. Die Arbeitnehmer, die in „Hochlohnoasen" mit garantierter Arbeitsplatzsicherheit aufgewachsen waren, mußten sich mit schlechter bezahlten Arbeitsplätzen bzw. Notstandsbeihilfen abfinden. Die anhaltenden Milliardenverluste der verstaatlichten Industrie (die VOEST allein wies 1985 einen Jahresverlust von ca. 1 Mrd. EUR auf), erzwangen nach der Kreisky-Ära eine Neustrukturierung des gesamten Konzerns der verstaatlichten Industrie. 1986 hat der Nationalrat mit dem sogenannten ÖIAG-Gesetz den Weg für die Reorganisation und Sanierung bzw. die Veräußerung oder Liquidierung der defizitären „Töchter" bereitet.

Staat	Insgesamt %	Männer	Frauen
Österreich	29,2	40,6	17,8
Niederlande	37,9	50,0	25,8
Frankreich	29,3	32,6	26,0
Großbritannien	50,5	59,6	41,4
Schweden	64,3	66,9	61,7

Tab. 61: Anteil der Erwerbstätigen im Alter von 55 bis 64 Jahren in der EU 2000

Privatisierung und Internationalisierung der Wirtschaft in den 1990er Jahren

Überblick

Die 1990er Jahre waren global ein Jahrzehnt tiefgreifender Umbrüche: Die USA setzten die Maßstäbe der New Economy für die Informations- und Wissensgesellschaft des Internetzeitalters. Im neoliberalen Geist vollzog und vollzieht sich die Privatisierung staatlicher Unternehmen in den sozialen Wohlfahrtsstaaten Europas, wobei die Thatcher-Regierung in Großbritannien in den 1980er Jahren den Anfang gemacht hatte.

Diese „Entstaatlichung" steht in einer Wechselwirkung mit der Internationalisierung des Kapitals. Eine im Auftrag der Pariser Tageszeitung „Le Monde" durchgeführte Studie des US-amerikanischen Instituts Georgeson Shareholder ergab, daß sich insgesamt 45 % des Kapitals der 65 größten börsennotierten Gesellschaften Europas, somit 1154,54 Mrd. EUR, in den Händen von ausländischen Konzernen befinden (darunter 23 % aus Großbritannien und den USA).

	Industrie – Energiewirtschaft	Banken	Einzelhandel
1987	Gesetz Austrian Industrial Technologies; Dachverband f. Verstaatlichte B ÖMV (Österr. Mineralölverw.)		
1988			
1989			
1990			
1991		Länderbank an Zentralsparkasse	
1992	B VAE Eisenbahnsysteme		
1993	ÖIAG Gesetz B AMS (Austria Micro Systems)		
1994	20 % von ÖMV an IPIC		
	V AT&S an Androschgruppe		
1995	B VOEST als VA Stahl und VA Tech Börsengang	48 % BAWAG an Bayr. Landesbank	Konkurs Konsum
	Schoeller-Bleckmann (MBO)		
1996	ÖIAG Novelle B Böhler-Uddeholm	Creditanstalt an Bank Austria	
	V AMAG (Ranshofen) an Constantia		Billa an REWE (D)
	V VA Bergtechnik an finn. Untern.		
	V Vamed an dtsch. Unternehmen,		
1997	V Salinen AG an Androsch		
	B Austria Tabak		
1998			
1999			Meinl an REWE (D)
2000	ÖIAG Gesetz	Postsparkasse an BAWAG	
	V Flughafen Wien		
	V Österr. Staatsdruckerei		
	V Austria Tabak Rest an Gallaher Gr.	Bank Austria an Bayr. Hypobank	
2001	V Dorotheum		
2002			V ADEG an EDEKA (D)

B = Börsengang; V = Verkauf

Tab. 62: Privatisierung und Internationalisierung der Wirtschaft in den 1990er Jahren

Entwurf: Lichtenberger.

Die zwölf in dieser Studie berücksichtigten deutschen Firmen sind zu 41 % in nicht-deutscher Hand. Der finnische Paradebetrieb Nokia ist nur zu 10 % finnisch („Oberösterreichische Nachrichten" 16.6.2001).

Für Österreich brachten die 1990er Jahre unter den Effekten der Ostöffnung (1989) und des Beitritts zur EU (1995) die Verabschiedung vom „österreichischen Modell des Staatskapitalismus" in einem zügigen Tempo.

Noch 1988 bestimmten drei Säulen die Ökonomie: die verstaatlichte Schwerindustrie, das verstaatliche Bankenwesen und der genossenschaftlich organisierte Einzelhandel. Privatisierung und Internationalisierung haben seither die Struktur dieser Wirtschaftssektoren grundsätzlich verändert.

Die Tabelle 62 enthält die Zeitmarken für die „Entstaatlichung der Schwerindustrie" und die Privatisierung weiterer staatlicher Unternehmungen sowie für die Internationalisierung des Einzelhandels und der Banken.

Auf die West-Ost-Verschiebung des Kapitals wird noch eingegangen werden. Seit der Ostöffnung erfolgte ein beachtliches Ausgreifen österreichischer Firmen in die ehemaligen Oststaaten. Rückblickend lassen sich im Rahmen der Privatisierung aufgrund der seit 1987 in jeder Legislaturperiode erlassenen Gesetze drei Etappen unterscheiden. Seit dem ÖIAG-Gesetz 2000 befindet sich Österreich in der vierten Etappe. Die Komplexität des Vorgangs der Privatisierung, mit seinen Akteuren, Wechselwirkungen und Konsequenzen, seinen räumlichen und gesellschaftlichen Folgen, ist bisher nur unvollständig dokumentiert. Einige Wirtschaftswissenschaftler haben sich ausführlich damit befasst (Aiginger 1999, Schneider 2000). Die ideologischen Grabenkämpfe im Parlament wurden in den Medien kolportiert.

Die Etappen der Privatisierung

Die 1987 eingeleitete erste Etappe der Privatisierung hatte die Zielvorgabe, mittels der Schaffung eines Dachkonzerns für die verstaatlichte Industrie, der „Austrian Industrial Technologies", eine gesamtösterreichische Lösung für das Konglomerat der verstaatlichten Betriebe zu finden. Diese Konstruktion erwies sich rasch als ungeeig-

net, die räumlich und produktionsmäßig divergenten Einzelbetriebe auf eine Erfolgsschiene zu bringen. In einer ersten Aktion wurden die in den 1970er Jahren durchgeführten Fusionen zu Branchenholdings bei der VOEST-Alpine, der Steyr-Daimler-Puch AG und Schoeller-Bleckmann teilweise wieder rückgängig gemacht. Ein im einzelnen komplizierter Aufspaltungsprozeß mit sehr unterschiedlichen Schicksalen von Betrieben und Standorten setzte ein. Der Versuch, Betriebe börsenfähig zu machen, gelang zuerst mit der ÖMV, welche 1987 mit einem bescheidenen Aktienpaket an die Börse gegangen ist. Die VAE Eisenbahnschienentechnik folgte 1992 (vgl. Tab. 62). 1992/93 wurden die Simmering-Graz-Pauker AG an Siemens und das Abfallwirtschaftsunternehmen ASA an ein französisches Unternehmen verkauft. Die beabsichtigte Zwangsehe zwischen der Chemie Linz und der ÖMV (heute OMV) kam nicht mehr zustande. Erstere wurde inzwischen von einem niederländischen Unternehmen erworben.

Auf die Schließung der Bergwerke wurde bereits eingegangen. Die ÖBAG zählt daher zu den Branchenholdings, deren letzte Betriebe ein „Asyl" bei der ÖIAG gefunden haben.

Mit dem ÖIAG-Gesetz 1993 begann die zweite Etappe der Privatisierung, welche seitdem von der „staatlichen Privatisierungsagentur", der ÖIAG (Österreichische Industrieanlagen Holding AG), organisatorisch getragen wird. Die Zielsetzungen waren die Privatisierung und der Börsengang der verstaatlichten Großbetriebe des Stahlsektors.

Dies bedeutete eine Erweiterung des bisherigen Wettbewerbs auf dem Markt der Produkte zu einem Wettbewerb um die Gunst der Investoren auf dem Kapitalmarkt und eine Akzeptanz der Shareholder-Values. Für eine Abfederung dieser schwierigen Wettbewerbssituation blieb daher bis heute der Staat als „Kernaktionär" im Spiel (vgl. Tab. 63). Es ist zu Beginn des 21. Jahrhunderts noch offen, ob diese österreichische Lösung für die Entstaatlichung der Großunternehmen der Stahlbranche und der OMV zu einer Dauerlösung werden wird. Nur im Fall der OMV ist es gelungen, einen ausländischen strategischen Investor im Ölscheichtum Abu Dhabi zu finden und damit die Selbständigkeit gegenüber den Welt-

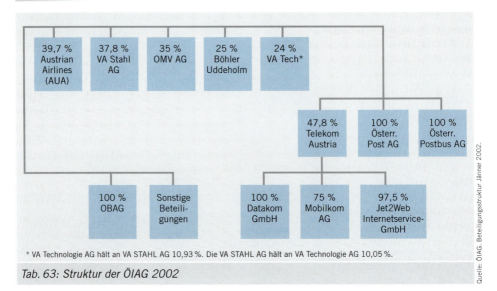

* VA Technologie AG hält an VA STAHL AG 10,93 %. Die VA STAHL AG hält an VA Technologie AG 10,05 %.

Tab. 63: Struktur der ÖIAG 2002

konzernen auf dem Erdöl- und Erdgasmarkt zu erhalten.

Die VOEST-Alpine wurde in zwei Konzerne gegliedert: die VA Stahl und die VA Tech, die 1995 börsenfähig geworden sind. Die VA Stahl AG besitzt zwei Standbeine, nämlich Flach- und Langprodukte, und ist nach dem Erwerb von Thyssen Schienentechnik GmbH mit der Erzeugung von 120-m-Schienen weltweit konkurrenzlos. Der VA-Tech-Konzern verfügt nach umfassender Umstrukturierung über führende internationale Positionen in den Bereichen „Metallurgietechnik", „Hydraulische Energieerzeugung", „Wassertechnik" sowie „Industrial Services". Die globale Allianz mit Schneider Electric (2000) brachte die weltweite Top-3-Position in der Hochspannungsenergieübertragung und -verteilung. Die Privatisierung löste einen massiven Beschäftigtenrückgang aus. 1988 hatte der VOEST-Alpine-Konzern noch 59 000 Beschäftigte. Im Jahr 2000 wiesen VA Stahl und VA Tech zusammen nur mehr rund 40 000 Arbeitskräfte auf. Die Hüttenindustrie zählte 1980 noch 40 000, im Jahr 2000 nur mehr etwas über 4000 (!) Beschäftigte.

Dramatisch verlief die Entwicklung der VEW, der 1975 aus Böhler, Schoeller-Bleckmann und den Steirischen Gußstahlwerken fusionierten Vereinigten Edelstahlwerke. Bereits 1988 erfolgte eine Neugründung der Firma Böhler und die Trennung von der Schoeller-Bleckmann GmbH in Ternitz. Nach dem Kauf durch die schwedische Uddeholm AG 1990 erfolgte 1991 eine Neuorganisation von Böhler und 1995/96 der Börsengang der Böhler-Uddeholm-Gruppe. Die Böhler-Gruppe ist nach der Übernahme durch Uddeholm nach schwerster Krise nunmehr wieder existenzfähig und mit einem Marktanteil von 30 % der größte Werkzeugstahlhersteller der Welt.

Die genannten Firmen waren beim Börsengang erfolgreich. Die Ausgabe von 43 Mio. Stück Aktien stand einer Nachfrage von 164 Mio. gegenüber. Von den Aktien gingen zunächst 47 % an inländische und 53 % an ausländische Käufer, jedoch ist eine Tendenz zu letzteren unverkennbar.

Kleinere Betriebe aus dem Konglomerat der Verstaatlichten wurden verkauft: AT & S an den österreichischen Industriellen Androsch, die Werkzeugfabrik Steinel & Vamed an deutsche Investoren, die VA Bergtechnik an ein finnisches Unternehmen. Schoeller-Bleckmann ging an das Management.

Ein für die Republik kostspieliger Verkauf war die AMAG (Aluminiumwerke Ranshofen), die zuerst saniert werden mußte, bevor sie 1996 von der Constantia-Gruppe gegen einen symbolischen Kaufschilling (!) erworben wurde.

Eine Sonderstellung nimmt Siemens-Österreich ein. Siemens gehörte zum Deutschen Eigentum und damit in der unmittelbaren Nachkriegszeit zur verstaatlichten Industrie. In den 1960er Jahren gelang den deutschen Siemenswerken die besitzmäßige Restituierung des ehemaligen Tochterunternehmens.

Die dritte Etappe wurde durch eine ÖIAG-Gesetzesnovelle 1996 eröffnet, welche die traditionellen Staatsmonopole Salz und Tabak zum Verkauf freigegeben hat. Austria Tabak ging 1997 an die Börse, die restlichen Aktien wurden 2001 an die Gallaher Group (Großbritannien) verkauft. Die Salinen AG wurde 1997 von der österreichischen Bietergruppe Androsch erworben. Ebenso ging die gleichfalls 1997 zum Verkauf ausgeschriebene Österreichische Staatsdruckerei im November 2000 an einen österreichischen Investor. Das 1998 auf die Verkaufsliste gesetzte Auktionshaus Dorotheum kaufte 2001 ein ausländisches Unternehmen. Ferner wurden 1998 die Anteile des Bundes von 51,94 % an den Austrian Airlines und von 17,35 % an der Flughafen Wien AG an die ÖIAG übertragen. Für letztere fanden sich strategische Investoren, nämlich die Bundesländer Wien und Niederösterreich zu je 20 % und die Mitarbeiter zu 10 %.

Österreich befindet sich zu Beginn des 21. Jahrhunderts in der vierten Etappe der Privatisierung. Das ÖIAG-Gesetz 2000 weist folgende Zielsetzungen auf:
(1) die Schaffung eines Stocks von Betrieben, bei denen der Bund der Kerneigentümer bleibt,
(2) die zügige Privatisierung jener Betriebe, bei denen dies nicht angestrebt wird,
(3) die weitere Privatisierung für die Abdeckung von Schulden.

Seit dem 1. Januar 2000 gehören die Post und Telekom Austria AG zur ÖIAG. Die Postsparkasse wurde im gleichen Jahr von der BAWAG übernommen (vgl. unten).

Die Struktur der ÖIAG im Januar 2002 (vgl. Tab. 63) dokumentiert die Minderheitsbeteiligungen der staatlichen Privatisierungsholding an den Großbetrieben der einstigen verstaatlichten Industrie sowie an der österreichischen Fluggesellschaft und die derzeit noch 100 % umfassende Beteiligung an der Post und den restlichen Bergbauunternehmen. Mit 122 571 Beschäftigten, einem Umsatz von 23,7 Mrd. EUR (ohne PSK), einem Ergebnis der gewöhnli-

chen Geschäftstätigkeit (EGT) von 1,22 Mrd. EUR sowie einem ÖIAG-Börsenindex, der in den letzten Jahren im Schnitt 20 Punkte über dem ATX lag, besitzt die ÖIAG eine wichtige strategische Position in der österreichischen Wirtschaft.

Ungelöst ist bisher die zukünftige Struktur der Post, aus welcher nach bereits 1994 erfolgter Verselbständigung von Telekom im Jahr 2000 der Postbusdienst ausgegliedert worden ist. Die ersten Schritte zur Kostenreduzierung wurden mit der beschlossenen Schließung von fast 700 Postämtern begonnen. Dies entspricht der politisch-administrativen Tendenz der „Flurbereinigung" der kleinzügigen territorialen Landkarte Österreichs in Form einer Reduzierung der Zahl der Gerichtsorte. Ähnliche Entwicklungen sind bei der Bahn mit der Schließung von Schnellzugstationen zu beobachten.

Nun ist die Erreichbarkeit der wichtigste Parameter für die lokale und regionale Standortqualität von Bevölkerung, Siedlung und Wirtschaft. Eine Verschlechterung der Zeit-Kosten-Mühe-Relation erzeugt daher neue regionale und lokale Disparitäten. Da jeweils nur ein Teil der Bevölkerung von derartigen negativen Veränderungen betroffen ist, können begreiflicherweise bei Befragungen leicht Mehrheiten für Schließungen erzielt werden.

Der Regierungswechsel im Jahr 2000 hat die Privatisierung legistisch verstärkt, andererseits sind auf dem Gebiet der natürlichen Ressourcen, wie bei den Wasserrechten und den Bundesforsten, die Grenzen der politischen Durchsetzbarkeit von Privatisierungen in einem Staat mit ausgeprägter „grüner" Bewegung und einer langen Tradition des sozialen Disparitätenausgleichs sowie der Kulturlandschaftspflege sichtbar geworden.

Nach einer ersten Privatisierungseuphorie beginnt die Auffassung zu greifen, daß eine Privatisierung staatlicher Betriebe auch langfristige strategische Vorgaben im Interesse der Bevölkerung und nicht nur kurzfristige Erlöse für das staatliche Budget berücksichtigen muß. Dies gilt in besonderem Maße für den Bildungs- und Sozialsektor, dessen Einrichtungen in Österreich sich nach wie vor überwiegend in öffentlicher Hand bzw. in derjenigen von Non-Profit-Organisationen befinden (vgl. Tab. 64).

Einrichtungen	Öffentlich %	Non-Profit %	Privat %
Krankenhausanstalten (Betten)	77,1	18,0	4,9
Senioren-, Altenheime (Betten)	49,3	43,9	6,8
Pflegeheime (Betten)	68,6	25,7	5,7
Kindergärten und Horte (Kinder)	72,1	24,7	3,2
Schulen (Schüler)	93,7	6,3	0,0
Büchereien (Besucher)	46,9	39,4	0,0
Theater (Besucher)	51,1	22,2	26,7
Museen (Besucher)	50,6	49,4	0,0

Tab. 64: Öffentliche, Non-Profit- und private Einrichtungen im Gesundheits- und Bildungswesen in Österreich 1995

Quelle: Schneider, F., 2001, Tab. 3.1

Die Internationalisierung der Wirtschaft

In die Agenden der ÖIAG sind die im Eigentum von staatlichen Banken befindlichen Betriebe nicht einbezogen worden. Die Banken, allen voran die Creditanstalt-Bankverein, haben sich seit den 1980er Jahren durch Direktverkäufe von ihren Industriebetrieben getrennt, wodurch ein Abwracken einst bedeutender Industriekomplexe erfolgt ist. Das wichtigste Beispiel hierfür bietet die Steyr-Daimler-Puch AG, ein international bekannter, alter Konzern der Fahrzeugindustrie, dessen Namen im Internet durch den Magna-Konzern, den Käufer des Restbetriebs, 1998 ausgelöscht worden ist. Mit rund 17 000 Beschäftigten in der Produktion von Lkw, Omnibussen, Traktoren, Geländewagen, Rad- und Kettenfahrzeugen, Motorrädern, Mopeds, Fahrrädern, Walzlagern und Waffen nahm der Konzern einmal die dritte Stelle nach der VOEST und VEW ein. Bereits in den 1980er Jahren begann die Ausgliederung von Produktionsteilen, die Fahrrad- und Motorradproduktionen wurden eingestellt, in den 1990er Jahren weitere Produktionssegmente an ausländische Unternehmen verkauft (Wälzlager an SKF, Busse an Volvo, Schweden, Traktoren an den Case-Konzern, USA). Die Waffenproduktion wurde verboten. Der Magna-Konzern, den der Auslandsösterreicher Stronach in Nordamerika gegründet hat, kaufte 1998 die Reste. Inzwischen beschäftigt Magna in Österreich an sieben Standorten bereits 8000 Mitarbeiter. Die 1988 gegründete Europazentrale des Konzerns (2001: 21 000 Mitarbeiter in Europa)

liegt südlich von Wien. Weitere Investitionen in der Fahrzeugbranche durch den Österreich-Heimkehrer Stronach sind zu erwarten.

Die Effekte des verstaatlichten Bankenwesens auf die Wirtschaftsentwicklung Österreichs in der Nachkriegszeit sind noch nicht untersucht. Die Banken bildeten zusammen mit der verstaatlichten Industrie einen Eckpfeiler der keynesianischen Wirtschaftspolitik. Entsprechend der politischen Struktur des österreichischen Staats als Parteienstaat hatten sich die Großparteien „rote" und „schwarze" Blöcke in der Bankenlandschaft gezimmert.

Inzwischen hat die bundesdeutsche Finanzwelt die österreichische Bankenlandschaft erreicht, in der die Bank Austria hinsichtlich des Fusionierungsprozesses kräftig vorgearbeitet hat. Namen wie Zentralsparkasse, Länderbank, Girozentrale, Österreichisches Creditinstitut, die bis Anfang der 1990er Jahre noch eine tragende Rolle im österreichischen Bankwesen spielten, sind zu Beginn des 21. Jahrhunderts bereits Geschichte.

Das erste Hauptereignis, die Übernahme der Länderbank durch die Zentralsparkasse, verstärkte den „roten" Bankensektor entscheidend. Es entstand die Bank Austria – interessanterweise nahezu synchron mit dem Zusammenbruch des „roten" Handelsriesen Konsum. Das Österreichische Creditinstitut ging in der Girozentrale auf, die später von der Ersten Bank der Österreichischen Sparkassen aufgekauft worden ist. Die Privatisierung der Creditanstalt, die zur konservativen Hausmacht in Österreich zählte, dauerte trotz starken internationalen Interesses aufgrund von parteipolitischen Effekten mehr als vier Jahre, um schließlich in einer Übernahme durch die Bank Austria zu enden.

Der Einfluß bundesdeutschen Kapitals auf dem Bankensektor startete mit der Beteiligung der Bayerischen Landesbank an der BAWAG (Bank für Arbeit und Wirtschaft), der Bank des österreichischen Gewerkschaftsbundes, welche auch die

„Hausbank" für den Konsum gewesen ist. Mit knapp 47 %. im Zuge des Privatisierungsgesetzes 2000 gelang es der BAWAG, die traditionsreiche Postsparkasse, welche eine wichtige Stellung (34 %) beim Zahlungsverkehr aufweist, zu akquirieren.

Im gleichen Jahr ging die Bank Austria, die mit Abstand größte Bank Österreichs (vgl. Tab. 65), in das Eigentum der Bayrischen Hypovereinsbank über; ein Ereignis, welches sich im Windschatten des medialen Sturms vollzog, welcher die neue blau-schwarze Regierung begleitete und überdies aufgrund der Sympathie der Österreicher für Bayern kaum Ressentiments hervorrief.

Die Satellitenfunktion Österreichs für die Bundesrepublik Deutschland auf dem Bankensektor wurde in den 1990er Jahren noch auf einem zweiten Sektor erreicht, nämlich im Einzelhandel. Auch hier war die Ausgangssituation ähnlich. Auf den verstaatlichten Einzelhandelskoloß des Konsum wurde bereits hingewiesen. Vor der Öffnung des Eisernen Vorhangs, im Jahr 1988, gehörten dem Konsum 550 Selbstbedienungsfilialen, 213 Konsum-Märkte, 69 Konsum-Großmärkte, 55 COOP-Diskontmärkte sowie 35 Forum- bzw. Stafa-Warenhäuser, 7 Gerngroß-Kaufhäuser und 5 Konsum-Einrichtungshäuser. Der Konsum umfaßte 824 258 Mitglieder, beschäftigte 19 705 Angestellte und wies mit einem Umsatz von 2,4 Mrd. EUR einen nur um 0,29 Mrd. niedrigeren Umsatz als die VOEST-Alpine und einen um 0,24 Mrd. EUR höheren Umsatz als die Österreichischen Bundesbahnen auf.

1994 mußte aufgrund des immer härter werdenden Wettbewerbs der „rote Riese" Konsum infolge enormer Defizite

Unternehmen	Umsatz Mio. EUR	Beschäftigte
1 Österreichische Bbahnen (Ö)	3328	50 692
2 BML Vermögensverw. AG	4964	37 000
3 Österreichische Post (ÖG)	1533	33 893
4 VA Technologie AG (ÖG)	3985	22 150
5 Spar Österreich	3054	21 463
6 Magna Europa AG	3503	21 265 (Europa)
7 Bau Holding Strabag AG	3063	19 708
8 Telekom Austria AG (ÖG)	3905	18 560
9 Siemens Österreich	3565	17 667
10 Wiener Stadtwerke (Ö)	2041	15 329
11 Voest-Alpine Stahl (ÖG)	2712	15 000
12 TSS Central European Holding AG	2214	14 593
13 RHI AG	2195	13 690
14 Swarovski D. & Co.	1526	12 400
15 Flextronics Int. GmbH	1474	11 071
16 Wienerberger Baustoffind. AG	1670	11 069
17 Porsche Holding GmbH	3852	10 100
18 Böhler Uddeholm AG (ÖG)	1483	9 071
19 Frantschach AG	1933	8 908
20 Austrian Airlines AG (ÖG)	1736	7 727
21 Kika – Leiner	974	7 200
22 McDonald's Österreich	291	7 000
23 Allg. Bauges. A. Porr AG	1251	6 477
24 BBAG – Österr. Brau AG	937	6 451
25 dm Drogeriemarkt GmbH	515	6 345

Umsatzstarke Unternehmen mit hoher Arbeitsproduktivität

	Umsatz Mio. EUR	Beschäftigte
Chrysler Austria	2214	1 649
BMW Österreich Holding	2185	2 839
Österr. Philips GmbH	1788	5 350
Hofer KG	1744	1 700
RWA Raiffeisen Ware Austria AG	1530	2 168

ÖG ÖIAG Ö Republik, Stadt Wien

Tab. 65: Umsatz, Mitarbeiter und Eigentumsverhältnisse der größten Unternehmen 2001

Quelle: www.trend.at.

in den Konkurs gehen. Das Verfahren wurde erst 1999 strafrechtlich abgeschlossen. In der größten Transaktion der Nachkriegszeit erfolgten eine teilweise Schließung und eine Aufteilung der Filialen unter private Unternehmen.

Damit wurde der bereits vorhandene Konzentrationsprozeß im Lebensmitteleinzelhandel weiter verstärkt. Nun hat Österreich in der Wirtschaft der Nachkriegszeit profilierte Einzelpersönlichkeiten besessen; zu ihnen gehörte auch Karl Wlaschek, welcher als Gegenspieler zu Konsum den Billa-Konzern aufgebaut hat. Daraus entstand jedoch nicht ein Familienimperium, sondern nahezu das gesamte Filialsystem wurde 1996 an das deutsche Großunternehmen REWE verkauft.

Diesem Verkauf folgte nur zwei Jahre später das Unternehmen Meinl, welches in der k. u. k. Monarchie in allen damals prosperierenden Bezirkshauptorten Filialen besaß und in den 1990er Jahren in den Nachfolgestaaten Ungarn und Tschechien erfolgreich tätig war. Die Familien AG (mit Sitz in der Schweiz) engte den Geschäftsbereich auf den Banken- und Immobiliensektor ein.

Es gingen damit 288 Julius-Meinl-Filialen, 41 Pam-Pam-Verbrauchermärkte und 14 weitere Diskonter mit einer Verkaufsfläche von 177 000 m^2 an die deutsche REWE-Genossenschaft und an SPAR. Das Meinl-Logo wurde ebenso wie das Gourmet-Geschäft am Graben und die Lebensmittelfabrik, beide in Wien, nicht verkauft.

Die aus selbständigen Lebensmittelhändlern entstandene Gruppe ADEG wurde Anfang 2002 an die deutsche EDEKA verkauft. Mit Ausnahme von SPAR-Österreich gehören damit alle großen Ketten des Einzelhandels für Lebensmittel und den täglichen Bedarf deutschen Unternehmen.

Die Tabelle 65 dokumentiert die derzeitigen Eigentumsverhältnisse der größten österreichischen Unternehmen. In der Reihung der Betriebe nach der Zahl der Beschäftigten befinden sich noch immer die Österreichische Bundesbahnen an erster Stelle, gefolgt an dritter Stelle von der Post AG und an neunter Stelle von den Wiener Stadtwerken.

Internationale Konzerne bedienen die österreichische Konsumgesellschaft und zählen in der Elektronik- und Autoindustrie zu den umsatzstarken Unternehmen.

Der Arbeitsmarkt (von Heinz Faßmann)

Geschützte und offene, primäre und sekundäre Arbeitsmärkte

In den ersten Nachkriegsjahren wurde mit den zwei Verstaatlichungsgesetzen von Bergwerken, Kraftwerken und Banken und mit der Übernahme des „Deutschen Eigentums" als verstaatlichte Industrie die nachhaltige Spaltung des österreichischen Arbeitsmarktes in ein geschütztes und in ein offenes Segment begründet. Dazu kam die öffentliche Verwaltung auf den unterschiedlichen Ebenen der Gebietskörperschaften. Mitte der 1980er Jahre war noch rund ein Drittel aller unselbständig Beschäftigten im geschützten Sektor tätig. Die Privatisierung der ehemals verstaatlichten Industrie in den 1990er Jahren und die zunehmenden internationalen Verflechtungen der Unternehmen veränderten das duale Modell des österreichischen Arbeitsmarktes. Große Teile des geschützten Segments wurden in das offene Segment verschoben, welches sich

in einen primären und sekundären Arbeitsmarkt differenziert. Insbesondere die Herausbildung des sekundären Arbeitsmarktes mit flexiblen, gering entlohnten und einfachen Arbeitsverhältnissen gewinnt auch in Österreich an Bedeutung. Die Zunahme der Teilzeitbeschäftigten, der geringfügig Beschäftigten sowie der ausländischen Arbeitskräfte kann als Indikator in diese Richtung gewertet werden.

Das Mobilitätskarussell auf dem Arbeitsmarkt

Das bis in die 1990er Jahre dominante duale Modell des österreichischen Arbeitsmarktes hat ein spezifisches berufliches Mobilitätsverhalten der Arbeitsbevölkerung bewirkt. Ein wichtiges Kennzeichen war und ist die geringe Mobilität zwischen den offenen und den geschützten Segmenten. Das geschützte Arbeitsmarktsegment weist eine Reihe von Barrieren auf (Staatsbürgerschaft,

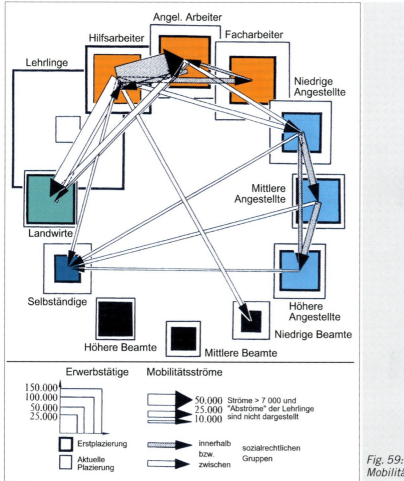

Quelle: Faßmann, 1995, S. 23.

Fig. 59: Das Mobilitätskarussell

Qualifikation), die einen flexiblen Eintritt erschweren. Die berufliche Erstplazierung im geschützten Segment ist vielfach auch die berufliche Endplazierung. Bei einem Teil der Eintretenden gibt es berufliche Aufstiege, die durch fixe Regelungen bestimmt sind. Austritte oder Wechsel in das offene Arbeitsmarktsegment erfolgen nur sehr selten (vgl. Fig. 59).

Übergänge zwischen den sozialrechtlichen Arbeitsmärkten existieren, lassen sich aber typologisch auf wenige Ströme reduzieren: Landwirte werden Hilfs- oder angelernte Arbeiter, Lehrlinge wechseln nach Beendigung ihrer Ausbildung in eine Facharbeiterposition und verlassen diese nach einigen Jahren, um als Angestellte oder Beamte die Berufslaufbahn zu beenden. Mit

der Erlangung der Facharbeiterqualifikation wird es somit möglich, in sehr viele Tätigkeitsbereiche zu wechseln. Facharbeiter unterscheiden sich damit deutlich von Hilfs- und angelernten Arbeitern, die eine hohe Mobilität innerhalb des Teilmarktes für Arbeiter aufweisen, diesen aber selten verlassen.

Ein ähnliches Muster ergibt sich für die sektorale Mobilität. Viele Berufstätige begannen ihre Berufslaufbahn in der Landwirtschaft, in einem Teilbereich der Konsumgüterindustrie (Lebensmittel und Textilien), in der Finalindustrie sowie im Baugewerbe und wechselten im Laufe des Berufslebens in den öffentlichen Dienst oder in den distributiven Sektor, zu dem auch Bahn und Post gehören. Die Attraktivität des öffent-

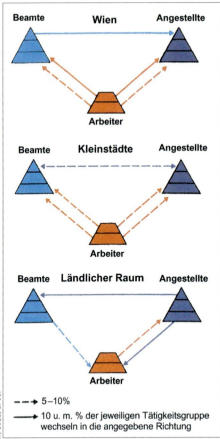

Quelle: Faßmann, 1988, S. 11.

Fig. 60: Die Mobilität zwischen geschütztem und offenem Arbeitsmarktsegment in Wien, in Kleinstädten und im ländlichen Raum

lichen Sektors nimmt mit dem Alter der Berufstätigen zu, wenn der Leistungsdruck im offenen Arbeitsmarktsegment steigt und die physische Arbeitskapazität nachläßt. Damit sinkt die Attraktivität jener Sektoren, in denen der Lohn eng an die physische Leistungskraft gekoppelt ist, wie dies beispielsweise im Baugewerbe der Fall ist.

Eine unterschiedliche Attraktivität besitzt der öffentliche Dienst auch im regionalen Kontext. Während in Wien und in den Landeshauptstädten der privatwirtschaftliche Arbeitsmarkt eine Vielzahl von attraktiven Beschäftigungsmöglichkeiten offeriert und Arbeiter daher gute Chancen besitzen, in untere Angestellten- und auch Beamtenpositionen zu wechseln, während höhere Beamte aufgrund der wesentlich besseren

Bezüge in der Privatwirtschaft leitende Angestelltenpositionen übernehmen, muß sich in den Kleinstädten die Bevölkerung mit einem beschränkten Angebot an Arbeitsplätzen zufriedengeben. Die Abschottung der Segmente ist ebenso eine Konsequenz wie die besondere Attraktivität des geschützten Arbeitsmarktes. Insbesondere im ländlichen Raum versuchen viele, eine Beschäftigung beim Bund, bei der Gemeinde, bei der Bundesbahn oder der Post zu erlangen (vgl. Fig. 60).

Mit der Verkleinerung des geschützten Arbeitsmarktes wird es in Zukunft jedoch nicht mehr so leicht möglich sein, Berufstätige aus dem offenen Arbeitsmarkt aufzunehmen. Während dies im großstädtischen Bereich aufgrund des expandierenden primären und sekundären Segments zu geringeren Problemen führen wird, bedingt die Schließung des geschützten Segments in den ländlichen Räumen eine Abdrängung der älteren Arbeitnehmer in die Frühpension und der jüngeren in eine verstärkte Ab- oder Pendelwanderung. Die ländlichen Räume müssen daher einen Teil des sozioökonomischen Strukturwandels bewältigen.

Die geschlechtsspezifische Differenzierung des Arbeitsmarktes

Das Geschlecht gehört zu den wesentlichen Differenzierungsmerkmalen auf dem Arbeitsmarkt und in der Gesellschaft generell. Der Anteil erwerbstätiger Frauen an allen unselbständig Beschäftigten ist in Österreich mit rund 46 % (2000) als relativ niedrig einzustufen. Osteuropäische, aber auch skandinavische Staaten weisen beträchtlich höhere weibliche Erwerbsquoten auf.

Auch innerhalb Österreichs schwankt die Erwerbsquote erheblich. Die weibliche Erwerbsquote, differenziert nach der Gemeindegröße, folgt dabei einer U-förmigen Verteilung. Hohe Erwerbsbeteiligungen kennzeichnen einerseits die ländlichen Räume, wo die Frauen in der Landwirtschaft tätig sind, und andererseits die Landeshauptstädte und Wien, wo sie vorwiegend im tertiären Sektor beschäftigt sind. Eine geringe Erwerbsbeteiligung kennzeichnet die österreichischen Kleinstädte, die Träger des zentralörtlichen Systems.

Die Arbeitsplätze, die Frauen generell übernehmen bzw. die ihnen offenstehen,

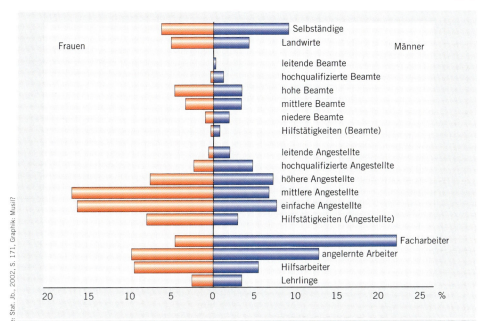

Quelle: Stat. Jb., 2002, S. 171, Graphik: Musil?

Fig. 61: Geschlechtsspezifische Differenzierung des österreichischen Arbeitsmarktes 2000

sind häufig mittlere und untergeordnete Tätigkeiten und nur selten hochqualifizierte oder leitende Funktionen (vgl. Fig. 61).

Nur innerhalb des öffentlichen Dienstes besitzen Frauen größere Chancen als in der Privatwirtschaft, in höhere Positionen vorzurücken. Dies gilt besonders für höhere Beamtenpositionen, bei denen der Frauenanteil höher ist als jener der Männer. Die Kategorie der höheren Beamten umfaßt Sachbearbeiter, Referenten und besonders – und darin liegt die Begründung für obige Aussage – Pflicht- und Mittelschullehrer. Gerade

in der zuletzt genannten Berufsgruppe ist eine „Feminisierung" erfolgt. Das geschützte Segment im allgemeinen und der öffentliche Dienst im speziellen besitzen daher für Frauen eine hohe Attraktivität.

Das „neue" regionale Muster der Arbeitslosigkeit

Seit Beginn der 1980er Jahre prägt das Phänomen der Erwerbslosigkeit auch die Arbeitsmarktsituation in Österreich. Steigende Arbeitslosenzahlen belegen das faktische Ende des österreichischen Sonder-

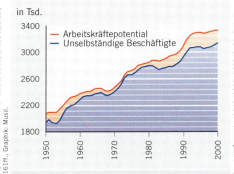

Quellen: Republik Österreich 1945–1995, 1995, S. 89, Stat. Jb., 2002, S. 161ff., Graphik: Musil.

Fig. 62: Unselbständig Beschäftigte und Arbeitskräftepotential 1950–2000

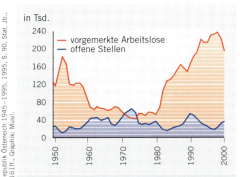

Quellen: Republik Österreich 1945–1995, 1995, S. 90, Stat. Jb., 2002, S. 161ff., Graphik: Musil.

Fig. 63: Vorgemerkte Arbeitslose und offene Stellen 1950–2000

bis 2,9 %
3,0 bis 3,9 %
4,0 bis 4,9 %
ab 5 %

Waldviertel
Weinviertel
Mühl-viertel
Wiener Umland-Nord
Linz
Innviertel
Wels
St. Pölten
Wien
Mostviertel
Eisenwurzen
Wiener
Umland-Süd
Salzburg
Traunviertel
Steyr
Nieder-
Österreich-
Süd
Nord-
Burgenland
Salzkammergut
Rhein-
tal
Bregenzer-
wald
Außerfern
Tiroler Unterland
Ennstal
Mur- und Mürztal
Mittel-
Pongau – Pinzgau
Murtal
Oststeier-
mark
Süd-
Burgen-
land
Tiroler
Oberland
Innsbruck
Lungau
Graz
Silvretta
Osttirol
Oberkärnten
Unterkärnten
Weststeier-
mark
Villach
Klagenfurt
0　100 km

Fig. 64: Regionale Verteilung der harmonisierten Arbeitslosenquote 2000

Thematik: Lichtenberger, Kartographie: Trichtl; Daten: Stat. Jb., 2002, S. 464.

weges der Wirtschaftspolitik – Stichwort Austrokeynesianismus –, der in Österreich für Vollbeschäftigung sorgte, während in anderen europäischen Staaten bereits Massenarbeitslosigkeit herrschte. Angesichts der wachsenden Budgetdefizite und der auch von Österreich akzeptierten Maastricht-Kriterien war diese Politik aber nicht mehr aufrechtzuerhalten. Anfang der 1990er Jahre waren im Jahresdurchschnitt über 160 000 Personen arbeitslos, Anfang 2002 fast 300 000. Die nationale Arbeitslosenquote lag damit bei 8,8 %. Sie ist im Vergleich zu anderen EU-Staaten zwar noch immer niedrig, im langfristigen Zeitvergleich aber deutlich gestiegen (vgl. Fig. 62, 63). Auch ist anzunehmen, daß die erprobte Strategie, einen Teil der Arbeitsmarktprobleme über Frühpensionierungen zu lösen, in der Zukunft nicht mehr im bisherigen Ausmaß möglich sein wird. Die demographisch bedingten Finanzierungsprobleme der Sozialversicherung zwingen vielmehr dazu, ältere Arbeitnehmer möglichst lange in Beschäftigung zu halten und den Pensionsantritt erst spät zu gestatten.

Diese im Vergleich zu den letzten Jahrzehnten hohe Arbeitslosigkeit wird von einer Rekordbeschäftigung begleitet. Darin liegt eine bemerkenswerte Entwicklung des österreichischen, aber auch des westeuropäischen Arbeitsmarktes. Die Zunahme der Beschäftigung ist nicht mehr mit einer Verringerung der Arbeitslosigkeit gekoppelt.

Die Ursache dafür liegt in der wachsenden Elastizität des Arbeitskräfteangebots. Der Wegfall des „Eisernen Vorhangs", die wachsende Ausländerbeschäftigung und die verstärkte Rückkehr bzw. der Zustrom von Frauen auf den Arbeitsmarkt führten zu einer vermehrten Beschäftigung von erstmals in den Arbeitsmarkt eintretenden Personen, ohne daß die bereits längerfristig Arbeitslosen in das Erwerbsleben zurückkehren können. Dazu kommt die Zunahme der geringfügig Beschäftigten und der Teilzeitarbeiter, die zwar die Zahl der Beschäftigten deutlich erhöht, für viele aber keine Alternative zur Erwerbslosigkeit darstellt. Insgesamt lassen sich markante Umschichtungsprozesse zugunsten von billigeren, flexiblen und nur zeitweise beschäftigten Arbeitskräften beobachten und zur Abdrängung derjenigen, die ihre Beschäftigung verloren haben und die ein „traditionelles Normalarbeitsverhältnis" suchen.

Die stetige Erhöhung der Arbeitslosigkeit geht Hand in Hand mit der Vermehrung der Langzeitarbeitslosen, vor allem ehemaligen älteren Arbeitnehmern in den vom Strukturwandel betroffenen Branchen (Textilien, Bekleidung, Leder, Papier, Chemie, Metall), jungen Altersgruppen bis etwa 25 Jahre, ferner Personen, die über keinen Schulabschluß oder nur über eine Pflichtschulbildung verfügen. Rund 40 % der von Arbeitslosigkeit betroffenen Personen stammen aus den Saisonbranchen Land- und Forstwirtschaft, Baugewerbe sowie Beherbergungs- und Gaststättenwesen (vgl. Fig. 64).

Eine Differenzierung der Arbeitslosenquoten nach Bundesländern zeigt auf der einen Seite die wirtschaftspolitisch erfolgreichen Länder, die darüber hinaus den industriellen Strukturwandel gemeistert haben: Oberösterreich, Salzburg, Vorarlberg und auch Tirol weisen in der Summe niedrige Arbeitslosenquoten auf. Auf der anderen Seite finden sich die Bundesländer mit überdurchschnittlich hoher Arbeitslosigkeit aufgrund unterschiedlicher struktureller Probleme: das Burgenland, Kärnten und die Steiermark.

Bei einer bezirksweisen Analyse werden die strukturellen Probleme sichtbar. Hohe Arbeitslosigkeit weisen die peripheren Regionen mit einem hohen Anteil von Saisonarbeitsplätzen (z. B. das Südburgenland) und alte Industriegebiete (Mur- und Mürztal), die den industriellen Strukturwandel noch nicht restlos bewältigt haben, auf. Eine vergleichsweise hohe Arbeitslosigkeit findet sich aber auch in den großen Städten (z. B. in Wien). Der rasche Strukturwandel in Richtung Dienstleistungsökonomie führt zu einem Wachstum der Beschäftigung, aber auch zur Arbeitslosigkeit der durch Entindustrialisierungsprozesse freigesetzten Arbeitnehmer. Das Paradoxon, daß auch bei wachsender Wirtschaft die Arbeitslosigkeit nicht abnimmt, weil unterschiedliche Gruppen vom Rückbau und Wachstum betroffen sind, zeigt sich am deutlichsten auf den städtischen Arbeitsmärkten.

Niedrige Arbeitslosenquoten finden sich dagegen in jungen Industriegebieten Nieder- und Oberösterreichs sowie in Vorarlberg, in suburbanen Bezirken und in jenen ländlichen Regionen, wo einerseits die Landwirtschaft eine puffernde Funktion ausübt und der Fremdenverkehr für eine – wenn auch nur saisonale – Nachfrage sorgt und andererseits das Arbeitskräfteangebot durch Abwanderung reduziert wird.

Die ethnische Über- und Unterschichtung auf dem Wiener Arbeitsmarkt

Im letzten Jahrzehnt ist eine Globalisierung der Migration in Gang gekommen, welche in den Metropolen die Arbeitsmärkte in Bewegung gebracht hat. Der wachsende quartäre Sektor benötigt eine neue, international bewegliche Schicht von Managern und Angestellten – ethnische Überschichtung auf dem Arbeitsmarkt ist die Folge. Diese Vorgänge werden wenig beachtet, stoßen sie doch nicht auf den Widerstand der Bürger der sozialen Wohlfahrtsstaaten, welche andererseits eine Reduzierung des „social overhead", auf welches sie primären Anspruch erheben, durch ausländische Zuwanderer befürchten.

Für die Erfassung ethnischer Überschichtungs- und Unterschichtungsvorgänge bietet Wien ein ausgezeichnetes Beispiel. Dem Rang der Stadt als Eurometropole in einer globalen Ökonomie entspricht die Position im internationalen Wanderungsfeld. Neue intrakontinentale und globale Migrationsmuster zeichnen sich ab. Nach Jahrzehnten abgeschotteter Existenz ist die historische Qualität der Stadt als europäischer Schmelztiegel wieder gefragt. Die Integration von ethnisch-kulturell differenzierten Migranten vor allem auf dem Arbeits- und Wohnungsmarkt wird zum Schlüsselproblem für Wien zu Beginn des Jahrtausends (vgl. Kapitel 3). Hierbei sind die Überschichtungsvorgänge der Unterschichtung vorangegangen (vgl. Tab. 61).

Im September 1993 gab der Bürgermeister von Wien die Zahl der Ausländer zum letzten Mal mit ca. 380 000 den Medien bekannt. Sie betrug demnach rund ein Viertel der Bevölkerung. Die Herkunftsgebiete der Ausländer und damit die Verhältniswerte zwischen Über- und Unterschichtung haben sich seit den 1970er Jahren geändert. Die westeuropäischen Staaten haben seit 1971 ebenso wie Nordamerika starke Anteile eingebüßt (von rund 30 % auf 11 %).

Von den Gastarbeiterpopulationen haben die Jugoslawen aufgrund der Flüchtlingswelle die Position halten können, die Türken anteilmäßig verloren. Es ist schwierig zu beurteilen, ob Wien als Durchgangsstation für die Westwanderung von türkischer Bevölkerung eine Rolle spielt, wie aus französischen Forschungen entnommen werden kann.

	Überschichtung	Unterschichtung
1955	Staatsvertrag diplom. Korps	
1957	erste UNO-Einrichtungen	
1965	weitere UNO-Niederlassungen	Beginn der Gastarbeiterwanderung aus Jugoslawien
1971		Türkei
1981	Manager von internationalen westlichen Konzernen	Flüchtlinge aus Polen u. a. COMECON-Staaten Einsickern von entfernteren Ethnien
1989	„neue Gründerzeit" Expansion von Japanern, Ostasiaten, Orientalen	„neue Zuwanderer" aus Ostmitteleuropa Ungarn, Polen, Slowakei, Rumänien Migranten aus Entwicklungsländern, Ost- und Südasien

Tab. 66: Internationale Migration nach Wien in der Nachkriegszeit

Quelle: Lichtenberger, 1995/1, S. 11.

Die neue Zuwanderung seit 1989 umfaßt einerseits Zuwanderer und Grenzgänger aus Ost- und Ostmitteleuropa. Die Verlagerung des Herkunftsraumes in den asiatischen Kontinent repräsentiert den wichtigsten globalen Vorgang. Auf asiatische Zuwanderer entfällt ein Anteil von rund 10 %. Eine starke afrikanische Zuwanderung ist mit einem Anteil von 3,5 % bisher nicht in Sicht.

Unter Bezug auf die *ethnische Segmentierung* des Wiener Arbeitsmarktes können für März 1994 folgende Prozentwerte angegeben werden:

Westeuropa und USA	11 %
Gastarbeiter	
Jugoslawien	42 %
Türkei	16 %
Neue Zuwanderung	
Ostmittel- und Osteuropa	16 %
Asien, Afrika	15 %
Ausländische Arbeitskräfte	100 %

Die soziale Geographie Wiens war stets durch eine Dichotomie zwischen „heimatberechtigter Bevölkerung" und „Fremden" – um Ausdrücke der Gründerzeit zu verwenden – gekennzeichnet. Diese Zweiteilung, welche bis zum Ersten Weltkrieg gegolten hat, ist in den abgeschotteten Lebensverhältnissen der Nachkriegszeit vergessen worden – in den 1960er Jahren gab es ja kaum „Fremde" in Wien. Sie war jedoch von grundsätzlicher Bedeutung für die Wirtschaftsentwicklung der Stadt. Wien war immer eine Regierungs- und Verwaltungsmetropole, in welcher wichtige wirtschaftliche Funktionen durch alle Zeiten von Ausländern wahrgenommen wurden. Die Sozialgeschichte Wiens dokumentiert diese Zweiteilung zwischen einheimischem Beamtenstand und ausländischen Wirtschaftstreibenden. Hierzu nur einige Stichworte: Bereits im Mittelalter war der Großhandel in der Hand von deutschen Kaufleuten aus Köln, Regensburg, Passau usf., im Manufakturzeitalter kamen Manufakturisten und Gewerbetreibende aus dem Westen des deutschen Sprachraums, und auch die Industrialisierung der Gründerzeit war nur möglich durch die Zuwanderung von ausländischen Financiers und Unternehmern. Nach den schweren Krisenjahren der Zwischenkriegszeit konnte sich Wien in der Nachkriegszeit als Zentrum von internationalen Organisationen etablieren. Eine erste ausländische „Überschichtung" war die Folge (vgl. S. 77). 1989 lebten mehr als 30 000 ausländische Staatsbürger mit internationalem Status in Wien.

In einer zweiten, von der Globalisierung der Ökonomie gesteuerten Überschichtungsphase leben wir heute. Sie ist gekennzeichnet durch die Fluktuation von Spitzenkräften des quartären Sektors, welche für wenige Jahre mit ihren Familien nach Wien kommen, um sich dann zum nächsten Arbeitsplatz auf der internationalen Karriereleiter weiterzubewegen. Eine exorbitant gewachsene Zahl von Annoncen in den Printmedien reflektiert die durch ausländische Manager von internationalen Organisationen, Banken und Versicherungen getragene Nachfrage nach erstklassigen Wohnungen und Villen in attraktiver Lage.

Die Unterschichtung auf dem Wiener Arbeitsmarkt hat durch die Zuwanderung der letzten Jahre sehr spezifische Züge erhalten. Eine ethnische Segmentierung ist entstanden. Drei Zuwanderertypen lassen sich klar unterscheiden: Gastarbeiter, neue Zuwanderer aus Ostmitteleuropa und Angehörige einer „ethnischen Kastengesellschaft" (vgl. Tab. 67).

Die ausländischen Arbeitskräfte aus dem ehemaligen Jugoslawien wurden in den späten 1960er und in den 70er Jahren angeworben, um Positionen im Baugewerbe und in der Industrie zu füllen. Erst mit längerer Aufenthaltsdauer und im Gefolge des Familiennachzugs konnten jüngere und besser ausgebildete Gastarbeiter (in erster Linie aus dem ehemaligen Jugoslawien) am Vorgang einer inneren Tertiärisierung der Betriebe durch die Erlangung von Positionen mit manipulativen Tätigkeiten in der Lagerhaltung und im Transportgewerbe sowie im Einzelhandel partizipieren.

Vor allem von türkischen Gastarbeitern wurden – aufbauend auf der Beibehaltung einer eigenen Koch- und Eßkultur – rasch Positionen als Händler und Verkäufer auf den öffentlichen Lebensmittelmärkten übernommen. Sie konnten damit in die Subventionssphäre des Wiener Magistrats eindringen, der rund zwei Drittel der Infrastrukturkosten der Märkte aus dem Steuerbudget finanziert. Nur am Rande sei vermerkt, daß die Wiener Lebensmittelmärkte mit über 2000 Ständen ohne ausländische Händler und Hilfskräfte nicht mehr existieren würden.

Nun ist durch die neue Zuwanderungswelle aus Polen, Ungarn, der Tschechischen und der Slowakischen Republik keineswegs, wie man zunächst vermuten sollte, eine massive Verdrängung der bereits relativ lange in Wien ansässigen Gastarbeiter durch Lohndumping im Gange. Ein hoher Anteil der

Zuwanderertyp		
Gastarbeiter	Neue Zuwanderer	„ethnische Kastengesellschaft"
Status und Kontrolle		
legal	legal und Schwarzarbeit	„rentenkapitalistisches" Kontrollsystem; Schlepperwesen
Ethnische Gruppen		
Serben, Bosnier, Kroaten, Makedonier, Türken	Polen, Ungarn, Slowaken	Ägypter, Pakistani, Libanesen, Philippiner, Chinesen
Dominante berufliche Position		
Industriearbeiter		Krankenschwestern
Transport		Zeitungsausträger
Lagerhaltung der Betriebe = innere Tertiärisierung		Taxifahrer
Markthandel	Baugewerbe, Reinigung Gastgewerbe Landwirtschaft (Gärtner)	Handel Restaurants
Hausbesorger	Haushaltung	

Tab. 67: Die ethnische Segmentierung auf dem Arbeitsmarkt in Wien nach 1989

Quelle: Lichtenberger, 1995/1, S. 14.

„neuen Zuwanderer" fand im Bereich des expandierenden Baugewerbes und aufgrund der geringen Lohnansprüche auch in privaten Haushalten „neue", vorher nicht existierende Arbeitsplätze. Diese „neue Zuwanderung" profitiert damit indirekt vom Bürobauboom und von der mit öffentlichen und privaten Mitteln forcierten Stadterneuerung. Es öffnen sich Verdienstmöglichkeiten – auch in Form der Schwarzarbeit – im Bau- und Reparaturgewerbe, weniger in der Industrie, die sich weiter auf dem Rückbaupfad befindet und für Neueröffnungen im wesentlichen nur qualifizierte, gut deutsch sprechende Arbeitnehmer benötigt. Auch Positionen im Reinigungs- und Gastgewerbe sowie Hilfsarbeiten aller Art werden, vielfach sogar mit Überqualifikation, von den neuen Zuwanderern übernommen. Es bleibt der Sichtweise überlassen, ob man diese Vorgänge als eine „Anpassung nach unten" auf dem Arbeitsmarkt oder als „Qualitätsdumping" etikettiert.

Der dritte Typus von Zuwanderern hat sich in neuen ethnischen Kasten für einige sehr spezifische Berufe organisiert. Die Organisation und die Kontrolle innerhalb dieser ethnischen Kasten folgen einem rentenkapitalistischen System. Zeitungsausträger aus Ägypten, neuerdings aus Bangladesh, Krankenschwestern von den Philippinen, neuerdings auch aus Indien, oder Chinesen im Gastgewerbe sind beispielgebend für diese Form der ethnisch bestimmten Arbeitsorganisation.

Fazit: Durch diese nicht staatlich reglementierte Zuwanderung von neuen fremdsprachigen Gruppen wurden zunächst irreversible Prozesse berufsspezifischer Abschottung auf dem Arbeitsmarkt in Gang gesetzt. Offen ist jedenfalls die Frage, ob und wieweit derartige Pseudokasten mittelfristig in die metropolitane Arbeitsgesellschaft integriert werden können bzw. de facto als neue „ethnische Kasten" längerfristig bestehenbleiben, und welche Sukzessionen von Pseudokasten erfolgen.

Die Industrie

Zum Standort in der EU

Die österreichische Industrie hat sich in den letzten zwei Jahrzehnten sehr erfolgreich entwickelt. Mehrere Indikatoren belegen dies. Zwar hat durch die Entindustrialisierung die Zahl der Industriebeschäftigten in den 1990er Jahren von 550 000 auf 410 000 abgenommen, doch konnte diese Abnahme durch ein Wachstum der Produktivität kompensiert werden (vgl. Fig. 65). Der Anteil der Industrie an der gesamtwirtschaftlichen Wertschöpfung liegt 20 % über dem Durchschnitt der EU. Die industrielle Wertschöpfung je Beschäftigten befindet sich im Spitzenfeld der EU-Länder (an zweiter oder dritter Stelle), ebenso der Produktivitätszuwachs in den 1990er Jahren. Ferner ist die Produktivitätsdynamik der Industrie in Österreich in der zweiten Hälfte des Jahrzehnts höher gewesen als in der ersten. Diese Beschleunigung der Produktivität (Akzeleration) wird als ein Indikator des Eintritts in die Informationsgesellschaft gewertet (Aiginger 2000).

Betriebsgröße und Eigentumsverhältnisse

Die im Kapitel über die politische Landkarte getroffene Aussage von der Dichotomie der österreichischen Wirtschaft trifft in besonderem Maße auf die Industrie zu. Den erst vor kurzem „privatisierten" Großbetrieben steht eine zahlenmäßig weit überwiegende Zahl von Kleinbetrieben gegenüber.

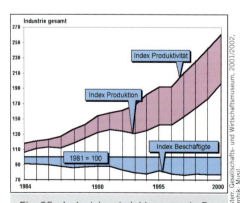

Fig. 65: Industrieentwicklung nach Produktivität und Produktion 1984 – 2000

Quelle: Österr. Gesellschafts- und Wirtschaftsmuseum, 2001/2002, S. 31, Graphik: Musil.

Quelle: VOEST-Alpine, Stahl Linz.

Bild 103: Luftaufnahme der VOEST, Linz, Oberösterreich

Entgegen dem internationalen Trend hat sich in den 1990er Jahren der Sockel der Betriebe mit weniger als 100 Beschäftigten um nahezu die Hälfte verbreitert, während andererseits die Zahl der Betriebe mit mehr als 1000 Beschäftigten von 60 auf 50 abgenommen hat. Von den Beschäftigten arbeitet rund ein Drittel in Betrieben mit weniger als 100 Mitarbeitern, ein weiteres Drittel in Betrieben mit 100 bis 500 und nur ein Drittel in Betrieben mit mehr als 500 Mitarbeitern. Dieses Abweichen vom internationalen Trend in Richtung größerer Betriebe kann als „Zerschlagungseffekt" der „verstaatlichten Industrie" interpretiert werden. Österreich weist somit ein Betriebsgrößenprofil auf, das von Klein- und Mittelbetrieben dominiert wird, und hat den international üblichen Größendurchschnitt bisher nicht erreicht (vgl. Tab. 68).

Die Eigentumsverhältnisse der österreichischen Industrie waren zu Beginn der 1990er Jahre noch klar segmentiert. Ein Drittel des Nominalkapitals der als Kapitalgesellschaften organisierten Industriefirmen befand sich im öffentlichen Besitz. In diesen Firmen war rund ein Fünftel der Industriearbeiterschaft beschäftigt. Branchenmäßig beherrschte die öffentliche Hand den Eisen-, Maschinen- und Erdölsektor,

mit nennenswerten Besitzanteilen auch die Chemie-, die Elektro- sowie die Nahrungs- und Genußmittelbranche. 30 % des Nominalkapitals befanden sich in ausländischem Besitz, ein Drittel der Industriebeschäftigten arbeitete in ausländischen Unternehmen. Kapitalmäßig dominierte das Ausland in der Elektro-, Chemie- und Fahrzeugindustrie. Mehr als 40 % des Auslandskapitals entfielen auf Deutschland, je 17 % auf die Niederlande und auf die Schweiz. Kapitalmäßig ein knappes Viertel, beschäftigungsmäßig jedoch 45 % der Industrie entfielen auf heimische Unternehmer, welche in der Holz-, Leder- und Textilbranche und ebenso in den Industriezweigen Glas, Papier, Steine und Keramik stark vertreten waren.

Größenklasse der Betriebe nach Zahl der Beschäftigten	Zahl der Betriebe	Anteil an den Beschäft. %
10 – 19	3946	9,4
20 – 99	3123	22,6
100 – 499	994	36,4
500 – 999	108	13,0
1000 und mehr	50	18,6

Quelle: Stat. Jb. 2002, S. 322.

Tab. 68: Größenstruktur der Industriebetriebe 2000

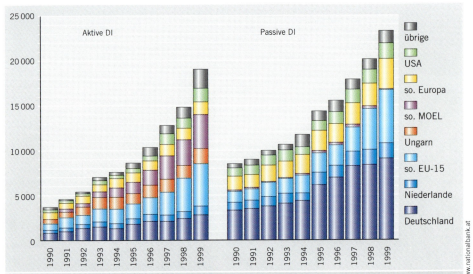

Fig. 66: Direktinvestitionen von ausländischem Kapital in Österreich und von österreichischem Kapital im Ausland in den 1990er Jahren (in 1000 EUR)

In den 1990er Jahren veränderte sich infolge der Privatisierung der verstaatlichten Industrie das Eigentumsspektrum der Industrie zugunsten von internationalen Konzernen. Andererseits erlitten die Branchen mit hohen Anteilen österreichischen Privatbesitzes, vor allem die Textil- und Lederindustrie, unter internationalem Druck außerordentlich starke Verluste. Zahlreiche Betriebe wurden geschlossen.

Beim Vorgang der Globalisierung des internationalen Kapitals besitzt die Standortwahl der Hauptquartiere von internationalen Unternehmen erstrangige Bedeutung. Auf das Beispiel von Wienerberger, den internationalen Konzern der Baumaterialbranche, der bisher am Wiener Bürostandort festhält, wurde bereits hingewiesen. Andererseits werden selbst die Produktionszentren von bekannten Marken aufgegeben, wenn diese ihre Hauptquartiere im Ausland besitzen. Die sukzessive Schließung des traditionsreichen Reifenerzeugers Semperit im südlichen Wiener Becken durch die Firma Continental bietet hierfür ein Beispiel.

Umgekehrt ist bei eher gleichrangigen Partnern auch eine Wiederbelebung von lokalen Standorten möglich, wie das Beispiel von Kapfenberg, dem historischen Zentrum der Erzeugung von Edelstahl in der Obersteiermark, nach der Fusion von Böhler-Uddeholm belegt.

Mit der Verlagerung von Produktionsstandorten in Billiglohnländer ist das „Hochlohnland" Österreich ganz allgemein konfrontiert. Gerade effizient privatisierte, global tätige Firmen wie VA-Tech bieten sich als Beispiel an. Im Geschäftsbericht 2000 ist nachzulesen, daß von 1998 bis 2000 einerseits die Zahl der Mitarbeiter am österreichischen Standort um rund 11 000 reduziert worden ist, während der Konzern außerhalb Österreichs 10 000 Mitarbeiter dazugewonnen hat.

Mit dieser Aussage wird auch die Kapitalverschiebung offengelegt, welche sich seit den 1990er Jahren in einem nicht vorhersehbaren Ausmaß vollzieht. Die Berichte der Nationalbank belegen diese Kapitalverschiebungen von West nach Ost – in die EU-Erweiterungsstaaten – recht eindrucksvoll (vgl. Fig. 66). Die österreichischen Medien reflektieren im wesentlichen nur den „Ausverkauf" der österreichischen Betriebe, sie reflektieren ungenügend den in den EU-Erweiterungsstaaten sich abspielenden Vorgang der Kapitalinvestitionen österreichischer Unternehmen. Überspitzt könnte man sagen: Die Internationalisierung der Industrie verschiebt sich, vergleichbar einem Innovationsvorgang, nach Osten, wo eine „nationale"

Fachverband	Abgesetzte Produktion Mrd. EUR		Beschäftigte Tausend	
	1970	2000	1970	2000
Maschinen u. Stahlbauindustrie	1,3	10,1	70	61
Eisenerzeugende Industrie	0,8	3,1	43	14
Gießereiindustrie	0,2	0,9	9	7
Metallindustrie	0,6	2,0	8	5
Metallwarenindustrie	1,1	6,4	57	47
Elektro- u. Elektronikindustrie	1,0	12,0	61	60
Fahrzeugindustrie	0,5	6,9	27	25
Chemische Industrie	1,8	10,2	55	43
Papierindustrie	0,7	3,6	18	9
Papier- u. Pappe verarb. Industrie	0,2	1,6	10	9
Glasindustrie	0,1	1,1	10	8
Nahrungs- u. Genußmittelindustrie	1,8	6,6	49	30
Textilindustrie	1,2	2,2	65	17
Bekleidungsindustrie	0,5	0,8	37	8
Lederverarbeitende Industrie	0,2	0,4	16	4
Ledererzeugende Industrie	0,1	0,3	2	2
Holzverarbeitende Industrie	0,5	3,6	26	26
Sägeindustrie	*	1,9	*	7
Bauindustrie (Hoch- und Tiefbau)	*	3,9	*	25
Stein- u. keramische Industrie	0,6	2,8	27	17
Erdölindustrie	0,5	6,3	7	4
Wärmeversorgung	*	1,0	*	3
Bergwerke	0,3	0,6	18	3
Gasversorgungsunternehmen	*	1,3	*	3
Industrie insgesamt	**14,2**	**89,5**	**616**	**435**

* keine Daten

Quellen: Faulhaber, 1992, S. 59; Statistik Austria; Zusammenstellung: Wirtschaftskammer, Österreich/Abt. für Statistik; www.wk.or.at.

Tab. 69: Beschäftigte und Produktionswerte der Industriebranchen 1970 und 2000

Unternehmerschicht nahezu fehlt, da diese, wie zum Beispiel in Tschechien, durch den Staatskapitalismus beseitigt worden ist.

Die Branchenstruktur

Seit den 1970er Jahren haben sich in der Branchenstruktur tiefgreifende Umbrüche vollzogen. Sie betrafen vor allem zwei historische Sektoren, nämlich einerseits die Eisen- und Stahlindustrie und andererseits die Konsumgüterindustrie mit den Zweigen der Textil- und der Nahrungsmittelindustrie (vgl. Tab. 69).

Die Umstrukturierung und die Teilprivatisierung der großen Stahlerzeuger in den 1990er Jahren erzeugten nach der Krise schließlich einen wesentlichen Investitionsschub, der die österreichische Stahlindustrie mit neuer Rekordproduktion und ausgezeichneten wirtschaftlichen Kennzahlen in das neue Jahrtausend gehen ließ. Bei einer Abnahme der Beschäftigtenzahl von rund 43 000 (1979) auf 14 000 (2000) ist gleichzeitig eine Steigerung des Produktionswertes von 0,8 Mrd. EUR (1970) auf 3,1 Mrd. EUR (2000) erfolgt.

Der *Metallsektor* hat den Schritt in die Erzeugung technologisch hochwertiger Produkte vollzogen. Er bildet noch immer den größten Sektor der österreichischen Industrie mit insgesamt 125 000 Beschäftigten und 23 Mrd. EUR Umsatz (2000).

Der überwiegend in Form von Klein- und Mittelbetrieben strukturierte *Maschinenbau* hat mit insgesamt 810 Unternehmen und 61 000 Beschäftigten einen Produktionswert von 10 Mrd. EUR und einen Exportanteil von 60 % überschritten. Einige Beispiele für erfolgreiche Unternehmen seien genannt: Die Doppelmayr Holding AG in Vorarlberg hat als Technologieführer im Seilbahnwesen mit Tochterfirmen, Niederlassungen und Vertretungen in über 40 Ländern bereits mehr als 8000 Anlagen errichtet. Der Lkw-Kranhersteller Palfinger in Salzburg hat sich als weltweiter Anbieter von Transportlogistik und technischen Erfindungen, wie dem Mobiler beim Entladen von Lkws auf Eisenbahnwaggons, etabliert. Der Tiroler Spezialmaschinenbauer Data-com gehört zum kleinen Kreis von globalen Unternehmen, die für die Halbleiterindustrie Chipbestückungsautomaten, sogenannte „Die Bonder", herstellen.

Die *Metallwarenindustrie* sowie die *Elektro- und Elektronikindustrie* gehören zu den großen Gewinnern der Umstrukturierung. Sie haben in den abgelaufenen drei Jahrzehnten die Produktionswerte auf das Sechs- bzw. Zwölffache erhöht. Beide Branchen haben nicht nur eine hohe Wertschöpfung, sondern forschen auch intensiv, besitzen einen hohen technischen Standard und hochqualifizierte Beschäftigte. Allerdings liegt bei der Elektroindustrie die Basis der elektronischen Revolution im Ausland. Das Wohlergehen der heimischen Betriebe hängt weitgehend von den Planungsstrategen ab, die in deutschen Hauptquartieren werken. Von den ausländischen Tochtergesellschaften hat selbst Siemens die Zahl der Beschäftigten reduziert (2000: 17 667), ebenso Philips (5350) sowie Grundig und Ericsson Austria. Andererseits hat sich der 1950 gegründete österreichische Konzern Zumtobel AG, Dornbirn, Vorarlberg (2000: 3614 Mitarbeiter), zu einem der größten Anbieter der internationalen Lichtindustrie entwickelt und die Chancen des modernen Bürobaus voll wahrgenommen.

Auf dem *EDV-Sektor* bearbeiten von Wien aus die internationalen Konzerne, an erster Stelle IBM, gefolgt von Hewlett-Packard, den osteuropäischen Markt, auf dem bereits wesentlich mehr umgesetzt wird als in Österreich. In den 1990er Jahren haben sich einerseits asiatische Konzerne, wie z. B.

Flextronics, Singapur, in Österreich niedergelassen und sich andererseits mit der Integration von E-Business in die Unternehmen und mit dem E-Government zahlreiche österreichische Jungunternehmer in der Softwareentwicklung einen Namen gemacht. Die Ambition zu einem Global Player besitzt die 1990 gegründete Gericom AG in Linz, die im wachstumsstärksten Marktsegment der Informationstechnologie, dem „mobile computing", geschickt verankert in den logistischen Ressourcen von weltweit agierenden Handelsunternehmen und mit einer nach Südostasien ausgelagerten Produktion, als Notebook-Erzeuger bereits den Börsengang gewagt hat.

Die traditionsreiche österreichische *Fahrzeugindustrie* konnte sich in der Nachkriegszeit gegenüber der ausländischen Konkurrenz nicht halten. Der von Porsche entwickelte Steyr XII galt in der Zwischenkriegszeit als einer der besten Bergwagen, der Steyr 50 („Steyr-Baby") war der Vorläufer des Volkswagens. Die Erzeugung von Puch-Motorrädern (mit der legendären Puch 250) wurde in der Nachkriegszeit nicht mehr weitergeführt. Nur im innovativen Bereich, bei der Produktion von Geländefahrzeugen, behielt Österreich einen Stellenwert (Haflinger, Pinzgauer, Puch G/Mercedes Benz G). Darüber hinaus haben sich ausländische Automobilkonzerne mit Zweigbetrieben in Österreich niedergelassen (BMW in Steyr, General Motors in Aspern in Wien) und Joint-ventures gebildet (Eurostar Automobilwerk von Chrysler Austria bei Graz). Von den altösterreichischen Herzeigefirmen verblieb nur die Erzeugung von Autobussen von Gräf & Stift (1893 in Wien gegründet). Als weltweit größter Produzent von Gleiserhaltungs- und Gleisbaumaschinen ist Plasser & Theurer, ein 1953 in Linz gegründetes Unternehmen, das in 90 Länder exportiert, hervorzuheben.

Österreich ist zu einem Lieferanten für Spitzentechnologie geworden (Motoren, Getriebe, Fahrgestelle). Für den guten Namen der Zuliefer- und Montagebetriebe sorgt das Unternehmensnetzwerk des „Auto-Clusters" in der Steiermark und Oberösterreich. Es umfaßt 130 Betriebe aller Größenklassen, in der Steiermark SFT (Steyr-Fahrzeugtechnik, Magna-Konzern), Eurostar-Chrysler (ebenfalls Magna) und vor allem AVL List

(Motorenentwicklung) als Leitbetriebe. In Oberösterreich gehören dazu die Miba (Mitterbauer), auf welche die Hälfte der globalen Gleitlagererzeugung entfällt, und das erwähnte BMW-Motorenwerk in Steyr. Zwei Drittel aller BMW-Motoren kommen aus Steyr. Größte Zulieferer sind SFT, Eybl-Krems (Innenausstattung) und die Miba. Durch den Cluster wird auch die Forschungsarbeit gebündelt.

Auf die Entstaatlichung und Zerschlagung des Steyr-Daimler-Puch-Unternehmens wurde bereits eingegangen. Die einst sehr bedeutende Rüstungsindustrie in Steyr konnte mit Rücksicht auf den Neutralitätsstatus im Staatsvertrag bisher nicht reaktiviert werden.

Die *chemische Industrie* ist aufgrund der Produktvielfalt eine sehr heterogene Branche. Seit dem EU-Beitritt lastet ein harter Rationalisierungsdruck auf den Mittelbetrieben, von denen sich die Mehrzahl als verlängerte Werkbänke von multinationalen Unternehmen darstellt. Die Zahl der Mitarbeiter wurde von 1970 bis 2000 von 55 000 auf 43 000 reduziert. Ein überdurchschnittliches Wachstum geht in die EU-Erweiterungsländer, wo rund 70 % des Umsatzes mit Konsumgütern in technologisch anspruchslosen Sparten, wie Waschmittel, Shampoo und Zahnpasta, erwirtschaftet werden.

Mit dem Namen Semperit war die Tradition der österreichischen Autoreifenproduktion verbunden. Diese Tradition ist mit der Schließung des Werkes Traiskirchen 2002 durch das Unternehmen Continental zu Ende. Das „Aschenputtel" des Unternehmens Semperit, welches die Mitarbeiter 1986 erworben haben, hat sich zu einem der erfolgreichsten Unternehmen Europas in der Kautschuk- und Kunststoffindustrie entwickelt. Inmitten des Dschungels von Thailand steht die Produktionsstätte, in der jährlich mehrere Milliarden Spezialhandschuhe erzeugt werden.

Aus kleinsten Anfängen entwickelte sich die Alwin Lehner GmbH (Alpla), Vorarlberg, zum Global Player für Kunststoffflaschen mit 55 Firmen in 29 Ländern (Umsatz 1,5 Mrd. EUR, 700 Beschäftigte in Österreich, weltweit 5000 Beschäftigte). Der „Boom der Plastikflasche" vom Senf bis zum Shampoo hat Alpla an die Weltspitze katapultiert.

In innovativen Industriezweigen, wie der Pharmaindustrie oder Gentechnologie, ist Österreich bisher ein importabhängiger Mitspieler geblieben.

Die *Papierindustrie* gehört zu den wichtigen Industriezweigen Österreichs. Die rund zwei Dutzend Fabriken, die den Konzentrationsprozeß überlebt haben, sind technologisch hochgerüstet und auf bestimmte Produkte spezialisiert. Drei große Konzerne befinden sich in österreichischer Hand: Die Mayr-Melnhof-Familien-AG (2000: über 1 Mrd. EUR Umsatz, 5000 Beschäftigte) ist mit der Produktion von mehr als 1 Mio. t Karton pro Jahr der größte Kartonhersteller der Welt (Standort Frohnleiten, Murtal, Steiermark). Die Familie Mayr-Melnhof ist mit 30 000 ha der größte Waldbesitzer Österreichs. Die Industriellenfamilie Turnauer ist Hauptaktionär von zwei Aktiengesellschaften auf dem Papier- und Verpakkungssektor mit internationalen Verflechtungen zu anderen Wirtschaftszweigen, nämlich der Constantia AG (4500 Beschäftigte, 0,8 Mrd. EUR Umsatz) und der Constantia-Iso-Holding-AG-Gruppe (4600 Beschäftigte, 0,6 Mrd. EUR Umsatz). Das Unternehmen des österreichischen Industriellen Prinzhorn firmiert als Hamburger W. AG mit dem gleichnamigen Hauptwerk im Pittental, Niederösterreich (3500 Beschäftigte, 0,8 Mrd. EUR Umsatz), und investiert besonders in Osteuropa.

Der größte ausländische Konzern, die österreichisch-südafrikanische Frantschach-Gruppe (8900 Beschäftigte, 0,92 Mrd. EUR Umsatz), ist mit seiner Tochter Neusiedler AG (3350 Beschäftigte, 0,8 Mrd. EUR Umsatz) Europas größter Kopierpapierhersteller (Frantschach, Kärnten; Hilm-Kematen, Niederösterreich). Die schwedisch-deutsche PWA-SCA-Gruppe mit ihren österreichischen Standorten in Laakirchen (Oberösterreich) und Ortmann (Niederösterreich) produziert graphische Spezialpapiere und Weiches für alle Lebenslagen (Cosy, Feh usf.) (1206 Beschäftigte, ca. 0,5 Mrd. EUR Umsatz). Das südafrikanische Unternehmen Sappi (Gratkorn, Steiermark) hat sich auf Druckpapiere spezialisiert, wie sie von bunten Magazinen benötigt werden.

Ähnlich erfolgreich, jedoch mit stärkerer österreichischer Kapitalbeteiligung arbeiten die *holzverarbeitende Industrie* und die

Glasindustrie. Zu den internationalen Herzeigefirmen gehört die Firma Swarovski (Tirol, Optik, 12 500 Beschäftigte, 1,6 Mrd. EUR Umsatz). Ihre Kristallglasfiguren können auf allen Flughäfen der Welt gekauft werden. Als Tochterunternehmen der Constantia-Iso Holding hat sich die Funder Industrie GmbH (Kärnten) in jüngster Zeit auf die Veredlung von Holz und Flachs für die Autoindustrie spezialisiert.

Wasser wird weltweit im 21. Jahrhundert zu einer immer knapperen Ressource. Das neue industrielle Feld der *Wasseraufbereitung* wurde von der Best Water Technology AG in Mondsee, Salzkammergut, von Andreas Weißenbacher, der mit hunderten Patenten seine Produkte abgesichert hat, mittels Erwerbungen von Schweizer und deutschen Unternehmen zu einem kompletten Spektrum vom Recycling von Brauchwasser bis zur Produktion von Reinstwasser für die Pharmaindustrie und zur Brennstoffzellentechnologie ausgebaut. Das Unternehmen ist Europas führender Wasseraufbereiter mit 62 Tochterunternehmen weltweit. Mit 2500 Mitarbeitern und einem Umsatz von 400 Mio. EUR im Jahr 2000 wurden bisher über 3000 größere Wasseraufbereitungsanlagen in aller Welt errichtet.

Das zweite Standbein der österreichischen Industrie bis herauf in die 60er Jahre des 20. Jahrhunderts war die *Konsumgüterindustrie.* Sie hat seither, besonders in der *Textil-, Bekleidungs- und Lederbranche*, einen enormen Rückgang erfahren. Von 1970 bis 2000 sank die Beschäftigtenzahl von insgesamt 120 000 auf 31 000. Die Auslagerung der Produktion in die Entwicklungsländer zwang zu Betriebsschließungen und Umstrukturierungen. Durch Spezialisierung, technische Neuerungen und die Anhebung des Qualitätsniveaus versuchten vor allem Vorarlberger Firmen die weitere Abwanderung von Unternehmen in (lohn-)kostengünstigere Entwicklungs- bzw. ostmitteleuropäische Länder zu stoppen. Selbst Unternehmen, die für anspruchsvolle Kunden arbeiten, wie Wolford, die Tochterfirma von Palmers, sind jüngst von der Krise eingeholt worden.

Der Verlust an Arbeitsplätzen im Wiener Raum wurde durch die Tertiärisierung aufgefangen. In Vorarlberg gelang es unternehmerischer Tüchtigkeit, durch Neugründungen in anderen Branchen das Arbeitsmarktproblem weitgehend zu lösen.

Vor dem EU-Beitritt war die *Nahrungsmittelindustrie* auf den nationalen Markt und die heimischen, durchaus anspruchsvollen Konsumenten eingestellt. Allerdings waren viele Produkte durch die Verknüpfung mit dem Agrarsektor in die Subventionierung einbezogen und der freien Preisbildung entzogen. Der EU-Beitritt hat die Lebensmittelproduzenten daher in einen Überlebenskampf gestürzt. Im Jahr 2000 erzeugte die Nahrungsmittelindustrie Waren im Wert von 8 Mrd. EUR und beschäftigte 39 000 Arbeitkräfte.

Eine österreichische Weltmarke für Getränke aufzubauen, gelang dem Salzburger Dietrich Matteschitz, der zum Trend-Unternehmer des Jahres 2001 ernannt worden ist, mit mehr als einer Milliarde abgesetzter Dosen seines neuen Energiedrinks „Red Bull", dessen Webpage als Werbung für Kinder und Risikosportler gestaltet ist. Bezüglich des Umsatzes befand sich die Red Bull GmbH im Jahr 2000 in derselben Umsatzklasse von 0,8 Mrd. EUR wie der Hamburger Papierkonzern des Industriellen Prinzhorn bzw. die Biochemie GmbH des Schweizer Konzerns Novartis und wird voraussichtlich in Kürze die größte Brauerei Österreichs, die BBAG, eingeholt haben.

Eine Sonderstellung besitzt die *Bauindustrie.* Erstens, weil sie statistisch nicht immer bei der Industrie mitgezählt wird, und zweitens, weil sie gemeinsam mit dem Baugewerbe unter dem Begriff Bauwirtschaft zusammengefaßt wird. Diese trägt mit immerhin 7 % zum österreichischen Bruttoinlandsprodukt bei. Hiervon entfällt knapp die Hälfte auf die Bauindustrie. Von den mehr als 100 000 Mitarbeitern sind 28 000 in der Industrie beschäftigt.

Nach Jahren beständigen Wachstums und einer Aufbruchsstimmung in den frühen 1990er Jahren mit einer stürmischen Expansion auf den Ostmärkten mußte die Bauindustrie jedoch das Risiko dieser Märkte tragen, wo vor allem ostdeutsche Töchter den Großfirmen Universale sowie Mayreder und Maculan schwerste Verluste einbrachten. Trotz der für österreichische Verhältnisse beachtlichen Dimension von 0,8 Mrd. EUR und mehr an Umsatz sind die österreichischen Bauunternehmen zu klein, um bei international ausgeschriebenen Groß-projekten mitbieten zu können. Im Inland kann die Bauwirtschaft mit Auswirkungen von umweltrechtlichen Auflagen rechnen. Nichtsdestoweniger trifft der Sparkurs des Staates mit der Kürzung der Infrastruktur-maßnahmen die Baubranche am härtesten.

Die Wirtschaft der Bundesländer

Die West-Ost-Differenzierung des öster-reichischen Staates trifft auch auf die Indu-strie zu, wie die Profile der Bundesländer belegen (vgl. Tab. 70).

Oberösterreich war bis 1990 das größte Industrieland Österreichs. Es wurde inzwi-schen von Niederösterreich eingeholt, wel-ches nach der Ostöffnung von den Agglo-merationsvorteilen Wiens profitiert hat. In Oberösterreich liegt der Schwerpunkt auf dem Metallwarensektor, der gegenüber dem Stahlsektor die Oberhand gewonnen hat, weiters auf der Fahrzeugindustrie und der chemischen Industrie. Rund ein Viertel aller Industrieinvestitionen Österreichs ent-fällt auf oberösterreichische Firmen.

Das Branchenprofil von *Niederösterreich* wird durch Eisen- und Metallwaren, Ma-schinenbau, Chemie und Erdöl bestimmt.

Auch in der *Steiermark* ist die Industrie nach wie vor der wichtigste Arbeitgeber mit einer aufgefächerten Produktionspalette von Bergbau, Eisenerzeugung, Maschinen-bau sowie Papier- und Sägeindustrie. Auf die Bedeutung des Grazer Raums im Zu-sammenhang mit der Elektro- und Elektro-nikindustrie sowie mit dem Fahrzeugbau als Interessenfeld der Ansiedlungspolitik von Weltkonzernen wurde hingewiesen.

Die Steiermark und das *Burgenland* sind die Bundesländer mit den höchsten Be-schäftigtenanteilen in der Landwirtschaft und im Baugewerbe. Beide Branchen tragen nur unterdurchschnittlich zur Wertschöp-fung bei, stehen jedoch oft in einem kom-plementären Verhältnis zueinander. Hier hat die Flexibilisierungsstrategie der Unterneh-men Tradition, wobei sich als Resonanz dar-auf eine spezifische Lebensform mit der saisonalen Abfolge von Erwerbstätigkeit, Ar-beitslosigkeit, Nebenerwerbslandwirtschaft und Schattenarbeit entwickelt hat.

In Westösterreich ist *Vorarlberg* ein tradi-tionsreiches Industrieland, das 1960 noch 75 % des Produktionswertes der Textilindu-strie geliefert hat. Rund 40 % der Textiler-zeugnisse Österreichs kommen aus Vorarl-berg. Auf den steigenden Kostendruck in dieser Branche antworteten die Unterneh-mer mit einer Verlagerung der Produktion ins Ausland, besonders in die nördlichen und östlichen Nachbarstaaten Österreichs. Mit seinem Anteil ausländischer Arbeitskräf-te und mit der Exportquote reicht Vorarlberg an die Schweiz heran, ebenso hinsichtlich der beachtlichen Innovationskraft der Betrie-be. Neun von zehn Unternehmen haben im abgelaufenen Jahrzehnt grundlegend neue Produkte auf den Markt gebracht.

Die anderen Bundesländer sind stärker durch den Dienstleistungssektor geprägt, wobei jedes Bundesland ein spezifisches Profil zeigt.

Kärnten ist durch die Einbußen auf dem industriellen Sektor, darunter in der chemi-schen Industrie, der Textil- und Lederbran-che und der Holzindustrie, noch stärker vom touristischen Arbeitsmarkt und vom Sektor Einzelhandel und Verkehr abhängig gewor-den, wobei eine gewisse Abpufferung auch durch eine landwirtschaftliche Neben- oder Haupterwerbstätigkeit, ähnlich wie in der Steiermark, gegeben ist.

Die wirtschaftliche Entwicklung von *Tirol* wurde durch die Nähe zum süddeutschen und oberitalienischen Wirtschaftsraum und die ökonomische Ergänzung der im wesent-lichen erst in der Nachkriegszeit erfolgten Industrialisierung durch die Landwirtschaft und den Fremdenverkehr gefördert. Beinahe

Bundesland	Produktions-wert Mrd. EUR	Beschäftigte Tausend
Burgenland	1,23	7 971
Kärnten	4,64	24 305
Niederösterreich	19,48	70 736
Oberösterreich	19,94	98 541
Salzburg	4,16	19 899
Steiermark	14,13	74 594
Tirol	5,19	29 253
Vorarlberg	4,15	25 857
Wien	12,70	59 227
Österreich	**85,62**	**410 382**

Tab. 70: Produktionswerte und Beschäftigte in der Industrie in den Bundesländern 2000

Quelle: Statistik Austria; Zusammenstellung: Wirtschaftskammer Österreich/Abt. für Statistik; www.wk.or.at.

die Hälfte der österreichischen Glasproduktion entfällt auf Tirol (Swarovski). Überdurchschnittlich vertreten sind außerdem die Metallbranche, die Stein- und Keramikindustrie und die Chemie, die stark expandierten, während der Textil- und Lederbereich deutliche Einbußen hinnehmen mußte.

In *Salzburg*, einem ebenfalls spät industrialisierten Bundesland, besitzt die Industrie, gemessen am Bruttoregionalprodukt, die schwächste Position. Spezifisch für Salzburg ist neben dem Beherbergungs- und Gaststättenwesen und der Landwirtschaft die große Bedeutung von Handel und Transport. Viele Handelsunternehmen haben in Salzburg ihre logistischen Zentralen für die Außenwirtschaft Österreichs mit Westeuropa angesiedelt.

Die Bundeshauptstadt *Wien* war schon in der Monarchie überwiegend Handels-, Finanz- und Organisationszentrum. Bereits in den 1960er Jahren setzte die Entindustrialisierung in den Stadtteilen der gründerzeitlichen Hinterhofindustrie in den Vororten ein, während in den Industrieparks der Stadtplanung am Stadtrand allein von 1969 bis 1987 über 630 Betriebe mit rund 50 000 Beschäftigten angesiedelt wurden. Davon waren 43 % Zweigunternehmen multinationaler Konzerne auf dem Elektro- und Elektroniksektor, welche den Zugang zum ehemaligen Comecon-Markt suchten (Siemens, Philips, Grundig, Brown Boveri, Alcatel). Die Beschäftigtenzahlen belegen die Entindustrialisierung (1956: 180 000, 1984: 100 000, 2000: 59 000). Rund 30 000 Menschen arbeiten in der Elektro- und Elektronikindustrie, welche zum neuen Schwerpunkt der Wiener Industrie geworden ist.

Der tertiäre Sektor und das zentralörtliche System

Der Dualismus des tertiären Sektors

Der tertiäre Sektor ist der Gewinner der Wirtschaftsentwicklung in der Nachkriegszeit gewesen. Öffentlicher und privatwirtschaftlicher Sektor haben sich den Zuwachs an Arbeitsplätzen geteilt. Die Standorte beider Sektoren waren einerseits durch das zwischenstädtische zentralörtliche System mit der Hierarchie der Zentralen Orte und andererseits durch das innerstädtische zentralörtliche System bestimmt, welches in der Metropole Wien und in den Großstädten zur Ausbildung gelangte.

Hans und Maria Bobek haben Mitte der 1970er Jahre eine dokumentarische Untersuchung der Zentralen Orte Österreichs durchgeführt, zu einem Zeitpunkt, als – entsprechend den Vorstellungen des Austrokeynesianismus – der Ausbau der sogenannten „gesetzten Dienste" als Mittel für den regionalen Disparitätenausgleich eingesetzt worden ist. Entsprechend dem administrativen Aufbau des österreichischen Staates waren Wien, die Landeshauptstädte, die Hauptorte der politischen Bezirke und in geringerem Maße die Gerichtsorte vom Zuteilungssystem des Staates an „gesetzten Diensten" begünstigt. Überlegungen hinsichtlich der Größe der Einzugsbereiche und der „Tragfähigkeit" der neu errichteten Spitäler, Schulen u. dgl. waren kein leitendes Kriterium. Jedem politischen Hauptort „sein" Spital bzw. „seine" höheren Schulen, so lautete die Devise.

Der Logik des Austrokeynesianismus entsprechend wurde daher von H. u. M. Bobek der administrativen Funktion von Zentralen Orten die Priorität gegenüber den konsumentenorientierten Wirtschaftsfunktionen eingeräumt und deren Kontinuum in Ausstattungsstufen für politische Bezirkshauptorte und Gerichtsorte zerlegt.

Inzwischen sind wir in die Spätphase des Austrokeynesianismus eingetreten, ein Rückbau des sozialen Wohlfahrtsstaates ist in Sicht. Ein erster Vorbote in Hinblick auf die gesetzten Dienste im zentralörtlichen System ist die in Gang gekommene Diskussion um die Schließung von Spitälern, deren Standorte sich am Rangstufenmodell der Zentralen Orte von H. u. M. Bobek orientieren.

Mittels der Gegenüberstellung von Einzelhandel und Spitälern im zentralörtlichen System der mittleren Stufe Österreichs werden die Umbewertung der Standorte im Einzelhandel und die Dislozierung von marktwirtschaftlichen gegenüber sozialstaatlich gesetzten Einrichtungen belegt. Mit dem EU-Beitritt hat sich die bereits in den 1980er Jahren einsetzende Umstrukturierung des Einzelhandels durch Effekte der Kettenbildung beschleunigt. Die Filialisierung beherrschte die Entwicklungsdynamik, das Vorhandensein oder Nichtvorhandensein von Filialen bestimmter Firmen veränderte die Rangordnung der politischen Bezirkshauptorte, von denen es nur einer kleinen Zahl mit „kompletten" Filialzentren gelang, an die Stufe der Viertelshauptstädte anzuschließen. Die Vergrößerung der Einzugsbereiche und damit der Distanzen bewirkt eine marktwirtschaftliche Peripherisierung der bisher bereits schlecht ausgestatteten Zentralen Orte. Es ist eine politische Frage, wie lange der staatliche Sektor des Gesundheitswesens noch die Aufgabe eines egalitären Angebots an Gesundheitsdiensten wahrnehmen kann.

Die Kleinstädte als Zentrale Orte

Österreich ist ein Land der kleinen Zentralen Orte. In ihnen leben rund 2,6 Mio. Einwohner und damit um ca. 100 000 weniger als in der Kernstadt von Wien zusammen mit den Landeshauptstädten und Viertelshauptstädten bzw. in den Gemeinden des ländlichen Raums, deren Ausstattung nicht zur Deckung des Bedarfs der Wohnbevölkerung ausreicht. Der Überbesatz an kleinen, schlecht ausgestatteten Zentralen Orten der unteren Stufe des zentralörtlichen Systems ist ebenso wie die erstaunlich geringe durchschnittliche Größe der betreffenden unteren Zentren bereits in der Analyse von H. Bobek u. M. Fesl (1973) nachzulesen. Die Berechnungen für 2001 ergaben nur geringe Veränderungen. Die schwach ausgestatteten Gerichtsorte hatten 2001 nur durchschnittlich knapp 3000 Einwohner, und selbst die voll ausgestatteten Gerichts-

Quelle: Lichtenberger, 1993, S. 448 f.

Bild 104: Einfacher Gassenladen der Gründerzeit, Wien

Quelle: Lichtenberger, 1993, S. 448 f.

Bild 106: Gut ausgestattetes neues Geschäft und Portalgeschäfte der Gründerzeit, Wien

Quelle: Lichtenberger, 1993, S. 448 f.

Bild 105: „Hausherrengeschäft" der Gründerzeit, Wien

Quelle: Lichtenberger, 1993, S. 448 f.

Bild 107: Erstklassige Portalgeschäfte der Gründerzeit, Wien

orte überschritten nur knapp 5400 Einwohner (vgl. Tab. 53).

Selbst bei den Bezirkshauptorten (mit Bezirkshauptmannschaft, Finanzamt, Arbeitsamt, Arbeitsgericht, Vermessungsamt, Bezirksschulrat, Bezirksgendarmeriekommando) erreichten im Jahr 2001 die sehr gut ausgestatteten Orte nur Durchschnittswerte von rund 14 300 Einwohnern, die mittelmäßig ausgestatteten 9150 Einwohner und die schlecht ausgestatteten Bezirkshauptorte 8200 Einwohner. Sie haben im Vergleich zu den Angaben aus dem Jahr 1971 von H. Bobek und M. Fesl (13 000, 8500, 7500) daher nur wenige Einwohner dazugewonnen.

Überträgt man das System der Zentralen Orte und ihre Einzugsbereiche in die West-Ost-Differenzierung der Bevölkerungsentwicklung des Staates in der Nachkriegszeit, so gelangt man zu der keineswegs überraschenden Aussage, daß in den westlichen Bundesländern sämtliche Stufen der zentralörtlichen Hierarchie am Wachstum partizipierten, während in der Ostregion zahlreiche Orte der unteren Stufe durch die Bevölkerungseinbußen der ländlichen Gemeinden so stark betroffen sind, daß sie entweder stagnieren oder sogar Bevölkerung verlieren und sich die Versorgungsspirale nach unten dreht.

Das System der Zentralen Orte in Österreich läßt sich bis zur territorialen Organisation des Mittelalters zurückverfolgen. Es ist bei der Einrichtung von politischen Bezirken im 19. Jahrhundert berücksichtigt worden und hat bisher eine außerordentliche Stabilität besessen. Zu den lokalen Eliten zählen Kleinunternehmer, Gewerbe- und Handelsbürger, Angehörige der freien Berufe und leitende Beamte der staatlichen Einrichtungen. Ihre Lebensinteressen begegneten aufgrund der vielfach vorhandenen Einheit von Wohnhaus und Betrieb den Intentionen des staatlichen Denkmalschutzes und führten zu beispielhaften Revitalisierungen von mittelalterlicher und barocker Bausubstanz, so daß viele Kleinstädte eine beachtliche architektonische Attraktivität besitzen, die freilich häufig nicht mehr von einer adäquaten Wirtschaftskapazität begleitet wird.

In den späten 1960er und frühen 70er Jahren waren vor allem die Bezirkshauptorte die Investitionszentren der föderalistischen Regionalpolitik. Die gezielten Ansiedlungen von höheren Schulen, Krankenhäusern und dgl. haben zwar eine recht gleichmäßige „soziale Infrastrukturdecke" über den ländlichen Raum gebreitet und die interregionalen Disparitäten reduziert, gerade durch den massiven Ausbau des höheren Schulwesens jedoch neue Transferstellen für die Wanderung in die Verdichtungsräume geschaffen.

Die Existenz einer Vielzahl von Kleinstädten bildet in der Gegenwart unter dem Druck der Liberalisierung und des Konzentrationsprozesses auf dem tertiären Sektor ein spezifisch österreichisches Problem. Erstaunlich lange hat sich das österreichische zentralörtliche System in einer Größenordnung von Rangstufen und Einzugsbereichen erhalten, welche von W. Christaller in der Zwischenkriegszeit für Süddeutschland festgestellt worden ist. Seit den 1970er Jahren begann jedoch die Destabilisierung dieser traditionellen Hierarchie um sich zu greifen, und zwar einerseits durch die Filialisierung im Einzelhandel und andererseits aufgrund der Bereitschaft der Konsumenten, im Individualverkehr größere Distanzen zur Deckung der Nachfrage zurückzulegen. Damit haben sich auch die Abstände zwischen den Hierarchiestufen der Zentralen Orte vergrößert. Einzelne Stufen wurden eliminiert, Kleinstädte sind an den Rand der Entwicklung geraten. Ihre Erhaltung wird langfristig nur über die Eingliederung in metropolitane Regionen bzw. durch Attraktivitätsgewinne für die Freizeitgesellschaft und postindustrielle Lebensstile möglich sein.

Bereits in den 1980er Jahren erfolgten erste Veränderungen in Richtung auf ein duales Standortmuster des Geschäftslebens, wobei es nur einem Teil der Kleinstädte gelungen ist, komplexe größere Geschäfts- und Dienstleistungsbetriebe auf grüner Wiese anzuziehen. Die meisten Kleinstädte verharrten in der bisherigen traditionellen Geschäftsstruktur, welche zunehmend Abbauerscheinungen zeigte.

Mit dem EU-Beitritt hat sich die bereits in den 1980er Jahren einsetzende Destabilisierung und Umstrukturierung des zentralörtlichen Systems des Einzelhandels durch Effekte der Internationalisierung und der Kettenbildung auf Kosten der kleinbetrieblichen traditionellen Geschäftsstruktur weiter beschleunigt.

Während durch die Zentrale-Orte-Politik der 1960er Jahre die historische Struktur des zentralörtlichen Systems dank der staatlichen Investitionen noch mehr als ein Jahrzehnt perpetuiert werden konnte, wird heute aufgrund der äußerst zügigen Umgestaltung des konsumentenorientierten, privaten tertiären Sektors und der damit verbundenen Vergrößerung der Einzugsbereiche unter dem Eindruck des Sparbudgets die Frage nach der Möglichkeit der Aufrechterhaltung der seinerzeit eingerichteten Sozialdienste, allen voran der Spitäler, gestellt. Spitalsschließungen stehen an.

Internationalisierung und Filialisierung des Einzelhandels

Das Profil des Einzelhandels in Österreich hat sich in der zweiten Hälfte des 20. Jahrhunderts tiefgreifend verändert. Filialsystem und Shopping-Center haben die kleinbetriebliche Struktur des Einzelhandels weitgehend ersetzt. Es ist ein duales System der Einzelhandelslandschaft entstanden, welches von internationalen Firmen geprägt wird, die Betriebsformen, Spezialisierung der Konsumbereiche, Branchen und Sortimente vorgeben.

Von den 40 größten europäischen Handelsketten sind folgende in Österreich vertreten: Der Metrokonzern, der größte europäische Konzern, ist in Österreich nur mit einem kleinen Bereich repräsentiert (vgl. Tab. 71). Der REWE-Konzern, der 1996 das Lebenswerk von Karl Wlaschek mit den Firmen Billa, Merkur, Bipa und Mondo gekauft hat, steht mit der bisher separierten Vermögensverwaltung von BML hinsichtlich Umsatz und Personal an erster Stelle. Der Konzern Aldi betreibt in Österreich die Hofer-Märkte. EDEKA hat als großer Bruder 2002 die Mehrheit von ADEG übernommen, die aus selbständigen Einzelhändlern entstanden ist. Tengelmann ist in Österreich durch Zielpunkt präsent. Der einzige bisher österreichische Handelskonzern ist die SPAR-Organisation, die unter den European Top 40 an der 36. Stelle steht.

Das Standortberatungsunternehmen Regioplan Consulting wies 2001 einen Konzentrationsgrad von 90 % im österreichischen Lebensmitteleinzelhandel aus, welcher auf die fünf größten Anbieter entfiel und einem Wert von etwa 10,6 Mrd. EUR

entsprach, wobei die beiden größten Konzerne BML mit Billa (900 Märkte) und Mondo (190 Märkte) im Eigentum von REWE und SPAR (mit Eurospar 526 Märkte und 900 selbständige Kaufleute) je nach Berechnung zwischen 55 % und 65 % der Ausgaben der Österreicher lukrierten.

Die Zahl der Konkurrenten hat sich in den 1990er Jahren sehr stark verringert. Auf dem Markt blieben Diskonter, deren Anteil am Umsatz durch Leistungsvereinfachung und Dauertiefstpreise im Nichtmarkensegment ständig steigt (2001: 17 %). Marktführer sind Hofer (Aldi) und Metro mit je ca. 1,5 Mrd. EUR Jahresumsatz.

Die Nachkriegsentwicklung hat somit die traditionelle kleinbetriebliche Struktur des Einzelhandels und des Kleingewerbes beseitigt. Es ist nicht nur ein „Greißlersterben" in ganz großem Umfang erfolgt, sondern auch das kommerzialisierte Gewerbe (Taschner, Kürschner, Schirmerzeuger, Hutmacher usf.) hat schwerste Einbußen hinnehmen müssen.

Der Konzentrationsprozeß im Einzelhandel wird durch folgende Anteile der Branchenführer am Gesamtumsatz belegt:

Branche	Zahl der Unternehmen	Umsatz %
Lebensmittel	5	88
Drogeriewaren	2	70
Möbel	5	58
Schuhe	3	52
Elektro	3	41
Textilien	5	28

Das Vorhandensein bzw. Nichtvorhandensein der Filialen bestimmter Firmen ist zum Indikator für die Rangordnung eines Zentralen Ortes geworden und hat damit das traditionelle Kriterium des Vorhandenseins eines bestimmten spezialisierten Geschäftstyps mit einem spezifischen Sortiment und einer definierten Preisklasse der Waren ersetzt. Dies allerdings nicht zur Gänze.

In dem Ausbreitungsvorgang von standardisierten Konsumartikeln und Dienstleistungen sind eine Ober- und eine Untergrenze zu verzeichnen. Die Obergrenze kann, wie die Wiener Entwicklung belegt, im innerstädtischen Einzelhandelssystem nur mehr mäßig angehoben werden. Das

Bild 108: Shopping City Süd

Quelle: SCS.

differenzierte, individuelle Angebot von echten Citygeschäften ist nach wie vor gefragt, nicht zuletzt auch begünstigt durch den Städtetourismus.

Die Aussagen über die Untergrenze des Filialsystems lauten anders. Wie die besonders deutlich sichtbare Ausbreitung chinesischer Restaurants belegt, reichen diese bis in die unteren Stufen des zentralörtlichen Systems. Komplette Sets aller branchenspezifischen Filialsysteme finden sich erst in dessen mittleren Rängen. An der Untergrenze des Filialsystems werden – von wenigen für den Tourismus relevanten Spezialisierungen abgesehen (Trachtengeschäfte u. dgl.) – die traditionellen Geschäftsstrukturen in wenigen Jahren völlig zerstört sein, wenn nicht föderalistische bzw. lokale Initiativen rechtzeitig Gegenmaßnahmen ergreifen.

Die Rolle der Einkaufszentren

Zum Unterschied vom Filialsystem ist der Anteil von planmäßig angelegten Einkaufszentren in Österreich insgesamt bisher eher bescheiden geblieben. Die von der Fachvereinigung „Standort und Markt" erarbeitete Einkaufszentrendokumentation für Österreich wies für 2000 folgende Eckdaten auf:

Quelle: Lichtenberger

Bild 109: Mariazell, Hauptstraße mit Wallfahrtskirche, Steiermark

Der Gesamtumsatz aller österreichischen Einkaufszentren betrug 2000 rund 6,2 Mrd. EUR und entsprach etwa 13,5 % der Kaufkraft der Österreicher. Er wurde von insgesamt 4380 Betrieben mit zusammen 36 880 Mitarbeitern in 126 Einkaufszentren erzielt. Davon waren 102 „klassische" Einkaufszentren mit mindestens 4000 m² Nutzfläche für Einzelhandels-, Dienstleistungs- und Gastronomiebetriebe („vermietbare Fläche") sowie einen Fachgeschäftsmix (mindestens 20 oder auch nur 10 Geschäfte, wenn mindestens zwei Leitbetriebe aus unterschiedlichen Branchen vorhanden waren).

Dazu bestanden 22 Fachmarktzentren als planmäßig errichtete Komplexe mit mindestens fünf Fachmärkten oder fachmarktähnlichen Betrieben, ein Factory-Outlet-Center in Parndorf im Burgenland und ein Airport-Shopping-Center in Wien.

Diese 126 Einkaufszentren verfügten bei 2 010 000 m² vermietbarer Fläche über etwa 1 580 000 m² Verkaufsfläche und konnten im Jahr insgesamt etwa 300 Mio. Besucher (über eine Million pro Geschäftstag!) begrüßen.

Shopping-Center haben sich in Österreich nach den ersten an Paris orientierten Vorbildern (1970: Innsbruck, 1976: Shopping City Süd) eher zögerlich entwickelt, und Größenordnungen von über 20 000 m² sind nur in den Landeshauptstädten und in der Viertelshauptstadt Krems entstanden. Erst die 1990er Jahre haben einen Boom zumeist kleinerer Zentren gebracht. Dabei verblieben rund 40 % der neu gegründeten Einkaufszentren mit über 30 % der Verkaufsfläche im jeweiligen unmittelbaren Stadtbereich. Rund 46 % der Zentren liegen im Randbereich der Städte und nur 15 % mit 26 % der Verkaufsfläche auf der „grünen Wiese".

Vergleicht man damit die Struktur in Deutschland, so beliefen sich die entsprechenden Anteilswerte 1997 auf 36 % Innenstadt, 37 % Randbereich und 27 % „grüne Wiese" (Falk 1998). Deutschland wies 2001 240 Shopping-Center mit über 15 000 m², Österreich in derselben Größenordnung 20 Einzelhandelszentren auf.

Vergleicht man die Phasenabfolge, so ist der frühere Beginn der Entwicklung in Deutschland mit der ersten Phase von 1964

Unternehmen	Beschäftigte	Umsatz Mio. EUR
BML-Vermögens-verwaltung AG u. a.	37 000	4 942
(Billa AG)	(15 000)	(2 364)
(Bipa)	(2 000)	
(Mondo)	(1 024)	(300)
(Merkur)	(5 047)	(904)
Spar Österreich	21 563	3 054
ZEV MARKANT	16 965	2 751
Zielpunkt (ehem. Löwa)	3 605	662
Adeg Österreich	2 600	821
Metro (CH)	2 300	908
Hofer	1 700	1 744

Quelle: www.trend.at.

Tab. 71: Beschäftigte und Umsatz in Einzelhandelsunternehmen 2000

bis 1973 auf der grünen Wiese hervorzuheben und auf das frühere Zurückgehen in die Innenstadt (1974–1983) hinzuweisen. Der Aufholprozeß in Österreich begann in den 1990er Jahren und war mit der Erweiterung des Kaufangebots durch das Erlebnisangebot in den größeren Zentren (Multiplex-Kinos, Themengastronomie, segmentspezifische Unterhaltsangebote) verbunden.

Einzelhandel, quo vadis?

Wohin geht zu Beginn des 21. Jahrhunderts die Entwicklung bei weitgehend stagnierender Nachfrage? – so lautet die Frage, welche sich Betriebswirte stellen. Die Antwort darauf ist schwierig.

Die Planungen und die Bautätigkeit demonstrieren die ungebrochene Flächenexpansion der Einkaufszentren, und zwar überall dort, wo die Entwicklung der 1990er Jahre von wirtschaftlichem Erfolg begleitet war. Bei sinkender Produktivität findet gleichzeitig ein Ausleseprozeß statt. Einerseits drängen größere Shopping-Center in kleinere Mittelstädte vor, und selbst in Kleinstädten entstehen Einkaufszentren und -passagen. Die Diskontorientierung nimmt zu. Hypermärkte, Verbrauchermärkte und Fachmärkte entstehen weiterhin dort, wo sie Grundstücke und Genehmigungen der Behörden erhalten. Andererseits schließen zahlreiche kleine Betriebe sowohl in peripheren als auch in integrierten Lagen. Die Versteilung des Lagegradienten im innerstädtischen wie im zwischenstädtischen System

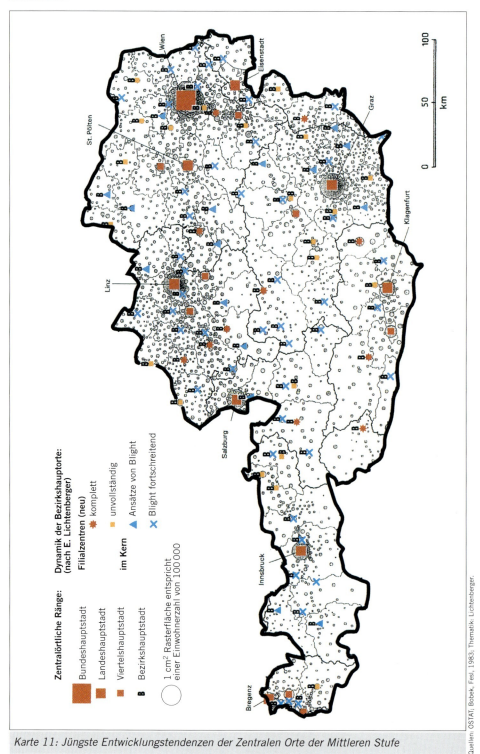

Karte 11: Jüngste Entwicklungstendenzen der Zentralen Orte der Mittleren Stufe

Quellen: OSTAT; Bobek, Fesl, 1983; Thematik: Lichtenberger.

1973 Bezirkshauptorte Erhebung Bobek		1996 Zentrale Orte Erhebung Lichtenberger		
Ausstattung	Zahl	Zahl	Untergrenze d. Bereichs	Filialzentren
sehr gut	25	10	60 000	(1) *komplett*
		15	40 000	(2) *unvollständig*
mäßig	39	8		
		16	20 000	(3) *Ansätze* Commercial Blight im Kern einsetzend
		15		(4) *Commercial Blight* fortschreitend
schwach	29	29		
Insgesamt	**93**	**93**		

Tab. 72: Ausbau der Zentralen Orte durch Filialagglomerationen „auf grüner Wiese"

wird durch den Commercial Blight sichtbar, dessen Fortschreiten nicht in flächenhafter Form, wie in den USA rings um die Downtown und in den älteren Suburbs, sondern kleinzügig erfolgt. Insgesamt wird sich die räumliche Entwicklung diversifizieren.

Filialagglomeration und Commercial Blight im zentralörtlichen System

Planmäßig angelegte Einkaufszentren sind zu Beginn des 21. Jahrhunderts im wesentlichen noch Elemente der Groß- und Mittelstädte geblieben; sie haben bisher Bezirkshauptorte nur in Einzelfällen erreicht. Die Entwicklung ist vielmehr durch Filialagglomerationen auf der grünen Wiese gekennzeichnet. Entsprechend der chaotischen Urbanisierung in der Nachkriegszeit haben Gemeinden mit föderalistischer Unterstützung zwar Industrie- oder Gewerbebaugebiete ausgewiesen, dies jedoch ohne eine Zielsetzung bezüglich ihrer funktionellen Struktur zu entwickeln. Dadurch standen Grundstücke für Betriebsbauten zur Verfügung, die in Zentralen Orten von Dienstleistungs- und Handelsbetrieben genutzt wurden. Dabei sind von lokalen Reparaturbetrieben, Automechanikerwerkstätten u. dgl. abgesehen nach und nach vor allem die großen Handelsketten aller Branchen aktiv gewesen und haben gemäß der Einschätzung der regionalen Kaufkraft für ihre Produkte die Standorte gewählt. Aus der Summation der Einzelentscheidungen von Un-

ternehmen hat sich entsprechend den Kundeneinzugsbereichen eine gleitende Skala der Größenordnung von neuen Einzelhandels- und Gewerbezentren entwickelt, in denen auch die räumliche Sortierung der Betriebe recht unterschiedlich ausgefallen ist. Nichtsdestoweniger bietet sich unter Bezug auf die Filialagglomeration und die Geschäftsentwicklung im Kern der Zentralen Orte eine einfache Entwicklungstypologie des Geschäftslebens der Bezirkshauptorte an, die von der kompletten Filialagglomeration auf grüner Wiese (Kaufhaus, Möbelhaus, Baumarkt, mehrere Automärkte) bis zum Niedergang des Geschäftslebens im Kern (Commercial Blight) reicht.

Die Rangordnung des zentralörtlichen Systems in den 70er Jahren hat damit folgende Umstrukturierungen erfahren (vgl. Tab. 70, Karte 11):

(1) Von den in den 70er Jahren sehr gut ausgestatteten 25 Bezirkshauptorten haben es nur 10 zu „kompletten" Filialzentren gebracht. Darunter sind echte Newcomer wie Liezen, welches zum Vorort des Ennstales avancierte, Lienz in Osttirol und Spittal an der Drau in Oberkärnten bzw. Ried im Innkreis. Dieser Gruppe ist es gelungen, zu den Viertelshauptstädten aufzuschließen und aus benachbarten politischen Bezirken Kunden zu gewinnen.

(2) Zur Gruppe der Gewinner im konsumentenorientierten tertiären Sektor gehören außer den restlichen 15 Kleinstädten noch

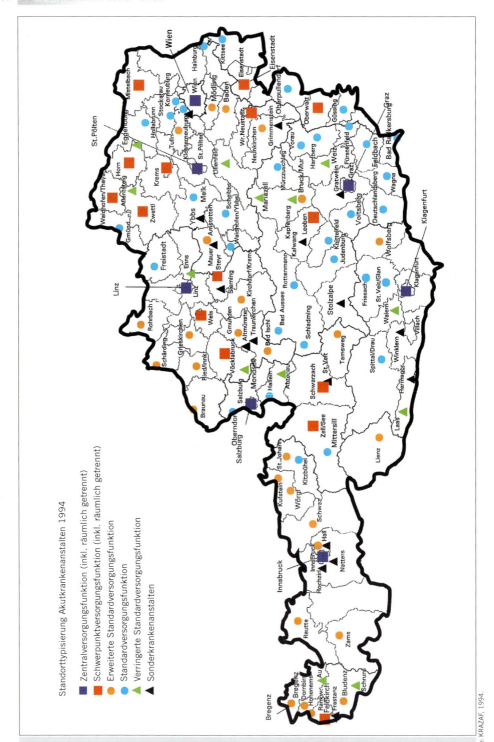

Standorttypisierung Akutkrankenanstalten 1994

◼ (violett) Zentralversorgungsfunktion (inkl. räumlich getrennt)
◼ (rot) Schwerpunktversorgungsfunktion (inkl. räumlich getrennt)
● (orange) Erweiterte Standardversorgungsfunktion
● (blau) Standardversorgungsfunktion
◀ (grün) Verringerte Standardversorgungsfunktion
◀ (schwarz) Sonderkrankenanstalten

Karte 12: Typen der Krankenanstalten 1994

Quelle: KRAZAF, 1994.

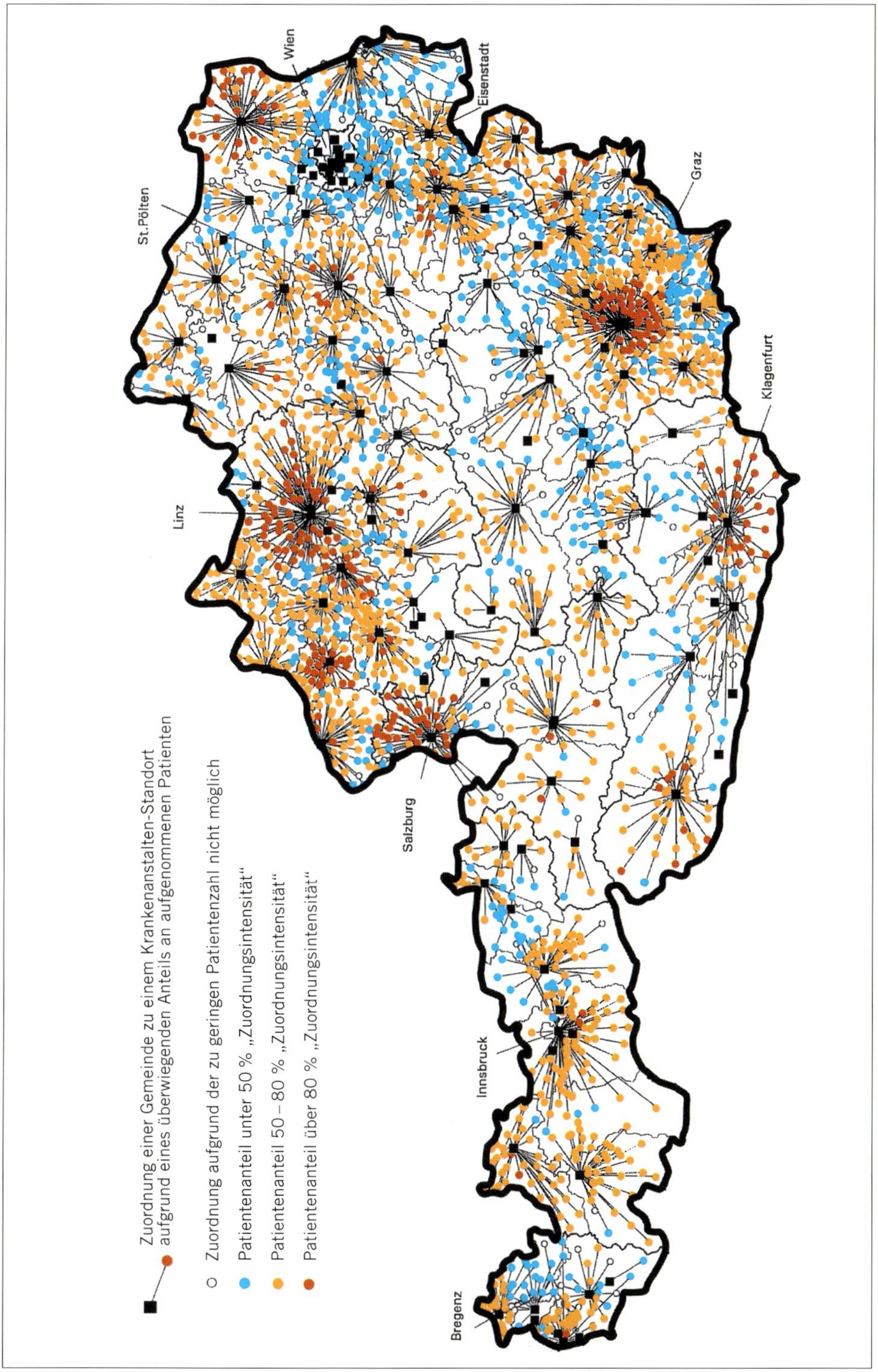

Quelle: KRAZAF, 1994.

Zuordnung einer Gemeinde zu einem Krankenanstalten-Standort
aufgrund eines überwiegenden Anteils an aufgenommenen Patienten

Zuordnung aufgrund der zu geringen Patientenzahl nicht möglich

Patientenanteil unter 50 % „Zuordnungsintensität"

Patientenanteil 50 – 80 % „Zuordnungsintensität"

Patientenanteil über 80 % „Zuordnungsintensität"

Wien · Eisenstadt · Graz · St.Pölten · Klagenfurt · Linz · Salzburg · Innsbruck · Bregenz

Karte 13: Die Einzugsbereiche der Spitäler mit Standardausstattung 1994

weitere 8 Kleinstädte und Märkte der 1973 als mäßig ausgestatteten eingestuften Gruppe. Sie alle verfügen über ein gutes, wenn auch nicht mehr komplettes Set von Filialen aller wichtigen Geschäftsbranchen, die sich z. T. im Zusammenhang mit der Entwicklung von Fußgängerbereichen im Altbaubestand angesiedelt haben, aber auch in ein Erweiterungsgebiet außerhalb des Altbaubestandes ausgewichen sind.

(3) Die dritte Gruppe umfaßt Zentrale Orte mit deutlich wahrnehmbaren Anzeichen der Stagnation und des Niedergangs in den Altkernen und nur mehr geringer Neuansiedlung auf grüner Wiese.

(4) Die Mitglieder der vierten Gruppe, der z. T. historisch recht bedeutende Städtchen wie Waidhofen an der Ybbs (Kleineisenindustrie, Niederösterreich), Freistadt (Mühlviertel, Oberösterreich), Bruck an der Leitha (Niederösterreich), Tamsweg (Lungau, Salzburg) und Völkermarkt (Kärnten) angehören, haben bereits Schwierigkeiten, das Geschäftsleben aufrechtzuerhalten, da die Kunden in besser augestattete Zentrale Orte abwandern (vgl. Karte 11). In Hinblick auf das Sortiment des Warenangebots im zentralörtlichen System sind daher große Teile Österreichs lokal nur mehr unzureichend in den Bereichen des mittelfristigen und periodischen Bedarfs versorgt. Am besten ausgestattet sind die Fremdenverkehrsräume in Westösterreich, vom Inntal über das Salzachtal bis zum Ennstal hin. Längere Einkaufswege sind überall vorprogrammiert, vor allem auch dort, wo die Errichtung echter Shopping-Center – wie im Umfeld von Wien – zum Niedergang des Geschäftslebens in den Bezirksorten (Mödling, Baden) geführt hat.

Das Spitalswesen im zentralörtlichen System

Das Spitalswesen bildet noch immer einen Eckpfeiler des sozialen Wohlfahrtsstaates, welcher der administrativen Gliederung des österreichischen Staates auf der mittleren Stufe der politischen Bezirke zugeordnet ist. Größe und Spezialisierungsgrad der Spitäler steigen mit dem administrativen Rang der Orte.

Die Entwicklung in der Nachkriegszeit, welche durch eine enorme innere Erweiterung, Neu- und Zubauten sowie die Einrich-

tung von neuen Fachabteilungen gekennzeichnet war, ist dem Spitalswesen flächig zugute gekommen und hat zusätzlich weiteren Standorten aufgrund unterschiedlicher föderalistischer Strategien eine Spezialisierung und die Entwicklung zu Regionalzentren gebracht. Die Standorte der Spitäler bilden damit einerseits modellhaft das egalitäre Versorgungsprinzip des Spitalssektors auf der Ebene der Grundausstattung ab und zeigen andererseits die föderalistischen Effekte beim wichtigen, in der Nachkriegszeit entwickelten Typus des Schwerpunktkrankenhauses. Aus seiner gegenwärtigen Verteilung sind die Effekte des Föderalismus klar ersichtlich (vgl. Karte 12). Während Tirol und Kärnten über keine Schwerpunktkrankenhäuser (mit kompletter Abteilungsgliederung) außerhalb der Landeshauptstadt verfügen, hat das Land Niederösterreich eine ausgeprägte Dezentralisierungspolitik betrieben und Regionalspitäler auch in Bezirkshauptorten (im Waldviertel Waidhofen an der Thaya, Horn und Zwettl, im Weinviertel in Mistelbach) eingerichtet. Im Burgenland besteht ein Regionalkrankenhaus in Oberwart im südlichen Burgenland. Oberösterreich hat die Viertelshauptstädte Wels und Steyr sowie den aufsteigenden Bezirkshauptort Vöcklabruck als Standorte gewählt, die Steiermark die Viertelshauptstadt Leoben, Salzburg mit Rücksicht auf den Tourismus Zell am See und Schwarzach. Überall vorhanden ist die Standardausstattung, welche modellartig die administrativen Einzugsbereiche der politischen Bezirksorte widerspiegelt (vgl. Karte 13).

Entsprechend dem Einweisungsprinzip der Patienten nach dem Sprengelsystem konnten sich damit bis heute Spitäler in Zentralen Orten halten, in denen sich das Geschäftsleben und die Wirtschaft insgesamt bereits auf massivem Rückzug befinden.

Der Vergleich von Standortmustern und Einzugsbereichen der Spitäler mit dem Standortmuster des Geschäftslebens demonstriert, daß die lange aufrechterhaltene Identität von administrativer und wirtschaftlicher zentralörtlicher Funktion in den kleinen Zentralen Orten Österreichs an das Vorhandensein des Besitzbürgertums als tragender Sozialschicht gebunden war. Das „Aussterben" dieser Lebensformgruppe bedingt den Niedergang des Wirtschaftslebens in den Zentralen Orten, deren Einzugsbereiche den internationalen Mindeststandards der Größe nicht mehr entsprechen. Der staatliche Sektor des Gesundheitswesens kann bisher noch die Aufgabe eines egalitären Angebots an Gesundheitsdiensten und damit einen regionalen Disparitätenausgleich wahrnehmen, solange dessen Kosten aus dem Staatsbudget getragen werden können und nicht wie in der Wirtschaft die Agglomerationsvorteile wahrgenommen werden müssen.

Das duale System des Geschäftslebens in der Metropole Wien

Typologie und Standortmuster des Geschäftslebens in den Großstädten Europas sind sehr vereinfacht durch ein duales System von traditionellen Geschäftsstraßen und -vierteln und geplanten Geschäftszentren zu kennzeichnen, zu dem in den letzten zwei Jahrzehnten als akzessorische Elemente noch von ethnischen Subkulturen getragene Geschäftsviertel und Märkte getreten sind. Die Eurometropole Wien weist in allen drei Strukturen bemerkenswerte Phänomene auf.

Vom Geschäftsleben der Weltstadt Wien vor dem Ersten Weltkrieg hat sich die hierarchische Anordnung der Geschäftsstraßen im gründerzeitlichen Stadtkörper im An-schluß an die Bezirksbildung des 19. Jahrhunderts erhalten. Bemerkenswert ist die erstaunlich hohe Zahl von Geschäften, die noch aus der Zeit einer klar strukturierten Einkaufsklassengesellschaft auch die architektonische Symbolik an zahlreichen Beispielen erhalten haben: von der aufwendigen Portalgestaltung des Nobelgeschäfts in der City über das solid-bürgerliche Hausherrengeschäft in den ehemaligen Vorstädten bis zu den einfachen Wohnläden hin (vgl. Bilder 104, 105, 106, 107).

Die Filialisierung der meisten Branchen hat die einst geschlossene Reihe der Geschäfte von individuellen Besitzern, beginnend bei den Hauptgeschäftsstraßen und bis zu den Nebenstraßen hin, durchlöchert, wobei sich in den letzteren aufgrund der niedrigeren Mieten noch mehr selbständige Kleinunternehmen erhalten haben. In einer Zeit wachsender Fluktuation des Einkaufsverhaltens stellen die Bereichsgrößen von 40 000 bis 80 000 Kunden in den Bezirksstraßen und von 12 000 bis 26 000 Kunden in den Viertelsstraßen nur mehr Rahmenwerte dar, wobei analog zum Zentralen-Orte-System unter dem Druck der Filialisierung und Sortimentsverbreiterung gegenwärtig nur jene Bezirkszentren prosperieren, welche in ausgezeichneter Verkehrslage als neue Sektorszentren 80 000 bis 130 000

Bild 110: Neues Allgemeines Krankenhaus in Wien

Quelle: Lichtenberger, 1993a, S. 92.

Kunden bedienen und mindestens 250 Geschäfte aufweisen. Durch die Separierung des langfristigen (Einrichtung, Möbel) vom mittelfristigen Bedarf (Bekleidung, Schmuck) hat sich zunächst eine Verlagerung des ersteren an Ausfallstraßen des Stadtrandes und dann eine Aussiedlung in die neu gegründeten Shopping-Center vollzogen.

In einer geradezu modellhaften „Private-Public Partnership" ist die Gründung von Shopping-Center ab den 60er Jahren in der Konkurrenz zwischen Wien und Niederösterreich innerhalb und außerhalb der Stadtgrenzen von Wien erfolgt.

Dabei ist als Gegenstück zu der von der Bundesregierung errichteten UNO-City an der Donau die Shopping City im Südwesten von Wien in bester Verkehrslage an der Autobahn und der Triester Straße errichtet worden, um Kaufkraft von Wien nach Niederösterreich abzuziehen, was ebenso gelungen ist wie der nicht bezweckte Ruin des mittelständischen Geschäftslebens im südlichen Niederösterreich.

Die im Herbst 1976 nach zweijähriger Bauzeit eröffnete Anlage zählt mit einer Verkaufsfläche von 250 000 m², 9000 Parkplätzen, 25 Mio. Besuchern und einer Milliarde EUR Umsatz (2001) zu den größten randständigen Geschäftszentren Europas (vgl. Bild 108). Seit 1992 entstand Österreichs größte Fertighausanlage „Blaue Lagune" mit 90 Musterhäusern und 1994, dem Trend zum „Urban Entertainment" folgend, das „Multiplex", ein Kinocenter für Unterhaltung und Gastronomie (37 000 m²) mit fast einer Million Besucher. Ein Themenpark auf 40 ha ist in Planung.

Durch die Stadtrandverlagerung bzw. Suburbanisierung des Einzelhandels in Form neuer Shopping-Center hat der traditionelle Einzelhandel im gründerzeitlichen Stadtraum ganz wesentlich an Kunden verloren. Es ist zu flächenhaften Erscheinungen von Commercial Blight gekommen, dem im Zeitraum der 60er und 70er Jahre rund 8000 Geschäfte zum Opfer gefallen sind. Dabei ist ein Zusammensinken des noch auf dem fußläufigen Verkehr beruhenden Geschäftslebens erfolgt.

Dieser negativen Entwicklung konnten sich nur die im Süden und Osten in stadtwärtiger Position zu den großen kommunalen Wohnanlagen positionierten Bezirks-

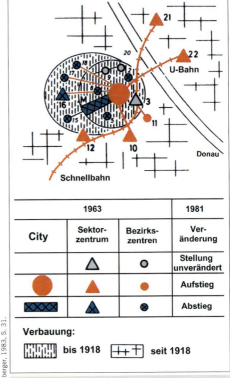

Quelle: Lichtenberger, 1983, S. 31.

	1963		1981
City	**Sektor-zentrum**	**Bezirks-zentren**	**Ver-änderung**
	△	◎	Stellung unverändert
●	▲	●	Aufstieg
▨▨▨	▲	●	Abstieg

Verbauung:

▦▦▦ bis 1918   ┼┼┼ seit 1918

Fig. 67: Shopping Centers und Commercial Blight in Wien

zentren entziehen. Sie haben damit eine intermediäre Lokalisierung zu den am Rand der Kernstadt nach amerikanischem Muster gebauten Zentren mit einer ähnlichen Stufenfolge von Nachbarschaftszentren, Bezirkszentren (Donauzentrum im XXI. Bezirk) bis zum bereits beschriebenen Regionalzentrum der Shopping City-Süd, wie sie für die US-amerikanischen Metropolitan Areas kennzeichnend sind (vgl. Fig. 67).

Die Ethnisierung des Wiener Geschäftslebens hat ebenfalls Sonderformen entwickelt. Hierbei zeichnen sich drei Entwicklungslinien ab:

(1) Eine disperse Neugründungswelle von Chinarestaurants im abgelaufenen Jahrzehnt, welche stadtübergreifend leerstehende Lokale übernommen haben und bisher insgesamt 400 Betriebe eröffneten. Die zum Großteil geringe Kundenfrequenz belegt die Funktion, Stützpunkte für den Geldtransfer und weitere finanzielle Operationen möglichst flächendeckend zu erwerben.

(2) In Nachfolge von geschlossenen Läden werden vor allem in den inneren Bezirken indische und orientalische Waren angeboten, deren Verkaufswert gering ist.

(3) Eine Besonderheit von Wien sind die großen, offenen Lebensmittelmärkte, welche ursprünglich in jedem Bezirk vorhanden waren und wo eine interessante Symbiose zwischen der Stadtverwaltung, welche die Entsorgung zu subventionierten Preisen vornimmt, und den ausländischen Händlern und deren Hilfskräften erfolgt, die mit einem Entgelt zufrieden sind, welches Österreicher nicht mehr akzeptieren würden.

Die Metropole Wien hebt sich auch auf dem Spitalssektor heraus. In offener, dem Cottagestil entlehnter Bauweise entstanden in der k. u. k. Monarchie Spitalsgroßanlagen am Stadtrand. In der Nachkriegszeit wurde im Anschluß an den auf Joseph II. zurückgehenden Komplex des Allgemeinen Krankenhauses ein Megaprojekt in den 70er Jahren begonnen und nach langer Bauzeit mit enormem Einsatz von Steuermitteln fertiggestellt. Die Bewertung des technologischen Fortschritts durch Krankenhauspersonal und Patienten wird die nächste Generation vornehmen (vgl. Bild 110).

Der quartäre Sektor in der Metropole Wien

Entwicklung des quartären Sektors

Die Globalisierung der Ökonomie führt zur Konkurrenz der großen Metropolen. Dabei geht es um die Verteilung des wachsenden quartären Sektors. Das interkontinentale Metropolensystem separiert sich zunehmend von den konsumentenorientierten, nationalen zentralörtlichen Systemen. Österreich ist ein Staat mit ausgeprägter Primate-City-Struktur in der Rangordnung der Stadtgrößen, der quartäre Sektor bleibt daher im wesentlichen auf die Metropole Wien konzentriert. Hier ist er jedoch keineswegs erst ein Produkt der Nachkriegsentwicklung, sondern sein wesentlichster Bestandteil, der Dualismus von Regierung und Bankenwesen, geht bereits auf den aufgeklärten Absolutismus und die Entstehung des Manufakturwesens im 18. Jahrhundert zurück. Der Aufschwung des Bankenwesens ging der Industrialisierung voraus. Die Etappen des Industrialisierungsprozesses spiegeln sich im Auftreten von entsprechenden Kontoren in der Innenstadt wider. Im 19. Jahrhundert folgten auf die Kontore der italienischen und französischen Seidenindustrie die Niederlagen der Papierfabriken und die Zentralbüros der Zuckerfabriken. In den 1970er Jahren kamen die Zentralen der großen Montan- und Hüttenwerke nach Wien, ab den 1980er Jahren die Repräsentanzen der Holz- und Lederindustrie. Der Finanzsektor fächerte sich durch das Auftreten von Versicherungen, Krankenkassen und Pensionsanstalten auf.

Die Pressefreiheit 1848 gab den Anstoß für den Aufstieg des Zeitungs- und Verlagswesens. Zwischen den monolithischen Blökken von Privatwirtschaft, staatlicher Bürokratie und hohen Schulen übernahm in der Gründerzeit die Gruppe der halboffiziellen Institutionen, Körperschaften, Vereine und Verbände, Vermittlungsfunktionen.

In der Zwischenkriegszeit gesellten sich Parteizentralen und Gewerkschaften hinzu. In der Nachkriegszeit sind die außeruniversitären Forschungseinrichtungen im Grenzbereich von Forschung, Politik und Wirtschaft stark gewachsen. Würde man sie zusammenfassen, so könnte man neben den Wiener Massenuniversitäten mit rund 100 000 Studenten eine große Forschungsuniversität gründen.

Es ist einsichtig, daß die Statistik nicht imstande ist, den quartären Sektor exakt vom tertiären zu trennen. Dies gilt für den Finanz- und den Regierungssektor ebenso wie für den Forschungssektor und für den in der Nachkriegszeit enorm gewachsenen Informationssektor. Dies nicht zuletzt auch deshalb, weil alle diese Sektoren jeweils einen harten Kern aufweisen, aber zum Funktionieren auch eines Mantels von Betrieben und Berufen bedürfen, darunter vor allem Angehörige der freien Berufe, Rechtsanwälte, Architekten, Finanzberater usf.

Die Sonderstellung des österr. Finanzsektors

Der Finanzsektor ist der Motor und Indikator für die Globalisierung der Ökonomie.

Aufgrund des verstaatlichten Bankenwesens besaß Österreich bis herauf zur Wende eine Sonderstellung in der westlichen Welt. Erst die „Entstaatlichung" in den 1990er Jahren brachte eine tiefgreifende Umstrukturierung (vgl. S. 270). In diesem Jahrzehnt hat überdies die Zahl der Bankinstitute von 1210 Institutionen auf 951 abgenommen. Bei dieser Abnahme handelte es sich nicht um einen Effekt der Privatisierung, es vollzog sich vielmehr eine Einbindung Österreichs in den globalen Konzentrationsprozeß des Geldwesens.

Aus den Veröffentlichungen der Europäischen Zentralbank vom Dezember 2000 geht hervor, daß die Zahl der Kreditinstitute in der EU in den 1990er Jahren durch Zusammenschlüsse generell stark abgenommen hat, und zwar im Durchschnitt um 32 %. Dies gilt besonders für Frankreich (– 44 %), Spanien (– 45 %) und Schweden (–75 %). Die Abnahme der Zahl der österreichischen Bankinstitute betrug in diesem Jahrzehnt nur 22 % und lag damit unter dem EU-Mittel. Allerdings war in den 1980er Jahren im Schatten des verstaatlichten Bankenwesens in Österreich bereits ein beachtlicher Konzentrationsprozeß eingetreten, der unter den Schlagworten von Universalbankensystem und Marktnischenpolitik regionale Sparinstitute und Investmentbanken um ein Viertel reduziert hatte.

Dem globalen Trend folgend drangen die Banken in neue Dienstleistungen, wie Wertpapierhandel, Waren- und Finanztermingeschäfte, sowie auf den Versicherungs- und Immobilienmarkt vor und investierten verstärkt im Technologiebereich.

Auf die Dichotomie der Wirtschaft wurde mehrfach hingewiesen. Sie gilt auch für den Geldsektor. Wenigen Großbanken stehen zahlreiche Kleinbanken gegenüber.

Der Tabelle 73 sind die Angaben über Bilanzsummen und Beschäftigte der Großbanken 1988 und 2000 zu entnehmen. Auf sie entfielen 1999 50 % der Bilanzsummen aller österreichischen Banken (EU-Mittel 57 %). Der „rote Riese", die Bank Austria, nahm im globalen Ranking vor der Übernahme durch die Hypovereinsbank Platz 77 ein.

Andererseits hatte Österreich mit insgesamt 951 Kreditinstituten 1999 den höchsten Besatz in der EU. Auf ein Bankinstitut entfielen im Durchschnitt nur 9000 Einwohner, in der Bundesrepublik zum gleichen Zeitpunkt über 25 000 (!). Diese große Zahl von Kreditinstituten ist zum Gutteil auf die Strategie des „grünen Riesen", den Raiffeisenverband, zurückzuführen. Die Raiffeisenzentralbank verfügt mit 8 Landeszentralen, 623 lokalen Banken und 2350 Zweigstellen bei insgesamt 1,7 Mio. Mitgliedern über das dichteste regionale Bankstellennetz Österreichs. Zum Raiffeisenverband gehören insgesamt 1754 landwirtschaftliche Nutzungs- und Verwertungsgenossenschaften (darunter 129 Warengenossenschaften und 40 Molkereigenossenschaften) mit 44 000 Beschäftigten und 2 179 000 Mitgliedern (1998). Im europa-

Bank	1988		2000	
	Bilanzsumme Mrd. EUR	Beschäftigte	Bilanzsumme Mrd. EUR	Beschäftigte
Bank Austria:				
Bank Austria	14,61	4692	113,95	19 605
Länderbank	14,90	3966		
Creditanstalt	28,20	6641		
Erste Bank der österr. Sparkassen				
Die Erste	9,88	2528	71,73	9537
Giro-Credit	20,06	1704		
Zentralbank Raiffeisen	12,21	912	22,09	3074
BAWAG	12,94	1953	18,24	2610
Postsparkasse	11,85	1788	(19,77	2319)

Tab. 73: Umsätze und Beschäftigte der größten Banken Österreichs 1988 und 2000

Quelle: Zusammenstellung nach Top-500-Unternehmen, Trend Spezial 1988/11; www.trend.at.

weiten Vergleich weist Österreich mit Abstand die höchste Filialdichte pro Einwohner auf, welche mit Einrechnung der Postämter (Postsparkasse) unter 1000 Einwohner pro Bankfiliale liegt, so daß auch die untersten Stufen im zentralörtlichen System bedient werden. Diese hohe Bankstellendichte ist ein Produkt der vergangenen Jahrzehnte, in denen zwar die Zahl der Hauptinstitute abgenommen, die Zahl der Zweigstellen jedoch komplementär zugenommen hat.

Der Bürosektor in Wien

Der Bürosektor umfaßt den quartären Sektor einschließlich von Teilen des tertiären Sektors, darunter die Büros des Bildungs-, Sozial- und Rechtsbereichs sowie die Büros des Großhandels und der Speditionen, d. h. von wirtschaftsorientierten Einrichtungen, die sich vorwiegend mit der Vermarktung der Sachgüterproduktion beschäftigen. Hinsichtlich der räumlichen Einbindung in den physischen Stadtkörper weist Wien – gemeinsam mit anderen großen Mietshausstädten Europas – die Besonderheit auf, daß im geschlossenen Stadtraum die Ausbreitung von Büros bis herauf zur Gegenwart durch die Umwandlung von Wohnungen in Büros erfolgt und gleichzeitig die Einheit von Büro und Wohnung, vor allem bei Angehörigen der freien Berufe – wenn auch stark reduziert – in Einzelfällen fortbesteht.

Der Vorgang der Umwandlung von Wohnungen in Büros und auch die Rückwidmung von Büros in Wohnungen gehören zu den wichtigen Vorgängen in der Mietshausverbauung guter Wohnqualität und in zentrumsnahen gründerzeitlichen Villengebieten.

Die architektonische Verselbständigung von Wirtschaftsfunktionen begann im Bankenwesen schon in der 1. Hälfte des 19. Jahrhunderts. Mehrzweckbauten von Geschäfts-, Büro- und Wohnhäusern entstanden bereits um die Jahrhundertwende. Nach der Krise der Zwischenkriegszeit, in der keine Bürobauten errichtet wurden, erfolgte eine Verselbständigung des Bürohausbaus in der Nachkriegszeit. Dabei ist der Staat mit der Errichtung von neuen Bürobauten für Ministerien usf. in den 1980er Jahren vorangegangen.

Quelle: Wiener „Kurier", 25. 10. 1996, S. 33.

Bild 111: Millennium-Tower am Handelskai in Wien

Ein internationaler Büromarkt ist erst nach dem Fall des Eisernen Vorhangs entstanden. Als Investoren waren zunächst vor allem Banken und Versicherungsgesellschaften tätig. Erst der Beitritt Österreichs zur EU brachte ausländische Investoren, besonders Immobilienfonds, ins Land. Die verstärkte inländische Nachfrage wird durch inländische Immobilienfonds, Privatunternehmer und große Privatstiftungen getragen.

In den 1990er Jahren sind auf dem Bürosektor drei Entwicklungen abgelaufen:
(1) In der ersten Hälfte der 1990er Jahre hatte die Mobilisierung von Büroraumflächen im Althausbestand große Bedeutung, als jährlich mehr als eine halbe Million m^2 allein über die Printmedien angeboten wurden. Dies entsprach unter Zugrundelegung des Richtwertes von $18\,m^2$ für einen Arbeitsplatz der räumlichen Unterbringung von rund 30 000 Arbeitnehmern.
(2) Ein Büroneubau erfolgte nahezu synchron durch internationale Konzerne, darunter nahezu alle Großkonzerne des Computersektors, wie IBM, Hewlett Packard, ABB, Epson, bzw. Industriefirmen, wie General Motors, die von Wien aus die Märkte in Osteuropa betreuen.

(3) Sehr rasch setzte eine spekulative Bürobautätigkeit ein, welche nach einem Nachfragetief weiter anhält. Bereits im Zeitraum von 1992 bis 1995 erreichte Wien mit rund 345 000 m² das Jahresmittel des Bürobauvolumens von Frankfurt in den 1980er Jahren. Seither wird in dieser Größenordnung weitergebaut.

Am Beginn des 21. Jahrhunderts findet eine Verlagerung zu „neuen" Büroflächen statt: Die in der Relation teuren Büros in „Altbauten" der inneren Bezirke sind für die gestiegenen Anforderungen moderner Dienstleistungsunternehmen nicht mehr geeignet und werden sukzessive in Wohnungen umgewidmet.

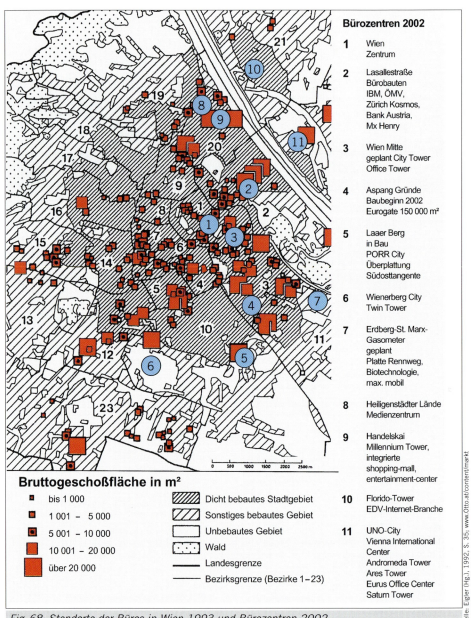

Bürozentren 2002

1 Wien
Zentrum

2 Lasallestraße
Bürobauten
IBM, ÖMV,
Zürich Kosmos,
Bank Austria,
Mx Henry

3 Wien Mitte
geplant City Tower
Office Tower

4 Aspang Gründe
Baubeginn 2002
Eurogate 150 000 m²

5 Laaer Berg
in Bau
PORR City
Überplattung
Südosttangente

6 Wienerberg City
Twin Tower

7 Erdberg-St. Marx-
Gasometer
geplant
Platte Rennweg,
Biotechnologie,
max. mobil

8 Heiligenstädter Lände
Medienzentrum

9 Handelskai
Millennium Tower,
integrierte
shopping-mall,
entertainment-center

10 Florido-Tower
EDV-Internet-Branche

11 UNO-City
Vienna International
Center
Andromeda Tower
Ares Tower
Eurus Office Center
Saturn Tower

Bruttogeschoßfläche in m²

- bis 1 000
- 1 001 – 5 000
- 5 001 – 10 000
- 10 001 – 20 000
- über 20 000

- Dicht bebautes Stadtgebiet
- Sonstiges bebautes Gebiet
- Unbebautes Gebiet
- Wald
- Landesgrenze
- Bezirksgrenze (Bezirke 1–23)

Fig. 68: Standorte der Büros in Wien 1993 und Bürozentren 2002

Quelle: Eigler (Hg.), 1992, S. 35; www.Otto.at/content/markt

Bei einem Flächenbestand von 8,8 Mio. m^2 (2001) und einer sehr geringen Leerstehungsquote von 2,5 % – vorwiegend im Altbau – ist die Nachfrage nach Büroflächen durch die Telekommunikations-, Software- und Dienstleistungsbereiche derzeit ungebrochen.

Das räumliche Muster des Bürosektors ist der Fig. 68 zu entnehmen, wobei sich drei Strukturen aufgrund der Größe der Büros unterscheiden lassen:
(1) die aus dem Umwidmungsprozeß hervorgegangenen Büros im dichtbebauten Stadtgebiet,
(2) neue Bürobauten mit mehr als 10 000 m^2 Fläche seit den 1980er Jahren und
(3) die Bürotürme seit Mitte der 1990er Jahre, bei denen allerdings nach dem Prinzip der Public-Private Partnership Wohnungen und Sozialeinrichtungen integriert werden.

Das zufällig erscheinende Muster der Bürotürme folgt dem dualen Stadtmodell von Wien (vgl. Fig. 57) mit einem Wachstum nach Osten und Süden hin und den Achsen der U- und S-Bahn-Linien.

Neben der UNO-City ist im Osten der Donau die Donau-City mit rund 500 000 m^2 entstanden: Andromeda Tower: 16 500 m^2; Ares-Tower: ca. 31 000 m^2; Vienna Tech Gate: ca. 15 000 m^2; Eurus Office Center: 17 000 m^2; IZD = Internationales Zentrum Donaustadt: ca. 57 000 m^2.

Noch isoliert markiert der Florido Tower den Stadtteil Floridsdorf im Osten der Donau, dem am westlichen Ufer der Millennium Tower (38 000 m^2), mit 202 m derzeit das höchste Gebäude Wiens mit integrierter Shopping-Mall (27 000 m^2) und Entertainment-Center (25 000 m^2), gegenübersteht.

Den historisch besten Standort im NW zwischen Donau und Donaukanal besetzen die Hochhäuser der Medien- und Telekommunikationsbranche, darunter das Concorde Business Center (30 500 m^2).

Auf der Aussichtskante des Wienerbergs dominiert optisch der Vienna Twin Tower in der „Wienerberg City" mit dem Business Park Vienna (insgesamt 181 000 m^2 Nutzfläche) die Südeinfahrt nach Wien. Am Laaer Berg entsteht die PORR-City (Baukonzern) mit einer Überplattung der „Südosttangente" der Autobahn (ca. 100 000 m^2).

Die Aufwertung und komplette Umstrukturierung des Südostsektors begann mit dem U-Bahn-Bau (U 3) und dem Umbau der vier historischen Gasometer als Büro- und Wohnobjekte mit integrierter Shopping-Mall. Mit dem Bau des Biozentrums an der Platte Rennweg, dem neuen Technologie- und Forschungsstandort von Wien, ist die U-3-City im Entstehen. Unweit davon befindet sich auf dem Gelände der Aspangbahn das „Eurogate" (150 000 m^2) in Planung.

Ausgespart von den Planungen sind bisher der gesamte westliche Stadtraum, die Altstadt und die Ringstraße geblieben, welche die traditionell wichtigsten Bürostandorte für alle Unternehmen darstellen, die eine repräsentative Adresse im Stadtzentrum benötigen (Banken, Versicherungen, Rechtsanwälte, Notare usf. mit 1,3 Mio. m^2 Bürofläche). In unmittelbarer Nachbarschaft ist nur der UNIQA-Büroturm am östlichen Donaukanalufer in Bau, die Errichtung von 100 m hohen Bürotürmen über dem Bahnhof Wien-Mitte, in geringer Luftliniendistanz zum Stephansdom, ist noch ungewiß.

Das duale Verkehrssystem: Öffentlicher Verkehr und Individualverkehr

Thesen zur Verkehrsproblematik

▨ Österreich ist als einziger EU-Staat (außer Luxemburg) ein Binnenstaat.

▨ Der größte Strom Österreichs, die Donau, fließt „verkehrt" und spielt als Verkehrsträger nur eine untergeordnete Rolle.

▨ Österreich ist *das* Transitland der EU. Die Verkehrspolitik ist daher mit Notwendigkeit von der Thematik des Transitverkehrs geprägt.

▨ Aufgrund der zentralen Verkehrslage in Europa und der föderalistischen Struktur des Staates sind in Vergangenheit und Gegenwart die Entscheidungen über Autobahnen und Bahntrassen im Lobbying zwischen externen Interessenten und den Vertretern der österreichischen Bundesländer gefallen.

▨ Die Probleme des Transitverkehrs sind ebenso ungelöst wie die Probleme eines von gesamtstaatlichen Interessen getragenen Ausbaus der Bahn.

▢ Auf der Ebene des lokalen Straßenverkehrs hat Österreich dagegen, begünstigt durch die Kleinteiligkeit der politisch-administrativen Struktur, die Schwierigkeiten des Gebirgsreliefs und des hohen Anteils von Streusiedlungen ausgezeichnet gelöst. Gemeinden und Länder haben auf diesem Sektor ihre Hausaufgaben gemacht.

Der Bahnverkehr

Der Bahnbau war der Verkehrsmotor der Gründerzeit und der Motor für das Wachstum der Großstädte. Das Bahnzeitalter akzentuierte die hierarchischen Strukturen des Siedlungssystems und verschärfte den Gegensatz zwischen Zentrum und Peripherie. Verwendet man das heuristische Prinzip des Produktzyklus, so befindet sich das Bahnzeitalter in seiner letzten Phase. Der neue Produktzyklus des Individualverkehrs strebt seinem Höhepunkt zu. Das Ende des Bahnzeitalters hat in den USA schon in den 1960er Jahren eingesetzt, als die Bahnhöfe selbst in den Metropolen am Sonntag geschlossen blieben und gleichzeitig der Versuch gestartet wurde, mit Aussichtszügen auf Fernstrecken die Freizeitgesellschaft zu gewinnen. Großbritannien begann nahezu synchron mit der Krise der Textilindustrie, des Kohlebergbaus und der Stahlreviere in großem Umfang Nebenbahnlinien zu schließen. Andererseits förderte der französische Zentralismus die Neuentwicklung der „Hochgeschwindigkeitszüge". Japans Stadtplanung verknüpfte den Neubau der Bahnhöfe mit dem Shopping-Mall-Konzept und dem Umbau der Innenstädte.

Zu Beginn des 21. Jahrhunderts zeichnen sich zwei neue Entwicklungen ab:
(1) Die Verkehrspolitik der EU sieht in der Trennung von Netz und Betrieb und im Zugang für Dritte zum Schienenverkehr die Lösung des Finanzdebakels der staatlichen Bahnen. Dagegen vertreten die Chefs der Bahnen Frankreichs und auch Österreichs aufgrund der Komplexität von Strecke, Fahrzeugen, Fahrplan, Sicherheits- und Signaltechnik des Rad-Schiene-Systems den Standpunkt der Integration.
(2) Die Jahrhundertinnovation der Magnetschwebebahn ist in Deutschland nach langen Vorarbeiten bis zur Einsatzreife gediehen. Der Transrapid wird im Unterschied zum französischen TGV nahezu lautlos durch Metropolen fahren. Ende 2002 wird in Shanghai das Verbindungsstück zwischen Flughafen und Stadt in den Versuchsbetrieb gehen. Im März 2002 hat die deutsche Regierung staatliche Mittel für den Bau einer Strecke im Ruhrgebiet und zum Münchener Flughafen zugesagt. Als Zukunftsvision erscheint die Schaffung eines neuen Streckensystems für Hochgeschwindigkeitszüge am Horizont des 21. Jahrhunderts. Im Programm der EU-Politik ist der Ausbau vorhandener Bahnstrecken für den Güterverkehr angesagt.

Nun sind in den europäischen sozialen Wohlfahrtsstaaten im Unterschied zu den USA die Massenverkehrsmittel zu einem Bestandteil des sozialen Disparitätenausgleichs ausstilisiert und mit spezifischen Tarifsystemen an die Sozialpolitik gekoppelt. In den kompakten europäischen Städten ist ferner der U-Bahn-Bau zu einem Instrument des Munizipalsozialismus geworden. Ein duales Verkehrssystem von öffentlichem Massenverkehr und privatem Individualverkehr wurde als politisches Credo weithin akzeptiert und mit einer gewissen Aufgabentrennung von Arbeits- und Freizeitverkehr ausgestattet.

In Österreich sind daher im innerstädtischen Verkehr Erfolge der Massenverkehrsmittel mit insgesamt einer Milliarde Benützern (2000) zu verzeichnen.

Dies gilt jedoch nicht für die Bahn. Deren Streckennetz stammt in allen wesentlichen Bestandteilen aus der Gründerzeit (vgl. Bild 112), wobei auf manchen Strecken nach dem Ersten Weltkrieg aufgrund der neu gezogenen Grenzen zu den Nachfolgestaaten der k. u. k. Monarchie sogar ein Rückbau in Form des Abbaus von Gleisen erfolgt ist – ebenso wie nach dem Zweiten Weltkrieg mit dem Aufbau des Eisernen Vorhangs und der Schließung von Grenzübergängen. Nach den Kriegszerstörungen erfolgten der Wiederaufbau und die Elektrifizierung des Bahnnetzes. Im Zeichen des wachsenden Wohlstands brachte das Konzept der „Neuen Bahn" eine wesentliche Verbesserung des Fahrkomforts. Besonders umfangreich war der wohlfahrtsstaatliche Ausbau des Tarifsystems im Verein mit der

Aufnahme: Lichtenberger 2000.

Bild 112: Semmeringstrecke gegen Rax, NÖ

Sozialpartnerschaft. Die Österreichischen Bundesbahnen etablierten sich als „Staat im Staat", deren Defizite mit Selbstverständlichkeit jahrzehntelang aus dem Staatshaushalt abgedeckt wurden, wobei andererseits die Schaffung von Arbeitsplätzen im ländlichen Raum wesentlich zum Disparitätenausgleich beigetragen hat.

Seit dem 1. Januar 1994 ist der Betrieb der ÖBB aus der staatlichen Administration ausgegliedert und bildet einen Sonderrechtsträger. Nichtsdestoweniger müssen die Defizite wie bisher vom österreichischen Steuerzahler beglichen werden.

Eine Realisierung der seit mehr als zwei Jahrzehnten medial präsentierten Leitvorstellungen von der Umstellung vom Individualverkehr auf den öffentlichen Verkehr war ebensowenig möglich wie in anderen europäischen Staaten. Es gelang bisher nicht einmal, ein Fünftel des innerstädtischen Personenverkehrs, d. h. 200 Mio. Fahrgäste, zu erreichen. Dagegen konnte der Güterverkehr im Inland mit 20 Mio. t (2000) bedeutende Zuwächse vermelden.

Für das österreichische Staatsbudget besteht jedenfalls in den nächsten Jahrzehnten eine zweifache Hypothek, und zwar erstens durch die aufgrund der Frühpensionierungen weit höhere Zahl von pensionierten als aktiven Eisenbahnern (2000: ca. 50 000) und zweitens durch den unzureichenden Modernisierungsgrad des Strecken- und Fahrbetriebs.

Mit einer Reverenz gegenüber dem Eisenbahnwesen der k. u. k. Monarchie sei darauf verwiesen, daß sich im 20. Jahrhundert aufgrund des gegen jegliche Konkurrenz abgeschotteten Monopolbetriebs der ÖBB die Fahrzeiten auf den Fernstrecken im Vergleich zur Zeit vor dem Ersten Weltkrieg nur unwesentlich verkürzt haben. Erst in den letzten Jahren ist der Investitionsbedarf in Bahnhöfe und Strecken erkannt worden. Alle Landeshauptstädte, Viertelhauptstädte und Verkehrsknoten sollen bis 2004 komplett erneuerte Bahnhöfe erhalten. Um ein Vielfaches kostenintensiver ist die geplante Erneuerung des Schienennetzes, welche mindestens zwei Jahrzehnte in Anspruch nehmen wird.

Straßenbau und Individualverkehr

Der Verkehrsausbau ist in der Nachkriegszeit dem regionalen und lokalen Straßenverkehr zugute gekommen. Zu den von der Ersten Republik übernommenen und wesentlich modernisierten 8947 km Bundesstraßen und 19 755 km Landesstraßen sind in der Nachkriegszeit 1588,8 km Autobahnen und 195,4 km Schnellstraßen sowie ein rund 100 000 km umfassendes Netz von Gemeinde- und Zubringerstraßen hinzugekommen, welche bis zu jedem abgele-

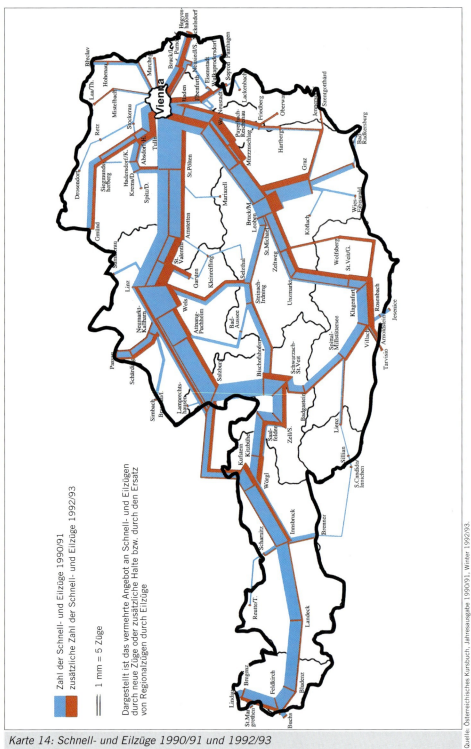

Karte 14: Schnell- und Eilzüge 1990/91 und 1992/93

Zahl der Schnell- und Eilzüge 1990/91
zusätzliche Zahl der Schnell- und Eilzüge 1992/93

1 mm = 5 Züge

Dargestellt ist das vermehrte Angebot an Schnell- und Eilzügen durch neue Züge oder zusätzliche Halte bzw. durch den Ersatz von Regionalzügen durch Eilzüge

Quelle: Österreichisches Kursbuch, Jahresausgabe 1990/91, Winter 1992/93.

genen Gehöft hin ausgebaut wurden. Weiter hinzu kam die gleichfalls enorme Leistung im Forststraßenbau und Güterwegebau. Trotz des alpinen Reliefs weist Österreich somit eine ganz hervorragende Erschließung für den Individualverkehr auf.

Auf die Kleinheit der Wirtschaftsbetriebe wurde schon hingewiesen. Der tägliche Ausstoß der kleinen Betriebe reicht nicht für einen Bahnversand aus, sondern begünstigt den Lkw-Verkehr. Beide Komponenten, Siedlungs- und Betriebsstruktur zusammen, bedingen, daß lokale und regionale Transporte in außerordentlich hohem Maße mit Kleinlastwagen (über 260 000 bis 3,5 t) durchgeführt werden. Die Nahversorgung ruht völlig auf dem Lkw-Verkehr, bei dem der Fuhrpark von den Produktions- und Handelsbetrieben selbst erhalten wird.

Auf die chaotische Urbanisierung des ländlichen Raums wurde bereits eingegangen. Die weitflächige Zersiedlung ist ein Spiegelbild der rasanten Entwicklung des Individualverkehrs (vgl. Tab. 74). Österreich ist zwar später als die Bundesrepublik in die Motorisierung eingetreten, hat jedoch inzwischen gleichgezogen.

Autobahnbau und Transitverkehr

Österreich ist aufgrund seiner zentralen verkehrsgeographischen Lage die Drehscheibe des Verkehrs in Mitteleuropa. Beim Transitverkehr ist es Österreich wie dem Zauberlehrling ergangen: Man rief die Geister und wird sie nun nicht los. Die rückblickend enorme Investition des Staates in den Autobahnbau in den ersten Jahrzehnten der Nachkriegszeit belegt, daß sich die Entscheidungsträger wichtige Wirtschaftsimpulse vom Autobahnbau und Transitverkehr erhofften. Alle Autobahnen haben nämlich internationale Transferfunktionen für die Nachbarländer und sind für den transeuropäischen Verkehr unverzichtbar, wie etwa die Inntalautobahn (A 12) und die Brennerautobahn (A 13; vgl. Bild 113) für den Nord-Süd-Verkehr durch Tirol und die Tauernautobahn (A 10) für den Nord-Süd-Verkehr durch Salzburg und Kärnten. Eine echte Neutrassierung ohne historische Vorläufer im europäischen Verkehrssystem bildet die Nordwest-Südost-Transversale durch die Alpen mit der Innkreisautobahn (A 8) von Passau nach Wels und der Pyhrnauto-

Kraftfahrzeuge	1960 Tsd.	1980 Tsd.	2000 Tsd.
Pkw	404	2247	4097
Lkw	74	184	327
Zugmaschinen	126	333	443
Krafträder	688	574	633
sonstige KW	14	37	72
Anhänger	55	194	536

Quelle: Stat. Jb. 2002, S. 375.

Tab. 74: Entwicklung des Kraftfahrzeugbestandes 1960–2000

bahn (A 9) von Linz nach Graz, welche in den Jahrzehnten der Teilung Europas strategische Bedeutung in der Verbindung zwischen der Bundesrepublik Deutschland und dem NATO-Staat Türkei besaß und als sogenannte „Gastarbeiterroute" noch immer besitzt. Die durch lokale Widerstände unweit des Nationalparks „Nördliche Kalkalpen" entstandene Lücke der A 9 in Oberösterreich wird nunmehr geschlossen (vgl. Karte 16).

Für den innerösterreichischen Verkehr wurde als erstes die Westautobahn (A 1) fertiggestellt (1954–1968), für welche die Planung und teilweise Errichtung im Raum Salzburg bereits 1938–1940 erfolgt ist. Eine durchgehende Autobahn auf dem Staatsgebiet von Wien nach dem Westen, nach Tirol und Vorarlberg, fehlt bis heute. Nach der Fertigstellung der A 1 stand der Autobahnbau nämlich einerseits unter dem Druck des Föderalismus („jedem Bundesland seine Autobahn") – auf diese Intention geht der Torso der Burgenlandautobahn von Wien in den Raum von Eisenstadt zurück (A 3) – und andererseits aufgrund der Notwendigkeit zu externer Kreditaufnahme unter dem Druck der Wünsche des Auslands.

Die 1958 begonnene Südautobahn (A 2) von Wien nach Italien wurde daher nicht längs des sogenannten „schrägen Durchgangs durch die Alpen" über den Semmering und durch das Industrierevier der Mur-Mürz-Furche angelegt, sondern von Wien am Ostalpenrand entlang durch vorwiegend ländliche Gebiete nach Graz und Klagenfurt in geringer Distanz zum Eisernen Vorhang geführt. Die Ostautobahn (A 4: Wien–Budapest) ist nach 1989 zügig bis zur ungarischen Grenze fertiggestellt worden.

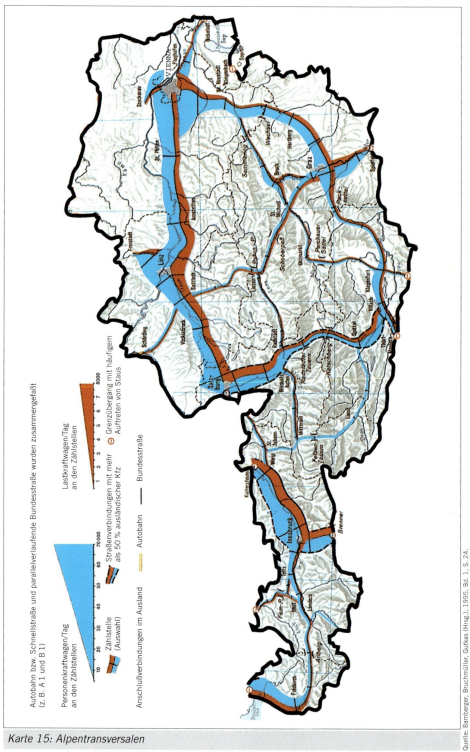

Autobahn bzw. Schnellstraße und parallelverlaufende Bundesstraße wurden zusammengefaßt (z. B. A 1 und B 1)

Personenkraftwagen/Tag an den Zählstellen

Lastkraftwagen/Tag an den Zählstellen

Straßenverbindungen mit mehr als 50 % ausländischer Kfz

Grenzübergang mit häufigem Auftreten von Staus

Zählstelle (Auswahl)

Autobahn

Bundesstraße

Anschlußverbindungen im Ausland

Karte 15: Alpentransversalen

Quelle: Bamberger, Bruchmüller, Gutkas (Hrsg.), 1995, Bd. 1, S. 24.

Quelle: „Die Presse", 11. 11. 1993, Bundeslandbeilage – Tirol, VI.

Bild 113: Brennerautobahn, Tirol

Die Wiener Agglomeration als Ausgangsstation von drei internationalen Autobahnen verfügt selbst über keinen Autobahnring. Das Projekt der Gürtelautobahn durch den gründerzeitlichen Baukörper kam zu spät, stieß auf massiven Widerstand und konnte nicht realisiert werden. Verkehrsspangen am Stadtrand bzw. im Umland verknüpfen einerseits die West- und andererseits die Ostautobahn mit der Südautobahn, wobei seit der Grenzöffnung der Verkehrsbedarf nach einer zweiten Südosttangente absolut vordringlich geworden ist.

Damit bestehen in Österreich zwei neuralgische Zonen: einerseits die Verkehrsbelastung der Alpentransversalen, unter denen der Brenner, die mit Abstand verkehrsreichste Straße der Alpen, die Hauptlast trägt. Seit den 1990er Jahren haben die Tauern-

autobahn und die Pyhrn-Schober-Autobahn aufgeholt (vgl. Tab. 75).

Anhand der Gegenüberstellung des Straßen- und Schienenverkehrs durch die Alpenländer Schweiz und Österreich ist das österreichische Problem im Nord-Süd-Transit-Verkehr über die Alpen klar zu erfassen. Während in Österreich das Verhältnis von Straße und Schiene 2 : 1 bzw. 25 Mio. t gegenüber 12 Mio. t pro Jahr beträgt, ist es in der Schweiz umgekehrt, nämlich 1 : 2. Betrachtet man die Entwicklung der letzten zwei Jahrzehnte, so hat in Österreich der Straßentransit um 150 %, der Eisenbahntransit aber nur um 50 % zugenommen. In der Schweiz dagegen hat man mit großer Konsequenz die Bahnorientierung durchgehalten und das bereits 1934 festgelegte Gesamtgewicht für Lkw von 28 t nie aufge-

at/ooe/pyhrn1a.htm;
www.transitforum.at/html/respe
kt_und_achtung230201.rtf.

Strecke	Zählstelle	insgesamt	Lkw	
Inntal A 12	Vomp	43 985	12 000	*Tab. 75:*
Brenner Autobahn A 13	Brenner	20 151	3 781	*Die Verkehrsbelastung der Alpentransversalen*
Tauern Autobahn A 10	Tunnel	13 368	3 251	
Pyhrn A 9	Schoberpaß	15 306	4 299	*2000*

geben. Österreich hat dagegen ein 38-t-Limit akzeptiert. Der Bau der neuen Eisenbahntransversale für die Verbindung Basel-Mailand mit dem 50 km langen St.-Gotthard-Tunnel entspricht dieser Strategie. Es ist damit der Schweiz dank ihrer Verkehrspolitik gelungen, Schwerlaster und Lastwagenzüge in Richtung Österreich und Frankreich umzulenken.

Dem Schweizer Beispiel wird auch Frankreich mit dem Fréjus-Tunnel zwischen Lyon und Turin folgen Die Inntal-Brenner-Strekke, bereits jetzt das „Lkw-Durchhaus" der EU, ist mit einem über 50 km langen Bren-

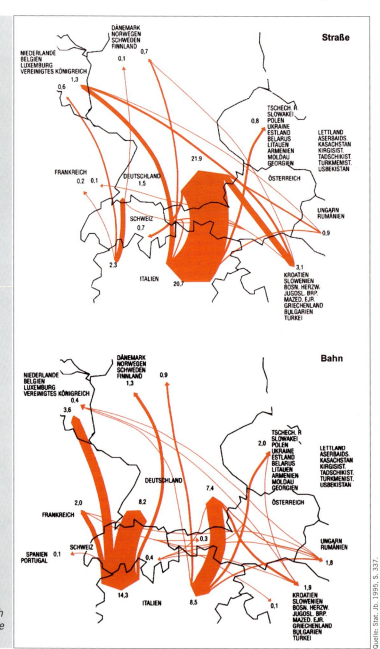

Fig. 69:
Gütertransit durch
Österreich und die
Schweiz 1994

Quelle: Stat. Jb. 1995, S. 337.

ner-Basistunnel zwischen Fortezza und Innsbruck schon lange in Diskussion. Doch kann sich die österreichische Verkehrspolitik nicht von dem ÖKO-Punktesystem trennen, welches 1992 im Abkommen zwischen der EU und Österreich über den Güterverkehr mit der Zielsetzung geschlossen wurde, die Schadstoffbelastung durch Lkw auf österreichischen Transitstrecken bis 2004 um 60 % zu reduzieren. Welche Maßnahmen nach Auslaufen des Transitvertrags getroffen werden, ist noch nicht geklärt. Die Wirtschaft hat mit der Erzeugung von schadstoffarmen Lkw inzwischen reagiert, doch hat sich andererseits das Verkehrsaufkommen so erhöht, daß die Lärm- und Schadstoffbelastung entlang der großen Durchgangstäler längst die der Bevölkerung zumutbaren Grenzen überschritten hat und Bürgerinitiativen immer wieder eine Verbesserung der Situation fordern.

Durch die Grenzöffnung nach dem Osten sind die Westautobahn und der Wiener Raum seit den 1990er Jahren zu den noch viel stärker vom Transitverkehr betroffenen Regionen geworden. Bei der Zählung im Februar 2002 lag auf der A 1 in Oberösterreich unweit Linz der Tagesschnitt bei 75 000 Fahrzeugen, davon 12 000 Lkw und war damit viermal so hoch wie auf der Brennerstrecke! Trendprognosen erwarten im Jahr 2010 rund 90 000 Kfz pro Tag.

Die Wiener Südosttangente übertrifft die Autobahn im Linzer Raum noch um einiges und ist zur meistbefahrenen Autobahntrasse in Österreich geworden.

Es ist zu ganz neuen, nicht vorhersehbaren Transportbelastungen gekommen. Der grenzüberschreitende Verkehr vor allem in Richtung Ungarn hat sich vervielfacht. Die Zahl der Pkw hat inzwischen die Grenze von 12 Mio., die der Lkw von 500 000 im Jahr überschritten. Ein besonderes Problem stellen die über 200 000 Busse dar, welche mit zum Teil völlig unzulässigem Schadstoffausstoß Millionen Reisende aus den Oststaaten vor allem in den Wiener Raum transportieren. Der Verkehrsinfarkt im Zuge der EU-Erweiterung ist vorprogrammiert und wird den Wirtschaftsstandort Wien schwerstens schädigen.

Die Donau fließt verkehrt

Mit dieser Überschrift wird die Tatsache offengelegt, daß die Donau als wirtschaftlicher Handelsweg für den Schiffsverkehr in einen erst im Aufbruch und in der Entwicklung befindlichen Teil Europas hineinfließt.

Aufnahme: Lichtenberger.

Bild 114: Zugschiff gegen UNO-City

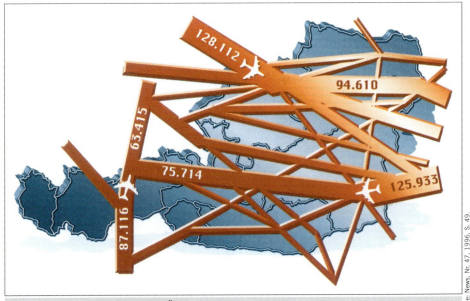

Fig. 70: Luftverkehrskorridore in Österreich 1996

Quelle: News, Nr. 47, 1996, S. 49.

Der nach der Wolga mit 2850 km zweitlängste Fluß Europas, auf dessen historische Rolle in der Entwicklung Österreichs ebenso wie auf die Funktion für die Elektrizitätswirtschaft bereits eingegangen wurde, ist im Hinblick auf den Güterverkehr seit dem Zerfall der Monarchie nahezu bedeutungslos geworden. Hierzu kommt ferner, daß der Schiffstransport von Massengütern, wie der Kohle, an Bedeutung verloren hat und das Erdöl mittels Leitungen transportiert wird.

Die bereits 1829 gegründete Donaudampfschiffahrtsgesellschaft verfügte vor dem Ersten Weltkrieg über eine der größten Binnenflotten Europas mit 162 Dampfern und 860 Schleppern mit 470 000 t Tragfähigkeit. Noch 1937 gehörten ihr 22 Personendampfer, 25 Zug- und Frachtdampfer, 394 Schlepper und 29 Erdöltanker. Im Zweiten Weltkrieg wurde der Schiffsbestand stark reduziert. Nach 1945 gehörte die DDSG zu den verstaatlichten Unternehmen. Im Zuge der Privatisierung wurde sie zunächst zweigeteilt und die DDSG-Cargo GmbH (Fracht) 1993 an ein deutsches Unternehmen verkauft. Die Personenschiffahrt wird in Form der neu gegründeten Blue-Danube-Schiffahrts GmbH vom Österreichischen Verkehrsbüro und der Wiener Hafengesellschaft mit Ausflugsschiffen weitergeführt (vgl. Bild 114).

Die Erwartungen hinsichtlich eines Anstiegs des Frachtverkehrs nach der Öffnung des Rhein-Main-Donau-Kanals haben sich bisher nicht erfüllt. Durch die Kriegshandlungen in Serbien wurde eine positive Entwicklung gestoppt. Der Transitverkehr über den Rhein-Main-Donau-Kanal durch Österreich blieb bisher (2000) unter 4 Mio. t. Die Gesamttonnage hat 11 Mio. t überschritten. Der Donau-Oder-Kanal, bei dem es sich ebenfalls um ein schon auf die Zeit der k. u. k. Monarchie zurückgehendes Projekt handelt, besteht bisher nur aus einem wenige Kilometer umfassenden Teilstück östlich von Wien, das derzeit als Badegewässer und durch Zweitwohnsitze genutzt wird. Es ist zu hoffen, daß die EU-Erweiterung und EU-Fördermittel der Binnenschiffahrt wieder Impulse bringen werden.

In bezug auf die Multifunktionalität der Donau hat in ökonomischer Hinsicht die Elektrizitätsgewinnung längst dem Schiffsverkehr den Rang abgelaufen. Im Zeitalter der Freizeitgesellschaft und der ökologischen Weltsicht hat der wasserbautechnisch gebändigte Strom gerade im Wiener Raum durch das Freizeitdorado der Donauinsel und den Nationalpark Donauauen neue

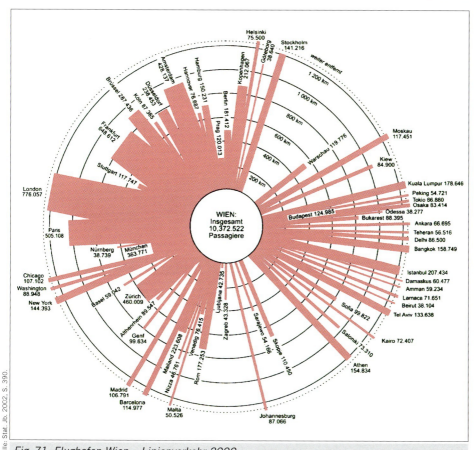

Fig. 71: Flughafen Wien – Linienverkehr 2000

Quelle: Stat. Jb. 2002, S. 390.

nichtökonomische Funktionen von hohem Stellenwert erhalten.

Der Luftverkehr

Der Luftverkehr hat in Europa seit den 1980er Jahren die größten Zuwachsraten zu verzeichnen. Das Verkehrsaufkommen auf den Flughäfen der EU hat sich von 1970 bis 2000 verfünffacht. Bis 2010 wird eine Verdoppelung prognostiziert. Die Globalisierung hat zwar globale Allianzen hervorgebracht, die nationale Identität von Fluggesellschaften allerdings bisher noch nicht eliminiert. Andererseits bestehen von Seite der EU Bestrebungen, die Verhandlungsrechte bei Allianzen an sich zu ziehen.

Die Austrian-Airlines-Gruppe (Lauda Air, Tyrolean Airways, Rheintalflug) hat sich der Star Alliance angeschlossen, deren 15 Mitglieder (darunter Lufthansa) fast 900 Destinationen in 129 Ländern anfliegen und die Kriterien für Langstrecken, Regionalversorgung und Feriendestinationen akzeptiert. Dafür konnte die Position von Wien als West-Ost-Drehscheibe eingehandelt werden. Diese Ausrichtung entspricht der Transitstellung Österreichs im Luftverkehr. Die Überwachung der Überflüge wird von der Austria Control GmbH durchgeführt, einer Tochtergesellschaft des Weltmarktführers Control. 1986 zählte man 171 000, 1999 bereits 729 000 Überflüge über das österreichische Staatsgebiet, bei denen die West-Ost-Korridore eine weit größere Bedeutung haben als der Nord-Süd-Verkehr (vgl. Fig. 70).

Der Vienna International Airport wurde von der börsennotierten Flughafen AG nach der Ostöffnung modernstens ausgebaut und mit einem International Trade Center ausgestattet. Seit 1989 hat sich die Zahl der Passagiere auf 12 Mio. im Jahr 2001 nahezu verdreifacht.

Unter den 61 Gesellschaften, die Wien anfliegen, halten die Austrian Airlines derzeit einen Marktanteil von rund einem Drittel. Hinsichtlich der Flugdestinationen des Linienverkehrs führt London, gefolgt von Frankfurt. 60 % aller Flüge entfallen auf Mitgliedstaaten der EU. Für 2015 wird mit 20 Mio. Passagieren gerechnet. Ein weiterer Ausbau ist bereits terrainmäßig abgesichert (vgl. Fig. 71).

Als Wirtschaftsstandort bietet der Flughafen Arbeitsplätze für mehr als 12 000 Menschen, wobei rund 1000 Beschäftigte bei jeder weiteren Million Passagiere dazukommen würden. Abhängig vom Flughafen als dynamischstem Wirtschaftsstandort Österreichs sind rund 26 000 Erwerbstätige. Für 2015 wird mit rund 43 000 Arbeitsplätzen gerechnet. Als Wirtschaftsfaktor und Motor der regionalen Wirtschaft wird dem Flughafen nach der Osterweiterung der EU noch größere Bedeutung zukommen als bisher.

Programmierte und ungewisse Zukunft

Quelle: Europäisches Parlament.

Bild 115: Europaparlament, Straßburg

Überblick

■ *An einer Trendwende von säkularem Ausmaß – nach dem Beitritt zur EU und knapp vor der Osterweiterung der EU – ist die Frage nach der Zukunft von Raum und Gesellschaft des Kleinstaates Österreich zu stellen:*
- Das politische Paradigma des Keynesianismus hat ausgedient.
- Eine neue liberale Ära hat begonnen.
- Der Rückbau des sozialen Wohlfahrtsstaates hat eingesetzt.

■ *Programmiert ist die Zukunft der Bevölkerung aufgrund des ehernen Gesetzes der Absterbeordnung.*

■ *Regionale Strukturen sind festgeschrieben durch:*
- naturräumliche Strukturen,
- die Persistenz des Siedlungssystems,
- Muster der Erreichbarkeit,
- Kapitalausstattung und Infrastruktur.

■ *Ungewiß ist die Zukunft von Raum und Gesellschaft durch:*
- den geopolitischen Wandel vom Grenzland zum Transitland,
- das Take-off des Immobilienmarktes,
- die Effekte der Internationalisierung,
- die Auswirkungen der EU-Politik auf Industrie, Agrarwirtschaft und regionale Disparitäten.

Das neue politökonomische Paradigma

Im Überblick über den erfolgreichen österreichischen Weg in der Nachkriegszeit diente der Auf- und Ausbau des Keynesianismus als heuristisches Prinzip für die Interpretation der Entwicklungszusammenhänge von sehr verschiedenen Sachbezügen und gleichzeitig für die Herausarbeitung der österreichspezifischen Phänomene der Gegenwart. Ein Vorblick auf die Zukunft Österreichs als Mitglied einer erweiterten EU steht unter einem neuen politökonomischen Paradigma.

Die Aussagen lauten: In Österreich ebenso wie in den anderen Staaten der Europäischen Union hat ein neuer Zyklus der Liberalisierung der Gesellschafts- und Wirtschaftspolitik begonnen. Der staatliche Einfluß wird abgebaut, private wirtschaftliche Intentionen werden gefördert, dem einzelnen Bürger wird wieder mehr „Lebensverantwortung" zugemessen, elitäres Denken und Effizienz sind wieder gefragt. Besitz und Vermögen werden wieder als Statussymbole akzeptiert.

Nun ist diese Liberalisierung verschiedenster Lebens- und Wirtschaftsbereiche an sich ein „Importprodukt". Wie die meisten Innovationen gesellschaftspolitischer Art in Österreich ist sie verspätet aufgetreten und wird erfahrungsgemäß unter österreichischen Bedingungen zu österreichischen Lösungen führen.

Zunächst einige grundsätzliche Aussagen zu den möglichen Konsequenzen einer Liberalisierung und eines partiellen Rückbaus der Sozialpolitik. Eine Liberalisierung hat Auswirkungen auf den Grundstücks-, Arbeits- und Kapitalmarkt. Sie hebt die vielfältigen immobilisierenden Sperren auf, welche durch die Restriktionen auf diesen Märkten entstanden sind. Mit der Mobilisierung des Immobilienmarktes werden mehr Grundstücke, Häuser, Wohnungen usf. als bisher angeboten. Mit der Mobilisierung des Arbeitsmarktes müssen zwangsläufig die bisherigen Prinzipien der politischen Arithmetik aufgebrochen werden; es müssen mobile Formen der Arbeit, der Arbeitsplatzgestaltung und Arbeitszeit gefunden werden und gleichzeitig muß die Bevölkerung selbst mobilitätsfreudiger werden. Unternehmerisches Denken und Risikofreude sind gefragt, welche durch die jahrzehntelang wirksamen Strategien des sozialen Zuteilungsstaates vielfach ausgemerzt wurden.

Eine Schocktherapie, wie sie der Zusammenbruch der östlichen Systeme den dortigen Bevölkerungen verordnet hat, ist unter den Bedingungen der westlichen sozialen Wohlfahrtsstaaten nicht möglich. Ein Weg der kleinen und größeren Schritte bildet die pragmatische Konsequenz der Abkoppelung der Wirtschaftspolitik von der Gesellschaftspolitik, welche in Österreich – wie in den anderen Staaten der EU – dem Nationalstaat verbleibt. Auf die Kapitalschwäche der österreichischen Unternehmen wurde hingewiesen. Dem Ruf nach mehr Markt und einer Privatisierung der verstaatlichten Betriebe folgen daher in erster Linie ausländische Konzerne.

Die geographische Frage lautet: Welche Auswirkungen hat eine Liberalisierung auf das Siedlungssystem?

(1) Jede Liberalisierung reduziert Maßnahmen des Disparitätenabbaus, und sie schwächt ebenso Antisegregationstendenzen. Sie führt damit in weiterer Konsequenz zur Auseinanderschichtung von Nutzungen und Bevölkerungsgruppen und erzeugt damit Segregationsprozesse in sozialer, ethnischer und demographischer Hinsicht. Dies gilt in besonderem Maße für innerstädtische Systeme, aber auch für die Auseinanderschichtung von Arbeits- und Freizeitgesellschaft auf der regionalen und lokalen Ebene.

(2) Es erfolgt damit einerseits eine stärkere Marginalisierung von bereits jetzt marginalen Gruppen, andererseits eine weitere „Peripherisierung" bereits jetzt abgelegener Gebiete.

(3) In der Relation des Zentrums zur Peripherie kommt es zur Versteilung der Gradienten in zentrierten Siedlungssystemen, zur Konzentration von Arbeitsplätzen in verkehrsgünstigen Lagen und zu einer Verstärkung der bereits vorhandenen, zum Teil gravierenden Arbeitsplatzdefizite in ländlichen Räumen.

(4) Ein Ausbrechen aus den regionalen ökonomischen Unterschieden, wie sie in der Wertschöpfung und den Immobilienpreisen zu Buche stehen, kann bestenfalls durch externe Effekte erfolgen.

Die programmierte Zukunft der Bevölkerung

Jede Bevölkerung unterliegt dem „Ehernen Regime der Absterbeordnung". Das gilt auch für Österreich und bedeutet, daß sich die einmal geborene Bevölkerung, solange die derzeitigen Voraussetzungen geringer räumlicher Mobilität in bestimmten Raumeinheiten über längere Zeiträume hinweg bestehen, mittels Trendprognosen gut vorausberechnen läßt, wobei Abweichungen in diesem Prognosetrichter nur aufgrund der Variation von Fertilität und von (internen und externen) Wanderungsbewegungen erfolgen.

Die Trendprognosen für die nächste Generation, d. h. den Zeitraum bis 2030, gelangen unter Stagnations- bzw. Wachstumsannahmen bei beiden Parametern zu einer Bevölkerungszahl zwischen 7,5 und 8,7 Mio. Menschen (2001: 8,1 Mio.) und somit zu moderaten Veränderungen bei jüngst wieder restriktiver Ausländerpolitik. Die Auswirkungen der Osterweiterung der EU, welche der Ostregion eine „dritte" massive Zuwanderungswelle bringen könnten, sind dabei nicht berücksichtigt. Alle Modellrechnungen führen zu der Aussage eines „programmierten" Alterungsschubs der Bevölkerung.

Damit befindet sich die österreichische Entwicklung im europäischen Trend, wonach die Alterung der Gesellschaft durch eine Zunahme der Personen im dritten, vor allem aber im vierten Lebensalter aufgrund der steigenden Lebenserwartung ein unausweichliches Phänomen darstellt. In Österreich wird die Altersklasse der über 60jährigen von derzeit 20 % auf mindestens 32 % bis maximal 37 % im Jahr 2030 zunehmen. Im Unterschied zu diesem Alterungstrend ist der künftige Anteil der Kinder bis 14 Jahre ungewiß. Eine Ausnahme bilden bestimmte Regionen Österreichs, darunter die Bundesländer Kärnten und Steiermark, in denen – unabhängig von Fertilität und Wanderung – der Anteil der Kinder abnehmen wird.

Die Alterung der Bevölkerung ist von Wien ausgegangen. Anfang der 1970er Jahre galt Wien als „sterbende" Stadt. Der Anteil der Bevölkerung im Alter über 60 Jahren lag bei 28 %. Inzwischen hat sich die Situation geändert: Wien wächst wieder, die Anteile der Kinder und Jugendlichen nehmen zu.

Andererseits erreicht der Alterungsprozeß der Gesellschaft die westlichen Bundesländer und ebenso die suburbanen Räume und führt in diesen Gebieten zu einer Angleichung des Anteils der Bevölkerung im dritten und vierten Lebensalter, während sich andererseits der Wiener Altersaufbau durch die Ostöffnung im Stadium einer Verjüngungskur befindet.

Unter dem Vorzeichen des erneut gedrehten Staates wächst nicht nur Wien, sondern die gesamte Ostregion, d. h., Suburbanisierungsprozesse greifen mit der Pendelwanderung bis nahe an die Staatsgrenzen im Norden und Osten aus. Nur das südliche Burgenland und ebenso Teile des Waldviertels bleiben voraussichtlich als Gebiete mit Bevölkerungsabnahmen außerhalb der Wiener Arbeitsmarktregion.

Die Suburbanisierung geht auch in den anderen Stadtregionen in Österreich weiter, wobei der Grazer Raum Zuzügler aus der Obersteiermark anzieht. Im Westen Österreichs, im Inntal in Tirol und im Rheintal in Vorarlberg, aber ebenso im Alpenvorland von Oberösterreich und Salzburg wächst die Bevölkerung weiter. Auf den Bevölkerungskrater im Raum der Obersteiermark wurde mehrfach hingewiesen. Er wird sich durch die fortschreitende Entindustrialisierung weiter vertiefen und entsprechend den Schatteneffekten zur Bundesrepublik Deutschland nach Süden – insbesondere nach Kärnten hin – verbreitern, wo flächige Bevölkerungsentleerungen und weitere Entsiedlungsprozesse im gesamten Gebirgsraum zu erwarten sind.

Die EU-Erweiterung wird zweifellos eine Revision der Prognosen über die Abnahme der erwerbstätigen Bevölkerung im Gefolge haben. Sie wird die derzeit schon vorhandenen regionalen demographischen Unterschiede infolge regional stark differenzierter Zuwanderung aus den EU-Erweiterungsstaaten entsprechend der unterschiedlichen Wirtschaftskraft von Städten und Regionen verstärken. Darüber hinaus wird in Abhängigkeit von den Restriktionen der EU-Politik gegenüber Zuwanderern aus nicht der EU angehörenden Staaten die ethnische und kulturelle Vielfalt der Bevölkerung zunehmen.

Österreichs Regionen im Europa der Regionen

Gliederungsprinzipien

Unbeachtet von der Öffentlichkeit ist Österreich 1993 – und damit bereits vor dem EU-Beitritt – vom Statistischen Zentralamt in Abstimmung mit einer Vielzahl von Institutionen mit einer dreistufigen regionalen Gliederung entsprechend den NUTS-Einheiten versehen und damit statistisch in das Europa der Regionen eingegliedert worden. Hierbei bemühte man sich insgesamt um eine sinnvolle funktional-geographische Gliederung Österreichs, welche unter dem Gesichtspunkt der Einbindung in das EU-System regionalstatistisch und regionalplanerisch zweckmäßig sein und die Aspekte möglicher Förderungen im Auge behalten sollte. In diesem Zusammenhang wurden in allen Bundesländern die Zentralräume ausgegliedert, mit Ausnahme des Burgenlandes, wo ein Zentralraum fehlt. Man bemühte sich, keine zu großen Unterschiede zwischen den Einwohnerzahlen der NUTS-3-Einheiten zu erzeugen, und vermied es, fortgeschrittene mit weniger fortgeschrittenen Gebieten zusammenzufassen.

Die Kleinzügigkeit der Gliederung

Nun kann die Hierarchie der europäischen Statistik die Unterschiede der historisch entstandenen Formen der politisch-administrativen Landkarte der europäischen Staaten nicht beseitigen. Die von EUROSTAT erzeugten statistischen Bereiche beruhen einerseits auf vorhandenen politisch-administrativen Einheiten und sind andererseits Schreibtischprodukte.

Die politische Landkarte Österreichs verfügt nur über Bundesländer und Gemeinden als Gebietseinheiten mit eigener Rechtsfähigkeit und eigenem Budget. Die entscheidende Frage lautete daher: In welche Stufe der NUTS-Hierarchie sollen die Bundesländer eingereiht werden? Man entschied sich dafür, sie der mittleren Stufe zuzuordnen. Die Tabelle 76 demonstriert das damit entstandene Problem.

(1) Die föderalistische Strategie des Kleinstaates Österreich unterscheidet sich z. B. klar von der zentralistischen Strategie des Kleinstaates Dänemark, der auf die Ausweisung von NUTS-1- und NUTS-2-Ebenen verzichtet hat und seine 15 Ämter der NUTS-3-Ebene zuweist.

(2) Während in der Bundesrepublik Deutschland die Länder der NUTS-1-Ebene entsprechen, mußte in Österreich eine Gruppierung gefunden werden. Man wählte hierfür die schon vorher in Raumordnungsgremien übliche Gliederung in die West-, Süd- und Ostregion, die mit den Régions in Belgien vergleichbar sind.

(3) Die österreichischen Bundesländer sind die kleinsten NUTS-2-Regionen der EU. Sie entsprechen in der Größenordnung den

	NUTS-1		NUTS-2		NUTS-3		Insgesamt
	Zahl	Bevölke-rung Tsd.	Zahl	Bevölke-rung Tsd.	Zahl	Bevölke-rung Tsd.	
EU (15)	77	4889	206	1827	1031	365	376 455
Deutschland	16	5135	38	2162	445	185	82 163
Österreich	3	2688	9	896	35	230	8 065
	Anzahl	Fläche Tsd. km²	Anzahl	Fläche Tsd. km²	Anzahl	Fläche Tsd. km²	
EU (15)	77	42,0	206	15,7	1031	3,1	3 236
Deutschland	16	22,3	38	9,4	445	0,8	357
Österreich	3	28,0	9	9,3	35	2,4	84

Tab. 76: Bevölkerung und Flächen der NUTS-Gliederung in der EU (15), BRD und Österreich 2001

Quelle: Statistik Austria, VZ 2001; Statistisches Jahrbuch für die Bundesrepublik Deutschland 2001, S. 45. EUROSTAT-Jahrbuch 2001. SK.

Counties, d. h. den Lokalbehörden von Großbritannien, die in der britischen Hierarchie als NUTS-3-Regionen fungieren.

(4) Damit ist das eigentliche Dilemma der österreichischen NUTS-3-Regionen offengelegt. Sie haben keine administrativen Vorläufer, sondern wurden in der Regel aus Aggregaten von politischen Bezirken bzw. Gerichtsbezirken gebildet und verfügen daher über keinerlei Administration. Es bestehen somit große Schwierigkeiten, wichtige Wirtschaftsdaten, wie z. B. das Bruttoregionalprodukt, zu berechnen.

In den meisten anderen Staaten Europas, und zwar unabhängig von ihrer föderalistischen oder zentralistischen Verfassung, entsprechen die NUTS-3-Regionen bereits bestehenden administrativen Einheiten (Arrondissements in Belgien, Ämter in Dänemark, Kreise in der BRD, NOMOI in Griechenland, Provincias in Spanien, Departements in Frankreich, Planning regions in Irland, Provincie in Italien, Counties als „local authorities areas" in Großbritannien). Eine Positionsbestimmung der durch statistische Aggregierungen gebildeten neuen EU-Regionen Österreichs auf der NUTS-1- und NUTS-3-Ebene ist erforderlich.

NUTS-1-Regionen:
Westregion, Südregion, Ostregion

Die Zusammenfassung der österreichischen Bundesländer zu drei Regionen ist nicht grundsätzlich neu, sondern wurde schon vorher verwendet. Sie beruht auf tiefgreifenden landschaftsökologischen und historischen Gemeinsamkeiten und Unterschieden.

In den Ausführungen wurde immer wieder das Gegensatzpaar von Westösterreich (Bundesländer Vorarlberg, Tirol, Salzburg) und der Ostregion (Bundesländer Wien, Niederösterreich, Burgenland) verwendet. Dies dokumentiert, daß sich die Gegensätze aus mehreren Gründen akzentuiert haben. Hierzu zählen in Westösterreich die Gunst der topographischen Lage gegenüber dem westlichen Europa, die ökologische Attraktivität für die Freizeitgesellschaft, vor allem aber im gesellschaftlichen Bereich das lange Festhalten an traditionellen Werten des Familienverbandes und der kleinzügigen territorialen Organisation von Gemeinden, Talschaften usf. Der enorme Geldtransfer durch den Ausländertourismus hat die wirtschaft-

liche Spirale nach oben gedreht. Die Prosperität des westlichen Staatsraums, definiert durch die im Siedlungsgebiet gleichsam sichtbar gewordenen Investitionen, verschleiert die enorme Abhängigkeit vom weiteren Zufluß von Kapital in den Fremdenverkehr und ebenso zur Finanzierung der ökologischen Folgekosten in der Landschaft.

Diesem Westösterreich wurde in der Literatur auch gerne Donau-Österreich gegenübergestellt. Seit dem Mittelalter bis herauf zu den maria-theresianischen Reformen haben die Kronländer Ober und Unter der Enns „Österreich" im engeren Wortsinn gebildet. Oberösterreich konnte als das westliche Agrarversorgungsgebiet von Wien in der Zwischenkriegszeit anstelle von Ungarn an Bedeutung gewinnen. In der Besatzungszeit (1945–1955) begann – begünstigt durch die Errichtung des Hüttenkombinats von Linz im Deutschen Reich (1938–1945) – die Auseinanderentwicklung der beiden Bundesländer. Oberösterreich – mit Ausnahme des Mühlviertels unter amerikanischer Besatzung – orientierte sich nach dem Westen hin, von dem es Marshallplanmittel erhielt. Niederösterreich stand dagegen unter sowjetischer Besatzung. In weiterer Konsequenz ergab sich daraus, daß bei der Einteilung Österreichs in NUTS-2-Regionen Oberösterreich der Westregion zugeordnet wurde. Damit stellt die Westregion als NUTS-2-Region ein heterogenes Gebilde dar.

Die Südregion entspricht mit den Bundesländern Steiermark und Kärnten der historischen Einheit Innerösterreich, welches eine Zweiglinie der Habsburger Jahrhunderte hindurch von Graz aus verwaltet hat. Auf die gemeinsame historische Existenzgrundlage von Wald und Eisen wurde hingewiesen. Im Verkehrsschatten zur Bundesrepublik Deutschland und zur Ostregion sind schon in den frühen Nachkriegsjahren gravierende Arbeitsplatzdefizite aufgetreten, die jedoch in der zentralistisch gesteuerten Medienlandschaft kaum wahrgenommen wurden, wenn man von den Problemen des verstaatlichten Montansektors in der Obersteiermark absieht.

Zum Unterschied von der durch strukturelle Gemeinsamkeiten bestimmten Südregion bildet die Ostregion mit den Bundesländern Wien, Niederösterreich und Burgenland eine „echte" Region und nicht nur ein Strukturgebiet. Sie ist im wesentlichen mit der Arbeitsmarkt- und Zweitwohnungsregion von Wien identisch, von denen erstere seit den 1990er Jahren über die geöffneten Grenzen nach Südpolen, in die Slowakei und nach Ungarn hin ausgreift.

Nach einer Zeit der starken Angleichung unter der beschriebenen sozialen Decke sind nach der nochmaligen Drehung des Staates die Interessenunterschiede zwischen der metropolitanen Ostregion und den anderen Bundesländern aufgebrochen. In den westlichen Bundesländern mit nach wie vor wachsender Bevölkerung ist das „Fremdenproblem" anders definiert. Hier ist die Zukunft von enormem Druck auf den Boden- und Grundstücksmarkt bestimmt. Transitprobleme des europäischen Güter- und Personenverkehrs, Investitionszwang in der Privatindustrie und im Fremdenverkehr werden Umweltprobleme von bisher unbekanntem Ausmaß erzeugen. Die Unterschiede zwischen einer noch in Familientraditionen verhafteten Bevölkerung im Westen und der durch die Zuwanderung von Ausländern und die wachsende Zahl von Singlehaushalten bestimmten Metropole führen zum Aufbau neuer mentaler Barrieren. Es wird großer Anstrengungen von seiten der politischen Entscheidungsträger, aber auch neuer Formen föderalistischer Verankerung in zentralistischen Entscheidungsprozessen und der Partizipation der Länder an gesellschafts- und wirtschaftspolitischen Aufgaben bedürfen, um die zwischen den Großregionen Österreichs aufbrechenden Unterschiede zu überbrücken.

NUTS-3-Regionen

Die NUTS-3-Regionen bestehen erst wenige Jahre und werden in den statistischen Erläuterungen als Aggregate von politischen Bezirken und teilweise auch Gerichtsbezirken, somit von Gebieten mit Verwaltungsfunktionen, beschrieben. Das Bestreben, die geographische Kleinkammerung Österreichs als Gebirgsland und die Gegebenheiten von Bevölkerung, Siedlung, Wirtschaft und Verkehr zu erfassen, hat jedoch ein interessantes „geographisches Produkt" erzeugt.

Die Neugliederung nützte die Chance, auf die Jahrhunderte hindurch gültige historische Viertelgliederung der österreichischen Bundesländer zurückzugreifen, welche die liberale Gemeindeverfassung des 19. Jahrhunderts beiseite geschoben hatte (Waldviertel, Weinviertel, Mostviertel in Niederösterreich, Mühlviertel, Traunviertel, Innviertel in Oberösterreich). Ferner wurden Gliederungen von Bundesländern (westliche und östliche Obersteiermark, Oststeiermark, Weststeiermark) erneuert und die kulturelle Eigenständigkeit von Talschaften im Gebirge (Pinzgau, Pongau, Murtal, Ennstal, Oberinntal, Unterinntal) akzeptiert.

Hierbei wahrte man auch bei geringer Wohnbevölkerung die regionale Eigenständigkeit von Gebieten und faßte sie nicht mit anschließenden Lokalitäten zusammen. Auf diese Weise blieben – ausgenommen im Vorarlberger Bergraum – auch kleine Regionen, wie das Außerfern, Osttirol und der Lungau, bestehen.

Einer wichtigen historischen Einheit ist es nicht gelungen, als NUTS-Region ausgewiesen zu werden, nämlich dem Salzkammergut, welches im Zuge der administrativen Gliederung Österreichs auf drei Bundesländer aufgeteilt wurde.

Das Prinzip der Schaffung von funktionellen Einheiten wurde bei Statutarstädten verwendet, die man zumeist mit ihren Umlandgemeinden zu Stadtregionen zusammengeschlossen hat (St. Pölten, Linz, Steyr, Graz, Villach und Klagenfurt, Salzburg, Innsbruck).

Eine Sonderstellung mimmt nur Wien ein, wo einerseits das südliche und andererseits das nördliche Umland als eigene Region ausgewiesen wurde.

Insgesamt stellen daher die NUTS-3-Regionen, welche in diesem Buch durchgehend als räumliche Grundlage für verschiedene Sachbezüge ausgewiesen sind, nicht nur auf dem Schreibtisch erzeugte Areale dar, sondern sind, wie die Bezeichnungen belegen, im territorialen Verständnis der Bevölkerung als räumliche Einheiten verankert.

Es ist eine Frage an die Zukunft, ob diese nunmehr für die Zwecke der EU-Statistik geschaffenen regionalstatistischen NUTS-3-Einheiten als Grundlage für eine Reform der administrativen Landkarte Österreichs in einer Zeit neuer räumlicher Konzentrationsprozesse herangezogen werden. Eine Verwaltungsreform, vergleichbar mit der in der Bundesrepublik Deutschland, hat in Österreich in der Nachkriegszeit nicht stattgefunden.

Vom Grenzland zum Transitland

Die territoriale Zukunft des Kleinstaates Österreich ist durch die Überlagerung von zwei Modellen programmiert. Als östlichster Auslieger der westlichen Welt ist Österreich in mehr als vier Jahrzehnten der Nachkriegszeit ein Grenzland gewesen. Durch Ostöffnung und EU-Erweiterung wurde es zu Beginn des 21. Jahrhunderts zum Transitland par excellence in der Mitte Europas. Nun muß die Grenze als Wohlstandskante definiert werden. Nichtsdestoweniger besteht das Grenzlandmodell als räumliches Gebilde weiter und wird vielmehr durch den Transitverkehr und weitere funktionelle Verflechtungen zu einem spezifischen geopolitischen Modell des Kleinstaates Österreich verändert.

Die Inversion des Thünenschen Modells

Das Grenzlandmodell kann auch als Umkehrung des klassischen Thünenschen Modells der Solitärstadt im isolierten Staat interpretiert werden (vgl. Fig. 72). In der wesentlich größeren östlichen Hälfte von Österreich liegt nicht ein städtisches Zentrum, sondern ein nahezu unbesiedeltes Areal, die „zentrale Peripherie", das Gebiet schlechtester Erreichbarkeit durch den öffentlichen Verkehr. Es handelt sich um den Binnenraum des Staates, der durch den Niedergang der Eisenindustrie besonders betroffen worden ist, um den Teil der Obersteiermark und die anschließenden niederösterreichischen Kalkalpen rings um den Gebirgszug des Gesäuses und der Eisenerzer Alpen, den „Forst- und Wildpark Europas", wie er zu Beginn des 20. Jahrhunderts von N. Krebs bezeichnet wurde. In diesem Raum leben nur wenig mehr als 24 000 Menschen. Er bildet die „zentrale Peripherie" des inversen Thünenschen Modells.

Aus geopolitischer Sicht ist Österreich nicht nur ein Staat mit einer zentralen Peripherie, sondern es ist auch ein Staat mit extrem langen Grenzen. Auf den historischen Akkumulierungsprozeß der heutigen Bundesländer durch die Habsburgerfamilie wurde eingegangen. Das Ergebnis ist bemerkenswert.

Mit der extrem langen West-Ost-Erstreckung verfügt der österreichische Kleinstaat über die relativ längsten Grenzen in der EU.

Österreichs Grenzen sind mit einer Erstreckung von 2637 km zweieinhalbmal länger als der entsprechende Umfang einer Kreisfläche von 83 849 km^2. Die EU-Binnengrenze ist mit 1412 km (davon 784 km gegen die Bundesrepublik Deutschland, 430 km gegen Italien) nur ein wenig länger als die EU-Außengrenze gegen die ehemaligen Ostblockstaaten mit 1225 km (Tschechien und Slowakei 568 km, Ungarn 346 km, Slowenien und Kroatien 311 km). Weitere 162 km entfallen auf die Schweiz, 36 km auf Liechtenstein. Diese spezifische Problematik des Kleinstaates Österreich mit seinen überlangen und daher auch strategisch kostspieligen Grenzen und den zahlreichen Nachbarstaaten wird durch den Vergleich mit dem großen Nachbarstaat Deutschland eindrucksvoll belegt.

Die Bundesrepublik weist mit rund 80 Mio. zehnmal so viele Einwohner auf wie Österreich. Nach der Wiedervereinigung der beiden deutschen Staaten verfügt Deutschland über ein sehr günstiges Verhältnis zwischen Staatsfläche und Grenzlänge. Die längste Ausdehnung von Westen nach Osten ist mit 640 km sogar kürzer als die West-Ost-Erstreckung von Österreich. Die Nord-Süd-Erstreckung von 876 km konfiguriert die Staatsfläche als hochgestelltes Viereck mit einem Areal von 357 000 km^2 und einer Grenzlänge von insgesamt 3767 km. Die Grenze gegenüber den ehemaligen COMECON-Staaten ist hierbei mit 1270 km nur unwesentlich länger als die von Österreich.

Mit der Konfiguration des Staates ist weiters die extreme Grenznähe des Siedlungsraumes verbunden. Die Grenznähe des österreichischen Staatsgebietes ist in den Bundesländern Burgenland, Vorarlberg und Tirol besonders hoch. Sie liegen in einer Zone mit nur 30 km Luftlinienentfernung zu den jeweiligen Grenzen. In dieser Zone leben in Österreich rund 3,3 Mio. Einwohner. Entsprechend dem inversen Thünenschen Modell leben 90 % der österreichischen Bevölkerung in einem 60 km breiten grenznahen Siedlungsband.

Die externe Zugänglichkeit des Siedlungsraums von den jeweiligen Nachbarstaaten aus ist daher ganz ausgezeichnet. Gleichzeitig wird damit aber auch das schwierige Problem, den inneren Zusammenhalt in diesem Siedlungsband zu stabilisieren, offensichtlich. Dieser grenznahe Siedlungsstreifen stellt nicht ein in sich geschlossenes Gebilde dar, sondern zerfällt in einzelne Sektoren mit unterschiedlichen externen Beziehungen. Der österreichische Föderalismus gründet sich auf dieses sektorale Muster mit spezifischen grenzüberschreitenden Verbindungen, welche nunmehr im Zeitalter des Transitverkehrs dem einzelnen Bundesland ein spezifisches „Transitprofil" zumessen.

Das Transitland

Der Transitverkehr bewegt sich durch sehr verschiedene Räume mit unterschiedlicher Siedlungsdichte und Reaktion der Bevölkerung. Derart hat beispielsweise der Transitverkehr durch das dichtestbesiedelte Inntal und das Wipptal stets das Zentrum der Gegenbewegung der Bevölkerung gebildet und zu sehr starkem regionalem Widerstand geführt. Die inzwischen zu ähnlicher Bedeutung aufsteigende Gastarbeiterroute durch die zentrale Peripherie (Pyhrn, Schoberpaß, Gleinalmtunnel, Graz) ist bisher keineswegs durchgehend von den Anrainern wahrgenommen worden und hat nur lokale, freilich ebenfalls sehr starke Gegeninitiativen hervorgerufen.

Nun wird durch den Transitverkehr der Grenzlandcharakter bestimmter Regionen keineswegs durchgehend abgebaut. Die Mitnahmeeffekte des Transitverkehrs sind andererseits schwierig abzuschätzen und bisher nicht untersucht.

Im sektoralen Muster der Grenzlandverflechtungen sind entsprechend der geostrategischen Lage Österreichs einerseits stabile historische Verflechtungen vorhanden, wie in Vorarlberg, Tirol, Salzburg und Kärnten, andererseits ist längs der ehemaligen COMECON-Grenze eine „Rückkehr historischer funktioneller Verflechtungen", allerdings in unterschiedler Intensität, im Gange. Dies gilt für die metropolitane Bedeutung Wiens und abgeschwächt für diejenige von Graz für Ostmittel- und Osteuropa.

Es ist eine offene Frage, in welcher Weise diese historischen, stets asymmetrischen Verflechtungen der Arbeitsgesellschaft und der Freizeitgesellschaft mit den ehemaligen COMECON-Staaten wieder zurückkehren bzw. welche neuen Muster entstehen werden. Sicher ist jedenfalls, daß alle Grenzräume positive, aber auch negative Effekte auf allen Märkten, dem Arbeits-, Kapital- und Immobilienmarkt, erfahren werden, zum Teil aber auch durch Overspill-Effekte beiseite liegengelassen werden.

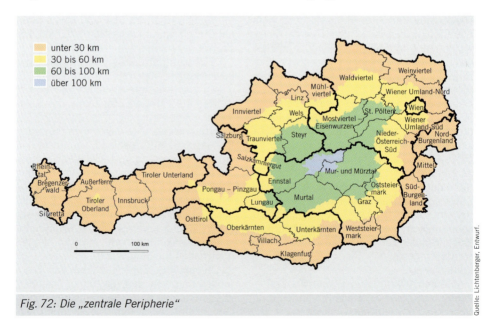

unter 30 km
30 bis 60 km
60 bis 100 km
über 100 km

Fig. 72: Die „zentrale Peripherie"

Quelle: Lichtenberger, Entwurf.

Neue regionale Disparitäten auf dem Immobilienmarkt

Die politischen Zäsuren und Enteignungen im Gefolge der beiden Weltkriege sowie der Auf- und Ausbau des geschützten Wohnungssektors in den sozialen Wohlfahrtsstaaten haben zu einer weitgehenden Immobilisierung des Bodenmarktes und des gesamten Immobiliensektors in Europa geführt. Erst seit den 1980er Jahren ist es zu einem extrem raschen Aufschwung des Immobilienmarktes als Vorläufer und Begleiter des wirtschaftlichen Einigungsprozesses der Europäischen Union gekommen.

In Österreich ist der Immobilienmarkt mit der Ostöffnung und dem Beitritt zur EU wieder in Bewegung geraten, und zwar sowohl auf der internationalen als auch auf der regionalen Ebene.

(1) Als Konsequenz der Entwicklung der Europäischen Union erfolgte eine Internationalisierung des Immobilienmarktes in der Metropole Wien, wobei die Großvorhaben, wie die Errichtung der Donau-City, in einer Public-Private Partnership der Grundstücksverwertung und Standortentwicklung zwischen öffentlicher Hand und internationalem Finanzkapital durchgeführt werden.

(2) Der internationale Immobilienmarkt überlagert den von Hypothekenbanken und Bausparkassen bestimmten föderalistischen Immobilienmarkt, in dem die Zentralen Orte (Viertelshauptstädte, politische Bezirksorte) als Vermarktungszentren neue Funktionen erhielten und hunderte rasch entstandene kleine Realitätenbüros eine Goldgräbermentalität entwickeln.

Die Diskussion über den Immobilienmarkt wurde im abgelaufenen Jahrzehnt durch die Ausverkaufsthese bestimmt, welche durch die starke Zunahme der Nachfrage von Bürgern der Bundesrepublik und anderen westeuropäischen Staaten in den westlichen Bundesländern, allen voran in Salzburg, gestützt wird. Die Ausverkaufsthese ist jedoch durch eine Konkurrenzthese zu ergänzen. Konkret: Österreich wird bei der Entstehung eines die EU-Staaten umfassenden Immobilienmarktes mit den Konkurrenzangeboten aus anderen EU-Staaten mitbieten müssen. Österreich ist derzeit ein Hochpreisland auf dem Immobilienmarkt, wobei auch die Anstrengungen der öffentlichen Hand, den guten Zustand der österreichischen Kulturlandschaft durch eine Vielzahl von finanziellen Maßnahmen zu erhalten, unbeabsichtigt zur Wertsteigerung von Grundstücken und Häusern auf dem Immobilienmarkt und damit zu Mehrwerten der Eigentümer und zur Externalisierung der Eigentumstitel an ausländische Interessenten beitragen. Unter dem Druck auswärtiger Nachfrager erfolgt zum Teil eine „neue Proletarisierung" der lokalen Bevölkerung, welche nicht über das Kapital verfügt, um mitbieten zu können. Darüber hinaus werden Grund und Boden für öffentliche Einrichtungen knapp. Ebenso wie in anderen Staaten Westeuropas kommt das Spezifikum der Nachkriegsentwicklung zur Geltung, daß ein ganz wesentlicher Teil des wachsenden Einkommens der Bevölkerung durch das Ansteigen der Boden- und Hauspreise absorbiert worden ist. Keine Erfahrung besitzt die österreichische Bevölkerung ferner mit den Konsequenzen eines kapitalistischen Immobilienmarktes, der das vorgelagerte Sammelbecken für die Auswirkungen der Zyklusschwankungen auf allen Märkten darstellt und dessen Veränderungen im Zeitablauf als Immobilienpreistäler und -berge eine kontinuierliche Veränderung der regionalen Disparitäten bewirken, wodurch der Immobilienmarkt zugleich als Motor und Indikator der räumlichen und gesellschaftlichen Disparitäten fungiert.

Die Figur 73 bietet das Ergebnis der Preisanalyse der Wohnfläche von Einfamilienhäusern 1994 und 1997. Setzt man den Durchschnittspreis für einen Quadratmeter Wohnfläche gleich 100, so besteht eine Spannweite zwischen den billigsten ländlichen Regionen, wie dem südlichen Burgenland (36) und dem Weinviertel (40) gegenüber Osttirol (129), dessen landschaftliche Attraktivität im Preisniveau massiv durchschlägt. Spitzenreiter sind Salzburg (151) und schließlich Wien (180).

Brisante Aussagen stehen an. Sie lauten: Die chaotische Urbanisierung in der Nachkriegszeit in Form des Einfamilienhausbaus hat weder die künftigen Marktpreise kalkuliert noch den potentiellen Bedarf thematisiert. Es ist eine enorme Überproduktion erfolgt, die erst jetzt durch das Aufbrechen der Versteinerung des Immobilienmarktes sichtbar wird.

Hierzu die Daten: Im Erhebungsjahr 1994, d. h. vor dem EU-Beitritt, wurden in den österreichischen Printmedien 63 814 Objekte erstmals für den Verkauf annonciert. Im selben Jahr wurden jedoch laut Grunderwerbsstatistik nur 9028 Objekte verkauft. Die Änderung der Eigentumstitel bei insgesamt 28 900 Einfamilienhäusern erfolgte zum weit größeren Teil durch Weitergabe in der Generationenfolge. Die Zahlen belegen das enorme Überangebot an zum Verkauf stehenden Einfamilienhäusern in den Printmedien. Ökonomischen Kalkülen gemäß müßte ein Preisverfall eintreten. Das Zusammenwirken mehrerer Faktoren verhinderte dies bisher:

▨ Infolge der steigenden Boden- und Baupreise und der Preise von Eigentumswohnungen entstehen akkumulative Mitnahmeeffekte bei den Preisen von Einfamilienhäusern, welche in den Überlegungen der Nachfrager zum Tragen kommen.

▨ Der enorme Überhang wird durch die territoriale Enge des Suchfeldes auf seiten der Nachfrager nicht wahrgenommen.

▨ Es besteht vielmehr der Eindruck einer Knappheit des Gutes Einfamilienhaus, der noch dadurch verstärkt wird, daß aufgrund der fehlenden Standardisierung und der Dominanz individueller Merkmale der insgesamt mühsame Suchprozeß vielfach vor der Erreichung des optimalen Resultats in Hinblick auf das Preis-Ausstattungs-Verhältnis abgebrochen wird.

▨ Von seiten des Angebots besteht ebenfalls eine enorme Zersplitterung, bedingt durch Hunderte von kleinen Realitätenbüros, mehr als ein Dutzend Printmedien und einige zehntausend Anbieter vor Ort.

Alles zusammen bewirkt daher, daß trotz eines gegenüber den Kauffällen mehr als sechsfachen Angebots die Preise hoch bleiben. Es ist eine Frage an die Zukunft, ob und in welchem Ausmaß durch eine Änderung der Vermarktung („EDVisierung" u. dgl.) und durch eine Rezession eine Reduzierung des Preisniveaus erfolgen wird, welche bisher ausschließlich abgelegene Gebiete kennzeichnet. Die Ursache für die Auflösung der Besitzkette in der Abfolge der Generationen ist z. T. in der Abwanderung von Bildungsschichten aus den ländlichen Räumen zu suchen. Es sind damit keine Erben vorhanden, welche an den Wohn- und Betriebsobjekten interessiert wären. Diese kommen daher auf den Realitätenmarkt. Festzuhalten ist ferner, daß der Transfer von Grundstücken und Einfamilienhäusern derzeit im wesentlichen ein Mittelschichtphänomen darstellt, wobei keine Sukzession im Sinne eines Filtering-down-Vorganges erfolgt, sondern urbane und/oder ausländische Interessenten als Käufer auftreten.

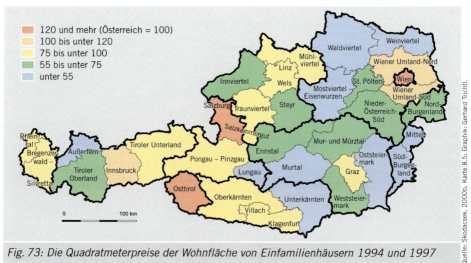

Fig. 73: Die Quadratmeterpreise der Wohnfläche von Einfamilienhäusern 1994 und 1997

Quelle: Skodacsek, 2000b, Karte 8.5; Graphik: Gerhard Trichtl.

Regionale Wertschöpfung versus regionaler Wohnwert

Wertschöpfung versus Wohnwert

Die regionalen Strukturen Österreichs sind durch die naturräumlichen Voraussetzungen eines Gebirgsstaates, die historischen Territorien des Föderalismus mit Zentren und Grenzen, die Persistenz des Siedlungssystems, das Muster der Erreichbarkeit, die Kapitalausstattung und die Struktur und Entwicklung der Bevölkerung und des Arbeitsmarktes sowie die technologische und soziale Infrastruktur weitgehend festgeschrieben. Eine weitere Festschreibung ist durch die Drehung des Staates und die Einwirkung bestimmter externer Effekte bei Ausschließung anderer in der Nachkriegszeit erfolgt.

In Hinblick auf das künftige Entwicklungspotential stellt sich die Frage nach dem derzeitigen ökonomischen und ökologischen Stellenwert von Regionen. Hierfür steht als Meßgröße für die ökonomische Leistungsfähigkeit einer Region der Indikator des Bruttoregionalprodukts zur Verfügung, der den Wert der von allen Produzenten erzeugten (bereitgestellten) Güter und Dienstleistungen angibt.

Für den ökologischen Stellenwert eines Gebietes gibt es keine dem Produktionswert direkt vergleichbare monetäre Größe. Indirekt besteht jedoch eine Bewertung über den Immobilienmarkt. Die Bewertung eines Gebietes in Hinblick auf die Wohnqualität geht in die Boden- und Hauswerte ein, die einerseits von den Kriterien der Erreichbarkeit und dem ökonomischen Potential bestimmt werden, andererseits aber auch eine (kultur)ökologische Bewertung enthalten. Aus der Relation des ökonomischen und ökologischen Stellenwerts, gemessen anhand der Parameter des Bruttoregionalprodukts der NUTS-3-Regionen und der Preise auf dem Einfamilienhaussektor, können folgende Entwicklungstendenzen abgeschätzt werden:

(1) Eine Peripherisierung bereits jetzt peripherer Regionen gibt sich durch niedrigere Immobilienpreise gegenüber dem niedrigen Bruttoregionalprodukt zu erkennen.
(2) Eine Krisensituation in der Wirtschaft besteht, wenn bei mäßigen BRP-Werten die Immobilienpreise zurückbleiben.

(3) Umweltbelastungen durch Verkehr und Betriebe beeinträchtigen die Wohnqualität und reduzieren den Wohnwert.
(4) Gegenüber dem BIP deutlich höhere Immobilienpreise kennzeichnen Städte und ländliche Regionen mit überragendem kulturökologischem Potential, in denen die Gefahr des Besitztransfers an zahlungskräftige ausländische Interessenten in überdurchschnittlichem Maße besteht.
(5) Während bei „ökologischem" Mehrwert ökonomische Mitnahmeeffekte zu erwarten sind, verschärfen „ökologische" Minuswerte die ökonomische Krise.
(6) Gleiche Einstufungen können als Merkmal für festgeschriebene regionale Strukturen gelten, wobei es sich sowohl um prosperierende als auch um stagnierende und zurückgebliebene Regionen handeln kann, deren „Stabilität" nur externe Faktoren aufbrechen können.

Typologie der Regionen

Das Bruttoregionalprodukt bietet die regionale Wertschöpfung für die EU-Regionen auf der NUTS-3-Ebene und gestattet eine Differenzierung nach Metropolen und Stadtregionen, suburbanen und ländlichen Regionen. Die folgenden Aussagen vergleichen die regionale Wertschöpfung als Indikator für die Produktionssituation mit den Immobilienpreisen als Indikator für den Wohnwert einer Region (vgl. Fig. 74).

Bei den *Metropolen und Stadtregionen* steht Wien als zentraler Wirtschaftsstandort Österreichs an der Spitze (143), wenngleich Wien von internationalen Managern weniger aufgrund der wirtschaftlichen als vielmehr der kulturellen Stellung wegen geschätzt wird. Der Index der Immobilienpreise von Einfamilienhäusern (181) repräsentiert den hohen Wohnwert von Wien.

Alle österreichischen Landeshauptstädte, d. h. Linz (150), Salzburg (125), Innsbruck (115), Graz (111), das Rheintal mit Bregenz (108) und Klagenfurt (103), erwirtschaften über dem österreichischen Mittel gelegene BRPs, mit einer Ausnahme, nämlich der Region von St. Pölten (Index 87). Die Erhebung von St. Pölten zur niederösterreichischen Landeshauptstadt hat somit noch keinen ökonomischen Mehrwert erbracht.

Hinsichtlich der Wohnattraktivität differenzieren sich die Landeshauptstädte stärker als bezüglich der wirtschaftlichen Kapazität. Salzburgs internationale kulturelle Attraktion kommt im Immobilienpreisniveau klar zum Tragen (139), während Innsbruck (111) nur mehr das Niveau des Wiener Umlandes erreicht. Die Städte Graz (89) und Klagenfurt (93) erreichen nicht mehr den österreichischen Durchschnitt. Mit Abstand am schlechtesten schneidet die Region Linz (78) ab, die eine respektable Performance beim BRP (150) bietet, deren Hauspreise jedoch nur wenig über dem Niveau der Pendlerregion des Mühlviertels (73) liegen – ein Hinweis darauf, daß die Umweltqualität lange Zeit vernachlässigt wurde und noch immer unterdurchschnittlich bewertet wird.

Drei Typen suburbaner Regionen unterscheiden sich aufgrund folgender Etappen im Verhältnis von Wohn- und Betriebsfunktion:
(1) Suburbanisierung der Wohnfunktion,
(2) Suburbanisierung der Betriebe,
(3) Überhandnehmen der Betriebsfunktion mit weiterer peripherer Verschiebung der Wohnfunktion.

Den besten Vertreter für die erste Etappe stellt das Mühlviertel dar, in dem bei niedrigem BRP (43) die Wohnwerte bereits die Werte der Kernstadt von Linz erreichen. Die Suburbanisierung der Betriebe im Traunviertel (79) in Oberösterreich und im nördlichen Wiener Umland (82) erhöht die Wertschöpfung bei nur mäßigem Mehrwert der Wohnfunktion, wobei das nördliche Umland von Wien (102) begreiflicherweise höhere Preise erzielt als das Traunviertel (91). Das südliche Umland von Wien entspricht der dritten Phase; die Region erwirtschaft bereits dasselbe BRP pro Einwohner wie die Kernstadt (141). Die Auslagerungen von City-Funktionen in das südliche Umland von Wien auf niederösterreichisches Gebiet befinden sich in vollem Gang. Die Hauspreise (116) sind jedoch wesentlich niedriger als in der Kernstadt.

Eine Sonderstellung zwischen Stadtregionen, suburbanen Regionen und ländlichen Räumen nehmen die verstädterten Talräume des Tiroler Unterlands und des Rheintals in Vorarlberg ein, welche sich aufgrund gleicherweise nur knapp unter dem österreichischen Mittel liegender Bruttoregionalprodukte und entsprechender Immobilienpreise als stabile Räume erweisen, deren Probleme in erster Linie in der extrem hohen Bevölkerungsdichte zu suchen sind.

Stadtregionen und suburbane Regionen gehören zu den wachsenden Zentralräumen mit unterschiedlicher Entwicklungsdynamik und einer Spannung zwischen ökonomischer und ökologischer Bewertung. Deutlich heben sich von ihnen die *ländlichen Regionen mit hohem Arbeitsplatzdefizit* ab, die sich zwei Kategorien der Wertschöpfung und des Wohnwerts zuordnen lassen:
(1) Als in Peripherisierung befindliche periphere Regionen mit geringster Wirtschaftskraft und niedrigsten Immobilienpreisen sind das südliche Burgenland, das Weinviertel in Niederösterreich, die Oststeiermark und Unterkärnten einzustufen. Hierbei unterscheiden sich die beiden Grenzregionen gegen Ungarn, das Südburgenland und das Weinviertel, nur unwesentlich voneinander. Beide Regionen sind agrarökologische Gunsträume mit starker Abwanderung aus der Landwirtschaft, negativer Bevölkerungsentwicklung und beginnendem Siedlungsverfall – die Ostöffnung hat die Lage nicht verbessert. Die Oststeiermark und Unterkärnten schließen an, mit jedoch deutlich besserer kulturökologischer Einstufung.
(2) Daran schließt die zweite Gruppe von Regionen an, welche einerseits wie das nördliche und das mittlere Burgenland eine höhere Wertschöpfung aufweisen bzw. eine bessere ökologische Bewertung erwarten lassen (z. B. die West- und Südsteiermark). Interessanterweise gilt das nicht für den Lungau in Salzburg, der zusammen mit der Obersteiermark zur „zentralen Peripherie" von Österreich gehört.

Die *altindustrialisierten Regionen* in der Ost- und Südregion Österreichs sind Gebiete, in denen sich die Industriebetriebe in der Krise befinden. Die Wertschöpfung ist höher als in den Agrar- und Pendlerregionen, doch spiegeln die niedrigen Hauswerte die Abwanderungstendenzen wider. Hierher gehören die westliche Obersteiermark, das Waldviertel und die Eisenwurzen in Nie-

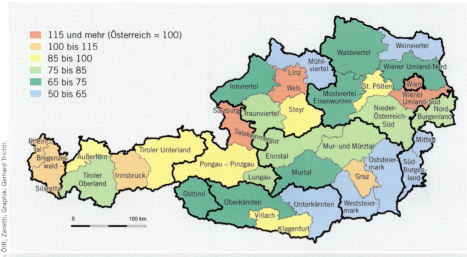

Quelle: ÖIR, Zanetti; Graphik: Gerhard Trichtl.

Fig. 74: Reiche und arme Regionen nach dem Bruttoregionalprodukt 1995

derösterreich sowie die oberösterreichische Eisenwurzen mit Steyr.

Die *Übergangsregionen* sind Gebiete der Ostregion, in denen vermutlich die Entindustrialisierung durch Übernahme von Aufgaben für die Freizeitgesellschaft mittelfristig ausgeglichen werden kann. Hierher gehört die Region Niederösterreich-Süd, in der die Krise der Industrie synchron mit suburbanen Prozessen abläuft und langfristig die natürlichen Ressourcen am Rande der Alpen zu Buche stehen. Ähnliches gilt für die östliche Obersteiermark und noch stärker für das Ennstal (Region Liezen).

Die *Tourismusregionen* heben sich nicht durch das Bruttoregionalprodukt, sondern durch die Immobilienpreise, welche durchwegs relativ höher sind, heraus. Es handelt sich um Oberkärnten, den Pinzgau und Pongau, das Tiroler Oberland und Osttirol. Die letztgenannte Region ist – bei hohen Arbeitsplatzdefiziten – gleichzeitig das Herzeigebeispiel für die „glückliche Ehe von Landwirtschaft und Tourismus" in einer vorbildlich gepflegten alpinen Kulturlandschaft, mit dementsprechend hohen Hauswerten, welche an das Niveau der Stadt Salzburg heranreichen.

Der Vergleich der ökonomischen Wertschöpfung und der Immobilienpreise erhält durch die Berücksichtigung der Standarddeckungsbeiträge der Landwirtschaft weitere Akzente. Die Entagrarisierung als zentral-

peripher ausgreifender Vorgang hat im Umland von Großstädten und in frühindustrialisierten Gebieten wie in der Mur-Mürz-Furche und im Klagenfurter Becken bereits in der Gründerzeit zur Betriebsvergrößerung geführt. Andererseits sind durch Grenzlandeffekte ökologisch fruchtbare Gebiete, wie Teile des Burgenlandes und die West- und Oststeiermark, zurückgeblieben. Sie liegen im regionalen Vergleich der Standarddeckungsbeiträge der Landwirtschaft nur auf dem Niveau des Bergbauernraumes und der ökologisch benachteiligten Gebiete des Wald- und Mühlviertels.

Die Mitgliedschaft in der EU hat den österreichischen Weg der protektionistischen Agrarpolitik beendet. Die Politik der EU hat zwei Zielsetzungen: einerseits eine wettbewerbsfähige Landwirtschaft zu generieren und andererseits die ländliche Kulturlandschaft mittels bäuerlicher Arbeit zu erhalten, wofür staatliche Unterstützung erforderlich ist, besonders im gesamten Bergbauernraum. Diese Politik bedarf allerdings weit umfassender Maßnahmen für den gesamten ländlichen Raum. In dieser Hinsicht hat Österreich durch die hervorragende institutionelle Organisation der Agrarwirtschaft und des ländlichen Lebensraumes eine Vorreiterrolle in der EU, in der mit der Thematik des Umweltschutzes eine neue Sichtweise in die Agrarpolitik integriert werden konnte.

Die Effekte der Internationalisierung der Ökonomie

Die Anfänge des Postfordismus

Die Internationalisierung der Märkte erfolgte in Österreich aufgrund des späten Rückbaus der mächtigen verstaatlichten Industrie, des verstaatlichten Bankenwesens und des genossenschaftlichen Einzelhandelsimperiums „Konsum" verzögert. Auf dem Produktionssektor brachte erst die Übernahme der verstaatlichten Betriebe durch internationale Kapitalgesellschaften in den frühen 1990er Jahren eine Änderung des fordistischen Organisationsprinzips der Industrialisierungsphase, das durch Großbetriebe und vertikale Hierarchien gekennzeichnet ist und vom Prinzip der flexiblen Spezialisierung und Dezentralisierung abgelöst wird. Produktionsorientierte Dienstleistungen, die vorher in den Großbetrieben in Stabsstellen erbracht wurden, werden in Klein- und Mittelbetriebe ausgelagert, Netzwerke von Zuliefer- und Produktionsbetrieben aufgebaut. Damit ist letztlich auch ein Rückgang des Einflusses der Gewerkschaften festzustellen. Gewisse Teile der Produktion wurden ins Ausland verlagert, bei gleichzeitiger Intensivierung der Vermarktung auf internationalen Märkten, was andererseits zunehmende Marktforschung und Entwicklung erforderlich macht. Die Beschäftigungschancen von hochqualifizierten Arbeitskräften wurden damit z. T. erhöht (z. B. bei Siemens), während andererseits Arbeitskräfte in traditionellen Tätigkeiten sowie Hilfs- und Anlernarbeiter ihre Arbeitsmarktchancen schrumpfen sahen.

Mit diesem Paradigmenwechsel in der Organisation der Produktion ist ein Anstieg der Langzeitarbeitslosigkeit verbunden, der in Österreich im Vergleich zum westlichen Ausland ebenfalls verspätet, nämlich erst in den 1990er Jahren, eingesetzt hat (vgl. S. 275). Zu den Krisenregionen zählen periphere Regionen mit einem hohen Anteil von Saisonarbeitsplätzen und alte Industriegebiete wie die Obersteiermark. Wieder anders ist die Situation in Wien, wo der Arbeitsmarkt von der Umstrukturierung im Verwaltungs- und Managementbereich beeinflußt ist und z.T. sehr gut qualifizierte Arbeitskräfte, welche die innerbetriebliche Karriereleiter hinaufgestiegen sind, infolge des Abbaus vertikaler Hierarchien freigesetzt werden und Wiederbeschäftigungschancen nur in tieferen Positionen besitzen. Insgesamt unterscheidet sich Österreich in Hinblick auf das Betriebs- und Beschäftigungsprofil der Arbeitslosen nicht grundsätzlich von der Bundesrepublik Deutschland. Ein Unterschied besteht aufgrund des etwas anderen Altersaufbaus in Hinblick auf das Arbeitskräfteangebot insofern, als dieses in Österreich mittelfristig noch im 21. Jahrhundert ansteigen wird, so daß die Arbeitslosigkeit zusätzlich – unabhängig von der Freisetzung von Arbeitskräften durch die Betriebe – zunehmen wird.

In drei Sektoren der Wirtschaft, die sich bisher auf dem Wachstumspfad befunden haben, werden – aus verschiedenen Gründen – Verluste in der Zahl der Betriebe und Arbeitsplätze eintreten, nämlich im Tourismus, im Bankenwesen und im Einzelhandel. Redimensionierungen sind erforderlich. Sie betreffen Betriebsstätten und Arbeitsmarkt des tertiären Sektors und präsentieren sich nicht als europäische, sondern als österreichspezifische Probleme.

Die Redimensionierung des tertiären Sektors

Der *Tourismus* war die Wachstumsbranche par excellence in der Nachkriegszeit. Seit den 1990er Jahren zählt seine Krise zu den Dauerbrennern in den Medien. In den Tourismusgremien besteht Konsens darüber, daß eine Redimensionierung des Tourismus erforderlich ist. Neue regionale Finanzierungs- und Vermarktungsformen müssen entwickelt werden. Ein Drittel aller Betriebe ist derzeit konkret gefährdet. Es wird mit einem Rückbau der Bettenzahl um mindestens eine Viertelmillion, d. h. von 1 140 000 (1995) auf 800 000 bis 900 000 Betten, gerechnet. Im Jahr 2000 betrug die Bettenzahl 1 072 000.

Bei ungünstiger Lage des Tourismus und sinkender Nachfrage ist analog zur Schweiz einerseits eine Umrüstung von Touristikbetten zu Zweitwohnungen und Ferienappartements von ausländischen Interessenten zu erwarten, andererseits werden in den dicht besiedelten Gebieten bisherige Zweithäuser und -wohnungen von der lokalen Bevölkerung mittels öffentlicher Unterstützung in Wohnungen umfunktioniert werden. Das

Problem ist daher nicht der Verfall von Touristikobjekten, sondern der Verlust an Arbeitsplätzen. Mindestens 20 % der derzeit rund 170 000 Beschäftigten im Hotel- und Gastgewerbe wären betroffen.

Seit Jahren befindet sich der österreichische Tourismus hinsichtlich der Destination „Sonne und Wasser" in einer globalen Konkurrenz zum Flugtourismus. Die Ostöffnung hat ferner die österreichischen Badeseen mit der Konkurrenz des weitaus billigeren Plattensees in Ungarn konfrontiert. 1996 erreichte der ungarische Sommertourismus mit rund 24 Mio. Nächtigungen eine Größenordnung, die über dem Rückgang des österreichischen Tourismus von 130 Mio. Nächtigungen 1992 auf 112 Mio. Nächtigungen 1996 liegt. Seither ist allerdings die Zahl stabil geblieben (2000: 113,7 Mio. Nächtigungen).

Die Ostöffnung hat andererseits aufgrund des niedrigen Lohnniveaus der Staaten Ostmitteleuropas bisher dem österreichischen Tourismus nur bescheidene Zuwächse von jeweils einer halben Million Nächtigungen von Gästen aus Ungarn, Tschechien und Polen gebracht. Mit steigendem Lohnniveau in den Nachbarstaaten sind allerdings ein Wachstum und eine weitere Differenzierung des Gästespektrums aus den Oststaaten zu erwarten. Es scheint daher berechtigt, für die mittelfristige Zukunft eine „Auffüllthese" aufzustellen.

Redimensionierung und Restrukturierung des Tourismus sind erforderlich. Nichtsdestoweniger ist eine optimistische Sichtweise angebracht. Der österreichische Tourismus hat sich in der Nachkriegszeit außerhalb der keynesianischen Wirtschaftsförderungspolitik – jedoch im Korsett der Sozialpolitik – als privatwirtschaftlicher Sektor und getragen von einheimischen, zumeist kleinen Betrieben entwickelt, denen man nun von staatlicher Seite die liberalen Prinzipien der Betriebsführung wird zubilligen müssen, um in der internationalen Konkurrenz bestehen zu können.

Der *Bankensektor* steht vor einer anderen Situation. Er muß das Erbe einer oligarchischen Monopolstruktur bewältigen, welche sich in der Nachkriegszeit mit den Zuteilungsprinzipien des sozialen Wohlfahrtsstaates verbunden hatte. Hierzu gehörte die Auffächerung des Bankgeschäfts

in den Zentralen sowie die Gründung von Bankfilialen in kleinen Zentralen Orten und in den Vierteln der Mittel- und Großstädte nach dem Prinzip möglichst günstiger Erreichbarkeit für den Kunden, weitgehend unabhängig von der Bevölkerungszahl der Einzugsbereiche. Auf die hohe Bankstellendichte in Österreich wurde hingewiesen. Konkret bedeutet dies, daß Österreichs Geldinstitute deutlich weniger Gewinn je Mitarbeiter erwirtschaften als ihre ausländische Konkurrenz. Selbst vorsichtige Schätzungen rechnen damit, daß in mittelfristiger Zukunft mindestens 30 % der Bankangestellten ihre Arbeitsplätze verlieren werden. Besonders hervorzuheben ist, daß nahezu in jeder Gemeinde die Raiffeisenbank eine Geschäftsstelle unterhält, so daß derzeit bei der in Durchführung begriffenen Reduktion der Postämter das Konzept gemischter Strukturen von Bankgeschäften, Postfunktionen und weiterer Aufgaben (z. B. Lebensmittelnahversorgung) in den kleinen Zentralen Orten als Lösung angeboten wird.

Bei der Darstellung des zentralörtlichen Systems wurde auf die Vergrößerung der Einzugsbereiche hingewiesen, ebenso auch auf die Extensivierungserscheinungen, welche in Zentralen Orten in der unteren und mittleren Stufe bei zu geringer Kundenzahl auftreten werden. Konkret bedeutet diese künftige Zurücknahme des Filialnetzes auf dem Bankensektor eine weitere Auskämmung von Dienstleistungen, Gewerbe- und Einzelhandelsbetrieben vor allem in den ländlichen Räumen mit geringer Wirtschaftskraft und relativ niedriger Bevölkerungsdichte.

Die zu erwartende Reduzierung der Zahl der Geschäftsstellen betrifft auch den Einzelhandel, bei dem die Konkurrenz um den Kunden unter den großen Ketten ebenfalls auf die unteren Zentralen Orte durchschlägt. Auch hier ist in mittelfristiger Zukunft eine Reduzierung der Filialen – ähnlich wie beim Bankenwesen – auf ein Drittel bis auf die Hälfte durchaus realistisch. Insgesamt wird für die Aufrechterhaltung der dispersen räumlichen Verteilung des Dienstleistungssektors die Nachfrage durch die Freizeitgesellschaft in Zukunft in noch höherem Maße zu Buche stehen als in der Gegenwart.

Die Auswirkungen des EU-Beitritts

Die österreichische Bevölkerung stimmte im Juni 1994 mit einer Zweidrittelmehrheit für den Beitritt zur Europäischen Union. Hinter diesem Erfolg einer großen Kampagne von beiden Großparteien lag bereits der Keim für die seit 1995 verstärkten Budgetprobleme verborgen, nämlich die Finanzierung der EU-Beitrittskosten.

Von der österreichischen zur EU-Agrarpolitik

Die gemeinsame Agrarpolitik (GAP) war ein Motor der Einigung Europas. Dementsprechend greift die EU in die Agrarpolitik auch stärker ein als in andere Politikbereiche. Sie hat hierzu eine Umwelt- und Strukturpolitik mit einer beispiellosen Regelungsbreite in 22 Marktorganisationen für fast alle wichtigen Produktbereiche aufgebaut. Die dabei praktizierte Regelungstiefe hat zu einem außerordentlich ausgefeilten administrativen System geführt. Allein das gültige Agrarrecht der EU umfaßt 20 000 Textseiten und die gemeinsame Agrarpolitik beansprucht immer noch die Hälfte des EU-Budgets.

Auf der österreichischen Seite steht ein noch feiner ausgefeilter institutioneller Rahmen für die Agrarwirtschaft zur Verfügung, von dem bisher ganz andere strategische Schwerpunkte als bei der EU gesetzt worden sind.

Bereits vor dem Beitritt zur EU bestand Konsens darüber, daß die EU-Strategien für die Erhaltung einer bäuerlichen Landwirtschaft im Alpenraum ungeeignet sind und die Existenzsicherheit der Mehrheit der Bergbauernbetriebe in Österreich selbst bei maximaler Ausnützung des Förderungsrahmens unter den Bedingungen der EU-Strukturpolitik nicht gewährleistet ist. Aufgrund dieser Einschätzung wurden Übergangsbestimmungen im Beitrittsvertrag in Hinblick auf die Bergbauernförderung und den Zugang der Nebenerwerbsbauern zur Investitionsförderung ausgehandelt.

Festzuhalten ist, daß unter den Förderungsbedingungen des GAP die Preisstützungen schrittweise durch Ausgleichszahlungen ersetzt werden, die nicht an der produzierten Menge, sondern an der Ausstattung mit Produktionsflächen bzw. Vieh ausgerichtet sind. Hierbei besteht ein grundsätzlicher Unterschied im Hinblick auf die Einstufung insofern, als die Abgrenzung der Benachteiligung gebietsweise auf der Ebene von Gemeinden bzw. Gemeindeteilen vorgenommen wird, während die österreichische Definition der Erschwernis auf den einzelnen Betrieb zugeschnitten war. Es ergibt sich daraus die paradoxe Situation, daß in den Berggebieten Ausgleichszulagen auch Talbetrieben gewährt werden. Hinzu kommt ferner, daß durch die Zuschreibung von bestimmten Förderungen an Flächen bzw. Vieh eine Begünstigung großer Betriebe erfolgt und damit das österreichische Prinzip einer Förderung des von den natürlichen Ressourcen her schlecht ausgestatteten Kleinbetriebes aufgegeben wird. Damit hat der EU-Beitritt einen weitgehenden Bruch im Förderungssystem bewirkt.

Allerdings wurde mit der AGENDA 2000 die gemeinsame Agrarpolitik (GAP) zu einer „Politik des ländlichen Raumes" weiterentwickelt und durch Umweltschutzkonzepte erweitert.

Im Gegensatz zu den pessimistischen Äußerungen in den Medien und in der Öffentlichkeit waren die Förderungsmittel für die Agrarwirtschaft in der Fünfjahresperiode 1995–1999 um einiges höher als die von der österreichischen Agrarpolitik in einem derartigen Zeitraum normalerweise zur Verfügung gestellten Subventionen. Im folgenden hierzu einige Angaben:

Die öffentlichen Mittel für Land- und Forstwirtschaft stiegen von 1,1 Mrd. EUR staatlichen Subventionen vor 1994 auf 2,0 Mrd. EUR staatliche und EU-Mittel im Jahr 1995. Für 1995 schätzte das Österreichische Institut für Wirtschaftsforschung die Gesamtsumme der Subventionen auf 1,8 Mrd. EUR. Dem EU-Prinzip der zusätzlichen Finanzierung entsprechend müssen die nationalen Beihilfen in gleicher Höhe weitergewährt werden, um die Zahlung von EU-Mitteln zu erhalten. Zu diesem Zeitpunkt betrug die Gesamtsumme der Subventionen ungefähr ein Drittel des Einkommens der Landwirte. Sie wurde jedoch seither reduziert.

1999 wurden nur 1,3 Mrd. EUR an die Bauern gezahlt. Mit dem Preisverfall der landwirtschaftlichen Produkte gingen zu diesem Zeitpunkt die Einnahmen der Bauern von 5,8 Mrd. EUR auf 4,5 Mrd. EUR in den Jahren von 1990 bis 1998 zurück, obwohl der Umfang der Produktion unverändert geblieben war. Die Bauern protestierten und erreichten eine Verschiebung der Reform der Milchquoten in das Jahr 2008. Nichtsdestoweniger hatten sie mit Agenda 2000 einen Preisverfall zu akzeptieren (20 % bei Fleisch, 15 % bei Getreide), ebenso eine Reduzierung der Anbaufläche um rund 10 %.

Für den Zeitraum von 2000 bis 2006 wurden Österreich jährlich 423 Mio. EUR, insgesamt 2,96 Mrd. EUR aus dem Agrarfonds der EU zugesagt.

Die Auswirkungen auf die Industrie
Die Auswirkungen des EU-Beitritts auf die Industrie können nicht von den Effekten der Internationalisierung separiert werden. Die Akzentuierung der Entwicklung im Zuge der Privatisierung und Internationalisierung der österreichischen Wirtschaft in der zweiten Hälfte der 1990er Jahre ist rückblickend auffällig gewesen. Sie bildete jedoch kein isoliertes Phänomen, sondern lag im globalen Trend. Es kann jedoch kein Zweifel darüber bestehen, daß die Integration der österreichischen Industrie in den europäischen Binnenmarkt infolge des EU-Beitritts den Strukturwandel stark beschleunigt hat.

Zwar gehört die Industriepolitik gemäß dem EU-Vertrag in die Kompetenz der Mitgliedstaaten, doch bedeuten die Rahmenbedingungen der EU einen tiefgreifenden Wandel der österreichischen Industriepolitik. Grundsätzlich besteht in der EU ein Subventionsverbot, von dem nur Klein- und Mittelbetriebe, Forschungs- und Technologieförderung sowie die Regionalförderung ausgenommen sind. Eine wichtige Bedingung für die EU-Förderung stellt die nationale Kofinanzierung dar, wobei die Fördergrenzen niedriger sind als in der Vergangenheit. Aufgrund der regional unterschiedlichen Höhe der Fördergrenzen ist es inzwischen zum Kampf einzelner Regionen um EU-Fördermittel gekommen. Insgesamt ist durch den Beitritt zur EU ein Regimewechsel erfolgt, bei dem auch für die mittelfristige Zukunft folgende Auswirkungen gelten dürften:

- Die Investitionsförderung wird insgesamt zurückgehen.
- Gleichzeitig steigt der Zwang zur Erstellung von regionalen Entwicklungsplänen an, es wird ein Prozeß der vorausschauenden Regionalplanung in Gang gesetzt.
- Innerhalb Österreichs werden steile Gefälle geschaffen, welche nicht nur Betriebsverlagerungen innerhalb Österreichs, sondern solche auch ins Ausland auslösen.

Neben der Förderpolitik spielt die Wettbewerbspolitik in der EU eine wichtige Rolle, welche Firmenabsprachen und wettbewerbsbeschränkendes Verhalten verbietet. Für Österreich ist es dadurch zu einer gravierenden Umstellung in der bisherigen Praxis des Kartellrechtes gekommen. Waren vor dem Beitritt zum Binnenmarkt die Sozialpartner die zu nehmende Hürde des Wettbewerbs, so haben nunmehr die EU-Behörden die „Fusionskontrolle". Grundsätzlich wird es eines längeren Anpassungsprozesses bedürfen, um diese Umstellung in der Wirtschaftspolitik zu einem Vorteil und nicht wie gegenwärtig zu einem Nachteil werden zu lassen.

Bisher hat jedenfalls der EU-Beitritt einerseits zu hohen Investitionen vor allem aus dem Ausland geführt, hohe Produktivitätssteigerungen erbracht, gleichzeitig Zurückhaltung bei den Lohnverhandlungen bewirkt und den Beschäftigtenabbau aus den gewerkschaftlich organisierten Industrieunternehmen hin zu Arbeitsplätzen in weniger gut bezahlten Dienstleistungs- und Kleinunternehmen beschleunigt. Die höchsten mit Investitionen verbundenen Rationalisierungen wurden im Basissektor vorgenommen, verbunden mit einem überdurchschnittlichen Beschäftigungsabbau und dementsprechend überdurchschnittlich ansteigender Produktivität. Positiv ist zu vermerken, daß mit dem Beitritt zur EU auch eine deutliche Steigerung des Außenhandels erfolgt ist, im Jahr 2001 die Exportquote von 52 % erreicht und die „Schallmauer" von 1000 Mrd. ATS = 74 Mrd. EUR beim Export von Industriewaren durchbrochen worden ist. Daran hatte die Maschinen- und Autobranche einen Anteil von 40 %. Die im Industriekapitel gebotene Differenzierung in der Gesamtentwicklung bestimmt auch die mittelfristige Zukunft.

Fördergebiete der EU-Regionalpolitik

Mit dem Beitritt zur Europäischen Union hat auch die österreichische Regionalpolitik ebenso wie die Agrarpolitik eine „neue Gebietskulisse" und eine übergeordnete Programmatik erhalten. Damit ergab sich eine neue politische Ebene über jener des Bundes, der Länder und der Gemeinden. Die Beachtung der europäischen Dimension wurde ein Teil der nationalen Raumordnungspolitik.

Als Finanzierungsinstrumente der EU sind zwei Fonds von Bedeutung: der Agrarfonds, auf den im Haushaltsjahr 2001 44 % des EU-Budgets von 95 Mrd. EUR entfielen, und der primär für Fragen der Regionalpolitik geschaffene Strukturfonds, der über ein Drittel des Budgets verfügt.

Die bisherige österreichische Regionalförderung (z. B. ERG-Regionalprogramme, regionale Sonderförderungsaktionen usf.) verfolgte auf der Grundlage des österreichischen Raumordnungskonzepts 1991 strukturpolitische Ziele in einem wirtschaftlichen Zusammenhang. Aufgrund dieser Sichtweise galt auch die Wirtschaftsförderung von Zentralräumen (Großraum Graz, Raum St. Pölten in Niederösterreich, Kärntner Zentralraum) als regionalpolitische Aufgabe.

Anders ist die Sichtweise der EU. Regionalpolitik und Regionalförderung haben die Aufgabe, entwicklungsschwache Regionen, welche spezifische Strukturprobleme aufweisen, zu fördern. Aufgrund dieser geänderten förderungspolitischen Konzeption wurde eine neue Festlegung von nationalen Regionalfördergebieten einerseits und Zielgebieten, in denen von der EU mitfinanzierte Förderprogramme initiiert werden, andererseits vorgenommen. Dabei hatte Österreich insgesamt den Vorteil, erst nach 1993 in die EU aufgenommen worden zu sein, da seit diesem Zeitpunkt auch Nettobeitragszahler, zu denen Österreich zählt, Förderungsmittel in größerem Umfang erhalten.

Die EU-Regionalpolitik widmete sich gemäß den seit 1986 geltenden Zielsetzungen bis 1999 folgenden Problemgebieten:
- Ziel-1-Gebieten (Regionen mit besonderem Entwicklungsrückstand),
- Ziel-2-Gebieten (Regionen in industrieller Umstrukturierung),
- Ziel-5-Gebieten (ländliche Gebiete in Randlage mit schwacher Wirtschaftsstruktur).

Darüber hinaus bestanden verschiedene sektorale Programme, die nicht a priori räumlich definiert waren.

Inzwischen ist die erste Programmperiode 1995–1999, an der Österreich partizipiert hat, vorüber. Insgesamt erhielt Österreich in diesem Zeitraum Strukturfondsmittel in Höhe von 1681 Mio. EUR (vgl. Tab. 77). In den ausgewiesenen Zielgebieten der EU-Regionalförderung lebten in diesem Zeitraum 40,9 % der österreichischen Bevölkerung. Durch diese großzügige Einstufung der österreichischen Regionen wurde die mit dem EU-Beitritt notwendige Umstellung auf ein regional beschränktes Fördersystem in Österreich erleichtert.

Mit dem Jahr 2000 hat ein neues Aktionsprogramm eingesetzt. Dieses neue Programm der Agenda 2000 umfaßt die Zeitspanne von 2000 bis 2006 und weist die folgenden drei ambitionierten Zielsetzungen auf:

(1) Die erste besteht in der Schaffung eines europäischen Modells des ländlichen Raums, welches auf der einen Seite die Wettbewerbsfähigkeit der europäischen Landwirtschaft bei gleichzeitiger Berücksichtigung einer nachhaltigen Entwicklung und der Umweltprobleme steigern soll. Mit dieser Zielsetzung ist ein über den Bereich der Agrarwirtschaft weit hinausreichendes Aufgabenspektrum der Förderung angesprochen, das die Erhaltung einer ländlichen Kulturlandschaft ebenso einschließt wie die Probleme des Umweltschutzes.

Agrarwirtschaft und ländlicher Lebensraum werden damit als Einheit verstanden, womit eine säuberliche Abgrenzung gegenüber dem Aufgabenfeld der Raumordnung und Regionalpolitik nicht möglich ist.

Wenn in dieser Periode vom Haushaltsbudget der EU somit nahezu die Hälfte an den Agrarfonds geht, so wird mit den Förderungen für den Agrarsektor auch direkt und indirekt der ländliche Raum mitsubventioniert.

(2) Die zweite Zielsetzung der Reduzierung regionaler Disparitäten ist grundsätzlich nicht neu, jedoch werden die bisherigen

	1995 – 1999	2000 – 2006	
Regionalprogramme			
Ziel 1	174	261	Unterentwickelte Gebiete
Ziel 2	106	578	industrielle Krisengebiete
Ziel 5b	432		Ländliche Gebiete
Ziel 2 Ü		102	Überbrückungshilfe
Sektorale Programme			
Ziel 3	334	528	Arbeitslosigkeit
Ziel 4	61		
Ziel 5a	404		
Spezialprogramm	2	4	
Insgesamt	1 515	1 473	
INTERREG	49	183	Grenzgebiete
Andere sekt. Programme	101	175	u. a. Leader, Urban
Pilot	16		
Insgesamt	1 681	1 834	
Jährl. Durchschnitt	360	247	

Quelle: ÖROK.

Tab. 77: EU-Regionalprogramme für Österreich 1995 – 1999 und 2000 – 2006 in Mio. EUR

sachlichen Ziele von sieben auf drei reduziert, und ebenso erfolgt eine Konzentration auf kleinere Gebiete, denen jedoch nicht nur mehr Finanzmittel zur Verfügung gestellt werden, sondern in denen auch die regionalen Entscheidungsträger einen größeren Spielraum für die Verwendung der Mittel erhalten.

(3) Die bereits in den späten 1990er Jahren angelaufene Planung für die EU-Erweiterung wird nunmehr schon in das Programm aufgenommen, und zwar einerseits über Bereitstellung beträchtlicher Reservemittel für die Beitrittswerber und andererseits durch Projekte für die Verbesserung der Verkehrs- und Kommunikationstechnologien, für den Umweltschutz, den ländlichen Raum und den Agrarsektor in den potentiellen Beitrittsländern.

Was bedeutet die Veränderung der Zielsetzung der EU vom Fünfjahresprogramm 1995 – 1999 zum Siebenjahresprogramm 2000 – 2006 für Österreich? Die Tabelle 77 bietet die Gegenüberstellung der beiden Programme. Es ist daraus ersichtlich, daß Österreich aus den Mitteln des Strukturfonds von ungefähr 25,7 Mrd. EUR jährlich durchschnittlich 247 Mio. EUR erhalten wird

– somit um ein Drittel weniger als im vorangegangenen Jahrfünft. Gleichzeitig wurden die Fördergebiete verkleinert, so daß nur mehr rund 2 Mio. Österreicher und nicht wie Ende der 1990er Jahre 3 Mio. Österreicher in den Fördergebieten leben.

Das Burgenland, welches rund 3,5 % der österreichischen Bevölkerung umfaßt, ist weiterhin Ziel-1-Gebiet geblieben. Diese Beschränkung auf das Burgenland, bei gleicher Regionalproblematik (Bruttoregionalprodukt unter 75 % des EU-Mittels) in den angrenzenden Gebieten der Süd- und Oststeiermark, ergibt sich daraus, daß nur NUTS-2-Gebiete und damit in Österreich nur Bundesländer den Ziel-1-Status erhalten können.

Als Ziel-2-Gebiete wurden 1995 die industriellen Notstandsgebiete ausgewiesen. Hierzu zählten die jahrzehntelange Krisenregion der Obersteiermark, das südliche Niederösterreich und der Raum Steyr in Oberösterreich. In der Agenda 2000 wurden diese Gebiete als Ziel-2-Gebiete mit Übergangsförderung spezifiziert.

Österreich konnte sich bei den Verhandlungen in Brüssel als Bergbauernland darstellen und wurde daher weitflächig als

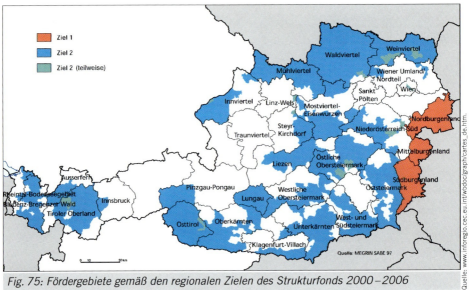

Fig. 75: Förderungsgebiete gemäß den regionalen Zielen des Strukturfonds 2000–2006

Quelle: www.inforego.cec.eu.int/wodoc/graph/cartes_de.htm.

Ziel-5-B-Gebiet eingestuft. Das 5-B-Gebiet umfaßte alle Regionen mit einem Agraranteil von über 10 % (1990) und 29,2 % der Bevölkerung. 1025 Mio. ECU (rd. 14 Mrd. ATS) wurden als Förderungsmittel von der EU und der österreichischen Bundesregierung aufgebracht.

Die Agenda 2000 hat nun gerade die Berggebiete zu einem Großteil aus der Regionalförderung herausgenommen und in den Sektor der Landwirtschaft transferiert. Damit ist ein neues Finanzierungsmodell angesprochen, nämlich die Förderung des ländlichen Raums aus den Mitteln des Agrarfonds der EU. Hierfür erhält Österreich im ersten EU-Programm im 21. Jahrhundert jährlich rund 423 Mio. EUR und damit aus dem Agraretat der EU einen Anteil von über 9 %! Die Förderungen aus dem Agrarfonds sind damit anteilsmäßig höher als jene aus dem Strukturfonds.

Die Figur 75 weist die Förderungsgebiete des Strukturfonds 2000–2006 aus. Die südli-

chen Bundesländer Steiermark und Kärnten sind weitflächig ausgewiesen, ebenso die peripheren Grenzgebiete im Mühl-, Wald- und Weinviertel gegen Tschechien hin sowie die Grenzgebiete gegen Slowenien in der Südsteiermark und in Südkärnten. In Tirol sind die peripheren Landesteile West- und Osttirol aufgrund der geringen Zahl an außerlandwirtschaftlichen Arbeitsplätzen ebenfalls als Förderungsgebiete ausgewiesen, ebenso auch der Vorarlberger Hochgebirgsraum.

Die beträchtlich erhöhten INTERREG-Programme sollen in den Grenzgebieten gegen Ungarn, die Slowakei, Tschechien und Slowenien zu grenzüberschreitender Zusammenarbeit führen.

Österreich steuert als Nettozahler 2,5 % zum Haushalt der EU bei (2001: ca. 2,4 Mrd. EUR), d. h. für den Zeitraum von 2000 bis 2006 etwa 16 Mrd. EUR, und leistet damit einen Beitrag zum Aufbau in anderen Staaten der EU.

Österreich in Europa

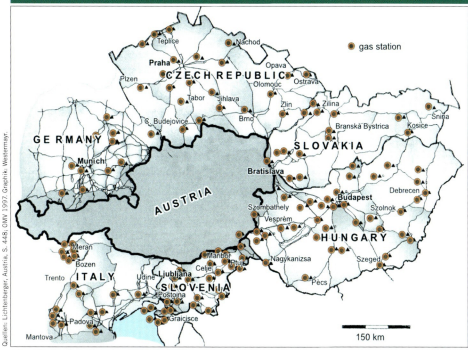

Fig. 76: Tankstellen der OMV in Mitteleuropa 1997

Quellen: Lichtenberger, Austria, S. 448; OMV 1997. Graphik: Westermayr.

Überblick

■ **Der Beitritt Österreichs zur EU bedeutet einen Quantumsprung im räumlichen Maßstab:**
- Die Bevölkerung Österreichs beträgt mit 8,1 Mio. (1996) nur rund 2,5 % der Bevölkerung der EU.
- Auf Österreich entfallen drei der insgesamt 76 EU-Regionen der NUTS-1-Ebene: die Westregion, die Ostregion und die Südregion.

■ **In der wirtschaftlichen Rangordnung der EU-Staaten befindet sich Österreich im oberen Drittel.**
Österreich ist nach der Ostöffnung ein Grenzland par excellence. Durch die Ostöffnung wurde die 1225 km lange Grenze gegen die ehemaligen Oststaaten zur Wohlstandskante Europas, durch den Beitritt zur EU zu deren Außengrenze.

■ **Im Europa der Regionen nehmen Spitzenplätze ein:**
- die Eurometropole Wien als Transformatorenstation zwischen Kapitaltransfer aus dem Westen und Zuwanderung aus dem Osten,
- die Alpen als Tourismusrevier mit intakter Kulturlandschaft und dem Monopol für die Wintersaison.

■ **Seit der Ostöffnung sind staatsübergreifende Regionsbildungen im Bereich der ehemaligen Donaumonarchie im Aufbau.**

■ **Die Eurometropolen Wien, Budapest und Prag treten in Konkurrenz und Kooperation.**

Einleitung

Der Beitritt Österreichs zur EU bedeutete für den Kleinstaat einen Quantumsprung in den räumlichen Maßstäben des Denkens und der Sichtweise der Bevölkerung, der Entscheidungsträger und der Medien. Alle Überlegungen von der Stellung Österreichs in einem in Vereinigung begriffenen Europa müssen von der Grundbedingung ausgehen, daß der Anteil der österreichischen Bevölkerung an der Bevölkerung der EU derzeit noch rund 2,5 % beträgt und auf Österreich drei von den insgesamt 76 EU-Regionen (im Europa der 15) entfallen. Durch die in Kürze erfolgende Osterweiterung wird der Bevölkerungsanteil Österreichs auf unter 2 % der erweiterten EU sinken.

Die Rangplätze Österreichs im Hinblick auf die Konvergenzkriterien für Maastricht, die Leistungen des Sozialstaates, der Wirtschaft, des Arbeitsmarktes und das ökologische Bewußtsein für Umweltfragen belegen die Kombination einer guten wirtschaftlichen Performance mit sozialer Sicherheit und relativ niedriger Arbeitslosigkeit in einem sehr gut entwickelten sozialen Wohlfahrtsstaat mit einem ausgeprägten Bewußtsein der Bevölkerung für Umweltfragen.

Die Veränderungen auf der politischen Landkarte Europas haben in den letzten Jahren eine Welle von geopolitischem Design ausgelöst. Die Position Österreichs hat sich darin durch die Ostöffnung und den EU-Beitritt entscheidend verschoben. Österreich mutierte von einer stadtlosen Peripherie der westeuropäischen Megalopolis zu einem „Alpenstaat" und schließlich zu einem integrierten Mitglied Zentraleuropas.

Bereits jetzt haben die Effekte der Ostöffnung zu zwei bedeutenden Verschiebungen Anlaß gegeben: Erstens ist eine grenzübergreifende Arbeitsmarktregion im Osten Österreichs mit dem Zentrum Wien entstanden. Das neue Herkunftsfeld von Zeitwanderern reicht weit nach Südpolen, in die Slowakei und bis Ungarn hinein. Zweitens ist es zu einer Art Blattverschiebung des Finanzkapitals und von Unternehmensgründungen von West nach Ost gekommen. Rings um den Kleinstaat hat sich ein „ökonomisches Glacis" gebildet.

Die Globalisierung der Ökonomie begrenzt die Möglichkeiten einer kleinen offenen Volkswirtschaft. Nur in der österreichischen Wirtschaft selbst erfolgreiche Player können sich langfristig in der Konkurrenz um die neuen Märkte behaupten. Dazu gehört in erster Linie der Erdöl- und Erdgaskonzern der OMV und unter den Banken die Raiffeisenzentralbank.

Sicher ist, daß sich durch die Osterweiterung einerseits Agglomerationstendenzen von der Wiener Region aus nach Osten in Richtung Bratislava und nach Norden in Richtung Brünn in Mähren schlagartig verstärken werden und andererseits eine weitere Peripherisierung randständiger Gebiete eintreten wird. Ferner werden die bereits jetzt wirksamen Overspill-Effekte aus der Bundesrepublik Deutschland in das östliche Mitteleuropa hinein ebenfalls zunehmen.

Die Eurometropole Wien, auf deren kulturellen Mehrwert bereits hingewiesen wurde, wird in Konkurrenz mit Budapest und Prag noch stärker als bisher Transformatorenfunktionen des tertiären und quartären Sektors für Ostmitteleuropa erbringen.

Durch die in Kürze erfolgende Osterweiterung wird Österreich mit Ausnahme der Schweiz und Liechtensteins im Westen allseits von EU-Staaten umgeben sein. Allerdings bildet hierbei Slowenien nur einen schmalen Saum im Süden. Daraus resultiert das geostrategische Problem Österreichs in Europa.

Der seit der Wende gerne gebrauchte Slogan von der Rückkehr der Geschichte trifft keineswegs auf den Balkanraum zu. Es steht nämlich hier nicht die Eingliederung des Territoriums der ehemaligen Donaumonarchie in die EU bevor. Die Rückkehr der Geschichte erfolgt vielmehr aus einer tieferen Vergangenheit heraus. Im 19. Jahrhundert waren große Teile des Balkans ein Unruheherd in Europa. Sie sind es zu Beginn des 21. Jahrhunderts noch immer. Dabei geht es im Vorfeld von Österreich auf der Balkanhalbinsel nicht nur um ökonomische, sondern auch um religiöse und ethnische Konflikte, bei denen politisch-ökonomische Instrumente nicht greifen und überdies das Erbe eines geteilten Europa noch lange nachwirken wird.

Der Rangplatz Österreichs in der Europäischen Union

Seit dem Beitritt Österreichs zur EU am 1. Januar 1994 zählt es zu den Usancen der Massenmedien und der Statistik Austria sowie weiterer Institutionen, den Rangplatz Österreichs in der EU in den verschiedensten Sachgebieten zu spezifizieren. Derartige Aussagen hinsichtlich der Rangordnung von Kriterien unterliegen zeitspezifischen Ideologien. Dies gilt für hohe oder niedrige Staatsausgabenquoten, Arbeitskosten, Teilzeitquoten, die Jahresarbeitszeitdauer, aber auch für hohen oder niedrigen Energieverbrauch.

Die folgenden Angaben umfassen die Konvergenzkriterien für Maastricht, das Budget des sozialen Wohlfahrtsstaates, die Leistungsfähigkeit der Wirtschaft, das Funktionieren des Arbeitsmarktes und die Bewertung der Umwelt.

Die Konvergenzkriterien für Maastricht werden von Österreich derzeit in Hinblick auf die Zinskonvergenz und die Preisstabilität und seit 2002 auch hinsichtlich des Nulldefizits des Haushaltsbudgets erfüllt.

Österreichs politisches System hat in der Nachkriegszeit einen sozialen Wohlfahrtsstaat aufgebaut, dessen Staatsausgaben sich mit 55 % des BIP im oberen Drittel der Skala bewegen und an die nordeuropäischen Wohlfahrtsstaaten anschließen. Das gilt in besonderem Maße für das Gesundheitswesen, auf welches fast ein Zehntel des BIP entfällt, sowie für das Spitalswesen, gemessen an der Zahl der Krankenhausbetten pro Einwohner.

Während die Chancengleichheit der Bildung zum Konsens aller politischen Parteien gehört, hat bisher keine Regierung eine Forschungspolitik in das Regierungsprogramm aufgenommen. Die österreichischen Forschungsausgaben liegen mit 1,5 % des BIP unter dem EU-Durchschnitt und sind auch ein Ergebnis der geringen Forschungsausgaben von staatlichen Unternehmen und internationalen Zweigbetrieben. Österreich kompensiert die niedrigen Forschungsausgaben allerdings durch hohe Bildungsausgaben, bei denen es mit 5,5 % des BIP die Bundesrepublik Deutschland mit 4,2 % klar übertrifft. Der breite Wohlstand der Bevölkerung wird durch Wohlstandsindikatoren belegt: darunter durch die Pkw-Dichte, bei der sich Österreich nach Italien und Luxemburg an die dritte Stelle vorschieben und in den letzten Jahren die Bundesrepublik Deutschland überrunden konnte, ferner durch die Dichte der Fernsehgeräte, bei denen es nach Frankreich, Dänemark und Finnland an vierter Stelle rangiert. Als Substitut für die unter dem EU-Mittel gelegene Zahl der Telefonanschlüsse hat die große Zahl der Handybesitzer Österreich hinsichtlich der Kommunikationstechnologie inzwischen in die vorderste Reihe gestellt.

Bei den Wirtschaftsindikatoren rangiert Österreich beim BIP im obersten Drittel. Zu den Pluspunkten zählt ferner die hohe Investitionsquote, bei nur mittelhoher Exportquote. Bei den Wirtschaftssektoren ist Österreich immer noch der Spitzenreiter beim Fremdenverkehr. Hoch ist der Agraranteil Österreichs, der durch die Kleinzügigkeit und Schwierigkeit des Gebirgsterrains unabdingbar erforderlich ist.

Zu den Qualitäten der österreichischen Arbeitswelt gehört der soziale Friede. Als streikfreies Land nimmt Österreich einen ersten Rangplatz in der EU ein. Noch immer ist die Arbeitslosigkeit, verglichen mit den anderen EU-Staaten, relativ niedrig, bei Einkommen im oberen Drittel der Skala. Weit fortgeschritten ist – gemessen an der Zahl der arbeitsfreien Tage – einerseits der Weg der österreichischen Arbeitsgesellschaft in die Freizeit, andererseits hat sich am traditionellen Regime der Ganztagsarbeit noch wenig geändert.

Österreich ist ein Vorkämpfer auf dem Umweltsektor, dementsprechend niedrig sind die Emissionen von SO_2. Durch das Westwindregime gezwungen, muß Österreich andererseits ein Vielfaches an Luftverschmutzung aus dem Ausland importieren. Österreich ist aber auch ein Sparmeister beim Rohölverbrauch und hat als erster Staat auf der Erde die Erzeugung von Atomstrom verboten.

Fassen wir zusammen: Österreich ist ein hoch entwickelter sozialer Wohlfahrtsstaat mit einem flächig ausgebreiteten und durchgefeilten sozialen Zuteilungssystem, mit hohem Konsumstandard der Bevölkerung und teilweise noch traditionellen Rahmenbedingungen der Arbeitsorganisation.

Die geostrategische Position in Europa

Verkehrsnetze stellen das Grundgerüst für die ökonomische und politische Strukturierung von Räumen dar.

Das geopolitische Schicksal des österreichischen Staates spiegelt sich in den von unterschiedlichen Intentionen getragenen Netzwerken des Verkehrs und der technischen Infrastruktur wider.

Österreich ist mit der Erbschaft der Teilung Mitteleuropas belastet, es kam nach der Wende zu spät in die EU, um an den Planungen für die Hochgeschwindigkeitsnetze unter Berücksichtigung der Osterweiterung mitwirken zu können.

Das größte politische Experiment, die Teilung Europas in der Nachkriegszeit in zwei politische Einflußsphären, ist beendet. Doch haben beide Supermächte in der Zeit des Kalten Krieges längs des Eisernen Vorhangs potentielle Aufmarschfronten erzeugt, welche im Liniennetz der technischen Infrastruktur fortbestehen. Dazu gehören:

- die Anlagen von Autobahnen aufgrund der Einflüsse von NATO-Strategien in Österreich und von COMECON-Strategien im anschließenden östlichen Mitteleuropa;
- die Kappung von historischen Routen;
- die Doppelung von Rohrleitungen beiderseits des ehemaligen Eisernen Vorhangs.

Die extern bestimmte Anlage von Autobahnen
Die Trassierungen von Autobahnen bestimmten in Österreich z.T. externe Effekte in Liaison mit dem Föderalismus. Auf die strategische Positionierung der Südautobahn am Ostalpenrand in 60 km Luftliniendistanz zum Eisernen Vorhang wurde bereits ebenso hingewiesen wie auf die strategische Bedeutung der Nordwest-Südost-Transversale durch die Alpen von Passau nach Graz als Verbindung zwischen der Bundesrepublik Deutschland und dem NATO-Staat Türkei.

In der ehemaligen Tschechoslowakei wurde folgerichtig eine Autobahn als nationale Hauptachse von Prag über Brünn bis Bratislava errichtet und damit die Zuordnung der ersten zwei Städte auf die ehemalige Metropole Wien gekappt.

Diese Kappung betraf zwei wichtige von Wien ausgehende Straßenzüge nach Norden, die Prager Straße und die Brünner Stra-

ße. Sie wurden zu verkehrstoten Strecken und dementsprechend von österreichischer Seite nicht zu Autobahnen ausgebaut. Auf dem Gebiet der Bahntrassen sind ähnliche Entwicklungen erfolgt.

Die Doppelung der Erdöl- und Erdgasleitungen
Für den Transport von Erdöl bestehen in Österreich analog zum Autobahnsystem zwei Hauptrouten (vgl. Karte 7): erstens die Transalpine Ölleitung (TAL), die von Triest über Kärnten, Salzburg und Tirol nach Ingolstadt verläuft, und zweitens die von der TAL in Würmlach, Kärnten, abzweigende Adria-Wien-Pipeline (AWP), welche die Raffinerie Schwechat mit Importrohöl versorgt.

Im östlichen Zentraleuropa ist die Vorfeldsituation zum russischen Erdöl eindrucksvoll zu erkennen.
(1) Die Adria-Pipeline führt als Drushba IB südlich an Budapest vorbei zur Raffinerie nach Szaszhalombatta und von hier als Adria-Pipeline weiter an die Adria nach Rijeka.
(2) Der zweite Ast, die Drushba 2A, zweigt an der ukrainischen Grenze Richtung Slowakei ab, führt einerseits zur Raffinerie nach Bratislava und versorgt andererseits Tschechien.

Ähnlich zweigeteilt ist das System der Erdgasleitungen. Österreich hat mit der Trans-Austria-Gasleitung (TAG) von Baumgarten an der March in Niederösterreich bis Arnoldstein in Kärnten und der West-Austria-Gasleitung (WAG) von Baumgarten an der March bis in die Gegend von Passau Anteil am europäischen Gasleitungsnetz. Eine dritte Erdgasleitung von Baumgarten an der March, Niederösterreich, nach Oberitalien für russisches Gas („Gasprom") (43 Mrd. m^3) ist in Fertigstellung (geplant für 2002).

Ein Blick in das östliche Zentraleuropa läßt erkennen, daß die Erdgasleitungen nicht in gleicher Weise in die interkontinentale Planung im Raum des ehemaligen COMECON einbezogen waren wie die Planung und der Bau der Erdölleitungen.

Eurailspeed 92
Bereits im April 1992, also noch vor dem Beitritt Österreichs zur EU, fand der erste

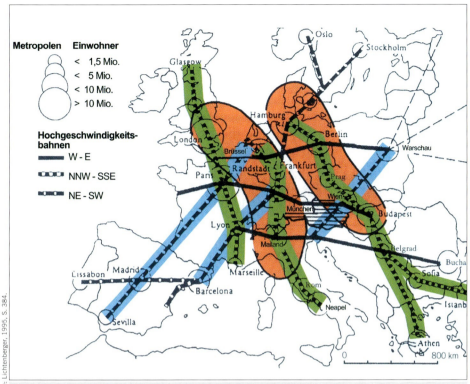

Fig. 77: Eurospeed 92 und die Doppelung der Megalopolis

Quelle: Lichtenberger, 1995, S. 384.

„Hochgeschwindigkeitskongreß" in Brüssel statt. Bei „Eurailspeed 92" ging es um die ehrgeizigen Ziele der Abstimmung und etappenweisen Umsetzung eines paneuropäischen Schnellbahnsystems in der in Erweiterung begriffenen EG. Die Konzeption wies Berlin, Wien, Prag und Budapest wichtige Positionen zu und schuf damit erstmals (vgl. Fig. 77) parallel zur Achse der Megalopolen im bekannten Geodesign von Westeuropa, umgangssprachlich als „Banane" bezeichnet, eine weiter nach Osten verschobene Metropolenachse, die als ein Vorgriff auf die Osterweiterung im 21. Jahrhundert aufgefaßt werden kann.

Die Verknüpfung der ursprünglich für den jeweiligen nationalen Binnenverkehr in Frankreich, Deutschland, Italien und Spanien gedachten Hochgeschwindigkeitsstrecken zu einem gesamteuropäischen Netz integrierte die Hauptstrecken in den ehemaligen Ostblockstaaten. Jeweils drei Trassen verlaufen von Westen nach Osten, von Nordnordwesten nach Südsüdosten und

von Südwesten nach Nordosten, so daß ein Verkehrsgitter entsteht. Wichtig hierbei ist der klare Aufbau von zwei meridionalen Achsen zu beiden Seiten der Brüssel-Frankfurt-Mailand-Achse, nämlich einerseits im Westen die Anbindung von London mit der Eröffnung des Kanaltunnels an die französische Achse von Paris nach Marseille und andererseits die Etablierung einer östlichen „mitteleuropäischen" Achse von Prag nach Budapest und Belgrad sowie von hier mit einer Gabel nach Sofia und Istanbul bzw. Athen. Die Ereignisse in Südosteuropa haben die letztgenannten Pläne zurücktreten lassen.

Die Umfahrung von Österreich
Das unglaubliche Tempo des Einigungsprozesses von Europa, die NATO-Erweiterung und die ebenfalls in Kürze zu erwartende Osterweiterung der EU werfen in den Planungen des transeuropäischen Verkehrsnetzes ihre Schatten voraus. War noch im ersten Bericht aufgrund des Verkehrsplans der

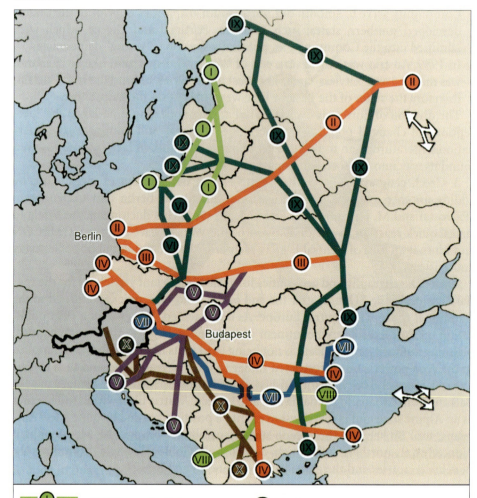

Quelle: Paneuropäische Verkehrsministerkonferenz 1997.

Fig. 78: Paneuropäische Korridore: Helsinki-Konferenz 1997

Pan-European Corridors

(I) Helsinki-Tallinn-Riga-Kaunas-Warsaw (road component Via Baltica) (rail component Rail Baltica) & Riga-Kaliningrad-Gdansk

(II) Berlin-Warsaw-Minsk-Moscow-Nizhny Novgorod

(III) Berlin/Dresden-Wroclaw-Lvov-Kiev

(IV) Berlin/Nürnberg-Praha-Budapest-Constanta/Thessaloniki/Istanbul

)(at present ferry across Danube; bridge to be discussed if traffic requires so

(V) Venice-Trieste/Koper-Ljubljana-Budapest-Uzgorod-Lvov
branch A: Bratislava-Zilinia-Kosice-Uzgorod
branch B: Rijeka-Zagreb-Budapest
branch C: Ploce-Sarajevo-Osijek-Budapest

(VI) Gdansk-Grudziadz/Warsaw-Katowice-Zilina (corridor V branch A) branch Katowice via Ostrava to corridor IV

(VII) Danube

(VIII) Durres-Tirana-Skopje-Sofia-Varna

(IX) Helsinki-St.Petersburg-Moscow/Pskov-Kiev-Ljubasevka-Chisinau-Bucharest-Dimitrovgrad-Alexandroupoli
branch A: Ljubasevka-Odessa
branch B: Kiev-Minsk-Vilnius-Kaunas-Klaipeda/Kaliningrad

(X) Salzburg-Ljubljana-Zagreb-Beograd-Nis-Skopje-Veles-Thessaloniki
branch A: Graz-Maribor-Zagreb
branch B: Budapest-Novi Sad- Beograd
branch C: Nis-Sofia-on corridor IV to Istanbul

EURO-ASIAN links

Prepared by the European Commission for the Third Pan-European Transport Conference, Helsinki, 23-25 June 1997

europäischen Verkehrsminister aus dem Jahr 1993 eine recht optimistische Einschätzung bezüglich der Lage von Österreich und insbesondere von Wien angebracht, so ist eine Revision dieses Optimismus, und zwar in mehrfacher Hinsicht, am Platz. Österreich ist relativ spät der Europäischen Union beigetreten. Die Entscheidungen für den Verkehrsausbau waren einerseits schon gefallen, und sie betrafen andererseits das Gebiet mit dem stärksten Verkehrsaufkommen im sogenannten „Goldenen Dreieck", das von den Beneluxstaaten bis Frankfurt im Süden reicht, bzw. die Verkehrssträngе in den italienischen Alpen. In den Planungen für die Zukunft stehen darüber hinaus Ausbauprogramme in den ostmitteleuropäischen Staaten schon auf der Warteliste.

Überbetont könnte man sagen: Österreich wird in der Entwicklung zum Teil nicht berücksichtigt werden. Es hat mit eigenen Ini-

tiativen zu lange gewartet, vielleicht auch die eigene verkehrsgeographische Position überschätzt. Damit ist ein neues Thema angesprochen: die Umfahrung von Österreich. Mit dem Vertrag mit Slowenien 1992 standen der EU die entsprechenden Transitausgänge in die GUS-Staaten offen, auch ohne österreichisches Staatsgebiet zu durchfahren.

Was steht hinter den verschiedenen Bemühungen der ambitionierten südslawischen Umfahrung Österreichs durch eine Hochgeschwindigkeitsstrecke von Laibach über Zagreb bis Thessaloniki (vgl. Fig. 78)? Was steht hinter den Entwürfen paneuropäischer Korridore, welche von der Europäischen Kommission für die Dritte Paneuropäische Verkehrskonferenz in Helsinki im Juni 1997 vorbereitet wurden?

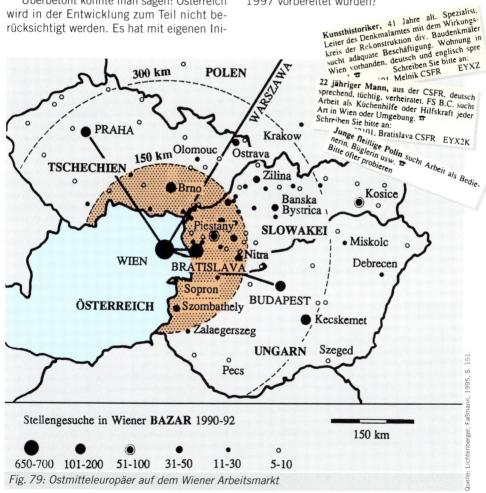

Fig. 79: Ostmitteleuropäer auf dem Wiener Arbeitsmarkt

Quelle: Lichtenberger, Faßmann, 1995, S. 151.

Die Antwort ist schlicht und lautet: Der Einigungsprozeß der Bundesrepublik und damit die Wiedervereinigung der lange geteilten Hauptstadt Berlin bestimmen die Verkehrskorridore in Ostmitteleuropa entscheidend mit. Der Hauptverkehrsstern von Zentraleuropa, der von Berlin ausgeht, reduziert die Verkehrsbedeutung von Wien zu der einer nationalen Metropole, welche nur an *einer* echten Magistrale liegt, nämlich der West-Ost-Magistrale in der mittleren Breite des Kontinents, die von Paris ausgehend über die Linie Straßburg–München bis nach Budapest zieht.

Mit der NATO-Erweiterung und der Osterweiterung der EU kann Budapest damit die Position eines Verkehrsknotens im Pannonischen Becken übernehmen.

Österreich hat aber auch in der Südregion beim Bahnbau nicht mit Italien mitgezogen. Die Pontebbana von Udine-Pontebba nach Villach, eine zweigleisige etwa 115 km lange Hochleistungsstrecke, ist inzwischen auf der italienischen Seite bis zur Grenze fertiggestellt, wobei Tunnels mit einer Gesamtlänge von 45,3 km errichtet worden sind. Auch auf der Südrampe der Brennerstrecke hat Italien inzwischen drei neue Tunnels mit insgesamt 24 km Länge gebaut.

Quo vadis?
Die kurze Übergangsphase zwischen dem EU-Beitritt Österreichs und der Osterweiterung zwingt den Kleinstaat, gleichzeitig das Ungleichzeitige bewältigen zu müssen:
(1) Das Problem des Nord-Süd-Transitverkehrs ist noch nicht gelöst.

(2) Die „Mittelpunktlage" von Wien ist de facto nur beim Flugverkehr vorhanden, im Falle von Straße und Bahn ist nur der Torso eines Verkehrssterns geblieben.
(3) Zu langsam wurde wahrgenommen, daß das wiedervereinigte Deutschland mit seiner Hauptstadt Berlin Verkehrskorridore in die Kleinstaatenwelt von Ostmittel- und Südosteuropa ausrichten wird.
(4) Zu spät wurde wahrgenommen, daß die Kleinstaaten im Osten und Süden Österreichs vom europäischen Transitverkehr profitieren wollen, so daß Österreich gleichzeitig überfahren und umfahren wird.
(5) Zu spät wurde registriert, daß mit der NATO- und der EU-Erweiterung eine neue Verkehrsfront und damit eine neue Investitionsfront außerhalb Österreichs aufgebaut wird.
(6) Was bleibt daher für den Kleinstaat außer dem schon älteren Transitverkehr über die Alpen? Es bleibt nur die bereits bestehende Westverbindung von Straße und Bahn, die nunmehr freilich zu einer europäischen Magistrale von Paris über München nach Wien und Budapest ausgebaut wird. Wien hat damit die Position einer wichtigen Endstation der westlichen Welt, die es in den Nachkriegsjahrzehnten innehatte, gegen die Position als wichtige Station auf der genannten Magistrale eingetauscht.
(7) Die bereits in der Ersten Republik eingeleitete Redimensionierung der Verkehrsposition auf einen Kleinstaat wird durch die Eingliederung in die Europäische Union und die mittelfristige Osterweiterung abgeschlossen.

Die Effekte der Ostöffnung

Die neue Arbeitsmarktregion von Wien
Die Ostöffnung hat Österreich in eine komplizierte Schnittstellenposition in der Mitte Europas zurückversetzt. Kulturelle Beziehungen sind wieder aufgelebt, wirtschaftliche Verflechtungen reaktiviert worden; es ist ein Comeback der Geschichte erfolgt.

Zwei räumlich einander entgegengesetzte Bewegungen treten auf: erstens die Ost-West-Wanderung der Bevölkerung und zweitens die West-Ost-Verschiebung des Kapitals. Herkunftsgebiete der Migranten

und Investitionsgebiete des Kapitals zeichnen die Strukturen der Donaumonarchie nach. Dabei ist die befürchtete Ost-West-Wanderung der Bevölkerung nicht eingetreten, sondern zu einer sehr spezifischen regionalen Arbeitswanderung mutiert. Andererseits hat eine West-Ost-Verschiebung des Kapitals stattgefunden, welche in diesem Ausmaß nicht erwartet worden ist.

Mit der Ostöffnung rückte Österreich aus der Position eines Satelliten der Bundesrepublik Deutschland im Rahmen der europäischen Gastarbeiterwanderung in der Nachkriegszeit in die Position einer Eintrittspforte zu den westlichen Industriestaaten im europäischen Wanderungsprozeß auf. Eine „neue" Zuwanderung aus den Nachfolgestaaten des ehemaligen Ostblocks begann. Auf die Schmelztiegelfunktion von Wien wurde bereits eingegangen. Der Einzugsbereich des Wiener Arbeitsmarktes dehnte sich in den frühen 1990er Jahren über die österreichischen Grenzen hinweg nach Tschechien und Südpolen, in die Slowakei und nach Ungarn hinein aus. Aufgrund der guten Erreichbarkeit und räumlichen Nähe begann sich die Westslowakei zunehmend als Sektor der Wiener Pendelregion zu etablieren. Dies trifft in besonderem Maße auf die Hauptstadt Bratislava zu, welche, nur 65 km östlich von Wien gelegen, in der k. u. k. Monarchie durch eine Straßenbahn mit Wien verbunden war. 10 % der Stellensuchannoncen in den Printmedien entfallen auf Arbeitssuchende aus Bratislava. In der Republik Tschechien stammen migrationsbereite Arbeitnehmer aus den Städten Mährens, von Brünn bis nach Mährisch-Ostrau im Nordosten. Aus Ungarn kommen Pendelwanderer aus Kleinstädten in Grenznähe, wie Ödenburg, Steinamanger und Wieselburg, sowie Zeitwanderer landesweit aus Mittel- und Großstädten, z. B. Györ, Kecskemet, Debrecen und Budapest.

Ein wesentlicher Teil der polnischen Zuwanderer stammt aus Galizien, aus dem ehemaligen Kronland der österreichischen Reichshälfte, welches in der Spätgründerzeit einen ganz wesentlichen Teil der Zuwanderer nach Wien gestellt hat. Das Herkunftsgebiet umspannt den Raum von Krakau bis Tarnow. Einzelwanderer stammen aber auch aus anderen Großstädten Polens, wie Lodz und Warschau.

Anders als bei der über Kontingente gesteuerten Gastarbeiterwanderung der 1970er Jahre vollzieht sich der neue Migrationsprozeß als Einzelwanderung über das Vorfeld eines individuellen Suchprozesses mittels Annoncen in spezifischen Printmedien vom Heimatstandort aus und weitet sich zur Kettenwanderung aus. Das Hauptmerkmal der neuen Zuwanderung besteht jedoch im Phänomen des Brain-Drain, d. h., die Migranten und Pendler aus Südpolen, der Slowakei und Ungarn verdrängen durch ihre bessere Ausbildung bei gleichzeitiger Akzeptanz niedriger Löhne die klassischen Gastarbeiter aus Exjugoslawien und der Türkei. Sie erschließen sich aber auch neue Tätigkeitsfelder in privaten Haushalten und bei Sozialdiensten und begeben sich als Zeitwanderer auf den grauen und schwarzen Arbeitsmarkt im gesamten Bau- und Bauhilfsgewerbe. Stadterneuerung und Wohnungssanierung wären ohne diese neue Zuwanderung vielfach nicht möglich.

Das ökonomische Glacis von Österreich

Das Schlagwort vom Comeback der Geschichte gilt auch für die Wirtschaft, wobei allerdings seit der Ostöffnung eine Kapitalverschiebung von West nach Ost erfolgt ist. Unter Bezug darauf seien zwei Eckdaten aus der Direktinvestitionsbefragung der Österreichischen Nationalbank geboten. Ende 1999 belief sich der Wert der ausländischen Direktinvestitionen in Österreich auf insgesamt 23 Mrd. EUR. Umgekehrt betrug der Marktwert der Kapitalinvestitionen österreichischer Firmen im Ausland rund 19 Mrd. EUR. Internationale Investoren erwarben in Österreich vorwiegend bereits bestehende Betriebe, während das österreichische Kapital im Ausland zum Großteil in Neugründungen geflossen ist. Mehr als ein Drittel des Kapitals österreichischer Unternehmen im Ausland ist derzeit in den Oststaaten lokalisiert, insgesamt sind dies 5483 Mio. EUR. Davon entfallen auf Ungarn 1673 Mio. EUR, auf die Tschechische Republik 1291 Mio. EUR und auf die Slowakei 573 Mio. EUR (vgl. Fig. 66). Die bisherigen Investitionen Österreichs in Ungarn entsprechen annähernd der Höhe der Förderungsmittel des Strukturfonds der EU für Zielgebiete in Österreich.

Rückblickend bleibt das heftige Gründungsfieber in der ersten Hälfte der 1990er Jahre beachtenswert. Nach einer Umfrage der Wirtschaftskammer Österreich haben bis 1994 rund 10 000 österreichische Unternehmen Investitionsprojekte in den Oststaaten abgewickelt. Besonders wichtig waren dabei die zahlreichen Projekte von Klein- und Mittelbetrieben, die aufgrund ihrer guten Marktkenntnis und Marktnähe Marktzugangsverbesserungen und komparative Kostenvorteile besonders effizient zu nutzen verstanden.

Die Palette dieses „Joint-venture-Fiebers", welches zuerst in Ungarn und dann auch in Tschechien einsetzte, reichte von der Nahrungsmittelindustrie (Bierbrauereien und Zuckerfabriken) bis zum Einzelhandel, von der Gründung von Bankfilialen bis hin zu Tankstellen.

Das wohl beachtenswerteste Comeback von Standortmustern der k. u. k. Monarchie war auf dem Gebiet des Einzelhandels zu verzeichnen. Hier hat die börsennotierte Julius Meinl International AG nach der Ostöffnung in Ungarn 194 Filialen und in Tschechien 65 Filialen neu eröffnet. Zur Jahrtausendwende hat der Meinl-Konzern die ungarischen Filialen weiterverkauft. Wie auch im österreichischen Einzelhandel kamen die Overspill-Effekte der Bundesrepublik Deutschland zum Tragen.

Bereits Mitte der 1990er Jahre formulierten Wirtschaftswissenschaftler den Satz: „Von Joint-ventures zur neuen Konkurrenz". Österreichische Unternehmen hatten die „Chance der ersten Stunde" wahrgenommen, ihre Erfolge heimsten in der zweiten Stunde, sprich ab Mitte der 1990er Jahre, die Unternehmen aus großen Volkswirtschaften ein. Die Globalisierung der Ökonomie begrenzt die Möglichkeiten einer kleinen, offenen Volkswirtschaft, die ein Jahrfünft hindurch den Vorreiter der Marktwirtschaft gespielt hatte.

Um die Mitte der 1990er Jahre mehrten sich die Anzeichen dafür, daß Österreich die herausragende Position in den sogenannten MOEL-Staaten schrittweise verlieren würde. Einerseits stießen die österreichischen Produkte immer mehr auf die Konkurrenz von Waren aus den Mitgliedsstaaten der zentraleuropäischen Freihandelszone CEFTA, der Tschechien, die Slowakei, Polen, Ungarn und Slowenien angehören, und ebenso traten weitere westeuropäische Konkurrenten auf den Plan.

Die steile Entwicklungskurve der frühen 1990er Jahre ließ sich nicht in die zweite Hälfte dieser Dekade projizieren. Der österreichische Wettbewerbsvorsprung nahm mit fortschreitender Stabilisierung der wirtschaftlichen Lage und des Privatisierungsprozesses ab. Ungarn hat im Jahr 2002 mit einem Anteil von 40 % des ausländischen Kapitals am Bruttoinlandsprodukt die Privatisierung bereits weitgehend abgeschlossen.

Laut WIFO-Datenbank fiel der österreichische Marktanteil von 9,2 % 1997 auf 7,4 % im Jahr 1998 und weiter auf 5,1 % im folgenden Jahr. Österreichs Marktposition hat sich in fast allen Ländern dieser Region verschlechtert: In Ungarn schrumpfte der Marktanteil von 11,6 % 1997 auf nur 2,6 % 1999, in der Tschechischen Republik von 14,3 auf 5,0 %, in Polen von 5,6 auf 3,1 %. Der Investitionszyklus, der aufgrund der Marktnähe mit der Ostöffnung einsetzte und im Verlauf der 1990er Jahre angedauert hatte, nähert sich nun zu Beginn des 21. Jahrhunderts seinem Ende.

Die gegenwärtige ökonomische Landschaft ist daher in Zentraleuropa sehr vielgestaltig geworden. Durch den Kapitaltransfer und die Firmengründungen sind neue staatsübergreifende Regionsbildungen entstanden, welche unterschiedliche Reichweiten und unterschiedliche Eintrittspforten aufweisen. Diese Regionsbildungen werden an Hand von drei Beispielen vorgeführt:

(1) Die internationale Spedition Schenker bildet ein Beispiel für Firmen, welche in der k. u. k. Monarchie Marktführer gewesen sind und in Österreich eine Tochterfirma besitzen.
(2) Der aus einem verstaatlichten Betrieb hervorgegangene Erdöl- und Erdgaskonzern OMV hat eine Erfolgsstory aufzuweisen, welche bisher nicht von der Globalisierung eingeholt worden ist (vgl. Fig. 76).
(3) Die größten Rochaden in den Eigentumsverhältnissen hat das österreichische Bankenwesen seit den 1990er Jahren erfahren. Dies äußert sich im räumlichen Umfeld des Staates.

ad (1)
Die große amerikanische Spedition Schenker, welche in Wien eine Hauptniederlassung unterhält, kann auf eine historische Familientradition verweisen. 1872 gründete Gottfried Schenker, ein gebürtiger Schweizer, in Wien die Spedition Schenker & Co. Seine überragende unternehmerische Leistung bestand in der Einführung des Bahnsammelverkehrs. Schenker war Ende des 19. Jahrhunderts das einzige Unternehmen, das von London bis Istanbul durchgehend kalkulierte Tarife anbot. Die Hauptniederlassung der internationalen Spedition Schenker, welche in den USA firmiert ist,

in Wien („Schenker Österreich") ist für das Management in Südost- und Osteuropa zuständig. Ihr Einzugsgebiet reicht gegenwärtig von den Nachfolgestaaten der Monarchie, der Tschechischen Republik, der Slowakei, Ungarn, Slowenien und Kroatien, über Rumänien und Bulgarien bis nach Griechenland und in die Türkei und zeichnet damit einen Handelsraum nach, der seinerzeit von der k. u. k. Monarchie dominiert worden ist. Unruhige Räume des Balkans, Serbien, Montenegro, Mazedonien und Albanien, sind derzeit ausgespart.

ad (2)
Handelt es sich beim Konzern Schenker um ein räumliches Segment in einem globalen Netzwerk eines Transportunternehmens, so bietet die OMV, der österreichische Erdöl- und Erdgas-Konzern, geradezu modellartig die Erfolgsstory einer Innovation und einer bis zur Gegenwart anhaltenden Diffusion eines Tankstellennetzes in Mittel- und Südosteuropa. Die OMV ist das größte börsennotierte Industrieunternehmen Österreichs mit einem Konzernumsatz von 7,45 Mrd. EUR und 5757 Beschäftigten (2002), das aus einem verstaatlichten Betrieb hervorgegangen ist (vgl. S. 267).

Die Voraussetzungen für diesen Erfolg im Tankstellennetz bilden mehrere Faktoren. Zunächst ist das ausgewogene Verhältnis zwischen Raffinerieproduktion (Schwechat mit 10 Mio. t Jahresproduktion von Erdölderivaten) und Marketing anzuführen und weiters die für ersteres erforderliche weltweite Exploration und Produktion in Großbritannien, Australien, Libyen, Pakistan und Vietnam. Ferner bestehen ein ertragreiches Standbein im Erdgasbereich und Initiativen beim intraeuropäischen Leitungsbau (1974 Inbetriebnahme der Trans-Austria-Gasleitung [TAG], 1980 der West-Austria-Gasleitung [WAG] und 1996 der Hungaria-Austria-Gasleitung [HAG]).

1991 wurde mit dem internationalen Tankstellengeschäft in Ungarn begonnen. 1997 bestand bereits ein ausgeprägtes Tankstellenglacis um Österreich herum einerseits in Richtung auf die benachbarten EU-Staaten, nach Bayern und Oberitalien hinein, andererseits aber auch in die postsozialistischen Staaten Tschechien, Slowakei, Ungarn und Slowenien (vgl. Fig. 76).

Inzwischen ist ein weiterer Ausbau erfolgt, über welchen die Homepage im Internet informiert. Im April 2002 bestanden insgesamt 419 OMV-Tankstellen in folgenden EU-Erweiterungsstaaten bzw. in Nachbarstaaten der EU:

EU-Erweiterungsstaaten:	
Ungarn	109
Tschechische Republik	84
Slowenien	57
Bulgarien	32
Kroatien	20
Rumänien	17
	319
EU-Staaten:	
Deutschland	75
Italien	25
	419

1998 wurden die BP-Tankstellen in Tschechien, der Slowakei und Ungarn gekauft, und 1999 konnte das Tankstellennetz auf Bulgarien und Rumänien ausgedehnt werden.

ad (3)
Bemerkenswerte Rochaden haben sich seit der Ostöffnung auf dem Bankensektor vollzogen. Bis 1994 wies Österreich Herzeigergebnisse auf. In Tschechien und Ungarn wurde bis dahin Nominalkapital in annähernd derselben Höhe investiert wie von den bundesdeutschen Banken. Die Vorreiterin war die Creditanstalt-Bankverein, welche – mit ersten Anfängen in den 1980er Jahren in Ungarn – nach 1989 sehr rasch mit einer konsequenten Neugründungsstrategie dorthin zurückkehrte, wo sie bereits während der Donaumonarchie ihre Standorte besessen hatte. Die 1996 erfolgte Übernahme durch die Bank Austria brachte einen weiteren Wachstumsschub, mit Tochtergesellschaften in Tschechien und Ungarn, der Slowakei und in Slowenien. 1996 belief sich die Bilanzsumme beider Banken, die etwa 2000 Mitarbeiter in 32 Filialen beschäftigten, auf rund 3,6 Mrd. EUR. Die Figur 80 zeigt das Netzwerk der Bank-Austria/CA-Gruppe 1997. Es ist durch die Fusion der Bank Austria mit der Hypovereinsbank von dieser übernommen worden.

Derzeit sind noch zwei österreichische Banken auf dem Kapitalmarkt in Mittel- und Osteuropa tätig. Das Ziel von „Die Erste Bank" ist es, eine führende Position im Retail-Geschäft, aber auch bei Klein- und Mittelbetrieben sowie in der Vermögensverwaltung und in der Wohnraumfinanzierung zu erreichen. Im März 2000 wurde mit der tschechischen Regierung der Kauf eines 52-%-Anteils an der Česka Spořitelna unterzeichnet, der einzigen Sparkasse und zweitgrößten Bank in der Tschechischen Republik, welche mit 850 Filialen und 15 000 Mitarbeitern größenmäßig der österreichischen Sparkassengruppe entspricht. Weitere Banktöchter in Ungarn (Erste Bank Hungary) mit 56 Filialen, in Kroatien mit 19 Filialen, in der Slowakei mit 29 Filialen, reihen sich an. „Die Erste" befindet sich noch immer auf Einkaufstournee; ob sie nur eine Vorreiterrolle spielt, ist ungewiß.

Ein wachsender und nicht zu eliminierender wichtiger Faktor auf dem Finanzmarkt ist die Raiffeisen-Zentralbank, das Spitzeninstitut der Raiffeisen-Bankengruppe, der größten Bankengruppe Österreichs. Sie betrachtet Zentraleuropa als ihren Heimmarkt und betreibt ein Netzwerk von 13 Banken und drei Repräsentanzen mit rund 550 Geschäftsstellen in 13 Ländern Zentral- und Osteuropas. Sie ist außerdem in Westeuropa, in den USA und Asien präsent. Gegenüber dem Jahr 2000 ist die Bilanzsumme 2001 auf rd. 43,7 Mrd. EUR, die Zahl der Mitarbeiter auf 14 100 stark angestiegen. Der RZB-Konzern wurde 2001 von der Fachzeitschrift „The Banker" als „Bank of the Year in Central and Eastern Europe" ausgezeichnet und vom Finanzmagazin „Global Finance" zur „Best Bank in Central and Eastern Europe" gekürt (www.rzb.at).

Wien, Budapest und Prag als „Eurometropolen"

Mit der Ostöffnung sind zwei Hauptstädte, Budapest und Prag, in 250 bzw. 300 km Luftlinienentfernung von Wien gelegen, wieder in räumliche Nähe gerückt. Die Restriktionen des Verkehrs und der Kommunikation sind aufgehoben. Die Frage der Konkurrenz und Komplementarität ist offen. Sie wird sich mit der EU-Erweiterung erneut stellen.

In den Diskussionen gehen die Auffassungen über den Stellenwert eines neuen mitteleuropäischen Zentralraums mit den Eurometropolen Wien – Prag – Budapest und den regionalen Metropolen Bratislava – Brünn – Krakau und dem oberschlesischen Industrierevier auseinander.

Es überwiegt die Auffassung, daß die jahrhundertelange Gemeinsamkeit der mitteleuropäischen Länder im Rahmen der österreichisch-ungarischen Monarchie die „Vision Mitteleuropa" der 1980er Jahre vor der Grenzöffnung nur in kultureller Hinsicht wiederaufleben, die ökonomische Ausrichtung der Staaten Tschechien, Slowakei, Ungarn und Polen dagegen auf die Europäische Gemeinschaft hin erfolgen wird. Diese Auffassung ist sicherlich dahingehend zu erweitern, daß dieser Zentralraum Mitteleuropa insgesamt in einem gemeinsamen Haus

Europa an Bedeutung gewinnen wird, sobald im ersten Jahrzehnt des 21. Jahrhunderts die Osterweiterung der EU erfolgt ist. Nicht so rasch von Budapest und Prag zu erreichen ist sicher die Position Wiens als UNO-Stadt mit den entsprechenden Nachfolgeeinrichtungen. Unter den Weltzentren mit internationalen Organisationen stand Wien 1988 mit 115 Einrichtungen an 9. Stelle in der Welt, in Europa nach Paris, Brüssel, London, Rom, Genf und Stockholm an 7. Stelle, Prag mit 36 Institutionen an 42. Stelle. Neu zu schaffende Institutionen werden jedoch in Zukunft auch Prag oder Budapest als Standorte wählen.

Durch den früheren Eintritt in das EDV-Zeitalter verfügt Wien derzeit noch über einen deutlichen Vorsprung in der Informationstechnologie, der u. a. durch die Errichtung einer IBM-Supercomputing-Anlage und das Büro der IBM-Eastern Europe Cooperation verstärkt wurde, in welches jüngst auch das Züricher Büro integriert worden ist. In mittelfristiger Zukunft wird sich allerdings das derzeit bestehende Defizit im technischen Standard der Informations- und Kommunikationstechnologien in Prag und Budapest ausgleichen und sich der Standort-

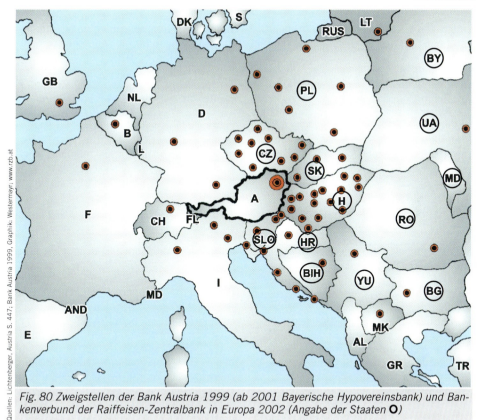

Quellen: Lichtenberger, Austria S. 447; Bank Austria 1999. Graphik: Westermayr, www.rzb.at

Fig. 80 Zweigstellen der Bank Austria 1999 (ab 2001 Bayerische Hypovereinsbank) und Bankenverbund der Raiffeisen-Zentralbank in Europa 2002 (Angabe der Staaten **O***)*

vorteil von Wien reduzieren. „Übersprungeffekte" von Betrieben aus dem süddeutschen Raum – so z. B. von München nach Budapest – sind ebenso vorhanden wie eine partielle „Berlinorientierung" von Prag. In Hinblick auf die Qualität des städtebaulichen Designs sind die drei Städte Wien, Prag und Budapest trotz aller Unterschiede einander ebenbürtig und werden im internationalen Tourismus in Zukunft möglicherweise im Paket „vermarktet" werden.

Was die Lebensqualität für die Bewohner anlangt, werden sich Budapest und Prag noch etwas anstrengen müssen, die stadtklimatischen Nachteile von Inversionslagen mit hoher Luftverschmutzung z. B. durch Umstellung auf umweltfreundliche Heizungssysteme zu reduzieren, um gegenüber den stadtklimatischen Qualitäten, die Wien aufgrund der guten Westwind-Durchlüftung und des Einsatzes hochwertiger Umwelttechnologien aufweist, bestehen zu können. Diese stadtklimatischen Unterschiede

werden möglicherweise ebenso wie die höhere Sicherheit in Wien auch das Ansiedlungsverhalten von ausländischen Unternehmern und Managern weiterhin beeinflussen.

Im Zusammenhang mit der Verselbständigung der Slowakei und der Aufwertung von Bratislava zur Hauptstadt sei daran erinnert, daß Bratislava nur 65 km östlich von Wien liegt, d. h. in einer ähnlichen Distanz wie die Landeshauptstadt St. Pölten und die Viertelshauptstädte Wiener Neustadt und Krems in Niederösterreich. An diese historische Rangordnung erinnert noch die bescheidene Dimension der Altstadt von Bratislava. Ansonsten hat sich die Hauptstadt der Slowakei in der Nachkriegszeit zu einem Industriezentrum ersten Ranges entwickelt, gefördert durch die massive Industrialisierungspolitik während der Zugehörigkeit der Tschechoslowakei zu den Ostblockstaaten und insbesondere als westlicher Endpunkt einer großen Erdöl-Pipeline aus der ehemaligen UdSSR. Zwei große Raffinerien Europas liegen einander somit als einstige Endpunkte von west- bzw. osteuropäischen Ölleitungen in Wien und Bratislava in nur geringer Distanz gegenüber.

Der Beitritt der Slowakei zur EU wird dem Wiener quartären Sektor in mittelfristiger Zukunft neue Nachfrager bringen, auf die asymmetrischen grenzüberschreitenden Verknüpfungen des Arbeitsmarktes wurde hingewiesen.

Vertraglich vereinbart ist bereits, daß der Flughafen Bratislava mit derzeit rund 10 % des Verkehrsaufkommens von Schwechat zunehmend komplementäre Funktionen als Ausweichflughafen für Wien bei Schlechtwetter und bei Spitzenbelastungen übernehmen wird.

Noch eine zweite regionale Metropole, Brünn, die alte Hauptstadt von Mähren, in 135 km Entfernung von Wien und damit näher als Linz gelegen, wird wohl die hochrangigen Dienstleistungen in Wien in Zukunft wieder in Anspruch nehmen, wenn Tschechien Mitglied der EU geworden ist.

Ausblick

Mehrere globale Prozesse prägen den Beginn des 21. Jahrhunderts:
(1) Der ökonomische Konzentrationsvorgang von Wirtschaft, Verkehr und Kommunikation,
(2) der demographische Vorgang der Alterung der Gesellschaft, der in der westlichen Welt mit einer unter das Reproduktionsniveau gesunkenen Fertilitätsrate verbunden ist,
(3) die wachsende interkontinentale Migration,
(4) die Metropolitanisierung des Siedlungssystems und
(5) die Internationalisierung des Massentourismus.
Hierzu kommen Europa-spezifische Vorgänge:
(6) das Zusammenwachsen der Mitgliedsstaaten in der EU,
(7) nahezu synchron dazu eine Restrukturierung der sozialen Wohlfahrtsstaaten und schließlich
(8) die schon seit längerem im Vorbereitung befindliche Erweiterung der EU nach dem Osten.
Es sei die Frage gestellt, welche Probleme dadurch für den Kleinstaat Österreich entstehen und wo seine Chancen liegen.

Im folgenden hierzu einige Aussagen:

ad (1)
Die Globalisierung der Ökonomie steht in Österreich unter dem Vorzeichen der Entstaatlichung auf allen Gebieten der Wirtschaft, des Verkehrs und der Hoheitsverwaltung. Die Privatisierung ist derzeit in vollem Fluß und hat zur Zerlegung von einigen großen staatlichen Blöcken (u. a. Post) in privatisierbare Einheiten geführt. Sie wird weitergehen und auch die kommunale Hoheitsverwaltung betreffen. Die Privatisierung von Bundesbesitz, von Bundesdenkmälern, Bundesforsten, Kasernen usf. steht bereits zur Diskussion. In erstaunlicher Weise schwingt das Pendel der Privatisierung in Bereiche hinein, die selbst in kapitalistischen Staaten, wie den USA, als Staatsmonopol gehütet werden. Die jüngst erfolgte Ausgliederung des Statistischen Zentralamtes aus dem Staatsaparat sei als Beispiel genannt. Im Gefolge der Dauerkrise des Budgets werden staatliche Immobilien und Unternehmen in rascher Folge auch weiterhin auf den Markt kommen. Österreich hat in der Zweiten Republik als Parteien- und Verbändestaat Sonderentwicklungen aufzuweisen; es sind auch in Zukunft Sonderentwicklungen beim Vorgang der Entstaatlichung zu erwarten.

ad (2)
Der weltweite demographische Vorgang der Alterung der Gesellschaft ist in Österreich keineswegs besonders ausgeprägt; Österreich ist ein Mitläufer, nicht ein Vorreiter dieses Prozesses. Anders ist es bei der seit den 1980er Jahren praktizierten Verschiebung von Arbeitslosen aus dem Arbeitsmarkt in die Frühpension hinein, bei der Österreich einen Spitzenplatz in der EU innehat. Damit wurde eine schwere Budgethypothek geschaffen, die in den nächsten Jahrzehn-

ten für harte politische Auseinandersetzungen sorgen wird.

ad (3)

Von der Immigration in die „Festung Europa", wie die Etikette aufgrund der derzeitigen Immigrationspolitik der EU in der nichteuropäischen Welt lautet, ist Österreich mit seiner überlangen EU-Außengrenze in unmittelbarer Zukunft besonders betroffen. Bereits etablierte Zuwanderungskanäle werden weiterhin für Ausländerzustrom sorgen, darüber hinaus werden sich die interkontinentalen Herkunftsbereiche erweitern. Auch die verschärfte Kontrolle längs der EU-Außengrenzen wird an der steigenden Zahl von illegalen Migranten nichts ändern können. 1999 wurden über 40 000 von ihnen von Grenztruppen aufgegriffen. Das Migrantenproblem wird ebenso wie in anderen europäischen Staaten von der innenpolitisch brisanten Thematik der Ausländerfeindlichkeit überschattet, welche voraussichtlich bei wachsendem Ausländeranteil auch in mittelfristiger Zukunft das Wahlverhalten mitbestimmen wird.

Die Einsicht in die Notwendigkeit der Zuwanderung aufgrund der unzureichenden Fertilität der österreichischen Bevölkerung hat sich noch nicht durchgesetzt.

ad (4)

Österreich ist kein Staat der Metropolitanisierung. Es hat eine einzige Metropole anzubieten, welche in der interkontinentalen Konkurrenz der Metropolen um die Einrichtungen des quartären Sektors mitspielen kann, nämlich die Millionenstadt Wien.

Daran wird sich auch in Zukunft nichts ändern. Damit werden auch verschiedene Desorganisationserscheinungen der metropolitanen Gesellschaft, für welche die USA den Vorreiter liefert, in den stark ländlichen und kleinstädtischen territorialen Strukturen Österreichs in geringerem Umfang auftreten. Österreich wurde in der Nachkriegszeit gerne als „Insel der Seligen" bezeichnet. In diesem Begriff war etwas von der Lebensqualität und der Überschaubarkeit kleinzügiger Territorien enthalten, die sich im nicht-metropolitanen Österreich auch im 21. Jahrhundert erhalten werden. Zu hoffen ist, daß bei wachsenden internationalen ökonomischen Aktivitäten und steigender multikultureller Vielfalt der Bevölkerung die soziale Polarisierung, welche die großen westlichen Metropolen kennzeichnet, in der Metropole Wien durch den Munizipalsozialismus reduziert werden kann, so daß die Lebensqualität der österreichischen Hauptstadt weiterhin erhalten bleibt.

ad (5)

Die Internationalisierung des Massentourismus hat in Österreich sehr spezifische Strukturen erzeugt. Trotz des enormen Wachstums des österreichischen Fremdenverkehrs in der Nachkriegszeit ist keine „fun industry" amerikanischen Zuschnitts entstanden, sondern der Tourismus wird nach wie vor von lokaler Bevölkerung und lokalen Unternehmern getragen. Ein Zukunftsszenario in Analogie mit dem noch vor einer Generation kleinbetrieblich geprägten und heute von wenigen Ketten beherrschten Einzelhandel besitzt mittelfristig nur geringe Wahrscheinlichkeit. Im Gegenteil, es ist zu erwarten, daß aufgrund der zunehmenden Bedeutung der Freizeitgesellschaft gegenüber der arbeitsteiligen Gesellschaft der „Handelswert" des Kleinstaates Österreich für die europäische und internationale Freizeitgesellschaft weiter steigen wird. Mehrere Faktoren wirken hierbei zusammen:

- Das Erbe einer 1000jährigen Geschichte konnte in einer weithin gepflegten ländlichen Kulturlandschaft ebenso erhalten werden wie das der zahlreichen denkmalgeschützten Klein- und Mittelstädte und last, not least der Metropole Wien.
- Österreich hat Anteil an den Alpen, und seine besondere Qualität besteht in der Pflege der Kulturlandschaft im Hochgebirge, die in dieser Form in der westlichen Welt kein Gegenstück besitzt.
- Österreich hat ein Viertel der Staatsfläche bereits als Nationalparks, Landschafts- und Kulturparks gesichert und damit im Sinne einer „nachhaltigen Entwicklung" einem kommerziellen Mißmanagement entzogen. Es ist zu erwarten, daß die in Österreich besonders starke ökologische Bewegung dafür sorgen wird, daß weitere Gebiete unter Schutz gestellt werden.
- Gestützt auf umfangreiche Jagdreviere kann Österreich als der am besten

erschlossene Wildpark Europas bezeichnet werden, mit einer weit überlokalen Bedeutung der Jagd auf der Grundlage von Großforsten. Der hohe Freizeitwert von Österreich steht bereits jetzt mit einer Beteiligung des Tourismus mit rund 10 % am BIP zu Buche.

ad (6)

Auf den Bedeutungsverlust der Nationalstaaten durch die Schaffung der Europäischen Kommission wurde hingewiesen. Für Österreich bedeutet dies jedoch auch einen Bedeutungsgewinn des Föderalismus. In der historischen Einleitung ist nachzulesen, daß der Staat Österreich erst ein Produkt des Vertrags von St. Germain 1919 darstellt, während die Länder alte historische Einheiten bilden. Mit dem Bedeutungsgewinn des Föderalismus ist ein Bedeutungsgewinn der West-Ost-Differenzen zu erwarten, zu deren Überwindung neue Strategien erforderlich sein werden. Im Gefolge des Global-local Interplay gewinnen auch die Gemeinden an Bedeutung und schließen sich zur besseren Vermarktung besonders auf dem Sektor des Fremdenverkehrs, der biologischen Landwirtschaft usf. zu neuen Verbandsstrukturen zusammen. Es ist zu erwarten, dass die äußerst kleinzügige territoriale Landkarte Österreichs langfristig durch eine Flurbereinigung an die EU-Regionalisierung angepaßt wird.

Damit ist die Thematik der regionalpolitischen Zwischendecke der Europäischen Union angesprochen, welche diese im Global-national Interplay eingezogen hat. Mit der Etablierung einer europäischen Regionalpolitik, welche über beachtliche Mittel verfügt, werden sich im 21. Jahrhundert die Vereinigten Staaten von Europa grundlegend von den Vereinigten Staaten von Nordamerika unterscheiden. Die Regionalpolitik erfolgt mit der Zielsetzung eines regionalen Disparitätenausgleichs. Regionen erhalten damit einen spezifischen „sozialen Stellenwert".

In der Retrospektive könnte man von einem Comeback der sozialen Wohlfahrtstendenzen des aufgeklärten Zentralismus des 18. Jahrhunderts im europäischen Zentralismus des 21. Jahrhunderts sprechen. Auch Österreichs entwicklungsschwache Regionen werden davon in Zukunft profitieren.

ad (7)

Aussagen über den Rückbau des sozialen Wohlfahrtsstaates gehen seit den 1990er Jahren durch Literatur und Medien. Dabei wird vielfach übersehen, daß es bei diesem Rückbau um weit mehr geht als um die Sozialpolitik im engeren Sinn, wie die Finanzierung des Pensionssystems und die Sozialfürsorge. Es geht um den gesamten bisherigen sozialen Dienstleistungssektor des Staates, die gesamten Bildungseinrichtungen, von den Volksschulen bis zu den Universitäten, das Gesundheitswesen, den subventionierten öffentlichen Verkehr, die subventionierte Landwirtschaft, den sozialen Wohnungsbau, das „soziale Grün" und die sozialen Freizeiteinrichtungen, es geht um die Regionalpolitik für zentrale Orte und entwicklungsschwache Gebiete.

Unabhängig davon, in welchem Tempo von der Europäischen Kommission eine europäische Sozialpolitik mit Mindeststandards der Arbeitsmarktpolitik im 21. Jahrhundert aufgebaut werden kann, wird Sozialpolitik auch in mittelfristiger Zukunft keine Stand-alone-Politik sein können, sondern Teil einer integrierten Gesellschafts-, Regional- und Kommunalpolitik bleiben, bei der spezifische nationale Lösungen für das Problem des Um- und Rückbaus gefunden werden müssen. Das gilt auch für Österreich, welches sich gerade aufgrund des kompliziert vernetzten, in den Jahrzehnten der Nachkriegszeit aufgebauten Systems des sozialen Wohlfahrtsstaates, auf dessen hohen Anteil an der Wertschöpfung des Staates hingewiesen wurde, vor einer besonders schwierigen Aufgabe sieht. Es muß auch offenbleiben, in welcher Form die in den Aufbaujahren bewährte Sozialpartnerschaft weiterbestehen wird.

ad (8)

Die geplante Osterweiterung der EU wird in sehr eindrucksvoller Form durch die Budgetzahlen der Agenda 2000 belegt, welche als neuen Budgetposten die sogenannte Heranführungshilfe für die Beitrittswerber aufweisen. Im März 2002 sind für die Beitrittswerber aus den 260 Mrd. EUR des Strukturfonds 47 Mrd. EUR als Beihilfe angegeben, davon 7 Mrd. EUR für die Vorbereitung. Der exakte Termin des Beitritts ist derzeit noch offen.

NUTS 1-2-3	Fläche km²	Einwohner	Hauptstadt	Einwohner
Österreich	83 858,28	8 065 465	Wien	156 482
Ostösterreich	23 554,98	339 040		
Burgenland	3 965,91	278 600	Eisenstadt	11 394
Mittelburgenland	701,52	38 300		
Nordburgenland	1 792,61	141 301		
Südburgenland	1 471,78	98 999		
Niederösterreich	19 174,12	1 549 658	St. Pölten	49 272
Mostviertel-Eisenwurzen	3 355,85	237 886		
Niederösterreich-Süd	3 366,26	246 839		
St. Pölten	1 230,08	142 711		
Waldviertel	4 614,10	224 994		
Weinviertel	2 411,86	124 237		
Wiener Umland-Nord	2 721,57	278 843		
Wiener Umland-Süd	1 474,40	294 148		
Wien	414,95	1 562 482		
Südösterreich	25 921,23	1 747 505		
Kärnten	9 533,01	561 126	Klagenfurt	90 257
Klagenfurt-Villach	2 029,23	269 445		
Oberkärnten	4 129,74	132 206		
Unterkärnten	3 374,04	159 475		
Steiermark	16 388,22	1 186 379	Graz	226 892
Graz	1 228,41	358 419		
Liezen	3 270,06	82 684		
Östl. Obersteiermark	3 255,20	176 133		
Oststeiermark	3 352,54	268 609		
West- u. Südsteiermark	2 222,87	190 782		
Westl. Obersteiermark	3 059,14	109 752		
Westösterreich	34 382,07	2 927 220		
Oberösterreich	11 979,55	1 381 993	Linz	186 266
Innviertel	2 822,72	27 200		
Linz-Wels	1 743,13	527 796		
Mühlviertel	2 659,49	202 359		
Steyr-Kirchdorf	2 237,67	152 558		
Traunviertel	2 516,54	226 380		
Salzburg	7 153,91	518 587	Salzburg	144 817
Lungau	1 019,56	21 420		
Pinzgau-Pongau	4 396,26	162 462		
Salzburg u. Umgebung	1 738,09	334 705		
Tirol	12 647,21	675 070	Innsbruck	113 826
Außerfern	1 236,69	31 609		
Innsbruck	2 095,21	269 030		
Osttirol	2 019,98	50 676		
Tiroler Oberland	3 319,42	95 628		
Tiroler Unterland	3 975,91	228 127		
Vorarlberg	2 601,40	351 570	Bregenz	26 853
Bludenz Bregenzerwald	1 876,01	86 662		
Rheintal-Bodensee	725,39	264 908		

Tab. 78: Gliederung in Regionen (NUTS 1), Bundesländer (NUTS 2) und NUTS-3-Einheiten 2001

Quelle: Statistik Austria, VZ 2001, SPA, SK.

Fest steht jedenfalls, dass auf dem EU-Gipfel in Helsinki Ende 1999 Litauen, Lettland, die Slowakei, Rumänien, Bulgarien und Malta zu direkten Beitrittsverhandlungen ab Februar 2000 eingeladen worden sind, so wie man sie zu diesem Zeitpunkt bereits mit Polen, Tschechien, Ungarn, Slowenien, Estland und Zypern führte. Auch die Türkei hat den Status eines Beitrittskandidaten bekommen, der Termin für die Beitrittsverhandlungen wurde jedoch noch nicht fixiert. Der 14. Kandidat sollte seinerzeit Kroatien werden. Dieses „grand design" der Erweiterung der EU unter dem Präsidenten der EU-Kommission Romano Prodi ist inzwischen durch eine „Rückkehr der Geschichte" eingeholt worden.

Derzeit besteht die Zielsetzung, die Verhandlungen bis 2004 mit folgenden Ländern abzuschließen, wenn bei diesen die bisherigen Fortschritte beibehalten werden: den ehemaligen Nachfolgestaaten der Donaumonarchie: Tschechien, Ungarn, der Slowakei und Slowenien, sowie mit dem östlichen Anrainer der Bundesrepublik, Polen, den baltischen Staaten Litauen, Lettland und Estland und den Inselstaaten Malta und Zypern.

Ein Blick auf die historisch-politische Landkarte Europas vor dem Ersten Weltkrieg belegt, daß der seinerzeit zur ungarischen Reichshälfte gehörende Raum der Donaumonarchie mit Kroatien und Bosnien-Herzegowina ebenso außerhalb bleibt wie die Länder Serbien, Montenegro, Albanien und Makedonien. Der „Balkan: ein Unruheherd des 19. Jahrhunderts", ist zu Beginn des 21. Jahrhunderts noch immer nicht befriedet.

Einblicke

Der Föderalismus als Regionalismus

Mit einer These sei eröffnet: Regionalismus bedeutet aus österreichischer Sicht Föderalismus. Während die Bundesregierung vor allem die Aufgaben des sozialen Wohlfahrtssystems in Hinblick auf die Sozial- und Pensionsversicherung wahrzunehmen hat, sind die Bundesländer zuständig für die Gestaltung der Kulturlandschaft mittels Raumordnung, Bauordnungen und Landesentwicklungsplänen; sie sind auch zuständig für die Aufgaben des Naturschutzes und für die Einrichtung von Nationalparks. In Zusammenarbeit mit den Gemeinden sind sie zuständig für die Stadt- und Dorferneuerung.

In der politischen Landschaft Österreichs hat der Föderalismus sein konservatives Gewand bisher beibehalten. Die österreichische Volkspartei stellt 6 von insgesamt 9 Landeshauptleuten und 1800 von rund 2400 Bürgermeistern. Gleichzeitig versteht sich die ÖVP als Bannerträger von notwendigen, wenn auch nicht immer allgemein akzeptierten gesamtstaatlichen Schritten, wie dem Beitritt zur EU, die Erfüllung der Schengen-Kriterien für die Währungsunion, sie pusht die Liberalisierung und das Sparpaket und ebenso den NATO-Beitritt.

In der Binnensicht formuliert lautet die Aussage: Ein starkes konservatives Österreich, das nicht sozialistisch wählt, forciert eine eigenständige Landespolitik. Regionale Politik erfolgt in Österreich somit unter „bürgerlichen" Vorzeichen. Mit dem Föderalismus sind die regionalen Strukturen des Staates festgeschrieben.

Auf die Eigenständigkeit der Länder als historische Einheiten wurde hingewiesen. Ihre Grenzen sind außerordentlich stabil gewesen, nicht zuletzt deshalb, weil sie sich seit der mittelalterlichen Territorialgeschichte in die natürlichen Großlandschaften eingefügt haben. So wird die alte Ländereinheit von „Österreich" durch die Donau und den Verkehrskorridor des Alpenvorlandes verklammert und besitzt gleicherweise Anteile im Norden am Böhmischen Massiv (Mühlviertel, Waldviertel) wie im Süden an den Nördlichen Kalkalpen. Das ehemalige Innerösterreich mit den Ländern Steiermark und Kärnten ist mit dem Schlagwort von „Wald und Eisen" als natürliche Ressourcen der kristallinen Hoch- und Mittelgebirge zu kennzeichnen. Die einstigen Paßstaaten Salzburg und Tirol reichen von den nördlichen Kalkhochgebirgen bis in die Gletscherregion der Zentralalpen hinauf. An den Außenflanken fügen sich schließlich jene Bundesländer an, welche in Hinblick auf die Natur- und Kulturlandschaften die größten Kontraste bieten: im Westen Vorarlberg, das in Siedlung und Wirtschaft sowie in der Stammeszugehörigkeit seiner Bevölkerung bereits dem größeren Komplex des Bodenseeraumes angehört und damit der Schweiz und der Bundesrepublik Deutschland zugewandt ist, und im Osten das Burgenland, dessen Flüsse und Verkehrswege ins Pannonische Becken hinausstreben, mit dem es als Westteil Ungarns jahrhundertelang eine politische Einheit bildete.

West-Ost-Gegensätze

Der österreichische Kleinstaat mit einer Fläche von knapp 84 000 km^2 besitzt die beachtliche West-Ost-Erstreckung von 630 km. West-Ost-Gegensätze von Siedlung und Wirtschaft gründen sich zum Teil auf die natürliche Ausstattung des Raumes; zum Teil reflektieren sie das Gefälle des wirtschaftlichen Entwicklungsstandes, das sich in den Jahrzehnten der Grenzlage Österreichs am Eisernen Vorhang herausgebildet hat.

Österreich ist ein Alpenstaat. Die Abnahme der Höhen des Gebirges von West nach Ost zählt mit zu den entscheidenden Faktoren des Naturraums. Mit dem Absinken der Gipfelfluren von etwa 3500 m in den Tiroler Zentralalpen auf 1800 m am Ostabfall der Alpen fallen auch alle anderen Höhengrenzen: Die Waldgrenze von 2200 auf rund 1700 m und – wesentlich stärker – die obere Siedlungsgrenze von 1900 m im Westen auf rund 1000 m im Osten. Längs einer Nord-Süd-Linie, der die Tauernautobahn über den Radstädter Tauern und Katschberg folgt, verläuft eine markante Nutzungsgrenze zwischen den Almgebirgen des Westens und den Waldgebirgen des Ostens.

Auf diesen ökologischen Unterschieden, vereint mit sozialhistorischen, fußen die unterschiedlichen Lebensformen von Almbauern und Waldbauern, deren Probleme im 19. Jahrhundert dank Schönherrs Tiroler Geschichten und Roseggers Schriften über den „Waldbauernbuben" in die Literatur eingegangen sind. Sozialhistorisch waren die Almbauern zumeist Freibauern wie die Walser in Vorarlberg und die Tiroler Bauern. Ihnen ist es gelungen, den Anschluß an den Fremdenverkehr zu finden, so daß in Westösterreich heute der Typ des Fremdenverkehrsbauern überwiegt. Anders im Osten: Hier behielten schon im mittelalterlichen Rodungsprozeß große geistliche und weltliche Grundherrschaften das Walddach über der bäuerlichen Siedlung in ihrer Hand. Daraus entstanden später große Jagdreviere und Forstgüter, welche gegenwärtig eine Barriere für den Tourismus darstellen, so daß die Waldgebirge Innerösterreichs gleichsam ein großes Vakuum auf einer österreichischen Fremdenverkehrskarte bilden.

Die Unterschiede der natürlichen Ressourcen kommen auch in der Elektrizitätswirtschaft zum Tragen. Man könnte sie mit den beiden Grundtypen von Pumpspeicherwerken und Laufkraftwerken an Flüssen umreißen. Die Produktion von Spitzenstrom hat die Landesgesellschaften im Westen schon früh zu einer exportorientierten Politik geführt. Als erstes Beispiel sei der Zusammenschluß der Kraftwerke in Vorarlberg mit den Wasserkraftwerken von Baden-Württemberg, der Schweiz sowie den Wärmekraftwerken Nordwestdeutschlands erwähnt, das großzügigste energiewirtschaftliche Konzept der Zwischenkriegszeit. Die 1931 fertiggestellte 380-Kilovolt-Leitung mit einer Länge von 960 km liefert noch heute Spitzenstrom ins Ruhrgebiet. Gleichzeitig fehlt aber eine 380-Kilovolt-Leitung aus den westlichen Bundesländern in den Wiener Raum. Es erscheint recht bezeichnend für die bipolare Position der österreichischen Energiewirtschaft, daß nordöstlich von Wien nicht nur das alte Erdölrevier der Republik, sondern auch neuerschlossene Erdgasfelder liegen, im Anschluß daran eine Verbindung mit der russischen Pipeline nach Preßburg hergestellt wurde und eine weitere von Niederösterreich über die Steiermark nach Kärnten zieht, während andererseits eine aus dem Wiener Raum nach Westösterreich fehlt.

Die West-Ost-Differenzierung als Strukturmerkmal des österreichischen Staates trifft auch auf die Wirtschaft zu. Die Industrie entwickelte sich in der Nachkriegszeit im Westen wesentlich dynamischer als im Osten, dem jahrzehntelang die Tatsache nachhing, daß er von 1945 bis 1955 sowjetische Besatzungszone gewesen ist. Hinzu kam ferner der Nachteil der Lage am Eisernen Vorhang. Die politische Trendwende hat die Ostregion wieder in eine zentrale Lage gebracht. Dementsprechend sind auch ihre Wachstumschancen nunmehr günstig zu beurteilen.

Die gespaltene Verteilungsstruktur der natürlichen Ressourcen und der Wirtschaft wird überlagert durch das Phänomen der unterschiedlichen Erreichbarkeit der einzelnen Staatsteile für Westeuropa und die Bundesrepublik. Die kilometrische und zeitliche Distanz von der deutschen Grenze aus bestimmt weitgehend das West-Ost-Gefälle des Fremdenverkehrs und auf einer anderen Ebene die Randlage der Industrie, vor allem in Innerösterreich, Steiermark und Kärnten. Mit der Entfernung zu den Ballungsräumen Mitteleuropas ist ferner das Gefälle des Bruttosozialprodukts gekoppelt, welches in Salzburg rund doppelt so hoch ist wie im Burgenland. Dieses Wohlstandsgefälle des Staates von West nach Ost wird von sozialpsychologischen Differenzierungen begleitet, die im einzelnen schwer zu fassen sind.

Das unterschiedliche politische Schicksal der Länder in West und Ost und die tradierten Erfahrungen, Normen und Verhaltensweisen der Menschen spielen dabei sicher eine Rolle. Erinnert sei daran, daß nach Osten hin sich die Alpen auffächern, zwischen den Ketten breiten Becken und Buchten Raum geben. Der Osten Österreichs war immer wieder kriegerischen Einfällen ausgesetzt, von den Hussitenkriegen des 14. Jahrhunderts über die Türkenkriege des 16. und 17. Jahrhunderts bis schließlich zu den Ereignissen des Zweiten Weltkriegs, als sich im Zuge der letzten Kriegshandlungen ein Flüchtlingsstrom aus dem Osten, vor allem aus dem Wiener Raum, nach Westen ergoß.

Auf einen in der Landschaft besonders deutlich sichtbaren Unterschied sei hingewiesen: Während im Westen unter dem Druck des Fremdenverkehrs schon früh Grundverkehrsgesetze erlassen wurden, die Gemeinden Flächenwidmungspläne aufgestellt haben und danach die Verbauung reglementieren, sind im Osten beide Planungsinstrumente erst später und auch dann nicht vollständig wirksam geworden. Recht eindrucksvoll sind daher die Unterschiede zwischen den geordneten Siedlungsstrukturen vor allem in Tirol und Salzburg und der chaotischen Zersiedlung der Landschaft im Osten des Staates, wo es selbst in Großstädten wie Graz bisher nicht gelungen ist, den vorliegenden Flächenwidmungsplan voll verbindlich zu machen.

Randländer

Um die West-Ost-Gegensätze zu demonstrieren, sei auf die beiden randlich gelegenen Bundesländer Vorarlberg und Burgenland eingegangen. Erstaunlicherweise bestehen einige Gemeinsamkeiten, denn beide wurden erst spät als Bundesländer konstituiert: Vorarlberg 1918, das Burgenland 1921. Beide sind verkehrsmäßig nach außen orientiert. Vorarlberg ist durch 13 Straßen mit der Schweiz und der Bundesrepublik verbunden, dagegen durch nur drei mit dem übrigen Österreich. Trotz des 1978 eröffneten Arlbergstraßentunnels kann es bei extremen Witterungslagen im Winter passieren, daß das „Ländle" vor dem Arlberg kurzfristig von Tirol aus nicht direkt über die Straße erreicht werden kann.

Das Burgenland besetzt als schmaler Nord-Süd-Streifen den Ostrand der Alpen. Die einstige Zugehörigkeit zu Ungarn wirkt noch immer nach. Ebenso wie die Flüsse und Bäche laufen Straßen und Bahnen in die Ungarische Tiefebene hinein zu altvertrauten Städten. Eine durchgehende Nord-Süd-Straße wurde erst nach dem Zweiten Weltkrieg errichtet; eine entsprechende Bahnlinie fehlt noch immer.

Auch in der historischen Agrarstruktur weisen beide Bundesländer Parallelen auf. Sie sind im Gegensatz zum übrigen Österreich Realteilungsräume, in denen der Grundbesitz im Erbgang schmalstreifig aufparzelliert wurde. Dadurch sind breite Bevölkerungsschichten im Haus- und Grundbesitz verankert, und Vorarlberger und Burgenländer besitzen die Mentalität von „Häuslebauern". Davon abgesehen bestehen jedoch diametrale Gegensätze in den naturräumlichen Möglichkeiten und in der Wirtschaftsstruktur.

Alemannisches Vorarlberg

Vorarlberg ist zweifellos das österreichische Bundesland, welches seine Eigenständigkeit mit der Ausschöpfung aller Möglichkeiten der föderalistischen Verfassung immer wieder hervorkehrt – und dies mit einer gewissen Berechtigung. Seine Bäche und Flüsse streben dem Rhein zu und nicht – wie im übrigen Österreich – der Donau; seine Bevölkerung ist alemannischer Herkunft und weist in der Mentalität stärkere Gemeinsamkeiten mit dem alemannischen Volkstum in der Bundesrepublik und in der Schweiz auf als mit der bajuwarischen Bevölkerung im Osten des Arlbergs.

Anders als in Tirol und Salzburg fehlt der Großgrundbesitz von Staat, Kirche und Adel. Ein Freibauerntum, genossenschaftlich organisiert, bestimmte die Erschließung der Gebirgsräume. Aufgrund der Lage an der feuchten nordwestlichen Luvseite der Ostalpen hat man den Ackerbau schon früh aufgegeben und durch eine reine Grünlandwirtschaft mit intensiver Rinderhaltung ersetzt. Das Almwesen ist hoch entwickelt. In einzelnen Tälern übersiedelt noch heute die ganze Familie im Sommer auf Maiensäße und Hochalmen. Gemessen an der Zahl der Beschäftigten ist die Landwirtschaft allerdings nur mehr von ganz untergeordneter Bedeutung (unter 3 %).

Unter dem Einfluß des alemannischen Bodenseeraums erfolgte nämlich die Industrialisierung relativ früh, getragen von einem bodenständigen Unternehmertum und einem in Haus- und Grundbesitz verankerten Arbeiterstand. Sie ist anders verlaufen als im Osten des Staates. Das äußert sich im Siedlungsbild. Die ausgedehnten Industriedörfer liegen in Obsthainen, ein Industrieproletariat fehlt. Es ist bezeichnend für Vorarlberg, dass in diesem Bundesland, welches jahrzehntelang die höchste Industrialisierungsquote aufwies, die sozialdemokratische Partei nie eine Rolle gespielt hat und der soziale Friede nie in Frage gestellt war. Allerdings pendelt wegen der höheren Löhne nahezu ein Sechstel der Berufstätigen als Grenzgänger täglich in die Schweiz, während ein sogar höherer Prozentsatz von ausländischen Arbeitern, Jugoslawen und Türken, in der Vorarlberger Industrie arbeitet.

Noch in den 1960er Jahren dominierte die Textilindustrie. Inzwischen ist eine Auslagerung der Produktion vor allem in die EU-Erweiterungsstaaten, die Tschechische Republik, die Slowakei und Ungarn erfolgt. Die Umstellungskrise auf andere Branchen konnte von der vorwiegend mittelständischen Wirtschaft vorbildlich gemeistert werden. Inzwischen erzeugen neun von zehn Unternehmen eine Fülle von neuen Produkten. Mit dieser beachtlichen Innovationskraft der Betriebe und der hohen Exportquote reicht Vorarlberg an die Schweiz heran.

Auch im Hinblick auf den im Gebirge gut entwickelten Fremdenverkehr weist Vorarlberg einige spezielle Züge auf, darunter die Umwandlung der einstigen Walsersiedlungen im Hochtannberg zu internationalen Wintersportorten wie Lech, Schröcken, Damüls und, verglichen mit Tirol, eine wesentlich stärkere Einschaltung von ausländischem Kapital bei Betriebsgründungen.

Als letztes sei vermerkt, daß dieses westliche Bundesland in Österreich auch den Geburtenrückgang von Ostösterreich nicht mitgemacht hat und mit Abstand die höchsten Geburtenziffern, ebenso eine positive Geburten- und Wanderungsbilanz sowie den für Österreich einmaligen Bevölkerungszuwachs von rund 85 % seit den fünfziger Jahren aufweist.

Dornbirn –
Feldkirch –
Bregenz

Der eigentliche Lebensraum in Vorarlberg ist das Rheintal, in dem zwei Drittel der Bevölkerung wohnen. Drei kleine Städte teilen sich die wichtigen wirtschaftlichen und administrativen Funktionen: Dornbirn, das eigentliche Zentrum der Textilindustrie, veranstaltet jährlich eine Textilfachmesse von europäischem Format und ist Sitz der Krankenkassen, der Gewerkschaft und des Vorarlberger Rundfunks und Fernsehens und hat jüngst eine Fachhochschule erhalten. Feldkirch, der ursprüngliche Tagungsort des Vorarlberger Landtages, besitzt – dank einem guterhaltenen mittelalterlichen Stadtbild mit schönen Patrizierhäusern – noch immer etwas von der Atmosphäre des Studierstädtchens, welche auf das 1648 gegründete und bis 1978 bestehende Jesuitenkolleg „Stella Matutina" zurückgeht. Landesgericht, Finanzlandesdirektion, Handels- und Arbeiterkammer sind hier untergebracht, während die Landeshauptstadt Bregenz, in der im wesentlichen nur die Landesregierung ihren Sitz hat, im letzten Jahrzehnt durch die Seefestspiele internationale Bekanntheit erlangen konnte.

**Das Burgenland
– ehemals
deutschsprachiges
Westungarn**

Ein hoher Paß, der Arlberg, trennt Vorarlberg von Tirol, ein unbedeutendes Flüßchen, die Leitha, das Burgenland von Niederösterreich. Die wenigsten, die es überqueren, sind sich bewußt, daß dieses bescheidene Gerinne seit dem Jahre 1046 eine der stabilsten europäischen Grenzen getragen hat, nämlich die zwischen Österreich und Ungarn. Auch heute noch verläuft hier eine sozioökonomische Grenze ersten Ranges. Das Burgenland ist noch immer arm an Industrie. Ansiedlungsprogramme der letzten beiden Jahrzehnte schlugen weitgehend fehl. Auch die jüngsten EU-Programme in dem als Ziel-1-Gebiet ausgewiesenen Burgenland, welche einzelne monolithische Strukturen von hochtechnisierten Industriebetrieben und einem großbetrieblichen Thermentourismus finanzieren, werden das Arbeitsplatzdefizit nicht beseitigen.

Auswanderung und Saisonwanderung waren schon früh die Ventile des übervölkerten Agrarraumes. 80 % aller Auslandsösterreicher sind Burgenländer, und bis herauf in die fünfziger Jahre sind immer wieder schubweise, vor allem aus dem südlichen Burgenland, ganze Gruppen von jungen Leuten ausgewandert, insbesondere nach den Vereinigten Staaten, Kanada und Australien. Heute leben ebenso viele Burgenländer im Ausland wie innerhalb der Landesgrenzen. An die Stelle der Auswanderung ist freilich inzwischen die Wochenpendelwanderung getreten. Aus dem mittleren und nördlichen Burgenland fährt die Mehrzahl der arbeitsfähigen Männer als Bauarbeiter nach Wien und hat sich an eine Doppelexistenz gewöhnt, die sich zwischen einfachsten Quartieren auf der Baustelle und stattlichen neuen Häusern im Heimatort hin- und herbewegt.

Das zähe Festhalten am ererbten landwirtschaftlichen Besitz hatte ein geradezu explosionsartiges Wachstum der schon vorher großen Dörfer vor allem im nördlichen und mittleren Burgenland zur Folge. Allerdings fehlt dieser spät aus gutsherrlicher Untertänigkeit entlassenen ländlichen Bevölkerung der Stolz auf die eigene Bautradition, wie er in den westlichen Bundesländern anzutreffen ist. In katastrophaler Weise wurden daher im Zuge des Um- und Neubaus die einst reizvollen Ortsbilder mit ihren giebelseitig zur Straße gestellten Streckhöfen zerstört. Nur wenige Reste konnten sich in musealer Form bzw. in Fremdenverkehrsobjekte umgestaltet erhalten.

Dem pannonischen Klimabereich zugehörig, würde das Burgenland die besten ökologischen Voraussetzungen für einen ertragreichen, spezialisierten und rationalisierten Anbau bieten (Wein, Edelobst, Gemüse, Tabak). Dem steht jedoch die enorme Besitzzersplitterung in riesigen Gewanndörfern entgegen, die auch durch die Aufteilung der meisten Gutshöfe ehemaliger ungarischer Magnaten (Esterházy, Erdödi) in der Zeit der russischen Besetzung nicht grundsätzlich verbessert werden konnte. Die Mehrzahl der kleinen Betriebe produziert daher wenig für den Markt. Nur im Norden kam es dank der Nähe Wiens zu Intensivierung und Rationalisierung.

Das nördliche Burgenland besitzt überdies mit dem Neusiedler See, einem stellenweise nur knapp einen Meter tiefen Grundwassersee, eine wichtige Attraktion für den Fremdenverkehr. Dieses sogenannte „Meer der Wiener" gehört inzwischen im Sommer längst bundesdeutschen Gästen. Noch rechtzeitig konnte man einen Nationalpark mit kleinen Brackwasserseen und salzliebender Vegetation sowie ein Vogelschutzreservat vor dem Zugriff ertragreicherer Nutzungen, der Neuanlage von Weinfeldern, großflächigen Umbrüchen in Ackerland und schließlich der Flut von Zweitwohnsiedlungen von Wienern retten. Von der einstigen Pußtaromantik mit Ziehbrunnen und weidenden Rinderherden ist nur noch wenig übriggeblieben.

Mit zunehmender Entfernung von Wien allerdings mehren sich die Zeichen der Entvölkerung, besonders im verkehrsabgelegenen Südzipfel des Bundeslandes, wo in jüngster Zeit weitflächig Kulturland brachfällt und auch die Grenzöffnung die Abwanderung und Entsiedlung bisher nicht abgestoppt hat. Das Burgenland ist nicht nur ein industriearmes, sondern ebenso ein städtearmes Bundesland. Die Hauptstadt Eisenstadt mit wenig mehr als 10 000 Menschen wirkt allerdings architektonisch reizvoll durch das guterhaltene Nebeneinander von barocken Bürgerbauten längs der Hauptstraße, einem eindrucksvollen Schloßkomplex der Fürsten Esterházy, einem restaurierten Ghetto und einer dörflichen Zusiedlung mit spätbarocker Wallfahrtskirche, wie sie von der Ecclesia triumphans im 18. Jahrhundert vielenorts in der Monarchie geschaffen wurde.

Politisch ist das Burgenland, anders als Vorarlberg, ein sozialdemokratisch dominiertes Bundesland, welches mit der Pendelwanderung nach Wien von dort sozialdemokratisches Gedankengut aufgenommen hat und daher trotz niedriger Frauenerwerbsquote den höchsten Anteil an Kindergartenplätzen in Österreich aufweist. Andererseits wurde der Mehrwert der in der Metropole Wien erarbeiteten Einkommen dem baulichen Standard der mit Nachbarschaftshilfe errichteten Einfamilienhäuser zugeschrieben. Damit sind die Wohnverhältnisse des Burgenlandes nicht nur besser als in Vorarlberg, sondern überhaupt die besten in den ländlichen Räumen Österreichs.

Die Paßländer Westösterreichs

Die aus Paßstaaten entstandenen Länder Salzburg und Tirol sind wirtschaftlich und zum Teil auch kulturell stets meridional ausgerichtet gewesen. Im Mittelalter beruhten Macht und Reichtum der Landesfürsten auf der Kontrolle des Fernhandels und auf dem bis zu Beginn der Neuzeit bedeutenden Bergbau von Gold und Silber in den Hohen Tauern in Salzburg, von Silber im unteren Inntal (Schwaz, Rattenberg) in Tirol. Auf salzführende Horizonte in den Nördlichen Kalkalpen gründete sich das Salzmonopol, das zwei sehenswerte Salzbergbaustädte, Hall in Tirol und Hallein in Salzburg, entstehen ließ. Durch die frühe Entwicklung des Landesfürstentums erfolgte in beiden Ländern eine Ausrichtung des städtischen Lebens und der Bautätigkeit auf die Landeshauptstädte Innsbruck und Salzburg.

Tirol – „das Land im Gebirge"

Während Salzburg mit dem Flachgau noch in das Alpenvorland hinausreicht, ist Tirol als „Land im Gebirge" erwachsen. Die Entstehung des Paßstaates an der breitesten Stelle der Ostalpen reicht ins Hochmittelalter zurück und vollzog sich über den Aufstieg der Vögte der Bistümer von Brixen (Inn- und Eisacktal) und Trient (oberes und mittleres Etschtal) zur Macht der Landesherrschaft. Graf Meinhard II. gelang im 13. Jahrhundert die Vereinigung der beiden Grafschaften. Erst die Habsburger verlegten 1420 die Residenz nach Innsbruck und errichteten die Münzstätte in Hall.

Die Blütezeit Tirols und von Innsbruck ist mit dem Namen von Maximilian I. verbunden, der das Land und die Stadt besonders liebte und förderte und in der Hofkirche zu Innsbruck seine Grabstätte fand.

Im 16. Jahrhundert erlebte auch der Silber- und Kupferbergbau im unteren Inntal seinen Höhepunkt. Damals erwuchs aus der Berührung mit italienischer Architektur die Sonderstellung des Innstadthauses mit seinen Laubengängen, Erkern und buntem Fassadenschmuck.

Während der Regierung Maximilians wurde das Unterinntal vom Zillertal bis Kufstein einschließlich Kitzbühel von Bayern, das Lienzer Becken (Osttirol) von den Grafen von Görz erworben. Erst der Friedensvertrag von Saint-Germain-en-Laye (1919) hat die alte historische Einheit des einstigen Kronlandes zerschlagen und die neue Grenze längs der Wasserscheide zwischen Donau und Po auf der Höhe des Zentralalpenkamms gezogen. Seit dem Verlust von

Südtirol zerfällt der bei Österreich verbliebene Teil in zwei voneinander verkehrsmäßig getrennte Räume: Nord- und Osttirol.

Die frühe Entwicklung eines ausgeprägten Landesbewußtseins geht weitgehend auf die Stellung des Tiroler Bauerntums zurück, das anders als in den östlichen Alpenländern im Landtag vertreten und waffenfähig war und wiederholt – wie in den Napoleonischen Kriegen – die Geschicke des Landes in die Hand nahm. Stärker ist auch die Kontinuität der Familien, die Bindung an Nachbarschaft und Talschaft, bemerkenswert die generative Struktur der Bevölkerung, bei der nicht zuletzt infolge der tiefen Katholizität der Anteil unehelicher Geburten gering ist (15 % in Tirol, 55 % in Kärnten). Hervorhebung verdient ferner, daß in Tirol, wo die obere Siedlungsgrenze gegen das Ödland des Gebirges vorstößt (Rofenhöfe im Ötztal, 2014 m), der Entsiedlungsvorgang während des 19. Jahrhunderts nur geringe Verluste an Höfen brachte, in Nordtirol etwa 9 %, in Osttirol 15 %, während in Ost- und Innerösterreich über 50 % der Bergbauernhöfe aufgegeben wurden.

Entsprechend der Vertikalgliederung des Reliefs hat sich der Tiroler Fremdenverkehr in den abgelaufenen hundert Jahren geradezu modellartig an die standortmäßigen und klimatischen Möglichkeiten des Raumes angepaßt. Seine Anfänge lagen einerseits in attraktiven Talorten (Kitzbühel) und andererseits in den Talhintergründen, wo der Alpenverein ein Netz von Hütten und Wegen anlegte. Die Verbindung zwischen diesen beiden Stockwerken hat sich dann ab der Zwischenkriegszeit schrittweise vollzogen, und es ist Tirol als einzigem österreichischen Bundesland gelungen, in nahezu allen Siedlungen von 1000 m aufwärts eine Wintersaison aufzubauen, von der die extremsten Siedlungslagen inzwischen am stärksten profitieren (unter anderen Vent und Gurgl im Ötztal, Ladis, Fiss und Serfaus im oberen Inntal). Selbst tiefgelegenen Talorten wie Mayrhofen im Zillertal gelang es, durch ein ausgeklügeltes System von Steighilfen und günstigen Preisarrangements einen Winterfremdenverkehr aufzubauen.

In keinem anderen Bundesland gelang es den Bergbauern wie in Tirol, sich an der Privatzimmervermietung zu beteiligen. Die Erschließung der Streusiedlung durch Güterwege hat den Fremdenverkehr in bis zum Zweiten Weltkrieg völlig abgelegene Gebiete mit zum Teil urtümlichen Lebens- und Wohnverhältnissen gebracht. Überall erfolgte ein durchgreifender Um- und Neubau der Höfe mit ein oder zwei laubengeschmückten Etagen für Gäste, wobei die Grundanlage des Tiroler Einheitshauses ebenso beibehalten wurde wie die Konstruktion des Pfettendaches. Die einst reizvollen Details der Holzschnitzkunst, von denen man hervorragende Beispiele im Tiroler Heimatmuseum in Innsbruck bewundern kann, sind jedoch vielfach überladenem Kitsch gewichen. Auch sonst ist die einst sehr hohe bäuerliche Volkskultur der Kommerzialisierung nicht entgangen, welche den Trachtenvereinen und Schützenkompanien Werbefunktionen zugewiesen hat.

Die industrielle Entwicklung von Tirol ist später als in Vorarlberg erfolgt und separiert sich räumlich und sozial einerseits vom bergbäuerlichen Lebensraum und andererseits vom Tourismus. Die Produktionspalette reicht von der Metall-, Stein- und Keramikindustrie bis zur bedeutenden Glaserzeugung (Swarowski) und Pharmaindustrie, die insgesamt expandieren, wobei in den 1990er Jahren eine

Umschichtung der Beschäftigten zu den Großbetrieben hin erfolgt ist. Die Industriebetriebe konzentrieren sich auf das mittlere und untere Inntal.

Im Schatten des aus dem Norden kommenden Fremdenverkehrsstroms hat Osttirol sehr viel mehr Ursprünglichkeit bewahrt als Nordtirol. Die häufigen Schlagzeilen in der Presse verdankt dieser Landesteil in erster Linie den Unwetter- und Naturkatastrophen, Lawinenabgängen, Vermurungen, Rutschungen und dergleichen, von denen er aufgrund der extremen Steilheit der Hänge und der hohen Niederschläge, nicht zuletzt unter dem Einfluß von Adriatiefs, besonders betroffen ist.

Einige Zahlen des Amtes für Lawinen- und Wildbachverbauung mögen den Umfang des Problems dokumentieren: 620 Wildbäche und 1110 Lawinenzüge bedrohen in Tirol Siedlungen und winteroffene Verkehrswege. Wegen der benötigten Budgetmittel wird es eine Generation dauern, um die Sicherung nur der gegenwärtigen Bauten und Verkehrseinrichtungen zu erreichen.

Innsbruck

Innsbruck, die Landeshauptstadt von Tirol, verdankt seine Entwicklung zur einzigen inneralpinen Großstadt in erster Linie der vorzüglichen Paßfußlage an der Einbiegung der Brennerlinie in die nördliche Längstalflucht. Doch gelang es ihm erst im 15. Jahrhundert, als die tirolische Linie der Habsburger (seit 1420) hier ihre Residenz aufschlug, das benachbarte, damals bedeutend größere Hall zu überflügeln. Als beliebter Aufenthaltsort Kaiser Maximilians I. erlebte Innsbruck um 1500 seine größte Blüte, es begann der Ausbau zur Residenz (1565–1665), die Niederlassung des Landadels, geistlicher Orden usf. Das heutige Regierungsviertel (Hofburg, Hofkirche, Hofgarten) mit dem Landestheater geht auf diese Zeit zurück. Kurz nach Erlöschen der tirolischen Linie der Habsburger erhielt Innsbruck eine Universität (1677). Da es zu Beginn des 18. Jahrhunderts anstelle von Bozen zum Sitz des Landeshauptmannes ausersehen wurde, blieben die Verwaltungs- und Regierungsfunktionen erhalten. Bis zur Gegenwart bilden daher Verkehr, Handel und öffentlicher Dienst die Säulen der städtischen Wirtschaft. Die Versuche, durch Gründung einer Warenbörse und Einführung der Innsbrucker Messe (seit 1923 Fachmesse für Gaststättenwesen und Fremdenverkehr) eine internationale Handelsstellung aufzubauen, haben nicht ganz die gehegten Erwartungen erfüllt. Als Drehscheibe des ostalpinen Verkehrs konnte Innsbruck jedoch schon vor dem Ersten Weltkrieg mit Luxushotels den internationalen Fremdenverkehr an sich ziehen und in der Nachkriegszeit an die zweite Stelle nach Wien aufrücken. 1964 und 1976 wurden die Winterolympiaden abgehalten. Mehrere Seilbahnen (Hafelekar, Patscherkofel, Axamer Lizum) erschließen das umliegende Hochgebirge. Der Wintersport bestimmt die Stadt.

Salzburg – einst geistliches Fürstentum

Die Entstehung aus einem geistlichen Landesfürstentum hat Salzburg besondere Züge verliehen. Es fehlen Klöster und Adelsburgen. Dem Erzstift gehörten die ausgedehnten Waldreservate des oberen Waldgürtels, die der Staat als Rechtsnachfolger nach der Säkularisierung übernahm. Der Großforst in Salzburg ist daher weitgehend österreichischer Bundesforst. Ferner fehlen im heutigen Bundesland Salzburg, von wenigen Ausnahmen abgesehen (Hallein, Rad-

stadt), die mittelalterlichen Städte; Märkte sind die Zentren
der bergbäuerlichen Streusiedlung geworden. Dieses Fehlen von
Städten ist zum Teil darauf zurückzuführen, daß das gegenwärtige
Bundesland lediglich einen Torso des im Mittelalter auch die Süd-
abdachung der Zentralalpen umspannenden territorialen Gebildes
darstellt. Durch Stadtgründungen im Kärntner Raum – Gmünd im
Süden der Katschbergstraße, Friesach im Süden des Neumarkter
Sattels und Sankt Andrä im Lavanttal – versuchten die Salzburger
Erzbischöfe, die südlichen Fußstationen wichtiger Paßstraßen zu
sichern, doch konnten diese Positionen auf die Dauer nicht gehalten werden.

Nicht interessiert waren sie dagegen an der Entwicklung des
Manufakturwesens. Bis zum Zweiten Weltkrieg blieb Salzburg ein
überwiegend agrarischer Raum. 1938 waren insgesamt kaum 5000
Arbeitskräfte in der Industrie beschäftigt. Erst die Verschiebung
von Menschen und Kapital im Gefolge des Zweiten Weltkriegs
brachte eine bescheidene Industrialisierung. Gegenwärtig hat das
Bundesland Salzburg allerdings den höchsten Anteil von Investitionen ausländischer Kapitalgeber in der Industrie aufzuweisen.
Nichtsdestoweniger besitzt die Industrie im Vergleich zu den anderen Bundesländern, gemessen am Bruttoregionalprodukt, die
schwächste Position. Spezifisch für Salzburg ist vielmehr neben
der relativ hohen Beschäftigung im Beherbergungs- und Gaststättenwesen sowie in der Landwirtschaft die große Bedeutung von
Handel und Transport. Viele Handelsunternehmen haben sich in
Salzburg angesiedelt, um die Außenwirtschaft Österreichs mit
Westeuropa zoll- und transporttechnisch zu bewerkstelligen. Große
Autoimporteure haben sich direkt an der Grenze niedergelassen
und ihre logistischen Zentralen in Salzburg errichtet. Im großen
und ganzen blieb allerdings die Industrie auf die Salzburger Agglomeration und Hallein beschränkt.

Dagegen hat sich der Fremdenverkehr über das gesamte Bundesland ausgebreitet und in den letzten Jahrzehnten ein erstaunlich gleichmäßiges Wachstum aller Größenordnungen von Fremdenverkehrsorten gebracht. Salzburg besitzt mit Abstand die reichste
Palette an Touristikzweigen. Hierzu zählen alte, bedeutende Bade-
orte wie Badgastein mit riesigen gründerzeitlichen Nobelhotels und
Chalets, neue Fremdenverkehrsorte mit Appartementhäusern und
Bungalows und eine weitflächige bergbäuerliche Streusiedlung mit
Privatzimmern und Frühstückspensionen. Geringer als in Tirol ist
die Rolle der gastgewerblichen Familienbetriebe. Ferner ist Salzburg vor allem der Übergangsraum zwischen dem Inländerfremden-
verkehr im Winter und dem Ausländerfremdenverkehr im Sommer.
Preise, Publikum, Komfort unterliegen daher einem saisonalen
Wechsel. Dank des hohen Flächenanteils an der Grauwackenzone,
eines durch sanftere Formen für den Wintersport geeigneten
Gebirgsraums zwischen den Nördlichen Kalkalpen und den Zentralalpen, besitzt Salzburg noch ein großes Potential für die Entwicklung eines zweisaisonalen Fremdenverkehrs. Im Anteil der
Wintersaison hat Salzburg Tirol inzwischen eingeholt.

Auf Salzburg entfällt schließlich ein beachtlicher Anteil des Nationalparks Hohe Tauern, an dem auch Kärnten und Tirol beteiligt sind.
Die Tauerntäler sind allerdings weitgehend siedlungsleer und erleben
gegenwärtig nur einen Boom von Mineraliensammlern; nur das

Gasteiner Tal ist mit 2,5 Mio. Übernachtungen im Jahr ein Zentrum des österreichischen Fremdenverkehrs; wiederum andere Täler sind für den Durchgangsverkehr schon seit geraumer Zeit erschlossen.

Salzburg Stadt
Wohl zu den großartigsten städtebaulichen Leistungen der Barockzeit zählt die architektonische Verbindung von Bürgerstadt und Fürstenstadt in Salzburg, der einstigen erzbischöflichen Residenz. Die prachtvolle Lage, angelehnt an Felsklippen, überragt von den schroff an das Vorland herantretenden Kalkhochalpen, trägt mit zum Ruf Salzburgs bei, eine der schönsten Städte des Kontinents zu sein. Es ist daher begreiflich, daß der internationale Sommerfremdenverkehr heute zu den wichtigsten Einnahmequellen von Mozarts Geburtsstadt gehört, nicht zuletzt auch deswegen, weil große Wiener Kulturinstitutionen wie die Staatstheater und das philharmonische Orchester hier ihre Sommerresidenz beziehen und die 1920 gegründeten Salzburger Festspiele zu einem Mekka der Musikfreunde wurden.

Salzkammergut
Salzburg hat gemeinsam mit Oberösterreich und der Steiermark Anteil am Salzkammergut, dem auf Salzgewinnung ausgerichteten „Kammergut des Landesfürsten", einem einst durchgreifend reglementierten Siedlungs- und Wirtschaftsraum. Dank der außerordentlich reizvollen Szenerie von isolierten Berggestalten und Hochplateaus (Dachstein, Totes Gebirge) und dazwischengelegenen Tiefenzonen, in denen der eiszeitliche Traungletscher zahlreiche Seebecken hinterlassen hat, der großen kaiserlichen Jagdreviere und der Einrichtung von Solebädern in Bad Ischl, Gmunden und Bad Aussee in der ersten Hälfte des 19. Jahrhunderts wurde das Salzkammergut die feudale Erholungslandschaft der k. u. k. Monarchie.

Als glanzvolle kaiserliche Sommerresidenz zog vor allem Bad Ischl Hocharistokratie, industrielle Oberschicht und Künstlerwelt an. Der Zusammenbruch der Monarchie hat eine tiefgreifende Umstrukturierung der Besitzverhältnisse und des Fremdenverkehrs mit sich gebracht. Die Ansprüche des modernen Sommerurlaubers an Sonne und Wasser kann das Salzkammergut nur unzureichend erfüllen. Der sprichwörtliche tagelang anhaltende „Schnürlregen" sowie die schlagartige Abkühlung der Seen bei Wetterumstürzen erweisen sich als Nachteile, welche die Salzkammergutseen schon seit längerem gegenüber den Kärntner Seen ins Hintertreffen geraten ließen. Gerade dadurch konnte sich das historische Flair einer aristokratischen Freizeitlandschaft des 19. Jahrhunderts erstaunlich gut erhalten, welches dem Salzkammergut den Rang einer Kulturlandschaft von europäischem Format akkreditiert.

Innerösterreich
Zwei Bundesländer, in verkehrsungünstiger Lage zu den europäischen Märkten, sind vom Entindustrialisierungsprozeß besonders betroffen: die Steiermark und Kärnten. Wald und Eisen waren in beiden die traditionellen Pfeiler der Wirtschaft. Im 18. Jahrhundert hatte ihre Eisenindustrie europäische Bedeutung. Ein ausgefeiltes Organisationssystem regelte über Waldordnungen die Versorgung mit Holzkohle, stellte die Erneuerung des Waldes sicher und sorgte überdies für die „Verproviantierung" von Knappen, Schmiedegesel-

len und Eisenarbeitern. Die Fusion der Kärntner und Steirischen Eisenindustrie und die Gründung der Alpine Montan (1884) gab den Betrieben in der steirischen Mur-Mürz-Furche nochmals eine Chance, sich über die Einführung des Bessemerverfahrens zur Großindustrie weiterzuentwickeln, brachte jedoch andererseits der Kärntner Eisenindustrie den Verfall, dem nur die eingesessene Gewehrerzeugung in Ferlach am Nordfuß der Karawanken entgangen ist. Heute befindet sich jedoch auch die entstaatlichte Stahlindustrie in der Mur-Mürz-Furche in einem raschen Schrumpfungsprozeß, der dort, wo keine Nachfolgeindustrien aufgebaut werden können, deutliche Verarmungseffekte auf die lokale Bevölkerung bewirkt, die durch die Investitionsdefizite auch im Siedlungsbild sichtbar sind.

Das Bundesland Kärnten bietet kein Schaustück für wirtschaftliche Prosperität, doch zählt es zu den österreichischen Bundesländern mit einem besonders reichen und vielschichtigen kulturellen Erbe. Kärnten war das Zentrum eines norischen Königreiches, dessen Oppidum auf dem Magdalensberg nördlich von Klagenfurt bereits teilweise ausgegraben wurde. Unweit davon lag auf dem Zollfeld die Hauptstadt Virunum der römischen Provinz Noricum Mediterraneum. Wohl gingen die römischen Siedlungen in der Völkerwanderungszeit zugrunde, doch sind die Bodenfunde überaus reich. In alten Häusern und Bauernhöfen finden sich eingemauerte Römerziegel, Reliefs und dergleichen mehr. Kärnten zählt zu den archäologisch besterforschten Teilen Österreichs.

Kärnten – eine architekturhistorische Schatzkammer

Das Zollfeld bildete auch in der Karolingerzeit die Herzkammer der Kärntner Mark mit Pfalzen in Moosburg, einer frühromanischen Basilika in Karnburg und dem Weihbistum von Salzburg in Maria Saal. Mit der Ablösung von Bayern (978) als selbständiges Herzogtum begann in den Gebirgswäldern die Rodung durch geistliche Stifte, allen voran durch das Bistum Gurk. Seit dem 12. und 13. Jahrhundert erfolgte auch die Gründung zahlreicher Städte und Märkte, allerdings fast durchweg durch auswärtige Bistümer und Hochstifte wie das Erzbistum Salzburg, die Bistümer Brixen (Sankt Veit) und Bamberg (Villach, Griffen), die jeweils versuchten, verkehrsstrategisch wichtige Positionen in die Hand zu bekommen.

Die Gegenreformation bedeutete für Kärnten eine schwerere Zäsur als für die meisten anderen österreichischen Bundesländer. Die Vertreibung der Protestanten führte zu einer weitgehenden Auswechslung von Adel und Besitzbürgertum, insgesamt zu einer starken Verarmung des Landes. Der für Österreich so bezeichnende barocke Um- und Neubau von Kirchen, Klöstern und Schlössern unterblieb daher weitgehend. Gerade dadurch aber bietet Kärnten für den an mittelalterlicher Kunst Interessierten zahlreiche Sehenswürdigkeiten.

Ein neuer Aufschwung begann im 18. Jahrhundert mit der Eisenindustrie; große weltliche und geistliche Grundherrschaften und Gewerkenfamilien waren ihre Träger. Längs der Karawankenbäche, ebenso aber auch in den Tälern der Nockberge nördlich des Klagenfurter Beckens pochten Hunderte von Hammerwerken. Um den Hüttenberger Erzberg befanden sich die Haupteisenlager des Landes, und es sei vermerkt, daß der damalige Holzkohlenbedarf für die Eisenindustrie so hoch war wie die heutige Schnittholzausfuhr des Landes.

Kärnten bietet in recht eindrucksvoller Weise historische Zeugnisse aller technologischen Etappen der Eisenproduktion, von den Stücköfen über die Floßöfen bis hin zu den Holzkohlenöfen.

Vom Niedergang der Eisenindustrie hat sich Kärnten nie erholt. Die Holzverwertung seit der Zwischenkriegszeit brachte nur teilweise Ersatz. Kärnten hat besonders starke Einbußen auf dem industriellen Sektor, darunter in der chemischen Industrie, der Textil- und Lederbranche und der Holzindustrie, hinnehmen müssen. Dadurch ist es noch stärker vom touristischen Arbeitsmarkt und vom Sektor Einzelhandel und Verkehr abhängig geworden, wobei eine gewisse Abpufferung auch durch eine landwirtschaftliche Neben- oder Haupterwerbstätigkeit, ähnlich wie in der Steiermark, gegeben ist. Die Schließung zahlreicher Unternehmen in jüngster Zeit hat eine Wochenpendelwanderung nach Wien in Gang gebracht. Drei Bereiche: „Holzbau", Sägewirtschaft und Forst haben nach wie vor große Bedeutung für die Kärntner Wirtschaft. Mit der internationalen Holzmesse 2002 versucht Klagenfurt sich als Kompetenzzentrum für Österreich und als Drehscheibe für die wichtigen Absatzmärkte in Norditalien, Slowenien und Kroatien zu etablieren.

Mit dem Niedergang der Eisenindustrie verband sich der des Waldbauerntums. Gerade die Entsiedlung der Gebirgsräume hatte jedoch zur Folge, daß Relikte des aus einer Vielzahl von Einzelobjekten bestehenden karantanischen Haufenhofes noch in abgelegenen Gebieten zu finden sind. Kärnten gilt als ein Dorado für an Bauernhausformen interessierte Fachleute und Laien. Schon früh wurden altertümliche Gehöftformen wie Ringhof und Rauchküchenhäuser in Freilichtmuseen aufgestellt. In jüngster Zeit bietet der Fremdenverkehr dem anspruchsvollen Gast die Idylle von Feriendörfern an, in denen man alte Bauernhäuser wiederaufgebaut und mit allem technischen Komfort ausgerüstet hat (Faaker See, Sankt Oswald in den Nockbergen). Im Gegensatz zu Tirol und Salzburg sind bäuerliche Betriebe jedoch im allgemeinen nur in Oberkärnten in Kontakt mit dem Fremdenverkehr gekommen.

Der eigentliche Schwerpunkt des Kärntner Fremdenverkehrs liegt im Seenbereich des Klagenfurter Beckens und zeigt alle Schattenseiten, die sich aus der Problematik eines nahezu ausschließlich einsaisonalen Betriebes ergeben. Einem kontinentalen, sommerwarmen Klima und der schwachen Durchflutung bei gleichzeitig geringem Wind und Wellengang verdanken die Kärntner Seen die Stabilität der oberen Warmwasserschicht, welche eine Mächtigkeit von fünf bis zehn Metern erreicht und der auch einige Schlechtwettertage nichts anhaben können. Der Wörther See mit einem Augustmittel von 22 Grad ist der wärmste unter den großen Seen und besitzt mit über 2,5 Mio. Übernachtungen, zusammengedrängt auf die kurze Sommersaison, eine Intensität des Fremdenverkehrs, die sonst nur Meerbäder aufweisen. Alle Probleme der Grundstücksspekulation und der Interessenkonflikte zwischen Öffentlichkeit und Privateigentum potenzieren sich daher. Insgesamt erfolgte eine weitgehende Privatisierung der Seeufer, an die man nur noch in öffentlichen Bädern herankommen kann. Auch bei den anderen kleineren Seen hat bisher in der Auseinandersetzung zwischen den Interessen des Natur- und Landschaftsschutzes und des Fremdenverkehrs die unkoordinierte Zersiedlung der Landschaft die Oberhand behalten. Eine geordnete Aufschließung ist nur am Klopeiner See gelungen.

Klagenfurt, die Landeshauptstadt Kärntens, besitzt als ehemals landständische Stadt eine historische Sonderstellung im deutschen Sprachraum. Kaiser Maximilian schenkte 1518 die relativ bescheidene mittelalterliche Stadt den Landständen, welche sie vom italienischen Baumeister Domenico dell'Allio in weiträumiger Renaissancemanier (Neustadt mit Neuem Platz) und gleichzeitig als mächtige Festung gegen die drohende Türkengefahr ausbauen ließen. Klagenfurt verdankt dieser Stellung zahlreiche spätbarocke und klassizistische Adelspaläste und Schlösser in der Umgebung. Das 1574 – 1590 an der Stelle der herzoglichen Burg errichtete Landhaus mit Laubenhof und zwei Türmen bildet ein Wahrzeichen der Stadt. Wenn die sommerliche Fremdenverkehrssaison vorbei ist, die mit ihren Wogen vom Wörther See hereinbrandet und durch den starken Durchgangsverkehr den Betrieb hektisch anschwellen läßt, sieht man, daß Klagenfurt das Wesen einer ruhigen Landstadt mit Regierungs-, Kultur- und Bildungsfunktionen noch beibehalten hat.

Klagenfurt

Anders als Kärnten umfaßt die Steiermark sowohl Gebirgsräume als auch einen großen Abschnitt des südöstlichen Alpenvorlandes. Sie besaß bis zum 18. Jahrhundert als „Hofzaun des Heiligen Römischen Reiches" eine Grenzposition, rückte dann mit dem Ausgreifen der Habsburgermonarchie in den Südosten Europas in eine Mittelpunktlage, um schließlich 1919 wieder zu einem Randgebiet zu werden. Die Öffnung der Grenzen nach 1989 ist bisher vor allem den Handelsfunktionen von Graz zugute gekommen.

Die Steiermark – der Hofzaun des Reiches

Der als Obersteiermark bezeichnete Raum im Gebirge reicht bis in die Nördlichen Kalkalpen und in das Salzkammergut hinein und umfaßt als Lebenskammern die Täler der Enns, Mur und Mürz. Er ist durch das Quertal der Mur mit dem Hügelland der Mittelsteiermark verbunden.

Die Südsteiermark, das Bergland an Save und Drau, mußte 1919 an Jugoslawien abgetreten werden. Das für die Steiermark gern zitierte Schlagwort von der „grünen" und „ehernen Mark" trifft nur für die Obersteiermark zu. Hier ist die Industrie nach wie vor der größte Arbeitgeber mit aufgefächerter Produktionspalette und unterschiedlichen Entwicklungstendenzen. Rund die Hälfte des Produktionswertes des Bergbaus und der Eisenerzeugung Österreichs wird in diesem Bundesland erwirtschaftet. Verstaatlichung und „Entstaatlichung" der Grundstoff- und Schwerindustrie haben der Obersteiermark gravierende Probleme beschert. Nicht überall ist es gelungen, eine Nachfolge für die in die Krise geratenen Betriebe zu finden.

Andererseits ist der „steirische Autocluster" mit Unterstützung der Steiermärkischen Landesregierung und der steirischen Wirtschaftskammer ein wichtiger Wirtschaftsfaktor geworden. Rund 40 Automarken aus aller Welt lassen Teile, Komponenten oder sogar ganze Fahrzeuge in der Steiermark produzieren bzw. zusammenbauen, wobei der Raum von Graz im Anschluß an altetablierte Unternehmen der Elektro- und Elektronikindustrie sowie des Fahrzeugbaus in das Interessenfeld von Weltkonzernen gerückt ist.

Auf dem Holzreichtum – ungefähr achtzig Prozent der Fläche werden von geforsteten Wäldern eingenommen – fußt eine bedeutende Papier-, Zellulose- und Holzstoffindustrie, welche nahezu die Hälfte der österreichischen Produktion erzeugt. Ihr verdankt allerdings die Mur den zweifelhaften Ruf, der mit Abstand schmutzigste Fluß Österreichs zu sein.

Bergbäuerliche Siedlungen und Güterwege folgen den lang hingezogenen, treppenförmig aufsteigenden Rücken der Gebirgsketten, die durch tiefe, oft schluchtartige Täler voneinander getrennt werden. Seit dem 18. Jahrhundert bilden die meisten Räume ein Abwanderungsgebiet; stellenweise verschwand über die Hälfte der Höfe und mehr. Riesige zusammenhängende Fichtenforste beherrschen das Landschaftsbild, und nur inselhaft sind Wochenendkolonien und kleine Sommerfrischen um bergbäuerliche Kirchweiler entstanden.

Die erwähnte Front des Ausländerfremdenverkehrs erreicht nur das oberste Ennstal vom Westen her, ansonsten sind große Teile der Steiermark bisher vom Massentourismus noch kaum entdeckt; der Sommerfrischenbetrieb einer lokalen Klientel, vor allem von Grazern, bestimmt die Szene.

Dabei ist aber nicht nur die äußerst vielgestaltige Hochgebirgslandschaft der Obersteiermark eine Reise wert, sondern vielleicht noch mehr die Mittelsteiermark, dieses vom steirischen Randgebirge bogenförmig umfaßte Abdachungsgelände der Alpen, dessen tertiäre Vulkanruinen von Burgen gekrönt sind, wo auf kleingekammertem Gelände mit einem Gewirr von Kuppen, Kämmen, Tobeln und Mulden „Berghäuser" stehen und in bunter, kleinzügiger Mengung eine Vielfalt von Produkten gedeiht: Wein, Obst, Hopfen, Mais, Tabak. Trotz der Klimagunst ist es ein unterentwickelter Raum. Aber gerade dieser Kapitalarmut der kleinlandwirtschaftlichen Betriebe, der Pendler und der ortsständigen Arbeitsbevölkerung ist es zu verdanken, daß die äußerst reizvolle Siedlungslandschaft, die dichte Streu der Dreiseit- und Hakenhöfe mit barocken Toreinfahrten und Laubengängen des frühen 19. Jahrhunderts, aber auch die großen Anger- und Straßendörfer in den weiten Talräumen viel besser als in anderen österreichischen Bundesländern ältere Bausubstanz bewahrt haben. Das Bergland des Sausal, die Windischen Bühel, der Gebirgssaum im Nordosten von Graz oder das fruchtbare Hügelland im Umkreis mittelalterlicher Gründungsstädte im Westen der Grazer Bucht können als ein Geheimtip für den Reisenden gelten, der noch eine Bevölkerung und ihre Gastronomie vor dem großen Touristenboom kennenlernen will.

Graz Die Landeshauptstadt Graz, die zweitgrößte Stadt Österreichs, hat zwei Gesichter. Auf der einen Seite wird Graz seit dem Bahnbau durch die Niederlassung der Schwerindustrie bestimmt, auf deren aktuelle Probleme und Chancen hingewiesen wurde. Auf der anderen Seite wahrt Graz noch immer seinen Ruf als Universitäts- und Beamtenstadt. Die einstige Residenz der innerösterreichischen Linie der Habsburger und Hauptstadt Innerösterreichs (bis 1792) verdankt der Urbanisierung des Adels, der Verwandlung der Bürgergasse zur Herrengasse die prachtvolle Architektur der Altstadt mit Adelspalästen und geistlichen Stiftshöfen aus der Renaissance und Barockzeit, welche unter italienischem Einfluß errichtet wurden (Landhaus, Zeughaus, Hofburg). Die 1586 gegründete Universität gewann ebenso wie die seit dem 17. Jahrhundert stattfindenden Messen mit der Ausweitung der Monarchie große Bedeutung für den Südosten Europas. Die Öffnung der Grenzen 1989 hat diese Chancen zurückgebracht.

Die Donau spielte für Österreich stets eine eminente Rolle. Ihrem Lauf folgte die Limesgrenze des Römischen Reiches. Mit der Drehung der Kulturfront im Mittelalter wurde sie zur Leitschiene der bajuwarischen Besiedlung von Ober- und Niederösterreich. Donaustädtchen wie Enns, Melk, Krems, Tulln, Klosterneuburg und schließlich Wien selbst markieren die Etappen, mit denen die Babenberger ihre Pfalzen stromabwärts verlegt haben. Der Donau folgten die Kreuzfahrer ins Heilige Land, und sie trug im 17. und 18. Jahrhundert die „Ulmer Schachteln" mit den rheinischen und schwäbischen Kolonisten ins Banat und in die Batschka. Mit dem Brückenschlag bei Belgrad über die Donau konnte der österreichische Feldherr Prinz Eugen zu Beginn des 18. Jahrhunderts die Donau-Save-Linie gegen das Osmanische Reich fixieren und damit eine der immer noch eindrucksvollen Kulturgrenzen in Europa festlegen. Bis zum Eisenbahnzeitalter blieb die Donau die Verkehrsschlagader der Donaumonarchie.

Donau-Österreich

Diese geopolitische Bedeutung der Donau gehört freilich ebenso der Vergangenheit an wie ihre vielgerühmte Bläue, welche als längst überholtes Klischee mit dem Donauwalzer von Johann Strauß in die Musikgeschichte eingegangen ist. Die gegenwärtige Diskussion um den Strom wird durch Fragen des Kraftwerkbaus und Umweltschutzes bestimmt. Vom großzügigen Gesamtprojekt mit 14 Stufen zwischen Passau und Hainburg und einer Kapazität von 15 Mrd. Kilowattstunden im Jahr sind inzwischen 10 Kraftwerke fertiggestellt. Mit der Errichtung dieser Laufkraftwerke wurden Engtalstrecken in Fluß-See-Landschaften verwandelt und die Hochwassergefahr gemindert, die auch gegenwärtig noch immer besteht, nachdem der Wasserhaushalt der Donau durch Gletscherflüsse im Oberlauf (Inn, Salzach) und sommerliche Starkregen nachhaltig beeinflußt wird. Selbst bei Wien schwankt daher die Wasserführung der Donau noch beachtlich (Niedrigwasser 700, Mittelwasser rund 2000 und Sommerhochwasser 4000 bis 5000 m³/sek.). Da die episodischen Hochwässer des Stroms zu den bedeutendsten Naturkatastrophen des österreichischen Raumes zählen, wurde im Wiener Stadtgebiet ein zweites Donaubett als Entlastungsgerinne geschaffen.

An der Donau liegt der geschichtliche Kernraum Österreichs mit den Bundesländern Nieder- und Oberösterreich. Beide haben Anteil an den kristallinen Hochflächen des Böhmischen Massivs, dem Mühlviertel in Oberösterreich und dem Waldviertel in Niederösterreich – von der Natur karg ausgestatteten und von Entsiedlung bedrohten Gebieten. Das Alpenvorland bildet die eigentliche Entwicklungsachse von Verkehr, Siedlung und Wirtschaft, im Süden begrenzt von den menschenleeren Nördlichen Kalkalpen, einem Raum großer Forstgüter, Jagdreviere und entlegener Waldbauernhöfe. Beide Bundesländer besitzen eine historische Viertelgliederung und alte Viertelshauptstädte, nämlich Steyr, Enns und Wels in Oberösterreich, St. Pölten, Krems und Wiener Neustadt in Niederösterreich, von denen sich St. Pölten in den 80er Jahren als neue Landeshauptstadt etablieren konnte.

Die wirtschaftliche Entwicklung der beiden Bundesländer verlief freilich sehr unterschiedlich. Oberösterreich blieb bis zur Ersten Republik ein Bauernland; Niederösterreich hingegen wurde von

Oberösterreich

Wien aus schon im 17. Jahrhundert vom Manufakturwesen und später von der Industrialisierung erfaßt. Eine alte kulturhistorische Grenze längs der unteren Enns, 1945 als Demarkationslinie zwischen dem russisch und nichtrussisch besetzten Österreich aktiviert, trennt Oberösterreich und damit die 788 vom Herzogtum Bayern abgetrennte bayerische Ostmark der Karolinger von Niederösterreich, der später besiedelten Mark der Babenbergerzeit (976–1246).

Der historische Kernraum von Oberösterreich ist der Traungau an der Vereinigung von Donau, Traun und Enns: eine fruchtbare Flußebenen- und Terrassenlandschaft, das Kerngebiet des Vierkanthofes – der Gehöftform eines Herrenbauerntums mit einst zahlreichem Gesinde –, dessen gegenwärtiges Erscheinungsbild mit wuchtigen zweistöckigen Gevierten freilich relativ jung ist. Noch in der Zwischenkriegszeit waren viele Höfe ebenerdig, aus Holz gebaut und mit Stroh gedeckt. Ebenso beeindruckend sind die riesigen Dimensionen der in der Barockzeit schloßartig umgebauten, auf die Karolingerzeit zurückgehenden Klöster (Kremsmünster, Lambach, Mondsee).

Aus dem Traungau ist der oberösterreichische Zentralraum mit dem Städteviereck Linz, Wels, Enns und Steyr hervorgegangen, in dem die Landeshauptstadt Linz als Regierungssitz der Landeshauptleute seit Beginn der Neuzeit die Führung übernehmen konnte. Die staatliche Planung des Dritten Reiches hat weitläufige Industrieanlagen hierhergesetzt (Hütte Linz, Stickstoffwerke Linz, Aluminiumwerk Ranshofen, Zellwollfabrik Lenzing), die nach dem Zweiten Weltkrieg mit Marshallplan-Mitteln erneuert und ausgebaut werden konnten. Von Linz bis zum Attersee entstand, der Verkehrsachse des Alpenvorlandes folgend, eine Industriegasse mit ausgedehnten Arbeitersiedlungen.

Oberösterreich erlebte in der Nachkriegszeit einen einmaligen Aufschwung seiner Wirtschaft. Es ist heute Österreichs größtes Industrieland mit nahezu einem Viertel aller in der Industrie Beschäftigten und einem ebenso hohen Anteil am Bruttoproduktionswert und am Export. Der Schwerpunkt liegt auf der traditionellen Grundstoffindustrie von Eisen- und Stahlbau und der weiterverarbeitenden Finalindustrie, der chemischen Industrie und der Fahrzeugbranche. Rund die Hälfte der Produktion der oberösterreichischen Industrie wird exportiert, rund ein Viertel aller Industrieinvestitionen Österreichs entfällt auf oberösterreichische Firmen.

Allerdings hat die Strukturkrise der ehemals verstaatlichten Unternehmen das Wachstum gestoppt. Die expandierende Finalindustrie, die häufig als Zulieferer für die deutsche Automobilindustrie tätig ist, konnte jedoch steigenden Arbeitslosenzahlen gegensteuern. Oberösterreich wurde damit zum Nutznießer der Flexibilisierungs- und Internationalisierungsstrategie der deutschen Automobilindustrie.

Ungeachtet der massiven Industrialisierung im Zentralraum blieben große Teile des Alpenvorlandes, wie das Innviertel und die Traun-Enns-Platte, mit einem reichen, selbstbewußten Bauernstand nahezu rein ländliche Gebiete, die hinsichtlich der Erträge in Anbau und Viehzucht in Österreich mit an der Spitze stehen.

Der oberösterreichische Zentralraum vereinigt bereits mehr als die Hälfte der Landesbevölkerung und zieht Pendler aus dem Mühlviertel und aus den Kalkvoralpen an.

Linz ist mit 70 000 Einpendlern zum zweitwichtigsten Arbeitsmarktzentrum von Österreich geworden. Es verdient Hervorhebung, daß die viel zu rasch zu einer Industriegroßstadt gewordene Hauptstadt Oberösterreichs sich seit über einem Jahrzehnt auf dem Felde musikalisch-technischer Experimente mittels Bruckners Kompositionen und dem Ton- und Lichtspektakel der „Klangwolke" über der gesamten Stadt in einem originellen Festivalstil international zu profilieren unternimmt.

Linz

Anders als Oberösterreich bietet Niederösterreich alle Siedlungsmerkmale eines hochmittelalterlichen Kolonisationsraumes. Grundherrschaftlich angelegt wurden die Anger- und Straßendörfer mit Gewannfluren, planmäßig gegründet die zahlreichen Städte mit großen zentralen Plätzen, auf die man später Häuserblöcke, „Grätzl", oder das Rathaus setzte. Gleich Perlen an einer Schnur reihen sie sich entlang der mittelalterlichen Grenze gegen Böhmen, an der Thaya- und Kamplinie. Diese Kleinstädte können heute weder leben noch sterben, und ihre Zahl ist zu ansehnlich, als daß man sie alle zu Museumsstädtchen umfunktionieren könnte.

Niederösterreich

Niederösterreich war ähnlich der Steiermark bis zum Ende des 17. Jahrhunderts Grenzland. Wiederholte kriegerische Einfälle aus dem Norden und Osten verwüsteten zahlreiche Siedlungen; Güter übernahmen die Fluren von ehemaligen Dörfern, Flüchtlinge, darunter Kroaten, wurden angesiedelt.

In den historischen Vierteln des Landes entstanden mit Ausnahme des Weinviertels eigene Hauptorte: Krems für das Waldviertel, St. Pölten für das Viertel über dem Wienerwald, welches sich in Mostviertel umbenannt hat, Wiener Neustadt für das Viertel unter dem Wienerwald, die ihre Hauptblüte in der Barockzeit erlebten.

Seit dem Aufbau des absolutistischen Staates und dem Bau der Kommerzialstraßen im 18. Jahrhundert ist das Schicksal von Niederösterreich stets eng mit dem von Wien verbunden gewesen. Wie die Spinne im Netz sitzt die österreichische Hauptstadt in der Mitte des Strahlenkranzes von Straßen und Bahnen. Von Wien aus wurden im 18. Jahrhundert die Webersiedlungen im Waldviertel, zu Beginn des 19. Jahrhunderts die Textilindustrie im Wiener Becken aufgebaut.

In der Barockzeit entstanden im Wiener Umland, zum Teil mit Blick auf die Stadt, die Sommerpaläste des Adels, im Biedermeier im Reb- und Waldgelände des Ostalpenabfalls die Landhäuser des Bürgertums und schließlich in der Gründerzeit angesichts des Alpenpanoramas von Rax und Schneeberg Großhotels, Villen für Industrielle und Bankiers (Semmering, Payerbach-Reichenau). Von Wien aus wird gegenwärtig über ganz Niederösterreich hin eine Zweitwohnungsperipherie aufgebaut und damit eine Kapitaldecke über den ländlichen Raum ausgebreitet; ein Vorgang, der uns an die Suburbanisierung nordamerikanischer „Metropolitan Areas" erinnert und an dem in erster Linie städtische Mittelschichten beteiligt sind. Sie treiben die Bodenpreise in die Höhe und stellen repräsentative Bungalows neben die bescheidenen Häuser der lokalen Bevölkerung. Die oben genannten Ausläufer der Kalkhochalpen, Rax und Schneeberg, sind Hausberge der Wiener, gleichzeitig ihre Trinkwasserreservoire und damit Quellschutzgebiete, welche als Barriere gegen die betriebsmäßige Ausweitung des Fremdenverkehrs fungieren.

Als größtes Arbeitsmarktzentrum Österreichs ist Wien schließlich Auffangstätte für die Abwanderung aus den Grenzlandgebieten und Magnet für ein weites Pendlerumland, das auch die Viertelshauptstädte umfaßt. Alle Industrieansiedlungsprogramme in Niederösterreich sind letztlich nur einer weiteren Expansion der Wiener Agglomeration zugute gekommen, die sich in den letzten Jahren besonders dynamisch entwickelt hat. Andererseits gibt es auch Problemgebiete, wie die Regionen des Wald- und Weinviertels.

Nach dem Produktionswert der Industrie und der Beschäftigten steht Niederösterreich an zweiter Stelle. Das größte Gewicht unter den Branchen besitzen die Erzeugung von Eisen- und Metallwaren, gefolgt von chemischer Industrie und Erdölverarbeitung sowie Maschinenbau- und Nahrungsmittelindustrie.

Nahezu synchron mit der Stagnation und dem teilweisen Rückbau des industriellen Sektors hat sich – vielfach unbemerkt – ein erstaunlicher Aufstieg der Landwirtschaft vollzogen. Umgelegte Fluren, Windschutzhecken, Getreidesilos an den Bahnstationen sind sichtbare Zeichen einer beachtlichen Rationalisierung und Intensivierung, welche im vergangenen Vierteljahrhundert eine Verdoppelung bis Verdreifachung der Agrarproduktion erzielen konnte. Das Bundesland Niederösterreich deckt heute zwei Drittel des österreichischen Lebensmittelbedarfs, vier Fünftel der Nachfrage nach Weizen und Zuckerrüben und beteiligt sich mit zwei Dritteln an der Weinernte.

Neue Landeshauptstadt St. Pölten

Niederösterreich ist politisch ein konservatives Bundesland. Das hat das Bestreben nach einer eigenen Landeshauptstadt gefördert. Nach langen Diskussionen fiel bei einer Volksabstimmung im Jahr 1980 die Entscheidung für die Viertelshauptstadt St. Pölten im Westen von Wien. Zu Beginn des 21. Jahrhunderts ist das neben der Altstadt neu errichtete Regierungsviertel bereits voll funktionsfähig geworden. Nichtsdestoweniger wird sich die Landeshauptstadt St. Pölten ökonomisch und kulturell nicht von der österreichischen Kapitale emanzipieren können, sondern im Gegenteil, als Konsequenz des globalen Vorgangs der Metropolitanisierung, eine noch enger verkettete Trabantenstadt der Eurometropole Wien bleiben.

Das kaiserliche und das rote Wien

Mit Wien verbinden sich verschiedene Klischeevorstellungen: Die zahlreichen amerikanischen Touristen wollen unbedingt die „white horses", die schwere Pferderasse der Lipizzaner sehen, welche nach den Regeln der Spanischen Reitschule zu graziöser Eleganz dressiert werden; trinkfreudige Bundesdeutsche zieht es zum Heurigen, dessen Atmosphäre sie in Grinzing zu finden meinen; der internationale Jet-set drängt sich im Fasching beim Opernball, und die Besucher der zahlreichen internationalen Kongresse in der Hofburg absolvieren die unvermeidliche Pflichtübung der Besichtigung historischer Prunkbauten – von der Ringstraße über das Belvedere bis nach Schönbrunn. Alles zusammen sind es jährlich rund 5 Mio. Menschen, nahezu dreimal mehr, als die Stadt selbst derzeit Einwohner zählt, die nach Wien kommen und im allgemeinen nur einige Splitter von dem erfassen, was man als Erbe des kaiserlichen

Wien bezeichnen könnte. Es wird den wenigsten bewußt, daß kaum viel mehr übriggeblieben ist als ein interessantes bauliches Gehäuse mit sehr   vielen fotogenen Details der Fassaden, Höfe und Durchgänge. Die Zerschlagung der Monarchie und damit eines Vielvölkerreiches mit 52 Mio. Menschen hat Wien nicht nur den Verlust eines großen Teils der Wirtschaft gebracht, darunter nahezu des gesamten   Bankenwesens und eines Gutteils der Industrieverwaltungen, sondern auch die Gesellschaftsordnung tiefgreifend verändert. Bürgertum und Adel verarmten, letzterer verlor Besitz und Titel, Beamte der Reichsbehörden und Offiziere büßten ihre Existenz ein. Das Dritte Reich hat dann beseitigt, was verblieb: Unternehmer, Kaufleute – vorwiegend Juden – und schließlich auch einen Teil der Intelligenz. Eine unglaubliche Nivellierung der Sozialstruktur war die Folge, verbunden mit einem tiefgreifenden Verlust an kultureller Substanz, denn Wien, diese Stadt im Südosten des deutschen Sprachraums, bildete in der Monarchie tatsächlich den Schmelztiegel Europas.

Zwei Drittel der Bevölkerung kamen in den Jahren vor dem Ersten Weltkrieg aus fremdsprachigen Ländern. Das Wiener Telefonbuch anno 1914 belegt dies nachdrücklich. Von dem Reichtum an ethnischen und religiösen Gruppen, Lebensformen, Berufsständen, den Qualitätsansprüchen an die handwerkliche Tradition von seiten einer luxusgewohnten Oberschicht, von der stimulierenden Atmosphäre des Wiener Kaffeehauses, einer wichtigen kulturellen Institution, können wir später Geborene uns kaum mehr eine Vorstellung machen. Allerdings erfassen wir vielleicht besser als die vergangene Generation die erstaunliche architektonische Einheit und Einmaligkeit des baulichen Erbes.

Wien war die Geburtsstätte des österreichischen Barock. Von hier aus hat es sich mit der absolutistischen Durchorganisierung des Habsburgerreiches bis in die entfernte Peripherie und selbst bis in kleine Städte und Dörfer hinein ausgebreitet, so daß heute jeder kunsthistorisch gebildete Reisende erkennen kann, wo einst die österreichischen Grenzen lagen. Das Barock blieb die Architekturgesinnung dieser Stadt, war ihr gleichsam gemäß und erfuhr durch die Jahrhunderte immer wieder Neuauflagen. Barocke Bautraditionen ließen das Rokoko in Wien nicht zum Durchbruch kommen, nahmen dem Klassizismus die Härte, gestatteten den historisierenden Stilen der Gründerjahre die Rekapitulation der Gotik überhaupt nicht, die der Renaissance nur kurzfristig, um sich dann sofort wieder mit Macht durchzusetzen und bis an die Jahrhundertwende in Variationen alle Motive neu durchzuspielen.

Den überzeugendsten Beleg für die Kontinuität stilistischer Konzeptionen erbringt die Ringstraße, an der fünf Jahrzehnte lang gebaut wurde und die vielleicht gerade deswegen von der Gegenwart als Gesamtkunstwerk empfunden wird. Bemerkenswert an der Wiener Stadtentwicklung erscheint ferner, daß die Habsburger, ein musisch talentiertes und interessiertes Herrschergeschlecht, selbst nie städtebauliche Ambitionen hatten. Unter ihnen war kein Friedrich der Große, der sich die Zeit nahm, höchst eigenhändig aus italienischen Kupferstichen die Fassaden für Bürgerhäuser auszusuchen; sie beauftragten aber auch keinen Architekten wie Haussmann in Paris, durch großangelegte Boulevards die Metropole zu verschönern und alte Stadtteile abzubrechen.

Nun stellt sich die Frage: Was geschieht heute in dem baulichen Gehäuse aus der Zeit der Donaumonarchie, in dem 1917 2,2 Mio. Menschen dichtgedrängt, deutlich nach Ständen gegliedert, ethnisch in Vierteln gruppiert, lebten? Heute wohnen nur noch 800 000 Menschen im Zentrum. Noch in den 80er Jahren konnte der aufmerksame Beobachter die zahlreichen leerstehenden Wohnungen, den Verfall des Geschäftslebens in Seitengassen und selbst an Hauptstraßen sehen. Inzwischen ist, gerade noch rechtzeitig, die notwendige Stadterneuerung zügig in Gang gekommen und hat den bereits wahrnehmbaren Stadtverfall gestoppt. Ein mächtiger Prozeß der Inwertsetzung der einstigen Mittelstandsbezirke ist vor allem nach 1989 in Gang gekommen; daneben freilich in den schlechteren Quartieren eine rasche Auffüllung von leerstehenden Objekten mit Ausländern und Asylanten, die sich in allen Schwachstellen der städtischen Struktur festsetzen: in einstigen Arbeitermiethausquartieren, Industriearealen, längs der Ausfallstraßen, in funktionslos gewordenen Gewerbevierteln und Dörfern. In neuem Gewand kehrt die ständisch-ethnische Gliederung zurück, welche das kaiserliche Wien gekennzeichnet hat.

Außerhalb von diesem „kaiserlichen" Wien ist jedoch durch die Bautätigkeit der seit 1918 sozialdemokratischen Stadtregierung ein zweites Wien entstanden, als breites Band des kommunalen Wohnungsbaus mit mehr als einer Viertelmillion Wohnungen! Beachtliche Verschiebungen im Stadtraum sind eingetreten. Lag das kaiserliche Wien im Amphitheater der Terrassen zwischen Wienerwald und Donau und kehrte eine Art Hinterhoffassade mit Bahngeleisen, Fabriken und Lagerhallen zum Strom, so gelang es der Munizipalregierung, Wien an die Donau zu rücken. Die internationale Gartenbauausstellung 1964 bot die Gelegenheit, einen großen Donaupark an der Stelle der früheren Mülldeponie anzulegen. Jahrhunderthochwässer der Donau führten zur Errichtung des zweiten Donaubettes und in weiterer Folge zur Schaffung eines riesigen Erholungsareals auf der neuen „Donauinsel", welches zum Nulltarif der Wiener Bevölkerung zur Verfügung steht und zu dessen Weitläufigkeit in Europa ein Gegenstück fehlt. Ein neuer Stadtteil, die Donaustadt, wächst östlich des Stroms empor – und schließlich vielleicht als wichtigstes: Auch der Staat hat in der Ära Kreisky begonnen, wieder in Wien zu bauen, und damit an die Traditionen der k. u. k. Monarchie angeschlossen, die in der Metropole ein repräsentatives Schaufenster für die Welt erblickte. Die Errichtung der UNO-City als städtebauliche Dominante im Osten – in der Sichtachse über die Reichsbrücke zum Stephansdom hin – symbolisierte den Willen der österreichischen Regierung, eine internationale Transferrolle zwischen Ost und West für den Staat in seiner Hauptstadt zu übernehmen. Diese Vorleistung in der Zeit des geteilten Europa kommt Wien heute in der nach der Öffnung des Eisernen Vorhangs wiedergewonnenen Mittelpunktlage als Eurometropole zugute.

Literaturverzeichnis

Abkürzungsverzeichnis

Zeitschriften, Reihen
BerRFRP = Berichte zur Raumforschung und Raumplanung, Wien
BR = Beiträge zur Regionalforschung, Komm. f. Raumforschung, ÖAW, Wien
BSR = Beiträge zur Stadt- und Regionalforschung, ISR, ÖAW, Wien
DGT = Tagungsbericht und wissenschaftliche Abhandlungen des Deutschen Geographentages
FSR = Forschungsberichte des ISR, ÖAW, Wien
GJÖ = Geographischer Jahresbericht aus Österreich, Wien
GR = Geographische Rundschau, Braunschweig
GZ = Geographische Zeitschrift
Innsbr. Geogr. Stud. = Innsbrucker Geographische Studien
MÖGG = Mitteilungen der Österreichischen Geographischen Gesellschaft, Wien
Schr. = Schriftenreihe
Stat. Nachr. = Statistische Nachrichten
Stud. Soz. u. Wirtschgeogr. = Studien zur Sozial- und Wirtschaftsgeographie
Urb. Aff. Annual Rev. = Urban Affairs Annual Review

Institutionen in Wien
BA = Bundesanstalt für Agrarwirtschaft, Wien; *www.awi.bmlf.gv.at*
BABF = Bundesanstalt für Bergbauernfragen; *www.babf.bmlf.gv.at*

BMLF = Bundesministerium für Land- und Forstwirtschaft; *www.bmlf.gv.at*
BMWA = Bundesministerium für Wirtschaft und Arbeit; *www.bmwa.gv.at*
BWK = Bundeswirtschaftskammer, Wien; *www.bwk.at*
FBVA = Forstliche Bundesversuchsanstalt; *www.fbva.forvie.ac.at*
ISR = Institut für Stadt- und Regionalforschung der ÖAW; *www.oeaw.ac.at/isr*
ÖAV = Österreichischer Alpenverein; *www.alpenverein.at*
ÖAW = Österreichische Akademie der Wissenschaften; *www.oeaw.at*
ÖROK = Österreichische Raumordnungskonferenz; *www.oerok.gv.at*
ÖSTAT = Statistik Austria (seit 2000); *www.statistik.at*
UBA = Umweltbundesamt; *www.ubavie.gv.at*
WIFO = Österreichisches Institut für Wirtschaftsforschung; *www.wifo.at*
WKO = Wirtschaftskammer Österreich; *www.wko.at* (ehemals Bundeswirtschaftskammer)

Ausgewählte Internetangaben (Abschluß 31. 3. 2002)
www = Wichtige Institutionen des Staates, der Wirtschaft, Einrichtungen, Betriebe,
+ = Titel verwendeter Informationen. Publikationen, Vorträge, mit Autor und Titel, sind im Alphabet mit Angabe der Internetadresse eingeordnet.

Allgemeines

Allgemeine Literatur
Bamberger, R. u. M., Bruckmüller, E. u. K. Gutkas (Hg.) (1995): Österreich-Lexikon in zwei Bänden. Wien; *www.aeiou.at*
Bodzenta, E., Seidel, H. u. K. Stiglbauer (1985): Österreich im Wandel. Gesellschaft, Wirtschaft, Raum. Wien, New York.
Hassinger, H. (1923): Österreich. In: Ewald Banse's Lexikon der Geographie. Braunschweig, Hamburg. 2. Bd.: 250–254. Österreich-Ungarn, 254–257.
Jülg, F. (2001): Österreich. Zentrum und Peripherie im Herzen Europas. Gotha.
Krebs, N. (1928): Die Ostalpen und das heutige Österreich. Eine Länderkunde. 2 Bde. Stuttgart.
Leidlmair, A. (Hg.) (1983): Landeskunde Österreich: Landesnatur, Kulturlandschaft, Bevölkerung, Wirt-

schaft, die Bundesländer. München. Harms Handbuch der Geographie.
Lichtenberger, E. (1966): Kapitel Österreich (169 Stichworte, 39 S. Text, 2 Karten). In: W. Tietze (Hg.): Westermanns Lexikon der Geographie.
Lichtenberger, E. (1975a): Forschungsrichtungen der Geographie. Das österreichische Beispiel 1945–1975. MÖGG 117, 1–2: 1–115.
Lichtenberger, E. (1975b): The Eastern Alps, Problem Regions of Europe, ed. by D. I. Scargill. London.
Lichtenberger, E. (1988): Standort und Entwicklung der österreichischen Geographie 1975 bis 1986. GJÖ 45: 41–80.
Lichtenberger, E. (1995): Innovative Zielsetzungen und Programme des Forschungsschwerpunkts

„Österreich. Raum und Gesellschaft". MÖGG 137: 277–306.

Lichtenberger, E. (2000a): Forschungsschwerpunkt: Österreich – Raum und Gesellschaft (1994 – 1998/99). Ergebnisse. MÖGG 142: 7–12.

Lichtenberger, E. (2000b): Austria. Society and Regions. Wien.

Lichtenberger, E. (2001): Geographie. In: Die Geschichte der österreichischen Humanwissenschaften – ein zentraleuropäisches Vermächtnis. 2. Bd., Wien: 71–148.

Lichtenberger, E. u. H. Faßmann (1988): Österreich – der Staat zwischen West und Ost. GR 40, 10: 6–12.

Lichtenberger, E., Mante, H. u. H. Fink (1982): Österreich. München.

Luca, I. de (1791): Geographisches Handbuch von dem österreichischen Staate. 6 Bde. Wien.

Scheidl, L. (Hg.) (1970): Seydlitz – Lehrbuch der Geographie und Wirtschaftskunde. Österreich. Für die Oberstufe der allgemeinbildenden höheren Schulen. Wien.

Seger, M. u. W. Sitte (1987): Raum – Gesellschaft – Wirtschaft. Österreich. Lehr- und Arbeitsbuch für die 7. Klasse der allgemeinbildenden höheren Schulen. Wien.

Stiglbauer, K. (1975): Raumordnung und Geographie in Österreich (1945–1975). MÖGG 117: 215–260.

Laufende Bibliographien

Husa, K. (seit 1977 jährlich): Österreich-Bibliographie. MÖGG.

ÖROK (Hg.) (1986ff.): Literatur zur Raumforschung und Raumplanung. Wien.

Atlanten und Karten

Bundesanstalt f. Eich- und Vermessungswesen; *www.Austrian-Map-Online*

Beckel, L. (Hg.) (1996): Österreich: ein Porträt in Luft- und Satellitenbildern. Salzburg.

Bobek, H. (Hg.) (1964–1980): Atlas der Republik Österreich. Hg. von der Kommission für Raumforschung der ÖAW, Wien.

Bobek, H. (1975): Österreichs Regionalstruktur im Spiegel des Atlas der Republik Österreich. MÖGG 117: 117–164.

Dörflinger, J., Wagner, R. u. F. Wawrik (1977): Descriptio Austriae. Österreich und seine Nachbarn im Kartenbild von der Spätantike bis ins 19. Jahrhundert. Wien.

Hölzel, Ed. (Hg.) (1996): Neuer Kozenn-Atlas. Wien. Neue Schulatlanten vgl. *www.hoelzel.at*

Klaar, A., Arnberger, E. u. F. Kelnhofer (1972 –1992): Baualterpläne österreichischer Städte. Hg. von der Kommission für den Historischen Atlas der Alpenländer und dem Institut für Kartographie der ÖAW. Wien.

Österr. Inst. f. Raumplanung u. ÖROK (Hg.) (1984ff.): Atlas zur räumlichen Entwicklung Österreichs. Wien.

Putzger, F. W., Lendl, E. u. W. Wagner (1975): Historischer Weltatlas zur allgemeinen und österreichischen Geschichte. Wien.

Scheidl, L. (Hg.) (1969): Luftbildatlas Österreich. Wien.

Scheuch, M. (1994): Historischer Atlas Österreich. Wien.

Seger, M. (2000): Digitales Rauminformationssystem Österreich – Landnutzung und Landoberflächen im mittleren Maßstab. MÖGG 142: 13–38.

Statistiken

ÖSTAT (seit 2000 aufgrund Bundesstatistikgesetz Statistik Austria. Laufende Ergebnisse: *www.statistik.at* / (*www.oestat.gv.at*)

SPA Spezialauswertungen 2000 (vgl. Figuren, Tabellen)

Volkszählung 1951, 1961, 1971, 1981, 1991, 2001 SPA

Häuser- und Wohnungszählung 1951, 1961, 1971, 1981, 1991, 2001 SPA

Land- und forstwirtschaftliche Betriebszählung 1951, 1990, 1999/2000 SPA

Arbeitsstättenzählung 1991 (Ergebnisse 2001 erst 2003)

Berufspendler 1991 (Ergebnisse 2001 erst 2003)

Republik Österreich 1945–1995

Statistisches Jahrbuch für die Republik Österreich 1961–2002

Ökobilanz Wald 1995; *www.forstnet.at*

Umwelt in Österreich, Daten und Trends 1994; *www.umwelt.at*

Wissenschaftliche Datenbanken

Datenbank des Schwerpunktprogramms des FWF: Österreich „Raum und Gesellschaft"

ISR-Datenbank

Gletscherdatenbank, Institut f. Hochgebirgsforschung, Innsbruck (H. Patzelt)

Daten der Fremdenpolizei Wien.

Historische Territorien

ARGE Burgen, Stifte u. Schlösser (Hg.) (1996): Die Burgen und Schlösser des Waldviertels. Horn.

Bobek, H. (1957): Österreich – Schlüsselstellung in Europa – Lage und Raum. Spectrum Austriae: 21–49.

Bruckmüller, E. u. P. Urbanitsch (Hg.) (1996): 996–1996. ostarrichi, österreich. Menschen, Mythen, Meilensteine. Österreichische Länderausstellung. Horn.

Brunner, O. (1973): Land und Herrschaft. Grundfragen der territorialen Verfassungsgeschichte Österreichs im Mittelalter. Darmstadt.

Die Österreichisch-Ungarische Monarchie in Wort und Bild (1885–1902): 24 Bände in 398 Lieferungen mit 12 596 Textseiten, 4 529 Illustrationen und 587 Beiträgen.

Faßmann, H. (1985): A Survey of Patterns and Structures of Migration in Austria, 1850–1900. In: Hoerder, D. (ed.): Labor Migration in the Atlantic Economies. The European and North American Working Classes During the Period of Industrialization. Contributions in Labor History, 16. Westport, London: 69–95.

Faßmann, H. (1994): Emigration, Immigration and Internal Migration in the Austro-Hungarian Monarchy 1910. In: Hoerder, D. and I. Blank (eds.): Roots of the Transplanted. Late 19th Century East Central and Southeastern Europe. New York: 253–308.

Faßmann, H. u. U. Wardenga (1999): Der Begriff Mitteleuropa in politisch-geographischer Sicht. GR 51: 26–31.

Hanisch, E. (1994): Der lange Schatten des Staates. 1890–1990, Österreichische Gesellschaftsgeschichte im 20. Jahrhundert. In: Wolfram, H. (Hg.): Österreichische Geschichte in 10 Bänden. Bd. 9. Wien.

Huber, J. D. von (1785): Vogelschau der Innenstadt Wien im Jahre 1785. Wien.

Lechner, K. (1976): Die Babenberger. Wien.

Lippert, A. (Hg.) (1985): Archäologieführer Österreichs und Südtirols. Stuttgart.

Österr. Akademischer Austauschdienst (Hg.) (1996): What's in a name? Ostarrichi – Österreich – Austria: 996–1996. Kooperationen 3, 1/2.

Plaschka, R. G., Haselsteiner, H., Suppan, A., Drabek, A. M. u. B. Zaar (Hg.) (1995): Mitteleuropa-Konzeptionen in der ersten Hälfte des 20. Jahrhunderts. Zentraleuropa-Studien 1.

Plaschka, R. G., Stourzh, G. u. J. P. Niederkorn (Hg.) (1996): Was heißt Österreich? Inhalt und Umfang des Österreichbegriffs vom 10. Jahrhundert bis heute. 2. Aufl., Wien.

Sandgruber, R. (1995): Ökonomie und Politik. Österreichische Wirtschaftsgeschichte vom Mittelalter bis zur Gegenwart. In: Wolfram, H. (Hg.): Österreichische Geschichte in 10 Bänden. Bd. 10. Wien.

Tietze, H. (1931): Wien: Kultur, Kunst, Geschichte. Wien.

Wandruszka, A. u. P. Urbanitsch (Hg.) (1973–1993): Die Habsburgermonarchie 1848–1918. 6 Bde. Wien.

Wawrik, F. u. E. Zeilinger (Hg.) (1989): Austria Picta. Österreich auf alten Karten und Ansichten. Graz.

Wolfram, H. (Hg.) (1994–2002): Österreichische Geschichte in 10 Bänden. Wien.

Zöllner, E. (1984): Geschichte Österreichs. 7. Aufl., Wien.

Zöllner, E. (1988): Der Österreichbegriff. Formen und Wandlungen in der Geschichte. Wien.

Die politische Landkarte

Chaloupek, G. (1995): Entwicklung und Zukunft der österreichischen Sozialpartnerschaft. Materialien zu Wirtschaft und Gesellschaft 59. Wien.

Gutkas, K. u. J. Demmelbauer (1994): Die Bundesländer gestern und heute.

Inst. f. Österreichkunde (Hg.) (1969): Der österreichische Föderalismus und seine historischen Grundlagen. Wien.

Karlhofer, F. u. E. Talos (2001): Sozialpartnerschaft und EU. Integrationsdynamik und Handlungsrahmen der österreichischen Sozialpartnerschaft. Wien.

Lichtenberger, E. (1998): Der Rückbau der sozialen Wohlfahrtsstaaten. MÖGG 140: 7–24.

Mantl, W. (Hg.) (1992): Politik in Österreich. Wien.

Meusburger, P. (1980): Beiträge zur Geographie des Bildungs- und Qualifikationswesens. Regionale und soziale Unterschiede des Ausbildungsniveaus der österreichischen Bevölkerung. Innsbr. Geogr. Stud. 7. Innsbruck.

Pribyl, H. (1991): Sozialpartnerschaft in Österreich. Wien.

Talos, E. (Hg.) (1993): Sozialpartnerschaft. Kontinuität und Wandel eines Modells. Österreichische Texte zur Gesellschaftskritik 58. Wien.

Talos, E. (Hg.) (1998): Soziale Sicherung im Wandel. Österreich und seine Nachbarstaaten. Ein Vergleich. Wien.

Talos, E., Dachs, H., Hanisch, E. u. A. Staudinger (Hg.) (1997): Handbuch des politischen Systems Österreichs. Wien.

Talos, E. u. G. Falkner (Hg.) (1996): EU-Mitglied Österreich. Gegenwart und Perspektiven. Wien.

Wastl-Walter, D. (2000): Gemeinden in Österreich im Spannungsfeld von staatlichem System und lokaler Lebenswelt. Wien, Graz [u. a.]

Ausgewählte Internetadressen

www.austria.gv.at; Bundeskanzleramt
www.bmaa.gv.at; Bundesministerium für auswärtige Angelegenheiten
www.parlament.gv.at / *www.parlinkom.gv.at*; Österreichisches Parlament
www.oegb.or.at; Österreichischer Gewerkschaftsbund
www.gpa.at; Gewerkschaft der Privatangestellten
www.wsws.org ; world socialist web side

Bundesländer

www.burgenland.at *www.kaernten.at*
www.noel.at; Niederösterreich
www.ooe.gv.at; Oberösterreich
www.salzburg.gv.at *www.steiermark.gv.at*
www.tirol.at *www.vorarlberg.at*
www.wien.gv.at

Bevölkerung und Gesellschaftssystem

Faßmann, H. (1994): Emigration, Immigration and Internal Migration in the Austro-Hungarian Monarchy, 1910. In: Hoerder, D. and I. Blank (eds.): Roots of the Transplanted. East European Monographs. New York.

Faßmann, H. (1995): Regionale Disparitäten gesellschaftlichen Wandels in Österreich in der Nachkriegszeit. MÖGG 137: 377–392.

Faßmann, H. (1998): Melting Pot Vienna? In: Franz, K. and R. Sauder (Hg.): Ethnic Persistence and Change in Europe and America – Traces in Landscape and Society. Veröff. Univ. Innsbruck 219: 165–185.

Faßmann, H. (2000): Berufslaufbahnen im räumlichen Kontext. MÖGG 142: 69–86.

Faßmann, H. u. E. Lichtenberger (1997): Forschungsbericht: Neue regionale Disparitäten in Österreich. MÖGG 139: 101–118.

Faßmann, H. and R. Münz (eds.) (1994): European Migration in the Late Twentieth Century. Historical Patterns, Actual Trends, and Social Implications. Bodmin, Cornwall.

Faßmann, H. u. R. Münz (1995): Einwanderungsland Österreich? Historische Migrationsmuster, aktuelle Trends und politische Maßnahmen. Wien.

Faßmann, H., Kohlbacher J. u. U. Reeger (2001): Integration durch berufliche Mobilität? Eine empirische Analyse der beruflichen Mobilität ausländischer Arbeitskräfte in Wien. FSR 25. Wien.

Gisser, R. (1995): Familie und Familienpolitik in Österreich: Wissen, Einstellungen, offene Wünsche, internationaler Vergleich. Hg. Bundesministerium für Jugend und Familie.

Glettler, M. (1985): Böhmisches Wien. Wien.

Haller, M. (Hg.) (1982): Klassenbildung und soziale Schichtung in Österreich. Analysen zur Sozialstruktur, sozialen Ungleichheit und Mobilität. Frankfurt.

Leitner, H. (1983): Gastarbeiter in der städtischen Gesellschaft – Zum Problem der Segregation, Integration und Assimilation von Arbeitsmigranten am Beispiel der jugoslawischen Gastarbeiter in Wien. Campus-Forschung 307. Frankfurt, New York.

Lichtenberger, E. (1953): Österreichs Bevölkerung und Wirtschaft in Zahlen. GR 5: 383–390.

Lichtenberger, E. (1984): Gastarbeiter – Leben in zwei Gesellschaften. Unter Mitarbeit von H. Faßmann, EDV-Technologie. Wien, Köln, Graz.

Lichtenberger, E. (1995): Schmelztiegel Wien. Das Problem der „neuen Zuwanderung" von Ausländern. GR 47, 1: 10–17.

Ploetz-Verlag (Hg.) (1965): Raum und Bevölkerung in der Weltgeschichte. Bevölkerungs-Ploetz. Würzburg.

Sauberer, M. (1985): Jüngste Tendenzen der regionalen Bevölkerungsentwicklung in Österreich (1971–1984). MÖGG 127: 82–118.

Sauberer, M. (1989): Prognosemodelle und Szenarien zur räumlichen Bevölkerungsentwicklung Österreichs bis 2030. In: Lichtenberger, E. (Hg.): Österreich zu Beginn des 3. Jahrtausends. Wien: 73–100.

Sauberer, M. u. A. Spitalsky (1990): ÖROK-Bevölkerungsprognose II, Neudurchrechnung 1981–2011, Modellrechnungen 2011–2031. Schr. ÖROK 79. Wien.

Ausgewählte Internetangaben

www.staedtebund.wien.at; Österreichischer Städtebund
+ Bevölkerungsprognose der Statistik Austria für den Zeitraum bis 2030

www.oestat.gv.at/fachbereich-03/bevoelkerung
+ Huber-Bachmann (19.7.2001)

Naturraum und natürliche Ressourcen

Brix, F. u. O. Schultz (Hg.) (1993): Erdöl und Erdgas in Österreich. Wien, Horn.

BMW (BMWA) (Hg.) (1995–2000): Österreichisches Montan-Handbuch. Horn, Wien.

BMW (BMWA) (1996): Energiebericht der österreichischen Bundesregierung. Wien.

Drimmel (1979): Erdbebenkräfte etc. ÖNORM B 4015. Tl. 1. Wien.

Fettweis, G. B. et al. (Hg.) (1988): Bergbau im Wandel. Leobener Bergmannstag 1987. Graz, Essen.

Findenegg, I. (1959): Die Gewässer Österreichs. Ein limnologischer Überblick. Lunz.

Fink, M., Grünweis F. u. T. Wrbka (1990): Kartierung ausgewählter Kulturlandschaften. Umwelt-Bundesamt, Wien.

Gabl, K. (1992): Das Lawinenereignis im März 1988 in St. Anton am Arlberg aus meteorologischer Sicht. Abbruchgebiet, Sturzbahn und Ausschüttungsbereich der Wolfsgruben-Lawine. Schr. FBVA 68: 97–111.

Gattinger, T. (1969): Hydrogeologische Karte 1:1 Mio., Österreich-Atlas.

Kronberger, H. u. H. Nagler (1995): Der sanfte Weg. Handbuch der erneuerbaren Energie. Wien.

Mayer, H. (1974): Wälder des Ostalpenraumes. Standort, Aufbau und waldbauliche Bedeutung der wichtigsten Waldgesellschaften in den Ostalpen samt Vorland. Ökologie der Wälder und Landschaften 3. Stuttgart.

Nagl, H. (1972): Zur pleistozänen Vergletscherung Österreichs. Österreich in Geschichte und Literatur 16: 163–176.

ÖSTAT u. FBVA (Hg.) (1995): Ökobilanz Wald Österreich. Ausgabe 1995. Wien.

Patzelt, G. (1993): Gletscherbericht 1991/92. ÖAV, Mitt. 2/93: 16–20.

Patzelt, G. (1995): Das Forschungsprojekt „Modell-studie Ötztal". In: Jahresbericht des Instituts für Hochgebirgsforschung der Universität Innsbruck: 19–25.

Schneider, F. (Hg.) (1993, 1994): Energiepolitik in Österreich. 2 Bde. Linz.

Tauernkraftwerke Tourismus GmbH (Hg.) (1996): Kraftwerksgruppe Glockner-Kaprun. Salzburg.

Tollmann, A. (1977, 1985, 1986): Geologie von Österreich. 3 Bde. Wien.

Wagner, H. (1989): Die natürliche Pflanzendecke Österreichs. Erl. z. Vegetationskarte 1 : 1 Mio. aus dem Atlas der Rep. Österreich. BR 6. 2. Aufl., Wien.

Weber, F. K. (1997): Handbuch der Lagerstätten der Erze, Industrieminerale und Energierohstoffe Österreichs. Archiv f. Lagerstättenforschung der Geologischen Bundesanstalt, Wien.

Zötl, J. u. J. E. Goldbrunner (1993): Die Mineral- und Heilwässer Österreichs. Wien.

Zwittkovits, F. (1983): Klimatypen – Klimabereiche – Klimafacetten. Erläuterungen zur Klimatypenkarte Österreich. BR 5. Wien.

Ausgewählte Internetangaben
Bergbau:
www.lafarge.at www.oil-gas.at
www.omv.at
www.rhi.at; Radex Heraklith Industry
www.salinen.at www.wienerberger.at

Energiewirtschaft:
www.noel.gv.at/service/bd/bd/energie
+ Energiebericht Österreich 2000; *www.ubavie.gv.at*; Umweltbundesamt
www.veoe.at; Verband der Elektrizitätsunternehmen Österreichs
www.verbund.at
+ Aktionärsstruktur, + Elektrizitätswirtschaft,
+ Erzeugungsdaten, + Erzeugungsstruktur,
+ Strombilanz, + Struktur Kerngeschäft,
+ Unternehmensgeschichte,
+ Wasserkraft in Österreich
www.e-control.at; Ökoenergie + Biogas
www.Eva; Energieverwertungsagentur
+ Overheadfolien Energie 1999
www.energieag.at; Oberösterreichische Energiewirtschafts AG
www.salzburg-ag.at; Salzburg AG für Energie, Verkehr u. Telekommunikation
www.steweag.at; Steirische Wasserkraft und Elektrizitäts AG
www.tiwag.at; Tiroler Wasserkraft AG
www.vkw.at; Vorarlberger Kraftwerke AG
www.Energieallianz.at
www.bewag.at; Burgenländische Elektrizitätswirtschafts AG + Energieaufkommen Österreich
www.evn.at; Niederösterreichische Energieversorgung
www.wienenergie.at / *www.Wienerstadtwerke.at*
www.estag.at; Steiermärkische Energieholding
www.energie-schweiz.ch; Bundesamt f. Energie, Schweiz. + Schweizer Elektrizitätsmarktgesetz

Agrargesellschaft und Freizeitgesellschaft

Auerbäck, E. (1988): Die witterungsklimatologische Abhängigkeit des österreichischen Fremdenverkehrs. Schr. BWK 61. Wien.

Baumhackl, H. (1989): Szenarien und Modellrechnungen zur Entwicklung des Zweitwohnungswesens in Österreich bis zum Jahr 2011. In: Lichtenberger, E. (Hg.): Österreich zu Beginn des 3. Jahrtausends. Wien: 203–236.

Baumhackl, H. (2002): Ostöffnung und Erweiterung: Österreichs Tourismus zwischen Konkurrenz und neuen Möglichkeiten. GR, H. 9.

Baumhackl, H. u. B. Zottl (1985): Freizeitwohnsitze der Wiener. Probleme ihrer statistischen Erfassung. GJÖ 42 (1983): 25–69.

Berndt, D., Fleischhacker, V. u. P. Pauer (1985): Internationale und nationale Trends im Tourismus. Rahmenbedingungen für die Fremdenverkehrsentwicklung in Österreich. Schr. ÖROK 47. Wien (Aktualisierung 1988).

BMLF (Hg.) (1994): Österreichischer Waldbericht. Wien.

BMLF (Hg.) (1995): Wasserwirtschaftskataster. Kommunale Kläranlagen in Österreich 1995. Wien.

Bundesministerium für Umwelt (Hg.) (1995): Österreich. Nationaler Umweltplan. Wien.

Generaldirektion der Österr. Bundesforste (Hg.) (1993): Naturschutz. Wien.

Göltl, F. (1988): Bodennutzungserhebung 1988 – Ergebnisse der Strukturauswertung. Stat. Nachr., N. F. 43, Wien: 287–291.

Greif, F. (1987): Wintersporteinrichtungen und ihre Auswirkungen auf die Land- und Forstwirtschaft. Schr. BA 47. Wien.

Greif, F. (1998): Das Ende der traditionellen Agrargesellschaft – und was weiter? MÖGG 140: 25–52.

Groier, M. (1993a): Ländlicher Raum und Fremdenverkehr: Bedeutung für Österreich. BABF, Wien.

Groier, M. (1993b): Die Almwirtschaft in Österreich: Bedeutung und Struktur. BABF, Wien.

Groier, M. (1993c): Bergraum in Bewegung: Almwirtschaft und Tourismus – Chancen und Risiken. BABF, Wien.

Groier, M. (1998): Entwicklung und Bedeutung des biologischen Landbaus in Österreich im internationalen Kontext. BABF. Wien.

Groier, M.: Entwicklung der Almwirtschaft in Österreich 1953–2000; *www.babf.bmlf.gv.at*

Groier, M. (25.1.2002): Urlaub am Bauernhof; *www.babf.bmlf.gv.at*

Heller, A. (1997): Neue Typen der Agrarstruktur Österreichs. Automatische Gemeindeklassifikationen mit Clusteranalyse und GIS. Innsbrucker Geographische Studien 27. Innsbruck.

Hovorka, G. (1994): Die Bergbauern in der österreichischen Landwirtschaft. Entwicklung, Einkommen und Direktförderung. Facts & Features 13. Wien.

Knöbl, I. (1993): Österreichs Bergbauern: Bedeutung und Förderung. Facts & Features 1. Wien.

Kopetz, H. G., Pevetz, W. u. G. Pichler (1997): Multifunktionale Agrarpolitik. Club Niederösterreich, Wien.

Lichtenberger, E. (1965): Das Bergbauernproblem in den österreichischen Alpen. Erdkunde 19, 1: 39 – 57.

Lichtenberger, E. (1967): Die Bergbauernkrise in den österreichischen Alpen. Naturwissenschaft und Medizin 4, 16: 28 – 38.

Lichtenberger, E. (1975): The Eastern Alps. Oxford.

Lichtenberger, E. (1976): Der Massentourismus als dynamisches System: das österreichische Beispiel. DGT 40, Innsbruck 1975: 673 – 695.

Lichtenberger, E. (1979): Die Sukzession von der Agrar- zur Freizeitgesellschaft in den Hochgebirgen Europas. Innsbr. Geogr. Stud. 5: 401 – 436.

Lichtenberger, E. (1980): Die Stellung der Zweitwohnungen im städtischen System – Das Wiener Beispiel. BerRFRP 24, 1: 3–14.

Lichtenberger, E. (1989): Die Überlagerung der ortsständigen Bevölkerung durch die Freizeitgesellschaft in den österreichischen Alpen. Innsbr. Geogr. Stud. 16: 19–39.

Lichtenberger, E. (1991): Das „Haus" Europa und die Alpen. Sozialgeographische Szenarien. Geographica Bernensia B. 22: 14 – 49.

Lichtenberger, E. (1994): Die Alpen in Europa. Veröff. Komm. f. Humanök., ÖAW 5, Wien: 53–86.

Neureuther, J. (1995): Auswirkungen des EU-Beitritts der Republik Österreich auf die Bergbauernbetriebe im Tiroler Oberland. Münster.

ÖAV (Hg.) (1991): Die Alpen im Mittelpunkt. Alpine Raumordnung 5. Innsbruck.

OECD (Hg.) (1993): OECD-Umweltprüfbericht Österreich. Paris.

ÖROK (Hg.) (1987): Zweitwohnungen in Österreich. Formen und Verbreitung, Auswirkungen, künftige Entwicklung. Schr. ÖROK 54. Wien.

Ortner, K. M. (1996): Agriculture After Joining the EU: Sectoral Analyses for Austria. Schriftenreihe der Bundesanstalt für Agrarwirtschaft 78. Wien.

Österr. Ges. f. Natur- u. Umweltschutz (Hg.) (1993): Die ersten zwei Jahrzehnte 1973–1993. Wien.

Penz, H. (1978): Die Almwirtschaft in Österreich. Stud. Soz. u. Wirtschgeogr. 15. München.

Penz, H. (1995): Österreichs Landwirtschaft in der Herausforderung der EU. GR 47, 1: 25–29.

Penz, H. (1996a): Wettbewerbsfähigkeit österreichischer Agrarregionen. MÖGG 137: 417–426.

Penz, H. (1996b): Die Landwirtschaft in den österreichischen Alpen. In: W. Bätzing (Hg.): Landwirtschaft im Alpenraum – unverzichtbar aber zukunftslos? Berlin, Wien 1996: 141–167.

Penz, H. (1998): Die Stellung der Landwirtschaft im Modernisierungsprozeß Österreichs nach dem Zweiten Weltkrieg. Ergebnisse von Untersuchungen im Rahmen des Teilprojektes Landwirtschaft des Forschungsschwerpunktes des FWF „Österreich – Raum und Gesellschaft". MÖGG 139: 77–100.

Penz, H. (1999): Die Bio-Landwirtschaft in Österreich. Gegenwärtige Struktur und Zukunftsaussichten (Aus dem Forschungsschwerpunkt „Österreich – Raum und Gesellschaft"). GJÖ 56: 69–83.

Penz, H. (2000): Regionale Entwicklung und Zukunftsperspektiven der österreichischen Landwirtschaft. MÖGG 142: 87–114.

Pevetz, W. (1984): Die ländliche Sozialforschung in Österreich 1972–1982. Schr. BA 41. Wien.

Präsidentenkonferenz der Landwirtschaftskammern Österreichs (Hg.) (1996): Agrarpolitik 1995/96. Wien.

Präsidentenkonferenz der Landwirtschaftskammern Österreichs (Hg.) (1996): Zahlen aus Österreichs Land- und Forstwirtschaft 1995. Wien.

Pretterhofer, H. (Nov. 1999): Strategische Positionierung forstlicher Zusammenschlüsse in Österreich. www.fpp.at; Kooperationsabkommen Forst – Platte – Papier.

Raffling, M. (16. 1. 2002): Gesamtwirtschaftliche Bedeutung des Tourismus für die Gemeinden in Österreich. www.wko.gv.at

Schadt, G. u. A. Sapper (1995): Möglichkeiten und Grenzen integrierter Bodenpolitik in Österreich. Gutachten des Kommunalwiss. Dokumentationszentrums. Schr. ÖROK 123. Wien.

Schneider, F. u. M. Hofreither (Hg.) (1988): Chance Landwirtschaft: Wege und Perspektiven für die neunziger Jahre. Wien.

Schwackhöfer, W. (1988): Raumordnung und Landwirtschaft in Österreich. Schr. BA 48. Wien.

Seger, M. (1995): Umweltschutz: ausgewählte Probleme und Lösungsansätze. GR 47, 1: 38–45.

Smeral, E. (1994): Tourismus 2005. Entwicklungsaspekte und Szenarien für die Tourismus- und Freizeitwirtschaft. Wien.

Statistik Austria (Hg.): Tourismus in Österreich 2000 (CD).

Tiefenbach, M. (3. 5. 2001): Stand der Bau- und Verkehrsflächen. www.ubavie.gv.at

Umweltbundesamt (Hg.) (1996): Umweltsituation in Österreich. Vierter Umweltkontrollbericht. Wien.

Verein Niederösterreichische Eisenstraße (Hg.) (1996): NÖ Eisenstraße. Eine Region lebt auf. Amstetten.

Winkler, N. u. E. Hauk (8. 1. 1998): Gute Walderschließung in Österreich. www.fbva.forvie.ac.at

Zimmermann, F. (1995): Tourismus in Österreich. GR 47, 1: 30–37.

Zimmermann, F. (1998): Austria: Contrasting Tourist Seasons and Contrasting Regions. In: Williams, A. and G. Shaw (eds.): Tourism and Economic Development: European Experiences. 3. Aufl., London: 175–197.

Ausgewählte Internetangaben
Landwirtschaft:

www.parlinkom.gv.at/pd/pm/XXI
+ Agrarrechtsänderungsgesetz 2000

www.lebensministerium.at; seit 2000 BM f. Land- und Forstwirtschaft, Umwelt und Wasserwirtschaft
+ Grüner Bericht 2000

www.mblf.gv.at/land; Landwirtschaft

www.oestat.gc.at/fachbereich-landwirtschaft
+ Huber-Bachmann (16. 1. 2002)
www.babf.bmlf.gv.at
+ System der Erschwerniszonen (19. 12. 2001)
www.awi.bmlf.gv.tabellen
+ Ergebnisse von Bergbauernbetrieben nach Erschwerniskategorien (14. 2. 2002)

Forstwirtschaft:
www.parlinkom.gv.at
+ Österreichischer Waldbericht 2001

www.fpp.at/d/f1 + Forstgesetz
www.forstnet.at; Forstwirtschaft
+ Waldzustand, Waldschäden
www.bmlf.gv.at/Presse & News
+ Novelle zum Forstgesetz (4. 2. 2002)
+ Wasserwirtschaft

Fremdenverkehr:
www.austria-tourism.at
www.seilbahnen.at

Stadt und Land

Bobek, H. u. M. Fesl (1978): Das System der Zentralen Orte Österreichs. Eine empirische Untersuchung. Schr. Komm. f. Raumforschung der ÖAW 3. Wien, Köln.

Bobek, H. u. E. Lichtenberger (1978): Wien. Bauliche Gestalt und Entwicklung seit der Mitte des 19. Jahrhunderts. 2. Aufl., Wien, Köln.

Bundesdenkmalamt (Hg.) (1989): Denkmalpflege in Österreich. Informationsschrift des Bundesdenkmalamtes. Wien.

Bundesdenkmalamt (1998): Gerettet. Denkmale in Österreich. 75 Jahre Denkmalschutzgesetz. Wien, Graz (u. a).

BM f. Wissenschaft u. Forschung u. Amt d. Nö. Landesregierung (1990): Rückblicke – Ausblicke. Denkmalpflege in Niederösterreich 7. Wien.

Csefalvay, Z. (1999): Die Wettbewerbsfähigkeit der österreichischen Großstädte. Theoretische Ansätze und empirische Befunde. FSR 19. Wien.

Doubek, C. (1996): Siedlungsentwicklung in Österreich, Bd. II: Szenarien 1991– 2011. Schr. ÖROK 127. Wien.

Faßmann, H. (1986): City-Size Distribution in the Austro-Hungarian Monarchy, 1887– 1910. A Rank-Size Approach. Historical Social Research 38. Wien.

Faßmann, H. (1996): Die Entwicklung des Siedlungssystems in Österreich 1961–1991. MÖGG 138: 17–34.

Faßmann, H. (1999): Eurometropolen – Gemeinsamkeiten und Unterschiede. GR, 51, 10: 518–522.

Fesl, M. u. H. Bobek (1983): Zentrale Orte Österreichs II. Ergänzungen zur Unteren Stufe: Neuerhebung aller Zentralen Orte Österreichs 1980/81 und deren Dynamik in den letzten zwei Dezennien. BR 4. Wien.

John, M. u. A. Lichtblau (1990): Schmelztiegel Wien einst und jetzt. Aufsätze, Quellen, Kommentare. Wien.

Lichtenberger, E. (1959): Der Strukturwandel der sozialwirtschaftlichen Siedlungstypen in Mittelkärnten. GJÖ 27: 61– 128.

Lichtenberger, E. (1970): Wirtschaftsfunktion und Sozialstruktur der Wiener Ringstraße. Köln, Wien.

Lichtenberger, E. (1972): Die europäische Stadt – Wesen, Modelle, Probleme. BerRFRP 16,1: 3–25.

Lichtenberger, E. (1976): The Changing Nature of European Urbanization. In: Berry, B. J. L. (ed.):

Urbanization and Counterurbanization. Urb. Aff. Annual Rev. 11: 81–107.

Lichtenberger, E. (1977): Die Wiener Altstadt. Von der mittelalterlichen Bürgerstadt zur City. Wien.

Lichtenberger, E. (1978): Stadtgeographischer Führer Wien. Sammlung Geogr. Führer 12. Stuttgart.

Lichtenberger, E. (1982a): Der ländliche Raum im Wandel. In: Das Dorf als Lebens- und Wirtschaftsraum. Int. Symposium in Mieders 1981: 16–37.

Lichtenberger, E. (1982b): Urbanization in Austria in the 19th and 20th Centuries. In: Cities in Development in 19th – 20th Centuries. Credit Communal Nr. 64, Brüssel.

Lichtenberger, E. (1982c): Wien. Das sozialökologische Modell einer barocken Residenz um die Mitte des 18. Jahrhunderts. In: W. Rausch (Hg.): Städtische Kultur in der Barockzeit. Linz: 235–262.

Lichtenberger, E. (1983): Perspektiven der Stadtentwicklung. GJÖ 40 (1981): 7–49.

Lichtenberger, E. (1984): Die Stadtentwicklung in Europa in der ersten Hälfte des 20. Jahrhunderts. In: W. Rausch (Hg.): Die Städte Mitteleuropas im 20. Jahrhundert. Linz: 1–40.

Lichtenberger, E. (1988): Die Stadtentwicklung von Wien. Probleme und Prozesse. GR 40, 10: 20–27.

Lichtenberger, E. (1990): Stadtverfall und Stadterneuerung. BSR 10. Wien.

Lichtenberger, E. (1992): Die Zukunft von Wien. Munizipalsozialismus versus Internationalisierung. Dortm. Beitr. Raumpl. 60: 155–176.

Lichtenberger, E. (1993): Vienna. Bridge Between Cultures. London, New York.

Lichtenberger, E. (1997): Wien: zwischen extremer Grenz- und Mittelpunktlage. Der Bürger im Staat 47, 2: 80– 85.

Lichtenberger, E. u. G. Heinritz (Hg.) (1986): The Take-off of Suburbia and the Crisis of the Central City. Proceedings of the International Symposium in Munich and Vienna 1984. Erdkundliches Wissen 76.

Lichtenberger, E., Faßmann, H. u. D. Mühlgassner (1987): Stadtentwicklung und dynamische Faktorialökologie. BSR 8. Wien.

Matznetter, W. (1991): Wohnungspolitik und Stadtentwicklung. Frankfurt/M.

Matznetter, W. (1992): Organizational Networks in a Corporatist Housing System; Non-profit Housing

Associations and Housing Politics in Vienna, Austria. In: Lundquist, L. (Hg.): Policy, Organization, Tenure: A Comparative History of Housing in Small Welfare States. Oslo: 23–35.

Matznetter, W. (2002): Social Housing Policy in a Conservative Welfare State: Austria as an Example. Urban Studies 39: 265–282.

Stadtplanung Wien (Hg.) (1995): Wien – Stadterhaltung, Stadterneuerung. Wien.

Weber, G. (1987): Zweitwohnungen in Österreich – Rechtliche Aspekte. Schr. ÖROK 54: 123–136.

Ausgewählte Internetadressen

www.bda.at; Bundesdenkmalamt
www.denkmalschutz.at
www.blauelagune.at; Fertighauszentrum in
www.scs.at; Shopping City Süd

Duale Ökonomie und dualer Verkehr

Aiginger, K. (1999): The Privatization Experiment in Austria. Economic Quarterly 4: 261–270.

Aiginger, K. (13.5.2001): Zukunftsstrategie für den Standort Österreich. Studie im Auftrag der Industriellenvereinigung. *www.economics.uni-Linz.ac.at*

Aiginger, K. (11.12.2000): Die österreichische Industrie auf dem Weg in die New Economy. *www.wifo.ac.at*

Aiginger, K., Farnleitner, H., Koren, St., Raidl, C. u. W. Stadler (1999): Der Wirtschaftsstandort Österreich im internationalen Vergleich. Gibt es ein österreichisches Modell? Impulse für das Unternehmen Österreich. Wien.

Beirat für Wirtschafts- und Sozialfragen (Hg.) (1994): Wirtschaftsstandort Österreich. Wien.

Biffl, G. (1994): Theorie und Empirie des Arbeitsmarktes am Beispiel Österreich. Wien, New York.

Bobek, H. u. J. Steinbach (1975): Die Regionalstruktur der Industrie Österreichs. BR 1. Wien.

Breuss, F. (1993): Herausforderungen für die österreichische Wirtschaftspolitik und die Sozialpartnerschaft in der Wirtschafts- und Währungsunion. Wien.

Butschek, F. (1992): Der österreichische Arbeitsmarkt – von der Industrialisierung bis zur Gegenwart. WIFO, Stuttgart.

Chaloupek, G. u. M. Mesch (Hg.) (1993): Der Wandel des wirtschaftspolitischen Leitbildes seit den siebziger Jahren. Wien, München, Zürich

Deutsch, M. (6.4.2001): Österreich und die EU-Verkehrspolitik. Tirol, Wien oder Brüssel: Gelingt die Quadratur des Kreises? *www.dvz.de*; Deutsche Verkehrszeitung.

Docekal, J. (1990): Österreichs Wirtschaft im Überblick. Österr. Gesellschafts- und Wirtschaftsmuseum, Wien.

Dun & Bradstreet (Hg.) (1993/94): Österreich 10.000. Österreichs 10000 größte Unternehmen. Wien.

Eigler, R. (Hg.) (1992): Büroflächenentwicklung in Wien unter Berücksichtigung internationaler Trends. Beiträge zur Stadtentwicklung 35. Wien.

Faßmann, H. (1987): Zur Geographie des städtischen Arbeitsmarktes. DGT 45, Berlin 1985. Stuttgart: 298–305.

Faßmann, H. (1993): Arbeitsmarktsegmentation und Berufslaufbahnen. Ein Beitrag zur Arbeitsmarktgeographie Österreichs. BSR 11. Wien.

Faßmann, H. (1995): Der österreichische Arbeitsmarkt. Wirtschaftspolitischer Paradigmenwechsel und räumliche Disparitäten. GR 47, 1: 18–24.

Faulhaber, T. (1992): Industrie in Österreich. Unser wichtigster Wirtschaftszweig, seine Geschichte, seine Struktur, seine Probleme, seine Chancen. Wien.

Glatz, H. et al. (1993): Europareife Gemeinden. Wirtschafts- und umweltpolitische Dimension. Wien.

Karre, P. M. (Okt. 2001): Privatisierung und Ausgliederung: die Schlüssel zum besseren Staat? *www.political-science.at/forschung/karre-politik*

Leisch, W. (2000): ÖIAG. Rausverkauf – der letzte Akt? Arbeit und Wirtschaft 9: 24–30.

Lichtenberger, E. (1953): Die österreichische Elektrizitätswirtschaft. GR 5: 390–398.

Lichtenberger, E. (1963): Die Geschäftsstraßen Wiens. Eine statistisch-physiognomische Analyse. MÖGG 105: 463–504.

Lichtenberger, E. (1969): Die Differenzierung des Geschäftslebens im zentralörtlichen System am Beispiel der österreichischen Städte. DGT Bad Godesberg 1967: 229–242.

Lichtenberger, E. (1972): Die Wiener City. Bauplan und jüngste Entwicklungstendenzen. MÖGG 114, 1: 42–85.

Lichtenberger, E. (1997): Der Dualismus des tertiären Sektors in Österreich: Einzelhandel und Spitäler im zentralörtlichen System. MÖGG 138: 35–52.

Lichtenberger, E. (2001): Analysen zur Erreichbarkeit von Raum und Gesellschaft in Österreich. Projektbericht 3 der ÖAW-Kommission f. d. wiss. Zusammenarbeit mit Dienststellen des Bundesministeriums für Landesverteidigung. Wien.

Lindner, H. (1998): Factory Outlet Center. Der Wolf im Schafspelz? *www.standort-markt.at*

Lindner, H. (1999): Einzelhandelsstandorte im Wandel. *www.standort-markt.at*

Mathis, F. (1987, 1990): Big Business in Österreich. Österreichische Großunternehmen in Kurzdarstellungen. 2 Bde. Wien, Oldenburg.

Mayerhofer, P. u. G. Palme (1994): Regionales Wirtschaftskonzept für die Agglomeration Wien (Wien und Umland). Schr. ÖROK 118. Wien.

Nowotny, E. u. H. Schubert (Hg.) (1993): Österreichs Wirtschaft im Wandel. Entwicklungstendenzen 1970–2010. Wien.

Nowotny, E. u. G. Winckler (1994): Grundzüge der Wirtschaftspolitik Österreichs. Wien.

OECD (Hg.) (1995a): Local Responses to Industrial Restructuring in Austria. Territorial Development Studies. Paris.

OECD (Hg.) (1995b): Economic Survey Austria 1995. Paris.

OeNB (Hg.) (1995): Europa-Report 1/95. Der Europa-Newsletter der Österreichischen Nationalbank. Wien.

ÖMV Aktiengesellschaft (Hg.) (o. J.): ÖMV-Verarbeitung. Wien.

Österr. Bundesinstitut für Gesundheitswesen (Hg.) (1994): Österreichischer Krankenanstaltenplan 1994. Bd. 1: Bestandsanalysen, Planungsgrundlagen, Zielplanung 2005. Wien.

Österr. Gesellschafts- und Wirtschaftsmuseum (Hg.) (1996): Österreichs Wirtschaft im Überblick 95/96. Wien.

Palme, G., Geldner, N. u. P. Mayerhofer (1994): Die Wirtschaft in den Bundesländern 1993. WIFO-Monatsberichte 67, 5: 305 – 317.

Richter, U. (1994): Geographie der Arbeitslosigkeit in Österreich. Theoretische Grundlagen – empirische Befunde. BSR 13. Wien.

Schneider, F. (2001): Privatisierung und Deregulierung in Österreich in den 90er Jahren: Einige Anmerkungen aus der Sicht der neuen politischen Ökonomie. Arbeitspapier Nr. 0106 Volkswirt. Institut, Univ. Linz.

Schneider, F. (21.1.2002): Der Umfang der Schwarzarbeit des Jahres 2002 in Deutschland, Österreich und der Schweiz – Weiteres Anwachsen der Schwarzarbeit. www.economics.uni-Linz.ac.at

Steinbach, J. (1980): Bewertung und Simulation der regionalen Verkehrserschlossenheit, dargestellt am Beispiel einer Untersuchung der „regionalen Versorgungsqualität" Österreichs. BR 2. Wien.

Tichy, G. (1986): Neue Anforderungen an die Industrie- und Innovationspolitik. In: K. Aiginger (Hg.): Weltwirtschaft und unternehmerische Strategien. Stuttgart, Wien.

Tichy, G. (29.7.2000): The Innovation Potential and Thematic Leadership of Austrian Industries. www.oeaw.ac.at/ita/ebene5/GTdeindkorr.doc

Tödtling, F. (1990): Räumliche Differenzierung betrieblicher Innovation. Erklärungsansätze und empirische Befunde für österreichische Regionen. Berlin.

Trend (1988, 1995, 1996): TOP-500. Trend-Spezial. Wien.

Weber, F. (1986): 40 Jahre verstaatlichte Industrie in Österreich. ÖIAG Journal 2: 3 – 32.

Wörgötter, A. (1993): Der Wandel des wirtschaftspolitischen Leitbildes in Österreich seit den siebziger Jahren. Institut f. Höhere Studien, Wien.

Ausgewählte Internetangaben
Industrie:
www.wko.at + Industrieentwicklung nach Branchen 1936–1999 (Beschäftigte und Produktionswerte) + Beschäftigte und Produktionswerte der Industriebranchen in den Bundesländern

www.trend.at + Beschäftigte, Umsatz, Eigentumsverhältnisse der 500 größten Unternehmen Österreichs

www.europes500.at + Europas 500 größte Unternehmen, darunter 24 österreichische

www.branchenmonitor.at
Österreichisches Institut für Gewerbe- und Handelsforschung

www.aba.gv.at; Austrian Business Agency

www.parlinkom.gv.at/pd/pm/XXI
+ ÖIAG-Gesetz 2000 und Stellungnahmen WIFO (7.4.2000).

www.oiag.at; Österr. Industrieholding AG
+ Struktur der ÖIAG 2001

www.fmwi.at; Fachverband der Metallwarenindustrie Österreichs

Unternehmen:
www.alpla.com
www.amag.at
www.aqua-systems-technology.com
www.asmet.at; Österreichische Stahlindustrie
www.austriatabak.at
www.austropapier.at
www.avl.com
www.Berndorf.at
www.biochemie.com
www.bohler-edelstahl.at
www.bohler-uddeholm.com
www.constantia.industrie.com
www.doppelmayr.com
www.DSM.at; Chemie Linz
www.Flectronics.com
www.funder.at
www.gericom.at
www.hamb.com
www.magna.com
www.MagnaSteyr.at
www.mayr-melnhof.at
www.miba.at/com
www.neusiedler.com
www.plasser.com
www.porr.at
www.redbull.at/com
www.riedl.com
www.sca.at; Svenska cellulose aktienbol
www.schoellerbleckmannpt.com
www.semperit.at
www.sft.steyr.com
www.siemens.at
www.steyr.com
www.swarovskikristallwelt.at
www.telekom.at
www.uddeholm.com
www.universalebau.co.at
www.va-eurostahl.com
www.va.schienen.at
www.vatech.at
www.voest.at/co.at
www.voestalpine.com
www.wolford.com
www.zumtobel.at

Einzelhandel:
www.Regioplan.at
+ Shopping Center Top 100 in Österreich 2001
+ Fachmarktzentren in Österreich (Sept. 2001)
www.standort-markt.at; Standort und Markt
+ Einkaufszentren 2000/2001 + Einzelhandel 2000
www.acsc.at; Austrian Council of Shopping Centers
+ Einkaufszentren in Österreich
www.lebensmittelhandel.at

Unternehmen:
www.adeg.at
www.billa.hu
www.hofer.at
www.interspar.at
www.julius-meinl.cz
www.kika.at; Kika/Leiner
www.konsum.at
www.lebensmittelpunkt.at; Nah & Frisch
www.markant-gmbh.de
www.meinl.com
www.metro.at/de
www.rewe.de
www.rewe-dersupermarkt.de
www.scs.at; Shopping City Süd
www.scs-med.at; Medical Center
www.uci-kinowelt.at
www.unimarkt.at
www.zentraleinkauf.at

Banken:
www.oenb.at; Österreichische Nationalbank
+ Direktinvestitionen von ausländischem Kapital in
Österreich und von österreichischem Kapital im
Ausland
+ Gesamtösterreichische Prognose
für 2001–2003
www.bankaustria.at
www.bawag.com
www.creditanstalt.co.at
www.psk.at; Postsparkasse

www.raiffeisen-bank.at
www.raiffeisenverband.at
www.sparkasse.at; Erste Bank

Verkehr:
www.europe.eu.int/comm/energy_transport/de/lba.de
+ Weißbuch Europäische Verkehrspolitik bis 2010
www.bmv.gv.at/vk/6/int/öko1
+ Prioritäten der österreichischen Verkehrspolitik
www.sattledt.oevp.at/ooe/pyhrn + Von der Römerstraße
zur Pyhrnautobahn (26. 12. 2001)
www.ooe.gv.at/alz + Verkehrsbelastung A 1
www.raumentwickelung.admin.ch; Bundesamt für
Raumentwicklung, Schweiz
+ Alpenquerender Güterverkehr auf Schiene und
Straße 2000
www.bmv.gv.at/vk/2infra/gvk
+ Generalverkehrsplan Österreich 2002 (14. 3. 2002)
www.oebb.st / *www.post.at*
www.aua.com; Austrian Airlines
www.austrianair.com; AUA + Star Alliance
www.vienneairport.com
www.wko.at
+ Entwicklung des Flugverkehrs in Österreich 1999
+ Entwicklung des innerstädtischen Personenverkehrs in Österreich (30. 7. 2001)
+ Güterverkehr auf der Straße 2000
+ Entwicklung des LKW-Bestandes 1990–2000
+ Schienengüterverkehr im Inland 1995–2000
www.statistik.at; Sonderauswertung
+ Güterschiffahrt auf der Donau

Programmierte und ungewisse Zukunft

Breuss, F. u. E. Kitzmantel (Hg.) (1993): Die europäische Integration. Untersuchung der sektoralen
Auswirkungen auf Österreich. Wien.

Breuss, F. u. F. Schebeck (1991): EG-Binnenmarkt
und Österreich. Schr. BWK 72. Wien.

Dietz, R. u. P. Havlik (1995): Auswirkungen der EU-
Ost-Integration auf den österreichischen und den
EU-Handel. Wien.

Faßmann, H. (1997): Raumordnung, Raumplanung
und Regionalpolitik in Österreich: Begriffsbe-
stimmung, Institutionen, regionale Problemmu-
ster, Änderungen durch den EU-Beitritt. Österr.
Ges. f. Kritische Geographie, Wien.

Faßmann, H., Findl, P. u. R. Münz (1992): Haushalts-
entwicklung, Wohnbau und Wohnungsbedarf in
Österreich 1961–2031. Schr. ÖROK 103. Wien.

Faßmann, H., Münz, R. u. J. Kytir (1996): ÖROK-Bevölkerungsprognose 1991–2021. Schr. ÖROK 126.
Wien.

Fleissner, P. (Hg.) (1987): Technologie und Arbeitswelt in Österreich – Trends bis zur Jahrtausendwende. 4 Bde. Wien.

Gehler, M. u. R. Steininger (1993): Österreich und
die europäische Integration 1945–1993. Wien.

Griller, St. (Hg.) (1993): Auf dem Weg zur Europäischen Wirtschafts- und Währungsunion? Wien.

Huber, S. u. P. Pernthaler (Hg.) (1988): Föderalismus und
Regionalismus in Europäischer Perspektive. Wien.

Lichtenberger, E. (1988): Einführung zur Fachsitzung:
Szenarien der West-Ost-Entwicklung in Österreich:
Ein Beitrag der Geographie zur Zukunftsforschung.
DGT 46, München 1987. Stuttgart: 369–372.

Lichtenberger, E. (Hg.) (1989): Österreich zu Beginn des
3. Jahrtausends. Raum und Gesellschaft. Prognosen,
Modellrechnungen und Szenarien. BSR 9. Wien.

Lichtenberger, E. (1995): Restrukturierung und Mone-
tarisierung des Siedlungssystems. MÖGG 137:
349–364.

Lichtenberger, E. (1996): Geographische Immobili-
enmarktforschung. AMR Info 26: 41–49.

Lichtenberger, E. (2000): The Globalization of the
Economy and the Effects of EU-Policy: the Case
of Austria. In: Festschr. f. Enyedi G.; Regions and
Cities in the Global World: 115–125. Pécs.

Mandl, Ch. (Hg.) (1982): Österreich – Prognosen bis
zum Jahr 2000. Wien.

ÖROK (Hg.) (1988): Dorferneuerung in Österreich.
Schr. ÖROK 62. Wien.

ÖROK (Hg.) (1993): Siebenter Raumordnungsbericht.
Schr. ÖROK 107. Wien.

ÖROK (Hg.) (1996): Achter Raumordnungsbericht.
Schr. ÖROK 128. Wien.

ÖROK (Hg.) (1996): Die Position Österreichs im Rahmen der Europäischen Raumentwicklungspolitik.
Schr. ÖROK 126. Wien.

ÖROK (Hg.) (1999): Neunter Raumordnungsbericht.

Schr. ÖROK 150. Wien.

ÖROK (Hg.) (1999): Das Österreichische Raumordnungskonzept 2001 – Zwischen Europa und Gemeinde. Schr. ÖROK 151. Wien.

Österr. Wirtschaftsverlag (Hg.) (1989): stadtbauforum '89. Spezialausgabe des bauforum. Wien.

Palme, G. (1990): Industrieregionen Österreichs. Struktur, Entwicklung, Einflüsse eines integrierten EG-Binnenmarktes. Jahrbuch für Regionalwissenschaft 11: 185–213.

Schneider, M. (1994): Folgen der EU-Integration für die Land- und Forstwirtschaft. Aktualisierung und Vorschau auf 1995/96. Wien.

Schneider, M. (1996): Entwicklung der Land- und Forstwirtschaft 1995/96. WIFO-Vorträge 71. Wien.

Schwarz, W. (Hg.) (1996): Perspektiven der Raumforschung, Raumplanung und Regionalpolitik an der Schwelle zum 21. Jahrhundert. AMR-Info. Horn.

Skodacsek, K. (2000a): Die Stellung der Realitätenbüros auf dem österreichischen Immobilienmarkt. MÖGG 142: 115–138.

Skodacsek, K. (2000b): Die sektorale und regionale Differenzierung des Immobilienmarktes in Österreich. Ein Beitrag zur Geographie des österreichischen Immobilienmarktes. Diss., Univ. Wien.

Führer, G. A., Kinast, K. u. G. Rimpler (1995): Auswirkungen des EU-Beitritts für österreichische Unternehmen. Linz.

Ausgewählte Internetangaben

www.europa.eu.int/austria/regional + Agenda 2000

www.inforegio.cec.eu.int + Fördergebiete gemäß den regionalen Zielen des Strukturfonds 2001–2006

www.gatetoaustria.at + Büroimmobilienmarkt

www.Otto.at/content/markt + Bürostandort Wien

Österreich in Europa

Brückner, M., Maier, R. u. A. Przyklenk (1993): Der Europa-Ploetz. Basiswissen über das Europa von heute. Würzburg.

Bundesforschungsanstalt f. Landeskunde und Raumordnung (Hg.) (1995): Hauptstadtregionen in Europa. Bonn.

Dichtel, H. (1996): Vorbereitung auf das Geographie-Abitur. München.

Europäische Kommission (2001): EUROSTAT-Jahrbuch.

Faßmann, H. (Hg.) (1995): Immobilien-, Wohnungs- und Kapitalmärkte in Ostmitteleuropa: Beiträge zur regionalen Transformationsforschung. FSR 14. Wien.

Faßmann, H. (Hg.) (1997): Die Rückkehr der Regionen: Beiträge zur regionalen Transformation Ostmitteleuropas. BSR 15. Wien.

Faßmann, H. (Hg.) (1999): „Arbeitsmarkt Mitteleuropa": Die Rückkehr historischer Migrationsmuster. FSR 18. Wien.

Faßmann, H. (2002): Zwischen Bollwerk und Brücke – beobachtete und erwartete Ost-West-Wanderung nach Österreich. GR 9.

Faßmann, H. u. C. Hintermann (1997): Migrationspotential Ostmitteleuropa: Struktur und Motivation potentieller Migranten aus Polen, der Slowakei, Tschechien und Ungarn. FSR 15. Wien.

Faßmann, H. u. E. Lichtenberger (Hg.) (1995): Märkte in Bewegung. Metropolen und Regionen in Ostmitteleuropa. Wien, Köln, Weimar.

Faßmann, H. u. R. Münz (2000): Ost-West-Wanderung in Europa. Wien, Graz, Köln.

Faßmann, H., Kohlbacher, J. u. U. Reeger (1993): „Suche Arbeit" – eine empirische Analyse über Stellensuchende aus dem Ausland. FSR 10. Wien.

Faßmann, H., Kohlbacher, J. u. U. Reeger (1995): Die „neue Zuwanderung" aus Ostmitteleuropa – eine empirische Analyse am Beispiel der Polen in Österreich. FSR 13. Wien.

Foucher, M. u. J. Y. Potel (Hg.) (1993): Le continent retrouvé. Datar.

Gabriel, O. W. (Hg.) (1992): Die EG-Staaten im Vergleich. Strukturen, Prozesse, Politikinhalte. Opladen.

Holzmann, R. u. R. Neck (Hg.) (1996): Ostöffnung: Wirtschaftliche Folgen für Österreich. Wien.

Lichtenberger, E. (1993): Wien – Prag. Metropolenforschung. Wien, Köln, Weimar.

Lichtenberger, E. (1994): Immobilienmarkt – Arbeitsmarkt – Wohnungsmarkt. Vergleichende Metropolenforschung: Wien – Budapest – Prag. MÖGG 135: 7–40.

Lichtenberger, E. (1995a): Das metropolitane Zeitalter in Europa in West und Ost. MÖGG 136: 7–36.

Lichtenberger, E. (1995b): Die Zukunft der Stadt in Europa in West und Ost. Tagungsband „Europa" der Verh. DTG Bochum 1995: 206–217.

Lichtenberger, E. (1995c): Politische Systeme und Stadtentwicklung in Europa. Zeitschr. f. Erdkundeunterricht 47.

Lichtenberger, E. (1995d): Geography of Transition in East-Central Europe: Society and Settlement Systems. Wiener Osteuropa-Studien 4: 137–152.

Lichtenberger, E. (1998): Zur geostrategischen Lage Österreichs in Europa. MÖGG 139: 47–76.

Lichtenberger, E. (1999): Geopolitische Lage und Transitfunktion Österreichs in Europa. Projektbericht 1 der ÖAW-Kommission f. d. wiss. Zusammenarbeit mit Dienststellen des Bundesministeriums für Landesverteidigung. Wien.

Lichtenberger, E. (2000): Österreich in Europa: Ein Ausblick. MÖGG 142: 173–180.

Lichtenberger, E., Csefalvay, Z. u. Paal, M. (1994): Stadtverfall und Stadterneuerung in Budapest. BSR 12. Wien.

Lichtenberger, E. u. H. Faßmann (1996): Transformation in East Central Europe, Real Estate, Housing and Labour Markets. Acta Fac. Rer. Nat. Univ. Comenianae Geographica 37. Bratislava: 16–33.

Mesch, M. (Hg.) (1995): Sozialpartnerschaft und Arbeitsbeziehungen in Europa. Wien.

ÖROK (Hg.) (1996): Position Österreichs im Rahmen der europäischen Raumentwicklungspolitik. Schr. ÖROK 125. Wien.

Palme, G. u. P. Mayerhofer (1994): Regionaler Strukturwandel und EU-Regionalpolitik. WIFO-Monatsberichte 67: 68–83.

Röttinger, M. u. C. Weyringer (Hg.) (1991): Handbuch der europäischen Integration. Strategie – Struktur – Politik im EG-Binnenmarkt. Wien.

Schwind, F. (Hg.) (1991): Österreichs Weg in die EG – Beiträge zur europäischen Rechtsentwicklung. Wien.

Statistisches Bundesamt Deutschland: Statistisches Jahrbuch der Bundesrepublik Deutschland 2001. Wiesbaden.

Talos, E. u. G. Falkner (Hg.) (1996): EU-Mitglied Österreich. Gegenwart und Perspektiven: Eine Zwischenbilanz. Wien.

Wirtschaftskammer Österreich (Hg.) (1996): Österreich in der Europäischen Union. Ein statistischer Wirtschaftsvergleich. Wien.

Ausgewählte Internetangaben

www.wko.at + Studien zur Osterweiterung. Übersicht über Projekte und Institutionen (22. 3. 2002)

+ Direktinvestitionen in den Oststaaten 1999–2000 WIFO und WIIW Databank

www.eu-enlargement.org

www.europa.eu.int

www.schenker.at

Ortsregister

Sachregister

Wien